Schwerpunkte Musil/Burchard • Klausurenkurs im Europarecht

Klausurenkurs im Europarecht

Ein Fall- und Repetitionsbuch für Pflichtfach und Schwerpunktbereich

von

Dr. Andreas Musil
o. Professor an der Universität Potsdam

und

Daniel Burchard
Mitarbeiter an der Universität Potsdam

5., neu bearbeitete Auflage

CFM C.F. Müller

Bibliografische Information der Deutschen Nationalbibliothek

Die Deutsche Nationalbibliothek verzeichnet diese Publikation in der Deutschen Nationalbibliografie; detaillierte bibliografische Daten sind im Internet über <http://dnb.d-nb.de> abrufbar.

ISBN 978-3-8114-4754-7

E-Mail: kundenservice@cfmueller.de
Telefon: +49 89 2183 7923
Telefax: +49 89 2183 7620

www.cfmueller.de
www.cfmueller-campus.de

Satz: TypoScript, München
Druck: CPI Books GmbH, Leck

Vorwort

Euro, Flüchtlinge, Rechtspopulismus – Europas zweiter Vorname scheint Krise. Umso mehr freut uns, dass das Manuskript der Vorauflage, welches mit leichtem Bangen in den Tagen der Brexit-Abstimmung in Großbritannien an den Verlag übermittelt wurde, nicht das letzte war. Drei Jahre danach besteht die EU noch immer, und der EuGH trägt mit wichtigen Entscheidungen zur Fortentwicklung bei. Dem trägt die vorliegende Neuauflage Rechnung, in der zwei neue Fälle zum kirchlichen Arbeitsrecht und zur auch politisch höchst umstrittenen PKW-Maut enthalten sind. Die übrigen Fälle wurden überarbeitet und ggf. vor dem Hintergrund neuerer Rechtsprechung ergänzt.

Das Konzept, Rechtsprechungsfälle des EuGH für die Falllösung aufzuarbeiten, wurde beibehalten. Es hat sich nach den Erfahrungen mit den Vorauflagen bewährt. Auch der allgemeine Einführungsteil zu Beginn des Buches wurde beibehalten, weil er nach unserer Auffassung einen schnellen Einstieg in die europarechtliche Falllösung gerade auch für Pflichtfachstudierende ermöglicht.

Danken möchten wir Frau Ref. *Lisa Wulbusch*, die den neuen Fall 12 zur (unwirksamen) Kündigung eines katholischen Chefarztes beigesteuert hat. Vor allem aber gilt unser Dank dem Verlag und insbesondere Frau *Stefanie Kleinschroth*, die die Umsetzung des Projektes in bewährter Weise ermöglicht und begleitet hat.

Für Hinweise auf Druckfehler, Anregungen und Kritik sind wir immer dankbar, am einfachsten per E-Mail an musil@uni-potsdam.de.

Potsdam, im Juli 2019

Andreas Musil
Daniel Burchard

Vorwort zur 1. Auflage

Das vorliegende Buch erweitert die Reihe der Klausurenkurse im Rahmen der „Schwerpunkte“ um das Europarecht. Dieser Lückenschluss war unverzichtbar, gehört doch das Europarecht mittlerweile nicht nur zur Schwerpunktausbildung, sondern – zumindest in Teilen – auch zum Grundwissen im Rahmen des Pflichtfachexamens. Das Buch ist als praktische Ergänzung zum Lehrbuch von *Rudolf Streinz* (Schwerpunkte „Europarecht“, 8. Aufl. 2008) konzipiert und verweist an den entsprechenden Stellen jeweils auf dieses Lehrbuch. Hervorgegangen ist das Werk aus der langjährigen Erfahrung im Rahmen von universitären Repetitorien. Jeder Fall ist also bereits im Rahmen der Examensvorbereitung an der Universität besprochen worden.

Grundlage jedes Falles oder Fallteils ist in der Regel eine bekannte Entscheidung des Europäischen Gerichtshofs. Diese Grundkonzeption hat bei den Studierenden in den Repetitorien immer viel Anklang gefunden, weil so die praktische Fallübung verbunden wird mit dem Kennenlernen der maßgeblichen Judikatur. Die Kenntnis der einschlägigen Spruchpraxis ist gerade im Europäischen Unionsrecht, das stark richterrechtlich geprägt ist, von entscheidender Bedeutung. Ergänzt wird die Darstellung an passender Stelle durch die wichtigsten Prüfungsschemata. In zwei einführenden Kapiteln werden darüber hinaus die allgemeinen Anforderungen im Rahmen europarechtlicher Klausuren und die wichtigsten Klausurkonstellationen dargestellt.

Danken möchten wir vor allem den Mitarbeitern/-innen und Kollegen/-innen am Lehrstuhl in Potsdam. Besonders zu erwähnen ist die wertvolle Mitarbeit von Herrn *Friedrich Hiller von Gaertringen*, der zu einigen Falllösungen wesentliche Vorarbeiten erbracht hat. Weiterhin ist die Leistung der studentischen Mitarbeiterinnen Frau *Yvonne Nalleweg*, Frau *Judith Schlimm* und Frau *Katharina Koch* hervorzuheben. Nicht zuletzt gilt unser Dank dem Verlag und insbesondere Frau *Alexandra Burrer*, die die Umsetzung des Projektes ermöglicht haben.

Für Hinweise auf Druckfehler, Anregungen und Kritik sind wir immer dankbar, am einfachsten per E-Mail an musil@uni-potsdam.de.

Potsdam, im Mai 2008

Andreas Musil
Daniel Burchard

Inhaltsverzeichnis

2. Teil

Klausurkonstellationen im Europarecht

Abkürzungsverzeichnis

a.A.	andere Auffassung
a.a.O.	am angegebenen Ort
ABl.	Amtsblatt der Europäischen Gemeinschaften, seit 1.2.2003: Amtsblatt der Europäischen Union
Abs.	Absatz
AETR	Accord européen relatif au travail des équipages des véhicules effectuant des transports internationaux par route (Europäisches Übereinkommen über die Arbeit des im internationalen Straßenverkehr beschäftigten Fahrpersonals)
AEUV	Vertrag über die Arbeitsweise der Europäischen Union
AG	Aktiengesellschaft
AGG	Allgemeines Gleichbehandlungsgesetz
AKP-Staaten bzw. -Bananen	Afrikanische, karibische und pazifische Staaten bzw. Bananen aus diesen Staaten
AktG	Aktiengesetz
ALG	Arbeitslosengeld
Alt.	Alternative
Anm.	Anmerkung
AnpassungsG	Anpassungsgesetz
AO	Abgabenordnung
AöR	Archiv des öffentlichen Rechts
ApoG	Apothekengesetz
ArbG	Arbeitsgericht
Art.	Artikel
AufenthG	Aufenthaltsgesetz
Aufl.	Auflage
AusfErstVO	Ausfuhrerstattungsverordnung
Az.	Aktenzeichen
BAföG	Bundesausbildungsförderungsgesetz
BAG	Bundesarbeitsgericht
BAGE	Entscheidungen des Bundesarbeitsgerichts (Amtliche Sammlung)
BauO	Bauordnung
BayVBl.	Bayerische Verwaltungsblätter
BayVGH	Bayerischer Verwaltungsgerichtshof
BB	Der Betriebsberater
Bd.	Band
ber.	berichtigt
BFH	Bundesfinanzhof
BFHE	Entscheidungen des Bundesfinanzhofs (Amtliche Sammlung)

BFH/NV	Sammlung der Entscheidungen des Bundesfinanzhofs
BGB	Bürgerliches Gesetzbuch
BGBl.	Bundesgesetzblatt
BGH	Bundesgerichtshof
BGHZ	Entscheidungen des Bundesgerichtshof in Zivilsachen (Amtliche Sammlung)
Bln	Berlin
BSG	Bundessozialgericht
BSGE	Entscheidungen des Bundessozialgerichts (Amtliche Sammlung)
BT-Drs.	Bundestags-Drucksache
BV	Besloten Vennootschap (Form einer Kapitalgesellschaft)
BVerfG	Bundesverfassungsgericht
BVerfGE	Entscheidungen des Bundesverfassungsgerichts (Amtliche Sammlung)
BVerfGG	Bundesverfassungsgerichtsgesetz
BVerwG	Bundesverwaltungsgericht
BVerwGE	Entscheidungen des Bundesverwaltungsgerichts (Amtliche Sammlung)
BWahlG	Bundeswahlgesetz
bzw.	beziehungsweise
CETA	Comprehensive Economic and Trade Agreement (*Umfassendes Wirtschafts- und Handelsabkommen mit Kanada)*
CMA	Centrale Marketing-Gesellschaft der deutschen Agrarwirtschaft
CR	Computer und Recht
d.h.	das heißt
ders./dies.	derselbe/dieselbe
DNotZ	Deutsche Notar-Zeitschrift
DÖV	Die öffentliche Verwaltung
DS-GVO	Datenschutz-Grundverordnung
DStR	Deutsches Steuerrecht
DStRE	Deutsches Steuerrecht Entscheidungsdienst
DStZ	Deutsche Steuerzeitung
DVBl.	Deutsches Verwaltungsblatt
e.V.	eingetragener Verein
ECLI	European Case Law Identifier (Europäischer Rechtsprechungsidentifikator)
EFG	Entscheidungen der Finanzgerichte
EFTA	European Free Trade Association (Europäische Freihandelsassoziation)
EG	Europäische Gemeinschaften; Europäische Gemeinschaft (nach dem EGV); Vertrag zur Gründung der Europäischen Gemeinschaft (in der Fassung des Vertrags von Nizza, der zum 1.2.2003 in Kraft trat)
EGBGB	Einführungsgesetz zum Bürgerlichen Gesetzbuch

EGMR	Europäischer Gerichtshof für Menschenrechte
EGV	Vertrag zur Gründung der Europäischen Gemeinschaft
EL	Ergänzungslieferung
EMRK	Europäische Menschenrechtskonvention
ERT	Elliniki Radiofonia Tileorasi (Griechische Rundfunk- und Fernsehanstalt)
ESM	Europäischer Stabilitätsmechanismus
EStG	Einkommensteuergesetz
ESZB	Europäisches System der Zentralbanken
etc.	et cetera
EU	Europäische Union
EuG	Gericht der Europäischen Union (früher: Europäisches Gericht erster Instanz)
EuGH	Gerichtshof, Gerichtshof der Europäischen Union (früher: Gerichtshof der Europäischen Gemeinschaften)
EuGH-Satzung	Satzung über den Gerichtshof der Europäischen Union
EuGRZ	Europäische Grundrechte-Zeitschrift
EuR	Europarecht (Zeitschrift)
EUV	Vertrag über die Europäische Union (in der Fassung des Vertrags von Lissabon)
EuZW	Europäische Zeitschrift für Wirtschaftsrecht
EWG	Europäische Wirtschaftsgemeinschaft
EWiR	Entscheidungen zum Wirtschaftsrecht (Zeitschrift)
EWS	Europäisches Wirtschafts- und Steuerrecht (Zeitschrift)
EWR	Europäischer Wirtschaftsraum
ex-Art. ... EG	Artikel des EG-Vertrags in der Fassung des Vertrags von Nizza, der zum 1.2.2003 in Kraft trat
EZB	Europäische Zentralbank
f.; ff.	folgende, fortfolgende
FG	Finanzgericht
FGO	Finanzgerichtsordnung
Fn.	Fußnote
FR	Finanz-Rundschau
FreizügG/EU	Freizügigkeitsgesetz/EU
FS	Festschrift
GASP	Gemeinsame Außen- und Sicherheitspolitik
GATT	General Agreement on Tariffs and Trade
GBl.	Gesetzblatt
GbR	Gesellschaft des bürgerlichen Rechts
gem.	gemäß
GewArch	Gewerbearchiv
GG	Grundgesetz
ggf.	gegebenenfalls

GmbH	Gesellschaft mit beschränkter Haftung
GmbHG	Gesetz betreffend die Gesellschaften mit beschränkter Haftung
GMO	Gemeinsame Marktorganisation
GRC	Charta der Grundrechte der Europäischen Union
grds.	grundsätzlich
GRUR Int	Gewerblicher Rechtsschutz und Urheberrecht, Internationaler Teil
GWB	Gesetz gegen Wettbewerbsbeschränkungen
h.M.	herrschende Meinung
HandwO	Handwerksordnung
HFR	Höchstrichterliche Finanzrechtsprechung (Zeitschrift)
HGB	Handelsgesetzbuch
hl	Hektoliter
Hmb.	Hamburger
Hrsg.	Herausgeber
Hs.	Halbsatz
i.S.d.; i.S.v.	im Sinne der/des/von
i.V.m.	in Verbindung mit
info also	Informationen zum Arbeitslosenrecht und Sozialhilferecht
insbes.	insbesondere
IStR	Internationales Steuerrecht
JA	Juristische Arbeitsblätter
jM	juris – Die Monatszeitschrift
jur.	juristisch/e/er/es/en
JURA	Juristische Ausbildung
JuS	Juristische Schulung
JZ	Juristenzeitung
K&R	Kommunikation & Recht (Zeitschrift)
KSchG	Kündigungsschutzgesetz
lit.	litera (Buchstabe)
LS	Leitsatz
lt.	laut
Ltd	Limited (Form einer Kapitalgesellschaft)
m.w.N.	mit weiteren Nachweisen
MOG	Gesetz zur Durchführung der gemeinsamen Marktorganisationen und der Direktzahlungen
Nds.	Niedersachsen, Niedersächsisch(es)
NJ	Neue Justiz
NJW	Neue Juristische Wochenschrift

NRW	Nordrhein-Westfalen
NStZ	Neue Zeitschrift für Strafrecht
NVwZ	Neue Zeitschrift für Verwaltungsrecht
NVwZ-RR	Neue Zeitschrift für Verwaltungsrecht Rechtsprechungsreport
NZA	Neue Zeitschrift für Arbeitsrecht
NZS	Neue Zeitschrift für Sozialrecht
o.ä.	oder ähnliches
OHG	Offene Handelsgesellschaft
OMT	Outright Monetary Transactions
OVG	Oberverwaltungsgericht
PSPP	Public Sector Purchase Programme
REIMS II-Vereinbarung	Vereinbarung zwischen den öffentlichen Postbetreibern fast aller Mitgliedstaaten über die „Remuneration for the Exchange of International Mails“ (Vergütungen für die Zustellung grenzüberschreitender Postsendungen)
rkr.	rechtskräftig
RL	Richtlinie
Rn.	Randnummer (bei Fundstellen in Zeitschriften auch Absatznummer)
RP	Rheinland-Pfalz
Rs.	Rechtssache
Rspr.	Rechtsprechung
S.	Seite
s.	siehe
s.o.	siehe oben
s.u.	siehe unten
SG	Sozialgericht
SGB	Sozialgesetzbuch (Römische Ziffer: Band)
Slg.	Sammlung der Rechtsprechung des Gerichtshofs und des Gerichts erster Instanz
sog.	so genannt/e/es/er/en
st. Rspr.	ständige/n/r Rechtsprechung
str.	streitig, strittig
SWI	Steuer und Wirtschaft International – Tax and Business Review
TTIP	Transatlantic Trade and Investment Partnership *(Transatlantisches Handels- und Investititonsschutzabkommen mit den USA)*
u.a.	unter anderem/und andere
u.E.	unseres Erachtens
UAbs.	Unterabsatz

umstr.	umstritten
URL	Uniform Resource Locator
VA	Verwaltungsakt
Var.	Variante
VBlBW	Verwaltungsblätter für Baden-Württemberg
Verb., verb.	Verbunden/e/en, verbunden/e/en
VerwArch	Verwaltungsarchiv
VG	Verwaltungsgericht
VGH	Verwaltungsgerichtshof
vgl.	vergleiche
VO	Verordnung
VR	Verwaltungsrundschau
vs.	versus
VSSR	Vierteljahresschrift für Sozialrecht
VW	Volkswagen
VwGO	Verwaltungsgerichtsordnung
VwVfG	Verwaltungsverfahrensgesetz
VzA	Vollzugsanordnung
WM	Wertpapiermitteilungen
WRP	Wettbewerb in Recht und Praxis
WRV	Weimarer Reichsverfassung
WTO	World Trade Organization
z.B.	zum Beispiel
ZBUW	Zentrale zur Bekämpfung unlauteren Wettbewerbs
ZD	Zeitschrift für Datenschutz
ZESAR	Zeitschrift für europäisches Sozial- und Arbeitsrecht
ZfRV	Zeitschrift für Rechtsvergleichung
ZIS	Zeitschrift für Internationale Strafrechtsdogmatik
ZJS	Zeitschrift für das Juristische Studium
zust.	zustimmend/er

Literaturverzeichnis (Kommentare, Lehrbücher und Monografien)

I. Zitierte Literatur

Bergmann, Jan/Dienelt, Klaus (Hrsg.) – Ausländerrecht, 12. Auflage 2018, München (Zit.: *Bearbeiter*, in: Bergmann/Dienelt, Ausländerrecht)

Birk, Dieter/Desens, Marc/Tappe, Henning – Steuerrecht, 22. Auflage 2019, Heidelberg

Burkiczak, Christian/Dollinger, Franz-Wilhelm/Schorkopf, Frank (Hrsg.) – Bundesverfassungsgerichtsgesetz, 2015, Heidelberg (Zit.: *Bearbeiter*, in: Burkiczak/Dollinger/Schorkopf, BVerfGG)

Calliess, Christian/Ruffert, Matthias (Hrsg.) – EUV/AEUV – Das Verfassungsrecht der Europäischen Union mit Europäischer Grundrechtecharta, 5. Auflage 2016, München (Zit.: *Bearbeiter*, in: Calliess/Ruffert, AEUV, *Bearbeiter*, in: Calliess/Ruffert, EUV bzw. *Bearbeiter*, in: Calliess/Ruffert, GRCh)

Calliess, Christian/Ruffert, Matthias (Hrsg.) – Kommentar zu EU-Vertrag und EG-Vertrag, 2. Auflage 2002, Neuwied (Zit.: *Bearbeiter*, in: Calliess/Ruffert, EGV)

Degenhart, Christoph – Klausurenkurs im Staatsrecht II, 8. Auflage 2018, Heidelberg (Zit.: *Degenhart*, Klausurenkurs Staatsrecht II)

Dittert, Daniel – Europarecht – Examenskurs für Rechtsreferendare, 5. Auflage 2017, München (Zit.: *Dittert*, Europarecht)

Dreier, Horst (Hrsg.) – Grundgesetz-Kommentar, Bd. I, 3. Auflage 2013, und Bd. III, 3. Auflage 2018, Tübingen (Zit.: *Bearbeiter*, in: Dreier [Hrsg.] GG)

Due, Ole (Hrsg.) – Festschrift für Ulrich Everling, 1995, Baden-Baden (Zit.: FS Everling)

Ehlers, Dirk/Pünder, Hermann (Hrsg.) – Allgemeines Verwaltungsrecht, 15. Auflage 2015, Berlin

Eicher, Wolfgang/Luik, Steffen (Hrsg.) – Sozialgesetzbuch II – Grundsicherung für Arbeitsuchende, 4. Auflage 2017, München (Zit.: *Bearbeiter*, in: Eicher/Luik, SGB II)

FS Everling – Siehe *Due, Ole (Hrsg.)*

Ganten, Ted Oliver – Die Drittwirkung der Grundfreiheiten, 2000, Berlin

Grabitz, Eberhard/Hilf, Meinhard/Nettesheim, Martin (Hrsg.) – Das Recht der Europäischen Union, 3 Bände, Loseblattausgabe, Stand 66. EL Februar 2019, München (Zit.: *Bearbeiter*, in: Grabitz/Hilf/Nettesheim, AEUV bzw. *Bearbeiter*, in: Grabitz/Hilf/Nettesheim, EUV)

Haratsch, Andreas/Koenig, Christian/Pechstein, Matthias – Europarecht, 11. Auflage 2018, Tübingen

Herrmann, Christoph/Rosenfeldt, Herbert – Europäisches Prozessrecht, 2019, Heidelberg

Herzog, Roman/Scholz, Rupert/Herdegen, Matthias/Klein, Hans H. (Hrsg.) – Grundgesetz-Kommentar, Loseblattausgabe, Stand 86. EL Januar 2019, München (Zit.: *Bearbeiter*, in: Maunz/Dürig, GG)

Hillgruber, Christian/Goos, Christoph	Verfassungsprozessrecht, 4. Auflage 2015, Heidelberg
Hübschmann, Walter/Hepp, Ernst/Spitaler, Armin	Abgabenordnung/Finanzgerichtsordnung, Loseblattausgabe, Stand 252. EL Mai 2019, Köln (Zit.: *Bearbeiter*, in: Hübschmann/Hepp/Spitaler, FGO)
Hufen, Friedhelm	Verwaltungsprozessrecht, 11. Auflage 2019, München
Kingreen, Thorsten/Poscher, Ralf	Grundrechte – Staatsrecht II, 3. Auflage 2019, Heidelberg
Körber, Torsten (Hrsg.)	Wettbewerbsbeschränkungen auf staatlich gelenkten Märkten, 2015, Baden-Baden (Zit.: *Bearbeiter*, in: Körber, Wettbewerbsbeschränkungen)
Kopp, Ferdinand O./Ramsauer, Ulrich	Verwaltungsverfahrensgesetz, 20. Auflage 2019, München
Kopp, Ferdinand O./Schenke, Wolf-Rüdiger	Verwaltungsgerichtsordnung, 25. Auflage 2019, München
Langen, Eugen/Bunte, Hermann-Josef (Hrsg.)	Kommentar zum deutschen und europäischen Kartellrecht in 2 Bänden, Bd. 2, 13. Auflage 2018, Köln (Zit.: *Bearbeiter*, in: Langen/Bunte, Kommentar Kartellrecht)
Loibl, Helmut	Europarecht – Das Skriptum, 3. Auflage 2005, Köln – Berlin – Bonn – München
Lorz, Ralph Alexander	Fallrepetitorium Europarecht, 2006, Berlin – Heidelberg
Maunz/Dürig	Siehe *Herzog, Roman/Scholz, Rupert/Herdegen, Matthias/Klein, Hans H. (Hrsg.)*
Maurer, Hartmut/Waldhoff, Christian	Allgemeines Verwaltungsrecht, 19. Auflage 2017, München
Musil, Andreas/Kirchner, Sören	Das Recht der Berliner Verwaltung, 4. Auflage 2017, Berlin – Heidelberg – New York
Münder, Johannes (Hrsg.)	Sozialgesetzbuch II – Grundsicherung für Arbeitsuchende, 6. Auflage 2017, Baden-Baden (Zit: *Bearbeiter*, in: Münder, SGB II)
Oppermann, Thomas/Classen, Claus Dieter/Nettesheim, Martin	Europarecht, 8. Auflage 2018, München
Palandt, Otto	Bürgerliches Gesetzbuch, 78. Auflage 2019, München
Schoch, Friedrich/Schneider, Jens-Peter/Bier, Wolfgang (Hrsg.)	Verwaltungsgerichtsordnung, Loseblattausgabe, Stand 35. EL September 2018, München (Zit.: *Bearbeiter*, in: Schoch/Schneider/Bier, VwGO)
Schenke, Wolf-Rüdiger	Verwaltungsprozessrecht, 16. Auflage 2019, Heidelberg
Schwartmann, Rolf/Jaspers, Andreas/Thüsing, Gregor/Kugelmann, Dieter (Hrsg.)	DS-GVO/BDSG (Heidelberger Kommentar zu Datenschutz-Grundverordnung und Bundesdatenschutzgesetz), 2018, Heidelberg (Zit.: *Bearbeiter*, in: Schwartmann/Jaspers/Thüsing/Kugelmann, DS-GVO)
Sodan, Helge/Ziekow Jan	Verwaltungsgerichtsordnung, 5. Auflage 2018, Baden-Baden
Steindorff, Ernst	EG-Vertrag und Privatrecht, 1996, Baden-Baden
Streinz, Rudolf	Europarecht, 10. Auflage 2016, Heidelberg

II. Sonstige ausgewählte Literatur zum Europarecht

1. Kommentare

von der Groeben, Hans/ Schwarze, Jürgen (Hrsg.)	Europäisches Unionsrecht: Vertrag über die Europäische Union – Vertrag über die Arbeitsweise der Europäischen Union – Charta der Grundrechte der Europäischen Union, 4 Bände, 7. Auflage 2015, Baden-Baden
Streinz, Rudolf (Hrsg.)	EUV/AEUV: Vertrag über die Europäische Union und Vertrag über die Arbeitsweise der Europäischen Union, 3. Auflage 2018, München

2. Gesamtdarstellungen, Lehrbücher, Grundrisse

Herdegen, Matthias	Europarecht, 20. Auflage 2018, München
Hobe, Stephan	Europarecht, 9. Auflage 2017, Köln – Berlin – Bonn – München
Ipsen, Hans Peter	Europäisches Gemeinschaftsrecht, 1972, Tübingen
Lecheler, Helmut/Gundel, Jörg	Einführung in das Europarecht, 2. Auflage 2003, München
Thiele, Alexander	Europäisches Prozessrecht, 2. Auflage 2014, München

3. Ausbildungsliteratur und Falllösungen

Arndt, Hans-Wolfgang/Fischer, Kristian/Fetzer, Thomas	Fälle zum Europarecht, 8. Auflage 2015, Heidelberg
Bieber, Roland/Epiney, Astrid/ Haag, Marcel	Europarecht – In Fragen und Antworten, 4. Auflage 2017, Baden-Baden
Hummer, Waldemar/Vedder, Christoph/Lorenzmeier, Stefan	Europarecht in Fällen, 7. Auflage 2019, Baden-Baden
Lorenzmeier, Stefan	Europarecht – Schnell erfasst, 5. Auflage 2016, Berlin – Heidelberg – New York

4. Textsammlungen

dtv (Beck-Texte)	Europa-Recht, 27. Auflage 2017, München
NomosTexte	Europarecht Textausgabe, 25. Auflage 2019, Baden-Baden
Sartorius II	Internationale Verträge – Europarecht (Loseblattausgabe, Stand 63. EL, Oktober 2018), München
Schwartmann, Rolf (Hrsg.)	Völker- und Europarecht, 11. Auflage 2018, Heidelberg

Einführung in die Konzeption des Buches

Das vorliegende Buch schließt eine Lücke in den Klausurbänden der Reihe „Schwerpunkte“. Es ist als Ergänzung zu dem Standardwerk von *Streinz* konzipiert. Die Besonderheit gegenüber den üblichen Fallbüchern zum Europarecht besteht darin, dass zwei Zielgruppen angesprochen werden sollen. Neben den Studierenden des Schwerpunkt- oder Wahlfachbereichs Internationales Recht/Europarecht, deren Bedürfnisse durch das Buch in vollem Umfang abgedeckt werden, sollen auch und insbesondere Pflichtfachstudierende mit ihm arbeiten können. Dadurch wird eine Lücke auf dem Markt für Ausbildungsliteratur geschlossen, da Pflichtfachstudierende oft kaum einschätzen konnten, in welchem Umfang das Europarecht im Rahmen der Prüfung relevant werden könnte.

In diesem Sinne möchte der **1. Teil** beiden angesprochenen Zielgruppen die Arbeitsmöglichkeiten mit dem Buch aufzeigen. Während das bei Schwerpunktstudierenden relativ einfach ist – sie können das Buch in vollem Umfang nutzen –, werden für Pflichtfachstudierende diejenigen Stoffgruppen vorgestellt, die in den entsprechenden Klausuren thematisiert werden können. Der 1. Teil endet mit einer detaillierten Arbeitsanleitung, die den Klausurerfolg im Europarecht sichern hilft.

Im **2. Teil** werden sodann auf abstrakter Ebene diejenigen Klausurkonstellationen dargestellt und besprochen, die im Unionsrecht relevant werden können. Es geht beispielsweise um die klassische „Grundfreiheiten-Klausur“ oder die „Richtlinien-Klausur“. Hier findet der Leser den allgemeinen Zugang zu klausurrelevanten Fallgestaltungen.

Den Kern des Buches bildet der Klausurteil im **3. Teil**. Er enthält 23 Klausuren, denen jeweils Leitentscheidungen des EuGH und anderer Gerichte zugrunde liegen. Der Bezug zu diesen Leitentscheidungen ist wichtig, weil sich auch Rechtsprechung und Literatur immer auf diese Fälle beziehen und sie die Anforderungen in der Prüfung maßgeblich bestimmen. Das Unionsrecht ist stark richterrechtlich geprägt, so dass die Kenntnis der maßgeblichen Entscheidungen und die Entwicklung der Rechtsprechung des EuGH sowie deren Umsetzung in nationales Recht für das Verständnis des Unionsrechts und die Falllösung unabdingbar sind. Entscheidungen des EuGH wurden – anders als bei deutschen Gerichten üblich – jedenfalls bis zum Inkrafttreten der DS-GVO grundsätzlich mit den vollen Namen der Beteiligten veröffentlicht. Daher sind wegweisende Urteile wie z.B. zur Warenverkehrsfreiheit (Dassonville, Keck), zur Arbeitnehmerfreizügigkeit (Bosmann) oder zur Staatshaftung (Francovich) unter dem Namen einer Partei bekannt geworden. Die vom EuGH, BVerfG etc. entschiedenen Fälle werden klausurtechnisch aufbereitet und um passende Problempunkte ergänzt, so dass jeweils komplette Klausuraufgaben entstehen. Die Verwendungsmöglichkeit als Prüfungsleistung wird jeweils im Rahmen der Vorüberlegungen zu jedem Fall erläutert. Auch die Verwendbarkeit als Schwerpunkt- oder Pflichtfachklausur wird dort noch einmal angesprochen. Ergänzt wird der Klausurteil an passender Stelle durch die entsprechenden Prüfungsschemata. Insbesondere die Grundfreiheiten und die Zulässigkeitsprüfungen beim EuGH können jeweils nach gleich bleibenden Schemata geprüft werden[1].

Der Band ist auf dem Stand von Mai 2019 und legt der Fallbearbeitung die Verträge (EUV[2] und AEUV[3]) in der Fassung des Vertrags von Lissabon zugrunde, der zum 1.12.2009 in Kraft trat[4]. Die ergänzende Angabe der Artikelnummern nach der Zählung im Vertrag von Nizza zum leichteren Verständnis älterer Entscheidungen wurde seit der 4. Auflage nicht mehr fortgeführt.

---

1 Zu den entsprechenden Prüfungsschemata siehe die Übersicht am Ende des 1. Teils unter D. (Rz. 32) und am Ende des 2. Teils unter C.

2 „Vertrag über die Europäische Union" (EUV), zuletzt mit Wirkung zum 1.7.2013 geändert durch die Akte über die Bedingungen des Beitritts der Republik Kroatien und die Anpassungen des Vertrags über die Europäische Union, des Vertrags über die Arbeitsweise der Europäischen Union und des Vertrags zur Gründung der Europäischen Atomgemeinschaft („EU-Beitrittsakte 2013") vom 9.12.2011 (ABl. 2012 Nr. L 112/21). Eine konsolidierte Fassung des EUV ist im ABl. 2016 Nr. C 202/13 abgedruckt.

3 „Vertrag über die Arbeitsweise der Europäischen Union" (AEUV, vor Lissabon: „Vertrag zur Gründung der Europäischen Gemeinschaft"), zuletzt mit Wirkung zum 1.1.2014 geändert durch Beschluss des Europäischen Rates vom 11.7.2012 (2012/419/EU) zur Änderung des Status von Mayotte gegenüber der Europäischen Union (ABl. 2012 Nr. L 204/131). Eine konsolidierte Fassung des AEUV ist im ABl. 2016 Nr. C 202/47 abgedruckt.

4 „Vertrag von Lissabon zur Änderung des Vertrags über die Europäische Union und des Vertrags zur Gründung der Europäischen Gemeinschaft" (ABl. 2007 Nr. C 306/1, berichtigt durch das Protokoll über die Berichtigung des Vertrags von Lissabon zur Änderung des Vertrags über die Europäische Union und des Vertrags zur Gründung der Europäischen Gemeinschaft, ABl. 2010 Nr. C 81/1). Zum Inkrafttreten des Vertrags von Lissabon siehe BGBl. II 2009, S. 1223 f. Allgemein zum Vertrag von Lissabon *Mayer*, JuS 2010, S. 189 ff., und *Herrmann*, JURA 2010, S. 161 ff. Insbesondere zum Urteil des BVerfG vom 30.6.2009 in Sachen Lissabon-Vertrag (2 BvE 2/08 u.a., BVerfGE 123, 267, NJW 2009, S. 2267 ff.) *Cremer*, JURA 2010, S. 296 ff., sowie *Schübel-Pfister/Kaiser*, JuS 2009, S. 767 ff.

1. Teil

Europarecht im Schwerpunktbereich und im Pflichtfach

A. Bedürfnisse der Schwerpunkt- und der Pflichtfachstudierenden

Das Europarecht wird als Prüfungsgegenstand im Rahmen der ersten und zweiten juristischen Prüfung immer wichtiger. Es verwundert daher nicht, dass es auch im Rahmen der universitären Ausbildung einen breiteren Raum einnimmt als früher. Nahezu jede Fakultät bietet Schwerpunkt- oder Wahlfachbereiche an, deren Gegenstand zumindest zum Teil das Europarecht ist. Europarecht meint hier vor allem das Europarecht im engeren Sinne, also das Recht der Europäischen Union. Zum Europarecht im weiteren Sinne gehört das Recht weiterer europäischer internationaler Organisationen wie dem Europarat, der EFTA und dem EWR[1], wobei davon im Folgenden allein die EMRK als wichtigste Konvention des Europarats eine Rolle spielt. 1

Aber nicht nur im Schwerpunktbereich ist das Europarecht von Bedeutung, sondern auch im Bereich der Pflichtfachausbildung. Das Deutsche Richtergesetz nennt in § 5a II ausdrücklich europarechtliche Bezüge als Teil des Pflichtkanons im Rahmen des Studiums. Die landesrechtlichen Ausbildungs- und Prüfungsordnungen konkretisieren diese Vorschrift. Dies führt für die Studierenden zu dem Problem, dass sie auch im Pflichtfach europarechtliche Grundkenntnisse erwerben müssen, aber nur selten wissen, was zu diesen Grundkenntnissen gehört. Hier möchte das vorliegende Buch Abhilfe schaffen, indem es diejenigen Themenfelder kennzeichnet, die auch im Pflichtfach verlangt werden können. Die entsprechenden Hinweise und Ausführungen finden sich im 3. Teil jeweils am Anfang eines Falles und im Rahmen der dortigen „Vorüberlegungen“. Außerdem werden die für die Pflichtfachausbildung maßgeblichen Themenfelder sogleich unter C. (Rn. 3 ff.) ausführlich dargestellt und unter D. (Rn. 32) zu einer konkreten „Arbeitsanleitung“ für Pflichtfachstudierende zusammengefasst, die auch auf die entsprechenden Passagen im Lehrbuch von *Streinz* verweist. Diese „Arbeitsanleitung“ enthält zudem eine Tabelle, in der die für das Pflichtfach relevanten Bereiche zusammengefasst werden. Dort findet sich auch eine Übersicht über die im Klausurteil enthaltenen Prüfungsschemata.

Auch der Aufbau des Klausurteils orientiert sich an den unterschiedlichen Bedürfnissen von Schwerpunkt- und Pflichtfachstudierenden. Anders als die gängigen Lehrbücher beginnt der Fallteil nicht mit den allgemeinen Lehren des Unionsrechts, sondern mit den Grundfreiheiten. Es folgen diejenigen Themengebiete, die auch im Pflichtfach relevant sein können. Zum Ende der Sammlung erfordern die Fälle immer speziellere Kenntnisse des Unionsrechts, die nur noch im Schwerpunktbereich verlangt werden

1 Siehe dazu *Streinz*, Europarecht, Rn. 1.

können. Schwerpunktstudierende haben nach dem Durcharbeiten aller Fälle einen Überblick über das examensrelevante Wissen im Europarecht. Studierende im Pflichtfach brauchen nur etwa zwei Drittel der Fälle zu bearbeiten, um das relevante Wissen zu beherrschen.

B. Themenbereiche im Rahmen der Schwerpunktbereichsausbildung

2 Die Anforderungen im Bereich der Schwerpunktausbildung sind mit Blick auf das Recht der Europäischen Union grundsätzlich umfassend. Insoweit kann auf den Inhalt des Lehrbuchs „Europarecht" von *Streinz* verwiesen werden. Der Stoff, der dort vermittelt wird, kann auch Gegenstand der Prüfung sein. Im Einzelnen sind bestimmte Stoffgruppen natürlich klausurrelevanter als andere. So liegt ein Schwerpunkt der Klausuren bei den Grundfreiheiten. Wissenslücken in diesem Bereich sollten vermieden werden. Umgekehrt kann vor allem in Bereichen, die stark durch Sekundärrecht geprägt sind, kein umfassendes Wissen verlangt werden. Das gilt beispielsweise für das Agrarrecht.

C. Themenbereiche im Rahmen der Pflichtfachausbildung

I. Themenkatalog

3 Für die Studierenden des Pflichtfachbereichs ist die Beantwortung der Frage von Interesse, welche Stoffgruppen aus dem Bereich des Europarechts auch im Pflichtfach geprüft werden können. Diese Frage kann nicht mit vollkommener Sicherheit beantwortet werden, da im Einzelnen in der Beurteilung durch die Prüfer und Prüfungsämter Differenzen bestehen. Es lassen sich aber näherungsweise bestimmte Themenfelder identifizieren, die mit Sicherheit gefordert werden können. Diese sollen im Folgenden skizziert werden. Es handelt sich dabei um die subjektive Einschätzung der Autoren, die keine Allgemeinverbindlichkeit beanspruchen kann, sondern langjähriger Beobachtung der Ausbildungspraxis entspringt.

Insbesondere handelt es sich um folgende Stoffgruppen:

- Grundlagen der EU, die Unionsorgane und ihre Handlungen (dazu sogleich II./Rn. 4)
- Grundfreiheiten und allgemeine Freizügigkeit (dazu sogleich III./Rn. 5 ff.)
- Europäische Grundrechte (dazu sogleich IV./Rn. 12)
- Verhältnis von nationalem Recht und Europarecht (dazu sogleich V./Rn. 13 ff.)
- Prozessuale Fragen bei Fällen mit Unionsrechtsbezug (dazu sogleich VI./Rn. 18 ff.)
- Richtlinien im innerstaatlichen Recht (dazu sogleich VII./Rn. 21 ff.)
- Unionsrechtliche Staatshaftung der Mitgliedstaaten (dazu sogleich VIII./Rn. 25)
- Verwaltungsvollzug und Unionsrecht (dazu sogleich IX./Rn. 26 ff.)

II. Grundlagen der EU, die Unionsorgane und ihre Handlungen

Fall 17; Streinz Rn. 86ff.

Die Hinweise in den Überschriften der nachfolgenden Darstellung beziehen sich auf die entsprechenden Fälle im Klausurteil bzw. die Randziffern im Europarechts-Lehrbuch von *Streinz.*

Die Grundlagen der EU sowie die Unionsorgane (Art. 13–19 EUV) und ihre Handlungen gehören zum Kern dessen, was auch der Pflichtfachstudierende wissen muss. Bevor Klausuren mit Einzelproblemen bewältigt werden können, muss Klarheit über die Struktur der EU, die auf Unionsebene maßgeblichen Akteure und ihr Verhältnis zu den Mitgliedstaaten bestehen. Die Organe der Union sind nach Art. 13 Abs. 1 EUV: 4

- das Europäische Parlament (Art. 14 EUV, Art. 223 ff. AEUV),
- der Europäische Rat (Art. 15 EUV, Art. 235 f. AEUV),
- der Rat (Art. 16 EUV, Art. 237 ff. AEUV),
- die Europäische Kommission („Kommission“, Art. 17 EUV, Art. 244 ff. AEUV),
- der Gerichtshof der Europäischen Union (Art. 19 EUV, Art. 251 ff. AEUV),
- die Europäische Zentralbank (EZB, Art. 13 III EUV, Art. 282 ff. AEUV) und
- der Rechnungshof (Art. 13 III EUV, Art. 285 ff. AEUV).

Die diesbezüglichen Fragen eignen sich allerdings mehr für mündliche Prüfungen im Pflichtfach, nicht so sehr für Klausursachverhalte. So wird etwa das komplexe Verfahren der Rechtsetzung in der Union kaum Gegenstand einer Klausuraufgabe im Pflichtfachexamen sein können. Im Schwerpunkt dagegen könnte das vereinfachte Verfahren zur Änderung der Verträge nach Art. 48 VI AEUV Teil einer Klausur werden, zumal es in der grundlegenden Entscheidung des EuGH zum ESM eine wesentliche Rolle spielt[2]. Auch das Verhältnis der Organe zueinander wirft häufig derart spezielle Fragen auf, dass ihre Kenntnis im Pflichtfachexamen nicht erwartet werden kann. Die oben genannten Fälle sind mit ihren Fragen daher vor allem an Schwerpunktstudierende adressiert. Im Ergebnis sind die hier zu lernenden Fakten zwar Grundlage alles Weiteren, nicht aber selbst Kerngegenstand der Pflichtfachprüfung auf dem Gebiet des Europarechts. Deshalb beginnt der Klausurteil dieses Buches auch nicht mit diesen institutionellen Fragen, sondern mit den Grundfreiheiten.

In den Fragenkreis „Grundlagen der Union“ bzw. des Unionsrechts lässt sich auch der sog. „Brexit“, d.h. der Austritt des Vereinigten Königreichs aus der Union, einreihen, der die EU spätestens seit der Volksabstimmung vom Juni 2016 vor allem politisch in Atem hält. Zwar gilt laut der ehemaligen britischen Premierministerin Theresa May „Brexit means brexit“, aber *what that exactly means* war zumindest bei Abschluss des Manuskripts im Juni 2019 noch offen und das Vereinigte Königreich noch Unionsmitglied. Der ursprünglich für den 29. März 2019 geplante Brexit sollte nunmehr spätestens im Oktober 2019 erfolgen[3].

---

2 EuGH vom 27.11.2012, Rs. C-370/12, ECLI:EU:C:2012:756, NJW 2013, S. 29 ff., Thomas Pringle./.Governement of Ireland, Ireland und The Attorney General.

3 Vgl. Art. 1 des Beschlusses (EU) 2019/584 des Europäischen Rates, im Einvernehmen mit dem Vereinigten Königreich gefasst, vom 11.4.2019 (ABl. 2019 Nr. L 101/1), dazu *Priebe*, EuZW 2019, S. 356.

In juristischer Hinsicht ist vor allem auf das Wightman-Urteil des EuGH vom 10.12.2018 hinzuweisen[4]. Auf Vorlage des schottischen *Court of Session* ging es um die Frage, ob, unter welchen Bedingungen und mit welchen Rechtsfolgen die Mitteilung über den beabsichtigten Austritt (Art. 50 II 1 EUV) zurückgenommen werden kann. Der EuGH kam zu dem Ergebnis, dass die Mitteilung einseitig, d.h. ohne Zustimmung der EU oder der übrigen Mitgliedstaaten, zurückgenommen werden könne, solange ein Austrittsabkommen noch nicht in Kraft getreten sei. Sei kein Austrittsabkommen geschlossen worden, so könne der Austritt solange erklärt werden, wie die Zwei-Jahres-frist oder jede andere Fristverlängerung des Art. 50 III EUV noch nicht abgelaufen sei. Die Rücknahmeentscheidung müsse einem demokratischen Prozess folgen und mit den Anforderungen des nationalen Verfassungsrechts übereinstimmen. Die eindeutige und unbedingte Entscheidung müsse dem Europäischen Rat schriftlich mitgeteilt werden. Das Widerrufsrecht spiegele die souveräne Entscheidung eines Mitgliedstaats wider, diesen Mitgliedsstatus zu behalten, der durch die Austrittserklärung weder aufgeschoben noch abgeändert worden sei. Der EuGH betont, dass infolge der Rücknahmeerklärung der Mitgliedstaat seinen ursprünglichen Status unverändert behalte und der Austrittsprozess damit beendet werde[5]. Das Urteil ist - abgesehen von der konkreten Fragestellung aus aktuellem Anlass - vor allem auch deswegen lesenswert, weil es in den Rn. 44 ff. grundlegende Aussagen zum Charakter und zur Auslegung des Unionsrecht enthält.

III. Grundfreiheiten und allgemeine Freizügigkeit

1. Allgemeines

Streinz Rn. 809ff.

5 Die Grundfreiheiten der Art. 28 ff. AEUV bilden den Kernbestand dessen, was in Klausuraufgaben im Pflichtfachexamen gefordert werden kann. Sie lassen sich unproblematisch in jede öffentlich-rechtliche, aber auch zivilrechtliche Fallgestaltung integrieren. Dies hat seinen Grund darin, dass die Grundfreiheiten auch innerstaatlich unmittelbar gelten und dem nationalen Gesetzesrecht im Rang vorgehen. So kann es zur Unanwendbarkeit einer nationalen Rechtsnorm kommen, wenn sie mit Grundfreiheiten kollidiert. Die Anwendung der Grundfreiheiten setzt allerdings voraus, dass die in Rede stehende Maßnahme einen grenzüberschreitenden Bezug aufweist. Rein innerstaatliche Sachverhalte liegen grundsätzlich außerhalb des Anwendungsbereichs der Grundfreiheiten[6].

4 EuGH vom 10.12.2018, Rs. C-621/18, ECLI:EU:C:2018:999, NVwZ 2019, S. 143 ff., Wightman u.a./.Secretary of State for Exiting the European Union. Dazu zust. *Thiele*, EuR 2019, S. 263 ff., sowie *Ruffert*, JuS 2019, S. 407 ff., ablehnend *Brauneck* EuZW 2019, S. 20 ff., und differenzierend *Kämmerer* NVwZ 2019, S. 129 ff. Siehe zum Brexit außerdem *Heber*, EuR 2017, S. 581 ff., *Thiele*, EuR 2016, S. 281 ff., und *Michl*, NVwZ 2016 S. 1565 ff. Zu einem deutschen EU-Austritt aus Sicht des GG s. *Groß*, EuR 2018, S. 387 ff., sowie bei *Thiele*, EuR 2016, S. 281 ff., 292 ff.

5 Vgl. *Brauneck*, EuZW 2019, S. 20 ff., 21 m.w.N.

6 *Cremer*, JURA 2015, S. 39 ff, 43.

Bei der Anwendung der Grundfreiheiten ist immer darauf zu achten, ob bereits eine unionsrechtliche Harmonisierung durch Richtlinien oder Verordnungen erfolgt ist. Gibt es bereits sekundäres Unionsrecht (Richtlinien, Verordnungen), das bestimmte nationale Vorschriften vereinheitlicht, so ist das nationale Gesetz vorrangig an diesem und nicht an den Grundfreiheiten zu messen. Dies entspricht der Vorgehensweise im deutschen Recht, nach der Rechtsfälle in der Regel anhand der einfachen Gesetze und Verordnungen und nicht unmittelbar nach dem Grundgesetz entschieden werden, sofern es sich nicht um spezielle verfassungsrechtliche Fragen handelt. Allerdings kann in einer Pflichtfachklausur nicht die Kenntnis von speziellem Sekundärrecht erwartet werden, so dass der Aufgabensteller hier entsprechende Hinweise geben müsste. So sind beispielsweise bei den Fällen 11 und 12 Auszüge aus den maßgeblichen Richtlinien abgedruckt.

Im Einzelnen sind die folgenden Grundfreiheiten relevant:

2. Warenverkehrsfreiheit, Art. 28 ff., 34 AEUV

Fälle 1, 2, 9, 17 und 22; Streinz Rn. 883 ff.
Prüfungsschema: Wiederholung und Vertiefung zu Fall 1 (Rn. 86)

Die Warenverkehrsfreiheit kann zum einen durch Zölle und Abgaben, zum anderen **6**
durch mengenmäßige Beschränkungen und Maßnahmen gleicher Wirkungen i.S.d. Art. 34 AEUV eingeschränkt werden. In der Klausur ist vor allem die letztere Fallgruppe von Bedeutung, weshalb Zölle und Abgaben im Folgenden keine Rolle spielen. Die Prüfung von mengenmäßigen Beschränkungen und Maßnahmen gleicher Wirkung wird vor allem im Zusammenhang mit nationalen Produktvorschriften, aber auch Werbe- und Vertriebsbeschränkungen relevant. In der Regel geht es dabei um Beschränkungen bei der Einfuhr, d.h. durch den Staat, in dem die Waren verkauft oder genutzt werden sollen[7].

Beispiele: Reinheitsgebot für Bier, Schutz von Produktbezeichnungen wie „Thüringer Rostbratwurst", Vorschriften gegen irreführende Werbung, Werbeverbote, Ladenschlussregelungen.

Für die Prüfung von Einschränkungen der Warenverkehrsfreiheit und deren Rechtfertigung hat der EuGH insbes. in den Entscheidungen Dassonville, Cassis de Dijon, Keck und Kommission./.Italien (Kradanhänger) eine differenzierte Rspr. entwickelt, die auch im Pflichtfach beherrscht werden muss.

3. Arbeitnehmerfreizügigkeit, Art. 45 AEUV

Fälle 5 und 8; Streinz Rn. 926 ff.
Prüfungsschema: Wiederholung und Vertiefung zu Fall 5 (Rn. 203)

7 Zu Ausfuhrbeschränkungen (Art. 35 AEUV) s. *Streinz*, Europarecht, Rn. 906 ff., und aus der jüngeren Rspr. insbes. EuGH vom 21.6.2016, Rs. C-15/15, ECLI:EU:C:2016:464, EuZW 2016, S. 717 ff., New Valmar BVBA./.Global Pharmacies Partner Health Srl, dazu *Kainer/Herzog*, EuR 2018, S. 405 ff., *Ruffert* JuS 2017, S. 1035 ff., *Brigola*, EuZW 2017, S. 5 ff., sowie als Klausurfall *Motzkus*, JuS 2018, S. 1226 ff.

7 Mit den Vorschriften über die Arbeitnehmerfreizügigkeit und dem dazu ergangenen Sekundärrecht, insbesondere der VO (EU) Nr. 492/2011 vom 5.4.2011 über die Freizügigkeit der Arbeitnehmer innerhalb der Union[8], können vor allem nationale Einreise- und Aufenthaltsbestimmungen, aber auch Vorschriften über soziale Vergünstigungen oder steuerliche Belastungen für Arbeitnehmer in Widerspruch geraten.

Beispiele: Aufenthaltsgesetz, Arbeitslosengeld, Steuervorschriften für Arbeitnehmer, die nach dem Wohnort differenzieren (dazu Fall 5).

Zu prüfen ist immer, ob der Betreffende „Arbeitnehmer" i.S.d. Arbeitnehmerfreizügigkeit oder eine Person ist, die (insbes. nach der VO (EU) Nr. 492/2011, ggf. auch in Verbindung mit der RL 2004/38/EG[9]) Rechte als Familienangehöriger eines Arbeitnehmers geltend machen kann. Ist das nicht der Fall, leitet der EuGH in jüngerer Zeit verstärkt vergleichbare Rechte auch aus dem allgemeinen Freizügigkeitsrecht gem. Art. 21 AEUV ab (siehe sogleich unter 7./Rn. 11).

4. Niederlassungsfreiheit, Art. 49 AEUV

Fälle 3, 4, 6 und 7; Streinz Rn. 938 ff.
Prüfungsschema: Wiederholung und Vertiefung zu Fall 3 (Rn. 140)

8 Die Niederlassungsfreiheit bildet das Pendant zur Arbeitnehmerfreizügigkeit im Bereich der Selbstständigen. Wer sich dauerhaft in einem anderen Mitgliedstaat niederlassen will, kann sich auf Art. 49 AEUV berufen. Wie Art. 45 AEUV gewährt die Niederlassungsfreiheit nicht nur das Recht zum bloßen Aufenthalt, sondern zahlreiche Begleitrechte. An ihrem Maßstab sind auch nationale Vorschriften zu messen, die den Zugang zu bestimmten Berufen reglementieren.

Beispiele: Aufenthaltsgesetz, berufliches Standesrecht, Handwerksordnung (dazu Fall 3).

Gemäß Art. 54 AEUV gilt die Niederlassungsfreiheit auch für Gesellschaften. Dies hat zur Folge, dass auch das internationale Gesellschafts- und Steuerrecht in den Blickpunkt des Unionsrechts gerät. Hier können im Rahmen der Pflichtfachprüfung aber nur Grundkenntnisse erwartet werden.

Beispiele: Grenzüberschreitende Sitzverlegung von Gesellschaften (dazu Fall 7), Internationales Steuerrecht.

---

8 VO (EU) Nr. 492/2011 des Europäischen Parlaments und des Rates vom 5.4.2011 über die Freizügigkeit der Arbeitnehmer innerhalb der Union (ABl. 2011 Nr. L 141/1), zuletzt geändert durch VO (EU) 2016/589 des Europäischen Parlaments und des Rates vom 13.4.2016 (ABl. 2016 Nr. L 107/1). Ältere Entscheidungen beziehen sich insoweit auf die Vorgänger-Verordnung, die VO (EWG) Nr. 1612/68 des Rates vom 15.10.1968 über die Freizügigkeit der Arbeitnehmer innerhalb der Gemeinschaft, die von der VO (EU) Nr. 492/2011 abgelöst wurde.

9 RL 2004/38/EG des Europäischen Parlaments und des Rates vom 29.4.2004 über das Recht der Unionsbürger und ihrer Familienangehörigen, sich im Hoheitsgebiet der Mitgliedstaaten frei zu bewegen und aufzuhalten (ABl. 2004 Nr. L 158/77), deutsche Fassung berichtigt in ABl. 2004 Nr. L 229/35 und ABl. 2007 Nr. L 204/28, geändert durch VO (EU) Nr. 492/2011 des Europäischen Parlaments und des Rates vom 5.4.2011 (ABl. 2011 Nr. L 141/1). Siehe dazu *Streinz*, Europarecht, Rn. 929, sowie zum Begriff der Familienangehörigen § 3 FreizügG/EU.

5. Dienstleistungsfreiheit, Art. 56 AEUV

Fälle 3, 4, 16, 17 und 22; Streinz Rn. 943 ff.
Prüfungsschema: Wiederholung und Vertiefung zu Fall 3 (Rn. 139)

Die Dienstleistungsfreiheit stellt im Rahmen der Personenverkehrsfreiheiten die subsidiäre Auffangfreiheit dar. Zunächst muss daher immer besonders geprüft werden, ob eine andere Grundfreiheit zur Anwendung kommt. Der Anwendungsbereich der Dienstleistungsfreiheit liegt vor allem bei den selbstständigen Tätigkeiten, die – in Abgrenzung zu einer auf Dauer angelegten Niederlassung[10] – nur vorübergehend über die Grenze eines Mitgliedstaats hinaus erbracht werden. Diese Tätigkeiten werden vom Unionsrecht in weitem Umfang gewährleistet, so dass mitgliedstaatliche Vorschriften häufig an Art. 56 AEUV zu messen sind. In der Praxis lassen sich vier Hauptformen der Dienstleistungsfreiheit unterscheiden: Die „aktive" Dienstleistungsfreiheit, bei der der Dienstleistende die Grenze überschreitet, die „passive" Dienstleistungsfreiheit, bei der der Dienstleistungsempfänger die Grenze überschreitet, und die sog. „Korrespondenzdienstleistungen", bei der nur die Dienstleistung selbst die Grenze überschreitet. Die vierte Form bilden die sog. „auslandsbedingten" Dienstleistungen, bei denen sich der Dienstleistende und der Empfänger in einen dritten Mitgliedstaat begeben oder bei denen sich nur der Dienstleistende im Auftrag des anderen in einen dritten Mitgliedstaat begibt[11]. 9

Beispiele: Beschränkungen grenzüberschreitender Handwerker- und Bauleistungen (dazu Fall 3), Anbieten von Glücksspielen über das Internet (dazu Fall 4), Beschränkungen der grenzüberschreitenden Inanspruchnahme von Dienstleistungen wie Versicherungen, Bankdienstleistungen, Heilbehandlungen usw.

Die Dienstleistungsfreiheit ist zwar eine Personenverkehrsfreiheit, korrespondiert aber insbesondere mit der Warenverkehrsfreiheit, weil sie nicht-verkörperte Leistungen in ihren Anwendungsbereich aufnimmt, während körperliche Gegenstände als „Waren" von Art. 34 AEUV erfasst werden. Werden Dienstleistungen und Waren gemeinsam angeboten, beispielsweise durch einen Handwerker, der Küchenmöbel liefert und diese auch einbaut, ist im Einzelfall danach abzugrenzen, ob sich die Leistungen trennen lassen (dann Zuordnung der einzelnen Leistungen zu den verschiedenen Grundfreiheiten) oder so unlösbar miteinander verbunden sind, dass eine solche Trennung nicht möglich ist (dann Zuordnung zu einer Grundfreiheit nach dem Schwerpunkt der Tätigkeit)[12].

---

10 Dieses Merkmal lässt sich jedenfalls dann zur Abgrenzung von der Dienstleistungsfreiheit heranziehen, wenn die Betroffenen selbst die Grenze überqueren und eine Niederlassung in einem anderen Mitgliedstaat etablieren wollen. Im konkreten Einzelfall muss die Prüfung unter Berücksichtigung von Dauer, Häufigkeit, regelmäßiger Wiederkehr und Kontinuität der Tätigkeit erfolgen, wobei es keine festen zeitlichen Vorgaben für den Aufenthalt im anderen Mitgliedstaat gibt. Siehe dazu z.B. *Haratsch/Koenig/Pechstein*, Europarecht, Rn. 979; *Kluth*, in Calliess/Ruffert, AEUV, Art. 56, 57, Rn. 15, je m.w.N., sowie BVerfG vom 4.12.2013, 2 BvE 6/13, BVerfGE 134, 239, Rn. 7.

11 Siehe dazu *Streinz*, Europarecht, Rn. 944, und *Haratsch/Koenig/Pechstein*, Europarecht, Rn. 1030.

12 Siehe dazu *Haratsch/Koenig/Pechstein*, Europarecht, Rn. 1024, und *Dittert*, Europarecht, S. 255.

6. Kapital- und Zahlungsverkehrsfreiheit, Art. 63 AEUV

Streinz Rn. 956ff.
Prüfungsschema: Wiederholung und Vertiefung zu Fall 3 (Rn. 141)

10 Die letzte der Grundfreiheiten des AEUV ist die Kapital- und Zahlungsverkehrsfreiheit. Während die Zahlungsverkehrsfreiheit nur Ergänzungsfunktion zu den anderen Grundfreiheiten besitzt, kommt der Kapitalverkehrsfreiheit ein eigenständiger Schutzbereich zu. Die Kapitalverkehrsfreiheit ist erst durch den Vertrag von Maastricht im Jahr 1993 zur gleichwertigen Grundfreiheit aufgestiegen und seither vor allem für den grenzüberschreitenden Wirtschaftsverkehr immer wichtiger geworden, insbesondere als Maßstab für das Internationale Steuerrecht und das Gesellschaftsrecht. Daher gewinnt sie seit einigen Jahren auch in der Praxis des EuGH zunehmend an Bedeutung. Für die Ausbildung spielt sie dagegen nach wie vor nur eine untergeordnete Rolle, so dass sich die folgenden Ausführungen nicht näher mit ihr befassen und ihr auch kein eigener Fall gewidmet wurde.

7. Allgemeine Freizügigkeit und Diskriminierungsverbot, Art. 18 und 21 AEUV

Fälle 8, 19, 22 und 23; Streinz Rn. 1012ff.

11 In den letzten Jahren hat die allgemeine Freizügigkeit gem. Art. 21 AEUV an Bedeutung gewonnen. Das im Zusammenhang mit der Unionsbürgerschaft geschaffene Freizügigkeitsrecht besaß neben den Grundfreiheiten der Art. 28 ff. AEUV zunächst keine eigenständige Bedeutung. Der EuGH begann allerdings, aus der Freizügigkeit im Zusammenspiel mit dem allgemeinen Diskriminierungsverbot (Art. 18 AEUV) Rechte abzuleiten, die all jenen zugute kommen sollten, die sich nicht auf die klassischen Grundfreiheiten berufen können. Das gilt insbesondere für die Personengruppen der Studierenden und der Rentner, die nicht zu den „Arbeitnehmern" i.S.d. Art. 45 AEUV zählen. Mittlerweile reicht dem EuGH Art. 21 AEUV als alleinige Anspruchsgrundlage aus. Betroffen sind vor allem mitgliedstaatliche Vorschriften, die einerseits die Einreise behindern, andererseits soziale Vergünstigungen für Nicht-Begünstigte der Personenverkehrsfreiheiten versagen. In Deutschland werden die Einreise und der Aufenthalt von Unionsbürgern u.a. durch das „Gesetz über die allgemeine Freizügigkeit von Unionsbürgern (FreizügG/EU)" geregelt[13].

13 Vom 30.7.2004, BGBl. I 2004 S. 1950, zuletzt geändert durch Art. 6 des Gesetzes vom 20.7.2017, BGBl. I 2017, S. 2780.

Beispiele: Studienbeihilfen nur für Inländer (dazu Fall 8), steuerliche Diskriminierung bei der Altersvorsorge, ALG II für EU-Ausländer (dazu Fall 23) und Sozialhilfe für Obdachlose[14].

IV. Europäische Grundrechte

Fälle 9, 10, 17 und 20; Streinz Rn. 748ff.

Das zweite wichtige Themenfeld für Pflichtfachstudierende bilden die Grundrechte des europäischen Unionsrechts. Sie wurden ursprünglich entwickelt, um im Kompetenzstreit des Europäischen Gerichtshofs mit einigen Verfassungsgerichten der Mitgliedstaaten eine Lösung zu finden. Es ging darum, Grundrechtsverbürgungen zu schaffen, an die auch die Unionsorgane gebunden sind. Mittlerweile werden die Grundrechte auch in anderen Konstellationen relevant, etwa wenn die Mitgliedstaaten Unionsrecht vollziehen, oder als Korrektiv bzw. Schranke bei der Anwendung der Grundfreiheiten. **12**

Beispiele: Grundrechtswidrigkeit von Verordnungen, Autobahn-Blockade (dazu Fall 9), Bananenmarktordnung (dazu Fall 10).

Durch den Vertrag von Lissabon wurden die Unionsgrundrechte auf eine neue Grundlage gestellt[15]. Gemäß Art. 6 I EUV erkennt die Union die Rechte, Freiheiten und Grundsätze der Grundrechte-Charta der Union (GRC)[16] an. Diese Charta und die Verträge (EUV und AEUV, s. Art. 1 III EUV) sind nunmehr rechtlich gleichrangig (vgl. Art. 6 I Hs. 2 EUV). Außerdem ordnet Art. 6 II 1 EUV den Beitritt der EU zur EMRK an[17]. Und nach Art. 6 III EUV sind die Grundrechte, wie sie in der EMRK gewährleistet sind und wie sich aus den gemeinsamen Verfassungsüberlieferungen der Mitgliedstaaten ergeben, Teil des Unionsrechts.

Die EMRK aus dem Jahr 1950 ist die wichtigste Konvention im Rahmen des 1949 gegründeten Europarats, dem derzeit 47 Mitglieder angehören, darunter alle Mitgliedstaaten der EU. In Deutsch-

---

14 Ein weiteres Beispiel betrifft das Verhältnis des Unions- zum Völkerrecht, wenn derjenige, der sich auf die allgemeine Freizügigkeit beruft, gleichzeitig ein hervorgehobener Repräsentant eines Mitgliedstaats ist. Der EuGH hatte dazu im Fall des ungarischen Staatspräsidenten zu entscheiden, dem die Einreise in die Slowakei verweigert worden war (EuGH vom 16.10.2012, Rs. C-364/10, ECLI:EU:C:2012:630 (JURIS), Ungarn./.Slowakische Republik. Siehe dazu *Ruffert*, JuS 2013, 87 ff., sowie als Übungsfall *Krätzschmar/Nastoll*, JURA 2014, S. 63 ff. Die Entscheidung ist auch deshalb von Interesse, weil sie in einem der bisher sehr raren Verfahren gemäß Art. 259 AEUV erging, bei dem sich Mitgliedstaaten untereinander eine Vertragsverletzung vorwerfen. Ein weiteres Verfahren dieser Art bildet der Streit um die PKW-Maut zwischen Österreich und Deutschland (s. Fall 22).

15 Siehe dazu *Mayer*, JuS 2010, S. 189 ff., 192, sowie *Herrmann*, JURA 2010, S. 161 ff., 166. Instruktiv zu den europäischen Grundrechten auch *Uerpmann-Wittzack*, JURA 2014, S. 916 ff., *Manger-Nestler/Noack*, JuS 2013, S. 503 ff., *Winter*, NZA 2013, S. 473 ff., *Landau/Trésoret*, DVBl. 2012, S. 1329 ff. und *Kizil*, JA 2011, S. 277 ff.

16 Vom 7.12.2000, ABl. 2000 Nr. C 364/1. Siehe dazu *Streinz*, Europarecht, Rn. 55, 64 und 749 ff., sowie *Weiß*, EuZW 2013, S. 287 ff., und *Lenaerts*, EuR 2012, S. 3 ff.

17 Bei Abschluss des Manuskripts im Juni 2019 war dieser Beitritt allerdings noch nicht erfolgt. Siehe dazu zugleich unten.

land ist sie am 3.9.1953 in Kraft getreten und hat dort den Rang eines (einfachen) Gesetzes[18]. Mit dem Europäischen Gerichtshof für Menschenrechte (EGMR, Art. 19 ff. EMRK) mit Sitz in Straßburg verfügt sie über ein eigenes Gericht. Vor dem Inkrafttreten des Vertrags von Lissabon und der Verbindlichkeit der GRC hat der EuGH die EMRK schon seit den 1970er Jahren als wichtige Rechtserkenntnisquelle für den Grundrechtsschutz im damaligen Gemeinschaftsrecht herangezogen, da ab 1974 alle EG- bzw. EU-Mitgliedstaaten zugleich auch Mitglieder der EMRK waren (siehe dazu sogleich unten)[19]. Wichtige Impulse der EMRK für das deutsche Rechte gaben z.B. die nach Caroline von Monaco benannte sog. „Caroline-Rspr." zum Recht am eigenen Bild bzw. zum Recht auf Achtung des Privat- und Familienlebens (Art. 8 EMRK) und die Entscheidungen zur strafrechtlichen (nachträglichen) Sicherungsverwahrung (Art. 5 und 7 EMRK)[20]. Zudem ist das Streikverbot für deutsche Beamte vor dem Hintergrund des Art. 11 EMRK in Frage gestellt, vom BVerfG aber bestätigt worden[21].

Wie die verschiedenen Verbürgungen aus Art. 6 EUV zueinander stehen, ist noch nicht abschließend geklärt (siehe aber Art. 52 GRC)[22]. Bei der Anwendung der Grundrechte aus der GRC, EMRK und den gemeinsamen Verfassungsüberlieferungen kann als Faustformel gelten, dass Schutzbereich, Eingriffe und Rechtfertigung nach ähnlichen Maßstäben gehandhabt werden wie im nationalen Recht[23]. Es bestehen indes auch Unterschiede, die hier nicht im Einzelnen nachvollzogen werden können.

Bis zum Inkrafttreten des Lissabon-Vertrages ergab sich hinsichtlich der europäischen Grundrechte noch ein ganz anderes Bild, das für das Verständnis älterer Entscheidungen wenigstens grob skizziert werden soll. Zwar hatte der EuGH schon früh die Notwendigkeit eines europäischen Grundrechtsschutzes erkannt. So stellte er bereits 1970 in der Rechtssache „Internationale Handelsgesellschaft" fest[24]: „Die Beachtung der Grundrechte gehört zu den allgemeinen Rechtsgrundsätzen, deren Wahrung der Gerichtshof zu sichern hat. Die Gewährleistung dieser Rechte muss zwar von den gemeinsamen Verfassungsüberlieferungen der Mitgliedstaaten getragen sein, sie muss sich aber auch in die Struktur und die Ziele der Gemeinschaft einfügen.". Die Grund-

18 Siehe dazu ausführlich *Streinz*, Europarecht, Rn. 78 ff.

19 *Uerpmann-Wittzack*, JURA 2014, S. 916 ff., 923.

20 Siehe dazu *Uerpmann-Wittzack*, JURA 2014, S. 916 ff., sowie allgemein zur EMRK *Braasch*, JuS 2013, S. 602 ff. Grundlegend zur innerstaatlichen Geltung der EMRK in Deutschland BVerfG vom 26.3.1987, 2 BvR 589/79, BVerfGE 74, 358, 370 (Unschuldsvermutung), BVerfG vom 14.10.2004, 2 BvR 1481/04, BVerfGE 111, 307, 315 ff. (Görgülü), und BVerfG vom 20.6.2012, 2 BvR 1048/11, BVerfGE 131, 268, 295 (Sicherungsverwahrung).

21 BVerfG vom 12.6.2018, 2 BvR 1738/12 u.a., BVerfGE 148, 296, NVwZ 2018, S. 1121 ff., *Eifert*, JURA 2018, S.1067, zust. *Hebeler*, JA 2018, S. 634 ff., kritisch dagegen *Wienbracke*, EuZW 2018, S. 653 ff. Im Ergebnis ebenso BVerwG vom 26.2.2015, 2 B 6/15, NVwZ 2015, S. 811 ff., und vom 27.2.2014, 2 C 1/13, BVerwGE 149, 117, NVwZ 2014, S. 736. Siehe dazu *Spitzlei/Schneider*, JA 2019, S. 9 ff., *Zornow*, JuS 2018, S. 1079 ff. (Referendarexamensklausur), *Jäkel*, ZjS 2018, S. 459 ff., *Stuttmann*, NVwZ 2018, S. 1136 ff., *Hufen*, JuS 2018, S. 1111 ff., *ders.*, JuS 2016, S. 88 ff., *Manssen*, JURA 2015, S. 835 ff., *Aust/Gutmann*, JURA 2015, S. 282 ff., *Michaelis*, JA 2015, S. 121 ff., *Hufen*, JuS 2014, S. 670 ff., *Schaks*, JuS 2014, S. 630 ff., und *Hebeler*, JA 2014, S. 718 ff.

22 Vgl. *Ziegenhorn*, NVwZ 2010, S. 803 ff., 808.

23 Siehe dazu *Manger-Nestler/Noack*, JuS 2013, S. 503 ff.

24 EuGH vom 17.12.1970, Rs. C-11/70, Slg. 1970, I-1125, NJW 1971, S. 343 ff., Internationale Handelsgesellschaft mbH./.Einfuhr- und Vorratsstelle für Getreide und Futtermittel. Ähnlich auch schon zuvor EuGH vom 12.11.1969, Rs. C-29/69, Slg. 1969 I-419, Erich Stauder./.Stadt Ulm – Sozialamt.

rechte des Unionsrechts waren allerdings nicht kodifiziert, die GRC war nicht verbindlich. Der EMRK durfte die EU nicht beitreten, da dies vor der Einfügung des heutigen Art. 59 II EMRK durch das am 1.6.2010 in Kraft getretene Protokoll Nr. 14 zur EMRK nur Mitgliedern des Europarats, also Staaten, vorbehalten war[25]. Somit bestand das Problem, den Inhalt und die Schranken der europäischen Grundrechte zu ermitteln. Um der Bindung der EG an den Grundsatz der Rechtsstaatlichkeit Genüge zu tun, sah sich der EuGH gehalten, Gemeinschaftsgrundrechte im Wege der Rechtsfortbildung als allgemeine Rechtsgrundsätze des Primärrechts zu entwickeln[26]. Im Laufe der Zeit hat er für nahezu alle Lebensbereiche Grundrechtsverbürgungen statuiert, die denen des Grundgesetzes vergleichbar sind[27]. Auf der Grundlage dieser Rspr. ordnete der Vertrag von Maastricht über die Europäische Union vom 7.2.1992 in Art. 6 II an, dass die Grundrechte aus den gemeinsamen Verfassungsüberlieferungen der Mitgliedstaaten und der EMRK herzuleiten sind. Im Ergebnis entstand auf diese Weise ein Grundrechtskanon, der dem des Grundgesetzes ähnlich ist[28].

Die Verbindlichkeit der GRC führt dazu, dass sie seit 2009 auch in der Rspr. des EuGH eine zunehmende Rolle spielt. Dies gilt z.B. für den Datenschutz nach Art. 7 und 8 GRC[29], aber auch für den Anspruch auf effektiven Rechtsschutz gem. Art. 47 GRC[30] oder die Frage der Drittwirkung von Art. 27 GRC im Arbeitsrecht[31]. Zudem wirft die Anwendung der GRC insbes. hinsichtlich der Reichweite der Grundrechtsbindung der Mitgliedstaaten nach Art. 51 I GRC neue Fragen auf[32]. Hier könnten zukünftig wieder verstärkt Konflikte zwischen dem EuGH und dem BVerfG hinsichtlich der Grundrechtskontrolle von nationalen Maßnahmen auftreten, die durch die Solange-Rspr. zumindest für die Praxis geklärt schienen.

Unklar ist gegenwärtig auch, ob und zu welchen Bedingungen die EU der EMRK beitritt bzw. überhaupt beitreten kann. Mit seinem gem. Art. 218 XI AEUV erstatteten Gutachten kam der EuGH zu dem Schluss, dass das geplante Beitrittsabkom-

---

25 *Streinz*, JuS 2015, S. 567 ff., 567.

26 Vgl. *Streinz*, Europarecht, Rn. 456 ff., 748 ff.

27 Siehe die Zusammenstellung bei *Streinz*, Europarecht, Rn. 786 ff. m.w.N.

28 Näher *Dittert*, Europarecht, S. 279 ff.

29 Siehe dazu Fall 20 (Urteile „facebook./.Schrems" und „google").

30 Siehe dazu EuGH vom 4.6.2013, Rs. C-300/11, ECLI:EU:C:2013:363, NVwZ 2013, S. 1139 ff., ZZ./.Secretary of State for the Home Department, und EuGH vom 18.3.2013, verb. Rs. C-584/10 P, C-593/10 P und C-595/10 P, ECLI:EU:C:2013:518, Europäische Kommission u.a./.Yassin Abdullah Kadi – Kadi II, sowie *Wiater*, JuS 2015, S. 788 ff., *Zündorf*, JURA 2014, S. 616 ff., *Streinz*, JuS 2014, S. 376 ff. und *ders.*, JuS 2014, S. 282 ff.

31 Siehe dazu EuGH vom 15.1.2014, Rs. C-176/12, ECLI:EU:C:2014:2, NZA 2014, S. 193 ff., Association de médiation sociale./.Union locale des syndicats CGT, Hichem Laboubi, Union départementale CGT des Bouches-du-Rhône und Confédération générale du travail (CGT), mit Anm. *Ogorek* JA 2014, S. 638 ff.

32 Grundlegend EuGH vom 26.2.2013, Rs. C-617/10, ECLI:EU:C:2013:105, NJW 2013, S. 1415 ff., Åklagare./.Hans Åkerberg Fransson, bestätigt durch EuGH vom 13.6.2013, Rs. C-45/12, ECLI:EU:C:2013:390 (JURIS), Rn. 56, Office national d'allocations familiales pour travailleurs salariés (ONAFTS)./.Radia Hadj Ahmed. Ausführlich dazu *Peters*, JURA 2014, S. 752 ff., 756 f., und *Ogorek*, JuS. 2013, S. 956 ff. Siehe dazu unten im 2. Teil unten unter B. II. 2.

men[33] nicht mit Art. 6 II EUV und dem Protokoll (Nr. 8) zu Art. 6 II EUV vereinbar ist[34].

Auf absehbare Zeit ist der Beitritt der EU zur EMRK und damit die Erfüllung der Verpflichtung aus Art. 6 II EUV blockiert[35].

Bei der Anwendung der europäischen Grundrechte kann als Beobachtung festgehalten werden, dass der EuGH dazu neigt, Maßnahmen der Unionsorgane an milderen Maßstäben zu messen als mitgliedstaatliche Maßnahmen. Das ist zwar vor dem Hintergrund der integrationspolitischen Zielsetzung verständlich, mit Blick auf die dogmatische Konsistenz und Akzeptanz des Unionsrechts langfristig aber nicht hinnehmbar[36].

Eine mit den europäischen Grundrechten zusammenhängende Frage betrifft die Anwendbarkeit der Grundrechte des Grundgesetzes auf Fälle mit Unionsrechtsbezug. Diese Frage ist seit Jahrzehnten stark umstritten und wird sogleich unter V. 3./Rn. 15 behandelt.

V. Verhältnis von nationalem Recht und Europarecht

1. Allgemeines

Fälle 6, 10, 11, 12, 13 und 23; Streinz Rn. 194 ff.

13 Einen weiteren wichtigen Themenschwerpunkt im Rahmen der Pflichtfachprüfung kann das Verhältnis von nationalem Recht und Europarecht bilden[37]. Hier muss in mehrfacher Hinsicht differenziert werden. Zunächst ist es wichtig, die Grundzüge des Verhältnisses beider Rechtsordnungen zu beherrschen.

Dieses Verhältnis kann aber auch konkrete Problemkonstellationen hervorbringen, die klausurrelevant sind. Im Einzelnen kann wie folgt differenziert werden:

- Unionsrecht und einfaches nationales Recht (dazu sogleich 2./Rn. 14)
- Sekundäres Unionsrecht und Grundrechte des Grundgesetzes (dazu sogleich 3./Rn. 15)
- Ultra-vires-Akte bzw. ausbrechende Rechtsakte des Unionsrechts (dazu sogleich 4./Rn. 16)
- Primäres Unionsrecht und Grundgesetz (dazu sogleich 5./Rn. 17)

---

33 Ausführlich zum Entwurf des Beitrittsabkommens *Polakiewicz*, EuGRZ 2013, S. 472 ff.

34 EuGH vom 18.12.2014, Gutachten 2/13, ECLI:EU:C:2014:2454 (JURIS), EMRK-Beitritt II. Siehe dazu *Streinz*, Europarecht, Rn. 764, *Aust*, EuR 2017, S. 106 ff., *Streinz*, JuS 2015, S. 567 ff., *Epiney*, NVwZ 2015, S. 704 ff., 706 f., *Wendel*, NJW 2015, S. 921 ff., *Tomuschat*, EuGRZ 2015, S. 133 ff., *Breuer*, EuR 2015, S. 330 ff., *Thym*, EuZW 2015, S. 180 ff., *Grabenwarter*, EuZW 2015, S. 180 ff., sowie (noch vor dem EuGH-Gutachten) *Uerpmann-Wittzack*, JURA 2014, S. 916 ff., 924.

35 *Streinz*, Europarecht, Rn. 764, ähnlich *Oppermann/Classen/Nettesheim*, Europarecht, § 17 Rn. 40, bzw. *Dittert*, Europarecht, S. 287 (Beitritt ist „zeitnah nicht zu erwarten", bzw. „in weite Ferne gerückt").

36 Siehe dazu *Streinz*, Europarecht, Rn. 782/783, sowie bei Fall 10 Rn. 330.

37 Ausführlich dazu *Ehlers*, JURA 2011, S. 187 ff., und *Schöbener*, JA 2011, S. 885 ff. Zusammenfassend aus Sicht des EuGH ders. vom 10.12.2018, Rs. C-621/18, ECLI:EU:C:2018:999, NVwZ 2019, S. 143 ff., 146, Rn. 44 f Wightman u.a. ./.Secretary of State for Exiting the European Union.

2. Unionsrecht und einfaches nationales Recht

Fälle 6, 10, 11, 12, 13 und 23; Streinz Rn. 204ff.

Diese Fallgruppe ist relativ unproblematisch zu lösen, weil nach allen vertretenen Auffassungen ein Vorrang des Unionsrechts vor nationalem Recht besteht. Allerdings fragt sich, ob die entsprechenden Unionsrechtsakte auch unmittelbar anwendbar sind, also innerstaatlich von Behörden und Gerichten wie nationales Recht zu beachten sind. Das ist bei Primärrecht und Verordnungen uneingeschränkt zu bejahen, bei Richtlinien dagegen problematisch (siehe dazu sogleich unter VII./Rn. 21 ff.). **14**

Mit Blick auf den sog. „Brexit" hat der EuGH festgestellt, dass die Mitteilung eines Mitgliedstaats über seine Absicht, gemäß Art. 50 EUV aus der Union auszutreten, nicht die Aussetzung der Anwendung des Unionsrechts in diesem Mitgliedstaat bewirkt. Folglich bleiben die unionsrechtlichen Vorschriften in diesem Staat bis zu seinem tatsächlichen Austritt aus der Union vollumfänglich in Kraft[38].

3. Sekundäres Unionsrecht und Grundrechte des Grundgesetzes

Fall 10 und 12; Streinz Rn. 244ff.

In der Frage nach dem Verhältnis von sekundärem Unionsrecht und den Grundrechten des Grundgesetzes liegt ein klausurrelevantes Problemfeld, das auch von Pflichtfachstudierenden beherrscht werden muss. Während das BVerfG es früher für möglich hielt, auch Gemeinschaftsrechtsakte an den Grundrechten des Grundgesetzes zu messen („Solange I" vom 29.5.1974), übt es seine diesbezügliche Kompetenz seit seiner „Solange II"-Entscheidung aus dem Jahr 1986 grundsätzlich nicht mehr aus[39]. Gleichwohl flammt mit jeder neuen brisanten Entscheidung der Unionsorgane der Streit in der Literatur wieder auf. **15**

Beispiele: Solange-Rspr. des BVerfG, Bananenmarktordnung-Beschluss des BVerfG (dazu Fall 10).

4. Ultra-vires-Akte bzw. ausbrechende Rechtsakte des Unionsrechts

Fall 12; Streinz Rn. 228ff.

Mit der soeben geschilderten Konstellation verwandt ist das sog. „Ultra vires"-Handeln der Organe der EU. Die Erfassung dieser Fallgruppe mit den Begriff *ultra vires* ist seit dem Lissabon-Urteil des BVerfG[40] üblich[41]. Der Begriff löst den aus dem Völkerrecht stammenden früheren Sprachgebrauch vom „ausbrechenden Rechtsakt" ab, ohne dass sich in der Sache etwas geändert hat[42]. Hier geht es um Maßnahmen der Unionsorgane, **16**

38 EuGH vom 19.9.2018, Rs. C-327/18 PPU, ECLI:EU:C:2018:733 (JURIS), Rn. 45, Europäischer Haftbefehl gegen RO.
39 Siehe dazu ausführlich unten bei Fall 10.
40 BVerfG vom 30.6.2009, 2 BvE 2/08 u.a., BVerfGE 123, 267, NJW 2009, S. 2267 ff.
41 *Schöbener*, JA 2011, S. 885 ff., 890.
42 *Schöbener*, JA 2011, S. 885 ff., 890.

die nach Lesart des innerstaatlichen Rechts nicht von der Kompetenzübertragung an die EU (bzw. früher auch die EG) gedeckt sind. Denn die Organe dürfen nur im Rahmen der Verbandskompetenz der EU sowie ihrer eigenen Organkompetenz tätig werden. Überschreiten sie diese Grenzen, so handeln sie „ultra vires", also außerhalb ihres rechtlichen Dürfens[43]. In einem solchen Fall könnte das BVerfG diese Rechtsakte für unbeachtlich erklären[44]. Es prüft im Rahmen der Ultra-vires-Kontrolle, ob Maßnahmen von Organen, Einrichtungen und sonstigen Stellen der EU die Grenzen des demokratisch legitimierten Integrationsprogramms nach Art. 23 I 2 GG offensichtlich und in strukturell bedeutsamer Weise überschreiten und dadurch gegen den Grundsatz der Volkssouveränität verstoßen. Die Ultra-vires-Kontrolle leitet sich aus Art. 79 III GG ab und ist zurückhaltend und europarechtsfreundlich auszuüben[45]. Auch diese Fallgruppe muss Pflichtfachstudierenden geläufig sein. Das Vorliegen eine Ultra-vires-Aktes wurde vom BVerfG u.a. im Zusammenhang mit der Auslegung des Unionsrechts durch den EuGH zur Bindung der Mitgliedstaaten an die GRC (Fall Åkerberg Fransson) bzw. im Urteil zum OMT-Programm der EZB problematisiert, im Ergebnis aber jeweils abgelehnt[46].

Beispiele: Dienst von Frauen in bewaffneten Verbänden der Bundeswehr[47] (dazu Fall 12 der Vorauflage), Honeywell-Beschluss des BVerfG[48], Antiterrordatei-Urteil des BVerfG, OMT-Urteil des BVerfG.

5. Primäres Unionsrecht und Grundgesetz

Streinz, Rn. 228ff.

17 Verstößt primäres Unionsrecht gegen das Grundgesetz, so kann dies vor dem BVerfG gerügt werden. Prüfungsmaßstab sind vor allem die Art. 23 I und 79 III GG (sog. Identitätskontrolle), aber auch Abgeordnetenrechte aus Art. 38 I GG. Auch dieser Fall kann Gegenstand einer Pflichtfachklausur sein.

Beispiele: Urteile des BVerfG zu den Verträgen von Maastricht bzw. Lissabon[49].

---

43 *Schöbener*, JA 2011, S. 885 ff., 890.

44 Zur Vorlagepflicht, wenn ein Fachgericht von der Kompetenzüberschreitung eines EU-Organs ausgeht, siehe FG Hamburg vom 15.7.2014, 3 K 207/13, EFG 2015, S. 1315 ff., Rn. 178.

45 BVerfG vom 21.6.2016, 2 BvR 2728/13 u.a., BVerfGE 142, 123, NJW 2016, S. 2473 ff., 2475, Rn. 121 ff. m.w.N. Siehe dazu auch *Kadelbach*, JURA 2017, S. 940 ff., *Ruffert*, JuS 2016, S. 756 ff., *Kingreen*, JURA 2016, S. 1225, *Eifert/Gerberding*, JURA 2016, S. 628 ff., 632, und *Schwerdtfeger*, EuR 2015, S. 290 ff.; kritisch *Classen*, EuR 2016, S. 529 ff., und *Manger-Nestler*, NJ 2016, S. 353 ff.; als Klausurfall *Schiffbauer*, JuS 2017, S. 1190 ff.

46 Siehe dazu unten Rn. 39.

47 EuGH vom 11.1.2000, Rs. C-285/98, Slg. 2000, I-69, BB 2000, S. 204 ff., Tanja Kreil./.Bundesrepublik Deutschland.

48 BVerfGE 126, 286, NJW 2010, S. 3422 ff. Der Beschluss setzt sich mit der Mangold-Entscheidung des EuGH (EuGH vom 22.11.2005, Rs. C-144/04, Slg. 2005, I-9981, Werner Mangold./.Rüdiger Helm, s. dazu *Streinz*, Europarecht, Rn. 1183/1184) auseinander und befasst sich ausführlich mit dem Umfang und Grenzen einer Ultra-vires-Kontrolle durch das BVerfG. Siehe dazu ausführlich *Michels*, JA 2012, S. 515 ff., *Hillgruber*, JA 2011, S. 78 ff., *Mayer/Walter*, JURA 2011, S. 532 ff., und *Schöbener*, JA 2011, S. 885 ff., 890.

49 BVerfGE 89, 155, NJW 1993, S. 3047 ff. (Maastricht), BVerfGE 123, 267, NJW 2009, S. 2267 ff. (Lissabon). Knapp, aber instruktiv zur Übertragbarkeit von Hoheitsrechten und deren Grenzen *Voßkuhle/Kaufhold*, JuS 2013, S. 309 ff.

VI. Prozessuale Fragen bei Fällen mit Unionsrechtsbezug

Von besonderem Gewicht sind auch die prozessualen Fragen im Zusammenhang mit Unionsrecht. Hier ist zu beachten, dass das Unionsrecht sowohl von den Gerichten der Union – EuGH, Gericht[50] sowie seit dem Vertrag von Lissabon auch den Fachgerichten des Gerichtshofs – als auch von den Gerichten der Mitgliedstaaten anzuwenden ist. Prozessuale Fragen werden also im Unionsrecht und im nationalen Recht relevant. 18

1. Rechtsschutz vor europäischen Gerichten

Fälle 10, 14, 17, 18, 21 und 22; Streinz Rn. 621 ff.

Der Rechtsschutz vor europäischen Gerichten ist grundsätzlich nur gegen Akte der Unionsorgane zulässig. Das führt dazu, dass Einzelpersonen in der Regel der Zugang zu diesen Gerichten versperrt ist, weil das Unionsrecht in der Mehrzahl der Fälle von nationalen Behörden vollzogen wird[51]. Im Pflichtfach sind von den Studierenden nur Grundkenntnisse der wichtigsten Klagearten vor dem EuGH und dem Gericht (und nach dem Vertrag von Lissabon auch den Fachgerichten) zu erwarten. Prüfungsschemata zu den wichtigsten Verfahrensarten (Vorabentscheidungsverfahren, Vertragsverletzungsverfahren, Nichtigkeitsklage, Untätigkeitsklage und Schadensersatzklage) sind am Ende des 2. Teils unter C. abgedruckt (Rn. 55). 19

2. Rechtsschutz vor nationalen Gerichten, Vorabentscheidungsverfahren

Fälle 1, 2, 3, 6, 7, 8, 10, 11, 12, 15, 16 und 20; Streinz Rn. 693 ff., 715 ff.
Prüfungsschema Vorabentscheidungsverfahren unten im 2. Teil C. (Rn. 55)

Wichtiger sind im Pflichtfach die Verfahren vor nationalen Gerichten. Dies können Verfahren vor allen Sparten der Gerichtsbarkeit sein, da es in allen innerstaatlichen Streitigkeiten auf unionsrechtliche Fragen ankommen kann. Insbesondere die Grundfreiheiten sorgen dafür, dass das Unionsrecht mittlerweile alle Bereiche des Rechtslebens durchdrungen hat. 20

Die Zuordnung des Unionsrechts zum Öffentlichen Recht bringt es allerdings mit sich, dass in den meisten Klausuren auch eine öffentlich-rechtliche Einkleidung gewählt wird. Hier können dann alle Verfahrens- und Klagearten vorkommen, die die VwGO vorsieht.

Besonderheiten, die aus dem Europarecht herrühren, sind insbes. mit dem Vorabentscheidungsverfahren gem. Art. 267 AEUV verbunden. Gemäß Art. 267 I AEUV entscheidet der Gerichtshof im Wege der Vorabentscheidung über die Auslegung der Verträge und über die Gültigkeit und die Auslegung der Handlungen der Organe, Einrichtungen oder sonstigen Stellen der Union. Die Auslegungsbefugnis bezieht sich über die „Handlungen

50 Durch den Vertrag von Lissabon wurde die Bezeichnung „Gericht erster Instanz“ durch „Gericht“ ersetzt, vgl. Art. 19 I AEUV. Siehe dazu *Mayer*, JuS 2010, S. 189 ff., 191.

51 Siehe dazu *Streinz*, Europarecht, Rn. 582 ff.

der Organe“ auch auf das gesamte von den Rechtsetzungsorganen der EU erlassene Sekundärrecht. Der Gerichtshof kontrolliert somit die ordnungsgemäße Anwendung des Unionsrechts durch die Organe der Union und durch die Mitgliedstaaten. Er hat diesbezüglich ein Auslegungs- und Verwerfungsmonopol[52]. Die mitgliedstaatlichen Gerichte (einschließlich des BVerfG[53]) können oder müssen dem EuGH Unionsrecht zur Vorabentscheidung vorlegen, um in dem ihnen vorliegenden innerstaatlichen Fall entscheiden zu können. Es ist daher wichtig, die Voraussetzungen der Vorlage und der Vorlagepflicht zu kennen, da dies auch in Klausuren relevant werden kann[54]. Ein Gericht[55] kann auch vorlegen, wenn es bereits im Wege der konkreten Normenkontrolle gem. Art. 100 I GG das BVerfG angerufen hat[56].

Ein Verstoß gegen die Vorlagepflicht kann zu einem Entzug des gesetzlichen Richters i.S.d. Art. 101 I 2 GG führen und daher nach deutschem Recht gem. Art. 93 I Nr. 4a i.V.m. Art. 101 I 2 GG im Wege der Verfassungsbeschwerde überprüft werden[57]. Dies dient mittelbar auch der innerstaatlichen Durchsetzung der Vorlagepflicht[58]. Auf der europäischen Ebene stellt die pflichtwidrige Nichtvorlage zudem eine Vertragsverletzung dar, die gemäß Art. 258 AEUV gerügt werden kann. Die Kommission hielt sich bislang allerdings sehr zurück, die Einhaltung der Vorlagepflicht durch die mitgliedstaatlichen Gerichte im Wege des Vertragsverletzungsverfahrens zu überwachen[59]. Das hat sich jüngst mit einem Verfahren gegen Frankreich geändert, in dem der EuGH festgestellt hat, dass der *Conceil d'État* seiner Vorlagepflicht nicht nachgekommen ist[60].

---

52 *Mächtle*, JuS 2014, S. 508 ff., 509. Lesenswert zur Rezeption der europäischen Rspr. bzw. zum Einfluss der nationalen Sprachen, Rechtskulturen und Traditionen auf die Auslegung des Unionsrechts *Michl*, EuR 2018, S. 456 ff., bzw. *Hatje/Mankowski*, EuR 2014, S. 155 ff.

53 Erstmals BVerfG vom 14.1.2014, 2 BvR 2728/13 u.a., BVerfGE 134, 366, NJW 2014, S. 907 ff., OMT. Das BVerfG selbst bezeichnet diesen Beschluss auf seiner Homepage als „Meilenstein“, siehe www.bundesverfassungsgericht.de/DE/Das-Gericht/Zeitstrahl/zeitstrahl_node.html (abgerufen am 28.6.2019). Siehe dazu *Streinz*, Europarecht. Rn. 1161, *Kramer/Hinrichsen*, JuS 2015, S. 673 ff., 676, *Ludwigs* NVwZ 2015, S. 537 ff., *Hillgruber*, JA 2014, S. 635 ff., *Gött*, EuR 2014, S. 514 ff., *Ruffert*, JuS 2014, S. 373 ff., *Mayer*, EuR 2014, S. 473 ff., und *Herrmann*, EuZW 2014, S. 161 ff. Inzwischen gab es – ebenfalls im Zusammenhang mit der „Euro-Rettung“ – einen weiteren: BVerfG vom 18.7.2017, 2 BvR 859/15 u.a., BVerfGE 146, 216, PSPP, dazu *Kingreen*, JURA 2018, S.103, *Ruffert*, JuS 2017, S. 1229 ff., und *Ludwigs*, NJW 2017, S. 3563 ff., entschieden durch EuGH vom 11.12.2018, C-493/17, ECLI:EU:C:2018:1000, NJW 2019, S. 907 ff., Heinrich Weiss u.a., dazu *Ruffert* JuS 2019, S. 181 ff.

54 Siehe ausführlich unten Rn. 35.

55 Dazu FG Hamburg vom 19.11.2013, Az. 4 K 122/13 (JURIS), dazu (noch vor der Entscheidung des EuGH) *Lüdicke/Roth*, DStR 2014, S. 504 ff. Ausführlich zur Normenkontrolle gemäß Art. 100 GG siehe *Michael*, ZJS 2014, S. 356 ff., 362 f.

56 EuGH vom 4.6.2015, Rs. C-5/14, ECLI:EU:C:2015:354, NVwZ 2015, S. 1122 ff., Rn. 39, Kernkraftwerke Lippe-Ems GmbH./.Hauptzollamt Osnabrück; im Ergebnis ebenso *Lüdicke/Roth*, DStR 2014, S. 504 ff., 508, sowie zum italienischen Recht EuGH vom 20.12.2017, Rs. C-322/16, E ECLI:EU:C:2017:985, EuZW 2018, S. 279 ff. (mit Anm. *Gindler* S. 284 ff.), Rn. 39 f. m.w.N., Global Starnet Ltd./.Ministero dell'Economia e delle Finanze, Amministrazione Autonoma Monopoli di Stato. Vgl. dazu außerdem BVerfG vom 21.3.2018, 1 BvF 1/13, NJW 2018, S. 2109 ff., Rn. 22.

57 Siehe dazu unten unter V. 3. Rn. 46 und Fall 13.

58 Siehe dazu *Streinz*, Europarecht, Rn. 727.

59 Siehe dazu *Streinz*, Europarecht, Rn. 726, *Dittert*, Europarecht, S. 150, und ausführlich *Payandeh*, JuS 2019, S. 82 ff., 83, je m.w.N.

60 EuGH vom 4.10.2018, Rs. C-416/17, ECLI:EU:C:2018:811, EuZW 2018, S. 1038 ff., Rn. 100 ff., Kommission./.Frankreich, mit Anm. *Kaufmann* a.a.O, S. 1046 f., und *Payandeh*, JuS 2019, S. 82 ff.

Im Rahmen des einstweiligen Rechtsschutzes ist ein weiteres Einflussgebiet des Unionsrechts auf das nationale Prozessrecht zu finden. Der EuGH hat die Voraussetzungen, unter denen nationale Gerichte Rechtsakte vorläufig außer Vollzug setzen können, wenn einstweiliger Rechtsschutz im Zusammenhang mit potentiell rechtswidrigen Unionsrechtsakten gesucht wird, abschließend festgelegt (dazu Fall 15). Die Bearbeiter müssen diese Modifikationen des nationalen Prozessrechts kennen.

VII. Richtlinien im innerstaatlichen Recht

1. Allgemeines

Fälle 11 und 12; Streinz Rn. 477ff.

Besonders wichtig auch in Pflichtfachklausuren sind die von der Union erlassenen Richtlinien (Art. 288 III AEUV). Sie beeinflussen das nationale Recht dadurch, dass sie durch nationale Gesetze umgesetzt werden müssen. Nach der Umsetzung bleiben sie zudem für die Auslegung und Anwendung der Gesetze relevant[61]. Doch auch schon vor der Umsetzung können sie innerstaatliche Wirkung entfalten, insbesondere dann, wenn sie nicht fristgerecht umgesetzt wurden. 21

Es sind verschiedene Problembereiche zu unterscheiden:

- Folgen bei nicht erfolgter Richtlinienumsetzung (dazu sogleich 2./Rn. 22)
- Probleme nach erfolgter Richtlinienumsetzung (dazu sogleich 3./Rn. 23)
- Staatshaftung der Mitgliedstaaten bei nicht erfolgter oder fehlerhafter Richtlinienumsetzung (dazu sogleich 4./Rn. 24)

2. Folgen bei nicht erfolgter Richtlinienumsetzung

Fall 11; Streinz Rn. 477ff., 509ff.

Richtlinien sind gem. Art. 288 III AEUV grundsätzlich an die Mitgliedstaaten gerichtet und daher nicht innerstaatlich anwendbar, bevor sie umgesetzt wurden. Gleichwohl hat der EuGH ihnen in bestimmten Fällen eine innerstaatliche Wirkung zugesprochen, um die Befolgung der Umsetzungsverpflichtung durch die Mitgliedstaaten zu sanktionieren. So ist nationales Recht immer im Lichte des Wortlauts und des Zwecks der Richtlinie, also richtlinienkonform, auszulegen[62]. Dies bezieht sich nicht nur auf das speziell zur Umsetzung der Richtlinie erlassene Recht, sondern auf das gesamte nationale Recht im Regelungsbereich der Richtlinie[63]. Sehr umstritten ist allerdings, ob die Pflicht zur 22

61 Siehe dazu *Leenen*, JURA 2012, S. 753 ff.

62 EuGH vom 8.10.1987, Rs. 80/86, Slg. 1987, 3969, Rn. 12, Strafverfahren gegen Kolpinghuis Nijmegen BV, EuGH vom 12.10.1993, Rs. C-37/92, Slg. 1993, I-4947, Rn. 7, Strafverfahren gegen J. Vanacker und A. Lesage, st. Rspr.

63 Siehe dazu *Streinz*, Europarecht, Rn. 503, *Ruffert*, in Calliess/Ruffert, AEUV, Art. 288, Rn. 77, *Herresthal*, JuS 2014, S. 289 ff., 290, und *Tonikidis*, JA 2013, S. 598 ff., 599, je m.w.N.

richtlinienkonformen Auslegung erst mit dem Ablauf der Umsetzungsfrist oder schon früher, etwa mit dem Erlass der Richtlinienbestimmung, beginnt[64]. Ist die Umsetzungsfrist verstrichen, ohne dass eine Umsetzung erfolgt ist, so können sich Einzelne unter bestimmten Voraussetzungen auf die Bestimmungen der Richtlinie berufen. Sie ist dann unmittelbar anwendbar. Eine solche Fallgestaltung, in der eine richtlinienkonforme Auslegung[65] verlangt wird oder die unmittelbare Wirkung zu prüfen ist, kann auch im Pflichtfachexamen Gegenstand der Prüfung sein[66]. Zu möglichen Schadensersatzansprüchen bei nicht erfolgter Umsetzung siehe sogleich unter 4. (Rn. 24).

3. Probleme nach erfolgter Richtlinienumsetzung

Fall 13; Streinz Rn. 502ff.

23 Noch prüfungsrelevanter ist die Konstellation, in der zwar eine Umsetzung erfolgt ist, diese aber möglicherweise nicht vollständig den Anforderungen der Richtlinie entspricht. Auch hier ist zunächst an eine richtlinienkonforme Auslegung zu denken. Kommt eine solche nicht in Betracht, so ist wiederum nach Möglichkeiten der unmittelbaren Wirkung der Richtlinie zu fragen. Wegen der Anknüpfung an existierendes nationales Recht liegt in dieser Fallgruppe ein entscheidender und für Prüfungszwecke gut verwendbarer Schnittpunkt zwischen nationalem Recht und Unionsrecht. In diesem Bereich gilt besonders, dass jedes Rechtsgebiet europarechtlich beeinflusst sein kann, weil Richtlinien zu nahezu jedem Themenfeld ergehen und für nahezu jeden Lebensbereich relevant sind. Zu möglichen Schadensersatzansprüchen bei ungenügender Umsetzung siehe sogleich unter 4. (Rn. 24).

4. Staatshaftung der Mitgliedstaaten bei nicht erfolgter oder fehlerhafter Richtlinienumsetzung

Fall 11; Streinz Rn. 510ff.

24 In den beiden zuvor genannten Konstellationen ist es über die bereits genannten Folgen hinaus möglich, dass die nicht erfolgte oder fehlerhafte Richtlinienumsetzung für den betreffenden Mitgliedstaat haftungsrechtliche Konsequenzen hat. Der EuGH statuiert unter bestimmten Voraussetzungen eine entsprechende Staatshaftung (dazu sogleich VIII./Rn. 25).

---

64 Siehe dazu *Streinz*, Europarecht, Rn. 507, *Ruffert*, in Calliess/Ruffert, AEUV, Art. 288, Rn. 80, *Herresthal*, JuS 2014, S. 289 ff., 290, und *Tonikidis*, JA 2013, S. 598 ff., 599, je m.w.N.

65 Siehe dazu *Kühling*, JuS 2014, S. 481 ff., *Hecker*, JuS 2014, S. 385 ff., *Herresthal*, JuS 2014, S. 289 ff., *Tonikidis*, JA 2013, S. 598 ff., und *Leenen*, JURA 2012, S. 753 ff.

66 Der Unterschied zwischen der „richtlinienkonformen Auslegung“ und der „unmittelbaren Wirkung“ besteht darin, dass bei unmittelbaren Wirkung die Richtlinie selbst betrachtet wird, während es bei der richtlinienkonformen Auslegung um die Auslegung einer nationalen Rechtsnorm geht.

VIII. Unionsrechtliche Staatshaftung der Mitgliedstaaten

Fälle 2 und 11; Streinz Rn. 461 ff., 510 ff.
Prüfungsschema Schadensersatzklage unten im 2. Teil C. (Rn. 55)

Der Europäische Gerichtshof hat in seiner berühmten Francovich-Entscheidung[67] erstmals eine mitgliedstaatliche Haftung für die Verletzung von Unionsrecht (damals noch Gemeinschaftsrecht) statuiert. Diese Rspr. stieß seinerzeit auf scharfe Kritik, weil es keine ausdrückliche Rechtsgrundlage für diese Rechtsfortbildung im EG-Vertrag gab. Mittlerweile ist die unionsrechtliche Staatshaftung der Mitgliedstaaten allerdings allgemein anerkannt. **25**

Sie tritt in zwei Konstellationen auf. Die erste betrifft die Verletzung von unmittelbar anwendbarem Unionsrecht, insbesondere von Primärrecht. Verletzt beispielsweise ein Mitgliedstaat durch sein Verhalten eine Grundfreiheit, so kommt ein unionsrechtlicher Staatshaftungsanspruch des Geschädigten in Betracht. Der EuGH hat hierfür eine Reihe von Voraussetzungen statuiert. Noch nicht abschließend geklärt ist indes, welche Rolle das nationale Haftungsrecht (in Deutschland also insbes. Art. 34 GG und § 839 BGB) im Rahmen des unionsrechtlichen Anspruchs spielt (dazu Fall 11).

Beispiele: Reinheitsgebot für Bier[68], Staatshaftung für judikatives Unrecht (dazu Fall 2).

Die zweite Konstellation betrifft die fehlerhafte (insbes. verspätete oder unvollständige) Richtlinienumsetzung. Anhand dieser Fallgruppe wurde der Staatshaftungsanspruch ursprünglich entwickelt (Fall Francovich, siehe oben). Auch hier kommen unter bestimmten Voraussetzungen Haftungsansprüche in Betracht.

Beispiele: Francovich-Rspr., Pauschalreiserichtlinie[69], ehemalige Haustürwiderrufsrichtlinie (dazu Fall 11).

Mittlerweile ist die unionsrechtliche Modifikation des Staatshaftungsrechts allgemein anerkannt und fester Bestandteil des Stoffkanons im Recht der staatlichen Ersatzleistungen. Pflichtfachstudierende sollten die geschilderten Fallgruppen also kennen und anwenden können.

---

67 EuGH vom 19.11.1991, verb. Rs. C-6/90 und C-9/90, Slg. 1991, I-5357, NJW 1992, S. 165 ff., Francovich, Bonifaci u.a./.Italienische Republik.

68 EuGH vom 5.3.1996, verb. Rs. C-46/93 und C-48/93, Slg. 1996, I-1029, NJW 1996, S. 1267 ff., Brasserie du Pêcheur SA./.Bundesrepublik Deutschland u. The Queen./.Secretary of State for Transport, ex parte: Factortame Ltd u.a.

69 EuGH vom 8.10.1996, verb. Rs. C-178/94, C-179/94, C-188/94, C-189/94 und C-190/94, Slg. 1996, I-4845, NJW 1996, S. 3141 ff., Erich Dillenkofer u.a./.Bundesrepublik Deutschland.

IX. Verwaltungsvollzug und Unionsrecht

1. Allgemeines

Fälle 14 und 15; Streinz Rn. 582ff.

26 Im Bereich des Verwaltungsvollzugs liegt ein weiterer Schwerpunkt europarechtlicher Einwirkung auf das nationale Recht. Das Handeln der Unionsorgane ist vor allem auf Rechtsetzung, nicht auf Vollzug gerichtet. Unionsrecht bedarf daher des Vollzugs durch die Mitgliedstaaten. Man spricht von indirektem Vollzug. Die Union kann sich nicht ohne Weiteres darauf verlassen, dass dieser Vollzug ordnungsgemäß durchgeführt wird. Deshalb hat insbesondere der EuGH Modifikationen des nationalen Verwaltungsrechts statuiert.

Im Einzelnen handelt es sich um folgende Fallgruppen:

- Rückforderung unionsrechtswidriger Subventionen (dazu sogleich 2./Rn. 27)
- Sonstige Fragen der Bestandskraft von Verwaltungsakten (dazu sogleich 3./Rn. 28)
- Fragen des einstweiligen Rechtsschutzes (dazu sogleich 4./Rn. 29)
- Vorgaben für die Anordnung der sofortigen Vollziehbarkeit einer Maßnahme (dazu sogleich 5./Rn. 30)
- Modifikationen bei Ermessensentscheidungen (dazu sogleich 6./Rn. 31)

2. Rückforderung unionsrechtswidriger Subventionen

Streinz Rn. 611ff.

27 Einen der bereits klassischen Fälle unionsrechtlicher Einwirkung auf das Verwaltungsrecht bildet die Rückforderung unionsrechtswidriger Subventionen. Hier hat der EuGH zwei Grundsätze entwickelt, den Grundsatz der Effektivität (auch „Effektivitätsgebot") und den Grundsatz der Äquivalenz (auch „Äquivalenzgebot" bzw. Grundsatz der Gleichwertigkeit, früher: Diskriminierungsverbot)[70]. Der Unionsrechtsvollzug darf nicht schlechter funktionieren als der Vollzug nationalen Rechts und muss effektiv sein. Diese Grundsätze durchzieht die Rspr. des Gerichtshofs in vielen Fällen. Für die Rückforderung von Subventionen bedeutet das, dass die §§ 48, 49 VwVfG in weitem Umfang modifiziert werden, wenn Unionsrecht umgesetzt wird. Insbesondere Fragen des Vertrauensschutzes werden vom Unionsrecht anders bewertet als im nationalen Recht.

Beispiel: Rückforderung unionsrechtswidriger Beihilfen[71].

---

70 Siehe dazu *Streinz*, Europarecht, Rn. 604 ff., sowie aus der jüngeren Rspr. ausführlich EuGH vom 24.10.2018, C-234/17, ECLI:EU:C:2018:853, EuZW 2019, S. 82 ff., Strafverfahren gegen XC, YB und ZA, mit Anm. *Buckler* a.a.O. S. 87 f., und *Streinz*, JuS 2019, S. 502 ff.

71 Siehe dazu EuGH vom 20.3.1997, Rs. C-24/95 Slg. 1997, I-1591, NJW 1998, S. 47 ff., Land Rheinland-Pfalz./.Alcan Deutschland GmbH, sowie allgemein zu Beihilfen *Faßbender*, JuS 2016, S. 538 ff., *Ebeling/Tellenbröker*, JuS 2014, S. 217 ff., und *von Carnap-Bornheim*, JuS 2013, S. 215 ff.

3. Sonstige Fragen der Bestandskraft von Verwaltungsakten

Fall 14; Streinz Rn. 617ff.

Fragen der Bestandskraft von Verwaltungsakten stellen sich aber auch in anderen Fällen 28 mit Unionsrechtsbezug. So fragt sich, ob das Unionsrecht die Bestandskraft von nationalen Verwaltungsakten auf der Grundlage von nationalem Verwaltungsrecht in den Fällen achtet, in denen sich ihre Durchbrechung günstig für den Bürger auswirken könnte. Beispielsweise gilt es zu klären, ob ein bestandskräftiger, aber europarechtswidriger Abgabenbescheid nachträglich verändert werden kann. Vor allem im Steuerrecht besitzt die Frage hohe praktische Relevanz.

4. Fragen des einstweiligen Rechtsschutzes

Fall 15; Streinz Rn. 720ff.

Auch die prozessualen Vorgaben für den einstweiligen Rechtsschutz gegen Maßnahmen 29 der Verwaltung werden durch das Unionsrecht modifiziert. Der EuGH hat die Voraussetzungen, unter denen nationale Gerichte Rechtsakte vorläufig außer Vollzug setzen können, wenn einstweiliger Rechtsschutz im Zusammenhang mit potentiell rechtswidrigen Unionsrechtsakten gesucht wird, abschließend festgelegt (dazu Fall 15). Dies wurde bereits bei den Hinweisen zum Rechtsschutz vor nationalen Gerichten behandelt (s.o. unter VI./Rn. 20).

5. Vorgaben für die Anordnung der sofortigen Vollziehbarkeit einer Maßnahme

Fall 15; Streinz Rn. 608

Es ist vorgekommen, dass die nationalen Behörden europarechtlich vorgegebene Maß- 30 nahmen vereitelt haben, indem sie nicht schnell genug handelten bzw. die letztlich Verpflichteten nicht ausreichend „zwangen“, den Anordnungen zu folgen. Insbesondere die aufschiebende Wirkung von Rechtsbehelfen (z.B. Widerspruch nach § 80 VwGO) kann dazu führen, dass der Einzelne die angestrebte Wirkung einer staatlichen Maßnahme unterläuft. Um dies zu verhindern, müssen die Mitgliedstaaten alle Möglichkeiten des nationalen Rechts ausschöpfen, um den unionsrechtlich erwünschten Erfolg zu sichern. So wurde Deutschland beispielsweise verpflichtet, in weiterem Umfang von der Möglichkeit einer Anordnung der sofortigen Vollziehbarkeit (§ 80 II 1 Nr. 4 VwGO) Gebrauch zu machen, als dies bei rein innerstaatlichen Fällen tunlich wäre. Auch diese Konstellation muss Pflichtfachstudierenden geläufig sein.

Beispiel: Tafelwein-Destillation (dazu Fall 15).

6. Modifikationen bei Ermessensentscheidungen

31 Schließlich müssen mitgliedstaatliche Behörden das Unionsinteresse auch im Rahmen von Ermessensentscheidungen berücksichtigen. Gegebenenfalls kann es auch zu einer Ermessensreduzierung auf Null zugunsten des Unionsinteresses kommen, etwa im Rahmen der Aufhebung von Verwaltungsakten nach den §§ 48, 49 VwVfG.

D. Arbeitsanleitung für Pflichtfachstudierende

32 Aus dem bisher Gesagten kann eine konkrete und zusammenfassende Arbeitsanleitung für Pflichtfachstudierende abgeleitet werden. Sie enthält diejenigen Fälle in diesem Buch sowie diejenigen Passagen im Lehrbuch von *Streinz*, die durchzuarbeiten sind, um eine ausreichende Vorbereitung auf das Pflichtfachexamen zu gewährleisten.

Themenbereich	**Fälle**	***Streinz*, Europarecht** (Rz.)
Themenbereich	**Fälle**	***Streinz*, Europarecht** (Rn.)
Grundlagen der EU, die Unionsorgane und ihre Handlungen	17 (mit Einschränkungen)	86 ff.
Grundfreiheiten	1, 2, 3, 4, 5, 6, 7, 8, 9, 16, 17, 22	809 ff., 883 ff., 926 ff., 938 ff., 943 ff., 956 ff., 1012 ff.
Grundrechte	9, 10, 17	748 ff.
Verhältnis von nationalem Recht und Europarecht	10, 11, 12, 13	194 ff., 204 ff., 244 ff., 261
Prozessuale Fragen bei Fällen mit Unionsbezug	1, 2, 3, 6, 7, 8, 9, 10, 11, 12, 15, 16, 17, 20, 21, 22	621 ff., 693 ff., 715 ff.
Richtlinien im innerstaatlichen Recht	11, 12, 16, 22	477 ff., 488 ff., 502 ff., 509 ff.
Unionsrechtliche Staatshaftung	2, 11	461 ff., 510 ff.
Verwaltungsvollzug	14, 15	582 ff., 608, 611 ff., 617 ff., 720 ff.

Überblick über die Prüfungsschemata des Klausurteil

Arbeitnehmerfreizügigkeit, Art. 45 ff. AEUV: Wiederholung und Vertiefung zu Fall 5 (Rn. 203)

Dienstleistungsfreiheit, Art. 56 ff. AEUV: Wiederholung und Vertiefung zu Fall 3 (Rn. 139)

Kapitalverkehrsfreiheit, Art. 63 AEUV: Wiederholung und Vertiefung zu Fall 3 (Rn. 141)

Niederlassungsfreiheit, Art. 49 ff. AEUV: Wiederholung und Vertiefung zu Fall 3 (Rn. 140)

Warenverkehrsfreiheit, Art. 28 ff. AEUV: Wiederholung und Vertiefung zu Fall 1 (Rn. 86)

Verfahren vor dem EuGH und Gericht: 2. Teil C. (Rn. 55).

2. Teil

Klausurkonstellationen im Europarecht

A. Zusammenstellung denkbarer Konstellationen

33 Das europäische Unionsrecht wirkt in vielfacher Weise auf das nationale Recht ein. Nationale Rechtsnormen und Normen des Unionsrechts ergänzen und durchdringen einander. Das hat zur Folge, dass auch die Klausuren mit Europarechtsbezug meist auf einer Mischung von nationalem Recht und Unionsrecht beruhen. Anders ist dies nur im Bereich der völkerrechtlichen Beziehungen der Union zu ihren Mitgliedstaaten und in denjenigen Bereichen, in denen der Einzelne in unmittelbare Beziehungen zur EU tritt. Hier kann das Unionsrecht der alleinige Maßstab für die Falllösung sein.

Schon diese kurze Einführung zeigt, dass die denkbaren Klausurkonstellationen im Europarecht vielfältig sind. Im Folgenden sollen typische Konstellationen abstrakt behandelt werden, bevor im 3. Teil die konkreten Fälle besprochen werden. Im Rahmen der abstrakten Darstellung wird jeweils auf die Entsprechungen im Klausurteil verwiesen. Die vorgenommene Typisierung erhebt keinen Vollständigkeitsanspruch und ist nicht abschließend gedacht. Die dargestellten Konstellationen können sich überdies überschneiden.

Die Darstellung der Klausurkonstellation ist sowohl für Studierende des Schwerpunktbereichs als auch für solche des Pflichtfachs gedacht. Jeweils zu Beginn einer Darstellung ist gekennzeichnet, ob die entsprechende Konstellation nur für den Schwerpunktbereich oder auch im Pflichtfach relevant ist.

Es werden die folgenden Klausurkonstellationen besprochen:
- Grundfreiheiten in der Klausur (dazu sogleich B. I./Rn. 34 ff.)
- Europäische Grundrechte in der Klausur (dazu sogleich B. II./Rn. 38 ff.)
- Verordnungen in der Klausur (dazu sogleich B. III./Rn. 40)
- Richtlinien in der Klausur (dazu sogleich B. IV./Rn. 41 f.)
- Das Verhältnis von Unionsrecht und nationalem Recht als Klausurproblem (dazu sogleich B. V./Rn. 43 ff.)
- Verwaltungsvollzug und Unionsrecht (dazu sogleich B. VI./Rn. 47)
- Der Einzelne wehrt sich gegen Unionsrecht (dazu sogleich B. VII./Rn. 48 f.)
- Mitgliedstaaten und Unionsorgane als Kontrahenten (dazu sogleich B. VIII./Rn. 50)
- Streitigkeiten zwischen Unionsorganen (dazu sogleich B. IX./Rn. 51)
- Europäisches Wirtschaftsrecht in der Klausur (dazu sogleich B. X./Rn. 52)
- Völkerrechtliche Verträge in der Europarechtsklausur (dazu sogleich B. XI./Rn. 53)
- Das Recht des EUV in der Klausur (dazu sogleich B. XII./Rn. 54)

B. Die Konstellationen im Einzelnen

I. Grundfreiheiten in der Klausur

Fälle 1 bis 9, 17 und 22; Relevanz: Pflichtfach, Schwerpunktbereich

1. Grundfreiheiten vor nationalen Gerichten

Fälle 1 bis 9

a) Die materiellrechtliche Prüfung

Die wohl häufigste Klausurkonstellation betrifft die Grundfreiheiten. Sie sind in den Art. 28 ff. des „Vertrags über die Arbeitsweise der Europäischen Union (AEUV)" enthalten und gehören somit zum Primärrecht der Union. Die Grundfreiheiten gehen jeglichem nationalen Recht vor. Sie sind überdies unmittelbar anwendbar und somit von allen innerstaatlichen Behörden und Gerichten zu beachten. **34**

Aufgrund dieser Stellung gehören die Grundfreiheiten zu den Hauptmaßstäben für die europarechtliche Überprüfung nationalen Rechts. Der Einzelne kann behaupten, eine nationale Rechtsnorm sei unionsrechtswidrig, weil sie gegen Grundfreiheiten verstoße. Dieser Rüge muss der Richter im Rahmen seiner Rechtsfindung nachgehen. Kommt er zu dem Ergebnis, dass ein Verstoß gegen Grundfreiheiten vorliegt, so muss er die entsprechende nationale Norm unangewendet lassen. Unionsrechtswidrigkeit führt nicht zur Nichtigkeit einer Norm, sondern nur zu deren Unanwendbarkeit in Fällen mit Unionsrechtsbezug (sog. „Anwendungsvorrang" des Unionsrechts[1]).

Die Unionsrechtswidrigkeit kann sich auf eine Norm in ihrer Gesamtheit, aber auch nur auf einzelne Tatbestandsmerkmale beziehen. Insbesondere solche Normen oder Normteile, die zwischen reinen Inlandssachverhalten und grenzüberschreitenden Sachverhalten differenzieren, können in Konflikt mit den Grundfreiheiten geraten.

Aufbautechnisch beginnt die Klausur immer mit dem Prüfungsprogramm nach nationalem Recht. So ist etwa im Rahmen der Begründetheitsprüfung einer Anfechtungsklage mit der Untersuchung der Rechtmäßigkeit des Verwaltungsaktes zu beginnen. Bei der Frage nach der Rechtsgrundlage für den Verwaltungsakt kann aber bereits die Frage auftauchen, ob diese wegen Unvereinbarkeit mit einer Grundfreiheit unanwendbar bleiben muss. Es schließt sich die unionsrechtliche Prüfung an. Im Anschluss kann dann wieder nationales Recht zur Anwendung kommen.

Die Prüfung der Grundfreiheiten vor nationalen Gerichten ist also immer in die aus den anderen Rechtsgebieten bekannte Prüfung nationalen Rechts eingebettet. Sie findet ihren Anknüpfungspunkt oft bei der Frage nach der Rechtsgrundlage oder nach der Anwendbarkeit einer Norm.

---

1 Siehe dazu ausführlich *Streinz*, Europarecht, Rn. 190 ff. (inbes. Rn. 221 f.).

b) Prozessuale Fragen

35 Hält ein nationales Gericht eine Grundfreiheit für einschlägig, um den ihm vorliegenden Streit zu entscheiden, so sieht es sich vor die Frage gestellt, ob es die Sache gem. Art. 267 AEUV dem EuGH vorlegen soll. Der Begriff „Gericht“ ist dabei unionsrechtlich zu bestimmen und umfasst alle unabhängigen Organe, die in einem rechtsstaatlich geordneten Verfahren Rechtsstreitigkeiten mit Rechtskraftwirkung verbindlich entscheiden können[2]. Gerichte, die nicht letztinstanzlich entscheiden, haben ein Vorlage*recht*, aber keine Vorlage*pflicht*, Art. 267 II AEUV. Gerichte, deren Entscheidungen selbst nicht mehr mit Rechtsmitteln des innerstaatlichen Rechts angefochten werden können, haben – von Ausnahmefällen abgesehen[3] – eine Vorlagepflicht, Art. 267 III AEUV. Zu beachten ist daher, dass jedes Gericht, dessen Entscheidung *im konkreten Fall* nicht mehr mit Rechtsmitteln angefochten werden kann, zur Vorlage verpflichtet ist[4].

Für die Klausur führt die Vorlagepflicht dazu, dass auch der Bearbeiter eine Vorlage in Betracht ziehen muss. Es ist daher wichtig, die Voraussetzungen der Vorlage und der Vorlagepflicht zu kennen. Häufig wird aber eine Vorlage entbehrlich sein, wenn und weil bereits eine gesicherte Rspr. des EuGH vorliegt. Teilweise wird auch der Bearbeitervermerk weiterhelfen, der beispielsweise ausdrücklich auf ein Vorabentscheidungsverfahren abzielen[5] oder eine Vorlage ausschließen kann. Doch auch wenn lediglich nach der Entscheidung des nationalen Gerichts gefragt wird (Formulierung z.B. „Wie wird das Gericht entscheiden?“), muss in manchen Fällen eine Vorlageentscheidung in Zulässigkeit und Begründetheit geprüft werden.

Für die Prüfungskandidaten bedeutet das, dass sie die Voraussetzungen des Vorabentscheidungsverfahrens beherrschen und auch in der Lage sein müssen, korrekte Vorlagefragen zu stellen bzw. zu formulieren[6]. Dabei ist insbes. zu beachten, dass der Gerichtshof nach den Art. 251 ff. AEUV nur befugt ist, über die Auslegung von Unionsrecht zu entscheiden. Nationales Recht darf er nicht auslegen. Deshalb muss die Vorlagefrage immer so formuliert sein, dass sie nach der Auslegung von europäischem Recht fragt[7]. Falsch wäre es demnach, nach der Vereinbarkeit einer nationalen Norm mit Unionsrecht zu fragen. Falsch wäre es auch, einfach nur nach der Auslegung „des Unionsrechts“ oder – wenn in einer ersten Frage bereits eine konkrete Norm genannt wurde – mit einer weiteren Frage nach dem „sonstigem Unionsrecht“ zu fragen. Denn der Gerichtshof verlangt, dass Vorlagefragen – zumindest implizit – stets einen Anknüpfungspunkt zu einer unionsrechtlichen Norm haben. Es muss erkennbar sein, auf welcher europarechtlichen Grundlage die Zweifel des vorlegenden Gerichts basieren[8]. Die

---

2 *Lange*, JuS 2016, S. 50 ff., 51 m.w.N., siehe auch *Streinz*, Europarecht, Rn. 694 m.w.N.
3 Siehe dazu *Streinz*, Europarecht, Rn. 702 m.w.N.
4 Die Vorlagepflicht bezieht sich somit nicht bloß auf die obersten Gerichte wie z.B. den BGH, str., siehe dazu *Streinz*, Europarecht, Rn. 702 m.w.N.
5 Siehe dazu Fälle 1, 2, 12, 16 und 20.
6 Siehe dazu oben Rn. 20 sowie Fälle 1 und 16.
7 Siehe dazu Fälle 1 und 16.
8 *Thielboerger*, JURA 2013, S. 1138 ff., 1140, m.w.N.

Vorlagefrage muss abstrakt formuliert sein, da die konkrete Anwendung des Auslegungsergebnisses auf den Einzelfall Sache des vorlegenden nationalen Gerichts ist.

Der EuGH ist allerdings befugt, unzulässige Vorlagefragen so auszulegen, dass er sie zulässigerweise beantworten kann. Angesichts der Stellung des EuGH als Wahrer der Einheit des Unionsrechts nach Art. 19 I 2 EUV darf er dem nationalen Gericht die erforderlichen Hinweise zur Auslegung des Unionsrechts geben, damit dieses den konkreten Sachverhalt entscheiden kann[9].

Je nach Komplexität der Fragestellung kann es sich zudem anbieten, die Vorlagefrage in mehrere Einzelfragen aufzuteilen, um einen „Satzbandwurm" zu vermeiden. Dies geschieht in der Praxis z.B. nach dem Muster: 1) *„Frage 1"*, 2) *„Für den Fall, dass Frage 1 bejaht wird: Frage 2"* etc. (s. dazu Fall 16).

2. Grundfreiheiten und nationale Behördenentscheidungen

Fall 6

Etwas ungewöhnlicher ist die Konstellation, in der eine nationale Behörde der Auffassung ist, sie habe Grundfreiheiten anzuwenden und das nationale Recht verstoße dagegen. Hier ist umstritten, ob sie berechtigt ist, das nationale Recht unangewendet zu lassen. **36**

Der EuGH bejaht dies uneingeschränkt und verpflichtet nationale Behörden, Europarecht umfassend zur Durchsetzung zu verhelfen. Gegner dieser Lösung betonen, dass eine Behörde auch im Falle eines festgestellten Verstoßes gegen höherrangiges nationales Recht keine Verwerfungskompetenz habe[10].

Dieser Streit kann etwa relevant werden, wenn in einer Klausur eine Widerspruchsentscheidung zu fertigen ist. Hier müsste der Bearbeiter überlegen, ob die jeweilige Behörde für das nationale Recht eine Verwerfungs- bzw. Nichtanwendungskompetenz besitzt oder nicht, und dies auch entsprechend erörtern.

3. Grundfreiheiten vor europäischen Gerichten

Fälle 1 bis 3 und 22

Der EuGH hat vor allem im Rahmen des Vorabentscheidungsverfahrens nach Art. 267 AEUV über die Auslegung der Grundfreiheiten zu entscheiden. Diese Entscheidung wird immer von nationalen Gerichten an ihn herangetragen. **37**

Eine weitere prozessuale Konstellation, in der es zur Überprüfung von nationalem Recht am Maßstab der Grundfreiheiten kommt, ist das Vertragsverletzungsverfahren gem. Art. 258, 259 AEUV. Hier rügt die Kommission bzw. ein Mitgliedstaat einen Unionsrechtsverstoß durch einen Mitgliedstaat. Diese Konstellation ist aufbautechnisch

9 *Pechstein/Serafimova*, JURA 2014, S. 203 ff., 205, m.w.N., s. dazu auch bei Fall 12.
10 Zum Streitstand siehe *Streinz*, Europarecht, Rn. 261 m.w.N., sowie *Maurer/Waldhoff*, Allgemeines Verwaltungsrecht, § 4 Rn. 64 f. m.w.N.

einfach zu handhaben, da nach der Prüfung der Zulässigkeitsvoraussetzungen für das Verfahren nach Art. 258, 259 AEUV im Rahmen der Begründetheit einfach der Verstoß gegen Grundfreiheiten zu prüfen ist.

Demgegenüber sind Grundfreiheiten als Maßstab in anderen Klageverfahren vor europäischen Gerichten eher selten. Das liegt daran, dass in den anderen Verfahren meist Handlungen der Unionsorgane überprüft werden. Diese werden aber meist nicht an Grundfreiheiten, sondern am Maßstab anderer europarechtlicher Normen überprüft. Nur wenn behauptet wird, eine Harmonisierungsmaßnahme der EU verstoße ihrerseits gegen Grundfreiheiten, kommt auch eine Prüfung etwa im Rahmen der Nichtigkeitsklage (Art. 263 AEUV) in Betracht. In der Regel fungieren Grundfreiheiten aber als Maßstabsnormen für mitgliedstaatliches Verhalten, das primär vor nationalen Gerichten zu überprüfen ist.

II. Europäische Grundrechte in der Klausur

Fälle 9 und 10; Relevanz: Pflichtfach, Schwerpunktbereich

1. Unionsgrundrechte und Unionsorgane

Fall 10

38 Europäische Grundrechte binden in erster Linie die Unionsorgane. Deshalb werden sie vor allem in denjenigen Konstellationen relevant, in denen ein Unionsrechtsakt auf seine Rechtmäßigkeit überprüft wird. Inhaltlich erfolgt eine „klassische" Grundrechtsprüfung (Schutzbereich – Eingriff – Rechtfertigung). Die bevorzugte Verfahrensart für die Überprüfung anhand der Grundrechte ist die Nichtigkeitsklage vor dem EuGH oder dem Gericht (Art. 263 AEUV).

Vor nationalen Gerichten kann zwar auch ein Verstoß von Unionsrechtsakten gegen Unionsgrundrechte gerügt werden. Nationale Gerichte dürfen aber kein Unionsrecht verwerfen, sondern müssen gem. Art. 267 AEUV dem EuGH die Frage nach der Gültigkeit vorlegen. Erklärt der Gerichtshof den entsprechenden Unionsrechtsakt wegen Verstoßes gegen Unionsgrundrechte für ungültig, kann das nationale Gericht den ihm vorliegenden Fall ohne Anwendung dieses Rechtsakts entscheiden. Ist in einer Klausur nach der Entscheidung des nationalen Gerichts gefragt, muss dementsprechend eine Vorlageentscheidung gefertigt und eine entsprechende Vorlagefrage formuliert werden, sofern der Bearbeiterhinweis oder ein offensichtlicher „acte clair" keine andere Lösung nahelegt.

2. Unionsgrundrechte und Mitgliedstaaten

Fall 9

39 Die Unionsgrundrechte binden aber auch die Mitgliedstaaten (s. insbes. Art. 51 I 1 GRC). Diese sind zwar primär an die Grundrechte ihres eigenen Verfassungsrechts gebunden, müssen aber zusätzlich auch die Grundrechte des europäischen Unionsrechts beachten.

Der EuGH führt in st. Rspr. aus, er könne keine Maßnahme als rechtens anerkennen, die unter Verstoß gegen Grundrechte zustande gekommen ist[11]. Allgemein gilt aber, dass Unionsgrundrechte nur dann auf mitgliedstaatliches Verhalten anwendbar sind, wenn der Unionsrechtsbezug durch andere Normen hergestellt ist.

Grundrechte binden die Mitgliedstaaten vor allem in zwei Konstellationen. Zum einen dienen sie als zusätzlicher Maßstab im Rahmen einer Grundfreiheitsprüfung. Eine mitgliedstaatliche Maßnahme, die in Grundfreiheiten eingreift, kann nur gerechtfertigt sein, wenn sie auch den Unionsgrundrechten standhält. Umgekehrt kann ein Eingriff in Grundfreiheiten auch durch Erfordernisse des Grundrechtsschutzes gerechtfertigt sein (siehe hierzu Fall 9).

Die zweite wichtige Konstellation betrifft den Vollzug des Unionsrechts durch nationale Behörden. Wird beispielsweise eine Unions-VO vollzogen, so müssen die Mitgliedstaaten hierbei die Unionsgrundrechte achten.

Im Jahr 2013 hat der Gerichtshof im Fall Åkerberg Fransson zur Bindung der Mitgliedstaaten an die GRC im Zusammenhang mit der Umsetzung von Richtlinien Stellung genommen und den Begriff der „Durchführung des Rechts der Union" i.S.d. Art. 51 I 1 GRC weit ausgelegt[12]. Dies hat binnen kurzem zu einer Vielzahl von Reaktionen (von Zustimmung bis scharfer Ablehnung) in der Literatur[13] und in der Rspr. des BVerfG[14] geführt. Das BVerfG hat einem sehr weiten Verständnis der „Durchführung des Unionsrechts" eine klare Absage erteilt. Die Entscheidung dürfe nicht in einer Weise verstanden und angewendet werden, nach der für eine Bindung der Mitgliedstaaten durch die in der GRC niedergelegten Grundrechte der EU jeder sachliche Bezug einer Regelung zum bloß abstrakten Anwendungsbereich des Unionsrecht oder rein tatsächliche Auswirkungen auf dieses ausreiche. Vielmehr führe der EuGH auch in dieser Entscheidung ausdrücklich aus, dass die Europäischen Grundrechte der Charta nur in unionsrechtlich geregelten Fallgestaltungen, aber nicht außerhalb derselben Anwendung finden[15].

---

11 EuGH vom 18.6.1991, Rs. C-280/89, Slg. 1991, I-2925, EuZW 1991, S. 507 ff., Elliniki Radiophonia Tiléorassi (ERT) AE./.Dimotiki Etairia Pliroforissis und Sotirios Kouvelas – Fernsehmonopol; EuGH vom 8.4.1992, Rs. C-62/90, Slg. 1992, I-2575, NJW 1992, S. 1553 ff., Kommission der Europäischen Gemeinschaften./.Bundesrepublik Deutschland – Arztgeheimnis; EuGH vom 11.7.2002, Rs. C-60/00, Slg. 2002, I-6279, DVBl. 2002, S. 1342 ff., Mary Carpenter./.Secretary of State for the Home Department.

12 EuGH vom 26.2.2013, Rs. C-617/10, ECLI:EU:C:2013:105, NJW 2013, S. 1415 ff., Åklagare./.Hans Åkerberg Fransson. Ausführlich dazu *Peters*, JURA 2014, S. 752 ff., 756 f., und *Ogorek*, JuS 2013, S. 956 ff.

13 U.a. *Lange*, NVwZ 2014, S. 169 ff., *Kirchhof*, NVwZ 2014, S. 1537 ff., *Geiß*, DÖV 2014, S. 265 ff., *Scholz*, DVBl. 2014, 197 ff., *Thym*, NVwZ 2013, S. 889 ff., *Ohler*, NVwZ 2013, S. 1433, *Kingreen*, EuR 2013, S. 446 ff., *Eckstein*, ZIS 2013, S. 220 ff., *Gooren*, NVwZ 2013, S. 564, *Rabe*, NJW 2013, S. 1407 ff., *Streinz*, JuS 2013, S. 568 ff., *Weiß*, EuZW 2013, S. 287 ff. und *Winter*, NZA 2013, S. 473 ff.

14 BVerfG vom 24.4.2013, 1 BvR 1215/07, BVerfGE 133, 277, NJW 2013, S. 1499 ff.; s. dazu *Volkmann*, JURA 2014, S. 820 ff, 830 ff., sowie die dortigen Nachweise in Fn. 81.

15 BVerfG vom 24.4.2013, 1 BvR 1215/07, BVerfGE 133, 277, 316, NJW 2013, S. 1499 ff., 1501.

Inzwischen hat der EuGH einerseits im Fall Pfleger seinen „weiten“ Ansatz für die Bindung der Mitgliedstaaten auch bei der Einschränkung von Grundfreiheiten (sog. ERT-Konstellation) bestätigt[16]. Andererseits hat er in seine Rspr. den Entscheidungen Siragusa[17] und Hernández[18] präzisiert und versucht, Kriterien für die Anwendung der GRC zu entwickeln. Er betont zunächst, dass die in den Verträgen festgelegten Zuständigkeiten der Union durch die Bestimmungen der Charta in keiner Weise erweitert werden. Die Verpflichtung zur Einhaltung der im Rahmen der Union definierten Grundrechte gelte für die Mitgliedstaaten nur dann, wenn sie im Anwendungsbereich des Unionsrechts handeln. Dabei verlange der Begriff der „Durchführung des Rechts der Union“ i.S.v. Art. 51 GRC einen hinreichenden Zusammenhang von einem gewissen Grad, der darüber hinausgeht, dass die fraglichen Sachbereiche benachbart sind oder der eine von ihnen mittelbare Auswirkungen auf den anderen haben kann[19]. Es bleibt allerdings abzuwarten, ob und wie weit dadurch Konflikte mit der nationalen Grundrechtsrechtsprechung vermieden werden können, und wie das BVerfG auf diese Aussagen reagiert.

Prozessual begegnet einem die Grundrechtsprüfung im Zusammenhang mit den Mitgliedstaaten vor allem in Verfahren vor nationalen Gerichten. Hier muss der Einzelne eine entsprechende Grundrechtswidrigkeit rügen. Das kann dann zu einem Vorabentscheidungsverfahren gem. Art. 267 AEUV führen.

Ausnahmsweise können die Grundrechte auch im Rahmen eines Vertragsverletzungsverfahrens nach Art. 258 AEUV als Prüfungsmaßstab in Betracht kommen. Die Kommission müsste rügen, eine mitgliedstaatliche Maßnahme verstoße gegen Unionsgrundrechte. In der Praxis ist diese Konstellation allerdings selten.

III. Verordnungen in der Klausur

Fälle 10, 17, 18, 20 und 23; Relevanz: Pflichtfach, Schwerpunktbereich

40 Verordnungen sind die Gesetze des Unionsrechts. Sie sind nach Art. 288 II AEUV unmittelbar innerstaatlich anwendbar und gehen nationalem Recht vor. Deshalb können sie Maßstab für die Überprüfung von nationalem Recht vor nationalen Gerichten sein. Denkbar ist auch ein Vertragsverletzungsverfahren gem. Art. 258 AEUV gegen einen Mitgliedstaat wegen des Verstoßes gegen eine Verordnung. Wenn diese Konstellationen

16 EuGH vom 30.4.2014, Rs. C-390/14, ECLI:EU:C:2014:281, EuZW 2014, S. 597 ff., Robert Pfleger, Autoart as, Mladen Vucicevic, Maroxx Software GmbH und Hans-Jörg Zehetner; siehe dazu *Ogorek*, JA 2014, S. 954 ff., *Ruffert*, JuS 2014, S. 662 ff., und *Wollenschläger*, EuZW 2014, S. 577 ff.

17 EuGH vom 6.3.2014, Rs. C-206/13, ECLI:EU:C:2014:126, NVwZ 2014, S. 575 ff., Cruciano Siragusa./.Regione Sicilia – Soprintendenza Beni Culturali e Ambientali di Palermo, dazu *Epiney*, NVwZ 2015, S. 704 ff., 708.

18 EuGH vom 10.7.2014, Rs. C-198/13, ECLI:EU:C:2014:2055, EuZW 2014, S. 795 ff., Víctor Manuel Julian Hernández u.a./.Reino de España (Subdelegación del Gobierno de España en Alicante) u.a., dazu *Streinz*, JuS 2015, S. 281 ff.

19 Vgl. EuGH vom 6.3.2014, Rs. C-206/13, ECLI:EU:C:2014:126, NVwZ 2014, S. 575 ff., Rn. 20 ff., Siragusa, und EuGH vom 10.7.2014, Rs. C-198/13, ECLI:EU:C:2014:2055, EuZW 2014, S. 795 ff., Rn. 32 ff., Hernández.

gleichwohl in Klausuren eher selten sind, so liegt das daran, dass sie kaum tiefgreifende Probleme aufwerfen.

Häufiger treten Konstellationen auf, in denen die Verordnung selbst Gegenstand der Überprüfung ist. Hier kann unter Umständen auch von Einzelnen eine Nichtigkeitsklage zum Gericht erhoben werden, Art. 263 IV AEUV. Wird die Ungültigkeit einer Verordnung vor einem nationalen Gericht gerügt, so bedarf es eines Vorabentscheidungsverfahrens beim EuGH, da nationale Gerichte kein eigenes Verwerfungsrecht haben.

Eine weitere Variante der Klausurgestaltung liegt (bei Fall 18 bzw. 23) darin, dass die Rechtmäßigkeit einer Maßnahme der Union, etwa der Kommission, bzw. eines Mitgliedstaats nicht bloß an den Verträgen, sondern auch anhand von Verordnungen zu prüfen ist.

IV. Richtlinien in der Klausur

Fälle 11, 12 und 22; Relevanz: Pflichtfach, Schwerpunktbereich

1. Richtlinien als Maßstab mitgliedstaatlichen Handelns

Fälle 11, 12, 20, 22 und 23

Richtlinien (Art. 288 III AEUV) spielen in der europarechtlichen Klausurpraxis eine **41**
große Rolle. Im Gegensatz zu den Verordnungen sind sie innerstaatlich grundsätzlich nicht unmittelbar anwendbar, sondern bedürfen der Umsetzung in nationales Recht. Sie sind vor allem der Maßstab für mitgliedstaatliche Umsetzungsmaßnahmen, die an ihnen gemessen werden können. Dabei ist zu beachten, dass sie gem. Art. 288 III AEUV für die Mitgliedstaaten hinsichtlich des Ziels verbindlich sind, ihnen aber bei der Umsetzung einen Spielraum lassen. Dieser Spielraum ist indes umso geringer, je detaillierter die Richtlinienregelung selbst ist. Der Unionsgesetzgeber tendiert mehr und mehr dazu, so umfangreiche Richtlinienbestimmungen zu erlassen (sog. „Vollharmonisierung"), dass es praktisch zu einer Vollprüfung der mitgliedstaatlichen Umsetzungsmaßnahme kommt.

Gegenstand der Klausur wird nicht selten eine Konstellation sein, in der ein Mitgliedstaat eine Richtlinie nicht fristgerecht umgesetzt hat. Hier ist zu untersuchen, ob die Richtlinie gleichwohl schon Wirkung für das innerstaatliche Recht entfalten kann. Zunächst kann das bereits bestehende Recht richtlinienkonform ausgelegt werden[20]. Zudem hat der EuGH das Instrument der „unmittelbaren Wirkung" von Richtlinien entwickelt, um das mitgliedstaatliche Verhalten zu sanktionieren und dem Einzelnen trotz versäumter Umsetzungsfrist die aus der Richtlinie fließenden Rechte zukommen zu las-

20 Siehe dazu *Kühling*, JuS 2014, S. 481 ff., *Hecker*, JuS 2014, S. 385 ff., *Herresthal*, JuS 2014, S. 289 ff., *Tonikidis*, JA 2013, S. 598 ff., und *Leenen*, JURA 2012, S. 753 ff.

sen. Führen Auslegung und unmittelbare Wirkung nicht zum Ziel, so kann in einem letzten Schritt über einen Staatshaftungsanspruch wegen versäumter Umsetzung nachgedacht werden.

Hat der Mitgliedstaat die Richtlinie zwar umgesetzt, hält ein Einzelner die Umsetzung aber gleichwohl für unzureichend, so stehen grundsätzlich die gleichen Instrumente zur Verfügung: Das Umsetzungsgesetz kann richtlinienkonform ausgelegt werden, einzelne seiner Bestimmungen können durch eine unmittelbare Wirkung der Richtlinie überlagert sein, schließlich ist ein Staatshaftungsanspruch denkbar.

Prozessual kann die Unvereinbarkeit von nationalem Recht mit Richtlinien in jedem staatlichen Gerichtsverfahren und vor jedem Gericht gerügt werden. Das angerufene Gericht muss gegebenenfalls dem EuGH vorlegen, um im Vorabentscheidungsverfahren nach Art. 267 AEUV die zutreffende Auslegung der Richtlinie feststellen zu lassen. Ein Verstoß nationalen Rechts gegen Richtlinienrecht kann aber auch von der Kommission im Rahmen des Vertragsverletzungsverfahrens nach Art. 258 AEUV gerügt werden.

2. Richtlinien als Gegenstand der Überprüfung

Fall 13

42 Richtlinien können aber auch selbst Gegenstand der Überprüfung sein. Als Normen des sekundären Unionsrechts müssen sie in Einklang mit dem Primärrecht stehen. Die Unvereinbarkeit kann vor dem EuGH im Wege der Nichtigkeitsklage nach Art. 263 AEUV gerügt werden. Hier ist allerdings zu beachten, dass Einzelne nicht zu den Klageberechtigten gehören.

Einzelne können die Rechtswidrigkeit einer Richtlinie nur indirekt rügen. Ist die Richtlinie maßgeblich für entsprechendes Umsetzungsrecht auf nationaler Ebene, so kann für den nationalen Richter die Frage entscheidungserheblich sein, ob die Richtlinie gültig ist oder nicht. Er hat diese Frage sodann dem EuGH vorzulegen, da ein Verwerfungsrecht nationaler Gerichte nicht besteht.

V. Das Verhältnis von Unionsrecht und nationalem Recht als Klausurproblem

Fälle 6, 10, 12, 13 und 23; Relevanz: Pflichtfach, Schwerpunktbereich

43 Das Verhältnis von nationalem Recht und Unionsrecht – also die Frage nach dem Vorrang und der unmittelbaren Anwendbarkeit des Unionsrechts – liegt unausgesprochen nahezu jeder Klausurstellung im Europarecht zugrunde. Es gibt aber Konstellationen, in denen es explizit thematisiert und zum Klausurschwerpunkt werden kann.

1. Unionsrecht und einfaches nationales Recht

Relativ unproblematisch sind die Konstellationen, in denen nach dem Verhältnis von einfachem nationalen Recht und Unionsrecht gefragt ist. Hier geht man mittlerweile allgemein von einem Vorrang des Unionsrechts aus. Lediglich bei Richtlinien ist die unmittelbare Anwendbarkeit problematisch (siehe oben unter IV./Rn. 41 f.). Sofern das Unionsrecht nicht unmittelbar anwendbar ist, kann sich der Einzelne vor den nationalen Behörden und Gerichten nicht auf die entsprechende Norm berufen. **44**

2. Unionsrecht und nationales Verfassungsrecht

Fälle 10 und 12

Umstritten sind die Fälle, in denen die unmittelbare Anwendbarkeit und der Vorrang des Unionsrechts nicht ohne Weiteres von den Mitgliedstaaten akzeptiert werden. Dies gilt namentlich im Verhältnis von Unionsrecht und nationalem Verfassungsrecht. Die Mitgliedstaaten betrachten sich weiterhin als „Herren der Verträge" und beanspruchen ein Letztentscheidungsrecht über den Fortbestand der Union. Der EuGH hingegen geht uneingeschränkt und in allen Konstellationen vom Vorrang des Unionsrechts aus[21]. **45**

Es durfte lange Zeit als ungeklärt bezeichnet werden, ob Unionsrecht vom BVerfG am Maßstab des Grundgesetzes überprüft werden darf. Als konkrete Maßstäbe kommen die Grundrechte, Art. 38 I GG, aber auch die Kompetenzübertragungsnorm des Art. 23 i.V.m. Art. 1, 20 und 79 III GG in Betracht. Als Gegenstand der Überprüfung ist sowohl das sekundäre als auch das primäre Unionsrecht denkbar. Das BVerfG lehnt es mittlerweile ab, Unionsrecht an den Grundrechten des Grundgesetzes zu messen[22]. Anders liegt es bei so genannten „Ultra-vires-Akten" bzw. „ausbrechenden Rechtsakten", also sekundärem Recht, das über die Kompetenzübertragung an die Union hinausgeht[23], oder neuem Primärrecht, das gegen Art. 23 I GG verstößt. Hier kommt weiterhin eine Überprüfung durch das BVerfG in Betracht. Es prüft u.a. im Rahmen der Identitätskontrolle, ob Maßnahmen von Organen, Einrichtungen und sonstigen Stellen der EU die durch Art. 23 I 3 i.V.m. Art. 79 III GG geschützten Grundsätze der Art. 1 und Art. 20 GG berühren. Die Identitätskontrolle leitet sich aus Art. 79 III GG ab und ist zurückhaltend und europarechtsfreundlich auszuüben[24].

Prozessual liegt meist ein Antrag beim BVerfG zugrunde. Rügt ein Einzelner eine Grundrechtsverletzung, so muss er Verfassungsbeschwerde nach Art. 93 I Nr. 4a GG,

---

21 Zusammenfassend aus Sicht des EuGH *ders.* vom 10.12.2018, Rs. C-621/18, ECLI:EU:C:2018:999, NVwZ 2019, S. 143 ff., 146, Rn. 44 f. Wightman u.a./.Secretary of State for Exiting the European Union.

22 BVerfG vom 22.10.1986, 2 BvR 197/83, BVerfGE 73, 339, NJW 1987, S. 577 ff. („Solange II"); s. dazu Fall 10.

23 Siehe dazu oben Rn. 16.

24 BVerfG vom 21.6.2016, 2 BvR 2728/13 u.a., BVerfGE 142, 123, NJW 2016, S. 2473 ff., 2475, Rn. 121 ff. m.w.N. Siehe dazu auch *Kadelbach*, JURA 2017, S. 940 ff., *Ruffert*, JuS 2016, S. 756 ff., *Kingreen*, JURA 2016, S. 1225, *Eifert/Gerberding*, JURA 2016, S. 628 ff., 632, und *Schwerdtfeger*, EuR 2015, S. 290 ff.; kritisch *Classen*, EuR 2016, S. 529 ff., und *Manger-Nestler*, NJ 2016, S. 353 ff.; als Klausurfall *Schiffbauer*, JuS 2017, S. 1190 ff.

§§ 90 ff. BVerfGG erheben. Die Frage nach dem Verhältnis von Unions- und nationalem Verfassungsrecht muss dort meist bereits in der Zulässigkeit erörtert werden. Andere Verfahrensarten kommen in Betracht, wenn staatliche Organe oder Bundesländer vor dem BVerfG gegen Unionsrecht vorgehen wollen.

3. Sonderfall: Entzug des gesetzlichen Richters

Fall 13

46 In einer besonderen Konstellation kann der Einzelne beim BVerfG eine europarechtlich bedingte Verletzung seiner deutschen Grundrechte rügen. Es geht um die Fälle, in denen ein nationales Gericht seiner Vorlagepflicht zum EuGH nicht nachkommt und so dem Einzelnen den verfahrensrechtlichen Weg zu europäischen Gerichten versperrt[25]. Hier kann ein Entzug des gesetzlichen Richters vorliegen[26]. Erforderlich ist allerdings eine unhaltbare Handhabung der Vorlagepflicht. Prozessuale Grundlage der Rüge ist eine Verfassungsbeschwerde unter Berufung auf Art. 101 I 2 GG.

VI. Verwaltungsvollzug und Unionsrecht

Fälle 14 und 15; Relevanz: Pflichtfach, Schwerpunktbereich

47 Das Unionsrecht wird in der Regel nicht durch die Unionsorgane, sondern durch die Mitgliedstaaten vollzogen[27]. In der Klausur sind deshalb auch Konstellationen selten, in denen es um einen unionsunmittelbaren Vollzug geht.

Vielmehr ist Anknüpfungspunkt in der Klausur meist ein Fall aus dem nationalen Verwaltungsrecht. Es geht um die Rechtmäßigkeit konkreter nationaler Verwaltungsmaßnahmen. Hier kann nun die Frage auftauchen, ob das nationale Verwaltungsverfahren im Falle des Vollzugs von Unionsrecht gegenüber rein innerstaatlichen Fällen anzupassen ist. Der EuGH arbeitet hier immer mit zwei Instrumenten, dem Effektivitätsgebot einerseits und dem Äquivalenzgebot (Grundsatz der Gleichwertigkeit, früher: Diskriminierungsverbot) andererseits. Der Vollzug des Unionsrechts ist so zwar grundsätzlich Sache der Mitgliedstaaten und ihres Verwaltungsrechts, muss aber effektiv funktionieren und darf nicht schlechter funktionieren als der Vollzug reiner Inlandsfälle[28].

Aufgrund dieser Ausgangslage kommt es dazu, dass in der Klausur zunächst das nationale Verwaltungsrecht anzuwenden, sodann aber möglicherweise durch die beiden genannten Gebote zu modifizieren ist. Das kann etwa im Rahmen der Aufhebung eines Verwaltungsakts nach den §§ 48, 49 VwVfG geschehen, die bei Fällen mit Unions-

25 Dieses Problem spielt auch bei Fall 13 eine Rolle.

26 Ausführlich dazu *Calliess*, NJW 2013, S. 1905 ff., und *Haensle*, DVBl. 2011, S. 811 ff.

27 Zum unionsunmittelbaren Vollzug siehe *Streinz*, Europarecht, Rn. 583 ff.

28 Siehe dazu *Streinz*, Europarecht, Rn. 604 ff, sowie aus der jüngsten Rspr. ausführlich EuGH vom 24.10.2018, C-234/17, ECLI:EU:C:2018:853 EuZW 2019, S. 82 ff., Strafverfahren gegen XC, YB und ZA, dazu *Buckler*, EuZW 2019, S. 87 f., und *Streinz*, JuS 2019, S. 502 ff.

rechtsbezug etwas anders anzuwenden sind als bei rein innerstaatlichen Sachverhalten (beispielsweise bei der Gewichtung des Vertrauensschutzes oder bei der Überprüfung der Frist des § 48 IV VwVfG). Stehen einzelne Erfordernisse des nationalen Verwaltungsrechts der Durchführung des Unionsrechts im Wege, so müssen sie zurückstehen oder werden unionsrechtskonform ausgelegt.

Prozessual ist Anknüpfungspunkt meist eine Klage beim Verwaltungsgericht. Im Rahmen der Begründetheit sind dann die unionsrechtlichen Modifikationen zu prüfen.

VII. Der Einzelne wehrt sich gegen Unionsrecht

Fälle 1 bis 3, 6, 7, 8, 10, 12, 13, 15 und 16; Relevanz: Pflichtfach, Schwerpunktbereich

1. Der Einzelne vor europäischen Gerichten

Fälle 1 und 10
Prüfungsschemata Nichtigkeitsklage und Untätigkeitsklag unten unter C. (Rn. 55)

Wehrt sich ein Einzelner oder ein Unternehmen gegen Unionsrecht, so kann dies vor nationalen Gerichten oder vor europäischen Gerichten erfolgen. Vor europäischen Gerichten gibt es letztlich aber nur zwei Möglichkeiten, Klage zu erheben. Zum einen ist dies die Nichtigkeitsklage gem. Art. 263 IV AEUV gegen Rechtsakte, die an den Einzelnen gerichtet sind oder ihn zumindest unmittelbar und individuell betreffen. Die Klage richtet sich meist gegen Entscheidungen der Kommission oder gegen Verordnungen, die einen begrenzten Adressatenkreis haben. Zum anderen besteht die Möglichkeit einer Untätigkeitsklage gem. Art. 265 III AEUV, wenn es ein Unionsorgan (Europäisches Parlament, Rat oder Kommission, Art. 265 I AEUV) unterlassen hat, eine Maßnahme an einen Einzelnen zu richten. Zuständig ist jeweils das Gericht (bzw. seit dem Vertrag von Lissabon auch die Fachgerichte). Inhaltlich sind hier vor allem diejenigen Fälle relevant, in denen die Unionsorgane, insbesondere die Kommission, das Unionsrecht selbst vollziehen. **48**

In anderen Verfahren vor dem EuGH spielt der Bürger nicht die Hauptrolle. Dies gilt auch für das Vorabentscheidungsverfahren gem. Art. 267 AEUV, weil es hier ein nationales Gericht ist, das sich an den EuGH wendet.

2. Der Einzelne vor nationalen Gerichten

Fälle 1 bis 3, 6, 7, 8, 10, 12, 13, 15, 16 und 20

Während Klagen Einzelner vor europäischen Gerichten in der Klausur eine eher untergeordnete Bedeutung haben, bilden Klagen vor nationalen Gerichten gewissermaßen das Herzstück der meisten Europarechtsklausuren. Denkbar sind hier alle prozessualen Konstellationen und inhaltlichen Fragestellungen, so dass eine Vertiefung im Rahmen dieses Klausurenkurses weder durchführbar noch sinnvoll erscheint. An dieser Stelle **49** kann daher nur auf die einschlägigen Lehrbücher verwiesen werden. Denn die Kenntnis des nationalen Prozessrechts ist Voraussetzung für die erfolgreiche Bearbeitung nahezu jeder Europarechtsklausur.

Erweist sich eine Klage vor einem nationalen Gericht als zulässig, so können europarechtliche Probleme an nahezu jeder Stelle der inhaltlichen Prüfung auftauchen. Tauchen sie auf, so muss der nationale Richter überlegen, ob er die Frage nach der Auslegung und der Gültigkeit des Unionsrechts im Rahmen eines Vorabentscheidungsverfahrens nach Art. 267 AEUV dem EuGH vorlegt oder nicht. Auch der Klausurbearbeiter muss diese Überlegungen anstellen und ggf. eine passende Vorlagefrage ausarbeiten. Meist wird er aber durch den Bearbeitervermerk darauf hingewiesen, welche Form der Prüfung erwartet wird.

VIII. Mitgliedstaaten und Unionsorgane als Kontrahenten

Fälle 17, 21 und 22; Relevanz: Schwerpunktbereich, Pflichtfach mit Einschränkungen
Prüfungsschema Vertragsverletzungsverfahren unten unter C. (Rn. 55)

50 Klausurrelevant sind auch diejenigen Fälle, in denen Mitgliedstaaten und Union als Kontrahenten aufeinander treffen. Ort der Konfrontation ist in der Regel der EuGH. Im Rahmen der im AEUV geregelten Verfahrensarten können Mitgliedstaaten und Unionsorgane in verschiedenen Konstellationen als Gegner auftreten.

Zu nennen ist zunächst das Vertragsverletzungsverfahren gem. Art. 258 AEUV. Dieses kommt zur Anwendung, wenn nach Auffassung der Kommission ein Mitgliedstaat gegen seine unionsrechtlichen Verpflichtungen verstoßen hat. Diese Verstöße können vielfältiger Natur sein und reichen von Verletzungen des Primärrechts bis zu Verstößen gegen einzelne Spezialbestimmungen. Auch können die Mitgliedstaaten das Unionsrecht durch die Handlungen all ihrer Organe und Untergliederungen verletzen, so dass es unerheblich ist, welche innerstaatliche Stelle gehandelt hat. Stellt ein Mitgliedstaat den Verstoß trotz eines entsprechenden Urteils nicht ab, so kann in einem zweiten Schritt ein Zwangsgeld verhängt werden, Art. 260 AEUV[29].

Ist umgekehrt ein Mitgliedstaat der Auffassung, ein Unionsorgan (Europäisches Parlament, Rat oder Kommission) habe gegen Unionsrecht verstoßen, so kommt vor allem die Nichtigkeitsklage gem. Art. 263 AEUV, aber auch die Untätigkeitsklage gem. Art. 265 AEUV als zulässige Verfahrensart in Betracht. Meist geht es um die Behauptung, ein Unionsrechtsakt verstoße gegen höherrangiges Unionsrecht. Besonders häufig sind Rügen mangelnder Zuständigkeit der Union zum Erlass eines bestimmten Rechtsakts. Ein prominentes Beispiel bildet der Streit um die Tabakwerberichtlinie, der sogar zwei EuGH-Urteile hervorgebracht hat (dazu Fall 17).

---

29 Siehe dazu EuGH vom 22.10.2013, Rs. C-95/12, ECLI:EU:C:2013:676, EuZW 2013, S. 946, Kommission./.Bundesrepublik Deutschland – VW-Gesetz, mit Anm. *Streinz*, JuS 2014, S. 565 ff.

Die hier vorgestellte Fallgruppe ist vorwiegend für Studierende des Schwerpunktbereichs relevant. Im Pflichtfach können insbesondere Fragen der Kompetenzabgrenzung zwischen Union und Mitgliedstaaten nicht vertieft verlangt werden, so dass eine Hauptfallgestaltung nicht als Klausurgegenstand in Betracht kommt. Demgegenüber kann es ausnahmsweise vorkommen, dass ein Vertragsverletzungsverfahren in den Grundzügen auch im Pflichtfach geprüft wird.

IX. Streitigkeiten zwischen Unionsorganen

Relevanz: Schwerpunktbereich
Prüfungsschema Nichtigkeitsklage unten unter C. (Rn. 55)

Streitigkeiten zwischen den Unionsorganen waren bisher in der Praxis recht häufig. **51**
Insbesondere das Europäische Parlament war häufig geneigt, Rat und Kommission zu verklagen. Aber auch Rat und Kommission trugen gelegentlich Streitigkeiten untereinander vor dem EuGH aus. Viele der Streitfragen sind mittlerweile geklärt oder durch gesetzliche Regelungen ausgeräumt, so dass die Bedeutung dieser Fallgruppe abgenommen hat. Ihr wird deshalb auch kein eigener Fall mehr gewidmet (siehe aber Fall 17 in der Erstauflage). Gleichwohl wird sie hier der Vollständigkeit halber erwähnt.

Das Verfahren, in dem die Streitigkeiten ausgetragen werden, ist meist die Nichtigkeitsklage gem. Art. 263 AEUV, weil Streitauslöser meist ein erlassener Rechtsakt ist.

Inhaltlich wird gerügt, dass das handelnde Organ seine Zuständigkeiten überschritten oder die Zuständigkeiten des klagenden Organs verletzt habe. Zudem werden Form- und Verfahrensverstöße gerügt.

Aufgrund der häufig sehr speziellen Zuständigkeits- und Verfahrensfragen eignen sich diese Konstellationen vor allem für Klausuren im Schwerpunktbereich. Im Pflichtfach kann zwar auch die Kenntnis der Organe und der grundlegenden Verfahren verlangt haben, nicht aber in der Tiefe, in der dies zum Verständnis der meisten Konfliktfälle erforderlich wäre.

Der Vertrag von Lissabon hat das Zuständigkeitsgefüge innerhalb der EU nicht unerheblich modifiziert. Deshalb muss in jeder Konstellation geprüft werden, ob die bisher bekannten Streitstände noch in dieser Form aktuell sind. Insbesondere bei der Rechtssetzung haben sich die Verfahrensvorschriften verändert[30].

X. Europäisches Wirtschaftsrecht in der Klausur

Fall 16; Relevanz: Schwerpunktbereich

Selbst in europarechtlichen Schwerpunkt- und Wahlfachbereichen gehört das Europäi- **52**
sche Wirtschaftsrecht oft nicht zu den Kerngebieten der Ausbildung. Gemeint sind hier insbesondere die Bereiche Wettbewerbs- und Kartellrecht, Beihilfenrecht und Vergabe-

30 Siehe dazu *Mayer*, JuS 2010, S. 189 ff., 191 f., sowie *Herrmann*, JURA 2010, S. 161 ff., 164 f.

recht. Gleichwohl sollten die Grundzüge dieser Materien beherrscht werden. An manchen Fakultäten werden diese Rechtsgebiete auch besonders hervorgehoben und bilden einen eigenen Schwerpunkt. Hier muss das besondere Augenmerk dann auf wirtschaftsrechtliche Fragestellungen gerichtet werden.

Das vorliegende Buch kann das Themengebiet nur am Rande behandeln und Grundzüge abdecken. Häufig ist bei den auftretenden Fallgestaltungen des Europäischen Wirtschaftsrechts die vertiefte Kenntnis zivilrechtlicher Hintergründe und spezieller Rechtsmaterien (z.B. Gesellschafts-, Kartell- oder Wettbewerbsrecht) nötig, um den Einfluss des Unionsrechts einschätzen zu können. Diesen Zusammenhang kann nur eine Spezialdarstellung herstellen.

XI. Völkerrechtliche Verträge in der Europarechtsklausur

Fall 21; Relevanz: Schwerpunktbereich

53 Die EU ist aus dem völkerrechtlichen Verkehr nicht wegzudenken. Sie ist neben den Mitgliedstaaten Vertragspartei einer Vielzahl von völkerrechtlichen Verträgen. Das Verhältnis von Unionsrecht und Völkerrecht gehört daher seit jeher zum Kernbestand des Prüfungswissens im Europarecht.

Zu klären ist insbesondere, welchen Rang völkerrechtliche Verträge innerhalb der Union haben und ob ihre Bestimmungen unmittelbar anwendbar sind. Weiterhin sind Kompetenzfragen zwischen Union und Mitgliedstaaten zu klären. Hier hat der EuGH eine ausdifferenzierte Rspr. entwickelt, die in der Klausur beherrscht werden muss.

Einige Sachgebiete sind von besonderer Bedeutung. Zum einen spielen immer wieder Abkommen im Bereich der Assoziierung eine Rolle, insbesondere das Assoziationsabkommen mit der Türkei[31]. Zum anderen hat sich auch das Verhältnis von EU und WTO zu einer eigenständigen Materie entwickelt, bei der noch Vieles ungeklärt ist (dazu Fall 21).

Die prozessuale Konstellation ist meist durch Streitigkeiten zwischen der EU und den Mitgliedstaaten geprägt, oft im Rahmen der Nichtigkeitsklage nach Art. 263 AEUV. Vor

31 Abkommen zur Gründung einer Assoziation zwischen der Europäischen Wirtschaftsgemeinschaft und der Republik Türkei vom 29.12.1964 (ABl. 1964, Nr. 217, S. 3687, geändert durch Zusatzprotokoll vom 13.6.2005, ABl. 2005 Nr. L 254/57). Siehe zur Assoziierung allgemein *Streinz*, Europarecht, Rn. 1256 ff., sowie insbes. zum Abkommen mit der Türkei *Streinz*, Europarecht, Rn. 542 (Fall 21 mit Lösung), EuGH vom 30.9.1987, Rs. 12/86, Slg. 1987, 3719, Meryem Demirel./.Stadt Schwäbisch Gmünd., EuGH vom 20.9.1990, Rs. C-192/89, Slg. 1990, I-3461, NVwZ 1991, S. 255 ff., S. Z. Sevince./. Staatssecretaris van Justitie., EuGH vom 7.7.2005, Rs. C-373/03, Slg. 2005, I-6181, NVwZ 2005, S. 1292 ff., DVBl. 2005, S. 1256 ff., EuZW 2005, S. 670 ff., Ceyhun Aydinli./.Land Baden-Württemberg, und EuGH vom 8.12.2011, Rs. C-371/08, Slg. 2011, I-12735, NVwZ 2012, S. 422 ff., Nural Ziebell./.Land Baden-Württemberg, sowie *Döring*, DVBl. 2005, S. 1221 ff. Durch die Änderungen des § 53 III AufenthG mit Wirkung zum 1.1.2016 (BGB. I 2015, S. 1386) wurden einige der in Fall 20 der 3. Auflage diese Klausurenkurses angesprochenen Fragen zur Berücksichtigung des Abkommens bei einer Ausweisung gesetzlich geregelt, weswegen er nicht weiter übernommen wurde.

allem im Bereich der Assoziierungsabkommen kann aber auch ein Einzelner Rechte geltend machen, deren Durchsetzung zunächst den nationalen Gerichten obliegt. Derartige Fallgestaltungen sind den Streitigkeiten im Bereich der Personenverkehrsfreiheiten vergleichbar (siehe dazu oben unter B. I./Rn. 34 ff.).

Völkerrechtliche Fragen sind im Schwerpunktbereich und nicht im Pflichtfach verortet, da von Pflichtfachstudierenden nicht erwartet wird, neben den Grundzügen des Europarechts auch noch solche des Völkerrechts zu beherrschen (abgesehen von Einzelfragen des Verhältnisses von Völkerrecht und Grundgesetz).

XII. Das Recht des EUV in der Klausur

Relevanz: Schwerpunktbereich

Lange Zeit hat das Recht des EU-Vertrags in der europarechtlichen Klausurpraxis ein **54**
Schattendasein geführt. Dies lag daran, dass es aufgrund des häufig politischen Charakters der Arbeit im Rahmen des EU-Vertrags kaum Konstellationen gab, die sich für eine Bearbeitung in der Klausur eigneten.

Zwischenzeitlich hatte sich dies geändert, weil sich im Zuge der zunehmenden Vergemeinschaftung von Politikbereichen des EU-Vertrags eine Reihe von Konflikten zwischen EU und EG aufgetan hatten. Dem trug etwa Fall 18 in der Erstauflage Rechnung.

Im Bereich des bisherigen EU-Rechts hat der Vertrag von Lissabon erhebliche Neuerungen gebracht. So wurden weitere Bereiche, wie etwa die polizeiliche Zusammenarbeit, „vergemeinschaftet", wenn davon überhaupt noch die Rede sein kann. Die mit dem bisherigen Recht des EUV verbundenen Sonderprobleme haben sich damit zum großen Teil erledigt (z.B. Rahmenbeschlüsse nach Art. 34 II lit. b) und c) sowie die Zuständigkeit des EuGH nach Art. 35 des EU-Vertrags i.d.F. des Vertrags von Nizza, die beide durch den Vertrag von Lissabon aufgehoben wurden). Ihnen wird daher kein eigener Fall mehr gewidmet. Neu hinzugekommen durch den Vertrag von Lissabon ist auch das vereinfachte Verfahren zur Vertragsänderung nach Art. 48 VI EUV, das z.B. bei der Einführung des ESM durch die Einfügung des Art. 136 III AEUV angewandt wurde[32]. Hiermit befasst sich Fall 22 der Vorauflage[33].

---

32 Beschluss des Europäischen Rates vom 25.3.2011 zur Änderung des Artikels 136 des Vertrags über die Arbeitsweise der Europäischen Union hinsichtlich eines Stabilitätsmechanismus für die Mitgliedstaaten, deren Währung der Euro ist (Beschluss 2011/199/EU), ABl. 2011 Nr. L 91/1 f. Siehe dazu *Streinz*, Europarecht, Rn. 1142 ff.

33 Angelehnt an EuGH vom 27.11.2012, Rs. C-370/12, ECLI:EU:C:2012:756, NJW 2013, S. 29 ff., Thomas Pringle./.Governement of Ireland, Ireland und The Attorney General, dazu *Ruffert*, JuS 2013, S. 278 ff. Zur deutschen verfassungsrechtlichen Problematik des ESM s. BVerfG vom 12.9.2012, 2 BvE 6/12 u.a., BVerfGE 132, 195, NJW 2012, S. 3145 ff., und BVerfG vom 18.3.2014, 2 BvR 1390/12 u.a., BVerfGE 135, 317, NJW 2014, S. 1505 ff. (dazu *Ruffert*, JuS 2014, S. 465), sowie die Übungsfälle von *Schmidt am Busch/Kögel*, JA 2015, S. 439 ff., und *Degenhart*, Klausurenkurs Staatsrecht II, Rn. 587 ff. (Fall 9).

C. Prüfungsschemata wichtiger Verfahrensarten (EuGH/EuG, Art. 258 ff. AEUV)

I. Wichtige Verfahrensarten vor dem EuGH und dem EuG

55 Europarechtliche Klausuraufgaben haben oft auch Verfahren vor dem EuGH und dem EuG zum Gegenstand. Im Folgenden sind die Prüfungsschemata der wichtigsten Verfahrensarten zusammengestellt. Es werden behandelt:

- Vorabentscheidungsverfahren, Art. 267 AEUV, dazu sogleich II.
- Vertragsverletzungsverfahren, Art. 258, 259 AEUV, dazu sogleich III.
- Nichtigkeitsklage, Art. 263 AEUV, dazu sogleich IV.
- Untätigkeitsklage, Art. 265 AEUV, dazu sogleich V.
- Schadensersatzklage (Amtshaftungsklage), Art. 268 AEUV, dazu sogleich VI.

II. Vorabentscheidungsverfahren[34], Art. 267 AEUV (Fälle 1, 2, 3, 12, 13, 16, 20)

1. Zulässigkeit

a) Zuständigkeit

Gem. Art. 267 I AEUV ist der EuGH für die Beantwortung von Vorlagefragen nationaler Gerichte zuständig.

b) Vorlageberechtigung

Vorlageberechtigt sind gem. Art. 267 II AEUV alle Gerichte der Mitgliedstaaten. In bestimmten Fällen besteht eine Vorlagepflicht (insbes. für letztinstanzliche Gerichte).

c) Vorlagegegenstand

Zulässige Vorlagegegenstände sind gem. Art. 267 I AEUV Fragen zur Auslegung der Verträge sowie zur Gültigkeit und Auslegung der Handlungen der Organe, Einrichtungen oder sonstigen Stellen der Union (dazu zählt u.a. auch das gesamte Sekundärrecht)[35].

d) Entscheidungserheblichkeit

Die Beantwortung der Vorlagefrage muss für den Ausgangsrechtsstreit entscheidungserheblich, d.h. für die Tenorierung dieses Rechtsstreits maßgeblich sein. Ob dies allerdings der Fall ist, beurteilt grundsätzlich das vorlegende Gericht.

2. Sachentscheidung (Beantwortung der Vorlagefrage)

Soweit der EuGH die Vorlage für zulässig erachtet, beantwortet er die gestellten Vorlagefragen in der Sache. Dabei legt er immer nur das Unionsrecht aus.

---

34 Dazu ausführlich *Herrmann/Rosenfeldt*, Europäisches Prozessrecht, Rn. 395 ff.

35 Zur Formulierung der Vorlagefrage siehe oben Rn. 35.

III. Vertragsverletzungsverfahren (Aufsichtsklage)[36], Art. 258, 259 AEUV (Fälle 15, 22)

1. Zulässigkeit

a) Zuständigkeit

Gem. Art. 258 II bzw. 259 I AEUV ist der EuGH für das Vertragsverletzungsverfahren zuständig.

b) Beteiligtenfähigkeit

Aktiv beteiligtenfähig sind gem. Art. 258 I AEUV die Kommission und gem. Art. 259 I AEUV die Mitgliedstaaten, passiv beteiligtenfähig nur die einzelnen Mitgliedstaaten, Art. 258 I, 259 I AEUV.

c) Klageberechtigung

Art. 258 I AEUV spricht der Kommission und Art 259 I AEUV den Mitgliedstaaten ausdrücklich die Klageberechtigung zu.

d) Vorverfahren

Vor Klageerhebung hat die Kommission gem. Art. 258 AEUV ein Vorverfahren durchzuführen. Dazu hat sie zunächst ein erstes Mahnschreiben an den Mitgliedstaat zu richten. Darin muss sie die Tatsachen mitteilen, in denen sie den Vertragsverstoß sieht, erklären, dass sie ein Vertragsverletzungsverfahren eingeleitet hat und dem Mitgliedstaat eine Frist zur Äußerung setzen.

Räumt der Mitgliedstaat den Verstoß nicht aus, so ist von der Kommission eine begründete Stellungnahme abzugeben, die die wesentlichen Tatsachen und Rechtsgründe enthält, aus denen sich nach Auffassung der Kommission der Vertragsverstoß ergibt. Die begründete Stellungnahme ist mit einer Frist zur Beseitigung des Verstoßes zu versehen.

Auch bei Vertragsverletzungsverfahren der Mitgliedstaaten untereinander ist gem. Art. 259 II und III AEUV ein (etwas anders gestaltetes) Vorverfahren erforderlich.

e) Streitgegenstand

Grundsätzlich der Verstoß eines Mitgliedstaats gegen die Verträge, also EUV und AEUV (vgl. Art. 1 II AEUV), Art. 258 I bzw. 259 I AEUV. Der konkrete Streitgegenstand der Klage vor dem EuGH gem. Art. 258 I AEUV richtet sich nach der begründeten Stellungnahme. Die begründete Stellungnahme wiederum darf nicht über das erste Mahnschreiben hinausreichen.

f) Rechtsschutzinteresse

Die Kommission bzw. der gem. Art. 259 I AEUV klagende Mitgliedstaat muss grundsätzlich kein Rechtsschutzinteresse nachweisen. Jedoch ist es erforderlich, dass sie von dem Vertragsverstoß überzeugt ist.

2. Begründetheit

Die Klage ist gem. Art. 258 I bzw. 259 I AEUV begründet, wenn die von der Kommission bzw. dem klagenden Mitgliedstaat behaupteten Tatsachen zutreffen und sich aus diesen Tatsachen ein

---

36 Dazu ausführlich *Herrmann/Rosenfeldt*, Europäisches Prozessrecht, Rn. 153 ff.

Verstoß gegen (u.a. primäres oder sekundäres) Unionsrecht ergibt, der dem beklagten Mitgliedstaat zuzurechnen ist. Es ergeht ein Feststellungsurteil.

IV. Nichtigkeitsklage[37], Art. 263 AEUV (Fälle 10, 17, 18, 21)

Hier ist in der Zulässigkeit zu differenzieren zwischen privilegiert Klageberechtigten und sonstigen Klageberechtigten.

1. Zulässigkeit

a) Zuständigkeit

Für Nichtigkeitsklagen privilegiert Klageberechtigter ist gem. Art 256 I AEUV grundsätzlich der EuGH zuständig, sofern keine Ausnahme gemäß Art. 51 EuGH-Satzung vorliegt. Für Nichtigkeitsklagen natürlicher und juristischer Personen (nicht privilegiert Klageberechtigte) ist im ersten Rechtszug gem. Art. 256 I, 263 IV AEUV i.V.m. Art. 51 EuGH-Satzung das EuG zuständig.

b) Beteiligtenfähigkeit

Aktiv beteiligtenfähig sind die Mitgliedstaaten, die in Art. 263 II und III AEUV genannten Organe und Einrichtungen sowie natürliche und juristische Personen gem. Art. 263 IV AEUV.

Passiv beteiligtenfähig sind die in Art. 263 I AEUV genannten Organe, Einrichtungen und Stellen.

c) Zulässiger Klagegegenstand

Zulässiger Klagegegenstand können die in Art. 263 I AEUV genannten Handlungen der Organe, Einrichtungen und Stellen (insbes. Gesetzgebungsakte sowie Handlungen des Rates, der Kommission und der EZB mit Ausnahme von Empfehlungen oder Stellungnahmen) sein.

d) Klageberechtigung, Klagegrund

Privilegiert Klageberechtigte gem. Art. 263 II AEUV müssen keine besondere Klageberechtigung nachweisen und brauchen insbesondere durch den angefochtenen Akt nicht betroffen zu sein. Art. 263 III AEUV regelt die teilprivilegiert Klageberechtigten, die die Wahrung ihrer Rechte anstreben müssen.

Natürliche und juristische Personen sind nicht privilegiert klageberechtigt und können gem. Art. 263 IV AEUV nur gegen an sie gerichtete Handlungen oder sie unmittelbar und individuell betreffende Handlungen sowie gegen Rechtsakte mit Verordnungscharakter, die sie unmittelbar betreffen und keine Durchführungsmaßnahmen nach sich ziehen, vorgehen. Die Klagegründe (Nichtigkeitsgründe) ergeben sich aus Art. 263 II AEUV: Unzuständigkeit, Verletzung wesentlicher Formvorschriften, Verletzung der Verträge oder einer bei seiner Durchführung anzuwendenden Rechtsnorm, Ermessensmissbrauch.

e) Klagefrist

Die Nichtigkeitsklage muss gem. Art. 263 VI AEUV binnen zwei Monaten erhoben werden.

37 Dazu ausführlich *Herrmann/Rosenfeldt*, Europäisches Prozessrecht, Rn. 209 ff.

2. Begründetheit

Die Nichtigkeitsklage ist begründet, wenn mindestens einer der in Art. 263 II AEUV genannten Nichtigkeitsgründe zutrifft.

V. Untätigkeitsklage[38], Art. 265 AEUV

Hier ist wie bei der Nichtigkeitsklage in der Zulässigkeit zwischen privilegiert Klageberechtigten und sonstigen Klageberechtigten zu differenzieren.

1. Zulässigkeit

a) Zuständigkeit

Für Untätigkeitsklagen privilegiert Klageberechtigter gem. Art. 265 I AEUV ist grundsätzlich der EuGH zuständig, sofern keine Ausnahme gem Art. 256 I AEUV i.V.m. Art. 51 EuGH-Satzung vorliegt.

Für Untätigkeitsklagen natürlicher und juristischer Personen (nicht privilegiert Klageberechtigte) gem. Art. 265 III AEUV ist im ersten Rechtszug gem. Art. 256 I AEUV i.V.m. Art. 51 EuGH-Satzung das EuG zuständig.

b) Beteiligtenfähigkeit

Aktiv beteiligtenfähig sind gem. Art. 265 I 2. Hs. AEUV die Mitgliedstaaten und Organe der Union sowie natürliche und juristische Personen gem. Art. 265 III AEUV. Passiv beteiligtenfähig sind die in Art. 265 I 1. Hs. AEUV genannten Organe, Einrichtungen und Stellen.

c) Zulässiger Klagegegenstand

Zulässiger Klagegegenstand kann gem. Art. 265 I AEUV bei privilegiert Klageberechtigten die Unterlassung eines Beschlusses durch ein dort genanntes Organ etc. sein.

Natürliche und juristische Personen müssen gem. Art. 265 III AEUV rügen, dass ein Organ oder eine Einrichtung oder sonstige Stelle der Union es unterlassen habe, einen anderen Akt als eine Empfehlung oder eine Stellungnahme an sie zu richten.

d) Klageberechtigung

Privilegiert Klageberechtigte i.S.d. Art. 265 I AEUV müssen keine besondere Klageberechtigung nachweisen.

Natürliche und juristische Personen sind nicht privilegiert klageberechtigt und können gem. Art. 265 III AEUV nur gegen die Unterlassung eines Aktes vorgehen, der an sie zu richten wäre.

e) Vorverfahren

Vor Erhebung der Untätigkeitsklage ist ein Vorverfahren durchzuführen. Art. 265 II AEUV fordert, dass zunächst ein Aufforderungsschreiben ergangen ist, auf das binnen zwei Monaten nicht geantwortet wurde.

---

38 Dazu ausführlich *Herrmann/Rosenfeldt*, Europäisches Prozessrecht, Rn. 302 ff.

f) Klagefrist

Die Untätigkeitsklage muss gem. Art. 265 II AEUV binnen zwei Monaten nach Ablauf der Antwortfrist erhoben werden.

2. Begründetheit

Die Untätigkeitsklage ist begründet, wenn das beklagte Organ bzw. die Stelle oder Einrichtung aufgrund von Unionsrecht verpflichtet gewesen wäre, den erstrebten Akt zu erlassen. Es ergeht ein Feststellungsurteil.

VI. Schadensersatzklage[39] (Amtshaftungsklage), Art. 268 AEUV

1. Zulässigkeit

a) Zuständigkeit

Für Schadensersatzklagen ist im ersten Rechtszug gem. Art. 256 I AEUV das EuG zuständig, da in der Satzung keine Übertragung auf den EuGH erfolgt ist (vgl. Art. 51 EuGH-Satzung).

b) Beteiligtenfähigkeit

Die Art. 268, 340 II AEUV enthalten dazu keine ausdrückliche Regelung. Aktiv beteiligtenfähig sind nach der Rspr. die Mitgliedstaaten sowie natürliche und juristische Personen. Passiv beteiligtenfähig ist die EU (bei Ansprüchen nach Art. 340 II AEUV) bzw. die EZB (bei Ansprüchen nach Art. 340 III AEUV).

c) Klagegegenstand

Klagegegenstand ist ein rechtswidriges Handeln oder Unterlassen eines Unionsorgans, das einen Schaden verursacht hat.

d) Rechtsschutzbedürfnis

Das Rechtsschutzbedürfnis setzt voraus, dass keine anderen Rechtsbehelfe zur Verfügung stehen.

e) Verjährung

Die Verjährungsfrist von fünf Jahren (Art. 46 EuGH-Satzung) wird vom EuGH als Zulässigkeitsvoraussetzung qualifiziert.

2. Begründetheit

Die Klage ist begründet, wenn der in Art. 340 II bzw. III AEUV geregelte materiellrechtliche Schadensersatzanspruch besteht.

39 Dazu ausführlich *Herrmann/Rosenfeldt*, Europäisches Prozessrecht, Rn. 352 ff.

Weiterführende Hinweise zum unionsrechtlichen Rechtsschutz

Streinz, Rudolf: Europarecht, Rn. 621 ff.

Böhm, Monika: Rechtsschutz im Europarecht, JA 2009, S. 679 ff.

Ehlers, Dirk: Die Nichtigkeitsklage des Europäischen Gemeinschaftsrechts (Art. 230 EGV), JURA 2009, S. 31 ff.

Glawe, Robert A. P.: Der Eilrechtsschutz im Europarecht – ein Überblick, JA 2013, S. 63 ff.

Gurreck, Matti/Otto, Patrick Christian: Das Vertragsverletzungsverfahren, JuS 2015, S. 1079 ff.

Jaeger, Marc: Eilverfahren vor dem Gericht der Europäischen Union, EuR 2013, S. 3 ff.

Mächtle, Cathrin: Das Vorabentscheidungsverfahren, JuS 2015, S. 314 ff.

Mächtle, Cathrin: Die Gerichtsbarkeit der Europäischen Union, JuS 2014, S. 508 ff.

Mächtle, Cathrin: Individualrechtsschutz in der Europäischen Union, JuS 2015, S. 28 ff.

Rademacher, Timo: Rechtsschutzgarantien des Unionsrechts, JuS 2018, S. 337 ff.

3. Teil

Klausurteil

Aufbau der Klausuren und allgemeine Hinweise

56 Der 3. Teil besteht aus 23 Klausuren, die alle wesentlichen Bereiche des Unionsrechts abdecken. Da die meisten Klausuren zudem mindestens eine Variation oder Ergänzung des Sachverhalts enthalten, ergeben sich insgesamt weit mehr als 23 Übungsfälle bzw. klausurrelevante Konstellationen.

Nach dem Sachverhalt folgen bei jeder Klausur die „Vorüberlegungen". Neben den die Klausur unmittelbar betreffenden Anmerkungen zum Lösungsweg finden sich dort auch allgemeine Erläuterungen zur jeweiligen unionsrechtlichen Thematik sowie zu Klausurtaktik und -aufbau.

An die „Vorüberlegung" schließen sich jeweils eine Gliederung und die eigentliche Musterlösung an. Dabei ist den Verfassern das Grundproblem eines jeden Buches dieser Art bewusst. Denn auch einem „optimalen" Bearbeiter wird es kaum gelingen, in der realen Situation einer Übungs- oder Examensklausur ein Ergebnis abzuliefern, das nach Art, Stil und Umfang der Lösung eines Übungsbuches entspricht. Dennoch haben wir bewusst auf allzu knappe und pragmatische Lösungen verzichtet. Denn es erscheint sinnvoller, an dieser Stelle eine etwas längere Lösung anzubieten, die dafür aber möglichst wenige Fragen offen lässt. Wenn dann der wesentliche Gang der Argumentation verstanden und gelernt wurde, kann er auch in der Prüfungssituation in eigenen Worten und der gebotenen Kürze und Schwerpunktbildung wiedergegeben werden. Von daher möge sich kein Leser durch die Länge der einzelnen Klausuren abgeschreckt fühlen.

Jede Klausur enthält am Ende zudem weiterführende Hinweise auf die Darstellung der jeweiligen Materie im Lehrbuch von *Streinz*, auf die Rechtsprechung des EuGH und anderer Gerichte, die die Basis des Falles bilden, sowie ggf. auf weitere Literatur.

Als Hilfsmittel für die Bearbeitung genügen die einschlägigen Textsammlungen zum Europa- sowie ggf. zum deutschen Zivil- bzw. Öffentlichen Recht. Die europarechtlichen enthalten durchweg die grundlegenden Verträge (EUV, AEUV), die GRC sowie das Statut des EuGH. Soweit es darüber hinaus z. B. auf Sekundärrecht ankommt, sind die entsprechenden RL und VO (auszugsweise) mit abgedruckt.

Übersicht über die Fälle des Klausurteils

57

Fall	Themenschwerpunkte	Pflicht-fach/ Schwer-punktbe-reich	Schwierig-keitsgrad
1.	Warenverkehrsfreiheit, Vorabentscheidungsverfahren	P/S	niedrig
2.	Warenverkehrsfreiheit, unionsrechtliche Staatshaftung	P/S	mittel
3.	Dienstleistungsfreiheit, Niederlassungsfreiheit, Inländerdiskriminierung	P/S	mittel
4.	Niederlassungsfreiheit, Dienstleistungsfreiheit	P/S	mittel
5.	Arbeitnehmerfreizügigkeit, Drittwirkung von Grundfreiheiten	P/S	mittel/hoch
6.	Niederlassungsfreiheit, Nichtanwendungskompetenz nationaler Behörden, Eilverfahren	P/S	mittel/hoch
7.	Niederlassungsfreiheit von Gesellschaften, Grundrechtsfähigkeit ausländischer Gesellschaften	P/S	mittel/hoch
8.	Allgemeine Freizügigkeit, soziale Begleitrechte	P/S	mittel
9.	Europäische Grundrechte und Mitgliedstaaten, Warenverkehrsfreiheit	P/S	mittel
10.	Grundrechte, Rechtsschutz gegen Verordnungen, Solange-Rechtsprechung	P/S	mittel
11.	Richtlinienkonforme Auslegung, unmittelbare Wirkung, Staatshaftung für fehlerhafte Richtlinienumsetzung	P/S	mittel
12.	Gleichbehandlungsvorschriften im Unionsrecht, kirchliches Arbeitsrecht, Auslegung von Richtlinien, Verfassungsrecht und Unionsrecht	P/S	hoch
13.	Richtlinien und nationales Recht, Entzug des gesetzlichen Richters	P/S	hoch
14.	Bestandskraft von Verwaltungsakten und Unionsrecht, §§ 48, 49 VwVfG	P/S	mittel/hoch
15.	Suspensiveffekt und Unionsrecht, einstweiliger Rechtsschutz und Unionsrecht, Vertragsverletzungsverfahren (Art. 258 AEUV)	P/S	hoch
16.	Öffentliche Unternehmen, Wettbewerbsvorschriften	S	hoch
17.	Kompetenzen der Union, Nichtigkeitsklage, Harmonisierungen zum Gesundheitsschutz, Waren- und Dienstleistungsfreiheit, europäische Grundrechte (Eigentum, Berufsfreiheit)	S	mittel
18.	Zugang zu Dokumenten der Union, Datenschutz, Auslegung von Verordnungen, Nichtigkeitsklage	P/S	hoch

Fall	Themenschwerpunkte	Pflicht-fach/ Schwer-punktbe-reich	Schwierig-keitsgrad
19.	Europäischer Haftbefehl, Allgemeines Diskriminierungsverbot, Auslieferungsfreiheit (Art. 16 GG)	S	mittel/hoch
20.	Datenschutzrecht, Datenübermittlung in die USA, „Recht auf Vergessenwerden", Auslegung von Verordnungen	S	hoch
21.	EU-Recht und WTO, Vertragsschlusskompetenzen, Nichtigkeitsklage	S	hoch
22.	PKW-Maut, Allgemeines Diskriminierungsverbot, Grundfreiheiten, Vertragsverletzungverfahren (Art. 259 AEUV)	S	hoch
23.	Arbeitslosengeld II für Unionsbürger, Anwendungsvorrang, Auslegung von Richtlinien und Verordnungen	S	hoch

Fall 1

Bestes Fleisch von deutschen Höfen

Pflichtfach/Schwerpunktbereich, Schwierigkeitsgrad: niedrig

Herr A ist ein französischer Bauer, der sich auf die Produktion von hochwertigem Rindfleisch spezialisiert hat. Er exportiert einen Großteil seines Fleisches auf den deutschen Markt. Seit längerem ist ihm die Tätigkeit der deutschen CMA, der „Centralen Marketing-Gesellschaft der deutschen Agrarwirtschaft mbH", ein Dorn im Auge. Diese vergibt ein Gütesiegel, mit dem das Recht für den Anbieter verbunden ist, auf den betreffenden Erzeugnissen die Angabe „Bestes Fleisch von deutschen Höfen" anzubringen. Das Siegel wird auf Antrag an Agrarerzeuger vergeben, deren Erzeugnisse bestimmten Qualitätsanforderungen genügen. Es ist ausschließlich Produkten von in Deutschland ansässigen Landwirten vorbehalten. **58**

Die CMA ist eine Gründung des „Absatzförderungsfonds der deutschen Land- und Ernährungswirtschaft". Dieser wurde Ende der 1960er Jahre durch Bundesgesetz errichtet. Seine Aufgabe ist die Absatzförderung in Deutschland erzeugter landwirtschaftlicher Produkte. Er hat die Form einer Anstalt des öffentlichen Rechts, deren Verwaltungsrat von Vertretern der deutschen Land- und Ernährungswirtschaft, Parteienvertretern sowie Vertretern der Bundesregierung gebildet wird. Zur Durchführung seiner Aufgaben erhebt der Fonds Pflichtbeiträge von den Betrieben der deutschen Land- und Ernährungswirtschaft. Der Fonds ist nach der gesetzlichen Definition eine Selbsthilfeorganisation der Wirtschaft, die auf einer Solidargemeinschaft beruht. Die CMA wurde zur Förderung der Zwecke des Fonds gegründet und wird in dem entsprechenden Gesetz als zentrale Einrichtung der deutschen Wirtschaft zur Absatzförderung bezeichnet; sie wird ausschließlich aus Mitteln des Fonds finanziert und ist an dessen Richtlinien gebunden. Sie hat ihre Tätigkeit am Gesamtinteresse der deutschen Agrarwirtschaft auszurichten.

Als der deutsche Fleischproduzent B, der schärfste Konkurrent des A, das Gütesiegel erhält, möchte Herr A das nicht mehr hinnehmen. Die durch verschiedene Fleischskandale verunsicherten Verbraucher lassen sich zunehmend durch die Aussagen des Gütesiegels beeinflussen, der Absatz von A geht aufgrund dieser Tatsache spürbar zurück. A erstrebt vor dem zuständigen Landgericht, die Erteilung des Gütesiegels an B zu untersagen. Das Gericht hat Zweifel, ob die Vergabe des Gütesiegels gegen europäisches Unionsrecht verstößt. Es möchte dem europäischen Gerichtshof eine entsprechende Vorlagefrage stellen, da es die Auslegung des Unionsrechts für entscheidungserheblich hält.

Formulieren Sie eine entsprechende Vorlagefrage. Wie wird der Europäische Gerichtshof über die Vorlagefrage entscheiden? Gehen Sie davon aus, dass kein einschlägiges Sekundärrecht vorhanden ist.

Abwandlung I:

Würde sich etwas ändern, wenn das CMA-Gütezeichen von einem Verein vergeben würde, dessen Gründung auf den freien Entschluss der deutschen Agrarproduzenten zurückgeht? Die Vergabekriterien für das Gütezeichen bleiben unverändert.

Abwandlung II:

Trotz eines Urteils des EuGH, das im Ausgangsfall die Unionsrechtswidrigkeit feststellt, ändert die CMA nichts an ihrer Vergabepraxis. Auch die gesetzlichen Grundlagen werden nicht geändert. Kann Herr A vor europäischen oder deutschen Gerichten Primärrechtsschutz gegen die Bundesrepublik Deutschland oder eine ihrer staatlichen Untergliederungen erreichen?

Vorüberlegungen

Der Ausgangsfall ist der CMA-Entscheidung des EuGH[1] nachgebildet, der die Vereinbarkeit des CMA-Gütezeichens („Markenqualität aus deutschen Landen") mit (damals noch) Gemeinschaftsrecht zum Gegenstand hatte. Der EuGH erklärte das Gütezeichen für europarechtswidrig, so dass sich die CMA gezwungen sah, ihre Werbemaßnahmen zu modifizieren (neuer Werbeslogan: „Bestes vom Bauern"). Mittlerweile wurden der Absatzförderungsfonds und die CMA aufgelöst, nachdem das BVerfG die Erhebung von Abgaben an den Absatzförderungsfonds für verfassungswidrig erklärt hat[2]. **59**

Der Fall wirft zum einen grundsätzliche Probleme der Warenverkehrsfreiheit gem. Art. 34 AEUV auf, die in der europarechtlichen Fallbearbeitung eine zentrale Rolle einnimmt, und eignet sich daher besonders als Einstiegsfall in die Materie der Grundfreiheiten. Man kann hier schulmäßig die Prüfungsfolge bei Art. 34 AEUV erarbeiten. Zum anderen wird das Vorabentscheidungsverfahren einschließlich der Formulierung einer geeigneten Vorlagefrage behandelt.

Schon die detaillierte Schilderung der rechtlichen Konstruktion der CMA weist den Bearbeiter darauf hin, dass hier das Hauptproblem der Untersuchung liegt. Insbesondere fragt sich, ob man die Werbemaßnahmen der CMA dem Mitgliedstaat Deutschland zurechnen kann, denn nur dann lässt sich das Merkmal „staatliche Maßnahme" bei Art. 34 AEUV bejahen. Die übrigen Prüfungspunkte bei der Warenverkehrsfreiheit sind im Ergebnis wenig problematisch.

Im Rahmen der Prüfung des Vorabentscheidungsverfahrens kommt es vor allem darauf an, die richtigen Prüfungspunkte abzuhandeln und die Vorlagefrage ordnungsgemäß zu formulieren. Wichtig ist insbesondere, nicht auf die Gültigkeit von nationalem Recht abzustellen, sondern nach der Auslegung des Unionsrechts zu fragen. Denn nur hierfür ist der EuGH zuständig.

In der Abwandlung I soll das Problem der Zurechnung noch weiter vertieft werden. Mangels unmittelbarer Zurechnungsmöglichkeit ist zu erwägen, ob es eine Drittwirkung der Warenverkehrsfreiheit oder Schutzpflichten gibt, die zumindest zu einer mittelbaren Zurechnung führen können. Das ist im Ergebnis zu verneinen.

Abwandlung II erweitert den Fokus auf die Folgen der Beibehaltung einer unionsrechtswidrigen Praxis. Konkret wird nach den Möglichkeiten für Primärrechtsschutz gefragt. Die Fragestellung ist ungewöhnlich, weil meist nach Sekundärrechtsschutz, also Staatshaftungsansprüchen, gefragt wird. Im Rahmen des primären Rechtsschutzes geht es hingegen um Klagemöglichkeiten, die die Praxis Deutschlands selbst abstellen können. Hier kommt ernsthaft allein der Weg zu den Verwaltungsgerichten in Betracht, weil ausdrücklich nach Klagemöglichkeiten gegen öffentlich-rechtliche Körperschaften gefragt ist.

---

1 EuGH vom 5.11.2002, Rs. C-325/00, Slg. 2002, I-9977, EuZW 2003, S. 23 ff., Kommission der Europäischen Gemeinschaften./.Bundesrepublik Deutschland – CMA.

2 BVerfG vom 3.2.2009, 2 BvL 54/06, BVerfGE 122, 316, NVwZ 2009, S. 641 ff.

Insgesamt handelt es sich um einen eher leichten Fall, der den Einstieg in das Europarecht erleichtern soll. Er eignet sich daher auch gut als Abschlussklausur zur Vorlesung Europarecht im Grundstudium. Denkbar ist es aber auch, Teile daraus im Rahmen einer Examensklausur Öffentliches Recht zu verwenden.

Gliederung

60 **Ausgangsfall**

A. Vorlagefrage
B. Gutachten
- I. Zulässigkeit
  - 1. Zuständigkeit
  - 2. Vorlageberechtigung
  - 3. Vorlagegegenstand
  - 4. Entscheidungserheblichkeit
  - 5. Ergebnis
- II. Beantwortung der Vorlagefrage
  - 1. Ware
  - 2. Staatliche Maßnahme
  - 3. Maßnahme gleicher Wirkung
  - 4. Diskriminierung oder formal unterschiedslos geltende Maßnahme
  - 5. Rechtfertigung
- III. Ergebnis

Abwandlung I

A. Zurechnung der Maßnahme zum Staat
B. Unmittelbare Drittwirkung
C. Staatliche Schutzpflicht
D. Ergebnis

Abwandlung II

A. Rechtsschutz vor europäischen Gerichten
B. Rechtsschutz vor deutschen Gerichten
- I. Verfassungsgerichtlicher Rechtsschutz
- II. Verwaltungsgerichtlicher Rechtsschutz

Musterlösung

Ausgangsfall

A. Vorlagefrage

Ist Art. 34 AEUV dahin auszulegen, dass er der Vergabe eines Gütezeichens „Bestes Fleisch von deutschen Höfen" durch eine Vereinigung wie die deutsche CMA ausschließlich an deutsche Landwirte entgegensteht? **61**

Die Frage muss nicht im Wortlaut so formuliert sein. Wichtig ist nur, dass auf die Auslegung von Unionsrecht Bezug genommen und nicht nach der Gültigkeit von nationalem Recht gefragt wird. Der Gerichtshof ist nur befugt, über die Auslegung von europäischem Unionsrecht zu entscheiden. Nationales Recht darf er hingegen nicht auslegen. Deshalb muss die Vorlagefrage immer so formuliert sein, dass sie nach der Auslegung von europäischem Recht fragt. Die Vereinbarkeit des nationalen Rechts mit dem vom EuGH verbindlich ausgelegten Unionsrecht beurteilt sodann das vorlegende nationale Gericht. Falsch wäre es demnach, nach der Vereinbarkeit einer nationalen Norm mit Unionsrecht zu fragen. In der Praxis ist der EuGH hinsichtlich der Formulierung der Vorlagefrage(n) allerdings recht großzügig[3].

B. Gutachten

Der Europäische Gerichtshof wird die Vorlagefrage in der Sache beantworten, wenn diese zulässig ist. **62**

I. Zulässigkeit

1. Zuständigkeit

Gem. Art. 267 I AEUV entscheidet der Gerichtshof der Europäischen Union über die Beantwortung von Vorlagefragen nationaler Gerichte, hier gem. Abs. 1 lit. a), da es um Art. 34 AEUV und damit gem. Art. 1 II 2 AEUV um die Auslegung der Verträge geht. Fraglich ist, ob organintern der EuGH oder das EuG sachlich zuständig ist. Gem. Art. 256 III 1 AEUV ist das Gericht nur in besonderen Fällen für die Beantwortung von Vorlageersuchen zuständig, wenn die Satzung[4] dies ausdrücklich bestimmt. Von dieser Möglichkeit wurde bisher kein Gebrauch gemacht (vgl. Art. 23 und 51 EuGH-Satzung)[5]. Somit ist der EuGH sachlich zuständig. **63**

2. Vorlageberechtigung

Vorlageberechtigt sind gem. Art. 267 AEUV alle Gerichte der Mitgliedstaaten. Der Begriff „Gericht" ist dabei unionsrechtlich zu bestimmen und umfasst alle unabhängi- **64**

3 Siehe dazu oben Rn. 20 m.w.N.
4 Protokoll über die Satzung des Gerichtshofs der Europäischen Union vom 26.2.2001 (ABl. 2001 Nr. C 80/53), zuletzt geändert durch VO (EU, Euratom) 2016/1192 vom 6.7.2016 (ABl. 2016 Nr. L 200/137).
5 Vgl. *Herrmann/Rosenfeldt*, Europäisches Prozessrecht, Rn. 405, und *Jukić*, JA 2018, S. 761 ff., 762.

gen Organe, die in einem rechtsstaatlich geordneten Verfahren Rechtsstreitigkeiten mit Rechtskraftwirkung verbindlich entscheiden können[6]. Das deutsche Landgericht gehört unproblematisch dazu, so dass die Vorlageberechtigung zu bejahen ist.

3. Vorlagegegenstand

65 In Art. 267 I AEUV sind drei zulässige Vorlagegegenstände genannt. Dazu gehört nach Art. 267 I lit. a) AEUV die Auslegung der Verträge (s.o.). Das Gericht stellt eine Frage zur Auslegung von Art. 34 AEUV. Dies ist ein zulässiger Vorlagegegenstand.

4. Entscheidungserheblichkeit

66 Weiterhin müsste die Beantwortung der Vorlagefrage für den Ausgangsrechtsstreit entscheidungserheblich, d.h. für die Tenorierung dieses Rechtsstreits maßgeblich[7] sein. Ob dies der Fall ist, beurteilt grundsätzlich das die Frage stellende Gericht. Das ergibt sich zum einen bereits aus dem Wortlaut von Art. 267 II AEUV („hält ... für erforderlich"), zum anderen auch aus der Tatsache, dass die Entscheidungserheblichkeit eine Frage des nationalen Rechts ist. Es gibt aber Ausnahmefälle, in denen auch der Gerichtshof die Entscheidungserheblichkeit verneint.

Insbesondere wenn offensichtlich ist, dass es auf seine Antwort für den zu entscheidenden Rechtsstreit nicht ankommen kann, lehnt er die Beantwortung der Vorlagefrage ab. Konkret geht es um Fälle, in denen offensichtlich kein Zusammenhang mit Unionsrecht besteht, in denen die zur Überprüfung gestellte Norm offensichtlich nicht anwendbar ist, oder wenn eine allgemeine und hypothetische Rechtsfrage zur Entscheidung gestellt wird[8].

Ein solcher Ausnahmefall liegt hier allerdings nicht vor. Das Landgericht hält die Vorlagefrage für entscheidungserheblich. Damit ist von der Entscheidungserheblichkeit auszugehen[9].

5. Ergebnis

67 Die Vorlage zum EuGH ist zulässig.

II. Beantwortung der Vorlagefrage

68 Zu klären ist, ob die Vergabe eines Gütezeichens „Bestes Fleisch von deutschen Höfen" durch die CMA nur an deutsche Landwirte mit Unionsrecht vereinbar ist. In Betracht kommt ein Verstoß gegen die Warenverkehrsfreiheit gem. Art. 34 AEUV, da laut Bear-

---

6 *Lange*, JuS 2016, S. 50 ff., 51 m.w.N., siehe auch *Streinz*, Europarecht, Rn. 694 m.w.N.

7 *Lange*, JuS 2016, S. 50 ff., 51 m.w.N.

8 Zu den Fallgruppen im Einzelnen siehe *Dittert*, Europarecht, S. 154 f.; *Streinz*, Europarecht, Rn. 700.

9 Der EuGH spricht auch von einer „Vermutung der Entscheidungserheblichkeit" für Fragen, die das Unionsrecht betreffen, z.B. EuGH vom 10.12.2018, Rs. C-621/18, ECLI:EU:C:2018:999, NVwZ 2019, S. 143 ff., 144, Rn. 27, Wightman u.a./.Secretary of State for Exiting the European Union.

beitervermerk keine spezielleren Normen des Sekundärrechts eingreifen, die den Sachverhalt regeln und vorrangig zu prüfen wären[10].

Weitere Ausführungen hierzu sind wegen des eindeutigen Hinweises im Bearbeitervermerk nicht erforderlich.

1. Ware

Zunächst müssten von dem Gütezeichen Waren betroffen sein, die sich im Unionsgebiet in freiem Verkehr befinden (sog. Unionswaren). Schutzobjekt der Art. 34, 35 AEUV sind Unionswaren i.S.d. Art. 28 II AEUV, also Waren, die aus den Mitgliedstaaten stammen, sowie Waren aus Drittländern, die sich in den Mitgliedstaaten im freien Verkehr befinden. Der Warenbegriff wird im AEUV weder definiert noch konkretisiert. „Waren“ sind Erzeugnisse, die einen Geldwert haben und daher Gegenstand von Handelsgeschäften sein können[11]. Bei den vom CMA-Gütezeichen erfassten Fleischprodukten handelt es sich um solche Waren i.S.d. Art. 28 II AEUV. **69**

Demgegenüber kommt es nicht darauf an, welche Staatsangehörigkeit der betroffene Händler hat, da die Warenverkehrsfreiheit güter- und nicht personenbezogen ist. Auch Angehörige von Drittstaaten können sich auf die Warenverkehrsfreiheit berufen.

2. Staatliche Maßnahme

Weiterhin müsste es sich bei der Vergabe des Gütezeichens nur an Deutsche um eine staatliche Maßnahme handeln. Dieses Erfordernis ergibt sich daraus, dass Adressaten der Warenverkehrsfreiheit vorrangig die Mitgliedstaaten sind[12]. **70**

Der Charakter des Gütezeichens als staatliche Maßnahme könnte deshalb zweifelhaft sein, weil die CMA in privater Rechtsform als GmbH gegründet wurde und ihre Mittel ausschließlich aus der Wirtschaft stammen.

Der EuGH hat in einer Grundsatzentscheidung aus dem Jahre 2002 entschieden, dass die Tätigkeit der CMA dem deutschen Staat zuzurechnen ist[13]. Dies leitet er daraus her, dass die CMA aufgrund eines Gesetzes errichtet wurde, in dem sie als zentrale Einrichtung der deutschen Wirtschaft zur Absatzförderung bezeichnet wird. Weiterhin habe sie die Richtlinien des Absatzförderungsfonds zu beachten, der seinerseits eine Anstalt des öffentlichen Rechts sei. Im Übrigen habe sie ihre Tätigkeit am Gesamtinteresse der deutschen Agrarwirtschaft auszurichten. Schließlich werde sie ausschließlich durch Pflichtbeiträge aller Betriebe des jeweiligen Wirtschaftszweiges finanziert[14].

10 Vgl. *Loibl*, Europarecht – Das Skriptum, S. 100.
11 Vgl. *Kingreen*, in: Calliess/Ruffert, AEUV, Art. 34–36, Rn. 120.
12 Ausführlich dazu *Streinz*, Europarecht, Rn. 451 sowie 874 ff.
13 EuGH vom 5.11.2002, Rs. C-325/00, Slg. 2002, I-9977, EuZW 2003, S. 23 ff., 25, Rn. 20, CMA.
14 EuGH vom 5.11.2002, Rs. C-325/00, Slg. 2002, I-9977, EuZW 2003, S. 23 ff., 24, Rn. 17, CMA.

71 Mit diesen Ausführungen führt der Gerichtshof seine st. Rspr. fort, wonach der Staat nicht selbst handeln muss, damit ihm eine bestimme Maßnahme zuzurechnen ist[15]. Vielmehr reicht bereits eine beherrschende Einflussnahme, die sich durch eine öffentliche Finanzierung oder die gesetzliche Normierung von Kontrollbefugnissen zeigen kann. Im Unterschied zur „Buy Irish"-Entscheidung stellt der EuGH hier nicht entscheidend darauf ab, dass eine institutionelle Einflussnahme des Staates erfolgt. Vielmehr reicht die Möglichkeit dazu aus[16]. Diesem Ansatz ist zuzustimmen, da sich andernfalls die Mitgliedstaaten durch eine entsprechende Formenwahl ihren vertraglichen Verpflichtungen entziehen könnten. Auch im konkreten Ergebnis ist dem EuGH zuzustimmen, da die CMA bei Zugrundelegung der Kriterien des Gerichtshofs unter erheblichem staatlichem Einfluss arbeitet. Eine staatliche Maßnahme liegt vor.

Ein gegenteiliges Ergebnis ist hier nur schwer vertretbar, da es sich kaum mit dem Gedanken des effet utile (praktische Wirksamkeit des Vertrages) vertrüge.

3. Maßnahme gleicher Wirkung

72 Weiterhin müsste gem. Art. 34 AEUV eine mengenmäßige Einfuhrbeschränkung oder eine Maßnahme gleicher Wirkung vorliegen. Da das Gütezeichen keine direkte Einfuhrbeschränkung darstellt, ist zu fragen, ob es sich um eine Maßnahme gleicher Wirkung handelt. Dies ist nach der sog. „Dassonville-Formel" der Fall, wenn eine Maßnahme geeignet ist, den Handel innerhalb der Union unmittelbar oder mittelbar, tatsächlich oder potentiell zu behindern[17].

Der EuGH bejaht in seiner CMA-Entscheidung, die zu dem Gütezeichen „Markenqualität aus deutschen Landen" erging, eine zumindest potentielle Handelsbeschränkung, da die Werbebotschaft des Gütezeichens die deutsche Herkunft einer Ware hervorhebe und so den Verbraucher dazu veranlassen könne, diese Ware anstatt einer importierten zu kaufen. An diesem Ergebnis ändere auch nichts der fakultative Charakter des Gütezeichens[18]. Wegen der Bezugnahme des Gütesiegels auf die „deutschen Höfe" lassen sich diese Aussagen ohne Weiteres auf die hier vorliegende Konstellation übertragen.

73 Mit diesem Urteil verschärfte der Gerichtshof seine Rspr. zu mitgliedstaatlicher Werbung. In früheren Entscheidungen hatte er staatliche Werbung nur dann für eine handelsbeschränkende Maßnahme gehalten, wenn mit ihr beabsichtigt war, eingeführte Waren durch inländische Waren zu ersetzen, oder wenn sie ausländische Produkte herabsetzen sollte[19]. Dies ist bei dem in Rede stehenden Gütezeichen („Bestes Fleisch von deutschen Höfen") nicht der Fall. Vielmehr besteht lediglich die Gefahr, dass

15 Vgl. EuGH vom 24.11.1982, Rs. 249/81, Slg. 1982, 4005, Kommission der Europäischen Gemeinschaften./.Irland – Buy Irish; siehe dazu *Leible*, EuZW 2003, S. 25 ff.; *Rauer*, JA 2003, S. 382 ff., 384.

16 *Rauer*, JA 2003, S. 382 ff., 384, m.w.N. dort in Fn. 9.

17 Vgl. EuGH vom 11.7.1974, Rs. 8/74, Slg. 1974, 837, NJW 1975, S. 515 ff., Dassonville (in NJW a.a.O. ist das falsche Datum 11.6.1974 angegeben). Zur Dassonville-Formel siehe *Streinz*, Europarecht, Rn. 864.

18 EuGH vom 5.11.2002, Rs. C-325/00, Slg. 2002, I-9977, EuZW 2003, S. 23 ff., Rn. 23 f., CMA.

19 Vgl. EuGH vom 24.11.1982, Rs. 249/81, Slg. 1982, 4005, Rn. 25, Buy Irish; EuGH vom 13.12.1983, Rs. 222/82, Slg. 1983, 4083, Rn. 18, Apple and Pear Development Council./.K.J. Lewis Ltd u.a.

einige Verbraucher die Werbebotschaft in diesem Sinne verstehen. Eine solche Gefahr war bisher nicht ausreichend. Begründet wurde dies mit dem Verbraucherbild der Union, das von einem mündigen Verbraucher ausgehe[20].

Gleichwohl ist der CMA-Rechtsprechung zu folgen. Sie führt zu einer konsequenten Anwendung der Dassonville-Formel in Fällen wie dem vorliegenden und trägt daher zur Kohärenz bei der Auslegung der Warenverkehrsfreiheit bei[21]. Die Verschärfung führt auch nicht zu Wertungswidersprüchen mit dem Verbraucherbild der Union, weil dieses bei der Beurteilung, ob eine Maßnahme gleicher Wirkung vorliegt, aufgrund der Weite der Dassonville-Formel gar nicht zum Tragen kommt. Im Ergebnis ist also eine Maßnahme gleicher Wirkung anzunehmen.

Zum gleichen Ergebnis kommt man auch mit dem sog. Drei-Stufen-Test, mit dem der EuGH in der jüngeren Rspr. seit der grundlegenden „Kradanhänger"-Entscheidung von 2009[22] prüft, ob es sich um eine „Maßnahme gleicher Wirkung" handelt. Allerdings sind bisher sowohl dessen Verhältnis zur Dassonville-Formel und zur Keck-Rspr. als auch die Anforderungen der dritten Stufe nicht abschließend geklärt[23]. Beim Drei-Stufen-Test fragt der EuGH, ob (1) durch die Maßnahme bezweckt oder bewirkt wird, Erzeugnisse aus anderen Mitgliedstaaten weniger günstig zu behandeln, (2) Hemmnisse für den freien Warenverkehr bestehen, die sich daraus ergeben, dass Waren aus anderen Mitgliedstaaten, die dort rechtmäßig hergestellt und in den Verkehr gebracht worden sind, bestimmten Vorschriften entsprechen müssen, selbst wenn diese Vorschriften unterschiedslos für alle Erzeugnisse gelten, oder (3) durch die Maßnahme der Zugang zum Markt eines Mitgliedstaats für Erzeugnisse aus anderen Mitgliedstaaten behindert wird. Damit wurde das Kriterium der Behinderung des Marktzugangs explizit zu einem Leitprinzip von Art. 34 AEUV[24]. Mit dem Gütezeichen werden deutsche Waren gezielt hervorgehoben und damit ausländische weniger günstig behandelt. Damit wird auch der Zugang für ausländisches Fleisch behindert (siehe oben).

---

20 Kritisch insoweit *Leible*, EuZW 2003, S. 25 ff., 26.

21 So auch *Korte/Oschmann*, NJW 2003, S. 1766 ff., 1767.

22 EuGH vom 10.2.2009, Rs. C-110/05, Slg. 2009, I-519, EuZW 2009, S. 173 ff., Kommission der Europäischen Gemeinschaften./.Italienische Republik – Kradanhänger (dazu Streinz, JuS 2009, S. 652 ff.); s. dazu insbes. auch EuGH vom 26.4.2012, Rs. C-456/10, ECLI:EU:C:2012:241, EuZW 2012, S. 508 ff. (mit Anm. *Streinz*, S. 511 f.), Asociación Nacional de Expendedores de Tabaco y Timbre (ANETT)./.Administración del Estado (dazu *Streinz*, JuS 2012, S. 759 ff.), EuGH vom 2.12.2010, Rs. C-108/09, Slg. 2010, I-12213, EuZW 2011, S. 112 ff., Ker-Optika bt./.ÀNTSZ Dél-dunántúli Regionális Intézete, und EuGH vom 4.6.2009, Rs. C-142/05, Slg. 2009, I-4273, EuZW 2009, S. 617 ff., Åklagaren./.Percy Mickelsson, Joakim Roos.

23 Siehe dazu (auch unter klausurtaktischen Aspekten) *Streinz*, Europarecht, Rn. 911 m.w.N., *Haratsch/Koenig/Pechstein*, Europarecht, Rn. 908, *Streinz*, JuS 2017, S. 566 ff., *Ogorek*, JA 2016, S. 556 ff., *Schulz-Pabst*, ZJS 2016, S. 370 ff., 371 ff., *Cremer*, JA 2015, S. 39 ff, 49 ff., *Cremer/Bothe*, EuZW 2015, S. 413 ff., *Reyes y Ráfales*, DVBl. 2015, S. 268 ff., und *Dietz/Streinz*, EuR 2015, S. 50 ff.

24 *Streinz*, Europarecht, Rn. 911/912 m.w.N., s. dazu auch EuGH vom 23.12.2015, Rs. C-333/14, ECLI:EU:C:2015:845, NJW 2016, S. 621 ff., Rn. 32, Scotch Whisky Association u.a./.The Lord Advocate und The Advocate General for Scotland, mit Anm. *Streinz*, JuS 2016, S. 949 ff., *Ogorek*, JA 2016, S. 556 ff., und *Hoffmann*, NJW 2016, S. 625 f.

4. Diskriminierung oder formal unterschiedslos geltende Maßnahme

74 Fraglich ist weiterhin, ob die Tätigkeit der CMA formal unterschiedslos auf einheimische wie eingeführte Produkte anwendbar ist, oder ob sie letztere diskriminiert.

An dieser Stelle entscheidet sich, ob eine Rechtfertigung nach zwingenden Erfordernissen i.S.d. sog. „Cassis-Formel" oder eine Tatbestandsausnahme nach der Keck-Rspr. in Betracht kommt. Beides setzt eine unterschiedslos geltende Maßnahme voraus. Ist die Maßnahme hingegen nur auf Auslandserzeugnisse anwendbar, bleibt nur eine Rechtfertigung über Art. 36 AEUV.

Das Gütezeichen kann nach den Bedingungen der Antragstellung nur von in Deutschland ansässigen Landwirten erworben werden. Da somit von dem Gütezeichen ausschließlich ausländische Produkte negativ betroffen sein können, handelt es sich um eine formal diskriminierende Maßnahme. Es kommen weder die sog. „Cassis-Formel"[25] noch die Keck-Rspr.[26] zur Anwendung.

Es stellt einen Fehler dar, wenn trotzdem auf Cassis oder Keck eingegangen wird.

5. Rechtfertigung

75 Zur Rechtfertigung kommen bei diskriminierenden Maßnahmen ausschließlich die in Art. 36 AEUV genannten Gründe in Betracht. Zu denken ist hier an den Schutz des gewerblichen und kommerziellen Eigentums. Der Gerichtshof erkennt in st. Rspr. an, dass geografische Herkunftsangaben unter bestimmten Voraussetzungen unter diesen Rechtfertigungsgrund subsumiert werden können[27]. Für das CMA-Gütezeichen gelte diese Rechtfertigungsmöglichkeit allerdings nicht, da sich das Gütezeichen auf das gesamte deutsche Hoheitsgebiet erstrecke und eine Vielzahl von Erzeugnissen betreffe. Dem ist mit der Erwägung zuzustimmen, dass mit geografischen Angaben eher regionale Zuordnungen gemeint sind, die mit staatlichen Hoheitsbereichen nichts zu tun haben[28]. Überdies verlöre das Instrument der Herkunftsangabe seine Konturen, wollte man es auch auf mitgliedstaatliche Zuordnungen erstrecken. Mithin kommt eine Rechtfertigung der Maßnahme nicht in Betracht.

III. Ergebnis

76 Der EuGH wird dem vorlegenden LG antworten, dass Art. 34 AEUV im Ergebnis dahin auszulegen ist, dass er der Verleihung eines Gütezeichens wie des vorliegenden durch eine Vereinigung wie die deutsche CMA ausschließlich an deutsche Landwirte entgegensteht.

---

25 Dazu *Streinz*, Europarecht, Rn. 864.
26 Dazu *Streinz*, Europarecht, Rn. 909.
27 EuGH vom 10.11.1992, Rs. C-3/91, Slg. 1992, I-5529, GRUR Int 1993, S. 76, Exportur./.LOR und Confiserie du Tech.
28 Teilweise a.A. *Beier*, GRUR Int 1977, S. 1.

Abwandlung I

Würde das CMA-Gütezeichen durch einen Verein verliehen, der allein auf dem freien Entschluss der deutschen Agrarproduzenten beruht, und damit von einer Stelle, die bei ihren Entscheidungen gänzlich dem staatlichen Einfluss entzogen ist, so wäre das Merkmal der staatlichen Maßnahme zu problematisieren. **77**

A. Zurechnung der Maßnahme zum Staat

Der EuGH geht davon aus, dass die Maßnahme eines Privatrechtssubjekts dem Staat nur zugerechnet werden kann, wenn dieser ein gewisses Mindestmaß an Einfluss besitzt[29]. Da ein solcher in der Abwandlung I völlig fehlt, ist die Annahme einer staatlichen Maßnahme im Wege der Zurechnung nicht möglich. **78**

B. Unmittelbare Drittwirkung

Zum gleichen Ergebnis wie im Ausgangsfall kann man allerdings gelangen, wenn man mit einem Teil der Literatur den Grundfreiheiten unmittelbare Drittwirkung beimessen will[30]. Der EuGH hat indes eine unmittelbare Drittwirkung der Warenverkehrsfreiheit abgelehnt[31]. Lediglich im Bereich anderer Grundfreiheiten sind bereits Tendenzen zur Annahme einer solchen Wirkung zu erkennen[32]. **79**

Gegen die Annahme einer unmittelbaren Drittwirkung im Rahmen der Warenverkehrsfreiheit bestehen erhebliche Bedenken. Zwar erhöht eine solche Annahme die praktische Wirksamkeit, den effet utile, des Vertrages. Jedoch würde die Differenzierung zwischen Adressaten und Schutzberechtigten weitgehend verschwimmen, ginge man von einer generellen Drittwirkung aus. Eine solche kann nur in solchen Situationen angenommen werden, in denen ein Privater einem anderen gegenüber in einer staatsähnlichen Position ist. Dies ist bei einer rein privaten Vermarktungsgesellschaft nicht der Fall.

C. Staatliche Schutzpflicht

Theoretisch denkbar wäre die Annahme einer staatlichen Maßnahme schließlich noch unter dem Aspekt der staatlichen Schutzpflicht, nach der Deutschland im Sinne der **80**

---

29 Siehe die Lösung des Ausgangsfalles.

30 *Ganten*, Die Drittwirkung der Grundfreiheiten, 2000, S. 94 ff.; *Steindorff*, EG-Vertrag und Privatrecht, 1996, S. 277 ff. Ausführlich zum Streitstand siehe *Leible/T. Streinz*, in: Grabitz/Hilf/Nettesheim, AEUV, Art. 34, Rn. 38 ff., *Müller-Graff*, EuR 2014, S. 3 ff., und *Ludwigs/Weidermann*, JURA 2014, S. 152 ff., sowie als Klausurfall *Otto/Hein*, JuS 2014, S. 529 ff.

31 Ausführlich *Kingreen*, in: Calliess/Ruffert, AEUV, Art. 34–36, Rn. 112 m.w.N., vgl. aber EuGH vom 12.7.2012, Rs. C-171/11, ECLI:EU:C2012:453, EuZW 2012, S. 797 ff., Fra.bo SpA./.Deutsche Vereinigung des Gas- und Wasserfaches e.V. (DVGW), dazu *Streinz*, JuS 2013, S. 182 ff., *Schmahl/Jung*, NVwZ 2013, S. 607 ff., 609 f., und *Ludwigs/Weidermann*, JURA 2014, S. 152 ff., 159 ff.

32 Vgl. zur Arbeitnehmerfreizügigkeit EuGH vom 6.6.2000, Rs. C-281/98, Slg. 2000, I-4139, EuZW 2000, S. 468 ff., Roman Angonese./.Cassa di Risparmio di Bolzano SpA. (hierzu ausführlich Fall 5), sowie *Streinz*, Europarecht, Rn. 875.

Warenverkehrsfreiheit gegen den Verein bzw. die Agrarproduzenten vorgehen müsste. In bestimmten Fällen hat es der Gerichtshof für möglich gehalten, dass das Verhalten Privater den Mitgliedstaat verpflichten kann, zugunsten der Marktfreiheiten einzugreifen[33]. Jedoch ist sehr fraglich, ob eine derartige Schutzpflicht vorliegend zu bejahen wäre. Dies würde bedeuten, dass der deutsche Staat den einheimischen Erzeugern entsprechende Werbemaßnahmen verwehren und dadurch massiv in deren Grundrechte eingreifen müsste. Eine Pflicht zum Eingreifen wird man daher im vorliegenden Fall zu verneinen haben[34].

D. Ergebnis

81 Im Ergebnis ist ein Verstoß gegen Art. 34 AEUV mangels staatlicher Maßnahme zu verneinen.

Abwandlung II

82 In Abwandlung II ist nach Möglichkeiten des Primärrechtsschutzes gegen die Bundesrepublik Deutschland oder ihre staatlichen Untergliederungen gefragt. Im Unterschied zum Sekundärrechtsschutz geht es also nicht um den (sekundären) Geldersatz, sondern um die (primäre) Beseitigung der Rechtsverletzung selbst.

A. Rechtsschutz vor europäischen Gerichten

83 Rechtsschutz vor europäischen Gerichten kommt nur in Betracht, wenn A sich direkt an den EuGH oder das Gericht wenden könnte, um mitgliedstaatliche Verstöße gegen Unionsrecht zu rügen. Dies ist nur im Ausnahmefall möglich. Im dezentralen Rechtsschutzsystem der Europäischen Union sind grundsätzlich die mitgliedstaatlichen Gerichte zur Entscheidung über Klagen einzelner Bürger berufen.

Mangels Generalklausel ist der Rechtsweg zu den Unionsgerichten nur in den Fällen der enumerativen Einzelzuständigkeit eröffnet[35]. Zwar können auch Einzelpersonen Nichtigkeitsklage gem. Art. 263 AEUV oder Untätigkeitsklage gem. Art. 265 AEUV erheben. Diese beiden Möglichkeiten scheiden hier aber schon deshalb aus, weil die genannten Rechtsschutzverfahren Maßnahmen der Union zum Gegenstand haben, während A gegen die Bundesrepublik und damit gegen einen Mitgliedstaat klagen will. Es bleibt nur, ein Vertragsverletzungsverfahren gem. Art. 258 AEUV gegen Deutschland durch die Kommission anzuregen[36].

33 Siehe zur Warenverkehrsfreiheit EuGH vom 9.12.1997, Rs. C-265/95, Slg. 1997, I-6959, NJW 1998, S. 1931 ff., Kommission der Europäischen Gemeinschaften./.Französische Republik – Agrarblockaden, *Streinz*, Europarecht, Rn. 881 (Fall 47).

34 Zu dieser Konstellation noch ausführlich Fall 9.

35 *Mächtle*, JuS 2015, S. 28 ff., 28 m.w.N.

36 Siehe dazu *Streinz*, Europarecht, Rn. 398 ff. und 633 ff., und *Stürner*, JURA 2017, S. 394 ff., 400.

B. Rechtsschutz vor deutschen Gerichten

I. Verfassungsgerichtlicher Rechtsschutz

Fragt man nach Rechtsschutzmöglichkeiten vor deutschen Gerichten, so ist zunächst an verfassungsgerichtlichen Rechtsschutz zu denken. Für eine Normenkontrolle fehlt es dem Einzelnen jedoch gem. § 76 I BVerfGG an der erforderlichen Antragsberechtigung. Eine Verfassungsbeschwerde gegen das in den 1960er Jahren erlassene Bundesgesetz zur Errichtung des Absatzförderungsfonds scheitert gem. § 93 III BVerfGG bereits an der Antragsfrist. **84**

II. Verwaltungsgerichtlicher Rechtsschutz

Es bleibt somit nur der Weg zu den Verwaltungsgerichten. Hier ist bereits fraglich, ob eine öffentlich-rechtliche Streitigkeit gem. § 40 I VwGO vorliegt. Das Gütezeichen wird von einem Privatrechtssubjekt (GmbH) vergeben. Eine Klage gegen die CMA selbst vor dem Verwaltungsgericht scheidet somit in jedem Falle aus, weil diese nicht hoheitlich handelt. **85**

Denkbar ist aber eine Klage gegen den Absatzförderungsfonds. Dieser ist eine Anstalt des öffentlichen Rechts. Er unterhält und kontrolliert die CMA. Gegenstand der Klage müsste die Verpflichtung des Fonds sein, die CMA zur Aufgabe ihrer europarechtswidrigen Praxis zu veranlassen. Mit diesem Inhalt läge eine öffentlich-rechtliche Streitigkeit vor, da die erstrebte Einwirkung auf die CMA öffentlich-rechtlicher Natur ist.

Statthafte Klageart wäre die allgemeine Leistungsklage, da eine tatsächliche Einwirkung auf die CMA erstrebt wird. Die erforderliche Klagebefugnis könnte unter dem Aspekt grundrechtlicher Betroffenheit bejaht werden. Da die europarechtlichen Fragen bereits durch den EuGH entschieden sind, könnte das Verwaltungsgericht sogleich eine entsprechende Entscheidung fällen.

Die Fallfrage legt lediglich die hier vorgenommene überschlägige Prüfung nahe. Es ist allerdings auch nicht als falsch zu bewerten, wenn die Zulässigkeit der verwaltungsgerichtlichen Klage ausführlicher und entsprechend den üblichen Prüfungsschemata durchgeprüft wird. Demgegenüber scheitern die anderen Rechtsschutzformen schon im Ansatz, weshalb hier eine ausführlichere Prüfung nicht angezeigt ist.

Wiederholung und Vertiefung

I. Weiterführende Hinweise

EuGH vom 5.11.2002, Rs. C-325/00, Slg. 2002, I-9977, NJW 2002, S. 3609 ff., EuZW 2003, S. 23 ff., Kommission der Europäischen Gemeinschaften./.Bundesrepublik Deutschland – CMA.

EuGH vom 23.12.2015, Rs. C-333/14, ECLI:EU:C:2015:845, NJW 2016, S. 621 ff., Scotch Whisky Association u.a./.The Lord Advocate und The Advocate General for Scotland.

EuGH vom 10.2.2009, Rs. C-110/05, Slg. 2009, I-519, EuZW 2009, S. 173 ff., Kommission der Europäischen Gemeinschaften./.Italienische Republik – Kradanhänger.

EuGH vom 12.7.2012, Rs. C-171/11, ECLI:EU:C2012:453, EuZW 2012, S. 797 ff., Fra.bo SpA./.Deutsche Vereinigung des Gas- und Wasserfaches e.V. (DVGW)

Cremer, Wolfram: Die Grundfreiheiten des Europäischen Unionsrechts, JURA 2015, S. 39 ff.

Cremer, Wolfram/Bothe, Alexander: Die Dreistufenprüfung als neuer Baustein der warenverkehrsrechtlichen Dogmatik, EuZW 2015, S. 413 ff.

Leible, Stefan: Anmerkung zu EuGH vom 5.11.2002, Rs. C-325/00 (CMA), EuZW 2003, S. 25 ff.

Ludwigs, Markus/Weidermann, Sabine: Drittwirkung der Europäischen Grundfreiheiten – Von der Divergenz zur Konvergenz?, JURA 2014, S. 152 ff.

Manger-Nestler, Cornelia/Noack, Gregor: Europäische Grundfreiheiten und Grundrechte, JuS 2013, S. 503 ff.

Müller-Graff, Peter-Christian: Die horizontale Direktwirkung der Grundfreiheiten, EuR 2014, S. 3 ff.

Rauer, Nils: Europarecht – Warenverkehrsfreiheit: Vergabe des CMA-Gütezeichens, JA 2003, S. 382 ff.

Safoklov, Yury: „Kauft deutsche Milch!“, JA 2018, S. 194 ff.

Sauer, Heiko: Die Grundfreiheiten des Unionsrechts – Eine Handreichung für die Fallbearbeitung, JuS 2017, S. 310 ff.

Schmahl, Stefanie/Jung, Florian: Horizontale Drittwirkung der Warenverkehrsfreiheit? Überlegungen im Anschluss an EuGH, Urt. v. 12.7.2012 – C-171/11 – DVGW, NVwZ 2013, S. 607 ff.

II. Prüfungsschema Warenverkehrsfreiheit (Art. 28 ff. AEUV)

1. Lex specialis im Unionsrecht? 86

2. Ware im Sinne von Art. 28 II AEUV

3. Staatliche Maßnahme

4. Mengenmäßige Einfuhrbeschränkung oder Maßnahme gleicher Wirkung nach der *Dassonville*-Formel

5. Maßnahme gilt für Inlands- und Importware

→ unterschiedslos

→ unterschiedlich → Rechtfertigung nach Art. 36 S. 1 AEUV
Verhältnismäßigkeit nach Art. 36 S. 2 AEUV

unterschiedslos →

6. Maßnahme ist

→ produktbezogen

→ vertriebsbezogene Verkaufsmodalität *(Keck)*

in- und ausländische Erzeugnisse werden rechtlich wie tatsächlich in gleicher Weise berührt, Art. 34 AEUV (–)

die Erzeugnisse werden unterschiedlich behandelt
Rechtfertigung nach *Cassis*-Formel oder Art. 36 AEUV

produktbezogen →

7. Rechtfertigung aus Art. 36 S. 1 AEUV

8. Verhältnismäßigkeit im Sinne von Art. 36 S. 2 AEUV

9. Rechtfertigung aus zwingenden Erfordernissen nach der *Cassis*-Formel

10. Verhälnismäßigkeit

11. Beachtung der Unionsgrundrechte

Fall 2

Versandhandel mit Medikamenten

Pflichtfach/Schwerpunktbereich, Schwierigkeitsgrad: mittel

87 **Teil 1**

Ausgangsfall

In Mitgliedstaat D ist der Handel mit Arzneimitteln bisher weitgehend Apotheken in festen Verkaufseinrichtungen vorbehalten. Damit will der Gesetzgeber vor allem die Gesundheit der Verbraucher schützen. Seit einigen Jahren bietet nun die Internet-Apotheke A aus Mitgliedstaat E Medikamente im Internet auch für Kunden in D an. Es handelt sich sowohl um rezeptpflichtige als auch nicht rezeptpflichtige Medikamente, die auf Bestellung an Verbraucher in D versandt werden.

Der Apothekerverband von D sieht in diesem grenzüberschreitenden Versandhandel einen Verstoß gegen das Arzneimittelgesetz. Dort ist normiert, dass Arzneimittel berufs- oder gewerbsmäßig für den Endverbrauch nur in Apotheken und nicht im Wege des Versandes in den Verkehr gebracht werden dürfen. Das Verbot des Versandhandels erstreckt sich auf rezeptpflichtige und nicht rezeptpflichtige Arzneimittel. Weil A gegen dieses Verbot verstoße, erstrebt der Apothekerverband vor dem zuständigen Landgericht die Untersagung des Anbietens von Arzneimitteln im Internet sowie von deren Abgabe im grenzüberschreitenden Versandhandel.

A ist demgegenüber der Ansicht, die entsprechende Vorschrift des Arzneimittelgesetzes sei unionsrechtswidrig und damit nicht anwendbar. Zumindest bei nicht rezeptpflichtigen Medikamenten könne ein Verbot des Versandhandels nicht gerechtfertigt werden. Der Apothekerverband verweist auf Zwecke des Gesundheitsschutzes. Das Landgericht setzt das Verfahren aus und ruft im zulässigen Vorabentscheidungsverfahren den Gerichtshof an.

Wie wird dieser entscheiden? Formulieren Sie zunächst eine entsprechende Vorlagefrage an den Gerichtshof. Gehen Sie dabei davon aus, dass es kein einschlägiges Sekundärrecht zum möglichen Verbot des Versandhandels gibt.

Abwandlung:

Gehen Sie davon aus, dass D trotz eines die Unionsrechtswidrigkeit feststellenden Urteils des EuGH das Arzneimittelgesetz in der streitigen Fassung zunächst beibehält und auch keine Ausnahmeregelung vorsieht. Das letztinstanzliche Gericht in D hält sich für an das Gesetz gebunden und untersagt A den Arzneimittelvertrieb über das Internet. Dadurch entsteht A ein Schaden in Höhe von 50 000 €.

Kann sie diesen wegen des Verhaltens des Gerichts ersetzt verlangen? Wenden Sie deutsches Recht an, soweit es auf nationale Vorschriften ankommt.

Teil 2

Mittlerweile hat Mitgliedstaat D das Verbot des Versandhandels mit verschreibungspflichtigen Medikamenten aufgehoben. Das Arzneimittelgesetz in D sieht aber nunmehr vor, dass verschreibungspflichtige Medikamente generell einer Preisbindung im Inland unterliegen. Dies gilt sowohl für Medikamente, die über stationäre Apotheken vertrieben werden, als auch solche, die der Versandhandel verkauft. Erfasst werden inländische und ausländische Medikamente gleichermaßen.

X, eine Selbsthilfeorganisation für Parkinsonkranke, stellt ihren Mitgliedern ein Bonussystem vor, das erhebliche Preisnachlässe für verschreibungspflichtige Medikamente vorsieht, wenn diese über die in Mitgliedstaat N ansässige Versandapotheke Y bezogen werden. Auf eine Unterlassungsklage der Zentrale zur Bekämpfung unlauteren Wettbewerbs e.V. (ZBUW) untersagte das erstinstanzliche Landgericht, das Bonussystem weiterhin zu bewerben. Das hiergegen angerufene Oberlandesgericht hat Zweifel, ob die angesprochenen Regelungen des Arzneimittelgesetzes mit Europarecht vereinbar sind, und beschließt, dem Europäischen Gerichtshof die Sache zur Vorabentscheidung vorzulegen. Es legt dem EuGH im zulässigen Vorlegeverfahren folgende Fragen vor:

1. Ist Art. 34 AEUV dahin auszulegen, dass eine durch nationales Recht angeordnete Preisbindung bei verschreibungspflichtigen Arzneimitteln eine Maßnahme gleicher Wirkung i.S.v. Art. 34 AEUV darstellt?

2. Sollte der Gerichtshof die Frage zu Nr. 1 bejahen: Ist die Preisbindung bei verschreibungspflichtigen Arzneimitteln gem. Art. 36 AEUV zum Schutze der Gesundheit und des Lebens von Menschen gerechtfertigt, wenn nur durch sie eine gleichmäßige und flächendeckende Arzneimittelversorgung der Bevölkerung, insbesondere in den ländlichen Gebieten, gewährleistet wird?

Wie wird der EuGH über diese Vorlagefragen entscheiden? Gehen Sie dabei ebenfalls davon aus, dass es insoweit kein einschlägiges Sekundärrecht gibt.

Vorüberlegungen

88 Auch der zweite Fall behandelt die Warenverkehrsfreiheit. Die Ausgangskonstellation von Teil 1 ist der ersten DocMorris-Entscheidung des EuGH[1] nachgebildet, in der es um den grenzüberschreitenden Internethandel mit Arzneimitteln zwischen den Niederlanden und Deutschland ging. Mittlerweile ist der entsprechende Handel mit nicht rezeptpflichtigen Arzneimitteln auch in Deutschland zulässig. Deshalb wurde der Fall verallgemeinert.

Anders als bei Fall 1 wird die Zulässigkeit des Vorabentscheidungsverfahrens vorausgesetzt. Lediglich die Vorlagefrage soll aus Gründen der Wiederholung noch einmal formuliert werden. Den Kern des Ausgangsfalles bildet die Prüfung der Warenverkehrsfreiheit. Hier steht zunächst die Frage nach der Maßnahme gleicher Wirkung im Mittelpunkt. Durch das Verbot des Versandhandels wird nämlich nicht die Ware an sich reglementiert, sondern die Art und Weise ihres Vertriebs. Wie diese Verkaufsmodalitäten zu behandeln sind, beschäftigt den EuGH schon seit langem. In seiner wegweisenden Keck-Entscheidung[2] hat er die auch heute noch maßgebenden Weichenstellungen vorgenommen.

Lässt sich hier gleichwohl eine Maßnahme gleicher Wirkung annehmen, so muss im nächsten Schritt nach Rechtfertigungsmöglichkeiten für die Beeinträchtigung der Warenverkehrsfreiheit gesucht werden. Hier weist bereits der Sachverhalt darauf hin, dass eine Differenzierung zwischen rezeptpflichtigen und nicht rezeptpflichtigen Arzneimitteln angezeigt ist.

In der Abwandlung geht es um die schon klassisch zu nennende Fragestellung nach einem unionsrechtlichen Staatshaftungsanspruch. Diese Frage kann immer dann mit einem Ausgangsfall kombiniert werden, wenn dort ein Unionsrechtsverstoß festgestellt wird. Hier liegt allerdings die Besonderheit darin, dass ein mitgliedstaatliches Gericht den Schaden verursacht. Wie in einem solchen Fall zu entscheiden ist, hat der EuGH in seinem Grundsatzurteil Köbler[3] vorgegeben. Die Vorgaben stehen auf den ersten Blick im Widerspruch zum deutschen Spruchrichterprivileg, so dass in der Klausurlösung eine Streitentscheidung angezeigt ist.

Die weitere Prüfung muss die allgemeinen Voraussetzungen des unionsrechtlichen Haftungsanspruchs mit den Grundlagen des nationalen Rechts synchronisieren. Hier ist insbesondere auf einen schlüssigen Aufbau zu achten.

---

1 EuGH vom 11.12.2003, Rs. C-322/01, Slg. 2003, I-14887, NJW 2004, S. 131 ff., Deutscher Apothekerverband e.V./.0800 DocMorris NV und Jacques Waterval.

2 Dazu *Streinz*, Europarecht, Rn. 909.

3 EuGH vom 30.9.2003, Rs. C-224/01, Slg. 2003, I-10239, NJW 2003, S. 3539 ff., Gerhard Köbler./.Republik Österreich.

Teil 2 verarbeitet die dritte DocMorris-Entscheidung des EuGH[4]. In dieser ging es ebenfalls um ein Vorabentscheidungsersuchen, diesmal des OLG Düsseldorf. Zu entscheiden war, ob die im deutschen Arzneimittelgesetz angeordnete Preisbindung für verschreibungspflichtige Medikamente mit der Warenverkehrsfreiheit vereinbar ist. Der EuGH hat die Frage verneint, weil eine Preisbindung nicht zur Verwirklichung des Gesundheitsschutzes geeignet sei. Dieses neuere Urteil wirft insbesondere die Frage auf, ob sich die Rechtfertigungsmaßstäbe des Gerichtshofs in seinen DocMorris-Entscheidungen im Laufe der Zeit verschärft haben.

Die Klausur hat einen mittleren Schwierigkeitsgrad und könnte als Examensklausur im Schwerpunkt Europarecht zur Bearbeitung gestellt werden. Insbesondere der Ausgangsfall ist aber auch als Teil einer Examensklausur im Pflichtfach denkbar.

Gliederung

Teil 1 89

Ausgangsfall

A. Vorlagefrage
B. Beantwortung der Vorlagefrage
  I. Kein lex specialis
  II. Ware
  III. Staatliche Maßnahme
  IV. Maßnahme gleicher Wirkung
  V. Verkaufsmodalität
  VI. Rechtfertigung
  VII. Ergebnis

Abwandlung

A. Unionsrechtlicher Staatshaftungsanspruch und letztinstanzliche Gerichtsurteile
B. Anspruchsgrundlage
C. Anspruchsvoraussetzungen
  I. Beamter im haftungsrechtlichen Sinne
  II. Verletzung einer drittgerichteten Amtspflicht
  III. Verschulden
  IV. Kausalität
  V. Spruchrichterprivileg
D. Ergebnis

4 EuGH vom 19.10.2016, Rs. C-148/15, ECLI:EU:C:2016:776, NJW 2016, S. 3771 ff., Deutsche Parkinson Vereinigung e.V./.Zentrale zur Bekämpfung unlauteren Wettbewerbs e. V. - DocMorris III, dazu *Jarass*, NVwZ 2018, S. 1665 ff., *Kubiciel*, NVwZ 2018, 841 ff., *ders.* EuZW 2017, S. 494 ff., *Kingreen* JURA 2017 S. 363, *Streinz*, JuS 2017, S. 83 ff., *Frenz*, GewArch 2017, S. 9 ff., *Henssler/Kleen/Riegler*, EuZW 2017, S. 723 ff., 726 f. m.w.N., *Rixen*, EuR 2017, S. 744 ff., 749 ff., und *Schulz-Pabst*, ZJS 2016, S. 370 ff.

Teil 2
Beantwortung der Vorlagefragen

A. Vorlagefrage 1
   I. Kein lex specialis, Ware, staatliche Maßnahme
   II. Maßnahme gleicher Wirkung
   III. Ergebnis
B. Vorlagefrage 2
   I. Rechtfertigung der Beschränkung
      1. Gesundheitsschutz, Art. 36 AEUV
      2. Verhältnismäßigkeit
   II. Ergebnis

Musterlösung

Teil 1

Ausgangsfall

A. Vorlagefrage

Steht der Grundsatz des freien Warenverkehrs gem. Art. 34 AEUV nationalen Vorschriften entgegen, nach denen die gewerbsmäßige Einfuhr von Humanarzneimitteln, die in dem betreffenden Mitgliedstaat ausschließlich in Apotheken verkauft werden dürfen, durch in anderen Mitgliedstaaten zugelassene Apotheken im Wege des Versandhandels auf Grund individueller, über das Internet aufgegebener Bestellungen von Endverbrauchern untersagt ist?[5] **90**

B. Beantwortung der Vorlagefrage

Da das Vorlageersuchen nach den Angaben im Sachverhalt zulässig ist, wird der EuGH **91** die Vorlagefrage inhaltlich beantworten. Zu prüfen ist insbesondere, ob die Warenverkehrsfreiheit gem. Art. 34 AEUV einer Regelung, wie sie im Arzneimittelgesetz von D enthalten und in der Vorlagefrage umschrieben ist, entgegensteht.

I. Kein lex specialis

Die Warenverkehrsfreiheit gem. Art. 34 AEUV ist anwendbar, da laut Bearbeitervermerk keine spezielleren Normen des Sekundärrechts eingreifen, die den Sachverhalt regeln und vorrangig zu prüfen wären[6]. **92**

Weitere Ausführungen hierzu sind wegen des eindeutigen Hinweises im Bearbeitervermerk nicht erforderlich.

II. Ware

Weiterhin müssten Unionswaren i.S.v. Art. 28 II AEUV von den Vorschriften des Arzneimittelgesetzes betroffen sein. Schutzobjekt der Art. 34, 35 AEUV sind Unionswaren i.S.d. Art. 28 II AEUV, also Waren, die aus den Mitgliedstaaten stammen, sowie Waren aus Drittländern, die sich in den Mitgliedstaaten im freien Verkehr befinden. Der Warenbegriff wird im AEUV weder definiert noch konkretisiert. „Waren" sind Erzeugnisse, die einen Geldwert haben und daher Gegenstand von Handelsgeschäften sein **93**

---

5 Siehe die generellen Hinweise zur Formulierung von Vorlagefragen bei Fall 1.

6 Vgl. *Loibl*, Europarecht – Das Skriptum, S. 100. Tatsächlich hat sich der EuGH im Originalfall kurz mit der Anwendung der Fernabsatzrichlinie befasst (EuGH vom 11.12.2003, Rs. C-322/01, Slg. 2003, I-14887, NJW 2004, S. 131 ff., Rn. 63 ff., DocMorris), unter Hinweis auf deren Art. 14 aber den Rückgriff auf die Grundfreiheiten zugelassen. Die Fernabsatzrichtlinie ist mittlerweile durch die sog. Verbraucherrichtlinie abgelöst worden (s. dazu ausführlich Fall 11).

können[7]. Es handelt sich bei den fraglichen Arzneimitteln um solche Waren, da sie sich innerhalb der Union im freien Verkehr befinden.

III. Staatliche Maßnahme

94 Die fraglichen Regelungen des Arzneimittelgesetzes sind als gesetzliche Vorschriften dem Staat zuzurechnen.

IV. Maßnahme gleicher Wirkung

95 Da eine mengenmäßige Einfuhrbeschränkung von vornherein ausscheidet, müsste es sich bei dem gesetzlichen Verbot des Versandhandels um eine Maßnahme gleicher Wirkung handeln.

Nach der sog. „Dassonville-Formel"[8] ist eine Maßnahme gleicher Wirkung jede Regelung der Mitgliedstaaten, die geeignet ist, den Handel innerhalb der Union unmittelbar oder mittelbar, tatsächlich oder potentiell zu behindern. Durch die Einschränkung des Versandhandels wird der Handel innerhalb der Union unmittelbar und tatsächlich behindert.

V. Verkaufsmodalität

96 Bei den Regelungen des Arzneimittelgesetzes könnte es sich allerdings um bloße Verkaufsmodalitäten handeln. Verkaufsmodalitäten werden unter bestimmten Voraussetzungen nicht als Maßnahmen gleicher Wirkung angesehen und vom Anwendungsbereich der Warenverkehrsfreiheit ausgenommen. Die Unterscheidung zwischen produktbezogenen Regelungen und vertriebsbezogenen Verkaufsmodalitäten nimmt der EuGH seit seinem Keck-Urteil vor[9]. Liegt eine Verkaufsmodalität vor, so ist weiter zu prüfen, ob diese unterschiedslos gilt und inländische wie ausländische Erzeugnisse rechtlich wie tatsächlich in gleicher Weise berührt.

Das Vertriebsverbot des Arzneimittelgesetzes gilt für alle betroffenen Wirtschaftsteilnehmer, inländische wie ausländische, gleichermaßen. Zu prüfen ist also, ob das Verbot inländische und ausländische Erzeugnisse in gleicher Weise berührt. Der EuGH führt in

---

7 Vgl. *Kingreen*, in: Calliess/Ruffert, AEUV, Art. 34–36, Rn. 120.

8 Vgl. EuGH vom 11.7.1974, Rs. 8/74, Slg. 1974, 837, NJW 1975, S. 515 ff., Dassonville (in NJW a.a.O. ist das falsche Datum 11.6.1974 angegeben). Zur Dassonville-Formel siehe auch *Streinz*, Europarecht, Rn. 864, sowie Fall 1.

9 In EuGH vom 24.11.1993, verb. Rs. C-267/91 und C-268/91, Slg. 1993, I-6097, NJW 1994, S. 121, Strafverfahren gegen Bernard Keck und Daniel Mithouard, heißt es wörtlich (Rn. 16): *„Demgegenüber ist entgegen der bisherigen Rechtsprechung die Anwendung nationaler Bestimmungen, die bestimmte Verkaufsmodalitäten beschränken oder verbieten, auf Erzeugnisse aus anderen Mitgliedstaaten nicht geeignet, den Handel zwischen den Mitgliedstaaten im Sinne des Urteils Dassonville unmittelbar oder mittelbar, tatsächlich oder potentiell zu behindern, sofern diese Bestimmungen für alle betroffenen Wirtschaftsteilnehmer gelten, die ihre Tätigkeit im Inland ausüben, und sofern sie den Absatz der inländischen Erzeugnisse und der Erzeugnisse aus anderen Mitgliedstaaten rechtlich wie tatsächlich in der gleichen Weise berühren."*.

seiner ersten DocMorris-Entscheidung[10] aus, ein Verbot des Versandhandels beeinträchtige ausländische Apotheker stärker als im Inland ansässige. Auch wenn das Verbot auch inländischen Apothekern einen Vertriebsweg abschneide, seien ausländische Apotheker von ihm doch stärker betroffen, weil der Vertrieb über das Internet für sie oft alternativlos sei, um auf dem Markt des anderen Mitgliedstaates Fuß zu fassen. Anders als inländische Apotheken könnten sie nämlich nicht auf eine feste Verkaufseinrichtung zurückgreifen. Damit sei potentiell der Marktzugang für Waren aus anderen Mitgliedstaaten behindert.

In der Literatur wird dieses Vorgehen des EuGH teilweise kritisiert, weil es zu schwer **97**
handhabbaren Wertungsproblemen führe. Es wird stattdessen vorgeschlagen, die Grundfreiheiten wieder mehr als Diskriminierungsverbote anzuwenden und so zu klar handhabbaren Vergleichsgruppen zu gelangen[11]. Nach dieser Auffassung wäre die weite Dassonville-Formel aufzugeben, einer Einschränkung im Rahmen von Keck bedürfte es nicht mehr. Vorliegend wäre zu prüfen, ob ausländische Waren gegenüber inländischen diskriminiert werden. Es wäre zu klären, welche Art der Diskriminierung im Rahmen von Art. 34 AEUV ausreichend ist.

Diese Überlegung zeigt bereits, dass auch eine Auslegung der Warenverkehrsfreiheit als bloßes Diskriminierungsverbot mit dogmatischen Abgrenzungsproblemen verbunden ist. Überdies stellte eine einschränkende Auslegung der Grundfreiheiten einen gravierenden Rückschritt im integrativen Prozess der Rspr. dar. Ob das Weniger an Marktfreiheit durch ein Mehr an dogmatischer Klarheit aufgewogen würde, erscheint fraglich. Vor diesem Hintergrund ist dem EuGH weiterhin zu folgen[12]. Somit liegt hier eine relevante Maßnahme gleicher Wirkung vor.

Zum gleichen Ergebnis kommt man auch mit dem sog. Drei-Stufen-Test, mit dem der EuGH in der jüngeren Rspr. seit der grundlegenden „Kradanhänger“-Entscheidung von 2009[13] prüft, ob es sich um eine „Maßnahme gleicher Wirkung“ handelt. Allerdings sind bisher sowohl dessen Verhältnis zur Dassonville-Formel und zur Keck-Rspr. als auch die Anforderungen der dritten Stufe nicht abschließend geklärt[14]. Beim Drei-Stu-

10 EuGH vom 11.12.2003, Rs. C-322/01, Slg. 2003, I-14887, NJW 2004, S. 131 ff., DocMorris, bestätigt durch EuGH vom 19.10.2016, Rs. C-148/15, ECLI:EU:C:2016:776, NJW 2016, S. 3771 ff., Rn. 23, DocMorris III.

11 So etwa *Schmidt*, VR 2006, S. 99 ff., 102.

12 So auch *Ruffert*, JURA 2005, S. 258 ff., 261.

13 EuGH vom 10.2.2009, Rs. C-110/05, Slg. 2009, I-519, EuZW 2009, S. 173 ff., Kommission der Europäischen Gemeinschaften./.Italienische Republik – Kradanhänger (dazu *Streinz*, JuS 2009, S. 652 ff.); s. dazu insbes. auch EuGH vom 26.4.2012, Rs. C-456/10, ECLI:EU:C:2012:241, EuZW 2012, S. 508 ff. (mit Anm. *Streinz*, S. 511 f.), Asociación Nacional de Expendedores de Tabaco y Timbre (ANETT)./.Administración del Estado (dazu *Streinz*, JuS 2012, S. 759 ff.), EuGH vom 2.12.2010, Rs. C-108/09, Slg. 2010, I-12213, EuZW 2011, S. 112 ff., Ker-Optika bt./.ÀNTSZ Dél-dunántúli Regionális Intézete, und EuGH vom 4.6.2009, Rs. C-142/05, Slg. 2009, I-4273, EuZW 2009, S. 617 ff., Åklagaren./.Percy Mickelsson, Joakim Roos.

14 Siehe dazu (auch unter klausurtaktischen Aspekten) *Streinz*, Europarecht, Rn. 911 m.w.N., *Haratsch/Koenig/Pechstein*, Europarecht, Rn. 908, *Streinz*, JuS 2017, S. 566 ff., *Ogorek*, JA 2016, S. 556 ff., *Schulz-Pabst*, ZJS 2016, S. 370 ff., 371 ff., *Cremer*, JA 2015, S. 39 ff., 49 ff., *Cremer/Bothe*, EuZW 2015, S. 413 ff., *Reyes y Rafáles*, DVBl. 2015, S. 268 ff., und *Dietz/Streinz*, EuR 2015, S. 50 ff.

fen-Test fragt der EuGH, ob (1) durch die Maßnahme bezweckt oder bewirkt wird, Erzeugnisse aus anderen Mitgliedstaaten weniger günstig zu behandeln, (2) Hemmnisse für den freien Warenverkehr bestehen, die sich daraus ergeben, dass Waren aus anderen Mitgliedstaaten, die dort rechtmäßig hergestellt und in den Verkehr gebracht worden sind, bestimmten Vorschriften entsprechen müssen, selbst wenn diese Vorschriften unterschiedslos für alle Erzeugnisse gelten, oder (3) durch die Maßnahme der Zugang zum Markt eines Mitgliedstaats für Erzeugnisse aus anderen Mitgliedstaaten behindert wird. Damit wurde das Kriterium der Behinderung des Marktzugangs explizit zu einem Leitprinzip von Art. 34 AEUV[15]. Das Verbot des Vertriebs von Arzneimitteln im Wege des Versandhandels enthält den Wirtschaftsteilnehmern aus anderen Mitgliedstaaten eine besonders effiziente Modalität für den Vertrieb dieser Waren vor und behindert so deren Zugang zum Markt des betroffenen Mitgliedstaats erheblich[16].

VI. Rechtfertigung

98 Die Maßnahme könnte gem. Art. 36 AEUV gerechtfertigt sein. Nach der st. Rspr. des EuGH ist Art. 36 AEUV als Ausnahme vom Grundsatz des freien Warenverkehrs innerhalb der Union eng auszulegen. Zu nationalen Maßnahmen im Bereich der öffentlichen Gesundheit hat der EuGH inzwischen mehrfach entschieden, dass unter den vom Vertrag geschützten Gütern und Interessen die Gesundheit und das Leben von Menschen den höchsten Rang einnehmen und dass es Sache der Mitgliedstaaten ist, zu bestimmen, auf welchem Niveau sie den Schutz der Gesundheit der Bevölkerung gewährleisten wollen und wie dieses Niveau erreicht werden soll. Da sich dieses Niveau von einem Mitgliedstaat zum anderen unterscheiden kann, ist den Mitgliedstaaten ein Wertungsspielraum zuzuerkennen[17]. Dazu gehört auch, wie streng die durchzuführenden Kontrollen sein sollen[18]. Der EuGH stellt zunächst fest, dass bei der Abgabe von Medikamenten durchaus Aspekte des Gesundheitsschutzes eine Rolle spielen könnten, so dass Art. 36 AEUV grundsätzlich einschlägig ist.

Grundsätzlich kommt vorliegend, weil das Verbot des Versandhandels eine formal unterschiedslos geltende Maßnahme ist, auch eine Anwendung der sog. „Cassis-Formel"[19] in Betracht. Jedoch wird der Aspekt des Gesundheitsschutzes, weil er ausdrücklich in Art. 36 AEUV geregelt ist, im Rahmen dieser Vorschrift und nicht als zwingendes Erfordernis geprüft.

---

15 *Streinz*, Europarecht, Rn. 911/912 m.w.N., s. dazu auch EuGH vom 23.12.2015, Rs. C-333/14, ECLI:EU:C:2015:845, NJW 2016, S. 621 ff., Rn. 32, Scotch Whisky Association u.a./.The Lord Advocate und The Advocate General for Scotland, mit Anm. *Streinz*, JuS 2016, S. 949 ff., *Ogorek*, JA 2016, S. 556 ff., und *Hoffmann*, NJW 2016, S. 625 f.

16 EuGH vom 2.12.2010, Rs. C-108/09, Slg. 2010, I-12213, EuZW 2011, S. 112 ff., Rn. 54, Ker-Optika, unter Hinweis auf die DocMorris-Entscheidung.

17 EuGH vom 19.10.2016, Rs. C-148/15, ECLI:EU:C:2016:776, NJW 2016, S. 3771 ff., Rn. 29 f., DocMorris III, in diesem Sinne bereits EuGH vom 11.12.2003, Rs. C-322/01, Slg. 2003, I-14887, NJW 2004, S. 131 ff., Rn. 103, DocMorris.

18 EuGH vom 11.12.2003, Rs. C-322/01, Slg. 2003, I-14887, NJW 2004, S. 131 ff., DocMorris.

19 Zur Cassis-Formel ausführlich *Dittert*, Europarecht, S. 219 ff. und *Streinz*, Europarecht, Rn. 864.

Jedoch müssten die Maßnahmen auch verhältnismäßig sein. Insbesondere müssen sie geeignet und erforderlich sein, um den Zweck des Gesundheitsschutzes zu erreichen[20]. Hinsichtlich der Geeignetheit ist nur zu prüfen, ob das Verbot des Versandhandels den Zweck des Gesundheitsschutzes fördert. Dies kann man unter dem Gesichtspunkt bejahen, dass der Versandhandel für den Kunden höhere Risiken birgt als der Verkauf in Apotheken, wo eine Beratung durch kundiges Personal möglich ist.

Fraglich ist aber, ob das Verbot auch erforderlich ist. Hier differenziert der Gerichtshof **99**
zwischen verschreibungspflichtigen und nicht verschreibungspflichtigen Medikamenten. Während bei ersteren ein Verbot des Versandhandels erforderlich sein könne, um Missbrauch von Rezepten zu verhindern und eine ausreichende Beratung der Kunden zu sichern, seien bei nicht verschreibungspflichtigen Medikamenten diese Argumente nicht tragfähig[21].

Der Gerichtshof geht davon aus, dass die Gesundheitsgefahren infolge des Versandhandels bei verschreibungspflichtigen Arzneimitteln größer seien als bei nicht verschreibungspflichtigen. Dem könnte man entgegenhalten, dass bei verschreibungspflichtigen Arzneimitteln bereits ein Arzt eingeschaltet war, um die Notwendigkeit des Mittels im konkreten Fall zu überprüfen. Eine solche Betrachtung schätzte allerdings die Tätigkeit des Apothekers zu gering. Es kommt oft vor, dass der Arzt nur bestimmte Wirkstoffe verschreibt. Ob diese in einem bestimmten Präparat in genau der verschriebenen Dosis enthalten sind, kann der Laie nicht so ohne Weiteres beurteilen. Somit kommt es für den Gesundheitsschutz unter anderem auch auf die Vertriebsstufe der Apotheke bzw. des Versandhandels an.

Die Gefahr falscher Dosierung oder der Wahl des falschen Präparats kann zwar bei jeder Form von Medikament auftreten. Jedoch wirken sich Fehler bei verschreibungspflichtigen Medikamenten regelmäßig stärker aus. Die Verschreibungspflicht knüpft an die Gefährlichkeit der Inhaltsstoffe eines Arzneimittels an und beinhaltet somit bereits eine abstrakte Gefahrenselektion, an die auch Regelungen über den zulässigen Vertriebsweg anknüpfen können.

Schließlich lassen sich die Gefahren falscher Medikation auch nicht durch die Ausgestaltung des Versandhandels in ausreichender Weise minimieren. Es kann nicht sichergestellt werden, dass der Kunde in ausreichendem Maße Beratungsangebote wahrnimmt, die ihn vor den gesundheitlichen Gefahren schützen.

Auch was den Schutz vor dem Missbrauch von Rezepten angeht, ist dem EuGH zu folgen. Eine Abgabe rezeptpflichtiger Arzneimittel in Apotheken begründet einen umfassenderen Schutz vor Manipulationen und Fälschungen.

20 Der EuGH scheint zwar grundsätzlich von einer aus dem deutschen Recht bekannten dreistufigen Prüfung (Geeignetheit-Erforderlichkeit-Angemessenheit/Verhältnismäßigkeit im engeren Sinne) auszugehen, spricht die Frage der Angemessenheit in der Praxis aber nur selten an. Siehe dazu *Streinz*, Europarecht, Rn. 870 und 918, *Dittert*, Europarecht, S. 297, je m.w.N., ausführlich *Brigola*, EuZW 2017, S. 406 ff., sowie (für Grundrechtseinschränkungen) *Michl*, EuR 2018, S. 456 ff., 465 ff.

21 EuGH vom 11.12.2003, Rs. C-322/01, Slg. 2003, I-14887, NJW 2004, S. 131 ff., DocMorris.

Im Ergebnis hält der EuGH das Verbot zu Recht nur für verschreibungspflichtige Arzneimittel für gerechtfertigt.

VII. Ergebnis

100 Der EuGH wird dem vorlegenden LG antworten, dass der Grundsatz des freien Warenverkehrs gem. Art. 34 AEUV nationalen Vorschriften entgegensteht, nach denen die gewerbsmäßige Einfuhr von nicht verschreibungspflichtigen Humanarzneimitteln, die in dem betreffenden Mitgliedstaat ausschließlich in Apotheken verkauft werden dürfen, durch in anderen Mitgliedstaaten zugelassene Apotheken im Wege des Versandhandels auf Grund individueller, über das Internet aufgegebener Bestellungen von Endverbrauchern untersagt ist.

Abwandlung

A. Unionsrechtlicher Staatshaftungsanspruch und letztinstanzliche Gerichtsurteile

101 Damit A die 50 000 € verlangen kann, müsste ihr ein entsprechender Anspruch zustehen. Eine Schadensersatzklage gem. Art. 268 AEUV i.V.m. Art 340 II und III AEUV scheitert bereits daran, dass diese nur für die Amtshaftung der Union gilt, während hier nach dem Anspruch aufgrund des Verhaltens eines mitgliedstaatlichen Gerichts gefragt ist. In Betracht kommt aber ein Staatshaftungsanspruch der A wegen der Verletzung von Unionsrecht durch das Gericht in D. Einen solchen Anspruch hat der Gerichtshof in seinen Entscheidungen Francovich[22] und Brasserie du Pêcheur[23] richterrechtlich entwickelt. Er leitet ihn aus folgenden Prinzipien ab: der praktischen Wirksamkeit des Vertrages (effet utile), dem effektiven Schutz der Rechte Einzelner, der staatlichen Mitwirkungspflicht gem. Art. 4 III EUV und der Parallele zur Haftung der Union aus Art. 340 II AEUV. Der Gerichtshof sieht die Staatshaftung als allgemeinen Rechtsgrundsatz des Unionsrechts an. Nach anfänglich heftiger Kritik erkennt mittlerweile auch die Literatur die Existenz dieses Anspruchs an[24].

Fraglich ist aber, ob er auch in Fällen von Unionsrechtsverletzungen durch letztinstanzliche nationale Gerichte gilt. Gegen eine solche Haftung wurde von den Mitgliedstaaten vorgebracht, dass sie mit der Funktion der Gerichte unvereinbar sei. Insbesondere stünden ihr die Grundsätze der Rechtssicherheit, der Rechtskraft, der richterlichen Unabhängigkeit und Autorität sowie das teilweise Fehlen eines für solche Fälle zuständigen

22 EuGH vom 19.11.1991, verb. Rs. C-6/90 und C-9/90, Slg. 1991, I-5357, NJW 1992, S. 165 ff., Francovich, Bonifaci u.a./.Italienische Republik, dazu *Streinz*, Europarecht, Rn. 511 (Fall 19 und Lösung).

23 EuGH vom 5.3.1996, verb. Rs. C-46/93 und C-48/93, Slg. 1996, I-1029, NJW 1996, S. 1267 ff., Brasserie du Pêcheur SA./.Bundesrepublik Deutschland u. The Queen./.Secretary of State for Transport, ex parte: Factortame Ltd u.a., dazu *Streinz*, Europarecht, Rn. 462 (Fall 13 und Lösung).

24 Siehe *Streinz*, Europarecht, Rn. 461 ff. mit ausführlichen Literaturnachweisen nach Rn. 465.

Gerichts entgegen[25]. Demgegenüber hat der EuGH im Fall Köbler[26] entschieden, dass der unionsrechtliche Staatshaftungsanspruch auch im Falle richterlich verursachten Unrechts gelten müsse. Er begründet dies zunächst damit, dass der Staat im Völkerrecht und damit erst recht im Unionsrecht als Einheit betrachtet werde, so dass es nicht darauf ankomme, welche der staatlichen Gewalten gehandelt habe[27]. Die von den Mitgliedstaaten angeführten Gefahren für die Funktion der Rspr. bestünden nicht. Im Gegenteil werde der Rechtsschutz der Bürger und die Autorität des Rechtssystems durch die Staatshaftung gestärkt[28].

Die Literatur folgt dem EuGH in seinem Grundansatz, wonach ein Haftungstatbestand auch im Falle judikativen Unrechts gewährt wird[29]. Dem ist mit Blick darauf zuzustimmen, dass es aus Sicht der Union für die Begründung mitgliedstaatlicher Haftung keinen Unterschied machen kann, welches innerstaatliche Organ gehandelt hat. Mithin ist vorliegend ein Staatshaftungsanspruch wegen Unionsrechtsverletzung nicht ausgeschlossen.

B. Anspruchsgrundlage

Problematisch ist allerdings, welche Anspruchsgrundlage für einen solchen Schadenser- **102**
satzanspruch in Betracht kommt. Denkbar ist ein Amtshaftungsanspruch gem. § 839 BGB/Art. 34 GG, aber auch eine eigenständige unionsrechtliche Anspruchsgrundlage im Rahmen allgemeiner Rechtsgrundsätze. Der BGH hat die Auffassung vertreten, dass in Fällen mit Unionsrechtsbezug ein genuin europarechtlicher Anspruch neben das innerstaatliche Recht trete[30]. Demgegenüber wird in der Literatur angenommen, Ausgangspunkt sei das nationale Recht, das durch das Unionsrecht modifiziert werde[31]. All diejenigen nationalen Anspruchsvoraussetzungen, die die Durchsetzung des Unionsrechts unmöglich machen oder eine Diskriminierung von Fällen mit Auslandsbezug bewirken, müssten demnach außer Anwendung bleiben oder unionsrechtskonform modifiziert werden.

Der letztgenannten Auffassung gebührt der Vorzug. Sie ermöglicht zum einen die Integration der unionsrechtlichen Vorgaben in das nationale Recht, belässt aber zum anderen den Mitgliedstaaten einen Spielraum zur Ausgestaltung des Anspruchs im Rahmen ihres eigenständigen Haftungsregimes.

---

25 Siehe EuGH vom 30.9.2003, Rs. C-224/01, Slg. 2003, I-10239, NJW 2003, S. 3539 ff., 3540, Rn. 37, Köbler.

26 EuGH vom 30.9.2003, Rs. C-224/01, Slg. 2003, I-10239, NJW 2003, S. 3539 ff., Köbler.

27 EuGH vom 30.9.2003, Rs. C-224/01, Slg. 2003, I-10239, NJW 2003, S. 3539 ff., 3539, Rn. 32, Köbler.

28 EuGH vom 30.9.2003, Rs. C-224/01, Slg. 2003, I-10239, NJW 2003, S. 3539 ff., 3540, Rn. 38 ff., Köbler.

29 *Streinz*, Europarecht, Rn. 464 f.; *Radermacher*, NVwZ 2004, S. 1415 ff., 1418; *Sensburg*, NVwZ 2004, S. 179 ff.

30 Vgl. BGH vom 24.10.1996, III ZR 127/91, BGHZ 134, 30, wohl auch *Stürner*, JURA 2017, S. 394 ff., 398.

31 So z.B. *Streinz*, Europarecht, Rn. 511, *Oppermann/Classen/Nettesheim*, Europarecht, § 14 Rn. 13, und *Frenz/Götzkes*, JA 2009, S. 759 ff., 764.

Grundlage der Haftung ist also zunächst ein Amtshaftungsanspruch gem. § 839 BGB/Art. 34 GG, der im Lichte der Vorgaben des Unionsrechts angepasst werden muss. Insbesondere muss ein Anspruch bei Vorliegen folgender Voraussetzungen gewährt werden, die in das deutsche Recht zu integrieren sind[32]:

1. Die verletzte Rechtsnorm des Unionsrechts bezweckt, dem Einzelnen Rechte zu verleihen,
2. der Verstoß des Mitgliedstaats gegen das Unionsrecht ist „hinreichend qualifiziert", und
3. zwischen dem Verstoß gegen die dem Staat obliegende Verpflichtung und dem der geschädigten Person entstandenen Schaden besteht ein unmittelbarer Zusammenhang (Kausalität).

Wie sich der Bearbeiter mit Blick auf die Anspruchsgrundlage entscheidet, ist nicht erheblich. Die Lösung muss nur konsequent sein. Wer der Gegenauffassung folgt, muss die genannten drei Voraussetzungen neben dem deutschen Amtshaftungsanspruch im Rahmen einer eigenständigen europarechtlichen Anspruchsgrundlage prüfen.

C. Anspruchsvoraussetzungen

I. Beamter im haftungsrechtlichen Sinne

103 Gemäß § 839 I BGB müsste jemand in Ausübung eines öffentlichen Amtes gehandelt oder etwas pflichtwidrig unterlassen haben. Es muss also hoheitlich gehandelt worden sein. Das hier maßgebliche letztinstanzliche Gerichtsurteil stellt sich als Ausübung von Hoheitsgewalt dar.

II. Verletzung einer drittgerichteten Amtspflicht

104 Durch dieses Urteil müsste das Gericht eine drittgerichtete Amtspflicht verletzt haben. Die Mitgliedstaaten sind verpflichtet, sich bei der Ausübung von Staatsgewalt an die Vorgaben des europäischen Unionsrechts zu halten. Eine dementsprechende Amtspflicht trifft jedes staatliche Organ, auch die Gerichte. Die Gerichte haben Unionsrecht, soweit es unmittelbar anwendbar ist, ihren Urteilen als unmittelbar geltendes und den nationalen Vorschriften vorgehendes Recht anzuwenden. Dementsprechend wäre das letztinstanzliche Gericht – erst recht nach einem entsprechenden Urteil des EuGH – verpflichtet gewesen, die gegen Unionsrecht verstoßenden Vorschriften des Arzneimittelgesetzes unangewendet zu lassen. Indem das Gericht sich an sie gebunden sah, hat es seine Amtspflicht verletzt.

Fraglich ist, ob auch die Drittgerichtetheit zu bejahen ist. Das ist dann der Fall, wenn die verletzte Norm auch dem Schutz des Betroffenen dienen soll. Hier wird bereits die erste unionsrechtliche Vorgabe relevant, wonach die verletzte Unionsrechtsnorm dem

32 Siehe *Streinz*, Europarecht, Rn. 461 ff.

Einzelnen Rechte verleihen muss[33]. Dies ist vorliegend der Fall, da das Verbot des Versandhandels bei Zugrundelegung der EuGH-Auffassung gegen Unionsrecht verstößt und die Warenverkehrsfreiheit dem Einzelnen Rechte verleiht. Um dieser Voraussetzung zur Wirksamkeit zu verhelfen, muss auch ein Amtshaftungsanspruch gegen das letztinstanzliche Urteil möglich sein. Ein Verstoß gegen eine drittgerichtete Amtspflicht liegt mithin vor, weil das Gericht entgegen seiner unionsrechtlichen Verpflichtung das Arzneimittelgesetz angewandt hat.

III. Verschulden

Dieser Verstoß müsste nach § 839 I 1 BGB schuldhaft gewesen sein. Allerdings genügt **105** für den europarechtlich determinierten Schadensersatzanspruch grundsätzlich schon ein hinreichend qualifizierter Verstoß gegen Unionsrecht. Somit kommt es nicht auf die Frage von Vorsatz und Fahrlässigkeit, sondern auf die hinreichende Qualifiziertheit, also Schwere des Verstoßes, an. Diese ist immer dann zu bejahen, wenn das nationale Organ einen Unionsrechtsverstoß nicht abstellt, obwohl bereits ein diesen feststellendes Urteil des Gerichtshofs vorliegt[34]. So verhält es sich im vorliegenden Fall.

Im Falle der Haftung für Gerichtsurteile verlangt der EuGH mit Blick auf die besondere Stellung der Rspr. zusätzlich, dass der Verstoß gegen Unionsrecht offenkundig sei. Dies sei unter anderem insbesondere der Fall, wenn die fragliche Entscheidung die einschlägige Rspr. des EuGH offenkundig verkennt[35]. Das lässt sich hier bejahen, weil es bereits ein Urteil des Gerichtshofs gibt, das das nationale Gericht nicht anwenden will. Es kommt daher auch nicht darauf an, ob die vom EuGH formulierten Voraussetzungen der Offenkundigkeit in ihrer Gesamtheit zu eng gezogen sind, wie teilweise vertreten wird[36]. Vorliegend ist ein hinreichend qualifizierter und offenkundiger Verstoß gegeben.

IV. Kausalität

Die Kausalität hinsichtlich des Schadens von 50 000 € ist entsprechend der Bearbeiter- **106** vorgabe zu bejahen.

V. Spruchrichterprivileg

Nach deutschem Recht, insbesondere § 839 II BGB, muss bei Amtspflichtverletzungen **107** durch Gerichtsurteile die Pflichtverletzung in einer Straftat bestehen. Durch dieses sogenannte Spruchrichterprivileg soll die Unabhängigkeit der Gerichte gesichert werden. Wendete man das Privileg vorliegend an, so käme man zu einem Ausschluss der Haftung, weil eine Straftat nicht ersichtlich ist. Jedoch verlangt der EuGH, dass das nationale Haftungsrecht den unionsrechtlichen Staatshaftungsanspruch nicht grundlegend vereitelt. Vor diesem Hintergrund muss hier § 839 II BGB unangewendet bleiben[37].

33 Siehe *Streinz*, Europarecht, Rn. 461.
34 Vgl. EuGH vom 5.3.1996, Rs. C-46/93, Slg. 1996, I-1029, NJW 1996, S. 1267 ff., Brasserie du Pêcheur.
35 EuGH vom 30.9.2003, Rs. C-224/01, Slg. 2003, I-10239, NJW 2003, S. 3539 ff., 3541, Rn. 56, Köbler.
36 So etwa *Radermacher*, NVwZ 2004, S. 1415 ff., 1420.
37 *Frenz/Götzkes*, JA 2009, S. 759 ff., 766 m.w.N., str.

D. Ergebnis

108 Da die Voraussetzungen der Haftung vorliegen und keine Haftungsausschlüsse durchgreifen, ist ein unionsrechtlich modifizierter Amtshaftungsanspruch gem. § 839 BGB/ Art. 34 GG vorliegend zu bejahen. A hat daher Anspruch auf Ersatz der 50 000 €.

Teil 2

Beantwortung der Vorlagefragen

109 Da das Vorlageersuchen nach den Angaben im Sachverhalt zulässig ist, wird der EuGH die Vorlagefragen inhaltlich beantworten. Sie führen zunächst zu einer Prüfung der tatbestandlichen Anwendbarkeit der Warenverkehrsfreiheit. Sodann ist nach Möglichkeiten der Rechtfertigung eines etwaigen Verstoßes zu fragen.

A. Vorlagefrage 1

I. Kein lex specialis, Ware, staatliche Maßnahme

110 Damit überhaupt nach einer Maßnahme gleicher Wirkung gefragt werden kann, müssen zunächst die übrigen Voraussetzungen der Warenverkehrsfreiheit aus Art. 34 AEUV erfüllt sein. Sie ist grundsätzlich anwendbar, weil laut Bearbeitervermerk kein lex specialis besteht. Medikamente sind als Waren anzusehen (s.o. Teil 1). Schließlich wird deren Verkehr mittels der Preisbindung auch durch ein mitgliedstaatliches Gesetz beeinträchtigt, so dass eine staatliche Maßnahme vorliegt.

II. Maßnahme gleicher Wirkung

111 Fraglich ist, ob es sich bei der Preisbindung um eine Maßnahme gleicher Wirkung handelt. Das Verbot von Maßnahmen mit gleicher Wirkung wie mengenmäßige Beschränkungen erfasst nach st. Rspr. des EuGH jede Maßnahme der Mitgliedstaaten, die geeignet ist, die Einfuhren zwischen Mitgliedstaaten unmittelbar oder mittelbar, tatsächlich oder potenziell zu behindern („Dassonville-Formel", s.o. Teil 1). Der EuGH hat im zugrunde liegenden Fall entschieden, dass die in Rede stehende nationale Regelung die Abgabe nationaler Arzneimittel und die Abgabe von Arzneimitteln aus anderen Mitgliedstaaten nicht in gleicher Weise berühre[38]. Zur Begründung verweist er auf seine bereits in Teil 1 referierte Rspr. zum Verbot des Versandhandels[39]. Da Versandapotheken vor diesem Hintergrund mit ihrem eingeschränkten Leistungsangebot eine Versorgung durch ortsansässige Apotheken nicht angemessen ersetzen könnten, sei davon auszugehen, dass der Preiswettbewerb für sie ein wichtigerer Wettbewerbsfaktor sein könne als für traditionelle Apotheken, weil es von ihm abhänge, ob sie einen unmittel-

---

38 EuGH vom 19.10.2016, Rs. C-148/15, ECLI:EU:C:2016:776, NJW 2016, S. 3771 ff., Rn. 25, DocMorris III.

39 Siehe oben Rn. 95 ff.

baren Zugang zum deutschen Markt fänden und auf diesem konkurrenzfähig blieben. Nach alledem stellt der EuGH fest, dass sich die Festlegung einheitlicher Abgabepreise auf in einem anderen Mitgliedstaat ansässige Apotheken stärker auswirke als auf im Inland ansässige Apotheken. Dadurch könne der Marktzugang für Erzeugnisse aus anderen Mitgliedstaaten stärker behindert werden als für inländische Erzeugnisse[40].

Folgt man dem EuGH, so ist nicht weiter zu prüfen, ob eine Verkaufsmodalität vorliegt, da durch die Preisvorschrift bereits der Marktzutritt erschwert wird[41].

III. Ergebnis

Der EuGH wird dem vorlegenden OLG auf Frage 1 antworten, dass Art. 34 AEUV **112**
dahin auszulegen ist, dass eine nationale Regelung wie die im Ausgangsverfahren in Rede stehende, die vorsieht, dass für verschreibungspflichtige Humanarzneimittel einheitliche Apothekenabgabepreise festgesetzt werden, eine Maßnahme mit gleicher Wirkung wie eine mengenmäßige Einfuhrbeschränkung im Sinne dieses Artikels darstellt, da sie sich auf die Abgabe verschreibungspflichtiger Arzneimittel durch in anderen Mitgliedstaaten ansässige Apotheken stärker auswirkt als auf die Abgabe solcher Arzneimittel durch im Inland ansässige Apotheken.

B. Vorlagefrage 2

I. Rechtfertigung der Beschränkung

1. Gesundheitsschutz, Art. 36 AEUV

Dementsprechend ist nach einer Rechtfertigung für die Beschränkung der Warenver- **113**
kehrsfreiheit zu fragen. In Betracht kommt Art. 36 AEUV (s.o. Teil 1). Die fragliche Regelung könnte zum Schutze der Gesundheit und des Lebens von Menschen gerechtfertigt sein. Der Gerichtshof betont in seiner Prüfung zunächst, dass Art. 36 AEUV eng auszulegen sei[42]. Sodann betont er, dass unter den vom Vertrag geschützten Gütern und Interessen die Gesundheit und das Leben von Menschen den höchsten Rang einnähmen und dass es Sache der Mitgliedstaaten sei, zu bestimmen, auf welchem Niveau sie den Schutz der Gesundheit der Bevölkerung gewährleisten wollten und wie dieses Niveau erreicht werden solle[43]. Vor diesem Hintergrund erkennt der EuGH an, dass das Ziel der Gewährleistung einer flächendeckenden sicheren und qualitativ hochwertigen Arzneimittelversorgung grundsätzlich unter Art. 36 AEUV falle. Dem ist zuzustimmen.

---

40 EuGH vom 19.10.2016, Rs. C-148/15, ECLI:EU:C:2016:776, NJW 2016, S. 3771 ff., Rn. 26, DocMorris III, zustimmend *Frenz*, GewArch 2017, S. 9 ff. sowie sehr ausführlich *Schulz-Pabst*, ZJS 2016, S. 370 ff., 371 ff., im Ergebnis eher kritisch *Brigola*, NJW 2016, S. 3671 ff., 3672 f.

41 Vgl. dazu *Streinz*, JuS 2017, S. 83 ff., 84.

42 EuGH vom 19.10.2016, Rs. C-148/15, ECLI:EU:C:2016:776, NJW 2016, S. 3771 ff., Rn. 29, DocMorris III.

43 EuGH vom 19.10.2016, Rs. C-148/15, ECLI:EU:C:2016:776, NJW 2016, S. 3771 ff., Rn. 30, DocMorris III.

2. Verhältnismäßigkeit

114 Jedoch muss die staatliche Maßnahme auch verhältnismäßig sein. Sie lässt sich nur dann mit Erfolg rechtfertigen, wenn sie geeignet ist, die Verwirklichung des verfolgten legitimen Ziels zu gewährleisten, und nicht über das hinausgeht, was zur Erreichung dieses Ziels erforderlich ist[44]. Der Gerichtshof verbindet die Prüfung der Verhältnismäßigkeit mit der Verpflichtung der Mitgliedstaaten, hinreichende Nachweise zu erbringen, die die Beurteilung als verhältnismäßig erlauben. Ein nationales Gericht müsse mit Hilfe statistischer Daten, auf einzelne Punkte beschränkter Daten oder anderer Mittel objektiv prüfen, ob die von dem betreffenden Mitgliedstaat vorgelegten Beweise bei verständiger Würdigung die Einschätzung erlaubten, dass die gewählten Mittel zur Verwirklichung der verfolgten Ziele geeignet seien, und ob es möglich sei, diese Ziele durch Maßnahmen zu erreichen, die den freien Warenverkehr weniger einschränken[45].

Auf der Grundlage dieses strengen Nachweismaßstabs stellt der Gerichtshof im Ausgangsverfahren fest, dass mit Blick auf die Geeignetheit das auf die Notwendigkeit der Gewährleistung einer flächendeckenden und gleichmäßigen Versorgung mit verschreibungspflichtigen Arzneimitteln im ganzen Land gestützte Argument nicht hinreichend untermauert worden sei. Im Gegenteil sei es naheliegender, dass mehr Preiswettbewerb unter den Apotheken die gleichmäßige Versorgung mit Arzneimitteln dadurch fördern würde, dass Anreize zur Niederlassung in Gegenden gesetzt würden, in denen wegen der geringeren Zahl an Apotheken höhere Preise verlangt werden könnten[46]. Auch fehlten Belege dafür, dass sich die Versandapotheken ohne eine Regelung wie die im Ausgangsverfahren in Rede stehende einen Preiswettbewerb liefern könnten, so dass wichtige Leistungen wie die Notfallversorgung nicht mehr zu gewährleisten wären, weil sich die Zahl der Präsenzapotheken in der Folge verringern würde. Im Übrigen sei festzustellen, dass im vorliegenden Fall ein Preiswettbewerb den Patienten Vorteile bringen könnte, da er es gegebenenfalls ermöglichen würde, verschreibungspflichtige Arzneimittel zu günstigeren Preisen anzubieten, als sie derzeit von diesem Mitgliedstaat festgelegt werden[47].

Nach alledem hält der Gerichtshof die Regelung für schon nicht geeignet, die angeführten Ziele zu erreichen. Diese Argumentation ist nur schlüssig, wenn man einen hohen Nachweismaßstab anlegt. Aber auch inhaltlich ist die Argumentation des Gerichtshofs nicht zweifelsfrei. So kann der Annahme, ein Preiswettbewerb könne für die Gewährleistung von Versorgungssicherheit vorteilhaft sein, nicht ohne Weiteres gefolgt werden.

---

44 EuGH vom 19.10.2016, Rs. C-148/15, ECLI:EU:C:2016:776, NJW 2016, S. 3771 ff., Rn. 34, DocMorris III.

45 EuGH vom 19.10.2016, Rs. C-148/15, ECLI:EU:C:2016:776, NJW 2016, S. 3771 ff., Rn. 36, DocMorris III.; unter Verweis auf EuGH vom 23.12.2015, Rs. C-333/14, EU:C:2015:845, Rn. 59, The Scotch Whisky Association u. a., dazu Rixen EuR 2017, S. 744 ff., 749 ff., tendenziell kritisch *Brigola*, NJW 2016, S. 3671 ff., 3673.

46 EuGH vom 19.10.2016, Rs. C-148/15, ECLI:EU:C:2016:776, NJW 2016, S. 3771 ff., Rn. 38, DocMorris III, kritisch *Streinz*, JuS 2017, S. 83 ff., 84.

47 EuGH vom 19.10.2016, Rs. C-148/15, ECLI:EU:C:2016:776, NJW 2016, S. 3771 ff., Rn. 43, DocMorris III, zustimmend *Frenz*, GewArch 2017, S. 9 ff., *Ludwigs*, NVwZ 2016, S. 1796 ff., 1797, und *Schulz-Pabst*, ZJS 2016, S. 370 ff., 374.

Vielmehr muss vor dem Hintergrund der Gefahr von Marktversagen eine Regulierungsmöglichkeit bestehen.

II. Ergebnis

Folgt man dem EuGH, so wird er dem vorlegenden OLG auf Frage 2 antworten, dass Art. 36 AEUV dahin auszulegen ist, dass eine nationale Regelung wie die im Ausgangsverfahren in Rede stehende, die vorsieht, dass für verschreibungspflichtige Humanarzneimittel einheitliche Apothekenabgabepreise festgesetzt werden, nicht mit dem Schutz der Gesundheit und des Lebens von Menschen im Sinne dieses Artikels gerechtfertigt werden kann, da sie nicht geeignet ist, die angestrebten Ziele zu erreichen. **115**

Wiederholung und Vertiefung

Weiterführende Hinweise

EuGH vom 19.10.2016, Rs. C-148/15, ECLI:EU:C:2016:776, NJW 2016, S. 3771 ff., Deutsche Parkinson Vereinigung e.V./.Zentrale zur Bekämpfung unlauteren Wettbewerbs e.V. – DocMorris III. **116**

EuGH vom 11.12.2003, Rs. C-322/01, Slg. 2003, I-14887, NJW 2004, S. 131 ff., Deutscher Apothekerverband e.V./.0800 DocMorris NV und Jacques Waterval - DocMorris.

EuGH vom 30.9.2003, Rs. C-224/01, Slg. 2003, I-10239, NJW 2003, S. 3539 ff., Gerhard Köbler./.Republik Österreich.

EuGH vom 23.12.2015, Rs. C-333/14, ECLI:EU:C:2015:845, NJW 2016, S. 621 ff., Scotch Whisky Association u.a./.The Lord Advocate und The Advocate General for Scotland.

EuGH vom 2.12.2010, Rs. C-108/09, Slg. 2010, I-12213, EuZW 2011, S. 112 ff., Ker-Optika bt./.ÀNTSZ Dél-dunántúli Regionális Intézete.

EuGH vom 10.2.2009, Rs. C-110/05, Slg. 2009, I-519, EuZW 2009, S. 173 ff., Kommission der Europäischen Gemeinschaften./.Italienische Republik – Kradanhänger.

Brigola, Alexander: Die Preisbindung für Arzneimittel in der Falle des freien Warenverkehrs, NJW 2016, S. 3761 ff.

Cremer, Wolfram: Die Grundfreiheiten des Europäischen Unionsrechts, JURA 2015, S. 39 ff.

Cremer, Wolfram/Bothe, Alexander: Die Dreistufenprüfung als neuer Baustein der warenverkehrsrechtlichen Dogmatik, EuZW 2015, S. 413 ff.

Dietz, Sara/Streinz, Thomas: Das Marktzugangskriterium in der Dogmatik der Grundfreiheiten, EuR 2015, S. 50 ff.

Dörr, Claus: Der gemeinschaftsrechtliche Staatshaftungsanspruch in der Rechtsprechung des Bundesgerichtshofs, DVBl. 2006, S. 598 ff.

Dörr, Claus: Neues zum unionsrechtlichen Staatshaftungsanspruch, WM 2010, S. 961 ff.

Dörr, Claus: Der unionsrechtliche Staatshaftungsanspruch in Deutschland zwanzig Jahre nach Francovich, EuZW 2012, S. 86 ff.

Frenz, Walter: Das Parkinson Urteil: Versandhandelsverbot als Folge?, GewArch 2017, S. 9 ff.

Frenz, Walter: Stand der Keck-Judikatur, WRP 2011, S. 1034 ff.

Frenz, Walter/Götzkes, Vera: Die gemeinschaftsrechtliche Staatshaftung, JA 2009, S. 759 ff.

Ludwigs, Markus: Anmerkung zu EuGH vom 19.10.2016 – C-148/15 (Deutsche Parkinson Vereinigung/ZBUW), NVwZ 2016, S. 1796 ff.

Radermacher, Ludger: Gemeinschaftsrechtliche Staatshaftung für höchstrichterliche Entscheidungen, NVwZ 2004, S. 1415 ff.

Rixen, Stephan: Versandapotheken und Warenverkehrsfreiheit: Beweisrechtliche Profilierung der Verhältnismäßigkeitsprüfung – Anmerkung zum Urteil des EuGH v. 19.10.2016, Rs. C-148/15, EuR 2017, S. 744 ff.

Ruffert, Matthias: Internet-Apotheke und Dogmatik der Grundfreiheiten: Die Entscheidung DocMorris des EuGH, JURA 2005, S. 258 ff.

Sauer, Heiko: Die Grundfreiheiten des Unionsrechts - Eine Handreichung für die Fallbearbeitung, JuS 2017, S. 310 ff.

Schmidt, Julia: Der praktische Fall – Versandhandelsverbot für Arzneimittel – Maßnahme gleicher Wirkung gem. Art. 28 EG?, VR 2006, S. 99 ff.

Sensburg, Patrick Ernst: Staatshaftung für judikatives Unrecht, NVwZ 2004, S. 179 ff.

Streinz, Rudolf: Preisfestsetzung für verschreibungspflichtige Humanarzneimittel im grenzüberschreitenden Versandhandel unionsrechtswidrig, JuS 2017, S. 83 ff.

Fall 3

Grenzüberschreitendes Handwerk

Pflichtfach/Schwerpunktbereich, Schwierigkeitsgrad: mittel

Herr B ist ein in Mitgliedstaat X ansässiger selbstständiger Architekt. Er beauftragte im Rahmen eines Hausbaus in X den im Mitgliedstaat Y ansässigen Handwerker C, der die Staatsangehörigkeit von Y besitzt, mit der Ausführung von Betonbauarbeiten. C führte zwar in Y entsprechende Arbeiten zulässigerweise aus, war aber in X nicht in die Handwerksrolle eingetragen. Der von C verlangte Preis lag deutlich unter dem der Konkurrenz in X. In X besteht für inländische wie ausländische Handwerker die generelle Pflicht, sich in die Handwerksrolle eintragen zu lassen, bevor im Inland selbstständig ein Handwerk ausgeübt werden darf. **117**

Das Eintragungsverfahren ist mit Kosten in Höhe von etwa 200 € verbunden. Es läuft für EU-Ausländer so ab, dass sie zunächst eine Bescheinigung ihres Heimatstaates über ihre Befähigung vorlegen müssen. Aufgrund dieses Nachweises ergeht eine Ausnahmebewilligung. Diese ist Grundlage für die Eintragung in die Handwerksrolle. Das so umschriebene Verfahren dauert mehrere Wochen, unter Umständen auch Monate. Außerdem werden mit der Eintragung Pflichtbeiträge zur Handwerkskammer fällig. Dem wollte sich C nicht unterziehen, weil er nur sporadisch in Mitgliedstaat X tätig ist. Zweck der Eintragungspflicht ist die Qualitätssicherung bei Handwerkerleistungen. Niemand soll ohne die erforderliche Qualifikation in X handwerkliche Dienstleistungen anbieten dürfen.

Gegen Herrn B wird von der zuständigen Behörde ein Bußgeld von 2000 € wegen Verstoßes gegen Vorschriften zur Bekämpfung der Schwarzarbeit verhängt. Danach handelt ordnungswidrig, wer ein Unternehmen, das nicht in der Handwerksrolle eingetragen ist, mit selbstständigen Handwerksarbeiten beauftragt. Gegen diesen Bescheid legte Herr B rechtzeitig Einspruch beim zuständigen Amtsgericht ein. Das Amtsgericht hat Zweifel bezüglich der Unionsrechtskonformität der Eintragungspflicht. Es legt dem EuGH zulässigerweise die streitige Regelung zur Vorabentscheidung vor.

Wie wird der Gerichtshof entscheiden? Sekundärrecht, insbes. die Richtlinien 2005/36/EG und 2006/123/EG, bleibt außer Betracht.

Abwandlung I:

Herr D, ein Staatsangehöriger von X, hat in Staat Y seine Ausbildung zum Betonbauer absolviert und arbeitet dort nun schon seit Jahren rechtmäßig als Selbstständiger in seinem Beruf. Nunmehr möchte er den Sitz seines Unternehmens nach X verlegen. Als Betonbauer unterliegt er nach den Vorschriften von X der Eintragungspflicht in die Handwerksrolle. D erfüllt die Anforderungen für eine solche Eintragung. Allerdings möchte er sich nicht in die Handwerksrolle eintragen lassen, weil er meint, so etwas gebe es in Staat Y ja auch nicht. Soweit auf die Erfordernisse der Qualitätssicherung verwiesen werde, reiche es aus, wenn er seine Qualifikation aus Y vorweisen könne, da die Staaten innerhalb der EU Vertrauen hinsichtlich der in anderen Mitgliedstaaten erworbenen Qualifikationen haben müssten.

Kann D die Eintragung verweigern?

Abwandlung II:

Herr E ist ein bisher nur in Staat X tätiger Betonbauergeselle, der zur Zeit noch abhängig beschäftigt ist. Er möchte sich selbstständig machen, möchte aber keine Meisterprüfung ablegen, wie es in X grundsätzlich Voraussetzung für die Eintragung in die Handwerksrolle ist. Die Ausnahmevorschriften, die für EU-Ausländer gelten, sind auf Inländer wie E nicht anwendbar. Er meint, wenn Herr D keine Meisterprüfung ablegen müsse, dann müsse für ihn das Gleiche gelten.

Hat er Recht? Wenden Sie deutsches Recht an, soweit es auf nationales Recht ankommt.

Vorüberlegungen

Der Ausgangsfall ist der Entscheidung des EuGH im Fall Corsten[1] nachgebildet. Dieser betraf einen deutschen Sachverhalt und hatte die Vereinbarkeit der deutschen Handwerksordnung mit (damals noch) Gemeinschaftsrecht zum Gegenstand. Da der EuGH die fraglichen Regelungen als Verstoß gegen die Dienstleistungsfreiheit einstufte, musste der deutsche Gesetzgeber tätig werden. Mittlerweile sind die im Fall geschilderten Regelungen unionsrechtskonform modifiziert worden. **118**

Die Themenstellung des gesamten Falles ist auf die Personenverkehrsfreiheiten im Zusammenhang mit grenzüberschreitender Wirtschaftstätigkeit ausgerichtet. Sekundärrecht soll dabei außer Betracht bleiben, um sich voll auf das Primärrecht konzentrieren zu können. Während der Ausgangsfall die Dienstleistungsfreiheit behandelt, geht es in der Abwandlung I um die Niederlassungsfreiheit und in Abwandlung II um das immer wieder auftretende Problem der Inländerdiskriminierung (auch „umgekehrte Diskriminierung" genannt).

Im Ausgangsfall gilt es zunächst zu erkennen, dass die Dienstleistungsfreiheit und keine andere Grundfreiheit einschlägig ist. Zu erkennen ist außerdem, dass hier zwar Herr B Verfahrensführer ist, es aber um die Dienstleistungsfreiheit von C als erhebliche Vorfrage geht. Weiterhin ist zum Gewährleistungsinhalt der Dienstleistungsfreiheit vertieft Stellung zu nehmen, weil die Eintragungspflicht alle Handwerker gleichermaßen trifft und somit nicht offen diskriminiert. Schließlich ist nach einer geeigneten Rechtfertigung für die Eintragungspflicht zu suchen. Hier muss mit Aspekten der Qualitätssicherung argumentiert werden.

In der Abwandlung I wird eine andere Variante durchgespielt. Nun überschreitet der Dienstleistungserbringer nicht nur vorübergehend die Grenze, sondern möchte sich ganz in einem anderen Mitgliedstaat niederlassen. Hier ist nun die Niederlassungsfreiheit einschlägig. Allerdings liegt eine Besonderheit darin, dass Herr D in seinen Herkunftsstaat zurückkehren will, nachdem er im Ausland gearbeitet hat. Zu dieser Konstellation hat der EuGH schon lange entschieden, dass sie ebenso wie sonstige Grenzüberschreitungen behandelt werden muss, um nicht den Wegzug aus dem Heimatstaat weniger attraktiv zu machen. Ein Unterschied zum Ausgangsfall liegt auch in den Rechtfertigungsanforderungen. Während bei vorübergehenden Grenzüberschreitungen die Rechtfertigungshürden hoch sind, darf man im Falle einer dauerhaften Sitzverlegung auch die volle Eingliederung in das Recht des Zuzugsstaates verlangen.

Abwandlung II schließlich behandelt das immer wieder auftretende Problem der Inländerdiskriminierung. Mangels Anwendbarkeit des Unionsrechts kommen Inländern dessen Vergünstigungen in bestimmten Konstellationen nicht zugute. Der Bearbeiter muss erkennen, dass dies kein Problem des Unionsrechts, sondern des nationalen Rechts, insbesondere des Verfassungsrechts, ist. Zur Lösung kommen einerseits Art. 3 I GG, andererseits die Freiheitsgrundrechte in Betracht.

1 EuGH vom 3.10.2000, Rs. C-58/98, Slg. 2000, I-7919, NVwZ 2001, S. 182 ff., Josef Corsten.

Insgesamt handelt es sich um eine Klausur mit mittlerem Schwierigkeitsgrad, die im Schwerpunkt Europarecht, aber auch partiell im Pflichtfach Öffentliches Recht einsetzbar wäre.

Gliederung

119 **Ausgangsfall**

A. Beantwortung der Vorlagefrage
B. Sachlicher Anwendungsbereich der Dienstleistungsfreiheit
C. Persönlicher Anwendungsbereich der Dienstleistungsfreiheit
D. Gewährleistungsinhalt
E. Rechtfertigung durch zwingende Erfordernisse des Allgemeininteresses
F. Ergebnis

Abwandlung I

A. Sachlicher Anwendungsbereich der Niederlassungsfreiheit
B. Persönlicher Anwendungsbereich der Niederlassungsfreiheit
C. Gewährleistungsinhalt
D. Rechtfertigung durch zwingende Erfordernisse des Allgemeininteresses
E. Ergebnis

Abwandlung II

A. Keine Anwendung von Unionsrecht
B. Inländerdiskriminierung und Grundrechte
  I. Auftreten von Inländerdiskriminierung
  II. Gleichheitssatz
  III. Freiheitsgrundrechte
C. Ergebnis

Musterlösung

Ausgangsfall

A. Beantwortung der Vorlagefrage

Da das Vorlageersuchen nach den Angaben im Sachverhalt zulässig ist, wird der EuGH die Vorlagefrage inhaltlich beantworten. Der EuGH wird prüfen, ob die Dienstleistungsfreiheit gem. Art. 56 AEUV einer Regelung wie der Eintragungspflicht für Handwerker in X entgegensteht. **120**

B. Sachlicher Anwendungsbereich der Dienstleistungsfreiheit

Zunächst müsste die Dienstleistungsfreiheit gem. Art. 56 AEUV anwendbar sein. Es müsste begrifflich eine Dienstleistung i.S.v. Art. 57 AEUV vorliegen. Danach sind Dienstleistungen Leistungen, die in der Regel gegen Entgelt erbracht werden, soweit sie nicht in den Anwendungsbereich anderer Grundfreiheiten fallen. Beispielhaft genannt wird in Art. 57 II lit. c) AEUV auch die handwerkliche Tätigkeit. Bei den Leistungen eines Betonbauers handelt es sich um Leistungen im Sinne dieser Vorschrift. **121**

Wegen der Subsidiarität der Dienstleistungsfreiheit ist weiter zu prüfen, ob andere Grundfreiheiten vorrangig anwendbar sind. Mangels grenzüberschreitenden Warenverkehrs ist die Warenverkehrsfreiheit gem. Art. 34 AEUV nicht anwendbar. Auch möchte die Firma des C aus Y die Arbeiten nicht im Rahmen einer festen Niederlassung in X ausführen, sondern nur als grenzüberschreitenden Einzelauftrag. Somit ist auch die Niederlassungsfreiheit gem. Art. 49 AEUV nicht einschlägig. Da Herr C selbstständig ist, liegt schließlich auch keine abhängige Beschäftigung vor; auch die Arbeitnehmerfreizügigkeit scheidet somit aus. Die Dienstleistungsfreiheit ist die einschlägige Grundfreiheit.

Vorliegend könnte noch problematisch sein, dass Herr B hier Grundfreiheiten in einem gegen ihn gerichteten Verfahren geltend macht, obwohl die Dienstleistung von Herrn C erbracht und von ihm nur in Anspruch genommen wird. Die Anwendbarkeit der Dienstleistungsfreiheit bildet jedoch für das Verfahren gegen Herrn B eine entscheidende Vorfrage. Ist sie anwendbar, braucht Herr C sich nicht eintragen zu lassen, Herr B hat als Folge nicht gegen deutsche Vorschriften verstoßen. Es kommt mithin nicht darauf an, ob sich Herr B auf die Dienstleistungsfreiheit berufen kann, sondern ob diese Herrn C zusteht. Dieser macht vorliegend im Rahmen seiner grenzüberschreitenden Handwerkertätigkeit von seiner aktiven Dienstleistungsfreiheit Gebrauch[2]. Der sachliche Anwendungsbereich der Dienstleistungsfreiheit ist eröffnet.

---

2 Vgl. *Streinz*, Europarecht, Rn. 944. Unabhängig davon gilt die Dienstleistungsfreiheit nach st. Rspr. des EuGH sowohl zugunsten des Dienstleistenden als auch des Dienstleistungsempfängers.

C. Persönlicher Anwendungsbereich der Dienstleistungsfreiheit

122 Herr C, auf den es hier allein ankommt, ist ausweislich des Sachverhalts Angehöriger eines Mitgliedstaats und dort auch ansässig. Da somit die Voraussetzungen des Art. 56 AEUV vorliegen, kann er sich persönlich auf die Dienstleistungsfreiheit berufen.

D. Gewährleistungsinhalt

123 Weiterhin muss eine staatliche Maßnahme vorliegen, die die Dienstleistungsfreiheit beschränkt. Die Eintragungspflicht, die sich aus gesetzlichen Vorschriften ergibt, ist als staatliche Maßnahme anzusehen.

Vom Gewährleistungsinhalt der Dienstleistungsfreiheit sind zunächst alle staatlichen Maßnahmen erfasst, die die Ausübung der Freiheit unterbinden, behindern oder weniger attraktiv machen[3]. Darunter fallen neben diskriminierenden Maßnahmen auch bloße Beschränkungen[4]. Die Pflicht, sich in die Handwerksrolle eintragen zu lassen, ist für Ausländer nicht offen diskriminierend, da sie auch für Inländer gilt. Jedoch erschwert die Eintragungspflicht die Aufnahme der Handwerkstätigkeit, so dass diese weniger attraktiv wird. Dies reicht aus, um eine Beschränkung der Dienstleistungsfreiheit zu bejahen.

Allerdings wird in der Literatur diskutiert, ob angesichts der Weite des Gewährleistungsbereichs eine Einschränkung des Anwendungsbereichs geboten ist, wie sie bei der Warenverkehrsfreiheit durch die Unterscheidung von produktbezogenen Regelungen und Verkaufsmodalitäten nach der sog. „Keck-Formel" vorgenommen wird[5]. Es wird vorgeschlagen, solche unterschiedslos geltenden Bestimmungen aus dem Anwendungsbereich von Art. 56 AEUV herauszunehmen, die lediglich die Berufsausübung in einem Mitgliedstaat reglementieren. Lediglich Regelungen, die sich bereits auf den Marktzugang beziehen, sollen ohne Einschränkung in den Anwendungsbereich fallen. Der EuGH hat zu dieser Frage bisher nicht abschließend Stellung bezogen[6]. Vorliegend kann sie auch offen bleiben, weil ohnehin eine Regelung vorliegt, die bereits den Zugang zum Markt in X beschränkt und damit vom Gewährleistungsinhalt des Art. 56 AEUV erfasst ist. Die Eintragungspflicht ist im Ergebnis als eine die Dienstleistungsfreiheit beschränkende Maßnahme anzusehen.

3 *Dittert*, Europarecht, S. 257 m.w.N. Diese Aussage ist Teil der sog. Gebhard-Formel, vgl. *Dittert*, Europarecht, S. 244 und 247. Der EuGH führt wörtlich aus (EuGH vom 3.10.2000, Rs. C-58/98, Slg. 2000, I-7919, NVwZ 2001, S. 182 ff., 184, Rn. 33, Corsten): „*Nach ständiger Rechtsprechung verlangt Art. 59 EGV nicht nur die Beseitigung jeder Diskriminierung des in einem Mitgliedstaat ansässigen Dienstleistenden auf Grund seiner Staatsangehörigkeit, sondern auch die Aufhebung aller Beschränkungen – selbst wenn sie unterschiedslos für inländische Dienstleistende wie für solche aus anderen Mitgliedstaaten gelten –, sofern sie geeignet sind, die Tätigkeiten des Dienstleistenden, der in einem anderen Mitgliedstaat ansässig ist und dort rechtmäßig entsprechende Dienstleistungen erbringt, zu unterbinden, zu behindern oder weniger attraktiv zu machen.*"

4 *Streinz*, Europarecht, Rn. 833, und *Dietz/Streinz*, EuR 2015, S. 50 ff., 56 f. m.w.N.

5 Siehe ausführlich *Streinz*, Europarecht, Rn. 840.

6 Vgl. *Cremer*, JURA 2015, S. 39 ff., 50 f., und *Dietz/Streinz*, EuR 2015, S. 50 ff., 54, je m.w.N. Siehe aber zur Arbeitnehmerfreizügigkeit EuGH vom 15.12.1995, Rs. C-415/93, Slg. 1995, I-4921, NJW 1996, S. 505 ff., 510, Rn. 102, Union royale belge des sociétés de football association u.a./.Bosman u.a.

E. Rechtfertigung durch zwingende Erfordernisse des Allgemeininteresses

Da eine Beschränkung der Dienstleistungsfreiheit vorliegt, ist nach einer Rechtfertigung der staatlichen Maßnahme zu suchen. Eine beschränkende Maßnahme eines Mitgliedstaats, die nicht offen diskriminiert, kann durch zwingende Erfordernisse des Allgemeininteresses gerechtfertigt werden, wenn sie zur Wahrung dieser Ziele geeignet und erforderlich ist[7]. Der Schutz der Qualität von handwerklichen Dienstleistungen kann nach zutreffender Auffassung des EuGH als ein solches zwingendes Erfordernis des Allgemeininteresses angesehen werden[8]. **124**

Die Eintragungspflicht muss zum Schutz dieses Interesses verhältnismäßig, also geeignet und erforderlich, sein[9]. Im Rahmen der Geeignetheit ist zu fragen, ob sie den angestrebten Zweck fördert. Dies kann bejaht werden, da bei der Eintragung die Qualifikation des Handwerkers geprüft wird.

Sie müsste aber auch erforderlich sein. Hiergegen könnte sprechen, dass die Regelung über die Eintragungspflicht nicht danach differenziert, ob ein ausländischer Handwerker nur sporadisch in X tätig sein will, oder ob er sich dauerhaft dort niederlassen will. Nach Ansicht des EuGH in der dem Fall zugrunde liegenden Entscheidung führt diese mangelnde Differenzierung zur Unverhältnismäßigkeit[10]. Zur Prüfung der Gleichwertigkeit der Qualifikation reiche in Fällen nur gelegentlicher grenzüberschreitender Tätigkeit ein formales Verfahren. Dieses dürfe nicht so kompliziert und teuer sein, dass die Dienstleistungsfreiheit ihrer Wirksamkeit beraubt wird. Durch die undifferenzierte Anwendung der Eintragungspflicht würden potentiell Ausländer abgehalten, in dem betreffenden Mitgliedstaat Aufträge anzunehmen. Diesen Erwägungen kann zugestimmt werden[11]. Es ist nicht gerechtfertigt, einen ausländischen Handwerker zur Eintragung in die Handwerksrolle zu verpflichten. Dadurch würde er unter anderem zur Entrichtung von Pflichtbeiträgen gezwungen, die ihm ohne feste Niederlassung keinerlei Nutzen bringen können. Außerdem ist der Zeitfaktor bei der Auftragsvergabe regelmäßig mitentscheidend, so dass das bisher geltende Eintragungsverfahren zu erheblichen Wettbewerbsnachteilen führen kann. Die Regelung des Mitgliedstaats X ist als **125**

---

7 St. Rspr. des EuGH, vgl. die Gebhard-Formel (EuGH vom 30.11.1995, Rs. C-55/94, Slg. 1995, I-4165, NJW 1996, S. 579 ff., 579, LS 6, Reinhard Gebhard./.Consiglio dell'Ordine degli Avvocati e Procuratori di Milano): *„Nationale Maßnahmen, die die Ausübung der durch den Vertrag garantierten Freiheiten behindern oder weniger attraktiv machen können, müssen vier Voraussetzungen erfüllen: Sie müssen in nichtdiskriminierender Weise angewandt werden, sie müssen zwingenden Gründen des Allgemeininteresses entsprechen, sie müssen geeignet sein, die Verwirklichung des mit ihnen verfolgten Zieles zu gewährleisten, und sie dürfen nicht über das hinausgehen, was zur Erreichung dieses Ziels erforderlich ist."* Siehe dazu auch *Dittert*, Europarecht, S. 260 f.

8 EuGH vom 3.10.2000, Rs. C-58/98, Slg. 2000, I-7919, NVwZ 2001, S. 182 ff., 184, Rn. 38, Corsten.

9 Der EuGH scheint zwar grundsätzlich von einer aus dem deutschen Recht bekannten dreistufigen Prüfung (Geeignetheit-Erforderlichkeit-Angemessenheit/Verhältnismäßigkeit im engeren Sinne) auszugehen, spricht die Frage der Angemessenheit in der Praxis aber nur selten an. Siehe dazu *Streinz*, Europarecht, Rn. 870 und 918, *Dittert*, Europarecht, S. 297, je m.w.N., ausführlich *Brigola*, EuZW 2017, S. 406 ff., sowie (für Grundrechtseinschränkungen) *Michl*, EuR 2018, S. 456 ff., 465 ff.

10 EuGH vom 3.10.2000, Rs. C-58/98, Slg. 2000, I-7919, NVwZ 2001, S. 182 ff., 184, Rn. 39 ff., Corsten.

11 So auch *Früh*, EuZW 2000, S. 767 ff.

nicht erforderlich anzusehen[12], so dass sie unverhältnismäßig und damit nicht gerechtfertigt ist.

F. Ergebnis

126 Die Dienstleistungsfreiheit aus Art. 56 AEUV steht der Eintragungspflicht für Handwerker in der Situation des Herrn C entgegen, so dass diese nicht anwendbar ist. Damit verstößt B zumindest unter dem Aspekt der Eintragungspflicht nicht gegen die Vorschriften über die Schwarzarbeit.

Abwandlung I

127 Die Eintragungspflicht kann entfallen, wenn sie unionsrechtswidrig ist. Dann ist die entsprechende nationale Regelung nicht mehr anwendbar. D kann sich hier nicht auf die Dienstleistungsfreiheit berufen, da er dauerhaft in X tätig sein will, so dass die subsidiäre Dienstleistungs- hinter die Niederlassungsfreiheit zurücktritt. In Betracht kommt aber ein Verstoß gegen die Niederlassungsfreiheit gem. Art. 49 AEUV.

A. Sachlicher Anwendungsbereich der Niederlassungsfreiheit

128 Die Niederlassungsfreiheit ist in sachlicher Hinsicht eröffnet, wenn eine dauerhafte[13] selbstständige Tätigkeit gegen Entgelt erbracht wird. Dies ist hier unproblematisch gegeben, weil sich D mit einem selbstständigen Betrieb in X niederlassen will.

B. Persönlicher Anwendungsbereich der Niederlassungsfreiheit

129 Weiterhin müsste der persönliche Anwendungsbereich der Niederlassungsfreiheit eröffnet sein. Bei natürlichen Personen, die ihre primäre Niederlassung vollständig in einen Mitgliedstaat verlegen, kommt es allein auf die Staatsangehörigkeit eines Mitgliedstaats, nicht auf die Ansässigkeit an[14]. Nach dem Wortlaut von Art. 49 AEUV ist allerdings die Staatsangehörigkeit eines *anderen Mitgliedstaats* als des Aufnahmemitgliedstaats erforderlich. D ist indes Staatsangehöriger von X, also des Staates, in dem er sich auch niederlassen will. Es könnte also an der persönlichen Anwendbarkeit fehlen.

---

12 Der deutsche Gesetzgeber, der von dem Urteil Corsten des EuGH betroffen war, hat auf die Entscheidung reagiert und im Jahr 2003 mit dem damaligen § 9 Abs. 2 HandwO eine Norm geschaffen, die auf die Belange der betroffenen Handwerker Rücksicht nimmt (vgl. BT-Drs. 15/1206 vom 24.6.2003, S. 30/31).

13 Dieses Merkmal lässt sich jedenfalls dann zur Abgrenzung von der Dienstleistungsfreiheit heranziehen, wenn die Betroffenen selbst die Grenze überqueren und eine Niederlassung in einem anderen Mitgliedstaat etablieren wollen. Im konkreten Einzelfall muss die Prüfung unter Berücksichtigung von Dauer, Häufigkeit, regelmäßiger Wiederkehr und Kontinuität der Tätigkeit erfolgen, wobei es keine festen zeitlichen Vorgaben für den Aufenthalt im anderen Mitgliedstaat gibt. Siehe dazu z.B. *Haratsch/Koenig/Pechstein*, Europarecht, Rn. 979, *Kluth*, in Calliess/Ruffert, AEUV, Art. 56, 57, Rn. 15, je m.w.N., sowie BVerfG vom 4.12.2013, 2 BvE 6/13, BVerfGE 134, 239, Rn. 7.

14 Anders ist es bei der Gründung von sekundären Niederlassungen, die zusätzlich die Ansässigkeit innerhalb der Union voraussetzen, vgl. Art. 49 I 2 AEUV.

Jedoch hat der EuGH schon früh entschieden, dass auch Angehörige des eigenen Mitgliedstaats diesem gegenüber die Grundfreiheiten geltend machen können, wenn sie sich bereits einmal in einen anderen Mitgliedstaat begeben haben, um dort von ihrer Freizügigkeit Gebrauch zu machen. Für die Anwendung der Niederlassungsfreiheit genügt es somit, dass die jeweilige Situation durch ein grenzüberschreitendes Element gekennzeichnet ist[15]. Dem ist mit der Erwägung zuzustimmen, dass der Schutz der Grundfreiheiten lückenhaft wäre, wenn er sich nicht auf Konstellationen wie die vorliegende erstreckte. Dann könnte nämlich die Inanspruchnahme der Freizügigkeit aufgrund des Verhaltens des Heimatmitgliedstaats vereitelt oder behindert werden.

Herr D aus X hat seine Ausbildung in Y absolviert und arbeitet dort schon seit geraumer Zeit als selbstständiger Betonbauer. Er hat also bereits von seiner Freizügigkeit Gebrauch gemacht, indem er sich von X nach Y begab. Die Niederlassungsfreiheit ist auf ihn anwendbar.

C. Gewährleistungsinhalt

Die Eintragungspflicht müsste auch vom Gewährleistungsinhalt der Niederlassungsfreiheit erfasst sein. Die Niederlassungsfreiheit verbietet nach herkömmlicher Lesart nur Diskriminierungen aufgrund der Staatsangehörigkeit. Seit dem Urteil in der Sache Gebhard[16] ist allerdings weitgehend anerkannt, dass die Niederlassungsfreiheit auch als allgemeines Beschränkungsverbot auszulegen ist[17]. Auch unterschiedslos geltende und wirkende Maßnahmen fallen in den Anwendungsbereich, sofern sie geeignet sind, die Ausübung der Niederlassungsfreiheit behindern oder weniger attraktiv zu machen. Dies ist bei der Eintragungspflicht der Fall. **130**

Allerdings ist wie beim Ausgangsfall zu überlegen, ob die Anwendung des Beschränkungsverbots auf Marktzugangsregelungen zu begrenzen ist[18]. Wie im Ausgangsfall ist die Eintragungspflicht jedoch wieder als Marktzugangsbeschränkung anzusehen, so dass sie unabhängig von der Beantwortung der Streitfrage in den Anwendungsbereich der Niederlassungsfreiheit fällt. Die Eintragungspflicht ist als Beschränkung der Niederlassungsfreiheit gem. Art. 49 I AEUV anzusehen.

D. Rechtfertigung durch zwingende Erfordernisse des Allgemeininteresses

Die Maßnahme ist rechtfertigungsbedürftig. Da die Eintragungspflicht nicht offen diskriminiert, kommt eine Rechtfertigung aus zwingenden Erfordernissen in Betracht. **131**

---

15 EuGH vom 7.2.1979, Rs. 115/78, Slg. 1979, 399, NJW 1979, S. 1761 f., 1761, Rn. 24 ff.; Knoors./.Staatssecretaris van Economische Zaken; dazu *Dittert*, Europarecht, S. 242.

16 EuGH vom 30.11.1995, Rs. C-55/94, Slg. 1995, I-4165, NJW 1996, S. 579 ff., Gebhard; zur Gebhard-Formel siehe bereits oben bei Rn. 123 und 124. Zur parallelen Rechtslage bei der Arbeitnehmerfreizügigkeit vgl. EuGH vom 15.12.1995, Rs. C-415/93, Slg. 1995, I-4921, NJW 1996, S. 505 ff., 510, Bosman.

17 Hierzu *Streinz*, Europarecht, Rn. 835, und *Dittert*, Europarecht, S. 244.

18 Ausführlich *Dittert*, Europarecht, S. 244 f.

Wiederum ist die Qualitätssicherung als zwingendes Erfordernis anzuerkennen. Geeignet ist die Eintragungspflicht ebenfalls. Anders als im Ausgangsfall ist auch die Erforderlichkeit zu bejahen. Der EuGH betont in st. Rspr., dass die Mitgliedstaaten in Fällen, in denen sich ein Marktteilnehmer vollständig in ihren Markt und ihre Rechtsordnung eingliedern will, die Beachtung der auch für Inländer geltenden Rechtsvorschriften verlangen können. Andernfalls käme es auf dem Inlandsmarkt zu erheblichen Wettbewerbsverzerrungen. Vor diesem Hintergrund ist es zulässig, wenn X für Handwerker, die sich dauerhaft dort niederlassen wollen, wie für Inländer eine Eintragungspflicht statuiert. Die Eintragungspflicht für Niederlassungswillige ist aus zwingenden Erfordernissen des Allgemeininteresses gerechtfertigt.

E. Ergebnis

132 Die nationale Eintragungspflicht greift zwar in die Niederlassungsfreiheit ein, ist aber gerechtfertigt. Daher wird sie nicht vom europäischen Unionsrecht verdrängt und ist somit auch für D anwendbar. D muss sich in die Handwerksrolle eintragen lassen.

Abwandlung II

A. Keine Anwendung von Unionsrecht

133 Die Pflicht zur Ablegung der Meisterprüfung kann entfallen, wenn sie unionsrechtswidrig ist. In diesem Fall sind die nationalen Vorschriften nicht anwendbar. Jedoch ist für die Anwendbarkeit der Grundfreiheiten generell Voraussetzung, dass ein grenzüberschreitender Bezug der ausgeübten Tätigkeit vorliegt. Herr E hat sich noch nie außerhalb des Gebiets von X beruflich betätigt und damit noch nie von seinen Freizügigkeitsrechten Gebrauch gemacht. Auf diese Konstellation sind die Grundfreiheiten nicht anwendbar. Ein Unionsrechtsverstoß ist von vornherein nicht ersichtlich[19].

B. Inländerdiskriminierung und Grundrechte

I. Auftreten von Inländerdiskriminierung

134 Durch den Umstand, dass das Unionsrecht auf ihn nicht anwendbar ist, wird Herr E schlechter gestellt als Herr D und EU-Ausländer, die sich auf die Grundfreiheiten berufen können. Es kommt zur so genannten Inländerdiskriminierung. Diese Problematik ist nicht im Rahmen des Unionsrechts, sondern des nationalen Rechts zu lösen[20].

19 Siehe ausführlich *Gundel*, DVBl. 2007, S. 269 ff., 270 f.

20 *Streinz*, Europarecht, Rn. 847, s. aber auch *Croon-Gestefeld*, EuR 2016, S. 56 ff., 57 m.w.N.

II. Gleichheitssatz

Wie diese Lösung auszugestalten ist, ist umstritten[21]. Insbesondere ist fraglich, ob die Inländerdiskriminierung vor dem Hintergrund von Art. 3 I GG zulässig ist. Man könnte der Auffassung sein, Herr E als Inländer werde gegenüber Personen wie Herrn D unzulässig schlechter gestellt. Hiergegen können aber mehrere Argumente eingewandt werden. **135**

Zum einen kann bereits die Anwendbarkeit des Art. 3 I GG negiert werden. Die Inländerdiskriminierung wird dadurch ausgelöst, dass einerseits der deutsche Gesetzgeber, andererseits europäische Institutionen rechtssetzend tätig werden. Diese Situation, in der unterschiedliche Normgeber eine Ungleichbehandlung zu verantworten haben, muss nach verbreiteter Auffassung aus dem Anwendungsbereich des Gleichheitssatzes ausscheiden. Nur derselbe Normgeber könne auch für eine Ungleichbehandlung verantwortlich gemacht werden[22]. Dem ist mit der Einschränkung zuzustimmen, dass im Rahmen der europäischen Rechtssetzung auch der deutsche Staat maßgeblich beteiligt ist. Formal handelt es sich indes um verschiedene Normgeber.

In mehreren jüngeren Entscheidungen zur Inländerdiskriminierung im Handwerksrecht hat das BVerwG die unterschiedliche Behandlung der Handwerker allerdings an Art. 3 I GG gemessen, ohne sich mit der grundsätzliche Anwendbarkeit des Art. 3 I GG auseinanderzusetzen[23]. Legt man diese Rspr. zu Grund, so ist zum einen zu prüfen, ob überhaupt ein Gleichheitsverstoß vorliegt, d.h. wesentlich Gleiches willkürlich ungleich bzw. wesentlich Ungleiches willkürlich gleich behandelt wird[24], und zum anderen, ob eine mögliche relevante Ungleichbehandlung gerechtfertigt ist.

Es kann bereits bezweifelt werden, ob die von der Inländerdiskriminierung Betroffenen materiell in derselben Situation sind wie diejenigen, die sich auf die Freizügigkeit berufen können. Wer nämlich von seiner Freizügigkeit Gebrauch macht, muss in der Regel zwei oder mehreren Rechtsordnungen genügen, wenn er seinen Beruf ausübt. Der Inländer, der sich nicht über Grenzen bewegt, ist nur einer einzigen Rechtsordnung unterworfen. Deshalb kann es ihm auch zugemutet werden, sich voll in diese Rechtsordnung einzuordnen[25]. Insofern würde es bereits an der Vergleichbarkeit der beiden Handwerkergruppen fehlen.

Doch auch das könnte letztlich offen bleiben, wenn die Ungleichbehandlung gerechtfertigt werden könnte. Aus dem allgemeinen Gleichheitssatz ergeben sich je nach Regelungsgegenstand und Differenzierungsmerkmalen unterschiedliche Grenzen für den

21 Siehe dazu *Schmidt am Busch/Naumann*, GewArch 2019, S. 103 ff., 106, *Traub*, JA 2015, S. 42 ff., 49, *Croon-Gestefeld*, EuR 2016, S. 56 ff., 60 ff., *Gundel*, DVBl. 2007, S. 269 ff., 271 ff., sowie *Kramer*, GewArch 2013, S. 105 ff., 110.

22 Vgl. etwa *Heintzen*, EWS 1990, S. 82 ff., 87 f., sowie *Kramer*, GewArch 2013, S. 105 ff., 110, und *Rieger*, GewArch 2012, S. 477 ff., 480, je m.w.N.

23 BVerwG vom 9.4.2014, 8 C 50/12, NVwZ 2014, S. 1241 ff., 1244 f. (mit Anmerkung *Wiemers* S. 1245 f.). BVerwG vom 31.8.2011, 8 C 9/10, BVerwGE 140, 276, NVwZ-RR 2012, S. 23 ff., und 8 C 8/10, BVerwGE 140, 267.

24 Siehe *Kingreen/Poscher*, Grundrechte Staatsrecht II, Rn. 525 m.w.N.

25 Ebenso *Gundel*, DVBl. 2007, S. 269 ff., 272.

Gesetzgeber, die vom bloßen Willkürverbot bis zu einer strengen Bindung an Verhältnismäßigkeitserfordernisse reichen. Die Abstufung der Anforderungen folgt aus Wortlaut und Sinn des Art. 3 I GG sowie aus seinem Zusammenhang mit anderen Verfassungsnormen. Der unterschiedlichen Weite des gesetzgeberischen Gestaltungsspielraums entspricht eine abgestufte Kontrolldichte bei der verfassungsgerichtlichen Prüfung. Kommt als Maßstab nur das Willkürverbot in Betracht, so kann ein Verstoß gegen Art. 3 I GG nur festgestellt werden, wenn die Unsachlichkeit der Differenzierung evident ist. Vorliegend geht es um Regelungen, die zwar nicht unmittelbar nach der Staatsangehörigkeit differenzieren, aber doch im Inland und im EU-Ausland für ihren Beruf ausgebildete Handwerker bei der Zulassung zur selbstständigen niedergelassenen Tätigkeit im Inland verschieden behandeln und sich damit auf die Grundrechtsposition aus Art. 12 I GG nachteilig auswirken. Für die vom Gesetzgeber vorgesehene Differenzierung müssen folglich Gründe von solcher Art und solchem Gewicht bestehen, dass sie die ungleichen Rechtsfolgen rechtfertigen können[26].

Ein gewichtiger sachlicher Grund für die Ungleichbehandlung liegt in der Tatsache begründet, dass der nationale Gesetzgeber in seiner Gestaltungsfreiheit durch Europarecht gebunden war. Die handwerksrechtlichen Bestimmungen mussten bindende unionsrechtliche Vorgaben für die Zulassung im EU-Ausland Qualifizierter in nationales Recht umsetzen. Für die im Inland ausgebildeten Handwerker konnte der Gesetzgeber das unionsrechtliche Modell des berufspraktischen Befähigungsnachweises schon deshalb nicht übernehmen, weil dieses nach § 9 HandwO regelmäßig eine Tätigkeit als Selbstständiger oder Betriebsleiter voraussetzt, die den im Inland ausgebildeten Gesellen nach § 7 HandwO grundsätzlich nicht offen steht. § 7b HandwO musste deshalb gerade zur Vermeidung einer Benachteiligung eine abweichende Zugangsregelung treffen[27]. Die Ungleichbehandlung ist auch verhältnismäßig. Sie dient dem verfassungsrechtlich legitimen Zweck, einerseits den unionsrechtlichen Bindungen Rechnung zu tragen, ohne andererseits das vor Art. 12 I GG gerechtfertigte Qualifikationserfordernis für die selbstständige Tätigkeit im Inland aufzugeben. Die im Inland ausgebildeten Handwerker werden dadurch nicht unzumutbar belastet. Somit ist die Ungleichbehandlung gerechtfertigt[28].

Im Ergebnis verstößt die Inländerdiskriminierungen daher nicht gegen Art. 3 I GG.

III. Freiheitsgrundrechte

136 In Betracht kommt aber eine Lösung unter Anwendung der Freiheitsgrundrechte. Herr E ist durch den Meisterzwang in seiner Berufsfreiheit gem. Art. 12 I GG tangiert. Die-

26 Vgl. BVerwG vom 31.8.2011, 8 C 9/10, BVerwGE 140, 276, 287, und *Traub*, JA 2015, S. 42 ff., 49 f.; zu den unterschiedlichen Rechtfertigungsansätzen auch *Croon-Gestefeld*, EuR 2016, S. 56 ff., 64 ff.

27 Vgl. BVerwG vom 31.8.2011, 8 C 9/10, BVerwGE 140, 276, 287/288, sowie schon BVerfG vom 4.2.2010, 1 BvR 2514/09, GewArch 2010, S. 456 ff., 457. Dem BVerwG zust. *Kramer*, GewArch 2013, S. 105 ff., 110, *Rieger*, GewArch 2012, S. 477 ff., 480, und *Selmer*, JuS 2012, S. 666 ff., 668, a.A. und dem BVerwG einen argumentativen Zirkelschluss vorwerfend *Bulla*, GewArch 2012, S. 470 ff., 476.

28 Vgl. BVerwG vom 31.8.2011, 8 C 9/10, BVerwGE 140, 276, 288, BVerwG vom 9.4.2014, 8 C 50/12, NVwZ 2014, S. 1241 ff., 1244 f., und *Traub*, JA 2015, S. 42 ff., 49 f.

ser Eingriff müsste gerechtfertigt sein. Da vorliegend eine subjektive Berufszulassungsschranke im Sinne der Drei-Stufen-Theorie vorliegt, sind gesteigerte Anforderungen an den verfolgten Zweck und die Verhältnismäßigkeit zu stellen. Subjektive Berufszulassungsschranken sind nur zum Schutz wichtiger Gemeinschaftsgüter gerechtfertigt[29]. Allerdings hat das BVerfG den Meisterzwang schon früh als zulässige Einschränkung der Berufswahlfreiheit qualifiziert, da er für die Qualitätssicherung im Handwerk unerlässlich sei[30].

Vor einigen Jahren hat das BVerfG seine Rspr. in diesem Punkt allerdings modifiziert. In einer Kammerentscheidung vom 5.12.2005[31] hat es ausgeführt, dass der Meisterzwang nur solange gerechtfertigt werden könne, wie seine Wirksamkeit bei der Qualitätssicherung tatsächlich noch nachgewiesen werden könne. Je mehr deutsche Handwerker nämlich der Konkurrenz durch ausländische Wettbewerber ausgesetzt seien, die zulässigerweise in Deutschland Leistungen erbringen, schwinde die Legitimation des Meisterzwangs nur für Deutsche. Zum einen entstünden schon Zweifel an der Geeignetheit, wenn die deutschen Regelungen nur noch einen Teil der Marktteilnehmer erreichten. Zum anderen würden deutsche Handwerker auch umso stärker getroffen, je höher der Wettbewerbsdruck aus dem Ausland werde. Dem ist im Ansatzpunkt zuzustimmen. Allerdings ist derzeit die Schwelle noch nicht erreicht, ab der der Meisterzwang tatsächlich als verfassungswidrig eingestuft werden müsste[32].

C. Ergebnis

Als Ergebnis lässt sich festhalten, dass vor dem Hintergrund der derzeit herrschenden **137**
tatsächlichen Verhältnisse der Meisterzwang noch nicht als Verstoß gegen die Berufsfreiheit des E gem. Art. 12 I GG gewertet werden kann. Er muss die Inländerdiskriminierung hinnehmen und die Meisterprüfung ablegen.

29 *Wieland*, in: Dreier (Hrsg.), GG, Bd. I, Art. 12, Rn. 106 m.w.N.

30 BVerfG vom 17.7.1961, 1 BvL 44/55, BVerfGE 13, 97.

31 BVerfG vom 5.12.2005, 1 BvR 1730/02, DVBl. 2006, S. 244.

32 Vgl. VGH Mannheim vom 18.12.2018, 6 S 2789/17, GewArch 2019, S. 153 ff., 165, Rn. 40, VG Regensburg vom 30.11.2017, RO 5 K 15.1955 (JURIS), Rn. 75 m.w.N., *Traub*, JA 2015, S. 42 ff., 47 f., BVerwG vom 13.5.2015, 8 C 12/14, BVerwGE 152, 132, NVwZ 2015, S. 1288 ff., 1291 f. (die dagegen erhobene Verfassungsbeschwerde wurde nicht zur Entscheidung angenommen), BVerwG vom 9.4.2014, 8 C 50/12, NVwZ 2014, S. 1241 ff., 1243 f., VGH Mannheim vom 22.1.2013, 6 S 1365/12, NVwZ-RR 2013, S. 309, und BVerwG vom 31.8.2011, 8 C 9/10, BVerwGE 140, 276, NVwZ-RR 2012, S. 23; *Kramer*, GewArch 2013, S. 105 ff., 106, und *Rieger*, GewArch 2012, S. 477 ff.; a.A. offenbar *Kamp/Weiß*, GewArch 2018, S. 450 ff., und *Bulla*, GewArch 2012, S. 470 ff., 470.

Wiederholung und Vertiefung

I. Weiterführende Hinweise

138 EuGH vom 3.10.2000, Rs. C-58/98, Slg. 2000, I-7919, NVwZ 2001, S. 182 ff., Josef Corsten.

EuGH vom 15.12.1995, Rs. C-415/93, Slg. 1995, I-4921, NJW 1996, S. 505 ff., Union royale belge des sociétés de football association u.a./.Bosman u.a.

EuGH vom 30.11.1995, Rs. C-55/94, Slg. 1995, I-4165, NJW 1996, S. 579 ff., Reinhard Gebhard./.Consiglio dell'Ordine degli Avvocati e Procuratori di Milano.

BVerfG vom 4.2.2010, 1 BvR 2514/09, GewArch 2010, 456 ff.

BVerfG vom 5.12.2005, 1 BvR 1730/02, DVBl. 2006, S. 244 ff.

BVerwG vom 31.8.2011, 8 C 9/10, BVerwGE 140, 276, NVwZ-RR 2012, S. 23 ff.

Bulla, Simon: Ist das Berufszulassungsregime der Handwerksordnung noch verfassungsgemäß?, GewArch 2012, S. 470 ff.

Cremer, Wolfram: Die Grundfreiheiten des Europäischen Unionsrechts, JURA 2015, S. 39 ff.

Croon-Gestefeld, Johanna: Umgekehrte Diskriminierungen nach dem Unionsrecht – Unterschiedliche Konzepte im Umgang mit einem gemeinsamen Problem, EuR 2016, S. 56 ff.

Dietz, Sara/Streinz, Thomas: Das Marktzugangskriterium in der Dogmatik der Grundfreiheiten, EuR 2015, S. 50 ff.

Früh, Gudrun: Anmerkung zu EuGH vom 3.10.2000, Rs. C-58/98 (Josef Corsten), EuZW 2000, S. 767 ff.

Gundel, Jörg: Die Inländerdiskriminierung zwischen Verfassungs- und Europarecht: Neue Ansätze in der Rechtsprechung, DVBl. 2007, S. 269 ff.

Jukić, Anton: „Winterfreuden?“, JA 2018, 761 ff.

Kramer, Urs: Die Meisterpflicht im Handwerk – Relikt oder Weg in die Zukunft?, GewArch 2013, S. 105 ff.

Sauer, Heiko: Die Grundfreiheiten des Unionsrechts – Eine Handreichung für die Fallbearbeitung, JuS 2017, S. 310 ff.

Schmidt am Busch/Naumann: Schwerpunktbereichsklausur – Öffentliches Wirtschaftsrecht: „Meister fallen nicht vom Himmel“, GewArch 2019, S. 103 ff.

Traub, Thomas: Maler – ein gefährliches Handwerk?, JA 2015, S. 42 ff.

II. Prüfungsschema Dienstleistungsfreiheit (Art. 56 ff. AEUV)

1. Dienstleistung i.S.v. Art. 56, 57 AEUV wird grenzüberschreitend von einem Angehörigen eines Mitgliedstaats erbracht; Gesellschaften Art. 62, 54, 57 AEUV 139
2. Keine Bereichsausnahme für die Ausübung öffentlicher Gewalt, Art. 62, 51 AEUV
3. Keine abschließende unionsrechtliche Harmonisierung, z.B. durch RL
4. Nationale Maßnahme, die geeignet ist, die Dienstleistung zu unterbinden, zu behindern oder weniger attraktiv zu machen:

↓ diskriminiert offen → 5. Rechtfertigung nur nach Art. 62, 52 AEUV

↓ diskriminiert versteckt → Rechtfertigung nach Art. 62, 52 AEUV, Verhältnismäßigkeit → Rechtfertigung aus zwingenden Erfordernissen, Verhältnismäßigkeit

↓ gilt und wirkt unterschiedslos → Ausnahme für Ausübungsregelungen entsprechend *Keck* → Rechtfertigung nach Art. 62, 52 AEUV, Verhältnismäßigkeit → Rechtfertigung aus zwingenden Erfordernissen, Verhältnismäßigkeit

6. Beachtung der Unionsgrundrechte

II. Prüfungsschema Niederlassungsfreiheit (Art. 49 ff. AEUV)

140

1. Selbständiger, Art. 49; Gesellschaft, Art. 54 AEUV
2. Grenzüberschreitender Bezug
3. Keine Bereichsausnahme für die Ausübung öffentlicher Gewalt, Art. 51 AEUV
4. Keine abschließende unionsrechtliche Harmonisierung
5. Nationale Maßnahme, die Niederlassung unterbindet, behindert oder weniger attraktiv macht:
   - Offene Diskriminierung
     - ↓ 6. Rechtfertigung nach Art. 52 AEUV Verhältnismäßigkeit
   - Versteckte Diskriminierung
   - Beschränkung
     - Ausnahme für Ausübungsregelungen entsprechend *Keck* bei bloßer Beschränkung, str.
   - (Versteckte Diskriminierung und Beschränkung:) ↓ Rechtfertigung nach Art. 52 AEUV, Verhältnismäßigkeit
   - ↓ Rechtfertigung aus zwingenden Erfordernissen, Verhältnismäßigkeit
7. Beachtung der Unionsgrundrechte

III. Prüfungsschema Kapitalverkehrsfreiheit (Art. 63 ff. AEUV)

1. Lex specialis im Unionsrecht? 141
2. Kapitalverkehr i.S.v. Art. 63 I AEUV
   (Abgrenzung zu anderen Grundfreiheiten, Art. 56 II AEUV)
3. Grenzüberschreitender Bezug
4. Unmittelbare oder mittelbare, tatsächliche oder potentielle Beschränkung des Kapitalverkehrs
5. Maßnahme gilt

   ↙ unterschiedslos ↓

   6. Rechtfertigung gem. Art. 65 I lit. b) AEUV
      - Verstoß gegen innerstaatliche Rechts- und Verwaltungsvorschriften
      - Meldeverfahren
      - Öffentliche Sicherheit und Ordnung
      Verhältnismäßigkeit

      ↓

      Rechtfertigung aus zwingenden Erfordernissen (umstr., ob neben Art. 65 AUEV noch zu prüfen), Verhältnismäßigkeit

   ↘ unterschiedlich ↓

   Rechtfertigung gem. Art. 65 I lit a) AEUV
   Verhältnismäßigkeit

7. Beachtung der Unionsgrundrechte

Fall 4

Kein Glück mit dem Glücksspiel

Pflichtfach/Schwerpunktbereich; Schwierigkeitsgrad: mittel

142 Herr X ist ein Veranstalter von Sportwetten mit Sitz in Mitgliedstaat A und Staatsangehöriger dieses Staates. Er möchte mit seiner Tätigkeit in andere Mitgliedstaaten expandieren.

Zunächst möchte er ein eigenes Wettbüro in Mitgliedstaat B eröffnen, das Sportwetten anbietet. In B ist der Betrieb derartiger Büros jedoch staatlichen Anbietern vorbehalten, so dass er die beantragte Betriebserlaubnis nicht erhält. Zur Begründung wird ausgeführt, nach den einschlägigen gesetzlichen Bestimmungen solle der natürliche Spieltrieb der Bevölkerung in geordnete und überwachte Bahnen gelenkt, insbesondere ein Ausweichen auf nicht erlaubte Glücksspiele verhindert werden. Zudem seien übermäßige Spielanreize zu verhindern und eine Ausnutzung des Spieltriebs zu privaten oder gewerblichen Gewinnzwecken auszuschließen. Deshalb habe man ein staatliches Monopol für die beantragte Wetttätigkeit eingeführt. Vor Erlass des Gesetzes war allerdings keine empirische Prüfung des Wettmarktes und seiner Gefahren durchgeführt worden. Zudem versteht Herr X nicht, wieso in dem von ihm beantragten Spielsegment ein staatliches Monopol besteht, bei anderen Spiel- und Wetttätigkeiten wie Pferdewetten hingegen private Anbieter zugelassen würden. Es seien gerade die staatlichen Veranstalter, die für andere Spielformen, die keinem Monopol unterliegen, aggressiv werben, um neue Kunden zu gewinnen. Zudem würden von diesen Anbietern immer neue Spielvarianten entwickelt und teilweise über das Internet angeboten. Unter diesen Umständen sei es inkonsequent, ihm die Veranstaltung von Sportwetten zu verbieten.

Weiterhin wird ihm auch verwehrt, sein Internet-Wettangebot in Mitgliedstaat C zur Verfügung zu stellen. Dort werden generell keine Erlaubnisse zur Veranstaltung von Glücksspielen und Sportwetten über das Internet erteilt. Auch hier wird als Begründung der Verbraucherschutz und der Schutz vor einer kommerziellen Ausnutzung des Spieltriebs sowie vor Suchtgefahren angeführt. Die Gefahren seien im Internet besonders schwerwiegend, weil dort behördliche Kontrolle kaum effektiv möglich sei.

Herr X ist empört und meint, in einem Binnenmarkt könne es derartige Grenzen für Gewerbetreibende wie ihn nicht mehr geben. Er sei in A legal tätig – was zutrifft –, so dass er auch in anderen Mitgliedstaaten tätig werden könne. Es könne nicht angehen, dass es in den Mitgliedstaaten unterschiedliche Schutzniveaus und -konzepte gebe, unter denen er als grenzüberschreitend Tätiger zu leiden habe.

Vollends ratlos ist Herr X angesichts einer Regelung in Mitgliedstaat D. Dort steht die Förderung von Glücksspielen, die in anderen Staaten veranstaltet werden, unter Strafe. Es darf für sie also nicht geworben werden. Die Werbung für im Inland ohne Genehmigung durchgeführte Glücksspiele ist hingegen nur eine Ordnungswidrigkeit.

Herr X fragt nach der Vereinbarkeit der nationalen Regelungen mit Unionsrecht.

Vorüberlegungen

Der mitgliedstaatliche Umgang mit der Veranstaltung von Glücksspiel und Sportwetten ist in den letzten Jahren Gegenstand zahlreicher Urteile des EuGH gewesen. Beginnend mit dem Urteil in der Sache Sporting Exchange vom Juni 2010 über das Urteil Sjöberg vom Juli 2010 fand die Entwicklung im September 2010 ihren vorläufigen Abschluss in drei grundlegenden Urteilen, die das deutsche Monopol für Sportwetten zum Gegenstand hatten („Winner Wetten", „Markus Stoß" und „Carmen Media Ltd")[1]. Als Ergebnis ist festzuhalten, dass das deutsche Glücksspielmonopol in der seinerzeit geltenden Ausgestaltung nicht den Anforderungen des Unionsrechts entsprach. **143**

Maßstab aller Entscheidungen war immer die Dienstleistungsfreiheit gem. Art. 56 AEUV. Der EuGH entwickelte in den genannten Urteilen ein dogmatisches Gerüst, an dem sich die Mitgliedstaaten mit Blick auf die Regulierung und Reglementierung des Glücksspielmarktes orientieren können und müssen. Entscheidend ist dabei immer die Konkretisierung des Verhältnismäßigkeitsgrundsatzes. Der Gerichtshof entwarf ein regelrechtes Prüfungsraster, anhand dessen mitgliedstaatliche Regelungssysteme gemessen werden können. Kern dieser Rechtsprechung zum Glücksspielrecht ist das sog. „Kohärenzgebot". Allerdings ergeben sich trotz der grundlegenden Weichenstellungen des Gerichtshofs offenbar immer wieder neue Fragen bei der Umsetzung dieser Konzeption, so dass die Rechtsprechung zum Glücksspiel – auch vor dem Hintergrund, dass es an sekundärrechtlichen Regelungen fehlt – zu einer „unendlichen Geschichte" zu werden scheint[2]. Es stellen sich immer wieder Fragen der Koexistenz unterschiedlicher Glücksspielsysteme zwischen den Mitgliedstaaten, wenn diese sich auf andere Mitgliedstaaten auswirken, womit der für den Anwendungsbereich der Grundfreiheiten notwendige grenzüberschreitende Bezug hergestellt wird, aber auch in den Mitgliedstaaten selbst, wenn unterschiedliche Ansätze eben diese Kohärenz in Frage stellen[3].

Für den Aufbau der Lösung bietet sich eine Gliederung nach den Aktivitäten des X in den Mitgliedstaaten B, C und D an.

---

1 EuGH vom 3.6.2010, Rs. C-203/08, Slg. 2010, I-4695, NVwZ 2010, S. 1085 ff., JuS 2010, S. 1123 ff., Sporting Exchange Ltd (Inhaberin der Firma „Betfair")./.Minister van Justitie; EuGH vom 8.7.2010, verb. Rs. C-447/08 und C-448/08, Slg. 2010, I-6921, EuZW 2010, S. 668 ff., Strafverfahren gegen Otto Sjöberg und Anders Gerdin; EuGH vom 8.9.2010, Rs. C-409/06, Slg. 2010, I-8015, NVwZ 2010, S. 1419 ff., Winner Wetten GmbH./.Bürgermeisterin der Stadt Bergheim; EuGH vom 8.9.2010, verb. Rs. C-316/07, C-358/07, C-359/07, C-360/07, C-409/07 und C-410/07, Slg. 2010, I-8069, NVwZ 2010, S. 1409 ff., Markus Stoß u.a./.Wetteraukreis sowie Kulpa Automatenservice Asperg-GmbH u.a./.Land Baden-Württemberg; EuGH vom 8.9.2010, Rs. C-46/08, Slg. 2010, I-8149, NVwZ 2010, S. 1422 ff., Carmen Media Group Ltd./.Land Schleswig-Holstein und Innenminister des Landes Schleswig-Holstein.

2 So *Streinz*, JuS 2016, S. 568 ff., 569. Siehe zur Entwicklung der Rspr. auch die Übersichten von *Epiney* in NVwZ 2018, S. 1172 ff., 1180 (Fn. 44), NVwZ 2017, S. 846 ff., 854 f., NVwZ 2016, S. 503 ff., 510, NVwZ 2015, S. 777 ff., 782 f., und NVwZ 2014, S. 1275 ff., 1280.

3 *Streinz*, JuS 2013, S. 275 ff., 276 (zu EuGH vom 12.7.2012, Rs. C 176/11, ECLI:EU:C:2012:454, NVwZ 2012, S. 1165 ff., HIT hoteli, igralnice, turizem dd Nova Gorica, HIT LARIX, prirejanje posebnih iger na srečo in turizem dd./.Bundesminister für Finanzen).

Teil I des Falles liegt die deutsche Konzeption zugrunde, über die der EuGH zu entscheiden hatte. Er stellte fest, dass das Regime für Glücksspiel in Deutschland nicht konsistent genug sei und damit als unverhältnismäßig verworfen werden müsse.

Teil II des Falles betrifft mitgliedstaatliche Regelungen, die das Glückspiel via Internet generell zu unterbinden suchen. Hierin sieht der EuGH ein nachvollziehbares Regelungs- und Schutzkonzept, das er nicht beanstandet hat.

Schließlich wird in Teil III des Falles ein Sonderfall behandelt, in dem ein Mitgliedstaat Werbung für ausländisches Glücksspiel als Straftat ahndet, Werbung für inländisches Glücksspiel hingegen als Ordnungswidrigkeit einstuft. Hier greifen die allgemeinen grundfreiheitlichen Vorgaben für mitgliedstaatliches Handeln, so dass diese Konstellation eher nur der Vollständigkeit halber angefügt wurde.

Insgesamt handelt es sich um eine mittelschwere Aufgabe, die auch für die Bearbeitung im Pflichtfach geeignet ist. Sie enthält keinen prozessualen Teil und kann daher auch von solchen Studierenden bearbeitet werden, die keinen vertieften Einblick in das unionsrechtliche Rechtsschutzsystem gewonnen haben.

Gliederung

144 **Teil I: Mitgliedstaat B**

A. Niederlassungsfreiheit gem. Art. 49 AEUV
- I. Sachlicher Anwendungsbereich der Niederlassungsfreiheit
- II. Persönlicher Anwendungsbereich der Niederlassungsfreiheit
- III. Gewährleistungsinhalt
- IV. Rechtfertigung durch zwingende Erfordernisse des Allgemeininteresses
- V. Verhältnismäßigkeit
  1. Fehlen von Untersuchungen zur Verhältnismäßigkeit
  2. Errichtung eines Monopols als solche
  3. Systematische und kohärente Begrenzung von Glücksspielen
- VI. Ergebnis

B. Dienstleistungsfreiheit gem. Art. 56 AEUV

Teil II: Mitgliedstaat C

A. Sachlicher Anwendungsbereich der Dienstleistungsfreiheit
B. Persönlicher Anwendungsbereich der Dienstleistungsfreiheit
C. Gewährleistungsinhalt
D. Rechtfertigung durch zwingende Erfordernisse des Allgemeininteresses
E. Ergebnis

Teil III: Mitgliedstaat D

A. Diskriminierender Eingriff in die Dienstleistungsfreiheit
B. Keine Rechtfertigung des Eingriffs

Musterlösung

Mit Blick auf die Vereinbarkeit der mitgliedstaatlichen Regelungen mit Unionsrecht ist zwischen den Mitgliedstaaten B, C und D zu differenzieren. **145**

Teil I: Mitgliedstaat B

A. Niederlassungsfreiheit gem. Art. 49 AEUV

In Teil I des Falles kommt eine Verletzung der Niederlassungsfreiheit des X gem. Art. 49 AEUV in Betracht. Dazu müsste dessen Anwendungsbereich betroffen sein, ohne dass eine Rechtfertigung des staatlichen Verhaltens gelingt. **146**

I. Sachlicher Anwendungsbereich der Niederlassungsfreiheit

Der sachliche Anwendungsbereich der Niederlassungsfreiheit setzt voraus, dass eine dauerhafte[4] selbstständige Tätigkeit gegen Entgelt ausgeübt wird. Vorliegend möchte Herr X ein neues Wettbüro in Mitgliedstaat B eröffnen, was für eine dauerhafte Niederlassung ausreicht. **147**

II. Persönlicher Anwendungsbereich der Niederlassungsfreiheit

Da Herr X Staatsangehöriger von Mitgliedstaat A und mit seiner bisherigen Erwerbstätigkeit auch dort ansässig ist, ist auch der persönliche Anwendungsbereich von Art. 49 I 2 AEUV eröffnet. **148**

III. Gewährleistungsinhalt

Weiterhin muss eine staatliche Maßnahme vorliegen, die die Niederlassungsfreiheit beschränkt. Die gesetzlichen Vorschriften, nach denen der Betrieb entsprechender Wettbüros in B den staatlichen Anbietern vorbehalten ist, sind als staatliche Maßnahme anzusehen. **149**

Vom Gewährleistungsinhalt der Niederlassungsfreiheit sind zunächst alle staatlichen Maßnahmen erfasst, die die Ausübung der Freiheit unterbinden, behindern oder weniger attraktiv machen[5]. Darunter fallen neben diskriminierenden Maßnahmen auch bloße

4 Dieses Merkmal lässt sich jedenfalls dann zur Abgrenzung von der Dienstleistungsfreiheit heranziehen, wenn die Betroffenen selbst die Grenze überqueren und eine Niederlassung in einem anderen Mitgliedstaat etablieren wollen. Im konkreten Einzelfall muss die Prüfung unter Berücksichtigung von Dauer, Häufigkeit, regelmäßiger Wiederkehr und Kontinuität der Tätigkeit erfolgen, wobei es keine festen zeitlichen Vorgaben für den Aufenthalt im anderen Mitgliedstaat gibt. Siehe dazu z.B. *Haratsch/Koenig/Pechstein*, Europarecht, Rn. 979, *Kluth*, in Calliess/Ruffert, AEUV, Art. 56, 57, Rn. 15, je m.w.N., sowie BVerfG vom 4.12.2013, 2 BvE 6/13, BVerfGE 134, 239, Rn. 7.

5 Diese Aussage ist Teil der sog. Gebhard-Formel, vgl. *Dittert*, Europarecht, S. 244 und 247. Der EuGH führt wörtlich aus (EuGH vom 3.10.2000, Rs. C-58/98, Slg. 2000, I-7919, NVwZ 2001, S. 182 ff., 184, Rn. 33, Corsten): *„Nach ständiger Rechtsprechung verlangt Art. 59 EGV nicht nur die Beseitigung jeder Diskriminierung des in einem Mitgliedstaat ansässigen Dienstleistenden auf Grund seiner Staatsangehörigkeit, sondern auch die Aufhebung aller Beschränkungen – selbst wenn sie unterschiedslos für inländische Dienstleistende wie für solche aus anderen Mitgliedstaaten gelten –, sofern sie geeignet sind, die Tätigkeiten des Dienstleistenden, der in einem anderen Mitgliedstaat ansässig ist und dort rechtmäßig entsprechende Dienstleistungen erbringt, zu unterbinden, zu behindern oder weniger attraktiv zu machen."*

Beschränkungen[6]. Das Betriebsverbot für Wettbüros nichtstaatlicher Anbieter in B ist für Ausländer nicht offen diskriminierend, da es auch für Inländer gilt. Es verhindert aber, dass ausländische Anbieter Wettbüros in B betreiben können, so dass diese in ihrer Niederlassungsfreiheit beschränkt werden.

Allerdings wird in der Literatur diskutiert, ob angesichts der Weite des Gewährleistungsbereichs eine Einschränkung des Anwendungsbereichs geboten ist, wie sie bei der Warenverkehrsfreiheit durch die Unterscheidung von produktbezogenen Regelungen und Verkaufsmodalitäten nach der sog. „Keck-Formel“ vorgenommen wird[7]. Es wird vorgeschlagen, solche unterschiedslos geltenden Bestimmungen aus dem Anwendungsbereich von Art. 49 AEUV herauszunehmen, die lediglich die Berufsausübung in einem Mitgliedstaat reglementieren. Lediglich Regelungen, die sich bereits auf den Marktzugang beziehen, sollen ohne Einschränkung in den Anwendungsbereich fallen. Der EuGH hat zu dieser Frage bisher nicht abschließend Stellung bezogen[8]. Vorliegend kann sie auch offen bleiben, weil ohnehin eine Regelung vorliegt, die bereits den Zugang zum Markt in B beschränkt und damit vom Gewährleistungsinhalt des Art. 49 AEUV erfasst ist. Denn X wird daran gehindert, sich mit seiner gewerblichen Tätigkeit in B niederzulassen.

IV. Rechtfertigung durch zwingende Erfordernisse des Allgemeininteresses

150 Fraglich ist, ob die Untersagung der Vermittlung von Sportwetten durch zwingende Erfordernisse des Allgemeininteresses gerechtfertigt ist. Der EuGH betont in st. Rspr., dass die Regelung der Glücksspiele zu den Bereichen gehört, in denen beträchtliche sittliche, religiöse und kulturelle Unterschiede zwischen den Mitgliedstaaten bestehen. In Ermangelung einer Harmonisierung dieses Bereichs durch die Union verfügen die Mitgliedstaaten bei der Bestimmung des ihnen am geeignetsten erscheinenden Niveaus des Schutzes der Verbraucher und der Sozialordnung über ein weites Ermessen. Es steht ihnen daher frei, die Ziele ihrer Politik auf dem Gebiet der Glücksspiele festzulegen und gegebenenfalls das angestrebte Schutzniveau genau zu bestimmen. Die von ihnen von gesehenen Beschränkungen müssen jedoch den sich aus der Rspr. des EuGH ergebenden Anforderungen – insbesondere an ihre Rechtfertigung durch zwingende Gründe des Allgemeininteresses und ihre Verhältnismäßigkeit – genügen[9]. Hierbei hat der EuGH anerkannt, dass auf dem Gebiet des Glücksspiels und der Wetten nationale Maßnahmen gerechtfertigt werden können, die darauf abzielen, eine Anregung der Nachfrage zu vermeiden und vielmehr die Ausnutzung der Spielleidenschaft der Men-

6 *Streinz*, Europarecht, Rn. 835.

7 Siehe ausführlich *Streinz*, Europarecht, Rn. 840, und *Dietz/Streinz*, EuR 2015, S. 50 ff., 56 f. m.w.N.

8 Vgl. *Cremer*, JURA 2015, S. 39 ff., 50 f., und *Dietz/Streinz*, EuR 2015, S. 50 ff., 55, je m.w.N. Siehe aber zur Arbeitnehmerfreizügigkeit EuGH vom 15.12.1995, Rs. C-415/93, Slg. 1995, I-4921, NJW 1996, S. 505 ff., 510, Rn. 102, Union royale belge des sociétés de football association u.a./.Bosman u.a.

9 Z.B. EuGH vom 20.12.2017, Rs. C-322/16, ECLI:EU:C:2017:985, EuZW 2018, S. 279 ff. (mit Anm. *Gindler* S. 284 ff.), Rn. 39 f. m.w.N., Global Starnet Ltd./.Ministero dell'Economia e delle Finanze, Amministrazione Autonoma Monopoli di Stato.

schen zu begrenzen[10]. Diesem Ziel dienen erkennbar auch die von Mitgliedstaat B ergriffenen Verbotsmaßnahmen.

V. Verhältnismäßigkeit

Entscheidend ist jedoch, ob die ergriffenen Maßnahmen noch als verhältnismäßig, näm- **151**
lich geeignet und erforderlich, angesehen werden können[11].

1. Fehlen von Untersuchungen zur Verhältnismäßigkeit

Zunächst könnte es unter dem Aspekt der Erforderlichkeit bereits deshalb an der Ver- **152**
hältnismäßigkeit der fraglichen Regelungen des Mitgliedstaats B fehlen, weil er keine Untersuchungen vorlegen kann, die diese belegen. Hierzu hat der EuGH jedoch entschieden, dass die Anforderungen an die Verhältnismäßigkeit mitgliedschaftlicher Maßnahmen überspannt würden, wollte man von diesen in jedem Einzelfall die Untermauerung ihrer Rechtsakte durch umfängliche Vorabuntersuchungen verlangen[12]. Dem ist zuzustimmen, so dass die Verhältnismäßigkeit nicht an diesem Punkt scheitert.

In der Entscheidung DocMorris III hat der EuGH allerdings verschärfte beweisrechtliche Anforderungen an die Rechtfertigung von Beschränkungen der Warenverkehrsfreiheit aus Gründen des Gesundheitsschutzes aufgestellt (s. dazu Fall 2). Sollte er dies auf die Glücksspiel-Rspr. übertragen, wäre der Fall zukünftig ggf. anders zu lösen[13].

2. Errichtung eines Monopols als solche

Fraglich ist weiterhin, ob die Errichtung eines Monopols für die Veranstaltung von **153**
Sportwetten und Glücksspielen generell erforderlich ist, um die genannten Ziele zu erreichen. Dagegen könnte sprechen, dass ein Monopol andere Marktteilnehmer immer vollkommen von dem betreffenden Markt ausschließt und damit eine äußerst einschneidende Maßnahme darstellt.

Der EuGH hat jedoch ausgesprochen, dass es weitgehend dem Gestaltungsspielraum der Mitgliedstaaten überlassen bleibt, ob sie im Dienste eines möglichst restriktiven Schutzkonzepts im Zusammenhang mit den Gefahren des Spiels auch das Mittel des Monopols einsetzen wollten. Allein die Tatsache, dass andere Mitgliedstaaten nicht zu diesem Mittel griffen, hindere einen Mitgliedstaat nicht an einer solchen Entschei-

---

10 EuGH vom 8.9.2010, verb. Rs. C-316/07, C-358/07, C-359/07, C-360/07, C-409/07 und C-410/07, Slg. 2010, I-8069, NVwZ 2010, S. 1409 ff., 1413, Rn. 75 ff., Markus Stoß u.a.

11 Der EuGH scheint zwar grundsätzlich von einer aus dem deutschen Recht bekannten dreistufigen Prüfung (Geeignetheit-Erforderlichkeit-Angemessenheit/Verhältnismäßigkeit im engeren Sinne) auszugehen, spricht die Frage der Angemessenheit in der Praxis aber nur selten an. Siehe dazu *Streinz*, Europarecht, Rn. 870 und 918, *Dittert*, Europarecht, S. 297, je m.w.N., ausführlich *Brigola*, EuZW 2017, S. 406 ff., sowie (für Grundrechtseinschränkungen) *Michl*, EuR 2018, S. 456 ff., 465 ff.

12 EuGH vom 8.9.2010, verb. Rs. C-316/07, C-358/07, C-359/07, C-360/07, C-409/07 und C-410/07, Slg. 2010, I-8069, NVwZ 2010, S. 1409 ff., 1412, Rn. 70 ff., Markus Stoß u.a.

13 Siehe dazu z.B. *Jarass*, NVwZ 2018, S. 1665, ff., *Kubiciel*, NVwZ 2018, 841 ff., *ders.* EuZW 2017, S. 494 ff., und *Rixen*, EuR 2017, S. 744 ff.

dung[14]. Dem ist zu folgen, so dass die Errichtung eines Monopols als solche als erforderlich angesehen werden kann.

3. Systematische und kohärente Begrenzung von Glücksspielen

154 Der Gerichtshof fordert allerdings auch, dass eine Regelung, die zu einem staatlichen Monopol führt, dazu beiträgt, die Wett- und Spieltätigkeit in kohärenter und systematischer Weise zu begrenzen[15]. Dieses Kohärenzgebot ist der Kern der neueren Rspr. zu staatlichen Glücksspielmonopolen[16]. Konkret fordert es, dass der betreffende Mitgliedstaat mit seiner Monopolregelung ein in sich schlüssiges Schutzkonzept verfolgt, dessen Elemente sich nicht gegenseitig konterkarieren und widersprechen. Zwar sei es nicht ausgeschlossen, dass verschiedene Arten des Glücksspiels auch unterschiedlich behandelt würden. Ihre Behandlung dürfe jedoch nicht dazu führen, dass die Schutzrichtung des Monopols als solche beeinträchtigt werde.

Vor diesem Hintergrund stellen sich die Aktivitäten des Mitgliedstaats B als inkohärent und damit unverhältnismäßig dar. Er hat zwar für bestimmte Formen der Wette und des Spiels ein Monopol errichtet. Im Falle nicht monopolisierter Spiele beteiligt er sich aber selbst an deren Ausbreitung und macht aggressiv Werbung, um neue Kundenschichten zu erreichen. Zudem werden immer neue Spielformen entwickelt, wobei der Nutzung des Internets eine tragende Rolle zukommt. Insgesamt erscheint es nicht plausibel, auf der einen Seite den Spieltrieb durch ein staatliches Monopol eindämmen zu wollen, auf der anderen Seite eben diesen Trieb jedoch aktiv zu fördern.

VI. Ergebnis

155 Die Beschränkung der Niederlassungsfreiheit ist unverhältnismäßig und nicht gerechtfertigt. Die Regelung in Mitgliedstaat B zur Monopolisierung der in Rede stehenden Sportwetten verstößt somit gegen die Niederlassungsfreiheit gem. Art. 49 AEUV.

---

14 EuGH vom 8.9.2010, verb. Rs. C-316/07, C-358/07, C-359/07, C-360/07, C-409/07 und C-410/07, Slg. 2010, I-8069, NVwZ 2010, S. 1409 ff., 1413, Rn. 79 ff., Markus Stoß u.a.

15 EuGH vom 8.9.2010, verb. Rs. C-316/07, C-358/07, C-359/07, C-360/07, C-409/07 und C-410/07, Slg. 2010, I-8069, NVwZ 2010, S. 1409 ff., 1415, Rn. 97, Markus Stoß u.a., ebenso BVerwG vom 11.7.2011, 8 C 11/10 (JURIS), Rn. 43 m.w.N.; seitdem st. Rspr., z.B. EuGH vom 19.12.2018, Rs. C-375/17, ECLI:EU:C:2018:1026, Stanley International Betting Ltd, Stanleybet Malta ltd./.Ministero dell'Economia e delle Finanze, Agenzia delle Dogane e dei Monopoli.

16 *Dederer*, EuZW 2010, S. 771 ff., spricht von „Konsistenzgebot"; siehe auch *ders.*, NJW 2010, S. 198 ff. Ausführlich zum Kohärenzgebot siehe zudem *Hartmann*, EuZW 2014, S. 814 ff., *Lippert*, EuR 2012, S. 90 ff.; *Dörr/Urban*, JURA 2011, S. 681 ff., 686 f.; *Pagenkopf*, NVwZ 2011, S. 513 ff.; *Schorkopf*, DÖV 2011, S. 260 ff., sowie BVerwG vom 26.10.2017, 8 C 18/16, BVerwGE 160, 193, NVwZ 2018, S. 895 ff., Rn. 41 m.w.N., BVerwG vom 9.7.2014, 8 C 36/12, NVwZ 2014, S. 1583 ff., BVerwG vom 11.7.2011, 8 C 11/10 (JURIS), BayVGH vom 18.4.2012, 10 BV 10.2273, GewArch 2012, S. 442 ff., und VG Karlsruhe vom 13.9.2012, 3 K 1489/10 (JURIS). Mittlerweile nutzt der EuGH das Kohärenzargument auch bei der Warenverkehrsfreiheit, z.B. EuGH vom 23.12.2015, Rs. C-333/14, ECLI:EU:C:2015:845, NJW 2016, S. 621 ff., Rn. 37 f., Scotch Whisky Association u.a./.The Lord Advocate and The Advocate General for Scotland, mit Anm. *Streinz*, JuS 2016, S. 949 ff., und *Ogorek*, JA 2016, S. 556 ff.

B. Dienstleistungsfreiheit gem. Art. 56 AEUV

Da die Dienstleistungsfreiheit gegenüber der Niederlassungsfreiheit subsidiär ist, **156** kommt sie nur zur Anwendung, wenn neben der Niederlassungstätigkeit noch eine eigenständige weitere Tätigkeit in Rede steht, die nicht als Niederlassung zu werten ist.

Im Urteilsfall Stoß ließ der Gerichtshof offen, ob der zu entscheidende Sachverhalt der Niederlassungs- oder Dienstleistungsfreiheit unterfalle, weil sich dieser in beide Richtungen verstehen ließ[17]. Im vorliegenden Sachverhalt jedoch ist die Expansion des X eindeutig und ausschließlich als Niederlassung anzusehen, so dass die Dienstleistungsfreiheit zurücktreten muss.

Teil II: Mitgliedstaat C

In Teil II des Falles kommt ausschließlich die Dienstleistungsfreiheit des X gem. Art. 56 **157** AEUV in Betracht. Eine Niederlassung in Staat C ist nicht beabsichtigt.

Wegen der Subsidiarität der Dienstleistungsfreiheit ist weiter zu prüfen, ob andere Grundfreiheiten vorrangig anwendbar sind. Mangels grenzüberschreitenden Warenverkehrs ist die Warenverkehrsfreiheit gem. Art. 34 AEUV nicht anwendbar. Allerdings möchte X seine Dienste auf Dauer auch in C anbieten, so dass denkbar wäre, dass es sich um eine Niederlassung i.S.d. Art. 49 AEUV handelt. Grundsätzlich lässt sich das Kriterium der Dauerhaftigkeit jedenfalls dann zur Abgrenzung von der Dienstleistungsfreiheit heranziehen, wenn die Betroffenen selbst die Grenze überqueren und eine Niederlassung in einem anderen Mitgliedstaat etablieren wollen. Im konkreten Einzelfall muss die Prüfung unter Berücksichtigung von Dauer, Häufigkeit, regelmäßiger Wiederkehr und Kontinuität der Tätigkeit erfolgen, wobei es keine festen zeitlichen Vorgaben für den Aufenthalt im anderen Mitgliedstaat gibt[18].

Hier will X seine Leistungen zwar auf Dauer im Staat C anbieten, dies aber über das Internet weiterhin von A aus tut, wo er laut Sachverhalt seinen Sitz hat. Es geht ihm also nicht darum, seinen Firmensitz von A nach C zu verlagern oder (im Gegensatz zu Teil I des Falles) dort ein eigenes Büro o.ä. einzurichten. Beim Anbieten der Leistungen in C, oder genauer: beim Zugänglichmachen der von ihm in A angebotenen Leistungen auch für Internetnutzer im Staat C, überschreiten also nicht der X bzw. dessen Firma, sondern nur die Dienstleistungen die Grenze, indem die über das Internet getätigten Eingaben durch den X in A bearbeitet und die Ergebnisse wiederum über das Internet in C abrufbar sind. Sofern nur die Dienstleistungen die Grenze überschreiten, hat das zeitliche Moment aber keinerlei Bedeutung. Hier kann der Leistungsaustausch auch dauerhaft erfolgen, ohne dass es zu Abgrenzungsproblemen mit

17 EuGH vom 8.9.2010, verb. Rs. C-316/07, C-358/07, C-359/07, C-360/07, C-409/07 und C-410/07, Slg. 2010, I-8069, NVwZ 2010, S. 1409 ff., 1411, Rn 55 ff., Markus Stoß u.a. Auch in den jüngeren Entscheidungen zum Glücksspiel prüft der EuGH die Art. 49 und 56 AEUV oft zusammen, ohne eine genaue Abgrenzung für den konkreten Fall vorzunehmen.

18 Siehe dazu z.B. *Haratsch/Koenig/Pechstein*, Europarecht, Rn. 979, *Kluth,* in Calliess/Ruffert, AEUV, Art. 56, 57, Rn. 15, je m.w.N., sowie BVerfG vom 4.12.2013, 2 BvE 6/13, BVerfGE 134, 239, Rn. 7.

anderen Grundfreiheiten oder sonstigen materiellen Gewährleistungen des Unionsrechts kommt[19]. Daher ist die Niederlassungsfreiheit nicht einschlägig und die Dienstleistungsfreiheit nicht subsidiär.

A. Sachlicher Anwendungsbereich der Dienstleistungsfreiheit

158 Zunächst müsste der sachliche Anwendungsbereich der Dienstleistungsfreiheit gem. Art. 56 AEUV eröffnet sein. Es müsste begrifflich eine Dienstleistung i.S.v. Art. 57 AEUV vorliegen. Danach sind Dienstleistungen Leistungen, die in der Regel gegen Entgelt erbracht werden, soweit sie nicht in den Anwendungsbereich anderer Grundfreiheiten fallen. Die Veranstaltung von Glücksspielen und Sportwetten ist als Dienstleistung in diesem Sinne anzusehen.

Mit Blick auf die Subsidiarität der Dienstleistungsfreiheit ist die Anwendbarkeit anderer Grundfreiheiten zu prüfen. Es wurde bereits ausgeführt, dass X keine Niederlassung in C beabsichtigt. Da andere Grundfreiheiten nicht in Betracht kommen, ist die Dienstleistungsfreiheit hier nicht subsidiär[20].

B. Persönlicher Anwendungsbereich der Dienstleistungsfreiheit

159 Herr X ist ausweislich des Sachverhalts Angehöriger eines Mitgliedstaats und dort auch ansässig. Da somit die Voraussetzungen des Art. 56 AEUV vorliegen, kann er sich persönlich auf die Dienstleistungsfreiheit berufen.

C. Gewährleistungsinhalt

160 Weiterhin muss eine staatliche Maßnahme vorliegen, die die Dienstleistungsfreiheit beschränkt. Das Verbot des Glücksspiels im Internet per Gesetz ist als staatliche Maßnahme anzusehen.

Vom Gewährleistungsinhalt der Dienstleistungsfreiheit sind zunächst alle staatlichen Maßnahmen erfasst, die die Ausübung der Freiheit unterbinden, behindern oder weniger attraktiv machen[21]. Darunter fallen neben diskriminierenden Maßnahmen auch bloße Beschränkungen[22]. Das Verbot des Glücksspiels und der Sportwetten über das Internet ist eine nicht offen diskriminierende Beschränkung grenzüberschreitender Wirtschaftstätigkeit, weil Ausländer wie Inländer davon betroffen sind. Dies reicht aus, um eine Beschränkung der Dienstleistungsfreiheit zu bejahen[23].

---

19 *Haratsch/Koenig/Pechstein*, Europarecht, Rn. 1026.

20 Hierzu auch das Urteil im Ausgangsfall, EuGH vom 8.9.2009, Rs. C-42/07, Slg. 2009, I-7633, EuZW 2009, S. 689 ff., 690, Rn. 45 ff., Liga Portuguesa de Futebol Profissional und Bwin International Ltd (vormals Baw International Ltd)./.Departamento de Jogos da Santa Casa da Misericórdia de Lisboa.

21 *Dittert*, Europarecht, S. 257 m.w.N. Diese Aussage ist Teil der sog. Gebhard-Formel. Siehe dazu oben bei Rn. 149.

22 *Streinz*, Europarecht, Rn. 833.

23 Zur möglichen Einschränkung des Anwendungsbereichs siehe oben Rn. 149.

D. Rechtfertigung durch zwingende Erfordernisse des Allgemeininteresses

Es ist nach einer Rechtfertigung der staatlichen Maßnahme zu suchen. Hier kommt eine Rechtfertigung durch zwingende Erfordernisse in Betracht. Als anerkennenswertes Interesse ist die Eindämmung der Gefahren des Glücksspiels und der Wette anzusehen[24]. Zu diesem Zweck muss das Verbot des Glücksspiels und der Sportwetten im Internet verhältnismäßig, d.h. geeignet und angemessen sein. **161**

An der Geeignetheit bestehen insoweit keine Zweifel, als das gänzliche Verbot des Internetspiels die Gefahren dieser Spielformen auch wirksam eindämmen kann. Mit Blick auf die Erforderlichkeit ist indes zu fragen, ob mildere, gleich wirksame Mittel zur Verfügung stehen, um die Ziele von C zu erreichen. Hierzu hat der Gerichtshof zu Recht ausgeführt, dass wegen des fehlenden unmittelbaren Kontakts zwischen Verbraucher und Anbieter für ersteren noch größere Gefahren bestehen, als dies im Glücksspielsektor ohnehin der Fall ist. Vor diesem Hintergrund wird auch ein gänzliches Verbot solcher Spiele noch als erforderlich angesehen[25]. Auch das Kohärenzgebot (s.o. Rn. 154) steht hier nicht entgegen, weil das gänzliche Verbot in sich schlüssig und kohärent ist.

E. Ergebnis

Das gänzliche Verbot des Glücksspiels und der Sportwetten im Internet durch Mitgliedstaat C ist mit der Dienstleistungsfreiheit gem. Art. 56 AEUV vereinbar. **162**

Teil III: Mitgliedstaat D

A. Diskriminierender Eingriff in die Dienstleistungsfreiheit

Schließlich ist noch zu prüfen, ob das in Teil III des Falles angesprochene Werbeverbot für Glücksspiele mit den Grundfreiheiten des X vereinbar ist. In Betracht kommt wieder nur die Dienstleistungsfreiheit gem. Art. 56 AEUV, da die Werbung als Dienstleistung zu qualifizieren ist. **163**

Sachlicher und persönlicher Anwendungsbereich sind eröffnet. Hier liegt aber anders als in den vorangegangenen Fällen eine offene Diskriminierung ausländischer Glücksspielanbieter vor. Die Werbung für ihre Tätigkeit wird unter Strafe gestellt, während die Werbung für inländisches Glücksspiel nur eine Ordnungswidrigkeit darstellt.

---

24 Dazu EuGH vom 3.6.2010, Rs. C-203/08, Slg. 2010, I-4695, EuZW 2010, S. 503 ff., 504, Rn. 30, Sporting Exchange.

25 EuGH vom 3.6.2010, Rs. C-203/08, Slg. 2010, I-4695, EuZW 2010, S. 503 ff., 504, Rn. 36, Sporting Exchange.

B. Keine Rechtfertigung des Eingriffs

164 Eine derartige offene Ungleichbehandlung kann nicht aus Gründen des Allgemeininteresses gerechtfertigt werden[26]. Auch ein Abstellen auf die in Art. 52 I AEUV genannten Ausnahmen kommt nicht in Betracht, weil kein Grund dafür ersichtlich ist, warum die Werbung für ausländisches Glücksspiel größere Gefahren als diejenige für inländisches Glücksspiel bergen sollte.

Im Ergebnis ist damit das strengere Werbeverbot für ausländische Glücksspielanbieter als Verstoß gegen die Dienstleistungsfreiheit gem. Art. 56 AEUV anzusehen.

Wiederholung und Vertiefung

I. Weiterführende Hinweise

165 EuGH vom 8.9.2010, verb. Rs. C-316/07, C-358/07, C-359/07, C-360/07, C-409/07 und C-410/07, Slg. 2010, I-8069, NVwZ 2010, S. 1409 ff., Markus Stoß u.a./.Wetteraukreis sowie Kulpa Automatenservice Asperg-GmbH u.a./.Land Baden-Württemberg.

EuGH vom 8.7.2010, verb. Rs. C-447/08 und C-448/08, Slg. 2010, I-6921, EuZW 2010, S. 668 ff., Strafverfahren gegen Otto Sjöberg und Anders Gerdin.

EuGH vom 3.6.2010, Rs. C-203/08, Slg. 2010, I-4695, NVwZ 2010, S. 1085 ff., JuS 2010, S. 1123 ff., Sporting Exchange Ltd (Inhaberin der Firma „Betfair").⁄.Minister van Justitie.

EuGH vom 8.9.2009, Rs. C-42/07, Slg. 2009, I-7633, EuZW 2009, S. 689 ff., Liga Portuguesa de Futebol Profissional und Bwin International Ltd (vormals Baw International Ltd)./.Departamento de Jogos da Santa Casa da Misericórdia de Lisboa.

BVerwG vom 11.7.2011, 8 C 11/10 (JURIS).

VG Karlsruhe vom 13.9.2012, 3 K 1489/10 (JURIS).

Cremer, Wolfram: Die Grundfreiheiten des Europäischen Unionsrechts, JURA 2015, S. 39 ff.

Dederer, Hans-Georg: Konsistente Glücksspielregulierung – Eckpunkte aus den Sportwetten-Urteilen des EuGH vom 8.9.2010, EuZW 2010, S. 771 ff.

Dietz, Sara/Streinz, Thomas: Das Marktzugangskriterium in der Dogmatik der Grundfreiheiten, EuR 2015, S. 50 ff.

Dörr, Oliver/Urban, Jan Christian: Leben Totgesagte länger? – Die EuGH-Rechtsprechung zum Glücksspielrecht und die Folgen für das deutsche Sportwettenmonopol, JURA 2011, S. 681 ff.

Jukić, Anton: „Winterfreuden?", JA 2018, 761 ff.

Krimphove, Dieter: Keine effiziente „Öffnung" staatlicher Glücksspielmonopole durch intransparente und diskriminierende nationale Erlaubniserteilungsverfahren an Private, EuR 2016, S. 313 ff.

26 EuGH vom 8.7.2010, verb. Rs. C-447/08 und 448/08, Slg. 2010, I-6921, EuZW 2010, S. 668 ff., 670, Rn. 57, Otto Sjöberg und Anders Gerdin.

Lippert, André: Das Kohärenzerfordernis des EuGH, EuR 2012, S. 90 ff.

Sauer, Heiko: Die Grundfreiheiten des Unionsrechts - Eine Handreichung für die Fallbearbeitung, JuS 2017, S. 310 ff.

Streinz, Rudolf: Europarecht: Dienstleistungsfreiheit – Verbot von Glücksspielangeboten im Inland durch Anbieter im Ausland (EuGH vom 8.9.2009, Rs. C-42/07 [Liga Portuguesa de Futebol Profissional und Bwin International./.Departamento de Jogos da Santa Casa da Misericórdia de Lisboa]), JuS 2009, S. 460 ff.

Fall 5

Wanderarbeitnehmer mit Problemen

Pflichtfach/Schwerpunktbereich, Schwierigkeitsgrad: mittel/hoch

166 **Teil I**

Herr S ist Angehöriger der deutsch sprechenden Volksgruppe in Südtirol, die u.a. das Privileg genießt, ihre Sprache als Minderheitensprache vor den regionalen italienischen Gerichten benutzen zu dürfen. Nach der *maturità* (entspricht dem deutschen Abitur) möchte S gerne ins deutschsprachige Ausland und erhält einen Studienplatz für Betriebswirtschaftslehre an der Universität Salzburg (Österreich). Im Laufe des Studiums belegt er dort auch Italienischkurse, um für seine spätere berufliche Tätigkeit in Italien gerüstet zu sein. Er geht während seiner Schulzeit in Italien und auch während seines Studiums in Österreich zu keiner Zeit einer selbstständigen oder unselbstständigen Beschäftigung nach.

Gegen Ende des Studiums bewirbt sich S bei der in Bozen (Südtirol) ansässigen Privatbank B. Diese ist an seiner Bewerbung durchaus interessiert, möchte aber nur Mitarbeiter mit ausreichenden Sprachkenntnissen. Daher verlangt sie als Einstellungsvoraussetzung die Vorlage einer von der öffentlichen Verwaltung in Bozen ausgestellten Bescheinigung über die Beherrschung der Zweisprachigkeit. Diese Bescheinigung wird auf der Grundlage einer Prüfung erteilt, die aus einem schriftlichen und einem mündlichen Teil besteht. Bei beiden Prüfungsteilen, die im Abstand von einem Monat abgenommen werden, müssen die Kandidaten persönlich in Bozen erscheinen.

S hält dies für unionsrechtswidrig. Aufgrund des Nachweiserfordernisses sei es Bewerbern, die nicht in Bozen und Umgebung wohnten, nahezu unmöglich, die Stelle bei der B zu erlangen.

Verstößt die Einstellungspraxis der Bank B gegen Art. 45 AEUV? Die im Sachverhalt aufgeworfenen Fragen sind (ggf. hilfsgutachtlich) zu prüfen.

Teil II

S, der von den Vorgängen in seiner Heimat genervt ist und kein Interesse an einem jahrelangen Rechtsstreit mit der Bank B hat, beschließt, in Österreich zu bleiben. Nachdem es bei der Jobsuche zunächst nicht richtig klappt, beginnt er, in Salzburg als selbstständiger Vermögensberater zu arbeiten. Etwas später findet er dann doch noch eine Teilzeitstelle bei einer Bank im benachbarten bayerischen Berchtesgaden. S, der inzwischen seine österreichische Freundin geheiratet hat und mit ihr zusammengezogen ist, bleibt aber in Salzburg wohnen und übt dort auch weiterhin seine Tätigkeit als Vermögensberater aus. Dadurch erzielt er Einkünfte, die ungefähr so hoch sind wie die aus seiner Arbeit für die Bank. Letztere gelten nach dem deutschen Steuerrecht als beschränkt steuerpflichtige Einkünfte im Sinne von § 49 I Nr. 4 a) Einkommensteuergesetz (EStG), die Deutschland nach dem zwischen Deutschland und Österreich bestehenden Doppelbesteuerungsabkommen auch besteuern darf. Als S seinen ersten deutschen Einkommensteuerbescheid bekommt, ist er empört. Bei seinen deutschen Einkünften hatte das Finanzamt weder den Splitting-Tarif für Ehegatten noch Sonderausgaben berücksichtigt, so dass er netto erheblich weniger herausbekommt als bei den österreichischen Einkünften, bei denen ein solcher Abzug möglich ist.

S, der sich durch diese Regelungen ungerecht behandelt fühlt, zweifelt nun endgültig an der europäischen Gerechtigkeit. Auf seinen Einspruch teilt ihm das deutsche Finanzamt – zutreffend – mit, dass es sich bei der Einkommensteuer um eine so genannte „direkte" Steuer handele. Für direkte Steuern sei die Union aber gar nicht zuständig, so dass hier auch das Europarecht nicht anwendbar sei. Im Übrigen liege der Grund für die unterschiedliche Behandlung in der Differenzierung zwischen unbeschränkter und beschränkter Steuerpflicht. Die unbeschränkte Steuerpflicht gelte gemäß § 1 I 1 EStG im Wohnsitzstaat und ermögliche die Berücksichtigung persönlicher Verhältnisse. Im Rahmen der beschränkten Steuerpflicht nach § 1 IV EStG sei hingegen nur eine beschränkte Berücksichtigung der Einkünfte von Nichtansässigen möglich, im Gegenzug unterbleibe aber auch eine Berücksichtigung persönlicher Verhältnisse.

Verstößt die deutsche Besteuerung des S, die zwischen beschränkter und unbeschränkter Steuerpflicht differenziert, gegen Art. 45 AEUV? Steuerrechtliche Kenntnisse und Einzelheiten sind nicht erforderlich. Gehen Sie davon aus, dass die Besteuerung der deutschen Einkünfte nach dem Doppelbesteuerungsabkommen zwischen Deutschland und Österreich rechtmäßig ist und dass im Bereich der Einkommensteuer keine entsprechende Harmonisierungsmaßnahme besteht.

Einkommensteuergesetz (EStG) Deutschland – Auszug:

I. Steuerpflicht

§ 1 Steuerpflicht

(1) Natürliche Personen, die im Inland einen Wohnsitz oder ihren gewöhnlichen Aufenthalt haben, sind unbeschränkt einkommensteuerpflichtig. [...]

(4) Natürliche Personen, die im Inland weder einen Wohnsitz noch ihren gewöhnlichen Aufenthalt haben, sind vorbehaltlich der Absätze 2 und 3 und des § 1a beschränkt einkommensteuerpflichtig, wenn sie inländische Einkünfte im Sinne des § 49 haben.

VIII. Besteuerung beschränkt Steuerpflichtiger

§ 49 Beschränkt steuerpflichtige Einkünfte

(1) Inländische Einkünfte im Sinne der beschränkten Einkommensteuerpflicht (§ 1 Abs. 4) sind [...]

4. Einkünfte aus nichtselbstständiger Arbeit (§ 19), die

a) im Inland ausgeübt oder verwertet wird oder worden ist, [...]

Vorüberlegungen

167 Die Klausur behandelt die Grundfreiheit der Arbeitnehmerfreizügigkeit des Art. 45 AEUV im Arbeits- und Steuerrecht. Die arbeitsrechtliche Konstellation im Teil I ist dem Angonese-Urteil des EuGH[1] nachgebildet. Der steuerrechtliche Teil II lehnt sich an die Entscheidung im Fall Schumacker an[2], weist allerdings einen wesentlichen Unterschied zum Original auf.

Beide Teile bieten Gelegenheit zu einer schulmäßigen Prüfung der Arbeitnehmerfreizügigkeit. Es handelt sich jeweils um rein materiellrechtliche Fragestellungen. Da ausdrücklich nur nach einem Verstoß gegen Art. 45 AEUV gefragt ist, kommt es auf sekundäres Unionsrecht nicht an[3]. Bei Teil I stellt sich zunächst die Grundfrage nach der Arbeitnehmereigenschaft des S, weil dieser bisher nur Schüler und Student war. Außerdem ist hier herauszuarbeiten, dass die Beeinträchtigung nicht von einer staatlichen Stelle, sondern von einer privaten Bank ausgeht. Zu prüfen ist daher, wie weit die Freizügigkeit auch Drittwirkung in den Rechtsbeziehungen zwischen Privaten entfaltet. Hierzu werden unterschiedliche Ansichten vertreten, so dass auf den Streit einzugehen ist. Bejaht man auf der Basis der EuGH-Rechtsprechung in Sachen Bosman[4] und insbesondere nach „Angonese" die Drittwirkung auch für den vorliegenden Fall, so stellen sich anschließend die Fragen nach der Art der Beeinträchtigung und nach möglichen Rechtfertigungsgründen. Eine unmittelbare Diskriminierung ist zu verneinen, weil die Bank nicht an die Staatsangehörigkeit, sondern an die Sprachkenntnisse anknüpft. Während ein solches Anliegen der Bank grundsätzlich nicht zu beanstanden ist, sprechen die konkreten Anforderungen an den Sprachnachweis für eine mittelbare Diskriminierung, die kaum zu rechtfertigen sein dürfte.

1 EuGH vom 6.6.2000, Rs. C-281/98, Slg. 2000, I-4139, EuZW 2000, S. 468 ff., Roman Angonese./.Cassa di Risparmio di Bolzano SpA, dazu *Ludwigs/Weidermann*, JURA 2014, S. 152 ff., 157 f.

2 EuGH vom 14.2.1995, Rs. C-279/93, Slg. 1995, I-225, NJW 1995, S. 1207 ff., Finanzamt Köln Altstadt./.Roland Schumacker.

3 Grundsätzlich ist die Arbeitnehmerfreizügigkeit aus Art. 45 AEUV nur dann unmittelbar als Prüfungsmaßstab anwendbar, wenn keine speziellere Norm des Sekundärrechts eingreift, die den Sachverhalt regelt. In erster Linie wäre hier an Art. 7 Abs. 4 der VO (EU) Nr. 492/2011 des Europäischen Parlaments und des Rates vom 5. April 2011 über die Freizügigkeit der Arbeitnehmer innerhalb der Union (ABl. 2011 Nr. L 141/1, zuletzt geändert durch VO (EU) 2016/589 des Europäischen Parlaments und des Rates vom 13.4.2016 (ABl. 2016 Nr. L 107/1)) zu denken, die im Juni 2011 die VO (EWG) Nr. 1612/68 des Rates vom 15.10.1968 über die Freizügigkeit der Arbeitnehmer innerhalb der Gemeinschaft (ABl. 1968 Nr. L 257/2) abgelöst hat. Danach sind alle Bestimmungen in Tarif- oder Einzelarbeitsverträgen oder sonstigen Kollektivvereinbarungen betreffend Zugang zur Beschäftigung, Beschäftigung, Entlohnung und alle übrigen Arbeits- und Kündigungsbedingungen von Rechts wegen nichtig, soweit sie für Arbeitnehmer, die Staatsangehörige anderer Mitgliedstaaten sind, diskriminierende Bedingungen vorsehen oder zulassen. Im Fall „Angonese" hatte die Anordnung der Sprachprüfung keine tarif- oder kollektivrechtliche Grundlage, so dass der dem Art. 7 Abs. 4 VO (EU) 492/2011 entsprechende Art. 7 Abs. 4 VO (EWG) 1612/68 nicht einschlägig war (siehe EuGH vom 6.6.2000, Rs. C-281/98, Slg. 2000, I-4139, EuZW 2000, S. 468 ff., 469, Rn. 21 ff., Angonese).

4 EuGH vom 15.12.1995, Rs. C-415/93, Slg. 1995, I-4921, NJW 1996, S. 505 ff., Union royale belge des sociétés de football association u.a./Bosman, dazu *Streinz*, Europarecht, Rn. 828/934 (Fall 37 mit Lösung).

Bei Teil II wirft der Arbeitnehmerstatus des S keine besonderen Probleme auf, da S inzwischen berufstätig ist. Dieser Teil der Klausur betrifft die Anwendung der Arbeitnehmerfreizügigkeit im Steuerrecht, konkret bei der Einkommensteuer. Der Bearbeiterhinweis verdeutlicht allerdings, dass keine besonderen steuerrechtlichen Kenntnisse erwartet werden und demzufolge auch nicht notwendig sind. Hinzu kommt, dass der Sachverhalt ausdrücklich darauf hinweist, dass es sich bei der Einkommensteuer um eine so genannte „direkte" Steuer handelt. Daraus ergibt sich die Frage nach den Kompetenzen der EU im Bereich der Steuern. Gemäß Art. 113 AEUV besteht nur für die indirekten Steuern (insbes. die Umsatzsteuern) ein Harmonisierungsauftrag. Gleichwohl verlangt der EuGH in st. Rspr., dass die Mitgliedstaaten ihre Befugnisse im Bereich der direkten Steuern unter Wahrung des Unionsrechts ausüben müssen[5]. Das erlaubt demzufolge auch die Anwendung des Art. 45 AEUV. Die mögliche Beeinträchtigung der Freizügigkeit ergibt sich hier daraus, dass bestimmte Steuervergünstigungen in Deutschland grundsätzlich nur Gebietsansässigen gewährt werden, wodurch sich eine Ungleichbehandlung ergibt. Im Rahmen der Prüfung des Art. 45 AEUV ist allerdings zu beachten, dass nach dem vorliegenden Sachverhalt ein gewichtiger Unterschied zum Originalfall in Sachen Schumacker besteht: Während dort praktisch alle Einkünfte im Nicht-Wohnsitzstaat erzielt wurden, verteilen sie sich hier jeweils zur Hälfte auf Deutschland und Österreich. Da der EuGH grundsätzlich eine Unterscheidung zwischen Gebietsfremden zulässt, die nur dann als Diskriminierung anzusehen ist, wenn die Einnahmen praktisch nur in dem einen Staat erzielt werden, liegt hier schon keine Ungleichbehandlung vor, so dass die Besteuerung nicht gegen Art. 45 AEUV verstößt.

Obwohl der Fall keine prozessuale Einkleidung besitzt, stellt er mittlere bis hohe Anforderungen an die Bearbeiter. Dies hat unter anderem mit dem im zweiten Teil angesprochenen Steuerrecht zu tun. Gleichwohl kann die Klausur sowohl im Pflichtfach als auch im Schwerpunktbereich als Examensleistung verlangt werden.

---

5 St. Rspr., z.B. ausdrücklich EuGH vom 19.12.2018, Rs. C-667/17, ECLI:EU:C:2018:1036 (JURIS), Rn. 15 m.w.N., Francesca Cadeddu./.Agenzia delle Entrate – Direzione provinciale di Cagliari u.a.

Gliederung

168 **Teil I**

A. Arbeitnehmerfreizügigkeit aus Art. 45 AEUV

I. Persönlicher Anwendungsbereich des Art. 45 AEUV

II. Sachlicher Anwendungsbereich

III. Verstoß gegen Arbeitnehmerfreizügigkeit

1. Drittwirkung
2. Diskriminierungsverbot, Art. 45 II AEUV
   a) Unmittelbare Diskriminierung
   b) Mittelbare Diskriminierung
      aa) Sprachkenntnisse
      bb) Nachweis in bzw. aus Bozen
3. Allgemeines Beschränkungsverbot, Art. 45 II AEUV

IV. Rechtfertigung

1. Schranken gemäß Art. 45 III AEUV
2. Gemeinwohlvorbehalt

B. Ergebnis

Teil II

A. Arbeitnehmerfreizügigkeit aus Art. 45 AEUV

I. Persönlicher Anwendungsbereich des Art. 45 AEUV

II. Sachlicher Anwendungsbereich

III. Verstoß gegen Arbeitnehmerfreizügigkeit

1. Anwendbarkeit von Art. 45 AEUV bei direkten Steuern
2. Unmittelbare Diskriminierung
3. Mittelbare Diskriminierung
   a) Grundregel: Unterschied zwischen Gebietsfremden und Gebietsansässigen
   b) Ausnahme nach Anteilen des Einkommens
   c) Einkommensverteilung im konkreten Fall
4. Allgemeines Beschränkungsverbot, Art. 45 II AEUV

B. Ergebnis

Musterlösung

Teil I

Zu prüfen ist, ob das Verlangen der Bank gegen die Arbeitnehmerfreizügigkeit des Art. 45 AEUV verstößt. **169**

Ausführungen zu sekundärem oder sonstigen Unionsrecht (siehe dazu Fall 7) sind hier wegen der eindeutigen Fragestellung nicht erforderlich.

Dazu müsste Art. 45 AEUV anwendbar und die Arbeitnehmerfreizügigkeit auch im Verhältnis zwischen S und B (also mit unmittelbarer Drittwirkung zwischen Privaten) zu beachten sein, und das Verlangen der B müsste eine ungerechtfertigte Diskriminierung aufgrund der Staatsangehörigkeit darstellen.

A. Arbeitnehmerfreizügigkeit aus Art. 45 AEUV

Gemäß Art. 45 I AEUV ist innerhalb der Union die Freizügigkeit der Arbeitnehmer gewährleistet. Diese umfasst die Abschaffung jeder auf der Staatsangehörigkeit beruhenden unterschiedlichen Behandlung der Arbeitnehmer der Mitgliedstaaten in Bezug auf Beschäftigung, Entlohnung und sonstige Arbeitsbedingungen (Art. 45 II AEUV). **170**

I. Persönlicher Anwendungsbereich des Art. 45 AEUV

Der persönliche Anwendungsbereich des Art. 45 AEUV umfasst nach der st. Rspr. des EuGH u.a. Arbeitnehmer mit Staatsangehörigkeit eines Mitgliedstaates[6]. S ist als Südtiroler italienischer Staatsbürger (Mitgliedstaat, Art. 52 I EUV). Fraglich ist allerdings, ob er auch „Arbeitnehmer" i.S.d. Art. 45 AEUV ist. Das könnte hier zweifelhaft sein, weil er derzeit noch studiert und bisher nur Schüler und Student war, aber nie eine selbstständige oder unselbstständige Arbeit hatte. Andererseits gehört die verlangte Bescheinigung zu seiner Bewerbung um die Stelle bei einer Bank. **171**

Der unionsrechtliche Arbeitnehmerbegriff des Art. 45 AEUV ist weit auszulegen[7]. Entscheidend ist, dass der Arbeitnehmer in einem Arbeitsverhältnis tätig ist. Dafür sind grds. drei Merkmale wesentlich: Der Arbeitnehmer erbringt Leistungen von einem gewissen wirtschaftlichen Wert für einen anderen, untersteht dabei dessen Weisungen und erhält als Gegenleistung eine Vergütung[8]. S als Student erbringt keine Arbeits- oder Dienstleistungen für einen anderen, sondern nur eigene Studienleistungen. Außerdem erhält er dafür keine Vergütung. Demgegenüber stellt die angestrebte Tätigkeit bei der Bank B unproblematisch eine Tätigkeit als Arbeitnehmer dar.

6 *Brechmann*, in: Calliess/Ruffert, AEUV, Art. 45, Rn. 11.

7 Vgl. *Brechmann*, in: Calliess/Ruffert, AEUV, Art. 45, Rn. 11, und *Streinz*, Europarecht, Rn. 935 (Lösung Fall 45).

8 Vgl. *Dittert*, Europarecht, S. 227; *Brechmann*, in: Calliess/Ruffert, AEUV, Art. 45, Rn. 12 ff., und *Streinz*, Europarecht, Rn. 935 (Lösung Fall 45).

172 Stellt man somit formal auf den derzeitigen Status des S als Student ab, dürfte er nicht als Arbeitnehmer anzusehen sein[9]. Vorzugswürdig erscheint i.S.d. „effet utile" der Arbeitnehmerfreizügigkeit aber eine Betrachtungsweise, die die Bewerbersituation des S berücksichtigt. Dafür spricht zumindest, dass Art. 45 III lit. a) AEUV ausdrücklich das Recht gibt, sich um tatsächlich angebotene Stellen zu bewerben[10]. Das ließe sich zwar auch dahingehend verstehen, dass nur Personen gemeint sein sollen, die sich aus einer Arbeitnehmerposition heraus bewerben, doch vom Wortlaut her ist das nicht zwingend. Außerdem würde ansonsten die erste Anstellung praktisch aus dem Schutzbereich herausfallen, was vom Sinn und Zweck des Art. 45 AEUV her nicht gemeint sein kann, zumal es im Interesse des gemeinsamen Marktes liegt, dass sich gerade Berufsanfänger auch im europäischen Ausland bewerben (können). Daher erscheint es sachgerecht, mit der geforderten weiten Auslegung des Arbeitnehmerbegriffs jedenfalls auch Teilnehmern eines konkreten Bewerbungsverfahrens die Rechte aus Art. 45 AEUV zu gewähren.

Der persönliche Anwendungsbereich des Art. 45 AEUV ist daher gegeben[11].

Wer den Anwendungsbereich des Art. 45 AEUV unter Hinweis auf die fehlende Arbeitnehmereigenschaft des S verneint, muss ab hier mit einem Hilfsgutachten weitermachen.

II. Sachlicher Anwendungsbereich

173 Nach st. Rspr. des EuGH sind die Vorschriften über die Freizügigkeit nicht auf Sachverhalte anwendbar, die sich ausschließlich innerhalb eines Mitgliedstaats abspielen und dessen Merkmale mit keinem Element über die Grenzen eines Mitgliedstaats hinausweisen; es bedarf vielmehr eines grenzüberschreitenden Sachverhalts[12]. S ist italienischer Staatsbürger, der sich gegen die Bewerbungsanforderungen einer italienischen Bank wehrt, so dass es sich hier um ein rein inneritalienisches Problem handeln könnte. Dagegen spricht jedoch, dass S derzeit in Salzburg studiert, der fragliche Sprachnachweis nach den Vorgaben der B aber nur in Italien bei der Verwaltung in Bozen erworben werden kann. Dazu müsste S zunächst zur schriftlichen und einen Monat darauf zur mündlichen Prüfung persönlich in Bozen erscheinen. Da das von Österreich aus nicht ohne eine Reise nach Italien zu bewerkstelligen ist, weist der Fall einen ausreichenden grenzüberschreitenden Bezug auf[13].

9 *Dittert*, Europarecht, S. 227; zu Ansprüchen der Studenten aus Art. 45 AEUV siehe *Brechmann*, in: Calliess/Ruffert, AEUV, Art. 45, Rn. 23.

10 Siehe dazu *Brechmann*, in: Calliess/Ruffert, AEUV, Art. 45, Rn. 84.

11 Der EuGH hat die Studenten-Problematik in seiner „Angonese"-Entscheidung überhaupt nicht angesprochen, sondern einfach Art. 39 EG (= Art. 45 AEUV) angewandt (EuGH vom 6.6.2000, Rs. C-281/98, Slg. 2000, I-4139, EuZW 2000, S. 468 ff., 469 ff., Rn. 28 ff., 36 ff., Angonese).

12 *Brechmann*, in: Calliess/Ruffert, AEUV, Art. 45, Rn. 41 ff. und EuGH vom 15.12.1995, Rs. C-415/93, Slg. 1995, I-4921, NJW 1996, S. 505 ff., 509, Rn. 89, Bosman.

13 Lt. EuGH (EuGH vom 6.6.2000, Rs. C-281/98, Slg. 2000, I-4139, EuZW 2000, S. 468 ff., 469, Rn. 19) fehlte es im Fall Angonese „nicht offensichtlich" an einem Zusammenhang zwischen der mit dem Vorlagebeschluss erbetenen Auslegung des (damaligen) Gemeinschaftsrechts und der Realität bzw. dem Gegenstand des Ausgangsverfahrens. Kritisch dazu *Streinz/Leible*, EuZW 2000, 460 und *Leible*, JA 2000, S. 831.

S bewirbt sich bei einer privaten Bank, so dass die Bereichsausnahme[14] für die öffentliche Verwaltung gem. Art. 45 IV AEUV nicht eingreift[15].

Damit ist auch der sachliche Anwendungsbereich des Art. 45 AEUV gegeben.

III. Verstoß gegen Arbeitnehmerfreizügigkeit

Zu prüfen ist, ob der Umstand, dass S seine Sprachkenntnisse auf Verlangen der Bank **174** nur durch eine in Bozen ausgestellte Bescheinigung nachweisen kann, den S in seiner Freizügigkeit beschränkt.

1. Drittwirkung

Das Sprachzeugnis wird zwar von der Verwaltung in Bozen, also einer staatlichen **175** Behörde, ausgestellt, der Grund, warum S das Zeugnis benötigt, liegt aber im entsprechenden Verlangen der Bank, also einer privaten Stelle.

Grundsätzlich schützt die Arbeitnehmerfreizügigkeit vor staatlichen Hoheitsakten[16]. Fraglich ist daher, ob sie auch Drittwirkung in den Rechtsbeziehungen zwischen Privaten entfaltet.

Der EuGH hat bereits 1974 entschieden, dass das Verbot jeglicher auf der Staatsangehörigkeit beruhenden unterschiedlicher Behandlung nicht nur für Akte der staatlichen Behörden gilt, sondern sich auch auf sonstige Maßnahmen erstreckt, die eine kollektive Regelung im Arbeits- und Dienstleistungsbereich enthalten[17], und damit die Drittwirkung grundsätzlich bejaht. Zur Begründung verwies er darauf, dass die Beseitigung der Hindernisse für den freien Personen- und Dienstleistungsverkehr und damit für eines der wesentlichen Ziele der Gemeinschaft gefährdet wäre, wenn die Beseitigung der staatlichen Schranken dadurch in ihren Wirkungen wieder aufgehoben würde, dass privatrechtliche Vereinigungen oder Einrichtungen kraft ihrer rechtlichen Autonomie derartige Hindernisse aufrichteten. Da die Arbeitsbedingungen je nach Mitgliedstaat einer Regelung durch Gesetze und Verordnungen oder durch Verträge und sonstige Rechtsgeschäfte, die von Privatpersonen geschlossen oder vorgenommen werden, unterliegen, bestünde bei einer Beschränkung auf staatliche Maßnahmen die Gefahr, dass das fragliche Verbot nicht einheitlich angewandt würde. Im vorliegenden Fall beruht die Anweisung, das Sprachzeugnis vorzulegen, aber offenbar nicht auf einer solchen kollektiven Regelung.

Mit den Urteilen Bosman und Angonese hat der EuGH den Anwendungsbereich der **176** Drittwirkung gegenüber Privaten erweitert und sich dabei insbesondere von den folgenden Argumenten leiten lassen[18]:

---

14 Siehe dazu *Brechmann*, in: Calliess/Ruffert, AEUV, Art. 45, Rn. 103 ff.; *Dittert*, Europarecht, S. 238 ff., und *Streinz*, Europarecht, Rn. 932, sowie zur EuGH-Rspr. *Streinz*, JuS 2015, S. 469 ff., und *Epiney*, NVwZ 2015, S. 777 ff., 780.

15 *Loibl*, Europarecht – Das Skriptum, S. 97, prüft das erst als Rechtfertigungsgrund.

16 Vgl. *Brechmann*, in: Calliess/Ruffert, AEUV, Art. 45, Rn. 53.

17 EuGH vom 12.12.1974, Rs. 36/74, Slg. 1974, 1405, NJW 1975, S. 1093 ff., 1093 (LS), 1094, Walrave und Koch./.UCI.

18 EuGH vom 6.6.2000, Rs. C-281/98, Slg. 2000, I-4139, EuZW 2000, S. 468 ff., 469, Rn. 30–35, Angonese.

Dem *Wortlaut des Art. 45 AEUV*, nach dem das Diskriminierungsverbot allgemein formuliert sei und sich nicht speziell an die Mitgliedstaaten richte, dem *Gedanken des „effet utile"* (weil die Beseitigung der Hindernisse für die Freizügigkeit zwischen den Mitgliedstaaten gefährdet wäre, wenn die Abschaffung der Schranken staatlichen Ursprungs durch Hindernisse zunichte gemacht werden könnte, die sich daraus ergeben, dass Vereinigungen und Einrichtungen, die nicht dem öffentlichen Recht unterliegen, von ihrer rechtlichen Autonomie Gebrauch machen), der *einheitlichen Anwendung des Unionsrechts* (weil die Arbeitsbedingungen in den verschiedenen Mitgliedstaaten teilweise durch Gesetze oder Verordnungen und teilweise durch von Privatpersonen geschlossene Verträge oder sonstige von ihnen vorgenommene Akte geregelt werden. Daher könnte eine Beschränkung des Verbots der Diskriminierung auf Grund der Staatsangehörigkeit auf behördliche Maßnahmen zu Ungleichheiten bei seiner Anwendung führen), sowie der *Parallele zu den gegenüber Privaten geltenden Art. 18 AEUV und Art. 157 AEUV* (weil die Grundfreiheit des Art. 45 AEUV eine spezifische Anwendung des in Art. 18 AEUV ausgesprochenen allgemeinen Diskriminierungsverbots darstelle. In diesem Zusammenhang solle Art. 45 AEUV ebenso wie Art. 157 AEUV eine nicht diskriminierende Behandlung auf dem Arbeitsmarkt gewährleisten).

177 Gegen diese Rspr. werden allerdings auch Einwände vorgebracht. So sei das Wortlaut-Argument problematisch und die Privatautonomie der Beteiligten werde zu wenig berücksichtigt. Auch systematische Erwägungen (Spezialität der Wettbewerbsregeln gegenüber den Grundfreiheiten) und der Umstand, dass Art. 157 AEUV – im Gegensatz zu Art. 45 AEUV – ein Gemeinschaftsgrundrecht sei, auf das sich jeder berufen könne, sprächen gegen den EuGH[19].

Diese Bedenken vermögen im Ergebnis allerdings nicht zu überzeugen: Gegen die Eingrenzung der unmittelbaren Drittwirkung auf Kollektivverträge spricht, dass Art. 45 II AEUV ein umfassendes Diskriminierungsverbot aus Gründen der Staatsangehörigkeit enthält. Soweit Beschränkungsverbote in den Anwendungsbereich von Art. 45 AEUV fallen, d.h. insbesondere der Zugang zur Berufsausübung behindert wird, besteht auch hier kein Anlass, eine unmittelbare Wirkung des Art. 45 AEUV abzulehnen. Ebenso wie die deutschen nationalen Grundrechte wirken auch die Grundfreiheiten umfassend auf die Privatrechtsbeziehungen zwischen Arbeitgeber und Arbeitnehmer ein. Konflikte mit dem Grundsatz der Privatautonomie und der unternehmerischen Freiheit stehen der unmittelbaren Drittwirkung somit nicht grundsätzlich entgegen, sondern sind ggf. im Rahmen einer Abwägung zu lösen[20].

Daher gilt das in Art. 45 AEUV ausgesprochene Verbot der Diskriminierung auf Grund der Staatsangehörigkeit auch für Privatpersonen[21].

---

19 Siehe dazu *Birkemeyer*, EuR 2011, S. 662 ff., 668 f.; *Michaelis*, NJW 2001, S. 1841 ff., *Streinz/Leible*, EuZW 2000, S. 459 ff., insbes. S. 464 f.; *Streinz*, Europarecht, Rn. 875; *Dittert*, Europarecht, S. 234; *Brechmann*, in: Calliess/Ruffert, AEUV, Art. 45, Rn. 54.

20 Siehe dazu *Brechmann*, in: Calliess/Ruffert, AEUV, Art. 45, Rn. 56. Ausführlich zur Drittwirkung der Grundfreiheiten *Müller-Graff*, EuR 2014, S. 3 ff., und *Ludwigs/Weidermann*, JURA 2014, S. 152 ff.

21 EuGH vom 6.6.2000, Rs. C-281/98, Slg. 2000, I-4139, EuZW 2000, S. 468 ff., 469, Rn. 30–35, Angonese.

2. Diskriminierungsverbot, Art. 45 II AEUV

S könnte durch die Verpflichtung, seine Sprachkenntnisse durch die Bozener Verwaltung nachweisen zu müssen, diskriminiert werden. **178**

a) Unmittelbare Diskriminierung

Eine zur unmittelbaren Diskriminierung führende Ungleichbehandlung liegt vor, wenn unterschiedliche Vorschriften auf gleichartige oder zumindest vergleichbare Situationen angewandt werden, oder wenn dieselbe Vorschrift auf unterschiedliche Situationen angewandt wird[22]. Hier wird der Sprachnachweis durch die Bozener Verwaltung offenbar sowohl von italienischen als auch nichtitalienischen Bewerbern verlangt, so dass die Maßnahme keine unmittelbare Diskriminierung wegen der Staatsangehörigkeit darstellt[23]. **179**

b) Mittelbare Diskriminierung

Neben der unmittelbaren Diskriminierung verbietet Art. 45 AEUV auch mittelbare Diskriminierungen, die durch die Anwendung anderer Unterscheidungsmerkmale als der Staatsangehörigkeit tatsächlich zu dem gleichen Ergebnis führen. Eine mittelbare Diskriminierung liegt vor, wenn sich eine Maßnahme ihrem Wesen nach eher auf EU- als auf inländische Arbeitnehmer auswirken kann und so die Gefahr besteht, die EU-Arbeitnehmer besonders zu benachteiligen[24]. **180**

Hier kommen als diskriminierende Maßnahmen zum einen das Erfordernis, überhaupt einen Sprachnachweis zu erbringen, und zum anderen dessen konkrete Art und Weise (Nachweis nur in bzw. aus Bozen) in Betracht.

aa) Sprachkenntnisse

S will bei einer Bank im deutschsprachigen Teil Italiens arbeiten, so dass er aller Voraussicht nach sowohl mit italienisch- als auch mit deutschsprachigen Kunden und Kollegen zu tun haben wird. Insofern ist es verständlich und nachvollziehbar, dass die Bank schon bei der Einstellung Wert darauf legt, dass er sich in beiden Sprachen angemessen ausdrücken und verständigen kann. Daher ist es grundsätzlich legitim, von einem Bewerber um eine Stelle Sprachkenntnisse eines bestimmten Niveaus und auch die entsprechenden Nachweise zu verlangen[25]. Der Umstand, dass S (staatlicherseits) **181**

---

22 Vgl. *Brechmann*, in: Calliess/Ruffert, AEUV, Art. 45, Rn. 45.

23 Siehe dazu auch EuGH vom 6.6.2000, Rs. C-281/98, Slg. 2000, I-4139, EuZW 2000, S. 468 ff., 470, Rn. 41, Angonese.

24 Vgl. *Brechmann*, in: Calliess/Ruffert, AEUV, Art. 45, Rn. 46.

25 Vgl. EuGH vom 6.6.2000, Rs. C-281/98, Slg. 2000, I-4139, EuZW 2000, S. 468 ff., 470, Rn. 44, Angonese. Siehe dazu auch EuGH vom 5.2.2015, Rs. C-317/14, ECLI:EU:C:2015:63, EuZW 2015, S. 486 ff., Rn. 24/25, Kommission./.Belgien – Sprachnachweis: „Zwar räumt Art. 3 I UAbs. 2 der VO Nr. 492/2011 den Mitgliedstaaten das Recht ein, die Bedingungen festzulegen, welche die in Anbetracht der Besonderheit der zu vergebenden Stelle erforderlichen Sprachkenntnisse betreffen. Das Recht, je nach der Besonderheit der Stelle ein bestimmtes Niveau an Sprachkenntnissen zu verlangen, darf jedoch die Freizügigkeit der Arbeitnehmer nicht beeinträchtigen. Die Maßnahmen zu seiner Durchführung dürfen in keinem Fall außer Verhältnis zu dem verfolgten Ziel stehen. Ihre Anwendung darf nicht zur Diskriminierung von Angehörigen anderer Mitgliedstaaten führen.".

lt. Sachverhalt gegenüber den Gerichten sprachlich privilegiert[26] ist, steht dem nicht entgegen, zumal ihm dieses Recht ja unbenommen bleibt.

Das Einstellungskriterium, dass ein Bewerber über ausreichende Sprachkenntnisse verfügen muss, begründet hier per se also noch keine Diskriminierung.

bb) Nachweis in bzw. aus Bozen

182 Allerdings erkennt die B nur Sprachnachweise aus Bozen an. Um die Prüfung abzulegen, ist es erforderlich, im Abstand von einem Monat zweimal persönlich in Bozen zu erscheinen. Durch den damit verbundenen Zwang zur Reise nach Bozen (mit Kosten, Zeitaufwand, Nachteilen bei der Prüfungsvorbereitung etc.) wird es Personen, die nicht in der Gegend von Bozen wohnen, sehr schwer oder sogar unmöglich gemacht, die geforderten Kenntnisse nachzuweisen. Da die Mehrheit der Einwohner der Provinz Bozen italienische Staatsbürger sind, benachteiligt die Verpflichtung, die geforderte Bescheinigung zu erlangen, die Staatsangehörigen der anderen Mitgliedstaaten im Verhältnis zu diesen Einwohnern. Dem steht auch nicht entgegen, dass Bürger aus anderen Teilen Italiens ebenso benachteiligt sind, denn es ist nicht erforderlich, dass eine Maßnahme bewirkt, dass alle inländischen Arbeitnehmer begünstigt werden oder dass nur Arbeitnehmer aus anderen Mitgliedstaaten und nicht die inländischen Arbeitnehmer benachteiligt werden[27].

Die Art und Weise, wie die Kenntnisse nachgewiesen werden müssen, stellt damit eine Benachteiligung und mittelbare Diskriminierung des S dar.

3. Allgemeines Beschränkungsverbot, Art. 45 II AEUV

183 Da S durch das Bewerbungsverfahren diskriminiert wird, kommt es hier nicht mehr darauf an, ob auch ein Verstoß gegen das allgemeine Beschränkungsverbot[28] vorliegt.

IV. Rechtfertigung

184 Zu prüfen bleibt, ob die Diskriminierung gerechtfertigt ist.

1. Schranken gemäß Art. 45 III AEUV

185 Für eine Rechtfertigung gem. dem ordre-public-Vorbehalt des Art. 45 III AEUV (öffentliche Ordnung, Sicherheit, Gesundheit) bietet der Sachverhalt keinerlei Anlass.

26 Siehe dazu ausführlich *Schmittmann*, VR 2001, S. 97.

27 Vgl. EuGH vom 6.6.2000, Rs. C-281/98, Slg. 2000, I-4139, EuZW 2000, S. 468 ff., 470, Rn. 39 ff., Angonese. Ähnlich zur Niederlassungsfreiheit *Jukić*, JA 2018, S. 761 ff.

28 Siehe dazu *Brechmann*, in: Calliess/Ruffert, AEUV, Art. 45, Rn. 50 ff.

2. Gemeinwohlvorbehalt

Eine mittelbare Diskriminierung ist zulässig, wenn sie durch zwingende Gründe des Allgemeininteresses gerechtfertigt und verhältnismäßig ist[29]. Zweifelhaft ist schon, ob eine bestimmte Form des *Nachweises* der Zweisprachigkeit (nicht die Zweisprachigkeit als solche) überhaupt im allgemeinen Interesse liegt, oder nicht vielmehr ein – insofern unbeachtliches – Internum der Bank ist. In jedem Fall aber ist nicht zu erkennen, worin der besondere Wert eines gerade in Bozen erworbenen Sprachzeugnisses liegen soll, da entsprechende Prüfungen ohne weiteres auch im Ausland oder zumindest in anderen Teilen Italiens abgenommen werden können. Hinzu kommt, dass S während des Studiums u.a. Italienischkurse belegt hat und davon auszugehen ist, dass er auch dafür entsprechende Nachweise erhält, die die Bank anerkennen könnte. Im Hinblick auf das grds. legitime Ziel, nur zweisprachige Mitarbeiter zu haben, ist es daher nicht verhältnismäßig, die Nachweismöglichkeiten so zu begrenzen, dass praktisch nur Einwohner von Bozen und der näheren Umgebung diese ohne größere Schwierigkeiten erfüllen können. **186**

Daher ist die Maßnahme nicht gerechtfertigt.

B. Ergebnis

Es stellt eine gegen Art. 45 AEUV verstoßende Diskriminierung auf Grund der Staatsangehörigkeit dar, wenn ein Arbeitgeber verlangt, dass der Bewerber seine Sprachkenntnisse ausschließlich mit einer Bescheinigung nachweist, die in einer einzigen Provinz eines Mitgliedstaats ausgestellt wird[30]. **187**

Teil II

Zu prüfen ist, ob die Besteuerung des S nach dem deutschen Einkommensteuerrecht, das zwischen beschränkter und unbeschränkter Steuerpflicht unterscheidet, gegen Art. 45 AEUV verstößt. **188**

Ausführungen zu sekundärem oder sonstigen Unionsrecht (siehe dazu Fall 7) sind hier wegen der eindeutigen Fragestellung nicht erforderlich.

Dazu müsste Art. 45 AEUV anwendbar und die Arbeitnehmerfreizügigkeit auch bei der Einkommensteuer zu beachten sein, und die Besteuerung des S müsste eine ungerechtfertigte Diskriminierung aufgrund der Staatsangehörigkeit darstellen.

---

29 *Brechmann*, in: Calliess/Ruffert, AEUV, Art. 45, Rn. 47.

30 Vgl. EuGH vom 6.6.2000, Rs. C-281/98, Slg. 2000, I-4139, EuZW 2000, S. 468 ff., 470, Rn. 46, Angonese.

A. Arbeitnehmerfreizügigkeit aus Art. 45 AEUV

189 Gemäß Art. 45 I AEUV ist innerhalb der Union die Freizügigkeit der Arbeitnehmer gewährleistet. Diese umfasst die Abschaffung jeder auf der Staatsangehörigkeit beruhenden unterschiedlichen Behandlung der Arbeitnehmer der Mitgliedstaaten in Bezug auf Beschäftigung, Entlohnung und sonstige Arbeitsbedingungen (Art. 45 II AEUV).

I. Persönlicher Anwendungsbereich des Art. 45 AEUV

190 S ist als Südtiroler italienischer Staatsbürger (Mitgliedstaat, Art. 52 I EUV), so dass der persönliche Anwendungsbereich des Art. 45 AEUV eröffnet ist (siehe dazu oben Teil I unter A. I./Rn. 171).

Für den S stellt die Arbeit bei der Bank in Berchtesgaden grundsätzlich eine Tätigkeit als Arbeitnehmer i.S.d. unionsrechtlichen Arbeitnehmerbegriffs (siehe dazu oben Teil I unter A. I./Rn. 171) dar. Problematisch könnte hier allerdings sein, dass S einerseits noch einen zweiten Beruf als selbstständiger Vermögensberater ausübt und andererseits bei der Bank nur in Teilzeit arbeitet.

Gegen eine Einschränkung des Arbeitnehmerbegriffs durch die zusätzlich ausgeübte freiberufliche Tätigkeit spricht, dass die Arbeitnehmerfreizügigkeit im Interesse des unionsrechtlichen Effektivitätsgrundsatzes grundsätzlich weit auszulegen ist (siehe dazu oben Teil I unter A. I./Rn. 171). Für eine solche Beschränkung besteht darüber hinaus auch kein praktisches Bedürfnis, weil sich die möglichen Rechtsfolgen allein auf die Arbeitnehmerstellung des S beziehen und den Rechtskreis als Freiberufler, der durch die Niederlassungsfreiheit der Art. 49 ff. AEUV geschützt ist, nicht erweitern. Dass S nebenbei auch freiberuflich als Vermögensberater tätig ist, ändert somit nichts an der (auch) vorhandenen Arbeitnehmereigenschaft als Bankangestellter.

Ebenso verhält es sich hinsichtlich der Tatsache, dass S bei der Bank nur in Teilzeit arbeitet. Denn nur Tätigkeiten, die einen so geringen Umfang haben, dass sie sich als völlig untergeordnet und unwesentlich darstellen, bleiben für die Beurteilung der Arbeitnehmereigenschaft außer Betracht[31]. Hier arbeitet S – wenn auch nur in Teilzeit – als Betriebswirt in einer Bank, so dass nicht davon auszugehen ist, dass es sich um eine untergeordnete und unwesentliche Tätigkeit handelt.

Damit ist S – trotz Teilzeitstelle und Zweitberuf – als Arbeitnehmer i.S.d. Art. 45 AEUV anzusehen.

Der persönliche Anwendungsbereich des Art. 45 AEUV ist daher gegeben.

II. Sachlicher Anwendungsbereich

191 Hier ist auch der notwendige grenzüberschreitende Sachverhalt gegeben (siehe dazu oben Teil I unter A. II./Rn. 173), da S in Österreich wohnt, aber in Deutschland arbeitet und

31 *Brechmann*, in: Calliess/Ruffert, AEUV, Art. 45, Rn. 12 m.w.N.

dort auch besteuert wird. Dass er darüber hinaus auch noch italienischer Staatsangehöriger ist, ist demgegenüber nicht von Bedeutung, da die Regelungen zur beschränkten und unbeschränkten Steuerpflicht gem. § 1 I und IV bzw. § 49 I Nr. 4a) EStG nicht an die Staatsangehörigkeit, sondern an den Wohn- bzw. Arbeitsort anknüpfen.

S arbeitet bei einer privaten Bank, so dass die Bereichsausnahme[32] für die öffentliche Verwaltung gem. Art. 45 IV AEUV nicht eingreift[33].

Damit ist auch der sachliche Anwendungsbereich des Art. 45 AEUV gegeben.

III. Verstoß gegen Arbeitnehmerfreizügigkeit

Zu prüfen ist, ob die deutschen Bestimmungen, die hinsichtlich der Unterscheidung **192**
zwischen beschränkt und unbeschränkt Steuerpflichtigen an den Wohnort anknüpfen, den S in seiner Freizügigkeit beschränken.

1. Anwendbarkeit von Art. 45 AEUV bei direkten Steuern

Ein Problem könnte sich hier allerdings daraus ergeben, dass die fragliche Regelung **193**
des EStG zum Steuerrecht gehört, für das nach Art. 5 I und II EUV i.V.m. Art. 113 AEUV nur beschränkte Zuständigkeiten der Union bestehen. Zu prüfen ist daher, ob Art. 45 AEUV das Recht eines Mitgliedstaats (hier: Deutschland) einschränken kann, die Voraussetzungen und Modalitäten der Besteuerung der Einkünfte festzulegen, die Angehörige eines anderen Mitgliedstaats dort (also in Deutschland) erzielen.

Dazu ist zunächst zu klären, wie weit die Mitgliedstaaten bei der Einkommensteuer den Bindungen des (primären) Unionsrechts unterliegen. Im Bereich des Steuerrechts besteht gem. Art. 113 AEUV ein Harmonisierungsauftrag nur für die indirekten Steuern. Danach erlässt der Rat die Bestimmungen zur Harmonisierung der Rechtsvorschriften über die Umsatzsteuern, die Verbrauchsabgaben und sonstige indirekte Steuern[34], soweit diese Harmonisierung für die Errichtung und das Funktionieren des Binnenmarkts notwendig ist. Hier weist das Finanzamt zu Recht darauf hin, dass es sich bei der Einkommensteuer um eine „direkte Steuer" handelt[35]. Damit fällt die Einkommensteuer nicht unter Art. 113 AEUV. Es gibt in den Verträgen auch keine dem Art. 113 AEUV entsprechende Ermächtigung für die Harmonisierung der direkten Steuern[36]. Im Umkehrschluss aus Art. 113 AEUV und aus dem aus Art. 5 I und II EUV folgenden

---

32 Siehe dazu *Brechmann*, in: Calliess/Ruffert, AEUV Art. 45, Rn. 107 ff.; *Dittert*, Europarecht, S. 238 ff., und *Streinz*, Europarecht, Rn. 932, sowie zur EuGH-Rspr. *Streinz*, JuS 2015, S. 469 ff.

33 *Loibl*, Europarecht – Das Skriptum, S. 97, prüft das erst als Rechtfertigungsgrund.

34 Zu den sonstigen indirekten Steuern gehören beispielsweise Kapitalverkehr-, Beförderungs- oder Versicherungssteuern, siehe *Waldhoff*, in: Calliess/Ruffert, AEUV, Art. 113, Rn. 4.

35 Direkte und indirekte Steuern unterscheiden sich dadurch, dass bei direkten Steuern der Steuerschuldner die Steuer auch (regelmäßig) trägt, während bei indirekten Steuern (regelmäßig) eine Überwälzung auf Dritte, in der Regel den Verbraucher, erfolgt (*Birk/Desens/Tappe*, Steuerrecht, Rn. 44).

36 Vgl. *Birk/Desens/Tappe*, Steuerrecht, Rn. 226 m.w.N. Bei den direkten Steuern besteht somit nur die Möglichkeit, gemäß Art. 115 AEUV zu harmonisieren, was im Bereich der Einkommensteuer aber noch nicht erfolgt ist (s. dazu *Birk/Desens/Tappe* a.a.O., Rn. 227, *Hindelang/Köhler*, JuS 2014, S. 405 ff, 405, *Everett* DStZ 2006, S. 357 ff., 357).

Grundsatz der begrenzten Einzelermächtigung[37] ergibt sich vielmehr, dass die Regelungsbefugnis für die direkten Steuern bei den Mitgliedstaaten liegt. Der Bereich der direkten Steuern als solcher fällt daher derzeit nicht in die Zuständigkeit der Union, sondern in die der Mitgliedstaaten[38].

Aus der Regelungsbefugnis der Mitgliedstaaten im Bereich der direkten Steuern folgt allerdings nicht, dass diese völlig frei von den Bindungen des Unionsrechts sind. Denn nach der st. Rspr. des EuGH haben sie ihre verbleibenden Befugnisse unter Wahrung des Unionsrechts auszuüben[39].

Angesichts der eindeutigen Rspr. des EuGH insbesondere zu den Steuerfällen dürfte ein anderes Ergebnis hier kaum vertretbar sein.

194 Geht man daher mit dem EuGH davon aus, dass Art. 45 AEUV grundsätzlich auch auf die direkten Steuern anzuwenden ist, so stellt sich die Frage, wie weit er die Befugnisse der Mitgliedstaaten einschränken kann. Nach Art. 45 II AEUV umfasst die Freizügigkeit innerhalb der Union die Abschaffung jeder auf der Staatsangehörigkeit beruhenden unterschiedlichen Behandlung der Arbeitnehmer der Mitgliedstaaten, namentlich in Bezug auf die Entlohnung. Steuern werden dort also nicht ausdrücklich erwähnt. Insbesondere die hier zu prüfende Einkommensteuer hängt aber unmittelbar mit der in Art. 45 II AEUV genannten „Entlohnung“ zusammen. Denn der Grundsatz der Gleichbehandlung auf dem Gebiet der Entlohnung wäre wirkungslos, wenn er durch diskriminierende nationale Vorschriften über die Einkommensteuer beeinträchtigt werden könnte.

Daher genießt ein Arbeitnehmer, der Staatsangehöriger eines Mitgliedstaats ist, gem. Art. 7 II der VO (EU) Nr. 492/2011 (und auch schon der Vorgänger-VO [EWG] Nr. 1612/68[40]) im Hoheitsgebiet der anderen Mitgliedstaaten die gleichen steuerlichen Vergünstigungen wie die inländischen Arbeitnehmer[41].

Nach der Rspr. des EuGH folgt somit aus Art. 45 AEUV, dass ein Mitgliedstaat einen Staatsangehörigen eines anderen Mitgliedstaates, der seine Freizügigkeit als Arbeitnehmer ausübt und in dem betreffenden Staat arbeitet, bei der Erhebung der direkten Steuern nicht schlechter behandeln darf als einen eigenen Staatsangehörigen, der sich in der gleichen Lage befindet[42]. Im konkreten Fall bedeutet dies, dass das deutsche Steuerrecht den S gegenüber einem deutschen Steuerpflichtigen, der sich in derselben Lage befindet, nicht benachteiligen darf.

---

37 Siehe zu diesem Grundsatz *Streinz*, Europarecht, Rn. 457, 466 und 544/545.

38 St. Rspr., z.B. EuGH vom 19.12.2018, Rs. C-667/17, ECLI:EU:C:2018:1036 (JURIS), Rn. 15 m.w.N., Cadeddu, ebenso *Brechmann*, in: Calliess/Ruffert, AEUV, Art. 45, Rn. 64.

39 St. Rspr., z.B. EuGH vom 19.12.2018, Rs. C-667/17, ECLI:EU:C:2018:1036 (JURIS), Rn. 15 m.w.N., Cadeddu, s. auch *Brechmann*, in: Calliess/Ruffert, AEUV, Art. 45, Rn. 64, je m.w.N. Dahinter steht der Grundsatz der Vertragstreue aus Art. 4 Abs. 3 EUV.

40 Siehe oben Rn. 167; auf diese VO hat sich der EuGH im Fall Schumacker bezogen, s. EuGH vom 14.2.1995, Rs. C-279/93, Slg. 1995, I-225, NJW 1995, S. 1207 ff., 1208, Rn. 23 m.w.N., Schumacker.

41 Vgl. EuGH vom 14.2.1995, Rs. C-279/93, Slg. 1995, I-225, NJW 1995, S. 1207 ff., 1208, Rn. 23 m.w.N., Schumacker.

42 EuGH vom 14.2.1995, Rs. C-279/93, Slg. 1995, I-225, NJW 1995, S. 1207 ff., 1208, Rn. 24, Schumacker.

2. Unmittelbare Diskriminierung

Eine zur unmittelbaren Diskriminierung führende Ungleichbehandlung liegt vor, wenn unterschiedliche Vorschriften auf gleichartige oder zumindest vergleichbare Situationen angewandt werden, oder wenn dieselbe Vorschrift auf unterschiedliche Situationen angewandt wird[43]. Nach § 1 I 1 und IV 1 EStG richtet sich die Unterscheidung zwischen der beschränkten und der unbeschränkten Steuerpflicht allein nach dem Wohnort bzw. dem Ort des gewöhnlichen Aufenthalts. Nach dem deutschen EStG kommt es somit nicht darauf an, ob der Steuerpflichtige Deutscher oder (EU-)Ausländer ist. Die Unterscheidung zwischen der unbeschränkten und der beschränkten Steuerpflicht bewirkt somit keine unmittelbare Diskriminierung wegen der Staatsangehörigkeit[44]. **195**

3. Mittelbare Diskriminierung

Neben der unmittelbaren Diskriminierung verbietet Art. 45 AEUV auch mittelbare Diskriminierungen[45]. Die Vorschriften des deutschen EStG gelten hier unabhängig von der Staatsangehörigkeit des Steuerpflichtigen. Es besteht aber die Gefahr, dass sich nationale Rechtsvorschriften, die nach dem Wohnsitz differenzieren, indem sie Gebietsfremden bestimmte Steuervergünstigungen verweigern, die sie Gebietsansässigen gewähren, hauptsächlich zum Nachteil der Angehörigen anderer Mitgliedstaaten auswirken, da Gebietsfremde meist Ausländer sind. Daher können Steuervergünstigungen, die den Gebietsansässigen eines Mitgliedstaats vorbehalten werden, grundsätzlich eine mittelbare Diskriminierung aufgrund der Staatsangehörigkeit darstellen[46]. **196**

Hier könnte die Diskriminierung darin liegen, dass ein EU-Arbeitnehmer, der nicht in Deutschland wohnt, aber dort arbeitet, höher besteuert wird als ein Arbeitnehmer, der in Deutschland wohnt und dort die gleiche Beschäftigung ausübt.

Da die Diskriminierung eine Ungleichbehandlung vergleichbarer Sachverhalte voraussetzt, kommt es entscheidend darauf an, ob sich Gebietsansässige und Gebietsfremde im Hinblick auf die direkten Steuern in einer vergleichbaren Situation befinden.

a) Grundregel: Unterschied zwischen Gebietsfremden und Gebietsansässigen

Gegen eine solche Vergleichbarkeit spricht nach Ansicht des EuGH[47], dass das Einkommen, das ein Gebietsfremder im Hoheitsgebiet eines Staates erzielt, meist nur einen Teil seiner Gesamteinkünfte darstellt. Der Schwerpunkt der Einkünfte wird dagegen an sei- **197**

43 Vgl. *Brechmann*, in: Calliess/Ruffert, AEUV, Art. 45, Rn. 45.

44 Siehe dazu auch EuGH vom 6.6.2000, Rs. C-281/98, Slg. 2000, I-4139, EuZW 2000, S. 468 ff., 470, Rn. 41, Angonese.

45 Siehe dazu oben Teil I unter A. III. 2. b), Rn. 180 ff. sowie speziell zum Steuerrecht *Kokott/Ost*, EuZW 2011, S. 496 ff., 498 f.

46 Vgl. EuGH vom 14.2.1995, Rs. C-279/93, Slg. 1995, I-225, NJW 1995, S. 1207 ff., 1208, Rn. 27–29, Schumacker, st. Rspr., z.B. EuGH vom 6.12.2018, Rs. C-480/17, ECLI:EU:C:2018:987, NJW 2019, S. 651 ff., Rn. 27 ff., Frank Montag./.Finanzamt Köln-Mitte; s. dazu auch *de Weerth*, IStR 2015, S. 556. f.

47 Zum Folgenden siehe EuGH vom 14.2.1995, Rs. C-279/93, Slg. 1995, I-225, NJW 1995, S. 1207 ff., 1208, Rn. 31 ff., Schumacker, sowie z.B. EuGH vom 6.12.2018, Rs. C-480/17, ECLI:EU:C:2018:987, NJW 2019, S. 651 ff., Rn. 27 ff., Montag.

nem Wohnort liegen. Außerdem kann die persönliche Steuerkraft des Gebietsfremden, die sich aus der Berücksichtigung seiner Gesamteinkünfte sowie seiner persönlichen Lage und seines Familienstands ergibt, am leichtesten an dem Ort beurteilt werden, an dem der Mittelpunkt seiner persönlichen Interessen und seiner Vermögensinteressen liegt. Dieser Ort ist in der Regel der ständige Wohn- und Aufenthaltsort der betroffenen Person[48]. Demgegenüber ist die Situation des Gebietsansässigen eine andere, da bei ihm der Schwerpunkt der Einkünfte in der Regel im Wohnsitzstaat liegt. Im Übrigen verfügt im allgemeinen dieser Staat über alle erforderlichen Informationen, um die Gesamtsteuerkraft des Steuerpflichtigen unter Berücksichtigung seiner persönlichen Lage und seines Familienstands zu beurteilen.

Daher ist es in der Regel nicht diskriminierend, wenn ein Mitgliedstaat Gebietsfremden bestimmte Steuervergünstigungen versagt, die er Gebietsansässigen gewährt, weil sich diese beiden Gruppen von Steuerpflichtigen nicht in einer vergleichbaren Lage befinden. Art. 45 AEUV steht somit der Anwendung von Rechtsvorschriften eines Mitgliedstaats nicht grundsätzlich entgegen, nach denen das Einkommen eines Gebietsfremden, der eine nichtselbstständige Beschäftigung in diesem Staat ausübt, höher besteuert wird als das eines Gebietsansässigen, der die gleiche Beschäftigung ausübt[49].

b) Ausnahme nach Anteilen des Einkommens

198 Auch wenn die Anknüpfung an den Wohnort nach der EuGH-Rspr. grundsätzlich zulässig ist, bleibt abschließend noch zu prüfen, ob sich eine Ausnahme aus den Umständen des konkreten Falles ergibt. Denn in der Schumacker-Entscheidung hat der EuGH den Grundsatz für den Fall eingeschränkt, dass der Gebietsfremde im Wohnsitzstaat „keine nennenswerten" Einkünfte hat und sein zu versteuerndes Einkommen im Wesentlichen aus einer Tätigkeit bezieht, die er im Beschäftigungsstaat ausübt, so dass der Wohnsitzstaat nicht in der Lage ist, ihm die Vergünstigungen zu gewähren, die sich aus der Berücksichtigung seiner persönlichen Lage und seines Familienstands ergeben[50]. Denn in diesem Fall besteht zwischen der Situation eines solchen Gebietsfremden und der eines Gebietsansässigen, der eine vergleichbare nichtselbstständige Beschäftigung ausübt, kein objektiver Unterschied, der eine Ungleichbehandlung hinsichtlich der Berück-

48 So geht auch das internationale Steuerrecht, u.a. das Muster-Doppelbesteuerungsabkommen der Organisation für wirtschaftliche Zusammenarbeit und Entwicklung (OECD), davon aus, dass es grundsätzlich Sache des Wohnsitzstaats ist, den Steuerpflichtigen unter Berücksichtigung der seine persönliche Lage und seinen Familienstand kennzeichnenden Umstände umfassend zu besteuern (EuGH vom 14.2.1995, Rs. C-279/93, Slg. 1995, I-225, NJW 1995, S. 1207 ff., 1208, Rn. 33, Schumacker). Vgl. z.B. auch EuGH vom 6.12.2018, Rs. C-480/17, ECLI:EU:C:2018:987, NJW 2019, S. 651 ff., Rn. 27, Montag, sowie BFH vom 16.9.2015, I R 62/13, BFHE 251, 204, Rn. 32.

49 Vgl. EuGH vom 14.2.1995, Rs. C-279/93, Slg. 1995, I-225, NJW 1995, S. 1207 ff., 1208, Rn. 34 f., Schumacker. Siehe dazu auch *Hindelang/Köhler*, JuS 2014, S. 405 ff., 406.

50 In dem Fall hatte die Familie des belgischen Staatsangehörigen Schumacker, der in Belgien wohnte, aber in Deutschland arbeitete, „praktisch die Gesamtheit ihrer Familieneinkünfte" in Deutschland erzielt (vgl. EuGH vom 14.2.1995, Rs. C-279/93, Slg. 1995, I-225, NJW 1995, S. 1207 ff., 1209, Rn. 38, Schumacker; st. Rspr., s. z.B. EuGH vom 6.12.2018, Rs. C-480/17, ECLI:EU:C:2018:987, NJW 2019, S. 651 ff., Rn. 29, Montag). Infolge des Schumacker-Urteils wurde u.a. § 1 III EStG durch das Jahressteuergesetz 1996 geändert (BT-Drs. 13/1558 vom 31.5.1995, S. 15 ff., 148) und die dortige 90 %-Regelung eingeführt.

sichtigung der persönlichen Lage und des Familienstands des Steuerpflichtigen bei der Besteuerung rechtfertigen könnte. Im Fall eines Gebietsfremden, der in einem anderen Mitgliedstaat als dem seines Wohnsitzes den wesentlichen Teil seiner Einkünfte und praktisch die Gesamtheit seiner Familieneinkünfte erzielt, besteht die Diskriminierung darin, dass seine persönliche Lage und sein Familienstand weder im Wohnsitzstaat noch im Beschäftigungsstaat berücksichtigt[51] werden[52].

c) Einkommensverteilung im konkreten Fall

Hier erzielt S sein Einkommen ungefähr zu gleichen Teilen als freiberuflicher Vermö- **199**
gensverwalter in Österreich und als Bankangestellter in Deutschland. Bei einer solchen hälftigen Aufteilung des Gesamteinkommens sind beide Anteile als gleich „wesentlich" i.S.d. EuGH-Rspr. anzusehen. Es kann – im Gegensatz zur Konstellation im Fall Schumacker – also nicht die Rede davon sein, dass S in Österreich keine nennenswerten Einkünfte erzielt. Im Fall Gschwind hat der EuGH es sogar für zulässig gehalten, bestimmte Steuervergünstigungen davon abhängig zu machen, dass bei Gebietsfremden mindestens 90 % des Einkommens in Deutschland der Steuer unterliegen[53]. Bei einer Verteilung von etwa 50:50 ist damit erst recht davon auszugehen, dass das österreichische Recht dem S ausreichend Möglichkeiten bietet, seine persönliche Situation zu berücksichtigen[54].

Nach dem Bearbeiterhinweis werden keine besonderen Kenntnisse des Steuerrechts – erst recht nicht des österreichischen Rechts – vorausgesetzt. Der Hinweis im Sachverhalt, dass beim österreichischen Einkommensteil entsprechende Abzüge vorgenommen wurden, legt dieses Argument allerdings nahe.

Daher bietet der Sachverhalt hier keinen Anlass, von der Grundregel abzuweichen. S wird durch die Besteuerung somit nicht diskriminiert.

4. Allgemeines Beschränkungsverbot, Art. 45 II AEUV

Da S schon wegen der Verteilung seiner Einkommensquellen – konkret dadurch, dass **200**
er ungefähr die Hälfte des Einkommens in Österreich erzielt – nicht mit einem Arbeit-

---

51 Denn im Wohnsitzstaat fehlen – mangels dortigem Einkommen – die finanziellen und im Beschäftigungsstaat die rechtlichen Voraussetzungen.

52 EuGH vom 14.2.1995, Rs. C-279/93, Slg. 1995, I-225, NJW 1995, S. 1207 ff., 1208/1209, Rn. 36 ff., Schumacker; vgl. auch EuGH vom 28.2.2013, Rs. C-425/11, ECLI:EU:C:2013:121, DStR 2013, S. 514 ff., 518 Rn. 47, Katja Ettwein./.Finanzamt Konstanz.

53 EuGH vom 14.9.1999, Rs. C-391/97, Slg. 1999, I-5451, NJW 2000, S. 941 ff., 943, Rn. 32, Frans Gschwind./.Finanzamt Aachen-Außenstadt.

54 Im Fall „Gschwind" hatte der Anteil des Einkommens im Wohnsitzstaat sogar nur bei ca. 42 % gelegen (EuGH vom 14.9.1999, Rs. C-391/97, Slg. 1999, I-5451, NJW 2000, S. 941 ff., 943, Rn. 29, Gschwind). Inzwischen hat der EuGH die Schumacker-Rspr. auf die Konstellation erstreckt, bei der ein Steuerpflichtiger in mehreren Nichtansässigkeitsstaaten (Quellenstaaten), nicht aber in seinem Wohnsitzstaat, Einkünfte erzielt und die Einkünfte in keinem einzelnen Quellenstaat 90% der Gesamteinkünfte erreichen, s. EuGH vom 9.2.2017, Rs. C-283/15, ECLI:EU:C:2017:102, EuZW 2017, S. 307 ff., insbes. Rn. 42, X./.Staatssecretaris van Financiën, dazu *Kippenberg*, IStR 2017, S. 194, *Wienbracke* EuZW 2017, S. 311 f., *Schmidt-Heß*, IStR 2017, S. 549 ff., sowie im Vorfeld *Lachmayer/Pfau*, SWI 2016, S. 555 ff.

nehmer vergleichbar ist, der allein in Deutschland nennenswerte Einkünfte hat, liegt keine entsprechende Ungleichbehandlung und damit auch kein Verstoß gegen das allgemeine Beschränkungsverbot[55] vor.

B. Ergebnis

201 Die Besteuerung des S verstößt hier nicht gegen Art. 45 AEUV.

Wiederholung und Vertiefung

I. Weiterführende Hinweise

202 *Streinz, Rudolf:* Europarecht, Rn. 809 ff., 828, 834, 836 ff., 875, 926 ff.

EuGH vom 6.6.2000, Rs. C-281/98, Slg. 2000, I-4139, EuZW 2000, S. 468 ff., Roman Angonese./.Cassa di Risparmio di Bolzano SpA.

EuGH vom 14.2.1995, Rs. C-279/93, Slg. 1995, I-225, NJW 1995, S. 1207 ff., Finanzamt Köln Altstadt./.Roland Schumacker.

EuGH vom 5.2.2015, Rs. C-317/14, ECLI:EU:C:2015:63, EuZW 2015, S. 486 ff., Kommission./.Belgien – Sprachnachweis.

EuGH vom 15.12.1995, Rs. C-415/93, Slg. 1995, I-4921, NJW 1996, S. 505 ff., Union royale belge des sociétés de football association ASBL u.a./.Jean-Marc Bosman.

Everett, Mary: Der Einfluss der EuGH-Rechtsprechung auf die direkten Steuern, DStZ 2006, S. 357 ff.

Hindelang, Steffen/Köhler, Hannes: Der Einfluss der Grundfreiheiten auf direkte Steuern, JuS 2014, S. 405 ff.

Knobbe-Kneuk, Brigitte: Freizügigkeit und direkte Besteuerung (Anmerkung zu dem Urteil des EuGH, EuZW 1995, S. 177 – Finanzamt Köln Altstadt/Roland Schumacker), EuZW 1995, S. 167 ff.

Kokott, Juliane/Ost, Hartmut: Europäische Grundfreiheiten und nationales Steuerrecht, EuZW 2011, S. 496 ff.

Leible, Stefan: Drittwirkung der Grundfreiheiten, JA 2000, S. 830 ff.

Ludwigs, Markus/Weidermann, Sabine: Drittwirkung der Europäischen Grundfreiheiten – Von der Divergenz zur Konvergenz?, JURA 2014, S. 152 ff.

Manger-Nestler, Cornelia/Noack, Gregor: Europäische Grundfreiheiten und Grundrechte, JuS 2013, S. 503 ff.

Michaelis, Lars Oliver: Unmittelbare Drittwirkung der Grundfreiheiten – Zum Fall Angonese, NJW 2001, S. 1841 ff.

55 Siehe dazu *Brechmann*, in: Calliess/Ruffert, AEUV, Art. 45, Rn. 50 ff.

Müller-Graff, Peter-Christian: Die horizontale Direktwirkung der Grundfreiheiten, EuR 2014, S. 3 ff.

Otto, Lars S./Hein, Jonas: Fortgeschrittenenklausur – Öffentliches Recht: Europarecht – Jetzt geht's um die Wurst!, JuS 2014, S. 529 ff.

Pichler, Stefan: Einführung in das europäische Steuerrecht, JURA 2013, S. 30 ff.

Sauer, Heiko: Die Grundfreiheiten des Unionsrechts – Eine Handreichung für die Fallbearbeitung, JuS 2017, S. 310 ff.

Schmittmann, Jens: Der praktische Fall: Europarecht und Sprachenstreit, VR 2001, S. 97 ff.

Streinz, Rudolf: Unmittelbare Drittwirkung der Freizügigkeit der Arbeitnehmer in Individualarbeitsverträgen, JuS 2000, S. 1111 ff.

Streinz, Rudolf/Leible, Stefan: Die unmittelbare Drittwirkung der Grundfreiheiten – Überlegungen aus Anlass von EuGH, EuZW 2000, 468 (in diesem Heft) – Angonese, EuZW 2000, S. 459 ff.

Wienbracke, Mike: Europarecht und nationale direkte Steuern, JURA 2008, S. 929 ff.

II. Prüfungsschema Arbeitnehmerfreizügigkeit (Art. 45 ff. AEUV)

203 1. Arbeitnehmer, Art. 45 AEUV

2. Grenzüberschreitender Bezug

3. Keine Bereichsausnahme für die öffentliche Verwaltung, Art. 45 IV AEUV

4. Keine abschließende unionsrechtliche Harmonisierung

5. Nationale Maßnahme, die Arbeitsaufnahme/Beschäftigung unterbindet, behindert oder weniger attraktiv macht:

↓ Offene Diskriminierung ↓ Versteckte Diskriminierung ↓ Beschränkung

Offene Diskriminierung ↓

6. Rechtfertigung nach Art. 45 III AEUV
Ausnahme: Art. 45 II AEUV

Beschränkung: Ausnahme für Ausübungsregelungen entsprechend *Keck* bei bloßer Beschränkung, str.

Versteckte Diskriminierung / Beschränkung ↓

Rechtfertigung nach Art. 45 III AEUV, Verhältnismäßigkeit

↓

Rechtfertigung aus zwingenden Erfordernissen, Verhältnismäßigkeit

7. Beachtung der Unionsgrundrechte

Fall 6

Filialapotheken auf dem Vormarsch

Pflichtfach/Schwerpunktbereich, Schwierigkeitsgrad: mittel/hoch

Die in den Niederlanden ansässige und nach dortigem Recht ordnungsgemäß gegründete Kapitalgesellschaft A, die dort auch ihren Satzungssitz hat, betreibt in den Niederlanden eine Reihe von Apotheken. Sie möchte ihr Filialnetz auch auf Deutschland ausdehnen. Zu diesem Zweck möchte sie in Deutschland eine GmbH gründen, die die verschiedenen Filialen betreibt und die über die gemeinsame Geschäftspolitik des Unternehmens wacht. Die Filialen sollen von angestellten approbierten Apothekern geleitet werden, die den Weisungen der Geschäftsleitung der GmbH unterliegen. **204**

A gründet die besagte GmbH und beantragt bei der zuständigen Behörde eine Betriebserlaubnis für eine erste Filiale in der Stadt S. Diese wird auch erteilt und für sofort vollziehbar erklärt. Die Behördenleitung ist sich zwar bewusst, dass sie damit gegen § 8 ApoG verstößt, sieht sich hieran aber wegen der Vorgaben des Unionsrechts nicht gebunden. Die übrigen Voraussetzungen für die Erlaubniserteilung liegen vor. Die Anordnung der sofortigen Vollziehbarkeit wird damit begründet, dass die freie Niederlassung von A nicht durch gerichtliche Auseinandersetzungen behindert werden dürfe. A will unmittelbar nach Erlaubniserteilung mit dem Betrieb der Apotheke beginnen.

Konkurrent X, der in S in unmittelbarer Nähe zu der Filiale der A eine Apotheke in Form eines einzelkaufmännischen Unternehmens führt, klagt vor dem zuständigen Verwaltungsgericht und stellt bei Gericht einen entsprechenden Antrag auf einstweiligen Rechtsschutz. Er ist der Auffassung, die Behörde hätte sich nicht über § 8 ApoG hinweg setzen dürfen. Zum einen könne eine Behörde deutsche Gesetze nicht so ohne Weiteres unangewendet lassen. Eine Verwerfungskompetenz besitze ausschließlich das Bundesverfassungsgericht. Zudem sei die Vorschrift europarechtlich aus Gründen des Gesundheitsschutzes gerechtfertigt. A hält dem entgegen, die Anträge des X seien bereits unzulässig, da es keine Norm gebe, die vor Konkurrenz schütze.

Frage 1: Ist die Betriebserlaubnis zu Recht ergangen?

Frage 2: Wie wird das zuständige Gericht über den Eilantrag entscheiden?

Gesetz über das Apothekenwesen (ApoG) – Auszug:

§ 1 ApoG

(1) Den Apotheken obliegt die im öffentlichen Interesse gebotene Sicherstellung einer ordnungsgemäßen Arzneimittelversorgung der Bevölkerung.

(2) Wer eine Apotheke und bis zu drei Filialapotheken betreiben will, bedarf der Erlaubnis der zuständigen Behörde. […]

§ 2

(1) Die Erlaubnis ist auf Antrag zu erteilen, wenn der Antragsteller [...]

§ 8 ApoG

Mehrere Personen zusammen können eine Apotheke nur in der Rechtsform einer Gesellschaft bürgerlichen Rechts oder einer offenen Handelsgesellschaft betreiben; in diesen Fällen bedürfen alle Gesellschafter der Erlaubnis. Beteiligungen an einer Apotheke in Form einer Stillen Gesellschaft und Vereinbarungen, bei denen die Vergütung für dem Erlaubnisinhaber gewährte Darlehen oder sonst überlassene Vermögenswerte am Umsatz oder am Gewinn der Apotheke ausgerichtet ist, insbesondere auch am Umsatz oder Gewinn ausgerichtete Mietverträge sind unzulässig.

Vorüberlegungen

Der zugrunde liegende Fall, in dem wieder die Internet-Apotheke DocMorris die Hauptrolle spielt, wurde im Jahre 2007 zunächst vom OVG des Saarlandes[1] im Verfahren des einstweiligen Rechtsschutzes entschieden. Diesmal ging es nicht um Fragen des freien Warenverkehrs, sondern der Niederlassungsfreiheit. DocMorris wollte ein Apothekenfilialnetz in Deutschland in Form einer Kapitalgesellschaft etablieren. Dem steht zwar derzeit das deutsche Apothekengesetz entgegen. Die Genehmigungsbehörde gab dem entsprechenden Antrag aber gleichwohl statt, um dem Europarecht zum Durchbruch zu verhelfen. Das rief die potentiellen Konkurrenten auf den Plan. Im Hauptsacheverfahren rief das Verwaltungsgericht den EuGH an. Mit Urteil vom 19.5.2009[2] hat der EuGH entschieden, dass die deutschen Regelungen mit Unionsrecht in Einklang stehen. **205**

Die Aufgabe wird in zwei Fragen behandelt, um den Stoff zu entzerren und den Aufbau weniger komplex zu gestalten. Zunächst geht es um die materielle Frage, ob die Betriebserlaubnis rechtmäßig war. Auf den ersten Blick fällt auf, dass die Erlaubnis nicht im Einklang mit § 8 ApoG steht. Es kann im Weiteren also nur darum gehen, ob diese Norm ihrerseits mit höherrangigem Recht in Einklang steht. Zu denken ist hier einerseits an das deutsche Verfassungsrecht, andererseits an das Europäische Unionsrecht.

Das BVerfG hat dem Gesetzgeber bei der Ausgestaltung der apothekenrechtlichen Berufsregelungen bisher einen großen Spielraum eingeräumt. Deshalb ist zu prognostizieren, dass diese Regelungen, insbesondere § 8 ApoG, dort Bestand haben werden. Anderes wurde allgemein von der Entscheidung des EuGH erwartet. Umso erstaunter war die Fachöffentlichkeit, als der Gerichtshof die deutsche Regelung in seinem Urteil vom 19.5.2009 bestätigte[3].

Im Zentrum der Prüfung der Niederlassungsfreiheit gem. Art. 49 AEUV steht die Frage nach der Rechtfertigung. Das deutsche Apothekengesetz dient dem Gesundheitsschutz der Bevölkerung und verfolgt damit ein auch vom Unionsrecht anerkanntes Ziel. Fraglich ist aber, ob die konkrete Maßnahme des Gesetzgebers auch verhältnismäßig ist. Dies ist nach Ansicht des EuGH zu bejahen.

Davon zu trennen ist die Frage, ob die deutschen Behörden § 8 ApoG ohne Weiteres unangewendet lassen können, wenn sie von dessen Unionsrechtswidrigkeit überzeugt sind. Im nationalen Kontext dürften sie einfaches Gesetzesrecht, das gegen Verfassungsrecht verstößt, nicht selbst verwerfen. Wie die Lage im Zusammenhang mit Europarecht ist, ist umstritten. Hier wird eine ausführliche Auseinandersetzung erwartet.

1 OVG des Saarlandes vom 22.1.2007, 3 W 14/06, NVwZ-RR 2008, S. 95 ff.

2 EuGH vom 19.5.2009, verb. Rs. C-171/07 und 172/07, Slg. 2009, I-4171, NJW 2009, S. 2112 ff., Apothekerkammer des Saarlandes u.a. und Helga Neumann-Seiwert./.Saarland und Ministerium für Justiz, Gesundheit und Soziales.

3 Vgl. *Herrmann*, Anmerkung, EuZW 2009, S. 413 ff.

Im prozessualen Teil der zweiten Frage soll der einstweilige Rechtsschutz nach der VwGO wiederholt werden. Insbesondere geht es um Konstellationen, in denen der Konkurrent, also ein Dritter, Rechtsschutz sucht.

Der Schwierigkeitsgrad der Klausur ist als mittel bis hoch einzustufen, da einige spezielle Fragen von nationalem und Unionsrecht angesprochen werden. Die Klausur eignet sich gut als Examensklausur im Öffentlichen Recht, kann aber in Teilen auch im Schwerpunkt Europarecht im Rahmen einer Examensabschlussklausur oder einer vorlesungsbegleitenden Abschlussklausur geschrieben werden.

Gliederung

206 **Frage 1**

A. Rechtsgrundlage
B. Formelle Rechtmäßigkeit
C. Materielle Rechtmäßigkeit
  I. Einschränkung von § 1 ApoG durch § 8 ApoG
  II. Verstoß gegen Grundrechte des Grundgesetzes
  III. Verstoß gegen die Niederlassungsfreiheit gem. Art. 49 AEUV
    1. Anwendungsbereich der Niederlassungsfreiheit
    2. Gewährleistungsinhalt
    3. Rechtfertigung aus Gründen des Gesundheitsschutzes
    4. Verwerfungspflicht deutscher Behörden
D. Ergebnis

Frage 2

A. Zulässigkeit
  I. Verwaltungsrechtsweg
  II. Statthafter Antrag
  III. Antragsbefugnis
  IV. Rechtsschutzbedürfnis
  V. Antragsgegner
  VI. Beteiligten- und Prozessfähigkeit
  VII. Ergebnis
B. Begründetheit
  I. Grundrechtsbetroffenheit
  II. Ergebnis

Musterlösung

Frage 1

Zu prüfen ist die Rechtmäßigkeit der Betriebserlaubnis. Es ist nach einer Rechtsgrundlage zu suchen, deren Voraussetzungen in formeller und materieller Hinsicht erfüllt sein müssen. **207**

A. Rechtsgrundlage

Rechtsgrundlage für die Erlaubniserteilung ist § 1 II ApoG. **208**

B. Formelle Rechtmäßigkeit

Die formelle Rechtmäßigkeit ist vorliegend unproblematisch. Insbesondere hat die zuständige Behörde gehandelt und Verfahrens- und Formfehler sind nicht ersichtlich. **209**

C. Materielle Rechtmäßigkeit

I. Einschränkung von § 1 ApoG durch § 8 ApoG

Weiterhin müssten die materiellen Voraussetzungen für die Erlaubniserteilung vorliegen. Diese sind in den §§ 2 ff. ApoG geregelt. Nach § 8 S. 1 ApoG können mehrere Personen zusammen eine Apotheke nur in der Rechtsform einer GbR oder OHG betreiben. Daraus folgt, dass einem Nichtapotheker jede Beteiligung an einer Apotheke untersagt ist[4]. Der Betrieb in Form einer Kapitalgesellschaft wie der von A in Deutschland gegründeten GmbH ist daher nicht zulässig. Das sog. Fremdbesitzverbot verbietet also die angestrebte Eröffnung einer Apotheke durch die A. Bei Zugrundelegung allein des deutschen Apothekengesetzes hätte die Erlaubnis nicht ergehen dürfen, sie wäre rechtswidrig. **210**

Jedoch könnte § 8 ApoG gegen höherrangiges Recht, insbesondere deutsche Grundrechte oder europäische Grundfreiheiten, verstoßen. Im Falle eines Verstoßes gegen Grundrechte wäre die Norm nichtig, im Falle des Verstoßes gegen Unionsrecht unanwendbar. Bei Verstößen gegen höherrangiges Recht fragt sich allerdings in einem zweiten Schritt, ob und wie die Behörde dies bei ihrer Entscheidungsfindung berücksichtigen darf.

II. Verstoß gegen Grundrechte des Grundgesetzes

In Betracht kommt zunächst ein Verstoß gegen Grundrechte des Grundgesetzes, insbesondere die Berufsfreiheit gem. Art. 12 I GG. Das Fremdbesitzverbot hindert Wirt- **211**

4 *Henssler/Kleen/Riegler*, EuZW 2017, S. 723 ff., 726 m.w.N.

schaftsteilnehmer daran, Apotheken in bestimmten Rechtsformen, insbesondere in Form der Kapitalgesellschaft, zu betreiben. Darin liegt ein unmittelbarer Eingriff in deren Berufsfreiheit. Das BVerfG[5] hat jedoch bereits entschieden, dass es sich bei der Regelung des § 8 ApoG um eine Berufsausübungsregelung handele, die aus übergeordneten Gründen des Gemeinwohls gerechtfertigt sei.

Die besondere Situation beim Verkauf von Medikamenten rechtfertige es, den Apothekenbetrieb nur selbstständig tätigen Apothekern selbst vorzubehalten. Nur so könne den Belangen des Gesundheitsschutzes ausreichend Rechnung getragen werden. Dem ist unter der Prämisse zuzustimmen, dass das BVerfG dem Gesetzgeber bei der Auswahl und Gewichtung der einer Normierung zugrunde liegenden Gemeinwohlbelange eine weite Einschätzungsprärogative zuzubilligen hat. Deren Grenzen sind vorliegend nicht verletzt. Ein Verstoß gegen Art. 12 I GG liegt nicht vor.

Hier kann man bei guter Argumentation auch zum gegenteiligen Ergebnis kommen. Dann stellt sich aber die weitergehende Frage, ob die Behörde die Grundrechtswidrigkeit bei ihrer Entscheidung berücksichtigen darf. Die Frage ist zu verneinen, weil die Verwerfungskompetenz allein beim BVerfG liegt.

III. Verstoß gegen die Niederlassungsfreiheit gem. Art. 49 AEUV

212 Allerdings könnte das Fremdbesitzverbot aus § 8 ApoG unanwendbar sein, wenn es gegen europäisches Unionsrecht verstößt und dieser Verstoß von der genehmigenden Behörde unmittelbar zu beachten ist. Zu prüfen ist also zunächst die Niederlassungsfreiheit selbst, sodann die Frage der Pflicht zur Verwerfung bzw. Nichtanwendung des nationalen Rechts durch innerstaatliche Behörden.

Vertretbar erscheint es auch, zunächst die Verwerfungspflicht zu prüfen und in einem zweiten Schritt auf die materielle Frage einzugehen.

1. Anwendungsbereich der Niederlassungsfreiheit

213 Vorliegend möchte die niederländische Kapitalgesellschaft A in Deutschland eine zusätzliche Niederlassung gründen. Sie könnte damit von ihrer sekundären Niederlassungsfreiheit gem. Art. 49 I 2 AEUV Gebrauch machen. Die Niederlassungsfreiheit umfasst das Recht zur Aufnahme und Ausübung selbstständiger Erwerbstätigkeiten sowie zur Errichtung von Unternehmen und zur Ausübung der Unternehmertätigkeit nach den Bestimmungen, die im Niederlassungsstaat für dessen eigene Angehörige gelten. Nach dem Wortlaut der genannten Vorschrift sind Gründungsvorgänge wie der geplante vom sachlichen Anwendungsbereich der Niederlassungsfreiheit erfasst.

In persönlicher Hinsicht ist, da eine ausländische Gesellschaft in Deutschland tätig sein möchte, zusätzlich Art. 54 AEUV heranzuziehen. Danach werden nach dem Recht eines Mitgliedstaates gegründete Gesellschaften, die ihren Sitz, ihre Hauptverwaltung oder

5 BVerfG vom 13.2.1964, 1 BvL 17/61 u.a., BVerfGE 17, 232, aktuell dazu *Henssler/Kleen/Riegler*, EuZW 2017, S. 723 ff., 728.

ihre Hauptniederlassung in der Union haben, Staatsangehörigen der Mitgliedstaaten gleichgestellt. Gesellschaften haben daher das Recht, ihre Tätigkeit in einem anderen Mitgliedstaat auszuüben, wobei ihr satzungsmäßiger Sitz, ihre Hauptverwaltung oder ihre Hauptniederlassung dazu dient, ihre Zugehörigkeit zu einem Mitgliedstaat zu bestimmen[6]. A ist eine Kapitalgesellschaft, die ihren Sitz in den Niederlanden hat und dort ordnungsgemäß gegründet wurde. Damit wird sie einem Staatsangehörigen eines Mitgliedstaates gleichgestellt. Weiterhin verlangt Art. 49 I 2 i.V.m. 54 I AEUV im Rahmen der sekundären Niederlassung, dass die betreffende Gesellschaft in der Union ansässig ist. Auch dies ist vorliegend der Fall. Der persönliche Anwendungsbereich der Niederlassungsfreiheit ist eröffnet[7].

2. Gewährleistungsinhalt

Der Gebrauch der Niederlassungsfreiheit müsste durch das deutsche Gesetz beeinträchtigt sein. § 8 ApoG ist als deutsches Parlamentsgesetz eine nationale Maßnahme. Die Niederlassungsfreiheit gilt nicht nur als Verbot offener und versteckter Diskriminierungen, sondern seit dem Urteil in der Rechtssache Gebhard[8] anerkanntermaßen auch als Beschränkungsverbot. Vorliegend werden Inländer und Ausländer durch das Fremdbesitzverbot formal und tatsächlich nicht unterschiedlich behandelt, so dass eine Diskriminierung ausscheidet. Allerdings wird die Apothekengründung in Deutschland durch das Verbot erschwert und weniger attraktiv, so dass nach der sog. „Gebhard-Formel" eine Beschränkung anzunehmen ist[9]. Teilweise wird gefordert, die Anwendung des Beschränkungsverbots auf Marktzugangsregelungen zu begrenzen[10]. Ob dem zu folgen ist, kann hier allerdings offen bleiben, weil das Fremdbesitzverbot bereits die Gründung von Zweitniederlassungen erschwert und sich damit auf den Marktzugang auswirkt. § 8 ApoG wird in jedem Fall vom Gewährleistungsinhalt der Niederlassungsfreiheit in ihrer Ausprägung als Beschränkungsverbot erfasst[11]. **214**

3. Rechtfertigung aus Gründen des Gesundheitsschutzes

Es ist folglich nach einer Rechtfertigung für das Fremdbesitzverbot zu suchen. Für Beschränkungen der Niederlassungsfreiheit kommt einerseits eine Rechtfertigung aus **215**

6 Vgl. EuGH vom 5.11.2002, Rs. C-208/00, Slg. 2002, I-9919, EuZW 2002, S. 754 ff., 755, Rn. 56 f., Überseering BV./.Nordic Construction Company Baumanagement GmbH, und EuGH vom 30.9.2003, Rs. C-167/01, Slg. 2003, I-10155, EuZW 2003, S. 687 ff., 693, Rn. 97, Kamer van Koophandel en Fabrieken voor Amsterdam./.Inspire Art Ltd. (dazu ausführlich unten Fall 7).

7 Zu den persönlichen Voraussetzungen der Niederlassungsfreiheit siehe im Einzelnen *Streinz*, Europarecht, Rn. 816.

8 EuGH vom 30.11.1995, Rs. C-55/94, Slg. 1995, I-4165, Gebhard./.Consiglio dell'Ordine degli Avvocati e Procuratori di Milano.

9 Den Wortlaut der Gebhard-Formel siehe oben bei Fall 3 (Rn. 123 und 124).

10 Siehe bereits Fall 3.

11 EuGH vom 19.5.2009, verb. Rs. C-171/07 und 172/07, Slg. 2009, I-4171, EuZW 2009, S. 409 ff., 410, Rn. 24, Apothekerkammer des Saarlandes u.a.

Art. 52 I AEUV, andererseits aus zwingenden Erfordernissen des Allgemeininteresses in Betracht, wenn die Maßnahme verhältnismäßig, insbesondere geeignet und erforderlich ist[12].

Art. 52 I AEUV erlaubt die Rechtfertigung aus Gründen der öffentlichen Gesundheit, so dass vorrangig auf diesen geschriebenen Rechtfertigungsgrund abzustellen sein könnte. Allerdings bezieht sich der Wortlaut ausdrücklich nur auf Sonderregelungen für Ausländer. Eine solche beinhaltet das Fremdbesitzverbot gerade nicht. Mithin ist nicht Art. 52 I AEUV anzuwenden, sondern nach zwingenden Erfordernissen zu fragen.

Der Schutz der Gesundheit der Bevölkerung gehört zu den zwingenden Gründen des Allgemeininteresses, die Beschränkungen der Niederlassungsfreiheit rechtfertigen können[13]. Durch das Fremdbesitzverbot soll sichergestellt werden, dass aufgrund des Sonderrechts für Apotheken eine qualitativ hochwertige Arzneimittelversorgung der Bevölkerung gewährleistet ist. Der Einfluss von Fachfremden soll zurückgedrängt werden. Dadurch soll die Gesundheit der Verbraucher geschützt werden, indem dem Apotheker ermöglicht werden soll, sich im Rahmen der Beratung voll auf gesundheitliche Aspekte zu konzentrieren.

216 Fraglich ist aber, ob das Verbot zur Erreichung dieses Zwecks verhältnismäßig ist. Das Fremdbesitzverbot ist geeignet, den Zweck des Gesundheitsschutzes zu fördern. Jedoch fragt sich, ob der Gesundheitsschutz auch durch weniger einschneidende Maßnahmen zu erreichen wäre, ob also § 8 ApoG erforderlich ist. Denkbar wäre eine Pflicht, einen approbierten Apotheker mit der Leitung der Apotheke zu betrauen[14]. Allerdings wäre dies nur dann ein gleich geeignetes Mittel, wenn dadurch eine ebenso gute Beratungsqualität wie in selbst geführten Apotheken erreicht werden könnte. Dagegen könnte sprechen, dass angestellte Apotheker möglicherweise in ein Abhängigkeitsverhältnis zu den Kapitalgebern der Gesellschaft geraten könnten und sich die Kapitalinteressen gegen fachliche Fragen durchsetzen könnten. Diese Gefahren lassen sich aber wiederum möglicherweise durch die Ausgestaltung des Angestelltenverhältnisses (ggf. Weisungsfreiheit und Unabhängigkeit) ausräumen. Wo dies wegen der Struktur der Kapitalgesellschaft nicht möglich ist, müsste diese als Rechtsform jedoch untersagt werden[15].

Die Ausführungen zeigen, dass die zu regelnde Frage stark von wertenden Entscheidungen geprägt ist. Deshalb hat der EuGH in der zugrunde liegenden Entscheidung ausgeführt, die Mitgliedstaaten hätten bei der Normierung derartiger Fragen einen weiten Wertungsspielraum. Dieser sei vorliegend nicht überschritten, weil das deutsche

---

12 *Streinz*, Europarecht, Rn. 867 f. Der EuGH scheint zwar grundsätzlich von einer aus dem deutschen Recht bekannten dreistufigen Prüfung (Geeignetheit-Erforderlichkeit-Angemessenheit/Verhältnismäßigkeit im engeren Sinne) auszugehen, spricht die Frage der Angemessenheit in der Praxis aber nur selten an. Siehe dazu *Streinz*, Europarecht, Rn. 870 und 918, *Dittert*, Europarecht, S. 297, je m.w.N., ausführlich *Brigola*, EuZW 2017, S. 406 ff., sowie (für Grundrechtseinschränkungen) *Michl*, EuR 2018, S. 456 ff., 465 ff.

13 EuGH vom 19.5.2009, verb. Rs. C-171/07 und 172/07, Slg. 2009, I-4171, EuZW 2009, S. 409 ff., 410, Rn. 27 m.w.N., Apothekerkammer des Saarlandes u.a.

14 Hierzu ausführlich *Martini*, DVBl. 2007, S. 10 ff., 13 ff.

15 *Martini*, DVBl. 2007, S. 10 ff., 16.

System zulässigerweise davon ausgehe, dass der Gesundheitsschutz von Apothekenkunden am besten durch Apotheker gewährleistet sei, die ihre Apotheke selbst führen[16].

Diese Entscheidung ist in der Literatur auf Kritik gestoßen, da sie das erreichte Niveau des grundfreiheitlichen Schutzes im Binnenmarkt in Frage stelle[17]. In der Tat liegt das Urteil im Trend jüngerer Entscheidungen, die die mitgliedstaatlichen Entscheidungsspielräume stärker berücksichtigen als früher[18]. Dies ist vor dem Hintergrund zu begrüßen, dass in der größer gewordenen Union eine zu strikte Integration unerwünschte Gegenreaktionen auf mitgliedstaatlicher Ebene zur Folge haben könnte. Die vorsichtigere Linie des EuGH erscheint daher folgerichtig, so dass ihr im Ergebnis zu folgen ist.

Hier sind beide Auffassungen gut vertretbar. Die Gegenauffassung liegt eher auf der Linie der früheren Rspr., die als binnenmarktfreundlich gekennzeichnet werden kann. In der jüngeren Rspr. zur Rechtfertigung von Einschränkungen der Warenverkehrsfreiheit aus Gründen des Gesundheitsschutzes zeichnet sich die Tendenz ab, den Mitgliedstaaten einerseits zwar weiterhin einen Spielraum zuzubilligen, andererseits aber strengere Anforderungen an die tatsächliche Eignung der beschränkenden Maßnahmen im Hinblick auf das angestrebte Ziel bzw. insbes. deren „gerichtsfeste" Beweisbarkeit zu stellen[19].

4. Verwerfungspflicht deutscher Behörden

Wird ein Verstoß bejaht, so stellt sich die Folgefrage der Verwerfungspflicht bzw. **217**
Nichtanwendung des nationalen Rechts für nationale Behörden. Gegen eine solche Pflicht wird eingewandt, dass nationale Behörden grundsätzlich an die gesetzgeberischen Entscheidungen gebunden sind und nicht selbst Gesetze unangewendet lassen dürfen, wenn es keine gerichtliche Entscheidung gibt, die eine solche Nichtanwendung gebieten. Der Verwaltung komme die Funktion zu, gesetzgeberische Entscheidungen nachzuvollziehen und nicht, sie in Frage zu stellen. Eine voraussetzungslose Verwerfungspflicht gefährde das funktionale Gefüge der Gewalten[20]. Vielmehr sei die Verwerfungspflicht zumindest auf offensichtliche Fälle und solche Fälle zu beschränken, in denen bereits eine Entscheidung des Gerichtshofs vorliege[21].

---

16 EuGH vom 19.5.2009, verb. Rs. C-171/07 und 172/07, Slg. 2009, I-4171, EuZW 2009, S. 409 ff., 410, Rn. 29 ff.

17 *Herrmann*, Anmerkung zu EuGH vom 19.5.2009, verb. Rs. C-171/07 und C-172/07, EuZW 2009, S. 413 ff., und auf der Grundlage der jüngeren Rspr. zusammenfassend *Henssler/Kleen/Riegler*, EuZW 2017, S. 723 ff., 726 f. m.w.N.

18 Für das Steuerrecht siehe *Musil*, DB 2009, S. 1037 ff., und aus der jüngeren Rspr. z.B. EuGH vom 19.10.2016, Rs. C-148/15, ECLI:EU:C:2016:776, NJW 2016, S. 3771 ff., Rn. 30, Deutsche Parkinson Vereinigung e.V./.Zentrale zur Bekämpfung unlauteren Wettbewerbs e. V. – DocMorris III (s. dazu Fall 2), und EuGH vom 23.12.2015, Rs. C-333/14, ECLI:EU:C:2015:845, NJW 2016, S. 621 ff., Rn. 30, Scotch Whisky Association u.a./.The Lord Advocate und The Advocate General for Scotland. Nach *Kamann*, in: Körber, Wettbewerbsbeschränkungen, S. 180 f., führt das zu einer bloßen Plausibilitätskontrolle bzw. Darlegungs- und Beweislastumkehr.

19 Vgl. insbes. EuGH vom 19.10.2016, Rs. C-148/15, ECLI:EU:C:2016:776, NJW 2016, S. 3771 ff., Rn. 35 ff., DocMorris III, dazu *Jarass*, NVwZ 2018, S. 1665 ff., *Kubiciel*, NVwZ 2018, 841 ff., *ders.* EuZW 2017, S. 494 ff., *Kingreen* JURA 2017 S. 363, *Streinz*, JuS 2017, S. 83 ff., *Frenz*, GewArch 2017, S. 9 ff., *Henssler/Kleen/Riegler*, EuZW 2017, S. 723 ff., 726 f. m.w.N., *Rixen*, EuR 2017, S. 744 ff., 749 ff., und *Schulz-Pabst*, ZJS 2016, S. 370 ff.

20 Ablehnend deshalb *Martini*, DVBl. 2007, S. 10 ff., 16 f., und *Semmroth*, NVwZ 2006, S. 1378 ff., 1380.

21 So etwa *Pietzcker*, in: FS Everling, S. 1095; *Martini*, DVBl. 2007, S. 10 ff., 17; *Streinz/Herrmann*, EuZW 2006, S. 455 ff., 458.

Demgegenüber hat der EuGH eine entsprechende Verwerfungspflicht festgestellt[22]. Auch das OVG des Saarlandes[23] hat im Anschluss daran nunmehr ausgesprochen, dass im Einzelfall eine Nichtanwendung durch nationale Behörden erfolgen könne. Dem ist unter dem Aspekt zuzustimmen, dass nur auf diese Weise der praktischen Wirksamkeit des Unionsrechts (effet utile) in ausreichendem Maße Rechnung getragen werden kann. Man könnte nicht mehr von einer unmittelbaren Anwendbarkeit von Unionsrecht sprechen, wollte man die Verwerfungspflicht auf offensichtliche Fälle beschränken. Da die nationalen Vorschriften, die unionsrechtswidrig sind, nicht nichtig, sondern nur unanwendbar werden, ist die Situation auch anders gelagert als im Falle der Verfassungswidrigkeit. Die Verwaltung fällt kein Nichtigkeitsverdikt, sondern lässt eine weiterhin gültige Norm nur im Einzelfall unangewandt. Die Behörde durfte § 8 ApoG unangewendet lassen.

Hier ist die Gegenauffassung gut vertretbar, da sie in der Literatur viele Anhänger hat[24]. In diesem Fall ist, da kein offensichtlicher Verstoß vorliegt, § 8 ApoG anzuwenden.

D. Ergebnis

218 Im Ergebnis verstößt § 8 ApoG nicht gegen die Niederlassungsfreiheit gem. Art. 49 AEUV. Die Betriebserlaubnis ist somit rechtswidrig, da sie § 8 ApoG außer Acht gelassen hat.

Frage 2

219 Der Antrag auf einstweiligen Rechtsschutz wird Erfolg haben, soweit er zulässig und begründet ist.

A. Zulässigkeit

I. Verwaltungsrechtsweg

220 Im Eilverfahren ist der Verwaltungsrechtsweg eröffnet, wenn dies auch in der Hauptsache der Fall ist. Mangels aufdrängender Sonderzuweisung ist § 40 I VwGO anzuwenden. Danach müsste zunächst eine öffentlich-rechtliche Streitigkeit vorliegen. Herr X wendet sich gegen eine Betriebserlaubnis, die seinem Konkurrenten A erteilt wurde. Die maßgeblichen Normen des Apothekengesetzes sind öffentlich-rechtlicher Natur, so dass eine öffentlich-rechtliche Streitigkeit vorliegt. Diese ist nichtverfassungsrechtlicher Art, da es an der Verfassungsunmittelbarkeit fehlt. Da auch keine abdrängende Sonderzuweisung vorliegt, ist der Verwaltungsrechtsweg eröffnet.

---

22 Vgl. EuGH vom 22.6.1989, Rs. 103/88, Slg. 1989, 1839 ff., 1870, Fratelli Costanzo./.Comune di Milano, grds. zustimmend *Classen*, in: Grabitz/Hilf/Nettesheim, AEUV, Art. 197, Rn. 18 ff.

23 OVG des Saarlandes vom 22.1.2007, 3 W 14/06, NVwZ-RR 2008, S. 95 ff.

24 Siehe *Martini*, DVBl. 2007, S. 10 ff., *Semmroth*, NVwZ 2006, 1378 ff., sowie die Nachweise bei *Kahl*, in: Calliess/Ruffert, EGV, Art. 10, Rn. 43, insbes. dortige Fn. 229.

II. Statthafter Antrag

Laut Sachverhalt möchte Herr X im Wege des einstweiligen Rechtsschutzes gegen die Betriebserlaubnis vorgehen. Es handelt sich um einen den Konkurrenten A begünstigenden Verwaltungsakt i.S.v. § 35 S. 1 VwVfG, der einen Dritten, Herrn X, belastet. In der Hauptsache müsste Herr X hiergegen mit der Anfechtungsklage vorgehen. **221**

Als statthafter Antrag kommt demnach ein solcher auf Wiederherstellung der aufschiebenden Wirkung des Widerspruchs gegen die Betriebserlaubnis gem. §§ 80a III 2, 80 V VwGO in Betracht[25]. Teilweise wird auch vertreten, gem. §§ 80a III 1, 80a I Nr. 2 VwGO sei in einem solchen Fall die Aussetzung der Vollziehung zu beantragen[26]. Da § 80a VwGO den einstweiligen gerichtlichen Rechtsschutz des § 80 VwGO lediglich auf Verwaltungsakte mit Doppelwirkung erstrecken will, ist nicht ersichtlich, wieso bei diesen ein anderer Antrag als im Falle des § 80 V VwGO erforderlich sein soll. Der Streit kann vorliegend aber auf sich beruhen, da sich dem Sachverhalt nicht entnehmen lässt, welche Antragsfassung Herr X gewählt hat. Es sind also beide Fassungen denkbar.

III. Antragsbefugnis

Weiterhin müsste Herr X auch antragsbefugt sein (§ 42 II VwGO analog). Es muss möglich erscheinen, dass er durch die Betriebserlaubnis für A in seinen subjektiv-öffentlichen Rechten verletzt ist. Dies ist vorliegend deshalb problematisch, weil Herr X nicht Adressat der Genehmigung, sondern ein Dritter ist. Ein solcher kann nur dann vor dem Verwaltungsgericht Rechtsschutz erlangen, wenn ihm eine ihn besonders schützende Norm zur Verfügung steht. **222**

Mangels Sonderbeziehung zwischen X und der Behörde ist zunächst nach einer einfach-gesetzlichen Vorschrift zu suchen, die neben der Allgemeinheit auch Herrn X in seiner konkreten Lage zu schützen bestimmt ist. Der hier allein in Betracht kommende § 8 ApoG soll jedoch vor allem die Allgemeinheit vor Gesundheitsgefahren schützen. Ein Drittschutz für Wettbewerber wohnt ihm nicht inne[27].

Ein Drittschutz kann somit allein aus Grundrechten folgen. In Betracht kommt vorliegend insbesondere die Berufsfreiheit. Zwar ist allgemein anerkannt, dass Art. 12 I GG grundsätzlich nicht vor Konkurrenz schützt. Jedoch sind Konstellationen denkbar, in denen der Staat durch seine Maßnahmen derart auf die private Konkurrenzsituation einwirkt, dass einzelne Marktteilnehmer einem Verdrängungs- und Auszehrungswettbewerb ausgesetzt sind. In einem solchen Fall kann Art. 12 I GG eingreifen. Jedenfalls sind die Anforderungen an die Antragsbefugnis gerade im einstweiligen Rechtsschutzverfahren nicht zu überspannen, um keine irreparablen Schäden für einzelne Marktteilnehmer zu verursachen. Vorliegend reicht es daher für die Möglichkeit der Rechtsverletzung aus, dass nicht ausgeschlossen werden kann, dass der Staat durch die Erteilung

25 Vgl. *Kopp/Schenke*, VwGO, § 80a, Rn. 17 m.w.N.
26 *Schoch*, in: Schoch/Schneider/Bier, VwGO, § 80a, Rn. 49 f.
27 Ebenso OVG des Saarlandes vom 22.1.2007, 3 W 14/06, NVwZ-RR 2008, S. 95 ff., 97, Rn. 40, unter Verweis auf BVerwG vom 6.12.1988, 1 B 157/88, NJW 1989, S. 1175.

der Erlaubnis an A die Marktsituation von A unter Verstoß gegen Art. 12 I GG beeinträchtigt hat[28]. X ist antragsbefugt.

Vertretbar ist es, bereits an dieser Stelle den Antrag scheitern zu lassen. Art. 12 I GG kann auch so ausgelegt werden, dass ein Konkurrentenschutz in der vorliegenden Konstellation ausgeschlossen erscheint.

IV. Rechtsschutzbedürfnis

223 Fraglich ist weiterhin, ob für den Antrag auf einstweiligen Rechtsschutz ein Rechtsschutzbedürfnis besteht. Dieses ist unter zwei Gesichtspunkten problematisch. Zum einen kann einstweiliger Rechtsschutz nach §§ 80a III 2, 80 V VwGO nur gewährt werden, wenn in der Hauptsache bereits ein Rechtsmittel (Widerspruch oder Anfechtungsklage) eingelegt wurde, das nicht offensichtlich unzulässig ist und das keine aufschiebende Wirkung entfaltet. Zum anderen ist fraglich, ob im Rahmen von § 80a VwGO zunächst ein Antrag bei der Behörde gestellt werden muss, bevor das Gericht eingeschaltet werden darf[29].

Vorliegend hat Herr X bereits fristgerecht Anfechtungsklage erhoben. Diese ist auch nicht offensichtlich unzulässig. Sie entfaltet auch keine aufschiebende Wirkung, da die Behörde gem. § 80 II 1 Nr. 4 VwGO die sofortige Vollziehbarkeit angeordnet hat.

Weiterhin ist problematisch, ob gerichtlicher Rechtsschutz erst nach einem erfolglosen Antrag bei der Behörde zulässig ist. Einen solchen hat X hier nämlich nicht gestellt. Für ein solches Antragserfordernis könnte sprechen, dass § 80a III 2 VwGO auch auf die Vorschrift des § 80 VI VwGO verweist, die einen Antrag vorsieht[30]. Teilweise wird dieser Verweis jedoch als Redaktionsversehen angesehen und in Fällen wie dem vorliegenden nicht angewendet[31]. Der Streit kann vorliegend aber offen bleiben, da A sofort mit dem Apothekenbetrieb beginnen will. In einem solchen Fall ist ein vorheriger Antrag bei der Behörde auch nach § 80 VI VwGO nicht notwendig, da im Sinne seines Satzes 2 Nr. 2 die Vollstreckung droht[32].

V. Antragsgegner

224 Der richtige Antragsgegner ist nach § 78 VwGO zu ermitteln. Der Sachverhalt enthält keinen Hinweis auf eine Regelung nach § 78 I Nr. 2 VwGO. Folglich ist gem. § 78 I Nr. 1 VwGO die Trägerkörperschaft der zuständigen Genehmigungsbehörde richtiger Antragsgegner.

28 Zur Begründung siehe ausführlich OVG des Saarlandes vom 22.1.2007, 3 W 14/06, NVwZ-RR 2008, S. 95 ff., 97, Rn. 42 ff. Strenger dagegen zumindest für das Hauptsacheverfahren BVerwG vom 15.12.2011, 3 C 41/10, NVwZ 2012, S. 639, entgegen der Vorinstanz OVG Sachsen-Anhalt vom 14.10.2010, 2 L 245/08, GewArch 2011, S. 73, nach dem die auf Art. 12 GG gestützte Klagebefugnis nur ausnahmsweise in Betracht kommt, wenn die hoheitliche Maßnahme eine Wettbewerbsveränderung im Apothekenmarkt herbeiführt, die die wirtschaftliche Position des klagenden Konkurrenten unzumutbar beeinträchtigt.

29 Siehe dazu *Hufen*, Verwaltungsprozessrecht, § 32 Rn. 35 f., und *Schenke*, Verwaltungsprozessrecht, Rn. 1020 f.

30 In diesem Sinne *Heydemann*, NVwZ 1993, S. 419 ff.

31 Vgl. *Kopp/Schenke*, VwGO § 80a, Rn. 21.

32 Nds. OVG, DVBl. 1993, S. 123, 124; OVG RP, NVwZ 1993, S. 591, 592.

VI. Beteiligten- und Prozessfähigkeit

Herr X ist nach § 61 Nr. 1 Alt. 1 VwGO und der Behördenträger als Antragsgegner nach § 61 Nr. 1 Alt. 2 VwGO beteiligtenfähig. Herr X ist nach § 62 I Nr. 1 und der Behördenträger bzw. dessen gesetzlicher Vertreter nach § 62 III (a.A. § 62 I Nr. 1 VwGO) prozessfähig. **225**

VII. Ergebnis

Da weitere Bedenken nicht bestehen, ist der Antrag zulässig. **226**

B. Begründetheit

Ein Antrag nach §§ 80a III 2, 80 V VwGO ist begründet, wenn das Aussetzungsinteresse des Antragstellers das Vollziehungsinteresse der Behörde überwiegt. Dies ist zunächst – da die VzA selbst vorliegend unproblematisch ist – nach den Erfolgsaussichten der Klage in der Hauptsache zu beurteilen. Bei Rechtsmitteln Dritter kann grundsätzlich nur die Verletzung drittschützender Normen geprüft werden. Da bereits Art. 12 I GG als potentiell drittschützende Norm ermittelt wurde, ist zunächst zu fragen, ob dieses Grundrecht betroffen ist. Erst in einem zweiten Schritt kann die Rechtmäßigkeit der Betriebserlaubnis geprüft werden. **227**

Das OVG des Saarlandes[33] prüft demgegenüber sogleich, ob § 8 ApoG anwendbar ist. Dies ist u.E. nicht richtig, weil es darauf erst ankommt, wenn der Drittanfechtende ein Recht darauf hat, dass die Rechtmäßigkeit überprüft wird. Gleichwohl kann es nicht als falsch gewertet werden, wenn der Bearbeiter im Anschluss hieran die Frage des Art. 12 I GG offenlässt.

I. Grundrechtsbetroffenheit

Fraglich ist demnach, ob der Schutzbereich von Art. 12 I GG durch die Erteilung der Betriebserlaubnis an A tangiert ist. Dies wäre zu bejahen, wenn durch die Erlaubnis in einer Art und Weise in die Marktverhältnisse eingegriffen würde, dass Apotheker wie X in einen Verdrängungs- oder Auszehrungswettbewerb gerieten. Dem Sachverhalt lässt sich eine derart weitgehende Wirkung der Erlaubniserteilung nicht entnehmen. Es erscheint daher nicht gerechtfertigt, hier einen Konkurrentenschutz für X aus der Berufsfreiheit herzuleiten. Bereits die Grundrechtsbetroffenheit ist zu verneinen. **228**

Es wurde bereits darauf hingewiesen, dass aus diesem Grund auch schon die Antragsbefugnis verneint werden kann. Umgekehrt erscheint es nur bei guter Begründung möglich, den Schutzbereich von Art. 12 I GG als eröffnet anzusehen. Dann müssen weiter die bereits bei Frage 1 erörterten Punkte behandelt werden.

---

33 OVG des Saarlandes vom 22.1.2007, 3 W 14/06, NVwZ-RR 2008, S. 95 ff.

II. Ergebnis

229 Mangels Verletzung drittschützender Normen ist der Antrag zwar zulässig, aber unbegründet. Das Gericht wird den Antrag daher ablehnen.

Wiederholung und Vertiefung

I. Weiterführende Hinweise

230 EuGH vom 19.5.2009, verb. Rs. C-171/07 und 172/07, Slg. 2009, I-4171, NJW 2009, S. 2112 ff., Apothekerkammer des Saarlandes u.a. und Helga Neumann-Seiwert./.Saarland und Ministerium für Justiz, Gesundheit und Soziales.

OVG des Saarlandes vom 22.1.2007, 3 W 14/06, NVwZ-RR 2008, S. 95 ff.

BVerwG vom 15.12.2011, 3 C 41/10, NVwZ 2012, S. 639, GewArch 2012, S. 258.

Dietz, Sara/Streinz, Thomas: Das Marktzugangskriterium in der Dogmatik der Grundfreiheiten, EuR 2015, S. 50 ff.

Finck, Christopher/Gornik, Andreas: Übungsfall: „... und fragen Sie Ihren Arzt oder Apotheker" – Zu verfassungs- und unionsrechtlichen Problemen des Fremdbesitzverbots für Apotheken, ZJS 2014, S. 171 ff.

Henssler, Martin/Kleen, Julia/Riegler, Andreas: Doc Morris III und die Auswirkungen auf das deutsche Fremd- und Mehrbesitzverbot, EuZW 2017, S. 723 ff.

Herrmann, Christoph: Anmerkung zu EuGH vom 19.5.2009, verb. Rs. C-171/07 und 172/07 (Apothekerkammer des Saarlandes u.a./.Saarland u.a.), EuZW 2009, S. 413 ff.

Jukić, Anton: „Winterfreuden?", JA 2018, 761 ff.

Liebler, Stefan: Anmerkung zu BVerwG vom 15.12.2011, 3 C 41/10, jurisPR-BVerwG 7/2012 Anm. 6.

Martini, Mario: Doc. Morris ante portas – zu Risiken und Nebenwirkungen der Niederlassungsfreiheit des Art. 48 EG für das Berufsrecht der Apotheker, DVBl. 2007, S. 10 ff.

Rixen, Stephan: Versandapotheken und Warenverkehrsfreiheit: Beweisrechtliche Profilierung der Verhältnismäßigkeitsprüfung – Anmerkung zum Urteil des EuGH v. 19.10.2016, Rs. C-148/15, EuR 2017, S. 744 ff.

Sauer, Heiko: Die Grundfreiheiten des Unionsrechts – Eine Handreichung für die Fallbearbeitung, JuS 2017, S. 310 ff.

Semmroth, Wolfgang: DocMorris als Einfalltor für Normverwerfungskompetenz der Verwaltung?, NVwZ 2006, S. 1378 ff.

Streinz, Rudolf: Europarecht: Niederlassungsfreiheit – Rechtfertigung des sog. Fremdbesitzverbots von Apotheken aus Gründen des Gesundheitsschutzes (EuGH vom 19.5.2009, verb. Rs. C-171/07 und 172/07 [Apothekerkammer des Saarlandes u.a./.Saarland u.a.]), JuS 2009, S. 1034 ff.

Streinz, Rudolf/Herrmann, Christoph: Und wieder Doc Morris: Das apothekenrechtliche Mehr- und Fremdbesitzverbot aus der Perspektive des Gemeinschaftsrechts, EuZW 2006, S. 455 ff.

Fall 7

Das Niederlassungsrecht der Gesellschaften

Pflichtfach/Schwerpunktbereich, Schwierigkeitsgrad: mittel/hoch

Teil I 231

Die niederländische Gesellschaft U wurde im Jahr 2008 als „Besloten Vennootschap" (BV) nach niederländischem Recht wirksam gegründet und in das entsprechende niederländische Handelsregister eingetragen. Nach dem niederländischen Recht ist die BV eine juristische Person in Form einer Kapitalgesellschaft, die u.a. Verträge schließen, klagen und verklagt werden kann. Sie entspricht damit einer deutschen GmbH.

Im Jahr 2016 erwarben die vier Berliner Kaufleute A, B, C und D sämtliche Geschäftsanteile und verlegten die Verwaltungstätigkeit der U gänzlich nach Berlin. Ein formaler Gründungsakt nach deutschem Recht wurde nicht vollzogen. Die Geschäfte laufen gut, und nachdem man bisher nur in gemieteten Räumen tätig war, möchte die Firmenleitung nun eine eigene repräsentative Firmenzentrale in Berlin-Mitte errichten. Nach dem Erwerb eines passenden Grundstücks in der Nähe des Reichstags beantragte Geschäftsführer A für die U beim zuständigen Bezirksamt Mitte von Berlin die entsprechende Baugenehmigung. Diese wird unter Hinweis auf Verstöße gegen verschiedene bauordnungsrechtliche Bestimmungen – zu Unrecht – abgelehnt.

Gegen die Ablehnung der Baugenehmigung legt die U, ordnungsgemäß vertreten durch A, form- und fristgerecht Widerspruch ein. Die Widerspruchsbehörde weist den Widerspruch mit der Begründung zurück, die U habe ihren Verwaltungssitz aufgrund der Tatsache, dass alle ihre Geschäftsanteile von Deutschen erworben worden seien, nach Deutschland verlegt. Dort sei sie aber nicht wirksam gegründet worden, so dass es an einer anerkennenswerten Rechtspersönlichkeit fehle. Ohne Rechtspersönlichkeit hätte die U aber nicht als Antragsteller in einem Baugenehmigungsverfahren auftreten dürfen. Bereits deshalb könne keine Genehmigung erteilt werden. Daraufhin erhebt die U, wiederum ordnungsgemäß vertreten durch A, form- und fristgerecht Klage vor dem zuständigen VG gegen das Land Berlin und beantragt, das Bezirksamt Mitte zu verpflichten, ihr die Baugenehmigung zu erteilen. Zur Begründung führt sie unter anderem aus, dass die Aberkennung ihrer Rechtspersönlichkeit unionsrechtswidrig sei.

Hat die Klage der U Aussicht auf Erfolg? Wie wird das VG entscheiden?

Gehen Sie davon aus, dass das Gericht auch die europarechtlichen Fragen ohne Vorlage an den EuGH beantworten kann und dass es keine Richtlinie oder sonstiges sekundäres Unionsrecht gibt, das die aufgeworfenen Fragen regelt. Nach § 2 des Bezirksverwaltungsgesetzes Berlin sind die Bezirke Selbstverwaltungseinheiten Berlins ohne Rechtspersönlichkeit, so dass sie für das Land Berlin handeln. Sie nehmen gemäß Art. 66 II 2 der Verfassung von Berlin regelmäßig die örtlichen Verwaltungsaufgaben wahr[1].

Teil II

Die V mit Sitz in Amsterdam ist ebenfalls eine „Besloten Vennootschap“ (BV) nach niederländischem Recht (s.o.). Sie erwirbt in Berlin ein Grundstück, um dort eine Filiale für die Abwicklung ihrer Verkaufsaktivitäten auf dem deutschen Markt zu errichten. Die beantragte Baugenehmigung wird ihr mit Bescheid des zuständigen Bezirksamts Berlin-Mitte mit der Begründung verwehrt, das geplante Gebäude halte die bauordnungsrechtlich vorgesehenen Abstandsflächen zu einem Nachbargrundstück knapp nicht ein und dieser Fehler sei aufgrund der geringen Größe des Grundstücks auch durch eine Verkleinerung des Gebäudes nicht zu beheben. Das Verwaltungsgericht Berlin weist die auf die Erteilung der Baugenehmigung gerichtete Verpflichtungsklage ab und lässt die Berufung nicht zu. Auch der Antrag auf Zulassung der Berufung beim Oberverwaltungsgericht Berlin-Brandenburg hat keinen Erfolg. Sowohl VG als auch OVG führen zur Begründung aus, dass im Falle der V keine Verpflichtung der Verwaltung zur Erteilung der Baugenehmigung bestehe, da der V die Grundrechte des GG nicht zustünden und sie daher – im Gegensatz zu deutschen Bauantragsstellern in vergleichbaren Fällen – keinen Anspruch auf Befreiung vom Erfordernis der Einhaltung der Abstandsflächen habe.

V möchte wegen der Verletzung ihres Eigentums Verfassungsbeschwerde erheben. Ist ein entsprechender Antrag zulässig?

Die Ausführungen zum Baurecht sind als zutreffend zu unterstellen.

Bauordnung für Berlin (BauO Bln) – Auszug:

§ 71 Baugenehmigung, Baubeginn

(1) Die Baugenehmigung ist zu erteilen, wenn dem Bauvorhaben keine öffentlich-rechtlichen Vorschriften entgegenstehen, die im bauaufsichtlichen Genehmigungsverfahren zu prüfen sind. [...]

---

1 Siehe dazu *Musil/Kirchner*, Das Recht der Berliner Verwaltung, Rn. 16 ff., 88 ff.

Vorüberlegungen

Die Klausur behandelt Fragen der allgemeinen Rechtsfähigkeit und der Grundrechtsfähigkeit ausländischer Handelsgesellschaften in Deutschland. Die grenzüberschreitende Verlegung von Gesellschaften hat den EuGH vor dem Hintergrund der Niederlassungsfreiheit schon häufiger beschäftigt, wobei zwischen Beschränkungen durch den Gründungsstaat (sog. „Wegzugsfälle") und solchen durch den Staat, in den die Gesellschaft verlegt werden soll (sog. „Zuzugsfälle"), unterschieden werden kann. Teil I orientiert sich an der grundlegenden Überseering-Entscheidung des EuGH aus dem Jahr 2002[2], die einen Zuzugsfall nach Deutschland betraf. Sie wurde allerdings aus dem Zivil- ins Verwaltungsrecht übertragen. **232**

Bei Teil I ist nach den Erfolgsaussichten einer verwaltungsgerichtlichen Klage gefragt, so dass schulmäßig nach Zulässigkeit und Begründetheit aufzubauen ist. Da der Sachverhalt zu den baurechtlichen Fragen nur rudimentäre Angaben liefert, liegt der Schwerpunkt der Klausur erkennbar nicht in diesem Bereich. Problematisch ist vielmehr die – ausdrücklich angesprochene – Rechtsfähigkeit der U bzw. deren Fehlen. Bei der U handelt es sich laut Sachverhalt um eine juristische Person nach niederländischem Recht. Inzwischen wurden alle Gesellschaftsanteile von Deutschen erworben, die U aber nicht nach deutschem Recht wirksam (neu) gegründet, weil z.B. keine Eintragung ins Handelsregister erfolgt ist. Daher ist die U offenbar keine juristische Person in einer Form des deutschen Rechts (z.B. GmbH, AG). Die Aberkennung der Rechtspersönlichkeit durch das VG Berlin verwehrt es der U praktisch, in Deutschland als Gesellschaft tätig werden zu können. Darin könnte ein Verstoß gegen die Niederlassungsfreiheit der Art. 49 AEUV und Art. 54 AEUV liegen, was an geeigneter Stelle zu erörtern ist[3]. Sekundäres Unionsrecht ist nach dem eindeutigen Bearbeitervermerk dagegen nicht zu untersuchen.

Die Musterlösung prüft die Frage der Rechtsfähigkeit dort, wo sie sich zum ersten Mal stellt, nämlich bei der Klagebefugnis. Es erscheint allerdings vertretbar, sich an dieser Stelle noch mit der sog. „Möglichkeitstheorie" zu behelfen und die Frage erst bei der Beteiligten- oder Prozessfähigkeit zu erörtern. Eine Verlagerung in die Begründetheitsprüfung scheint demgegenüber weniger geeignet. Und eine Umgehung des Problems durch die Lösung des II. Zivilsenats des BGH aus dem Jahr 2002, die U zumindest als BGB-Gesellschaft nach deutschem Recht anzuerkennen[4], dürfte vor dem Hintergrund der gefestigten Überseering-Rechtsprechung kaum mehr vertretbar sein. Andererseits stellt es auch keinen Fehler dar, wenn dieser Ansatz an geeigneter Stelle in gebotener Kürze erörtert (und im Ergebnis abgelehnt) wird.

2 EuGH vom 5.11.2002, Rs. C-208/00, Slg. 2002, I-9919, EuZW 2002, S. 754 ff., Überseering BV./.Nordic Construction Company Baumanagement GmbH.

3 Ein Prüfungsschema zur Niederlassungsfreiheit ist unter „Wiederholung und Vertiefung" zu Fall 3 abgedruckt.

4 BGH vom 1.7.2002, II ZR 380/00, BGHZ 151, 204, NJW 2002, S. 3539 ff.

Auch bei Teil II erfolgt die Einkleidung der Probleme in deutsches Prozessrecht. Hier verlangt die Fallfrage die Erörterung der Zulässigkeit einer Verfassungsbeschwerde. Gleichwohl sollte rasch auffallen, dass der Fall kaum Fragen des deutschen Verfassungsprozessrechts aufwirft. Demgemäß sind die Schwerpunkte bei der Bearbeitung zu setzen.

Hinsichtlich der Prüfung der Rechtsfähigkeit deuten die Angaben im Sachverhalt drauf hin, dass die Rechtsfiguren der „juristischen Person" nach niederländischem bzw. deutschem Recht als solche grundsätzlich vergleichbar sind. Ausführungen dazu, ob die V auch nach deutschem Recht als „juristische Person" anzusehen ist, erscheinen daher nicht angebracht.

Bei der zentralen Frage der Grundrechtsfähigkeit EU-ausländischer juristischer Personen gem. Art. 19 III GG, die das BVerfG inzwischen in mehreren Entscheidungen grundsätzlich anerkannt hat, ist weniger das Ergebnis, als vielmehr die Erarbeitung eines rechtskonstruktiv überzeugenden Weges dorthin von Interesse.

Die Klausur behandelt Grundlagen der Niederlassungsfreiheit und ist daher sowohl im Pflichtfach als auch im Schwerpunktbereich einsetzbar. Der Schwierigkeitsgrad ist als mittel bis hoch einzustufen.

Gliederung

233 **Teil I**

A. Zulässigkeit der Klage
- I. Verwaltungsrechtsweg
- II. Statthafte Klageart
- III. Klagebefugnis
  - 1. Möglichkeitstheorie
  - 2. Rechtsfähigkeit der U?
  - 3. Anerkennung der Rechtsfähigkeit nach niederländischem Recht in Deutschland
    - a) Keine Spezialvorschriften des sekundären Unionsrechts
    - b) Niederlassungsfreiheit aus Art. 49, 54 AEUV
      - aa) Persönlicher Anwendungsbereich Art. 49, 54 AEUV
      - bb) Sachlicher Anwendungsbereich Art. 49, 54 AEUV
      - cc) Verstoß gegen Niederlassungsfreiheit
        - (1) Diskriminierungsverbot
        - (2) Allgemeines Beschränkungsverbot
      - dd) Rechtfertigung der Beschränkung
        - (1) Missbrauch, Umgehung des nationalen (Gesellschafts-)Rechts
        - (2) Schranken gemäß Art. 52 AEUV
        - (3) Gemeinwohlvorbehalt
      - ee) Keine Rechtfertigung

IV. Vorverfahren
V. Klagegegner, Beteiligten- und Prozessfähigkeit
VI. Form, Frist
VII. Ergebnis Zulässigkeit
B. Begründetheit der Klage
C. Ergebnis

Teil II

A. Beteiligtenfähigkeit, Art. 93 I Nr. 4a GG, § 90 I BVerfGG
I. Juristische Person
II. Ausländische juristische Person
1. Niederlassungsfreiheit, Art. 49 i.V.m. Art. 54 AEUV
2. Diskriminierungsverbot
3. Auslegung des Art. 19 III GG
B. Verhalten der öffentlichen Gewalt
C. Beschwerdebefugnis
D. Rechtswegerschöpfung
E. Weitere Zulässigkeitsvoraussetzungen
F. Ergebnis

Musterlösung

Teil I

234 Die Klage der U hat Aussicht auf Erfolg, wenn sie zulässig und begründet ist.

A. Zulässigkeit der Klage

I. Verwaltungsrechtsweg

235 Zunächst müsste der Verwaltungsrechtsweg eröffnet sein. Eine aufdrängende Sonderzuweisung besteht nicht, sodass § 40 VwGO anzuwenden ist. Es handelt sich um eine öffentlich-rechtliche Streitigkeit i.S.d. § 40 I VwGO, da die einschlägigen und streitentscheidenden Normen des Bau(ordnungs)rechts zum öffentlichen Recht gehören. Die Streitigkeit ist auch nichtverfassungsrechtlicher Art (Streit zwischen U und Bezirksamt um Baurecht, sodass es an der sog. doppelten Verfassungsmittelbarkeit fehlt). Da auch keine abdrängende Sonderzuweisung (§ 40 I 1 Hs. 2 und 2 VwGO) besteht ist der Verwaltungsrechtsweg eröffnet.

Verfahren vor dem EuGH sind hier offensichtlich nicht zu erörtern.

II. Statthafte Klageart

236 Die statthafte Klageart richtet sich nach dem Begehren des Klägers. Hier begehrt die U die Erteilung einer Baugenehmigung gem. § 71 I BauO Bln. Bei der Baugenehmigung handelt es sich um einen Verwaltungsakt i.S.v. §§ 42 I VwGO, 35 S. 1 VwVfG. Mithin ist die Verpflichtungsklage nach § 42 I VwGO die richtige Klageart. Mit der Verpflichtungsklage in Form der Versagungsgegenklage (gegen die Ablehnung eines beantragten VA) kann die U ihr Klageziel in vollem Umfang erreichen.

III. Klagebefugnis

1. Möglichkeitstheorie

237 Die U müsste gem. § 42 II VwGO klagebefugt sein, das heißt, es müsste möglich erscheinen, dass sie einen Anspruch auf die Erteilung der Baugenehmigung hat. Nach § 71 I BauO Bln „ist" die Baugenehmigung zu erteilen, wenn dem Bauvorhaben keine öffentlich-rechtlichen Vorschriften entgegenstehen, die im bauaufsichtlichen Genehmigungsverfahren zu prüfen sind. Auf die Erteilung der Genehmigung besteht somit grundsätzlich ein Anspruch, wenn die gesetzlichen Voraussetzungen vorliegen, so dass es nicht ausgeschlossen erscheint, dass der U ein entsprechender Anspruch zusteht.

Problematisch könnte hier allerdings sein, dass die Baubehörde der U die Rechtsfähigkeit abgesprochen hat, da sie keine anerkennenswerte Rechtspersönlichkeit besitze. Da ein Rechtsanspruch notwendigerweise voraussetzt, dass der U überhaupt Rechte zustehen können, sie also mindestens teilrechtsfähig ist, ist die Rechtsfähigkeit der U zu prüfen.

Es erscheint vertretbar, die Rechtsfähigkeit der U an dieser Stelle noch nicht zu erörtern und stattdessen insoweit ebenfalls mit der Möglichkeitstheorie zu arbeiten. Die Frage sollte dann aber wenigstens kurz problematisiert werden.

2. Rechtsfähigkeit der U?

Laut Sachverhalt ist die U als juristische Person nach niederländischem Recht gegründet worden. Nunmehr sind alle Gesellschaftsanteile von Deutschen erworben. Eine Neugründung nach deutschem Gesellschaftsrecht, z.B. in der Form einer GmbH, ist nicht erfolgt (z.B. kein Handelsregistereintrag, § 11 GmbHG). Daher ist die U keine juristische Person in einer Form des deutschen Rechts (z.B. GmbH nach § 13 I GmbHG, AG nach § 1 I AktG). Ihr könnte daher nur dann Rechtsfähigkeit zukommen, wenn ihre nach niederländischem Recht unstreitig bestehende Rechtsfähigkeit auch von den deutschen Verwaltungsbehörden und Gerichten zu beachten wäre. Das Bezirksamt Mitte und die Widerspruchsbehörde haben dies abgelehnt. **238**

Die U beruft sich demgegenüber auf das europäische Unionsrecht. Zu prüfen ist daher, ob das Unionsrecht hier zu einer Anerkennung der niederländischen Rechtsfähigkeit der U durch die deutschen Behörden zwingt.

3. Anerkennung der Rechtsfähigkeit nach niederländischem Recht in Deutschland

Ein Anspruch der U auf Anerkennung ihrer Rechtsfähigkeit könnte sich hier aus der Niederlassungsfreiheit aus Art. 49 und 54 AEUV ergeben. **239**

a) Keine Spezialvorschriften des sekundären Unionsrechts

Die Niederlassungsfreiheit aus Art. 49 und 54 AEUV ist hier unmittelbar anwendbar, da laut Bearbeitervermerk keine spezielleren Normen des Sekundärrechts eingreifen, die den Sachverhalt regeln und vorrangig zu prüfen wären[5]. **240**

Weitere Ausführungen hierzu sind wegen des eindeutigen Hinweises im Bearbeitervermerk nicht erforderlich. Da Art. 18 AEUV hinter spezielle Diskriminierungsverbote zurücktritt („unbeschadet besonderer Bestimmungen“), ist auf ihn nicht einzugehen.

b) Niederlassungsfreiheit aus Art. 49, 54 AEUV

Nach Art. 49 AEUV ist die Beschränkung der freien Niederlassung von Staatsangehörigen eines Mitgliedstaates im Hoheitsgebiet eines anderen Mitgliedstaates grundsätzlich verboten. Art. 49 AEUV gilt unmittelbar allerdings nur für Staatsangehörige, also natürliche Personen, und damit nicht für die U als Gesellschaft. **241**

5 Vgl. *Loibl*, Europarecht – Das Skriptum, S. 100. Der EuGH hat die Frage des sekundären Gemeinschaftsrechts in seiner Entscheidung „Überseering“ nicht aufgeworfen (EuGH vom 5.11.2002, Rs. C-208/00, Slg. 2002, I-9919, EuZW 2002, S. 754 ff., Überseering).

Allerdings stehen nach Art. 54 AEUV für die Anwendung der Niederlassungsrechte („dieses Kapitel" in Art. 54 AEUV, also Kapitel 2, Art. 49–54 AEUV) die Gesellschaften, die nach den Rechtsvorschriften eines Mitgliedstaates gegründet wurden und die ihren satzungsmäßigen Sitz, ihre Hauptverwaltung oder ihre Hauptniederlassung innerhalb der Union haben, den natürlichen Personen, die Staatsangehörige der Mitgliedstaaten sind, gleich. Als Gesellschaften i.S.d. Art. 54 I AEUV gelten gem. Art. 54 II AEUV die Gesellschaft bürgerlichen Rechts und des Handelsrechts einschließlich der Genossenschaften und der sonstigen juristischen Personen des öffentlichen und privaten Rechts mit Ausnahme derjenigen, die keinen Erwerbzweck verfolgen.

aa) Persönlicher Anwendungsbereich Art. 49, 54 AEUV

242 Derzeit gibt es (noch) keine einheitliche unionsrechtliche Definition der Gesellschaften, denen die Niederlassungsfreiheit zugute kommt[6]. Mangels gegenteiliger Angaben ist davon auszugehen, dass es sich bei der U als Kapitalgesellschaft in der Form der BV um eine Gesellschaft i.S.d. Art. 54 II AEUV handelt. Diese ist in den Niederlanden (Mitgliedstaat, Art. 52 I EUV) gegründet worden und hat dort offenbar weiterhin ihren satzungsmäßigen Sitz (unterstellt mangels anderer Angaben).

Damit ist der persönliche Anwendungsbereich der Niederlassungsfreiheit, die gem. Art. 49 II AEUV auch Gesellschaften zusteht[7], eröffnet.

bb) Sachlicher Anwendungsbereich Art. 49, 54 AEUV

243 Zu prüfen ist, ob die Nichtanerkennung der U als eigene Rechtspersönlichkeit in Deutschland auch sachlich einen Verstoß gegen die Niederlassungsfreiheit darstellt.

Die Niederlassungsfreiheit umfasst das Recht zur Aufnahme und Ausübung selbstständiger Erwerbstätigkeiten sowie zur Errichtung von Unternehmen und zur Ausübung der Unternehmertätigkeit nach den Bestimmungen, die im Niederlassungsstaat für dessen eigene Angehörige gelten. Für Gesellschaften folgt aus Art. 54 AEUV unmittelbar, dass diese das Recht haben, ihre Tätigkeit in einem anderen Mitgliedstaat auszuüben, wobei ihr satzungsmäßiger Sitz, ihre Hauptverwaltung oder ihre Hauptniederlassung dazu dient, ihre Zugehörigkeit zu einem Mitgliedstaat zu bestimmen[8]. Die Inanspruchnahme der Niederlassungsfreiheit setzt zwingend die Anerkennung dieser Gesellschaften durch alle Mitgliedstaaten voraus, in denen sie sich niederlassen wollen[9].

---

6 Siehe dazu EuGH vom 25.10.2017, Rs. C-106/16, ECLI:EU:C:2017:804, NJW 2017, S. 3639 ff., Rn. 34, Polbud - Wykonawstwo sp. z o.o., vom 16.12.2008, Rs. C-210/06, ABl. 2009 Nr. C 44/3 ff., BB 2009, S. 11 ff., 12, Rn. 109, Cartesio Oktató és Szolgáltató bt., und vom 12.7.2012, Rs. C-378/10, ECLI:EU:C:2012:440, EuZW 2012, S. 621 ff., 622, Rn. 28 m.w.N., VALE Építési kft.

7 *Korte*, in: Calliess/Ruffert, AUEV, Art. 49, Rn. 3.

8 Vgl. EuGH vom 5.11.2002, Rs. C-208/00, Slg. 2002, I-9919, EuZW 2002, S. 754 ff., 755, Rn. 56 f., Überseering, und EuGH vom 30.9.2003, Rs. C-167/01, Slg. 2003, I-10155, EuZW 2003, S. 687 ff., 693, Rn. 97, Kamer van Koophandel en Fabrieken voor Amsterdam./.Inspire Art Ltd.

9 EuGH, vom 5.11.2002, Rs. C-208/00, Slg. 2002, I-9919, EuZW 2002, S. 754 ff., 755, Rn. 59, Überseering. Allgemein zur Niederlassungsfreiheit siehe *Streinz*, Europarecht, Rn. 938.

Hier hat die U die Baugenehmigung beantragt, um in Berlin eine Firmenzentrale zu errichten. Die Beantragung der Baugenehmigung und der daraus resultierende Prozess vor dem VG Berlin gehören somit zur geschäftlichen Tätigkeit der U, so dass ihr Vorgehen grundsätzlich unter die Niederlassungsfreiheit fällt.

Eine Einschränkung der Niederlassungsfreiheit könnte sich bei Gesellschaften allerdings aus den Urteilen des EuGH in Sachen „Daily Mail" und „Cartesio" ergeben[10]. Bei Daily Mail ging es darum, ob die Sitzverlagerung einer englischen Aktiengesellschaft ohne vorherige Liquidation (also der Aufgabe der Registrierung der AG in England) von einer Genehmigung der englischen Steuerbehörde abhängig gemacht werden kann. Der EuGH hat damals eine Ausnahme für Beschränkungen der Niederlassungsfreiheit durch den *Wegzugsstaat* zugelassen[11]. Im Fall Cartesio hatte die gleichnamige ungarische Gesellschaft beim zuständigen ungarischen Handelsregistergericht beantragt, die Verlegung ihres Sitzes nach Italien zu bestätigen und die Sitzangabe im Handelsregister entsprechend zu ändern. Der Antrag wurde mit der Begründung abgelehnt, dass eine in Ungarn gegründete Gesellschaft nach geltendem ungarischem Recht ihren Sitz nicht unter Beibehaltung des ungarischen Personalstatuts ins Ausland verlegen könne. Der EuGH sah darin keinen Verstoß gegen die Niederlassungsfreiheit und stellte fest, dass die Art. 49 und 54 AEUV beim gegenwärtigen Stand des (damaligen) Gemeinschaftsrechts den Rechtsvorschriften eines Mitgliedstaats nicht entgegenstehen, die es einer nach dem nationalen Recht dieses Mitgliedstaats gegründeten Gesellschaft verwehren, ihren Sitz in einen anderen Mitgliedstaat zu verlegen und dabei ihre Eigenschaft als Gesellschaft des nationalen Rechts des Mitgliedstaats, nach dessen Recht sie gegründet wurde, zu behalten[12].

Gegen die Verneinung des Anwendungsbereichs der Niederlassungsfreiheit unter Hinweis auf diese Entscheidungen spricht allerdings, dass es sich im vorliegenden Fall um eine andere Konstellation handelt: Es geht nicht um die Beurteilung der Folgen einer Sitzverlegung durch den Staat, aus dem *heraus* der Sitz verlegt wird („Wegzugsfreiheit" aus den Niederlanden), sondern um die deutsche Sicht, also desjenigen Staates, in den *herein* die Verlegung erfolgt („Zuzugsfreiheit" nach Deutschland)[13]. I.S.d. Niederlassungsfreiheit ist das der Staat der neuen Niederlassung. **244**

---

10 Zur Entwicklung der EuGH-Rspr. zur Niederlassungsfreiheit der Gesellschaften mit den wichtigsten Entscheidungen siehe *Forsthoff*, EuZW 2015, S. 248 ff., 249 f., und *Rauscher/Loose*, JuS 2013, S. 683 ff., 684 f.

11 Vgl. EuGH vom 27.9.1988, Rs. 81/87, Slg. 1988, 5483, NJW 1989, S. 2186 ff., The Queen./.Treasury und Kommissioners of Inland Revenue, ex parte Daily Mail und General Trust. Zur Beschränkung der Niederlassungsfreiheit durch steuerrechtliche Regelungen des Wegzugsstaates siehe EuGH vom 29.11.2011, Rs. C-371/10, Slg. 2011, I-12273, EuZW 2011, S. 951 ff., 953, Rn. 36 m.w.N., National Grid Indus BV./.Inspecteur van de Belastingdienst Rijnmond/kantoor Rotterdam, mit Anm. *Musil*, FR 2011, S. 32 f.

12 EuGH vom 16.12.2008, Rs. C-210/06, ABl. 2009 Nr. C 44/3 ff., BB 2009, S. 11 ff., Rn. 99 ff., Cartesio. Siehe dazu *Burk*, JURA 2010, S. 284 ff., 290 f., sowie – kritisch – *Leible/Hoffmann*, BB 2009, S. 58 ff.

13 Zu den Gründen für die Unterscheidung von Weg- und Zuzugsfreiheit siehe *Burk*, JURA 2010, S. 284 ff., 288. Einen Übungsfall zur Wegzugsfreiheit bildet *Krenn*, JuS 2013, S. 428 ff.; aus der jüngeren Rspr. s. insbes. EuGH vom 25.10.2017, Rs. C-106/16, ECLI:EU:C:2017:804, NJW 2017, S. 3639 ff., Polbud, mit Anm. *Streinz* JuS 2018, S. 822 ff., *Bräuer*, DeLuxe 02/2018 (Der Fall Polbud, abrufbar unter: www.rewi.europa-uni.de/deluxe), *Kieninger* NJW 2017, S. 3624 ff., *Wicke*, DStR 2017, S. 2690 ff. und *Stelmaszczyk*, EuZW 2017, S. 890 ff.

Im Fall Überseering stellt der EuGH außerdem klar, dass die Daily Mail-Rechtsprechung nicht bedeute, dass der „Zuzugsstaat" die Inanspruchnahme der Niederlassungsfreiheit durch eine (in einem anderen Mitgliedstaat wirksam gegründete) Gesellschaft von der Beachtung seines nationalen Gesellschaftsrechts abhängig machen dürfe. „Daily Mail" könne daher nicht entnommen werden, dass in einem solchen Fall die Anerkennung der Rechts- und Parteifähigkeit einer Gesellschaft im Zuzugsstaat nicht den Bestimmungen des (damaligen EG-)Vertrages über die Niederlassungsfreiheit unterliege. Dies gelte selbst dann, wenn nach dem Recht des Mitgliedstaats der Niederlassung angenommen wird, dass die Gesellschaft ihren tatsächlichen Verwaltungssitz dorthin verlegt hat[14].

Eine Einschränkung des Anwendungsbereichs der Niederlassungsfreiheit ist daher nicht geboten. Da die U als niederländische Gesellschaft in Deutschland tätig werden will, ist auch der grenzüberschreitende Bezug gegeben[15].

Die U kann sich somit grundsätzlich auf die Niederlassungsfreiheit berufen, wenn deutsches Recht sie nicht als parteifähige juristische Person ansieht[16].

Im Fall Polbud, der allerdings eine Wegzugskonstellation betraf, hat der EuGH die Niederlassungsfreiheit entgegen den Schlussanträgen von Generalanwältin *Kokott* auch auf den Fall ausgedehnt, „selbst wenn diese Gesellschaft ihre Geschäftstätigkeit im Wesentlichen oder ausschließlich im ersten Mitgliedstaat ausüben soll"[17], was in der Literatur einige Kritik hervorgerufen hat[18]. Der Sachverhalt bietet allerdings keinen Anlass, sich mit dieser Frage auseinander zu setzen, weil die U tatsächlich in Berlin bzw. Deutschland tätig werden will.

cc) Verstoß gegen Niederlassungsfreiheit

245 Zu prüfen ist, ob in der Nichtanerkennung als (deutsche) Rechtspersönlichkeit und der daraus folgenden Verneinung der Klagebefugnis der U eine ungerechtfertigte Diskriminierung bzw. eine ungerechtfertigte Beschränkung der Niederlassungsfreiheit und damit ein Verstoß gegen Art. 49 und 54 AEUV liegt.

(1) Diskriminierungsverbot

246 Fraglich ist, ob die Nichtanerkennung die U diskriminiert. Eine Diskriminierung liegt nach st. Rspr. des EuGH vor, wenn „vergleichbare Sachverhalte rechtlich unterschiedlich oder unterschiedliche Sachverhalte rechtlich gleich behandelt werden". Das bedeutet die rechtliche Schlechterbehandlung eines zu beurteilenden Sachverhalts mit Uni-

14 Vgl. EuGH vom 5.11.2002, Rs. C-208/00, Slg. 2002, I-9919, EuZW 2002, S. 754 ff., 757, Rn. 72 f., Überseering.

15 Vgl. *Korte*, in: Calliess/Ruffert, AEUV, Art. 49, Rn. 19 ff.

16 Vgl. EuGH vom 5.11.2002, Rs. C-208/00, Slg. 2002, I-9919, EuZW 2002, S. 754 ff., 757, Rn. 76, Überseering.

17 EuGH vom 25.10.2017, Rs. C-106/16, ECLI:EU:C:2017:804, NJW 2017, S. 3639 ff., Rn. 38, Polbud.

18 Z.B. *Streinz*, JuS 2018, S. 822 ff., *Stelmaszczyk*, EuZW 2017, S. 890 ff., weitere Nachweise bei *Mohamed*, JURA 2018, S. 793 ff., 797.

onsrechtsbezug gegenüber einem reinen Inlandsachverhalt[19]. Die fragliche Regelung muss nicht an die Staatsangehörigkeit anknüpfen, es genügt, wenn die Anknüpfung an ein beliebiges Tatbestandsmerkmal EU-Ausländer de facto schlechter stellt[20].

Für eine Diskriminierung könnte hier sprechen, dass die U eine niederländische/ausländische Gesellschaft ist, der die Rechtspersönlichkeit abgesprochen wird. Maßgeblicher Anknüpfungspunkt ist hier aber nicht die „Staatsangehörigkeit" der U, sondern die Betrachtung der U durch das VG Berlin nach der so genannten „Sitztheorie". Sie besagt, dass sich die Rechtsfähigkeit eines Verbandes nach demjenigen Recht richtet, welches am Ort des tatsächlichen Verwaltungssitzes des Verbandes gilt[21]. Im Gegensatz dazu steht die „Gründungstheorie", wonach es auf das Gründungsstatut der Gesellschaft ankommt[22]. Ursprünglich deutsche Gesellschaften, die ihren Sitz ins EU-Ausland verlegt haben, würden nach der Sitztheorie genauso als „ausländische" angesehen, so dass insofern eine Gleichbehandlung und damit formal keine Diskriminierung vorliegt. Es gibt auch keine inländischen Vergleichsgesellschaften, die in einer ähnlichen Lage sind.

In der Überseering-Entscheidung ist der EuGH auf eine mögliche Diskriminierung als solche überhaupt nicht eingegangen.

(2) Allgemeines Beschränkungsverbot

Neben dem Diskriminierungs- enthält Art. 49 I AEUV auch ein allgemeines Beschränkungsverbot[23]. Danach sind auch formal diskriminierungsfreie Regelungen verboten, die zwar nicht an die Staatsangehörigkeit anknüpfen, sondern die Ausübung der Niederlassungsfreiheit unterbinden, behindern oder weniger attraktiv machen[24]. Hier wird die Rechtspersönlichkeit der U verneint, so dass sie praktisch nicht handlungsfähig ist. **247**

Da alle Geschäftsanteile der U von Deutschen erworben wurden, wäre allerdings zu überlegen, ob sie (wenigstens) als deutsche Gesellschaft bürgerlichen Rechts nach den §§ 705 ff. BGB und damit gem. § 14 II BGB als rechtsfähige Personengesellschaft anzuerkennen wäre. Tatsächlich hat der II. Zivilsenat des BGH im Jahr 2002 mit Hinweis auf (damals) neuere Rechtsprechung zur Rechts- und Parteifähigkeit der GbR im Falle einer „Limited Company" nach dem Recht der Kanalinsel Jersey, die ihren Sitz wohl

19 Vgl. *Korte*, in: Calliess/Ruffert, AEUV, Art. 49, Rn. 46.

20 Vgl. *Korte*, in: Calliess/Ruffert, AEUV, Art. 49, Rn. 47.

21 *Rauscher/Loose*, JuS 2013, S. 683 ff., 684, *Wernicke*, EuZW 2002, S. 758 ff., 759. Allgemein zur „Sitztheorie" siehe *Palandt/Thorn*, BGB, Anh. zu Art. 12 EGBGB Rn. 1 ff., sowie *Sattler*, ZfRV 2010, S. 52 ff., 55 ff.

22 Vgl. *Palandt/Thorn*, BGB, Anh. zu Art. 12 EGBGB Rn. 1 ff., und *Rauscher/Loose*, JuS 2013, S. 683 ff., S. 683. Zu den beiden Theorien siehe auch *Burk*, JURA 2010, S. 284 ff., 286 f., sowie *Sattler*, ZfRV 2010, S. 52 ff., 55 ff.

23 Siehe dazu *Burk*, JURA 2010, S. 284 ff., 286, sowie *Korte*, in: Calliess/Ruffert, AEUV, Art. 49, Rn. 49 ff., und *Streinz*, Europarecht, Rn. 835 ff., je m.w.N.

24 EuGH vom 29.11.2011, Rs. C-371/10, Slg. 2011, I-12273, EuZW 2011, S. 951 ff., 953, Rn. 36 m.w.N., National Grid, s. auch *Lorz*, Fallrepetitorium Europarecht, S. 114, sowie *Verse/Wiersch*, EuZW 2016, 330 ff., 331 m.w.N. (zu EuGH vom 10.12.2015, ECLI:EU:C:2015:806, EuZW 2016, S. 155 ff., Simona Kornhaas./.Thomas Dithmar).

ebenfalls nach Deutschland verlegt hatte, diesen Weg gewählt[25]. Der Ansatz unterstellt allerdings, dass die ausländische Kapitalgesellschaft durch die Sitzverlegung nach Deutschland als GbR oder nach den §§ 105 ff. HGB als OHG neu gegründet wurde. Würde der alte Sitzstaat der Gründungstheorie folgen, gäbe es rechtlich plötzlich zwei Gesellschaften (die alte im Herkunftsstaat, eine neue in Deutschland) mit demselben Aktivvermögen. Fraglich bliebe außerdem, ob die ausnahmslose Aberkennung des Haftungsprivilegs mit der Niederlassungsfreiheit der Gesellschafter (Gesellschaft haftet immer unbeschränkt) vereinbar ist, insbes. ob dies zum Schutz der Gläubiger stets geeignet und erforderlich ist[26]. Diese Lösung vermag also nicht zu überzeugen und ist daher abzulehnen.

Im Lichte von „Überseering" dürfte das so heute auch nicht mehr vertretbar sein, siehe auch unten Rn. 253.

Daher hat die U nach der Sitztheorie konsequenterweise keine andere Wahl, als sich in Deutschland in der passenden Rechtsform (z.B. als GmbH) neu zu gründen, um die entsprechenden Rechte in Anspruch nehmen zu können[27].

248 Gemäß Art. 49 und 54 AEUV genießt sie aber auch als *niederländische* Gesellschaft das Recht, von ihrer Niederlassungsfreiheit Gebrauch machen zu dürfen. Der Umstand, dass die Anteile nunmehr von Deutschen erworben wurden, ändert daran nichts, da das offensichtlich nicht zum Verlust der Rechtspersönlichkeit nach niederländischem Recht geführt hat; die U ist damit nach wie vor eine durch Art. 49 und 54 AEUV berechtigte Gesellschaft[28]. Das gilt umso mehr, als nach Ansicht des EuGH die Existenz der U untrennbar mit der Eigenschaft als Gesellschaft niederländischen Rechts zusammenhängt, da eine Gesellschaft jenseits der Rechtsordnung, die ihre Gründung und Existenz regelt, keine Realität hat. Die Pflicht zur Neugründung kommt so einer Verneinung der Niederlassungsfreiheit gleich[29].

Um die Niederlassungsfreiheit zu gewähren, ist der „aufnehmende" Staat daher verpflichtet, die Rechts- und Parteifähigkeit der niederlassungswilligen Gesellschaft zu achten, die diese Gesellschaft nach dem Recht ihres Gründungsstaates besitzt[30], um so die Niederlassung zu ermöglichen. Er muss auch das Gründungsstatut akzeptieren, so dass es nicht genügt, wenn er sie nur nach seinem eigenen Recht anerkennt. Die Nichtanerkennung der U als eigene Rechtspersönlichkeit in Deutschland und die daraus

25 BGH vom 1.7.2002, II ZR 380/00, BGHZ 151, 204, NJW 2002, S. 3539 ff. Siehe dazu *Sattler*, ZfRV 2010, S. 52 ff., 60.

26 Siehe dazu *Dittert*, Europarecht, S. 250 f., und *Rauscher/Loose*, JuS 2013, S. 683 ff., 686.

27 Vgl. EuGH vom 5.11.2002, Rs. C-208/00, Slg. 2002, I-9919, EuZW 2002, S. 754 ff., 757, Rn. 79, Überseering.

28 Vgl. EuGH vom 5.11.2002, Rs. C-208/00, Slg. 2002, I-9919, EuZW 2002, S. 754 ff., 757, Rn. 80, Überseering, sowie BGH vom 13.3.2003, VII ZR 370/98, BGHZ 154, 185, NJW 2003, S. 1461 ff.

29 Vgl. EuGH vom 5.11.2002, Rs. C-208/00, Slg. 2002, I-9919, EuZW 2002, S. 754 ff., 757, Rn. 81, Überseering; s. dazu auch *Krenn*, JuS 2013, S. 428 ff., 431.

30 Vgl. EuGH vom 5.11.2002, Rs. C-208/00, Slg. 2002, I-9919, EuZW 2002, S. 754 ff., 757, Rn. 95, Überseering.

resultierende Verweigerung des entsprechenden Rechtsschutzes (= Klageabweisung weil unzulässig) stellt damit eine Beschränkung der Niederlassungsfreiheit dar.

dd) Rechtfertigung der Beschränkung

Zu prüfen bleibt, ob die Beschränkung der Niederlassungsfreiheit gerechtfertigt ist. **249**

(1) Missbrauch, Umgehung des nationalen (Gesellschafts-)Rechts

Als allgemeiner ungeschriebener Rechtfertigungsgrund kommt zunächst die miss- **250**
bräuchliche Gesellschaftsgründung in Betracht[31]. Abgesehen davon, dass der Sachverhalt nichts dazu hergibt, dass die U nur zur missbräuchlichen oder betrügerischen Umgehung deutschen Gesellschaftsrechts gegründet wurde, hat der EuGH entschieden, dass die bloße Nutzung der günstigeren Regelungen eines Mitgliedstaates für sich genommen keinen Missbrauch, sondern nur die Nutzung der Niederlassungsfreiheit darstellt[32].

Daher muss das hier nicht weiter vertieft werden.

(2) Schranken gemäß Art. 52 AEUV

Für eine Rechtfertigung gem. dem ordre-public-Vorbehalt des Art. 53 I AEUV (öffentli- **251**
che Ordnung, Sicherheit oder Gesundheit) bietet der Sachverhalt keinen Anlass.

Daher muss das hier nicht weiter vertieft werden. Der EuGH hat das in der Überseering-Entscheidung ebenfalls nicht weiter problematisiert.

(3) Gemeinwohlvorbehalt

Schließlich kann sich die Rechtfertigung auch aus zwingenden Gründen des Gemein- **252**
wohls ergeben. In Betracht kommen hier insbesondere die Rechtssicherheit, der Gläubigerschutz, der Schutz der Minderheitsgesellschafter und der Arbeitnehmer sowie die Fiskalinteressen[33].

Zwar lässt sich laut EuGH nicht ausschließen, dass diese Gründe unter bestimmten Umständen und Voraussetzungen Beschränkungen der Niederlassungsfreiheit rechtfertigen können[34]. Sie erlauben aber nicht, dass einer Gesellschaft, die in einem Mitgliedstaat ordnungsgemäß gegründet wurde und dort ihren satzungsmäßigen Sitz hat, die

31 Siehe dazu *Forsthoff*, EuZW 2015, S. 248 ff., 250 f., *Frenz*, JURA 2011, S. 678 ff., 680 f., und *Sattler*, ZfRV 2010, S. 52 ff., 63.

32 Vgl. EuGH vom 25.10.2017, Rs. C-106/16, ECLI:EU:C:2017:804, NJW 2017, S. 3639 ff., Rn. 40 m.w.N. Polbud, EuGH vom 30.9.2003, Rs. C-167/01, Slg. 2003, I-10155, EuZW 2003, S. 687 ff., 692 Rn. 95 ff. m.w.N., Inspire Art.

33 Vgl. EuGH vom 5.11.2002, Rs. C-208/00, Slg. 2002, I-9919, EuZW 2002, S. 754 ff., 757, Rn. 86 ff., Überseering; siehe dazu auch EuGH vom 30.9.2003, Rs. C-167/01, Slg. 2003, I-10155, EuZW 2003, S. 687 ff., 693, Rn. 107 ff., Inspire Art. Siehe dazu ausführlich *Sattler*, ZfRV 2010, S. 52 ff., 57 f.

34 Vgl. EuGH vom 5.11.2002, Rs. C-208/00, Slg. 2002, I-9919, EuZW 2002, S. 754 ff., 757, Rn. 92, Überseering.

Rechts- und Parteifähigkeit abgesprochen wird. Denn eine solche Maßnahme käme der Negierung der den Gesellschaften in Art. 49 und 53 AEUV zuerkannten Niederlassungsfreiheit gleich[35].

ee) Keine Rechtfertigung

253 Die Beschränkung der Niederlassungsfreiheit ist daher nicht gerechtfertigt. Damit muss die Sitztheorie für die Konstellation „Sitzverlegung aus Sicht des Niederlassungsstaates" aufgegeben werden, da sie zur Nichtanerkennung der Gesellschaft führt, was – wie gezeigt – gegen Art. 49 und 54 AEUV verstößt.

Der BGH (VII. Zivilsenat) hat das im Nachgang zu „Überseering" auch konsequent befolgt und die Lösung des II. Zivilsenats (Anerkennung der ausländischen Gesellschaft als GbR, s.o.) ausdrücklich verworfen[36]. Für den umgekehrten Fall (Folgen der Verlegung aus Sicht des Herkunftsstaates, „Daily Mail"- bzw. Cartesio-Konstellation, s.o.) bleibt die Sitztheorie dagegen von Bedeutung. Die Rechtsprechung des EuGH erlaubt bei konsequenter Anwendung allerdings zumindest im Rahmen der Zuzugsfreiheit auch die grenzüberschreitende Sitzverlegung unter Wahrung der (möglicherweise) günstigeren Regelungen des Herkunftsstaates bzw. bestimmter Normen des Niederlassungslandes, was – abgesehen von Missbrauch und Betrug – grds. zulässig ist[37]. Es könnte daher de lege ferenda zu einem Wettbewerb der Gesellschaftsrechte der Mitgliedstaaten kommen[38].

Die Nichtanerkennung der Rechtspersönlichkeit der U durch das VG Berlin verstößt nach der EuGH-Rechtsprechung gegen Art. 49 und 54 AEUV und ist daher unionsrechtswidrig.

Daher ist die U hier als rechtsfähig anzusehen, so dass sie Anspruch auf die Erteilung der Baugenehmigung haben könnte. Sie ist daher klagebefugt.

IV. Vorverfahren

254 Laut Sachverhalt hat U, vertreten durch A, das nach § 68 I 1 VwGO erforderliche Vorverfahren erfolglos durchgeführt.

---

35 Vgl. EuGH vom 5.11.2002, Rs. C-208/00, Slg. 2002, I-9919, EuZW 2002, S. 754 ff., 757, Rn. 93, Überseering, im Ergebnis ebenso EuGH vom 10.12.2015, ECLI:EU:C:2015:806, EuZW 2016, S. 155 ff., Rn. 23, Kornhaas, sowie BFH vom 29.06.2016, II R 14/12 (JURIS), Rn. 25. m.w.N.

36 BGH vom 13.3.2003, VII ZR 370/98, BGHZ 154, 185, NJW 2003, S. 1461 ff. Vgl. dazu aber auch BGH vom 27.10.2008, II ZR 158/06, NJW 2009, S. 289 ff., 290, der einerseits die „Überseering"-Rechtsprechung grundsätzlich bestätigt, im Falle der dort klagenden *schweizerischen* AG Rechts die Anwendung der „Gründungstheorie" im Verhältnis Deutschland – Schweiz (keine Mitgliedstaat, Art. 52 I EUV) aber ausdrücklich ablehnt. Siehe dazu *Palandt/Thorn*, BGB, Anh. zu Art. 12 EGBGB Rn. 5, *Burk*, JURA 2010, S. 284 ff., 288, sowie *Sattler*, ZfRV 2010, S. 52 ff., 61.

37 Vgl. EuGH vom 30.9.2003, Rs. C-167/01, Slg. 2003, I-10155, EuZW 2003, S. 687 ff., 692, Rn. 95 ff., Inspire Art. Allerdings könnten mögliche Beschränkungen der Wegzugsfreiheit durch den Herkunftsstaat nach der „Cartesio"-Rechtsprechung zulässig sein (siehe oben Rn. 243).

38 Siehe dazu *Forsthoff*, EuZW 2015, S. 248 ff., 252, *Sattler*, ZfRV 2010, S. 52 ff., 66, und *Freitag*, EuZW 1999, S. 267 ff.

V. Klagegegner, Beteiligten- und Prozessfähigkeit

Das Land Berlin ist nach § 78 I Nr. 1 VwGO auch der richtige Klagegegner. Nach den obigen Ausführungen ist die U hier gem. § 61 Nr. 1 1. Alt. VwGO beteiligtenfähig und – vertreten durch den Geschäftsführer A – gem. § 62 II VwGO i.V.m. § 35 I 1 GmbHG prozessfähig. Beim Land Berlin ergibt sich die Beteiligtenfähigkeit aus § 61 Nr. 1 2. Alt. VwGO und die Prozessfähigkeit aus § 62 III VwGO (a.A. § 62 I Nr. 1 VwGO). **255**

VI. Form, Frist

An der Einhaltung der Formerfordernisse bestehen aufgrund des Sachverhalts keine Bedenken. Die Klage wurde auch fristgemäß eingelegt. **256**

VII. Ergebnis Zulässigkeit

Da auch keine sonstigen Bedenken gegen die Einhaltung der allgemeinen Sachentscheidungsvoraussetzungen bestehen, ist die Klage zulässig. **257**

B. Begründetheit der Klage

Die Verpflichtungsklage ist gem. § 113 V VwGO begründet, soweit die Ablehnung der Baugenehmigung rechtswidrig, die U dadurch in ihren Rechten verletzt und die Sache spruchreif ist. Dies ist jedenfalls dann der Fall, wenn die U einen Anspruch auf die Erteilung der Baugenehmigung hat. **258**

Nach § 71 I BauO Bln ist die Baugenehmigung zu erteilen, wenn dem Bauvorhaben keine öffentlich-rechtlichen Vorschriften entgegenstehen, die im bauaufsichtlichen Genehmigungsverfahren zu prüfen sind. Unter dieser Voraussetzung hat die U somit einen Anspruch auf die Erteilung der Baugenehmigung. Da sie als rechtsfähig anzusehen ist, kann ihr dieser auch zustehen.

Hier hat das Bezirksamt Mitte die Erteilung der Baugenehmigung laut Sachverhalt zu Unrecht abgelehnt. Es ist daher davon auszugehen, dass dem Vorhaben tatsächlich keine von der Bauaufsicht zu prüfenden öffentlich-rechtliche Vorschriften entgegenstehen. Die U hat damit gem. § 71 I BauO Bln Anspruch auf die Erteilung der Baugenehmigung.

Die Klage ist damit auch begründet.

Wer hier weiteren Klärungsbedarf sieht bzw. den Sachverhalt für nicht ausreichend hält, kann das mit den entsprechenden Formulierungen bzw. Hinweisen ebenfalls vertreten, etwa i.S.v. „Der Sachverhalt lässt hier keine abschließende Prüfung zu, aber der Anspruch auf die Baugenehmigung wäre begründet, wenn hier gem. § 71 I BauO Bln keine im bauaufsichtlichen Genehmigungsverfahren zu prüfenden öffentlich-rechtliche Vorschriften entgegenstünden".

C. Ergebnis

259 Die Klage der U hat Aussicht auf Erfolg, weil sie zulässig und – soweit dem Sachverhalt zu entnehmen – auch begründet ist. Das VG Berlin wird daher das Land Berlin verpflichten, der U die beantragte Baugenehmigung zu erteilen.

Teil II

260 Die Verfassungsbeschwerde der V ist zulässig, wenn die dafür notwendigen gesetzlichen Voraussetzungen nach Art. 93 I Nr. 4a GG, §§ 90 ff. BVerfGG vorliegen.

A. Beteiligtenfähigkeit, Art. 93 I Nr. 4a GG, § 90 I BVerfGG

261 Dazu müsste V zunächst beteiligtenfähig, also „Jedermann" i.S.d. Art. 93 I Nr. 4a GG, § 90 I BVerfGG sein. Die Beteiligtenfähigkeit folgt der Grundrechtsfähigkeit. Es kommt also darauf an, ob der V Grundrechte (hier insbesondere aus Art. 14 GG) zustehen. Bei juristischen Personen wie der V richtet sich die Grundrechtsfähigkeit nach Art. 19 III GG. Danach gelten die Grundrechte auch für inländische juristische Personen, soweit sie ihrem Wesen nach auf diese anwendbar sind.

Problematisch könnte hier allerdings sein, dass es sich bei der V um eine juristische Person nach niederländischem Recht mit Sitz in Amsterdam handelt.

I. Juristische Person

262 Art. 19 III GG enthält keine näheren Angaben darüber, was unter „juristischen Personen" im Sinne dieser Norm zu verstehen ist. Kapitalgesellschaften wie die AG (jur. Person gem. § 1 I 1 AktG) und die GmbH (jur. Person gem. § 13 I GmbHG) gehören aber unstreitig dazu[39]. Laut Sachverhalt ist die V als BV eine der deutschen GmbH vergleichbare juristische Person nach niederländischem Recht, so dass davon auszugehen ist, dass sie grundsätzlich die Merkmale einer juristischen Person i.S.d. Art. 19 III GG erfüllt.

Im Gegensatz zu Teil I stellt sich hier nicht die (weitere) Frage nach dem grundsätzlichen Charakter der V als juristischer Person in Deutschland, weil sie weiterhin von den Niederlanden aus agiert, so dass Gründungs- und Sitzstaat nicht auseinander fallen. Das Problem des Teils I, ob die V in Deutschland überhaupt eine juristische Person ist, ist daher nicht zu erörtern.

II. Ausländische juristische Person

263 Die V wurde nach niederländischem Recht mit Sitz in Amsterdam gegründet und ist daher zumindest keine deutsche/inländische juristische Person. Eine dem Art. 19 III GG vergleichbare Bestimmung für nicht-inländische juristische Personen kennt das GG nicht. Insofern könnte das dafür sprechen, dass die deutschen Grundrechte für die V

39 Siehe *Dreier*, in: Dreier (Hrsg.), GG, Bd. I, Art. 19 III Rn. 46.

nicht gelten. Ein solches Ergebnis würde allerdings dazu führen, dass ausländische juristische Personen in rechtlicher Hinsicht wesentlich schlechter gestellt wären als beispielsweise vergleichbare deutsche Gesellschaften. Darin könnte ein Verstoß gegen europarechtliche Diskriminierungsverbote, insbesondere aus der Niederlassungsfreiheit der V nach Art. 49 und Art. 54 AEUV, liegen.

Zu prüfen ist daher, ob Art. 19 III GG unionsrechtskonform ausgelegt werden kann oder nach dem Grundsatz des Anwendungsvorrangs des Unionsrechts hier nur teilweise angewandt werden darf.

Gegen die völlige Nichtanwendung des Art. 19 III GG spricht bereits der Umstand, dass damit *jegliche* Grundlage für die Grundrechtsfähigkeit juristischer Personen entfallen würde.

1. Niederlassungsfreiheit, Art. 49 i.V.m. Art. 54 AEUV

Mit dem Neubau möchte die V eine Filiale in Berlin errichten, um die Verkäufe auf dem deutschen Markt abzuwickeln. Es geht ihr also darum, als niederländische (Mitgliedstaat, Art. 52 I EUV) Handelsgesellschaft in Deutschland (Mitgliedstaat, Art. 52 I EUV) grenzüberschreitend eine dauernde selbstständige Tätigkeit auszuüben. Damit ist der persönliche und sachliche Anwendungsbereich der Niederlassungsfreiheit des Art. 49 II AEUV i.V.m. Art. 54 AEUV eröffnet (s.o. Rn. 241 ff.) **264**

Da Art. 18 AEUV hinter spezielle Diskriminierungsverbote zurücktritt („unbeschadet besonderer Bestimmungen"), ist auf ihn nicht einzugehen.

2. Diskriminierungsverbot

Eine Diskriminierung liegt nach st. Rspr. des EuGH vor, wenn „vergleichbare Sachverhalte rechtlich unterschiedlich oder unterschiedliche Sachverhalte rechtlich gleich behandelt werden". Das bedeutet die rechtliche Schlechterbehandlung eines zu beurteilenden Sachverhalts mit Unionsrechtsbezug gegenüber einem reinen Inlandsachverhalt[40]. **265**

Daher verlangt das Diskriminierungsverbot in seinem Anwendungsbereich von den Mitgliedstaaten, juristische Personen anderer Mitgliedstaaten auch bei Regelungen mit Verfassungsrang wie inländische juristische Personen zu behandeln[41].

3. Auslegung des Art. 19 III GG

Art. 19 III GG würde dem unionsrechtlichen Gleichbehandlungsanspruch genügen, wenn er juristischen Personen aus EU-Mitgliedstaaten die gleiche Grundrechtsberechtigung wie deutschen juristischen Personen zuspräche. Gegen eine Auslegung dahingehend, dass er alle ausländischen juristischen Personen wie deutsche berechtigen wolle, **266**

40 Vgl. *Korte*, in: Calliess/Ruffert, AEUV, Art. 49, Rn. 46.

41 Ausführlich zum Verhältnis von Unions- und nationalem Recht siehe *Streinz*, Europarecht, Rn. 194 ff., sowie *Ehlers*, JURA 2011, S. 187 ff., und *Schöbener*, JA 2011, S. 885 ff.

spricht allerdings der Wortlaut der Norm. Es würde die Wortlautgrenze übersteigen, würde man „inländische" als „deutsche einschließlich europäische" verstehen[42].

Auch der intendierte und durch den Wortlaut gestützte Sinn und Zweck des Art. 19 III GG, im Verhältnis zu anderen Staaten durch Schaffung von Verhandlungsmasse eine bessere Position zur Durchsetzung der Interessen deutscher juristischer Personen im Ausland zu verschaffen („fremdenrechtlicher Aktionsspielraum"), spricht dagegen. Der Vorschrift lag jedoch kein Wille des Verfassungsgebers zugrunde, eine Berufung auf die Grundrechte auch seitens juristischer Personen aus Mitgliedstaaten der Europäischen Union dauerhaft auszuschließen[43]. Die Kenntnis dieses Zwecks und der historischen Hintergründe ist bei klausurmäßiger Bearbeitung nicht zu erwarten.

Denkbar wäre zwar, unter „Inland" i.S.d. Art. 19 III GG auch das EU-Ausland zu fassen. Allerdings wäre dies ebenfalls kaum mit dem Wortlaut vereinbar, und auch die in der Präambel und Art. 23 GG abzulesende integrationsoffene Haltung des GG vermag letztlich nichts daran zu ändern, dass „Inland" des GG nur das deutsche Staatsgebiet ist[44]. Diese Lösung ist daher abzulehnen.

267 In Betracht kommt allerdings eine „Anwendungserweiterung" des Art. 19 III GG, wie sie das BVerfG im Jahr 2011 vorgenommen hat und durch die es im Ergebnis juristische Personen mit einem Sitz im EU-Ausland ebenso behandelt wie inländische juristische Personen[45]. Der Beschluss hat sowohl hinsichtlich der Begründung als auch unter dogmatisch-methodischen Aspekten teils deutliche Kritik und die Forderung nach einer klarstellenden Änderung des Art. 19 III GG hervorgerufen[46]. So wurde dem BVerfG u.a. vorgeworfen, die Grenzen seiner Auslegungsmöglichkeiten überschritten zu haben[47]. Unabhängig von der genauen dogmatischen Einordnung des Begriffs[48] „Anwendungserweiterung" lässt sich die Kritik an der Auslegungsmethode des BVerfG allerdings dadurch entkräften, dass der Beschluss als unionsrechtskonforme richterliche Rechtsfortbildung verstanden wird, die auch im Verfassungsrecht grundsätzlich möglich ist[49]. Hierfür ist zunächst festzustellen, dass Art. 19 III GG insofern lückenhaft ist,

42 Vgl. BVerfG vom 19.7.2011, 1 BvR 1916/09, BVerfGE 129, 87, 96.

43 Siehe ausführlich dazu BVerfG vom 19.7.2011, 1 BvR 1916/09, BVerfGE 129, 87, 96.

44 Vgl. BVerfG vom 19.7.2011, 1 BvR 1916/09, BVerfGE 129, 87, 96 m.w.N.

45 BVerfG vom 19.7.2011, 1 BvR 1916/09, BVerfGE 129, 87, 99, bestätigt durch BVerfG vom 4.11.2015, 2 BvR 282/13, 2 BvQ 56/12, NJW 2016, S. 1436 ff., und BVerfG vom 27.6.2018, 2 BvR 1287/17 u.a., NJW 2018, S. 2392 ff., 2393, Rn. 27. Siehe auch BVerfG vom 6.12.2016, 1 BvR 2821/11 u.a., BVerfGE 143, 246, NJW 2017, S. 217 ff., Rn. 196 ff., dazu (als Klausurfall) *Mangold/Lange*, JuS 2018, S. 161 ff., sowie *Sachs*, JuS 2017, S. 569 ff., *Ludwigs/Friedmann*, NVwZ 2018, S. 22 ff., und *Saurer/Rothfuß*, JuS 2017, S. 1099 ff., 1005. In BVerfG vom 2.4.2004, 1 BvR 1620/03, NJW 2004, S. 3031 f., 3031, hat das BVerfG die Frage der Grundrechtsfähigkeit EG-ausländischer juristischer Personen noch offen gelassen. Zur (vom BVerfG verneinten) Frage, ob sich EU-ausländische juristische Personen vor dem Hintergund dieser Entscheidung auch auf Art. 12 GG berufen können, BVerfG vom 4.11.2015, 2 BvR 282/13, 2 BvQ 56/12, NJW 2016, S. 1436 ff. (kritisch dazu *Kingreen*, JURA 2016, S.1226), *Becker*, JURA 2019, S. 496 ff., 505 *Ludwigs/Friedmann*, JA 2018, S. 807 ff., 814 f., und *Ruffert*, JuS 2016, S. 1044 ff.

46 Vgl. *Hillgruber*, JZ 2011, S. 1118 ff., sowie *Ludwigs*, JZ 2013, S. 434 ff., zust. dagegen *Becker*, JURA 2019, S. 496 ff., 500.

47 *Hillgruber*, JZ 2011, S. 1118 ff., 1118, 1120.

48 Siehe dazu ausführlich *Ludwigs*, JZ 2013, S. 434 ff., 439, m.w.N.; vgl. auch *Sachs*, JuS 2012, S. 379 ff., 380, nach dem es bei der Anwendungserweiterung „nicht wirklich um Auslegung geht".

49 So *Ludwigs*, JZ 2013, S. 434 ff., 439 f., ausführlich auch *Ludwigs/Friedmann*, JA 2018, S. 807 ff., 809 f.

als dass er entgegen den unionsrechtlichen Vorgaben keine Regelungen für die Verfassungsbeschwerdemöglichkeiten EU-ausländischer juristischer Personen enthält. Diese Lücke ist auch planwidrig, denn innerhalb der EU ist die Durchsetzung der Inländergleichbehandlung schon aufgrund der unionsweit geltenden Diskriminierungsverbote gewährleistet[50].

Zur Lückenfüllung ist sowohl eine Analogie als auch eine teleologische Reduktion des Art. 19 III GG denkbar[51], bei der das Merkmal „inländisch" in Fällen mit EU-Bezug außer Betracht bleibt. Letzteres würde ihm in Fällen mit EU-Bezug allerdings einen Sinn unterschieben, der dem in Fällen ohne derartigen Bezug diametral entgegensteht.

Vorzugswürdig erscheint daher eine analoge Anwendung des Art. 19 III GG. Dafür sprechen insbes. folgende Gründe: Das Verbot der Diskriminierung aus Gründen der Staatsangehörigkeit ist seit 1957 in den europäischen Verträgen verankert und wurde unverändert in Art. 18 AEUV übernommen. Es ist ein Grundprinzip des Unionsrechts, das in den Grundfreiheiten weiter ausgestaltet wird. Das Diskriminierungsverbot gehört zum Kernbestand der Unionsbürgerschaft und ist unmittelbar vor mitgliedstaatlichen Gerichten anwendbar; es begünstigt neben natürlichen auch juristische Personen. Das allgemeine und die speziellen Diskriminierungsverbote verpflichten die Mitgliedstaaten und alle ihre Organe und Stellen, juristische Personen aus einem anderen EU-Mitgliedstaat auch im Hinblick auf den zu erlangenden Rechtsschutz Inländern gleichzustellen und drängen insoweit die in Art. 19 III GG vorgesehene Beschränkung der Grundrechtserstreckung auf inländische juristische Personen zurück[52]. Wie oben bereits in Teil I ausgeführt wurde, verlangt z.B. die Niederlassungsfreiheit eine nichtdiskriminierende Beurteilung der Rechts- und damit Parteifähigkeit vor deutschen Gerichten.

Eine Anwendungserweiterung erübrigt sich auch nicht durch einen gleichwertigen anderweitigen Schutz der Beschwerdeführerin. Zwar können sich juristische Personen mit Sitz in einem anderen EU-Mitgliedstaat in fachgerichtlichen Verfahren auf die unmittelbare Geltung des primären Unionsrechts stützen. Für einen gleichwertigen Schutz im Anwendungsbereich der unionsrechtlichen Diskriminierungsverbote reicht es jedoch nicht aus, wenn sie zwar im fachgerichtlichen Verfahren auf eine materielle Gleichstellung mit inländischen juristischen Personen hinwirken, ihre Rechte aber gem. Art. 93 I Nr. 4a GG mangels Grundrechtsträgerschaft nicht auch mit Hilfe des BVerfG durchsetzen können[53].

Ein Eingreifen der aus den Grundfreiheiten und Art. 18 AEUV abgeleiteten unionsrechtlichen Diskriminierungsverbote setzt voraus, dass die betroffenen juristischen Personen aus der EU im Anwendungsbereich des Unionsrechts tätig werden. Der Anwendungsbereich der Verträge richtet sich insoweit nach dem jeweiligen Stand des Primär- und Sekundärrechts der EU und damit nach den ihr in den europäischen Verträgen

50 *Ludwigs* JZ 2013, S. 434 ff., 440.
51 *Ludwigs* JZ 2013, S. 434 ff., 440.
52 BVerfG vom 19.7.2011, 1 BvR 1916/09, BVerfGE 129, 87, 97.
53 BVerfG vom 19.7.2011, 1 BvR 1916/09, BVerfGE 129, 87, 98.

übertragenen Hoheitsrechten (Art. 23 I S. 2 GG, Art. 5 I S. 1, II EUV). Insbesondere ist er bei der Verwirklichung der Grundfreiheiten des Vertrags und dem Vollzug des Unionsrechts eröffnet. Die Tätigkeit der Beschwerdeführerin, die zur Errichtung einer Filiale in Berlin ein Grundstück bebauen will und sich unter anderem auf die Niederlassungsfreiheit beruft, fällt in den Anwendungsbereich der Verträge in diesem Sinne[54].

Durch die Anwendungserweiterung des Art. 19 III GG i.S.d. Rspr. des BVerfG gelten die Grundrechte somit auch für die V, so dass sie beteiligtenfähig ist.

B. Verhalten der öffentlichen Gewalt

268 Die Verfassungsbeschwerde der V muss sich gegen ein Verhalten der öffentlichen Gewalt richten (Art. 93 I Nr. 4a GG, § 90 I BVerfGG). Die „öffentliche Gewalt" umfasst u.a. die Exekutive wie die Judikative (vergl. Art. 1 III GG). Daher handelt es sich sowohl bei dem Ablehnungsbescheid als auch den Gerichtsentscheidungen um Akte der öffentlichen Gewalt.

C. Beschwerdebefugnis

269 Die V müsste beschwerdebefugt sein. Dies ist der Fall, wenn eine Verletzung ihrer Grundrechte möglich erscheint. Dazu muss sich die V zunächst auf ein ihr zustehendes Grundrecht berufen. Das von der V geltend gemachte Grundrecht auf Eigentum (Art. 14 I GG) steht der V zu, wenn dieses Grundrecht seinem Wesen nach auf juristische Personen anwendbar ist (Art. 19 III GG). Dies ist der Fall, da das Grundrecht auf Eigentum nicht an natürliche Qualitäten des Menschen anknüpft und sich juristische Personen daher dem Staat gegenüber in einer Gefährdungslage wie natürliche Personen (grundrechtstypische Gefährdungslage) befinden. Weiterhin muss die spezifische Verletzung dieses Grundrechts möglich erscheinen. Bei der Verwehrung des Bebauens des Grundstücks der V durch die angegriffenen staatlichen Akte handelt es sich um einen Eingriff in den durch das Eigentumsgrundrecht geschützten Bereich. Dass dieser Eingriff die V in ihrem Eigentumsgrundrecht verletzt, erscheint angesichts der abweichenden, grundrechtsbasierten Entscheidungspraxis bei deutschen Bauantragstellern als möglich. Um eine mögliche Verletzung spezifischen Verfassungsrechts handelt es sich bei dieser möglichen Verletzung dann, wenn sie unter grundlegender Verkennung des Einflusses der Grundrechte zustande gekommen ist. Dies ist vorliegend der Fall, da die angegriffenen Entscheidungen auf der Annahme basieren, der V stünden keine Grundrechte zu. Da die V von der möglichen Grundrechtsverletzung auch selbst, gegenwärtig und unmittelbar betroffen ist, ist sie beschwerdebefugt.

---

54 BVerfG vom 19.7.2011, 1 BvR 1916/09, BVerfGE 129, 87, 98.

D. Rechtswegerschöpfung

Aus § 124a V 4 i.V.m. § 152 I VwGO folgt, dass die Ablehnung des Antrags auf Zulassung der Berufung unanfechtbar ist und weder Revision noch Beschwerde (§§ 132 ff. und 146 ff. VwGO) möglich sind[55], so dass der Rechtsweg gegen die Ablehnung der Baugenehmigung erschöpft ist (§ 90 II 1 BVerfGG). **270**

E. Weitere Zulässigkeitsvoraussetzungen

Die weiteren Voraussetzungen für die Zulässigkeit einer Verfassungsbeschwerde sind entweder erfüllt (Prozess- und Postulationsfähigkeit, Rechtsschutzbedürfnis, Fehlen von Rechtshängigkeit sowie von Rechts- bzw. Gesetzeskraft) bzw. der V ist deren Erfüllung möglich (Frist und Form). **271**

F. Ergebnis

Die Verfassungsbeschwerde der V ist daher zulässig. **272**

Wiederholung und Vertiefung

Weiterführende Hinweise

Streinz, Rudolf: Europarecht, Rn. 194 ff., 715, 809 ff., 938. **273**

EuGH vom 5.11.2002, Rs. C-208/00, Slg. 2002, I-9919, EuZW 2002, S. 754 ff., Überseering BV./.Nordic Construction Company Baumanagement GmbH.

EuGH vom 25.10.2017, Rs. C-106/16, ECLI:EU:C:2017:804, NJW 2017, S. 3639 ff., Polbud - Wykonawstwo sp. z o.o.

EuGH vom 30.9.2003, Rs. C-167/01, Slg. 2003, I-10155, EuZW 2003, S. 687 ff. m.w.N, Kamer van Koophandel en Fabrieken voor Amsterdam./.Inspire Art Ltd.

VG Aachen vom 6.3.2007, 2 K 2560/05 (JURIS): Unter Hinweis auf „Überseering“ ist die Zweigniederlassung einer Gesellschaft mit beschränkter Haftung nach englischem Recht („private company limited bei shares“) jedenfalls gem. § 61 Nr. 2 VwGO parteifähig.

BVerfG vom 19.7.2011, 1 BvR 1916/09, BVerfGE 129, 87, NJW 2011, S. 3428 ff.

Bayer, Walter: Die EuGH-Entscheidung „Inspire Art“ und die deutsche GmbH im Wettbewerb europäischer Rechtsordnungen, BB 2003, S. 2357 ff.

Burk, Enno: Zum Stand der Niederlassungsfreiheit für natürliche Personen und Gesellschaften nach der neuen EuGH-Rechtsprechung, JURA 2010, S. 284 ff.

---

55 *Kopp/Schenke*, VwGO, § 124a Rn. 64.

Forsthoff, Ulrich: Die Bedeutung der Rechtsprechung des EuGH zur Mobilität von Gesellschaften über das Gesellschaftsrecht hinaus, EuZW 2015, S. 248 ff.

Freitag, Robert: Der Wettbewerb der Rechtsordnungen im Internationalen Gesellschaftsrecht, EuZW 1999, S. 267 ff.

Frenz, Walter: Grenzüberschreitung von Gesellschaften in der EU, JURA 2011, S. 678 ff.

Guckelberger, Annette: Zum Grundrechtsschutz ausländischer juristischer Personen, AöR 2006, S. 619 ff.

Hillgruber, Christian: Anmerkung zu BVerfG vom 19.7.2011, 1 BvR 1916/09, JZ 2011, S. 1118 ff.

Horn, Norbert: Deutsches und europäisches Gesellschaftsrecht und die EuGH-Rechtsprechung zur Niederlassungsfreiheit – Inspire Art, NJW 2004, S. 893 ff.

Kindler, Peter: Auf dem Weg zur Europäischen Briefkastengesellschaft? – Die „Überseering"-Entscheidung des EuGH und das internationale Privatrecht, NJW 2003, S. 1073.

Knapp, Andreas: Überseering: Zwingende Anerkennung von ausländischen Gesellschaften? – Zugleich Anmerkungen zum Urteil des EuGH vom 5.11.2002, Rs. C-208/00 (Überseering), DNotZ 2003, S. 85 ff.

Leible, Stefan/Hoffmann, Jochen: Cartesio – fortgeltende Sitztheorie, grenzüberschreitender Formwechsel und Verbot materiellrechtlicher Wegzugsbeschränkungen, BB 2009, S. 58 ff.

Ludwigs, Markus: Grundrechtsberechtigung ausländischer Rechtssubjekte, JZ 2013, S. 434 ff.

Ludwigs, Markus/Friedmann, Carolin: Die Grundrechtsberechtigung juristischer Personen nach Art. 19 III GG, JA 2018, S. 807 ff.

Mohamed, Jean: Tour d'Europe: Kurzeinstieg zum grenzüberschreitenden europäischen Gesellschaftsrecht, JURA 2018, S. 793 ff.

Muckel, Stefan: Grundrechtsfähigkeit ausländischer juristischer Personen aus der EU, JA 2012, S. 156 ff.

Pechstein, Matthias/Serafimova, Mariya: Fall Europarecht – Die freizügigkeitswillige Gesellschaft, JURA 2014, S. 203 ff.

Rauscher, Thomas/Loose, Sven: Schwerpunktbereich: Kapitalgesellschaften in der Bearbeitung auslandsrechtlicher Fälle, JuS 2013, S. 683 ff.

Sachs, Michael: Grundrechtsberechtigung EU-ausländischer juristischer Personen, JuS 2012, S. 379 ff.

Sattler, Denis: Die nationale Rechtsprechung zur Niederlassungsfreiheit von Gesellschaften, ZfRV 2010, S. 52 ff.

Sauer, Heiko: Die Grundfreiheiten des Unionsrechts - Eine Handreichung für die Fallbearbeitung, JuS 2017, S. 310 ff.

Wernicke, Thomas: Anmerkung zu EuGH vom 5.11.2002, Rs. C-208/00, Slg. 2002, I-9919 (Überseering BV./.Nordic Construction Company Baumanagement GmbH), EuZW 2002, S. 758 ff.

Fall 8

Probleme mit dem BAföG

Pflichtfach/Schwerpunktbereich, Schwierigkeitsgrad: mittel

Frau A ist Staatsbürgerin von D und legte in D ihre Abiturprüfung ab. Anschließend zog sie nach G und arbeitete dort für ein Jahr als Au-pair-Kraft in einem Haushalt. Sie begann sodann an einer Hochschule in G ein Studium, für das sie bei der zuständigen Behörde in D Ausbildungsförderung nach dem dortigen Ausbildungsförderungsgesetz (im Folgenden: BAföG) beantragte. Der Antrag wurde mit der Begründung abgelehnt, nach den einschlägigen Regelungen könne eine solche Förderung nur gewährt werden, wenn die Ausbildung die Fortsetzung eines mindestens einjährigen Besuchs einer Ausbildungsstätte in D darstelle. Frau A habe ihre Ausbildung aber für ein Jahr unterbrochen. **274**

Frau A klagt nach erfolglosem Vorverfahren form- und fristgerecht vor dem Verwaltungsgericht in D. Sie ist der Auffassung, sie besitze einen Anspruch aufgrund ihrer Freizügigkeitsrechte, die sowohl im AEUV als auch in dazu ergangenen Verordnungen wie etwa der VO (EU) Nr. 492/2011 festgeschrieben seien. Zudem sei die EU mittlerweile auch für die Bildung zuständig, was den europarechtlichen Anspruch noch verstärke. Die BAföG-Behörde hält dem entgegen, allein aus Freizügigkeitsrechten könne kein Anspruch auf Sozialleistungen folgen. Zumindest sei der Anspruchsausschluss des Rechts von D zum Schutze der Leistungsfähigkeit des dortigen Sozialsystems gerechtfertigt.

Hat die Klage Aussicht auf Erfolg? Gehen Sie davon aus, dass das Verwaltungsgericht in europarechtlicher Hinsicht selbst entscheiden kann, ohne den EuGH anrufen zu müssen. Gehen Sie weiter davon aus, dass die Voraussetzungen einer Ausbildungsförderung bei Frau A im Übrigen vorliegen. Soweit es auf nationales Recht ankommt, ist deutsches Recht anzuwenden.

Die maßgebliche Vorschrift des § 5 II BAföG lautet auszugsweise:

„Auszubildenden [...] wird Ausbildungsförderung geleistet für den Besuch einer im Ausland gelegenen Ausbildungsstätte, wenn [...]

3. eine Ausbildung nach dem mindestens einjährigen Besuch einer inländischen Ausbildungsstätte an einer Ausbildungsstätte in einem Mitgliedstaat der Europäischen Union fortgesetzt wird und ausreichende Sprachkenntnisse vorhanden sind [...]“,

und § 54 BAföG bestimmt:

„Für öffentlich-rechtliche Streitigkeiten aus diesem Gesetz ist der Verwaltungsrechtsweg gegeben.“

Verordnung (EU) Nr. 492/2011 des Europäischen Parlaments und des Rates vom 5. April 2011 über die Freizügigkeit der Arbeitnehmer innerhalb der Union (Auszug)[1]

Artikel 7

(1) Ein Arbeitnehmer, der Staatsangehöriger eines Mitgliedstaats ist, darf aufgrund seiner Staatsangehörigkeit im Hoheitsgebiet der anderen Mitgliedstaaten hinsichtlich der Beschäftigungs- und Arbeitsbedingungen, insbesondere im Hinblick auf Entlohnung, Kündigung und, falls er arbeitslos geworden ist, im Hinblick auf berufliche Wiedereingliederung oder Wiedereinstellung, nicht anders behandelt werden als die inländischen Arbeitnehmer.

(2) Er genießt dort die gleichen sozialen und steuerlichen Vergünstigungen wie die inländischen Arbeitnehmer.

(3) Er kann mit dem gleichen Recht und unter den gleichen Bedingungen wie die inländischen Arbeitnehmer Berufsschulen und Umschulungszentren in Anspruch nehmen.

(4) Alle Bestimmungen in Tarif- oder Einzelarbeitsverträgen oder sonstigen Kollektivvereinbarungen betreffend Zugang zur Beschäftigung, Entlohnung und sonstige Arbeits- und Kündigungsbedingungen sind von Rechts wegen nichtig, soweit sie für Arbeitnehmer, die Staatsangehörige anderer Mitgliedstaaten sind, diskriminierende Bedingungen vorsehen oder zulassen.

1 VO (EU) Nr. 492/2011 des Europäischen Parlaments und des Rates vom 5.4.2011 über die Freizügigkeit der Arbeitnehmer innerhalb der Union (ABl. 2011 Nr. L 141/1), zuletzt geändert durch VO (EU) 2016/589 des Europäischen Parlaments und des Rates vom 13.4.2016 (ABl. 2016 Nr. L 107/1).

Vorüberlegungen

Der zugrunde liegende Fall wurde im Jahr 2007 vom EuGH[2] entschieden. Der Gerichtshof stellte fest, dass das (damalige) Gemeinschaftsrecht einer Norm des deutschen BAföGs entgegenstand, weil sie eine in Deutschland absolvierte Vorausbildung zur Voraussetzung für die Gewährung von Studienbeihilfen macht. Im Zentrum des Falles steht dabei die Anwendung des Freizügigkeitsrechts aus Art. 21 AEUV. Deutschland hat mittlerweile die fraglichen Normen des BAföG an die europarechtlichen Anforderungen angepasst, so dass der vorliegende Fall verallgemeinert wurde. Inzwischen hat der EuGH seine Rechtsprechung bestätigt und entschieden, dass das Unionsrecht auch anderen Bestimmungen des deutschen BAföGs wie z.B. bestimmten Wohnsitzerfordernissen entgegensteht[3]. **275**

Die materielle Aufgabenstellung ist eingebettet in eine verwaltungsprozessuale Klage, so dass zunächst deren Zulässigkeitsvoraussetzungen zu prüfen sind; diese werfen allerdings keine größeren Probleme auf. Auch wird im Bearbeitervermerk darauf hingewiesen, dass eine Vorlage zum EuGH nicht angezeigt ist.

Nach den Vorgaben des Bearbeitervermerks muss in der Begründetheit zunächst deutsches Recht angewandt werden, das dann gegebenenfalls europarechtlich zu modifizieren ist. Der Einstieg erfolgt also über die abgedruckte Norm des § 5 II BAföG, der die Rechtsgrundlage für staatliche Studienbeihilfen, aber auch für deren Versagung darstellt. Die einengenden Voraussetzungen dieser Norm könnten mit Unionsrecht kollidieren, so dass sie nicht mehr anwendbar wären.

Zu beginnen ist mit der Arbeitnehmerfreizügigkeit, auch wenn von vornherein klar ist, dass diese mangels Arbeitnehmereigenschaft nicht einschlägig ist. Sodann ist der Weg frei für die Prüfung der zentralen Norm des Falles, Art. 21 AEUV. Der EuGH leitet immer häufiger Ansprüche der Unionsbürger aus der Freizügigkeit im Rahmen der Unionsbürgerschaft ab. Dies zu verdeutlichen, wurde der vorliegende Fall in das Buch aufgenommen. Während der Gerichtshof entsprechende Ansprüche früher auf Art. 21 AEUV in Verbindung mit Art. 18 AEUV stützte, reicht ihm nun Art. 21 AEUV allein zur Begründung aus. Die Ableitung von positiven Leistungsrechten aus der Freizügigkeit ist indes insbesondere im deutschen Schrifttum auf massive Kritik gestoßen, weshalb in der Falllösung hierauf einzugehen ist. Wird mit dem EuGH der sachliche und persönliche Anwendungsbereich von Art. 21 AEUV bejaht, muss schließlich noch die Rechtfertigung erörtert werden, die dann aber kaum gelingen dürfte.

---

2 EuGH vom 23.10.2007, verb. Rs. C-11/06 und C-12/06, Slg. 2007, I-9161, NVwZ 2008, S. 767 ff., Rhiannon Morgan./.Bezirksregierung Köln und Iris Bucher./.Landrat Kreis Düren – BAföG.

3 EuGH vom 24.10.2013, Rs. C-220/12, ECLI:EU:C:2013:683, Andreas Ingemar Thiele Meneses./.Region Hannover, EuGH vom 24.10.2013, Rs. C-275/12, ECLI:EU:C:2013:684, NJW 2014, S. 1080 ff., Samantha Elrick./.Bezirksregierung Köln, und EuGH vom 18.7.2013, verb. Rs. C-523/11 und C-585/11, ECLI:EU:C:2013:524, NJW 2013, S. 2879 ff., Laurence Prinz./.Region Hannover und Philipp Seeberger./.Studentenwerk Heidelberg, dazu *Ogorek*, JA 2013, S. 877 ff.

Der mittelschwere Fall eignet sich gut als Examensklausur im Pflichtfach, weil er Probleme des deutschen Rechts mit solchen des Europarechts verbindet. Aber auch als Abschlussklausur im Wahlfach Europarecht ist er vorstellbar.

Gliederung

276 **A. Zulässigkeit der Klage**

I. Verwaltungsrechtsweg, § 54 BAföG
II. Statthafte Klageart, § 42 I VwGO
III. Klagebefugnis, § 42 II VwGO
IV. Vorverfahren, § 68 II VwGO
V. Form, Frist
VI. Ergebnis Zulässigkeit

B. Begründetheit der Klage, § 113 V VwGO

I. Anspruchsgrundlage
II. Anspruchsvoraussetzungen
III. Verstoß gegen Art. 45 AEUV und Art. 7 VO (EU) 492/2011
IV. Verstoß gegen Art. 21 AEUV
1. Sachlicher Anwendungsbereich
a) Anwendbarkeit auf Studienbeihilfen
b) Anwendung ohne Art. 18 AEUV
2. Persönlicher Anwendungsbereich
3. Gewährleistungsinhalt
4. Rechtfertigung durch zwingende Erfordernisse des Allgemeininteresses
a) Zwingendes Erfordernis
b) Verhältnismäßigkeit
V. Ergebnis Begründetheit

C. Gesamtergebnis

Musterlösung

Die Klage von Frau A hat Aussicht auf Erfolg, wenn sie zulässig und begründet ist. **277**

A. Zulässigkeit der Klage

I. Verwaltungsrechtsweg, § 54 BAföG

Der Verwaltungsrechtsweg ist durch die „aufdrängende" Sonderzuweisung des § 54 I BAföG eröffnet, nach dem für öffentlich-rechtliche Streitigkeiten aus dem BAföG der Verwaltungsrechtsweg gegeben ist. **278**

II. Statthafte Klageart, § 42 I VwGO

Die statthafte Klageart richtet sich nach dem Begehren des Klägers. Frau A möchte erreichen, dass sie eine finanzielle Förderung aufgrund des BAföG erhält. Diese Förderung ist ihr durch Bescheid verwehrt worden. Der ablehnende Bescheid muss aufgehoben und ein positiver Bescheid erlassen werden. Bei den Bescheiden handelt es sich um Verwaltungsakte i.S.v. § 35 S. 1 VwVfG. Mithin ist die Verpflichtungsklage gem. § 42 I 2. Al. VwGO die richtige Klageart. Mit der Verpflichtungsklage in Form der Versagungsgegenklage kann Frau A ihr Klageziel in vollem Umfang erreichen. **279**

III. Klagebefugnis, § 42 II VwGO

Frau A müsste auch klagebefugt sein, das heißt, es müsste möglich erscheinen, dass sie einen Anspruch auf die erstrebte Förderung oder zumindest auf ermessensfehlerfreie Entscheidung hat. In § 5 II BAföG ist ein Leistungsanspruch festgeschrieben, wenn die dort genannten Voraussetzungen erfüllt sind. Diese erfüllt Frau A jedoch offensichtlich nicht, da sie sich unmittelbar vor dem Förderzeitraum im europäischen Ausland aufgehalten hatte. Es erscheint jedoch möglich, dass die Voraussetzung des Besuchs einer inländischen Ausbildungsstätte gegen europäisches Unionsrecht verstößt. Wäre dies zu bejahen, wäre sie unanwendbar und der Anspruch ohne ihr Vorliegen zu gewähren. Mithin ist die Möglichkeit einer Rechtsverletzung zu bejahen und Frau A klagebefugt. **280**

IV. Vorverfahren, § 68 II VwGO

Frau A müsste das nach § 68 II i.V.m. I 1 VwGO erforderliche Vorverfahren erfolglos durchgeführt haben. Dies ist entsprechend den Angaben im Sachverhalt erfolgt. **281**

V. Form, Frist

Die Form- und Fristerfordernisse wurden laut Sachverhalt eingehalten. **282**

VI. Ergebnis Zulässigkeit

283 Da Bedenken gegen die Einhaltung der allgemeinen Sachentscheidungsvoraussetzungen nicht bestehen, ist die Klage zulässig.

B. Begründetheit der Klage, § 113 V VwGO

284 Die Verpflichtungsklage ist gem. § 113 V VwGO begründet, soweit die Ablehnung der Förderung rechtswidrig, Frau A dadurch in ihren Rechten verletzt und die Sache spruchreif ist. Dies ist der Fall, wenn Frau A einen Anspruch auf die begehrte Förderung hat.

I. Anspruchsgrundlage

285 Als Anspruchsgrundlage kommt § 5 II BAföG in Betracht. Dessen Voraussetzungen müssten vorliegen.

II. Anspruchsvoraussetzungen

286 Da in formeller Hinsicht keine Bedenken bestehen, ist allein fraglich, ob die Voraussetzungen des § 5 II BAföG in materieller Hinsicht erfüllt sind. Hierzu müsste Frau A ihre Ausbildung in einem anderen EU-Mitgliedstaat fortsetzen, nachdem sie mindestens ein Jahr ihre Ausbildung im Inland absolviert hat. Da sie aber zuvor als Au-pair-Kraft im Ausland gelebt hat, erfüllt sie diese Voraussetzung nicht.

Die in § 5 II Nr. 3 BAföG enthaltene Bestimmung könnte jedoch unanwendbar sein, wenn sie gegen europäisches Unionsrecht verstößt. In Betracht kommen Verstöße gegen die Arbeitnehmerfreizügigkeit und das dazu ergangene Sekundärrecht einerseits oder Verstöße gegen das allgemeine Freizügigkeitsrecht andererseits.

An dieser Stelle müsste das Verwaltungsgericht an sich überlegen, ob es die fraglichen Bestimmungen dem EuGH gem. Art. 267 AEUV zur Vorabentscheidung vorlegt. Dieses wurde jedoch durch den Bearbeitervermerk ausgeschlossen.

III. Verstoß gegen Art. 45 AEUV und Art. 7 VO (EU) 492/2011

287 Zunächst ist ein Verstoß gegen Art. 45 AEUV und Art. 7 VO (EU) Nr. 492/2011[4] zu prüfen. Damit die genannten Vorschriften verletzt sein können, müssen sie zunächst anwendbar sein. Nach Art. 7 II i.V.m. I VO (EU) Nr. 492/2011 genießt ein Arbeitnehmer, der Staatsangehöriger eines Mitgliedstaats ist, im Hoheitsgebiet der anderen Mitgliedstaaten die gleichen sozialen und steuerlichen Vergünstigungen wie die inländischen Arbeitnehmer. Die Ausbildungsförderung nach BAföG kann zwar grundsätzlich

4 Die VO (EU) Nr. 492/2011 des Europäischen Parlaments und des Rates vom 5.4.2011 über die Freizügigkeit der Arbeitnehmer innerhalb der Union (ABl. 2011 Nr. L 141/1) hat im Juni 2011 die Vorgänger-VO (EWG) 1612/68 abgelöst, auf die sich der EuGH in Sachen D'Hoop (siehe Fn. 5) bezogen hatte. Der Wortlaut der Art. 7 Abs. 1 und 2 der beiden Verordnungen ist identisch.

eine soziale Vergünstigung i.S.d. VO darstellen. Jedoch ist die VO nur auf eine Person anwendbar, die durch die Ausübung einer tatsächlichen und echten Tätigkeit, die ihr die Eigenschaft als Arbeitnehmer verschafft hat, bereits Zugang zum Arbeitsmarkt gefunden hat[5]. Zu prüfen ist daher, ob Frau A als „Arbeitnehmer" i.S.d. VO Zugang zum Arbeitsmarkt in G gefunden hat. Entscheidend dafür ist, dass der Arbeitnehmer in einem Arbeitsverhältnis tätig ist. Dafür sind grds. drei Merkmale wesentlich: Der Arbeitnehmer erbringt Leistungen von einem gewissen wirtschaftlichen Wert für einen anderen, untersteht dabei dessen Weisungen und erhält als Gegenleistung eine Vergütung[6]. Frau A als Studentin erbringt keine Arbeits- oder Dienstleistungen für einen anderen, sondern nur eigene Studienleistungen. Außerdem erhält sie dafür keine Vergütung, so dass sie keine Arbeitnehmerin i.S.d. Art. 7 I VO Nr. 492/2011 bzw. des Art. 45 AEUV ist. Da zum einen die Arbeitnehmereigenschaft im Zeitpunkt der sozialen Vergünstigung entscheidend ist, die hier mit der Aufnahme des Studiums endete, und zum anderen zwischen der Au-pair-Tätigkeit und der Ausbildungsförderung keinerlei Zusammenhang besteht[7], kommt es auch nicht darauf an, ob Frau A zuvor möglicherweise als Au-pair-Kraft „Arbeitnehmerin" i.S.d. Unionsrechts[8] war.

Anhaltspunkte für ein von Familienangehörigen abgeleitetes Recht lassen sich dem Sachverhalt nicht entnehmen. Mithin scheidet ein Verstoß gegen Art. 45 AEUV und Art. 7 VO (EU) Nr. 492/2011 aus.

IV. Verstoß gegen Art. 21 AEUV

1. Sachlicher Anwendungsbereich

a) Anwendbarkeit auf Studienbeihilfen

In Betracht kommt jedoch ein Verstoß gegen das Recht auf Freizügigkeit gem. Art. 21 **288**
I AEUV. Das Freizügigkeitsrecht beinhaltet das Recht, sich im Hoheitsgebiet der Mitgliedstaaten frei zu bewegen und aufzuhalten. Allerdings bezieht sich § 5 II BAföG nicht direkt auf die Bewegungsfreiheit innerhalb der Union. Vielmehr wird eine bestimmte staatliche Leistung an den früheren Aufenthalt geknüpft. Diese Regelung betrifft die Freizügigkeit allenfalls mittelbar. Begleitrechte dieses Freizügigkeitsrechts, die den Aufenthalt und die soziale Eingliederung erleichtern, sind nach dem Wortlaut des Art. 21 I AEUV von diesem Recht nicht ohne Weiteres mit umfasst. Eine Ausweitung des Anwendungsbereichs auch auf Begleitrechte hat für das Verhältnis von Union und Mitgliedstaaten erhebliche Folgen.

Dementsprechend hat der Gerichtshof in früheren Urteilen festgestellt, dass eine Förderung, die Studenten für den Lebensunterhalt gewährt wird, nicht in den Anwendungsbe-

5 Vgl. EuGH vom 11.7.2002, Rs. C-224/98, Slg. 2002, I-6191, EuZW 2002, S. 635 ff., 636, Rn. 18, Marie-Nathalie D'Hoop./.Office national de l'emploi; st. Rspr.

6 Vgl. *Dittert*, Europarecht, S. 227; *Brechmann*, in: Calliess/Ruffert, AEUV, Art. 45, Rn. 12 ff., und *Streinz*, Europarecht, Rn. 935 (Lösung Fall 45).

7 Vgl. dazu *Forsthoff*, in: Grabitz/Hilf/Nettesheim, AEUV, Art. 45, Rn. 103 f.

8 Grds. bejahend Generalanwältin *Kokott*, Schlussanträge in der Rs. C-294/06, ECLI:EU:C:2007:455, Rn. 21 ff.

reich des Vertrages fällt[9]. Diese Rspr. hat er in späteren Jahren ausdrücklich aufgegeben. Auch Studienbeihilfen könnten von Art. 21 I AEUV erfasst sein und damit in den Anwendungsbereich des Vertrages fallen[10]. Der Gerichtshof führt aus, mittlerweile sei in den Vertrag ein Kapitel aufgenommen worden, das sich mit der allgemeinen und beruflichen Bildung beschäftige. Nach Art. 165 I AEUV sei der Gemeinschaft die Aufgabe zugewiesen, zur Entwicklung einer hochwertigen Bildung beizutragen. Deshalb müsse sie auch darüber wachen können, dass die Mitgliedstaaten Studierwillige aus anderen Mitgliedstaaten sozial gleich behandle wie Inländer[11]. Auch Art. 24 der RL 2004/38/EG über das Recht der Unionsbürger und ihrer Familienangehörigen, sich im Hoheitsgebiet der Mitgliedstaaten frei zu bewegen und aufzuhalten[12], spreche für eine Einbeziehung solcher Begleitrechte, indem sie anordne, dass Angehörige anderer Mitgliedstaaten ihr Freizügigkeitsrecht unter den gleichen Bedingungen ausüben könnten wie Inländer[13]. Nach der st. Rspr. des EuGH soll die RL 2004/38/EG die Ausübung des elementaren und persönlichen Rechts, sich im Hoheitsgebiet der Mitgliedstaaten frei zu bewegen und aufzuhalten, das den Unionsbürgern unmittelbar aus Art. 21 I AEUV erwächst, erleichtern und bezweckt, dieses Recht zu verstärken[14].

289 In der Literatur wird diese generelle Einbeziehung sozialer Begleitrechte für ein Studium in den Anwendungsbereich von Art. 21 I AEUV zum Teil heftig kritisiert[15]. Es wird darauf hingewiesen, dass nur solche Rechte von Art. 21 I AEUV erfasst sein könnten, die zur effektiven Verwirklichung der Freizügigkeit erforderlich sind. Würde man alle Rechtspositionen einbeziehen, die Auswirkungen auf den Aufenthalt haben, weil sie ihn beispielsweise erleichtern oder attraktiver machen, so würde jede Abgrenzung zu den Grundfreiheiten obsolet. Es wäre keine wirtschaftliche Betätigung mehr erforderlich, um eine volle Gleichstellung mit Inländern, auch im sozialen Bereich, verlangen zu können[16]. Der bloße Hinweis auf das Bildungskapitel reiche in diesem Zusammenhang nicht aus, um einen Bezug zu Art. 21 I AEUV herzustellen. Das Bildungskapitel verlange lediglich bestimmte Fördermaßnahmen durch die Union, nicht aber eine soziale Gleichstellung.

---

9 EuGH vom 21.6.1988, Rs. 39/86, Slg. 1988, 3161, Rn. 15, Sylvie Lair./.Universität Hannover; EuGH vom 21.6.1988, Rs. 197/86, Slg. 1988, 3205, Rn. 18, Steven Malcolm Brown./.Secretary of State for Scotland.

10 EuGH vom 15.3.2005, Rs. C-209/03, Slg. 2005, I-2119, NJW 2005, S. 2055 ff., The Queen, auf Antrag von Dany Bidar./.London Borough of Ealing und Secretary of State for Education and Skills.

11 EuGH vom 15.3.2005, Rs. C-209/03, Slg. 2005, I-2119, NJW 2005, S. 2055 ff., 2056, Rn. 39 ff., Bidar., in diesem Sinne auch EuGH vom 26.2.2015, Rs. C-359/13, ECLI:EU:C:2015:118, NVwZ-RR 2015, S. 457 ff., Rn. 27 m.w.N., B. Martens./.Minister van Onderwijs, Cultuur en Wetenschap.

12 RL 2004/38/EG des Europäischen Parlaments und des Rates vom 29.4.2004 über das Recht der Unionsbürger und ihrer Familienangehörigen, sich im Hoheitsgebiet der Mitgliedstaaten frei zu bewegen und aufzuhalten (ABl. 2004 Nr. L 158/77, deutsche Fassung berichtigt in ABl. 2004 Nr. L 229/35 und ABl. 2007 Nr. L 204/28), geändert durch VO (EU) Nr. 492/2011 des Europäischen Parlaments und des Rates vom 5.4.2011 (ABl. 2011 Nr. L 141/1).

13 EuGH vom 15.3.2005, Rs. C-209/03, Slg. 2005, I-2119, NJW 2005, S. 2055 ff., 2056, Rn. 43, Bidar.

14 Z.B. EuGH vom 5.6.2018, Rs. C-673/16, ECLI:EU:2018:385, NVwZ 2018, S. 1545 ff., Rn. 18 m.w.N., Relu Adrian Coman, Robert Clabourn Hamilton, Asociatia Accept./.Inspectoratul General pentru Imigrări, Ministerul Afacerilor Interne.

15 Vgl. *Bode*, EuZW 2005, S. 279 ff., s. allgemein dazu *Schmahl/Jung*, JURA 2016, S. 1272 ff., 1274 ff.

16 *Bode*, EuZW 2005, S. 279 ff., 280.

Der Streit wirkt sich auf das Ergebnis aus, so dass er entschieden werden muss. Der gegenüber dem EuGH kritischen Position ist zuzugeben, dass sie die dogmatisch stringentere Lösung parat hat. Allerdings will auch der EuGH keine völlige Gleichstellung aller Unionsbürger aufgrund von Art. 21 I AEUV. Es bedarf zusätzlicher Anknüpfungspunkte, die ein Integrationsinteresse der Union begründen. Dies ist hier die Verantwortung für die Bildung. Mit dieser Erwägung kann eine Unterfütterung von Art. 21 I AEUV mit sozialen Begleitrechten zumindest im Bildungsbereich als vertretbar angesehen werden[17]. Art. 21 I AEUV kann vorliegend betroffen sein.

Hier kann auch das gegenteilige Ergebnis vertreten werden, wobei die Literaturauffassung dazu zwingt, für die weiteren Fragen zu einem Hilfsgutachten überzugehen.

b) Anwendung ohne Art. 18 AEUV

Hinzu tritt ein konstruktives Problem. In früheren Entscheidungen hat der EuGH in Fällen wie dem vorliegenden immer betont, dass zusätzlich auf das allgemeine Diskriminierungsverbot aus Art. 18 I AEUV abzustellen sei, um einen Anspruch auf staatliche Leistungen zu begründen[18]. Sein Urteil im Fall Morgan und Bucher aus dem Jahr 2007 enthält demgegenüber keinen Verweis mehr auf das Diskriminierungsverbot[19]. Dies kann als Ausdruck eines erweiterten Verständnisses des Anwendungsbereichs von Art. 21 I AEUV gewertet werden. Man kann das Urteil des EuGH so deuten, dass die Freizügigkeit nach seiner Auffassung wie die Grundfreiheiten nicht mehr nur das unmittelbare Recht auf Bewegungsfreiheit, sondern auch soziale Begleitrechte gewähre. Eines Rückgriffs auf das allgemeine Diskriminierungsverbot bedarf es bei einer solchen Sichtweise nicht mehr. Auch in den jüngsten Entscheidungen zum deutschen BAföG bezieht sich der EuGH nur noch auf die Art. 20 und 21 AEUV[20]. 290

Folgt man dem Gerichtshof in der oben skizzierten Annahme, dass aus der Freizügigkeit gem. Art. 21 I AEUV auch soziale Begleitrechte abgeleitet werden könnten, so kann man auch den hier vollzogenen weiteren Schritt mitgehen. Art. 21 AEUV wird dadurch den Grundfreiheiten in seinem Anwendungsbereich angenähert und zu einer echten Freiheit ausgebaut. Des konstruktiven Rückgriffs auf Art. 18 AEUV bedarf es nicht mehr.

Auch hier ist die Gegenauffassung vertretbar. Immerhin gibt der EuGH keine Begründung, warum er den Fall des BAföG und den vom Sachverhalt vergleichbar gelagerten Fall D'Hoop nicht gleich löst.

---

17 Ähnlich *Düsterhaus*, EuZW 2005, S. 325 f., s. auch *Farahat*, DÖV 2016, S. 45 ff., 49 ff.

18 Vgl. etwa EuGH vom 11.7.2002, Rs. C-224/98, Slg. 2002, I-6191, EuZW 2002, S. 635 ff., 636, D'Hoop.

19 Z.B. EuGH vom 26.2.2015, Rs. C-359/13, ECLI:EU:C:2015:118, NVwZ-RR 2015, S. 457 ff., Martens, EuGH vom 23.10.2007, verb. Rs. C-11/06 und C-12/06, Slg. 2007, I-9161, NVwZ 2008, S. 767 ff., Morgan und Bucher – BAföG.

20 EuGH vom 24.10.2013, Rs. C-220/12, ECLI:EU:C:2013:683, Meneses, EuGH vom 24.10.2013, Rs. C-275/12, ECLI:EU:C:2013:684, NJW 2014, S. 1080 ff., Elrick, und EuGH vom 18.7.2013, verb. Rs. C-523/11 und C-585/11, ECLI:EU:C:2013:524, NJW 2013, S. 2879 ff., Prinz und Seeberger, ebenso (zum niederländischen Recht) EuGH vom 26.2.2015, Rs. C-359/13, ECLI:EU:C:2015:118, NVwZ-RR 2015, S. 457 ff., Martens.

2. Persönlicher Anwendungsbereich

291 Weiterhin müsste der persönliche Anwendungsbereich eröffnet sein. Hier könnte problematisch sein, dass sich Frau A gegenüber ihrem eigenen Mitgliedstaat auf die Freizügigkeit berufen will. Fälle ohne Auslandsbezug fallen von vornherein nicht in den Anwendungsbereich der Freiheiten des AEUV. Jedoch betont der Gerichtshof in st. Rspr., dass die vom AEUV auf dem Gebiet der Freizügigkeit gewährten Erleichterungen nicht ihre volle Wirkung entfalten könnten, wenn ein Staatsangehöriger eines Mitgliedstaats von ihrer Wahrnehmung durch Hindernisse aufgehalten werden könnte, die seinem Aufenthalt in einem anderen Mitgliedstaat infolge einer Regelung seines Herkunftsstaats entgegenstehen, die Nachteile allein daran knüpft, dass er von ihr Gebrauch gemacht hat[21]. Ein Staatsangehöriger eines Mitgliedstaats, der in seiner Eigenschaft als Unionsbürger von seinem Recht Gebrauch gemacht hat, sich in einem anderem Mitgliedstaat als seinem Herkunftsmitgliedstaat frei zu bewegen und aufzuhalten, könne sich daher auch gegenüber seinem Herkunftsmitgliedstaat auf die mit dieser Eigenschaft verbundenen Rechte (insbes. die in Art. 21 I AEUV vorgesehenen) berufen[22]. Dem ist zuzustimmen, so dass sich Frau A, die sich bereits zu Zwecken der Arbeit als Au-pair-Kraft in einen anderen Mitgliedstaat begeben hat und damit von ihrer Freizügigkeit Gebrauch gemacht hat, gegenüber D auf Art. 21 I AEUV berufen kann.

3. Gewährleistungsinhalt

292 Fraglich ist des Weiteren der Gewährleistungsinhalt des Freizügigkeitsrechts. Konstruiert man soziale Begleitrechte unter Rückgriff auf Art. 18 AEUV, so sind nur offen und versteckt diskriminierende Maßnahmen vom Anwendungsbereich der Freizügigkeit erfasst, nicht aber bloße Beschränkungen. Demgegenüber verzichtet der Gerichtshof in der zugrunde liegenden Entscheidung auf das Diskriminierungsverbot und prüft folgerichtig nur eine Beschränkung der Freizügigkeit. Diese sieht er darin, dass Studierende durch die fragliche Regelung abgehalten werden könnten, sich zu Zwecken der Ausbildung in einen anderen Mitgliedstaat zu begeben[23].

Ob dieser Ausweitung des Anwendungsbereichs zu folgen ist, kann offen bleiben, wenn in § 5 II BAföG auch eine zumindest versteckte Diskriminierung liegt. Dies kann hier unter dem Aspekt bejaht werden, dass derjenige, der sich in einen anderen Mitgliedstaat begibt, schlechter gestellt wird als derjenige, der seine Ausbildung ausschließlich im Inland absolviert. Der Wegzug ist Anknüpfungspunkt einer versteckten Diskriminierung, weshalb hier auch das Diskriminierungsverbot betroffen ist.

---

21 So ausdrücklich EuGH vom 23.10.2007, verb. Rs. C-11/06 und C-12/06, Slg. 2007, I-9161, NVwZ 2008, S. 767 ff., 768, Rn. 26, Morgan und Bucher – BAföG.

22 Z.B. aus der jüngeren Rspr. EuGH vom 5.6.2018, Rs. C-673/16, ECLI:EU:2018:385, NVwZ 2018, S. 1545 ff., Rn. 31 m.w.N., Coman, EuGH vom 26.2.2015, Rs. C-359/13, ECLI:EU:C:2015:118, NVwZ-RR 2015, S. 457 ff., Rn. 20 ff. m.w.N., Martens.

23 Zuletzt EuGH vom 26.2.2015, Rs. C-359/13, ECLI:EU:C:2015:118, NVwZ-RR 2015, S. 457 ff.,, Rn. 20 ff. m.w.N., Martens, bzw. zum BAföG EuGH vom 24.10.2013, Rs. C-220/12, ECLI:EU:C:2013:683, Rn. 28 m.w.N., Meneses, EuGH vom 23.10.2007, verb. Rs. C-11/06 und C-12/06, Slg. 2007, I-9161, NVwZ 2008, S. 767 ff., 769, Rn. 30 f., Morgan und Bucher – BAföG.

4. Rechtfertigung durch zwingende Erfordernisse des Allgemeininteresses

Das Freizügigkeitsrecht aus Art. 21 I AEUV wird allerdings nicht schrankenlos gewährt. Beschränkungen können aufgrund von zwingenden Erfordernissen gerechtfertigt werden. Die unterschiedliche Behandlung muss auf objektiven, von der Staatsangehörigkeit der Betroffenen unabhängigen Erwägungen des Allgemeininteresses beruhen und in einem angemessenen Verhältnis zu dem zulässigerweise verfolgten Zweck stehen[24]. **293**

a) Zwingendes Erfordernis

Im Ausgangsverfahren, das dem Fall zugrunde liegt, hat Deutschland eine Reihe von Gründen vorgebracht, die die Einschränkungen des § 5 II BAföG rechtfertigen sollen. Zunächst habe Deutschland ein Interesse daran, dass die Ausbildungsförderung nur denjenigen gewährt werde, die zu einem erfolgreichen Studium in der Lage seien. Zudem solle das Erfordernis einer ersten Ausbildungsphase die Studierenden in die Lage versetzen zu prüfen, ob sie für ihr Studium die richtige Wahl getroffen hätten. Zu diesen vorgebrachten Gründen führt der EuGH zu Recht aus, dass die angegriffene Regelung weder dazu beitrage, eine Qualitätsauslese zu treffen, noch eine freie Ausbildungswahl zu ermöglichen[25]. Die genannten Gründe scheiden damit schon von vornherein aus. **294**

Als anerkennenswertes zwingendes Erfordernis kommt hier aber das Interesse des Mitgliedstaats in Betracht, seine Sozialsysteme vor übermäßigen Belastungen zu schützen. Zwar können rein wirtschaftliche Motive keine zwingenden Gründe des Allgemeininteresses darstellen, die eine Beschränkung einer vom Vertrag garantierten Grundfreiheit rechtfertigen könnten[26]. Die Mitgliedstaaten dürfen nach der Rspr. des EuGH aber darauf achten, dass sich die Studierenden, denen sie Unterhaltsbeihilfen gewähren, bis zu einem gewissen Grad in die Gesellschaft dieses Staates eingegliedert haben[27]. So können sie unter anderem sicherstellen, dass kein „Sozialtourismus" entsteht.

b) Verhältnismäßigkeit

Fraglich ist aber, wie weit die Maßnahmen gehen dürfen, die diesem Zweck dienen sollen, d.h. ob sie i.S.d. Verhältnismäßigkeitsprinzips geeignet und erforderlich sind[28]. Was **295**

24 EuGH vom 15.3.2005, Rs. C-209/03, Slg. 2005, I-2119, NJW 2005, S. 2055 ff., 2057, Rn. 54, Bidar, sowie EuGH vom 23.10.2007, verb. Rs. C-11/06 und C-12/06, Slg. 2007, I-9161, NVwZ 2008, S. 767 ff., 769, Rn. 33, Morgan und Bucher – BAföG.

25 EuGH vom 23.10.2007, verb. Rs. C-11/06 und C-12/06, Slg. 2007, I-9161, NVwZ 2008, S. 767 ff., 769, Rn. 35 ff., Morgan und Bucher – BAföG.

26 EuGH vom 24.10.2013, Rs. C-220/12, ECLI:EU:C:2013:683 (JURIS), Rn. 43 m.w.N., Meneses.

27 EuGH vom 26.2.2015, Rs. C-359/13, ECLI:EU:C:2015:118, NVwZ-RR 2015, S. 457 ff., Rn. 36 ff. m.w.N., Martens, EuGH vom 24.10.2013, Rs. C-220/12, ECLI:EU:C:2013:683 (JURIS), Rn. 35 ff. m.w.N., Meneses, EuGH vom 15.3.2005, Rs. C-209/03, Slg. 2005, I-2119, NJW 2005, S. 2055 ff., 2057, Rn. 56 f., Bidar. Siehe dazu auch *Farahat*, DÖV 2016, S. 45 ff., 49 ff. und *Epiney*, NVwZ 2014, S. 1274 ff, 1276 f., sowie allgemein *Devetzi*, EuR 2014, S. 638 ff., 648 ff.

28 Der EuGH scheint zwar grundsätzlich von einer aus dem deutschen Recht bekannten dreistufigen Prüfung (Geeignetheit-Erforderlichkeit-Angemessenheit/Verhältnismäßigkeit im engeren Sinne) auszugehen, spricht die Frage der Angemessenheit in der Praxis aber nur selten an. Siehe dazu *Streinz*, Europarecht, Rn. 870 und 918, *Dittert*, Europarecht, S. 297, je m.w.N., ausführlich *Brigola*, EuZW 2017, S. 406 ff., sowie (für Grundrechtseinschränkungen) *Michl*, EuR 2018, S. 456 ff., 465 ff.

die Geeignetheit betrifft, so bestehen hinsichtlich der Förderung des genannten Zwecks durch die deutsche Regelung keine Bedenken. Sie schränkt den Kreis der Berechtigten ein und minimiert so die finanziellen Belastungen für das Fördersystem.

Jedoch könnte es an der Erforderlichkeit fehlen. Anerkanntermaßen darf ein Mitgliedstaat zwar einen gewissen Grad an Integration verlangen, um eine Studienförderung zu gewähren. § 5 II Nr. 3 BAföG verlangt jedoch, dass mindestens ein einjähriger Studienabschnitt im Herkunftsland absolviert worden sein muss. Diese Regelung ist zu starr und lässt keine Möglichkeit zu, die hinreichende Integration auch auf andere Weise zu belegen. So erscheint es beispielsweise denkbar, dass die hinreichende Integration bereits durch einen vorhergegangenen Schulbesuch in D sichergestellt ist. So war es in den Ausgangsverfahren. Im Ergebnis geht die Regelung damit über das hinaus, was zur Sicherung der Leistungsfähigkeit des mitgliedstaatlichen Sozialsystems erforderlich ist[29].

Die Vorschrift des § 5 II Nr. 3 BAföG, die eine mindestens einjährige Ausbildung in D vorschreibt, verstößt gegen das Freizügigkeitsrecht aus Art. 21 I AEUV und ist daher im vorliegenden Fall unanwendbar.

V. Ergebnis Begründetheit

296 Nach dem Bearbeitervermerk liegen die Voraussetzungen für die Gewährung von Ausbildungsförderung im Übrigen vor. Frau A hat somit einen Anspruch auf Gewährung von Leistungen nach dem BAföG. Die Klage ist damit auch begründet.

C. Gesamtergebnis

297 Da die Klage zulässig und begründet ist, hat sie Aussicht auf Erfolg. Das Gericht wird Frau A daher die Ausbildungsförderung zusprechen.

Wiederholung und Vertiefung

Weiterführende Hinweise

298 EuGH vom 23.10.2007, verb. Rs. C-11/06 und 12/06, Slg. 2007, I-9161, NVwZ 2008, S. 767 ff., Rhiannon Morgan./.Bezirksregierung Köln und Iris Bucher./.Landrat Kreis Düren – BAföG.

EuGH vom 26.2.2015, Rs. C-359/13, ECLI:EU:C:2015:118, NVwZ-RR 2015, S. 457 ff., Rn. 27 m.w.N., B. Martens./.Minister van Onderwijs, Cultuur en Wetenschap.

---

29 Ebenso EuGH vom 23.10.2007, verb. Rs. C-11/06 und C-12/06, Slg. 2007, I-9161, NVwZ 2008, S. 767 ff., 770, Rn. 46 ff., Morgan und Bucher – BAföG, entsprechend für bestimmte Wohnsitzerfordernisse EuGH vom 24.10.2013, Rs. C-220/12, ECLI:EU:C:2013:683, Rn. 49, Meneses, und EuGH vom 18.7.2013, verb. Rs. C-523/11 und C-585/11, ECLI:EU:C:2013:524, NJW 2013, S. 2879 ff., Rn. 40, Prinz und Seeberger.

EuGH vom 15.3.2005, Rs. C-209/03, Slg. 2005, I-2119, NJW 2005, S. 2055 ff., The Queen, auf Antrag von Dany Bidar./.London Borough of Ealing und Secretary of State for Education and Skills.

EuGH vom 11.7.2002, Rs. C-224/98, Slg. 2002, I-6191, DÖV 2002, S. 1037 ff., Marie-Nathalie D'Hoop./.Office national de l'emploi.

Bode, Stephanie: Anmerkung zu EuGH vom 15.3.2005, Rs. C-209/03 (Bidar), EuZW 2005, S. 279 ff.

Devetzi, Stamatia: Die „Verbindung" zu einem (Sozial-)Staat: Wann ist der Bund stark genug?, EuR 2014, S. 638 ff.

Düsterhaus, Dominik: Bidar und BAföG: Nachlese zum Urteil EuGH, EuZW 2005, S. 277 – Bidar mit Anmerkung Bode, EuZW 2005, S. 325 f.

Farahat, Anuscheh: Solidarität und Inklusion – Umstrittene Aspekte der Unionsbürgerschaft, DÖV 2016, S. 45 ff.

Hilpold, Peter: Die Unionsbürgerschaft – Entwicklung und Probleme, EuR 2015, S. 133 ff.

Ogorek, Markus: Unionsrechtliche Vorgaben für die Ausgestaltung des „Auslands-BAföG", JA 2013, S. 877 ff.

Schmahl Stefanie/Jung, Florian: Die Unionsbürgerschaft: Ein komplexes Rechtsinstitut mit weitreichenden Folgen, JURA 2016, S. 1272 ff.

Fall 9

Autobahnblockade

Pflichtfach/Schwerpunktbereich, Schwierigkeitsgrad: mittel

299 Schon seit langem ist der immer weiter steigende Transitverkehr auf der Inntal-Autobahn und über den Brenner-Pass den Umweltschützern in Deutschland und Österreich ein Dorn im Auge. Demonstrationen in größeren Städten Süddeutschlands und Österreichs haben allerdings bisher bei den politisch Verantwortlichen keine Wirkung gezeigt. Deshalb beschließt man, zu härteren Maßnahmen zu greifen. An einem Tag mit besonders viel Schwerlastverkehr wird für 30 Stunden die gesamte Inntal-Autobahn inklusive des Brenners sowohl auf deutscher wie auf österreichischer Seite blockiert, indem die Umweltschützer auf den Fahrbahnen mehrere öffentliche Versammlungen abhalten, die auf die Umweltzerstörung durch den Transitverkehr aufmerksam machen soll. Die Versammlungen auf deutscher Seite (also auf der A 93 bei Kiefersfelden [Landkreis Rosenheim]) sind der zuständigen Behörde ordnungsgemäß angezeigt worden. Diese hatte keinen Anlass gesehen, die Versammlung zu verbieten, da sie von der auch europarechtlich geschützten Meinungs- und der Versammlungsfreiheit gedeckt und nach deutschem Recht zulässig sei. Hinzu kam, dass die Organisatoren des Aktionstags im Vorfeld eng mit den Polizei- und Verkehrsbehörden der einzelnen Länder zusammengearbeitet hatten, um einen ordnungsgemäßen Ablauf der Versammlung zu gewährleisten. Außerdem hatten sie auch die Medien sowie mehrere Automobilclubs (wie den ADAC in Deutschland und den ÖAMTC[1] in Österreich) eingebunden, damit diese die Öffentlichkeit und die Vereinsmitglieder rechtzeitig vor dem Demonstrationstermin über Ausweichmöglichkeiten informieren konnten.

Herr X ist ein bayerischer Spediteur, der vor allem grenzüberschreitende Warenlieferungen nach Österreich und Italien durchführt. Er hatte sich in der Woche vor dem Aktionstag mehrfach an die zuständige deutsche Behörde gewandt, um die Sperrung der Autobahn zu verhindern, weil er wirtschaftlich in erheblichem Umfang von diesen Warenlieferungen abhängig ist. Nachdem ihm dabei kein Erfolg beschieden war, möchte er das Vorgehen der deutschen Behörde nunmehr wenigstens zur Vermeidung künftiger Behinderungen gerichtlich überprüfen lassen. Er ist der Auffassung, die Behörde sei aufgrund von Unionsrecht verpflichtet gewesen, die internationalen Transitrouten offen zu halten. Durch das Unterlassen eines Demonstrationsverbots habe sich Deutschland eines Unionsrechtsverstoßes schuldig gemacht.

Frage 1: Ist diese Auffassung richtig? Gehen Sie davon aus, dass es kein relevantes sekundäres Unionsrecht gibt.

Frage 2: Wie kann Herr X seine Auffassung vor europäischen Gerichten zur Geltung bringen?

1 Österreichischer Automobil-, Motorrad- und Touring-Club.

Vorüberlegungen

Der Fall ist der Schmidberger-Entscheidung[2] des EuGH nachgebildet, wurde aber nach Deutschland „verlegt". Im Originalfall hatte der österreichische Spediteur Schmidberger die Republik Österreich auf Schadensersatz verklagt, weil sie im Jahr 1998 die Blockade der Brenner-Autobahn durch Umweltschützer nicht unterbunden hatte. **300**

Im Rahmen der Klausur wurde auf diese prozessuale Einkleidung verzichtet. Bei Frage 1 geht es allein um die materielle Rechtslage. Zu prüfen ist ein Verstoß gegen die Grundfreiheiten, wobei zunächst einmal herauszuarbeiten ist, dass der Schwerpunkt hier auf der Warenverkehrs- und nicht auf der Dienstleistungsfreiheit des X liegt. Da laut Fragestellung kein relevantes sekundäres Unionsrecht existiert, geht es allein um einen Verstoß gegen Art. 34, 35 AEUV. Wie bei Fall 1 ist auch hier eine schulmäßige Prüfungsfolge der Art. 34 ff. AEUV zu erstellen[3].

Als Maßstab für die Prüfung einer Beeinträchtigung der Warenverkehrsfreiheit kommt hier insbes. die sog. „Dassonville-Formel" in Betracht, nach der alle unmittelbaren oder mittelbaren, tatsächlichen oder potenziellen Behinderungen des Handels innerhalb der Union als „Maßnahmen gleicher Wirkung" anzusehen sind[4]. Dies dürfte bei der Blockade einer so wichtigen Verkehrsverbindung zwischen Deutschland, Österreich und Italien kaum zu verneinen sein. Erörterungen zur Fortentwicklung der Rspr. durch die Entscheidungen Keck und Cassis de Dijon sind dagegen nicht angebracht, weil es erkennbar nicht um Verkaufsmodalitäten, Vertriebsregelungen o.ä. geht.

Innerhalb der weiteren Prüfung des Art. 34 AEUV liegt ein Hauptproblem darin, ob man die Blockade der Autobahn durch die Umweltschützer den deutschen Behörden und damit dem Mitgliedstaat Deutschland zurechnen kann. Denn nur dann handelt es sich um „staatliche Maßnahmen" i.S.d. Art. 34 AEUV. Da die Behörden die Demonstration hier nicht durch positives Tun gefördert, sondern „nur" nicht verboten haben, liegt juristisch betrachtet eine Unterlassung vor. Unterlassungen sind aber nur dann relevant, wenn dadurch gegen Handlungspflichten verstoßen wird. Zu erörtern ist daher, ob aus der Warenverkehrsfreiheit auch eine entsprechende Pflicht der Mitgliedstaaten folgt, gegen Beeinträchtigungen der Freiheit durch Privatpersonen vorzugehen. Der EuGH hat dies im Schmidberger-Urteil grundsätzlich bejaht, aber gleichzeitig Rechtfertigungsmöglichkeiten zugelassen.

Die Frage, ob das Unterlassen der deutschen Behörden gerechtfertigt sein kann, bildet demgemäß den zweiten Schwerpunkt bei Frage 1. Der EuGH räumt den nationalen Behörden einen weiten Ermessensspielraum zur Abwägung der Interessen ein. Diese müssen einerseits die Warenverkehrsfreiheit, andererseits aber auch europäischen Rechtsgrundsätze sowie europäische und deutsche Grundrechte beachten. Im Ergebnis

2 EuGH vom 12.6.2003, Rs. C-112/00, Slg. 2003, I-5659, NJW 2003, S. 3185 ff., Eugen Schmidberger Internationale Transporte und Planzüge./.Republik Österreich.

3 Ein entsprechendes Prüfungsschema ist unter „Wiederholung und Vertiefung" zu Fall 1 abgedruckt.

4 Vgl. EuGH vom 11.7.1974, Rs. 8/74, Slg. 1974, 837, NJW 1975, S. 515 ff., Dassonville (in NJW a.a.O. ist das falsche Datum 11.6.1974 angegeben). Zur Dassonville-Formel siehe *Streinz*, Europarecht, Rn. 864.

kommt der durch Art. 6 EUV i.V.m. Art. 51, 11 und 12 GRC bzw. Art. 10 und 11 EMRK geschützten Meinungsäußerungs- und Versammlungsfreiheit im Rahmen der Interessenabwägung eine so hohe Bedeutung zu, dass die Entscheidung der deutschen Behörden noch als ermessensgerecht anzusehen ist.

Bei Frage 2 wurde auf eine konkrete prozessuale Einkleidung, z.B. für Schadensersatzansprüche, verzichtet. Es geht es vor allem darum, die geeigneten Verfahrensarten zu erkennen, nach der Begründetheit einer möglichen Klage ist dagegen nicht gefragt. Die recht pauschale Fragestellung spricht außerdem für eine eher überschlägige Prüfung.

Der Fall behandelt eine Standardkonstellation aus dem Bereich des Europarechts und muss daher sowohl im Pflichtfach als auch im Schwerpunktbereich beherrscht werden. Der Schwierigkeitsgrad ist mittel.

Gliederung

Frage 1 **301**

A. Warenverkehrsfreiheit als betroffene Grundfreiheit
B. Keine Regelung durch sekundäres Unionsrecht
C. Warenverkehrsfreiheit aus Art. 34, 35 AEUV
  I. Persönlicher Anwendungsbereich der Art. 34, 35 AEUV
  II. Sachlicher Anwendungsbereich
  III. Verstoß gegen Warenverkehrsfreiheit
    1. Mengenmäßige Beschränkung, Art. 34, 35 AEUV
    2. Sonstige Maßnahme gleicher Wirkung, Art. 34, 35 AEUV
  IV. Rechtfertigung
    1. Schranken gemäß Art. 36 AEUV
    2. Ungeschriebene Rechtfertigungsgründe, insbesondere durch entgegenstehende Grundrechte
      a) Anliegen der Demonstranten als Rechtfertigungsgrund?
      b) Meinungsäußerungs- und Versammlungsfreiheit, Art. 11 und 12 GRC bzw. Art. 10 und 11 EMRK

D. Ergebnis

Frage 2

Rechtsschutz vor europäischen Gerichten

Musterlösung

Frage 1

A. Warenverkehrsfreiheit als betroffene Grundfreiheit

302 Herr X als Spediteur konnte wegen bzw. während der Blockade der Inntal-Autobahn offensichtlich keine Transporte von, nach und durch Österreich und Italien mehr durchführen.

Zu prüfen ist daher, ob das Verhalten der deutschen Behörden gegen die Warenverkehrsfreiheit der Art. 34 und 35 AEUV verstößt. Denn die Warenverkehrsfreiheit schützt u.a. das Recht, Waren zu befördern und zu besitzen[5].

Andererseits wäre auch an die Dienstleistungsfreiheit des Art. 56 AEUV zu denken, da Herr X mit seiner Spedition bestimmte Dienstleistungen erbringt. Die Abgrenzung erfolgt nach dem Schwerpunkt des Gesamtvorgangs[6]. Herr X kann zwar durch die Blockade auf einer bestimmten Strecke keine Waren mehr befördern. Das hindert ihn aber nicht, seine Dienste als Spediteur weiterhin anzubieten und – zumindest theoretisch – z.B. auf andere Straßen ausweichen; möglicherweise wird er auch für Umgehungsfahrten o.ä. bzw. nach dem Ende der Blockade besonders gefragt sein. Aus dem weiten Spektrum seiner Spediteursleistungen ist somit nur ein kleiner Bereich betroffen, in dem tatsächlich nichts befördert werden kann. Daher liegt der Schwerpunkt hier konkret auf den Waren, die nicht mehr von A nach B kommen, und nicht auf der Speditеurstätigkeit als solcher[7].

B. Keine Regelung durch sekundäres Unionsrecht

303 Die Warenverkehrsfreiheit aus Art. 34 und 35 AEUV ist nur anwendbar, wenn keine speziellere Norm des Sekundärrechts eingreift, die den Sachverhalt (abschließend) regelt[8]. Hier gibt es laut Bearbeitervermerk kein relevantes Sekundärrecht, so dass das Verhalten der Behörden unmittelbar an den Art. 34, 35 AEUV zu messen ist.

C. Warenverkehrsfreiheit aus Art. 34, 35 AEUV

304 Nach Art. 34 AEUV sind mengenmäßige Einfuhrbeschränkungen sowie alle Maßnahmen gleicher Wirkung zwischen den Mitgliedstaaten verboten. Nach Art. 35 AEUV gilt dasselbe auch für Ausfuhrbeschränkungen.

5 *Kingreen*, in: Calliess/Ruffert, AEUV, Art. 34–36, Rn. 123. Siehe dazu auch *Streinz*, Europarecht, Rn. 810 ff.

6 *Kingreen*, in: Calliess/Ruffert, AEUV, Art. 34–36, Rn. 122.

7 Der EuGH hat die Dienstleistungsfreiheit im Urteil Schmidberger überhaupt nicht angesprochen (EuGH vom 12.6.2003, Rs. C-112/00, Slg. 2003, I-5659, NJW 2003, S. 3185 ff., Schmidberger).

8 Vgl. *Loibl*, Europarecht – Das Skriptum, S. 82. Der EuGH hat das in seiner Entscheidung Schmidberger nicht weiter problematisiert (EuGH vom 12.6.2003, Rs. C-112/00, Slg. 2003, I-5659, NJW 2003, S. 3185 ff., Schmidberger).

I. Persönlicher Anwendungsbereich der Art. 34, 35 AEUV

Herr X ist deutscher Spediteur und damit – unterstellt – auch deutscher Staatsbürger (Mitgliedstaat, Art. 52 I EUV). Damit ist der persönliche Anwendungsbereich der Warenverkehrsfreiheit, die jedenfalls den Unionsbürgern zusteht[9], eröffnet. **305**

II. Sachlicher Anwendungsbereich

Schutzobjekt der Art. 34, 35 AEUV sind Unionswaren i.S.d. Art. 28 II AEUV, also Waren, die aus den Mitgliedstaaten stammen, sowie Waren aus Drittländern, die sich in den Mitgliedstaaten im freien Verkehr befinden. Der Warenbegriff wird im AEUV weder definiert noch konkretisiert. „Waren" sind Erzeugnisse, die einen Geldwert haben und daher Gegenstand von Handelsgeschäften sein können[10]; bei den Speditionsgütern des Herrn X ist das unproblematisch der Fall. **306**

Da nach dem Wortlaut der Art. 34, 35 AEUV nur Maßnahmen „zwischen den Mitgliedstaaten" verboten sind, bedarf es eines grenzüberschreitenden Sachverhalts. Bei einem internen Sachverhalt, dessen Elemente sämtlich nicht über die Grenzen eines Mitgliedstaates hinausweisen, liegt keine Beeinträchtigung der Warenverkehrsfreiheit vor[11].

Hier könnte es sich um einen rein innerstaatlichen Fall handeln, weil es um eine Autobahnblockade in Deutschland, das Verhalten der deutschen Behörden und einen deutschen Spediteur geht.

Herr X führt laut Sachverhalt allerdings auch grenzüberschreitende Warenlieferungen von Deutschland nach Österreich und Italien (Mitgliedstaaten, Art. 52 I EUV) durch. Außerdem ist die Inntal-Autobahn mit dem Brenner eine der Haupt-Straßenverbindungen zwischen Österreich und Italien und damit allgemein zwischen Nord- und Südeuropa bzw. innerhalb der EU, und die Blockade richtete sich ausdrücklich gegen die Umweltzerstörung durch den Transitverkehr. Damit ist ein ausreichender grenzüberschreitender Bezug vorhanden.

Die Warenverkehrsfreiheit schützt u.a. das Recht, Waren zu befördern und zu besitzen[12], so dass die Speditionstätigkeit des Herrn X auch zu den von Art. 34, 35 AEUV geschützten Tätigkeiten zählt.

Wenn man die Dienstleistungsfreiheit aus Art. 56 AEUV nicht schon anfangs abgelehnt hat (s.o.), müsste man spätestens hier eine kurze Abgrenzung vornehmen.

Damit ist auch der sachliche Anwendungsbereich der Art. 34, 35 AEUV gegeben.

---

9 Vgl. *Kingreen*, in: Calliess/Ruffert, AEUV, Art. 34–36, Rn. 124.
10 Vgl. *Kingreen*, in: Calliess/Ruffert, AEUV, Art. 34–36, Rn. 120.
11 Vgl. *Kingreen*, in: Calliess/Ruffert, AEUV, Art. 34–36, Rn. 38 m.w.N. Siehe auch *Streinz*, Europarecht, Rn. 822 und 845.
12 *Kingreen*, in: Calliess/Ruffert, AEUV, Art. 34–36, Rn. 123.

III. Verstoß gegen Warenverkehrsfreiheit

307 Zu prüfen ist, ob der Umstand, dass die deutschen Behörden die – nach deutschem Recht zulässige – Versammlung auf der Inntal-Autobahn nicht verboten haben, gegen die Warenverkehrsfreiheit der Art. 34, 35 AEUV verstößt.

1. Mengenmäßige Beschränkung, Art. 34, 35 AEUV

308 Eine „mengenmäßige Beschränkung" der Ein- und Ausfuhr durch die Versammlung liegt hier nicht vor.

2. Sonstige Maßnahme gleicher Wirkung, Art. 34, 35 AEUV

309 Nach Art. 34 und 35 AEUV sind auch alle Maßnahmen mit gleicher Wirkung wie Ein- und Ausfuhrbeschränkungen zwischen den Mitgliedstaaten verboten.

Nach st. Rspr. des EuGH seit dem Dassonville-Urteil von 1974[13] bedeutet dies, dass alle unmittelbaren oder mittelbaren, tatsächlichen oder potenziellen Beeinträchtigungen der Handelsströme innerhalb der Union beseitigt werden[14].

Erörterungen zur Fortentwicklung der Rspr.[15] durch die Entscheidungen in Sachen Cassis de Dijon bzw. Keck sind hier nicht angebracht, weil es bei der Blockade erkennbar nicht um Verkaufsmodalitäten, Vertriebsregelungen o.ä. geht.

Hier hat die 30-stündige Blockade der Inntal-Autobahn bewirkt, dass dort keine Handelswaren mehr transportiert werden konnten. Das dürfte bei einer solchen Hauptverkehrsverbindung zu einer unmittelbaren und tatsächlichen, zumindest aber zu einer potentiellen Beeinträchtigung der Handelsströme von, nach und durch Österreich geführt haben. Daher führte die Versammlung objektiv zu einer Beeinträchtigung des freien Warenverkehrs.

Fraglich ist allerdings, ob das hier für eine Verletzung der Warenverkehrsfreiheit i.S.d. Art. 34, 35 AEUV ausreicht. Denn die Grundfreiheiten der Art. 28 ff. AEUV richten sich als transnationale Integrationsnormen vor allem an die Mitgliedstaaten[16]. Hier aber wurde die Autobahn nicht von den deutschen Behörden, sondern von Umweltschützern, also Privatpersonen, blockiert.

310 Nach der Rspr. des EuGH verbietet der für die Verwirklichung des Binnenmarktes unabdingbare Art. 34 AEUV nicht nur Maßnahmen, die auf den Staat zurückgehen und selbst Beschränkungen für den Handel zwischen den Mitgliedstaaten schaffen. Die

---

13 EuGH vom 11.7.1974, Rs. 8/74, Slg. 1974, 837, NJW 1975, S. 515 ff., Dassonville.

14 Sog. Dassonville-Formel, vgl. EuGH vom 12.6.2003, Rs. C-112/00, Slg. 2003, I-5659, NJW 2003, S. 3185 ff., 3186 Rn. 56 m.w.N., Schmidberger. Siehe dazu ausführlich *Streinz*, Europarecht, Rn. 839, *Kingreen*, in: Calliess/Ruffert, AEUV, Art. 34–36, Rn. 37 ff.; *Loibl*, Europarecht – Das Skriptum, S. 83 ff. und *Dittert*, Europarecht, S. 212 ff.

15 Siehe dazu *Streinz*, Europarecht, Rn. 864 und 909.

16 Siehe dazu *Kingreen*, in: Calliess/Ruffert, AEUV, Art. 34–36, Rn. 104.

Norm ist auch anwendbar, wenn ein Mitgliedstaat nicht die erforderlichen Maßnahmen ergriffen hat, um gegen Beeinträchtigungen des freien Warenverkehrs einzuschreiten, deren Ursachen nicht auf den Staat zurückgehen[17].

Denn der Handelsverkehr innerhalb der Union kann – ebenso wie durch eine Handlung – auch dadurch beeinträchtigt werden, dass ein Mitgliedstaat untätig bleibt oder es versäumt, ausreichende Maßnahmen zur Beseitigung von Hemmnissen für den freien Warenverkehr (und damit für einen der tragenden Grundsätze der Union) zu treffen, die in seinem Gebiet durch Handlungen von Privatpersonen geschaffen wurden, die sich gegen Erzeugnisse aus anderen Mitgliedstaaten richten[18].

Außerdem sind die Mitgliedstaaten gem. Art. 4 III 2 EUV verpflichtet, u.a. alle geeigneten Maßnahmen allgemeiner oder besonderer Art zur Erfüllung der Verpflichtungen zu ergreifen, die sich „aus den Verträgen" (also EUV und AEUV, vgl. Art. 1 III 1 EUV) ergeben. Sie müssen darüber hinaus auch alle Maßnahmen unterlassen, die die Verwirklichung der Ziele der Union gefährden könnten (Art. 4 III 2 EUV).

Daher *verbieten* die Art. 34 und 35 AEUV den Mitgliedstaaten nicht nur eigene Handlungen oder Verhaltensweisen, die zu einem Handelshemmnis führen könnten („Abwehrfunktion" der Grundfreiheit[19]), sondern *verpflichten* sie in Verbindung mit Art. 4 III EUV auch dazu, alle erforderlichen und geeigneten Maßnahmen zu ergreifen, um in ihrem Gebiet die Beachtung dieser Grundfreiheit sicherzustellen („Schutzfunktion" der Grundfreiheit[20]). Angesichts der grundlegenden Bedeutung des freien Warenverkehrs im System der Union und insbesondere für das ordnungsgemäße Funktionieren des Binnenmarktes muss daher jeder Mitgliedstaat den freien Warenverkehr in seinem Gebiet gewährleisten. Er muss die erforderlichen und geeigneten Maßnahmen ergreifen, um gegen Beeinträchtigungen durch Handlungen von Privatpersonen einzuschreiten, unabhängig davon, ob diese Handlungen die Einfuhr, die Ausfuhr oder die bloße Durchfuhr von Waren betreffen[21]. Den Staaten kommt somit eine Art „Garantenstellung" für die Sicherung der Warenverkehrsfreiheit zu[22]. **311**

---

17 Vgl. EuGH vom 12.6.2003, Rs. C-112/00, Slg. 2003, I-5659, NJW 2003, S. 3185 ff., 3186, Rn. 57, Schmidberger, mit Hinweis auf EuGH vom 9.12.1997, Slg. 1997, I-6959, NJW 1998, S. 1931 ff., Kommission./.Frankreich – Agrarblockaden, *Streinz*, Europarecht, Rn. 881 (Fall 47 und Lösung). In dem Fall ging es um Proteste französischer Landwirte gegen landwirtschaftliche Erzeugnisse aus anderen Mitgliedstaaten in den Jahren 1993 und 1994 (u.a. durch das Anhalten von Lastwagen mit solchen Erzeugnissen in Frankreich und die Vernichtung ihrer Ladung, durch Angriffe auf Lastwagenfahrer, durch die Bedrohung französischer Supermärkte, die landwirtschaftliche Erzeugnisse aus anderen Mitgliedstaaten verkauften und durch die Beschädigung dieser Waren in französischen Geschäften). Die EG-Kommission erhob daher Klage vor dem EuGH, um feststellen zu lassen, dass Frankreich keine ausreichenden Maßnahmen zum Schutz des Warenverkehrs getroffen habe; der EuGH gab der Klage statt.

18 Vgl. EuGH vom 12.6.2003, Rs. C-112/00, Slg. 2003, I-5659, NJW 2003, S. 3185 ff., 3186 Rn. 58, Schmidberger.

19 Siehe dazu *Kingreen*, in: Calliess/Ruffert, AEUV, Art. 34–36, Rn. 11, sowie *Streinz*, Europarecht, Rn. 874.

20 Siehe dazu *Kingreen*, in: Calliess/Ruffert, AEUV, Art. 34–36, Rn. 12 ff.

21 Vgl. EuGH vom 12.6.2003, Rs. C-112/00, Slg. 2003, I-5659 ff., NJW 2003, S. 3185 ff., 3186 f., Rn. 59 f., Schmidberger.

22 Vgl. *Loibl*, Europarecht – Das Skriptum, S. 83. Siehe dazu auch *Streinz*, Europarecht, Rn. 881 (Fall 47 und Lösung).

Wenn also der freie Warenverkehr durch Handlungen von Privatpersonen beeinträchtigt wird, müssen die zuständigen nationalen Stellen auch dann angemessene Maßnahmen zur Gewährleistung der Warenverkehrsfreiheit ergreifen, wenn sich die Waren nur auf der Durchfuhr (hier durch Österreich nach Italien oder nach Deutschland) befinden. Die gilt insbesondere, wenn es sich – wie hier mit der Inntal-Autobahn und dem Brenner – um eine der Hauptrouten des Überland-Handelsverkehrs zwischen Nordeuropa und Norditalien handelt[23].

Daraus ergibt sich als Zwischenergebnis, dass der Umstand, dass die deutschen Behörden die Versammlung und damit die Blockade der Inntal-Autobahn nicht untersagt haben, eine Beeinträchtigung des Warenverkehrs innerhalb der Union darstellen kann und daher als „Maßnahme gleicher Wirkung" wie mengenmäßige Beschränkungen i.S.d. Art. 34, 35 AEUV anzusehen ist[24].

IV. Rechtfertigung

312 Zu prüfen bleibt, ob die Nichtuntersagung der Versammlung gerechtfertigt ist, weil ein Verstoß gegen die unionsrechtlichen Verpflichtungen nur vorliegt, wenn die Nichtuntersagung nicht objektiv gerechtfertigt werden kann[25].

1. Schranken gemäß Art. 36 AEUV

313 Nach Art. 36 AEUV sind bestimmte Verbote und Beschränkungen der Ein-, Aus- und Durchfuhr zulässig, die sich auf Gründe der „öffentlichen Sittlichkeit, Ordnung und Sicherheit" sowie weitere Schutzgüter (Gesundheit, Leben von Mensch und Tier, nationale Kulturgüter etc.) stützen. Bei der Blockade des Warenverkehrs auf der Inntal-Autobahn geht es aber nicht um ein staatliches Verbot bzw. eine staatliche Beschränkung; es handelt sich vielmehr um eine „Maßnahme gleicher Wirkung" als Folge der Demonstration, so dass schon zweifelhaft erscheint, ob Art. 36 AEUV, der im Gegensatz zu Art. 34, 35 AEUV die „Maßnahmen gleicher Wirkung" nicht ausdrücklich erwähnt, hier überhaupt einschlägig ist. In jedem Fall aber ist die Blockade des Warenverkehrs hier nicht „aus Gründen" der öffentlichen Sittlichkeit etc. und auch nicht final „zum Schutz" der genannten Rechtsgüter erfolgt, so dass eine Rechtfertigung nach Art. 36 AEUV im Ergebnis nicht in Betracht kommt[26].

---

23 Vgl. EuGH vom 12.6.2003, Rs. C-112/00, Slg. 2003, I-5659, NJW 2003, S. 3185 ff., 3187 f., Rn. 62 f. Schmidberger.

24 Vgl. EuGH vom 12.6.2003, Rs. C-112/00, Slg. 2003, I-5659, NJW 2003, S. 3185 ff., 3187 f., Rn. 64, Schmidberger.

25 Vgl. EuGH vom 12.6.2003, Rs. C-112/00, Slg. 2003, I-5659, NJW 2003, S. 3185 ff., 3187 f., Rn. 64, Schmidberger.

26 Der EuGH hat in Rn. 78 des Schmidberger-Urteils den damals geltenden Art. 36 EG-Vertrag (= Art. 36 AEUV) erwähnt, im Folgenden aber nicht weiter geprüft (EuGH vom 12.6.2003, Rs. C-112/00, Slg. 2003, I-5659, NJW 2003, S. 3185 ff., 3188, Rn. 78, Schmidberger).

2. Ungeschriebene Rechtfertigungsgründe, insbesondere durch entgegenstehende Grundrechte

Neben den ausdrücklichen Schrankenbestimmungen des Art. 36 AEUV kommen als weitere Rechtfertigungsgründe das kollidierende Verfassungsrecht sowie „immanente Schranken" bzw. „zwingende Erfordernisse" in Betracht, wie sie der EuGH in der sog. „Cassis-Formel" entwickelt hat[27]. **314**

a) Anliegen der Demonstranten als Rechtfertigungsgrund?

Die Demonstranten wollten hier auf die Umweltzerstörung durch den Transitverkehr aufmerksam machen, so dass es denkbar wäre, die Warenverkehrsfreiheit durch die Ziele der Versammlung (Umwelt- und Gesundheitsschutz) einzuschränken. **315**

Im vorliegenden Fall geht es allerdings nicht um das Verhalten der Demonstranten, sondern um die Frage, ob die deutschen Behörden sich unionsrechtswidrig verhalten haben, indem sie die Autobahnblockade nicht verhinderten. Für die Beurteilung der Frage, ob ein Mitgliedstaat gegen Unionsrecht verstoßen hat, ist aber allein das Handeln oder Unterlassen dieses Staates in Betracht zu ziehen. Daher ist allein das Ziel zu berücksichtigen, das die nationalen Stellen mit der stillschweigend erteilten Genehmigung bzw. der Nichtuntersagung der Versammlung verfolgten[28]. Insofern kommt es hier auf die spezifischen Ziele der Demonstration nicht an.

b) Meinungsäußerungs- und Versammlungsfreiheit, Art. 11 und 12 GRC bzw. Art. 10 und 11 EMRK

Die Inntal-Autobahn wurde durch eine Demonstration blockiert. Daher könnte die Zulassung der Demonstration durch europäische Grundrechte der Demonstranten (insbes. Meinungsäußerungs- und Versammlungsfreiheit) gerechtfertigt sein. Der Schutz der Grundrechte stellt ein berechtigtes Interesse dar, das grundsätzlich geeignet ist, eine Beschränkung von unionsrechtlichen Verpflichtungen zu rechtfertigen. Das gilt auch für Verpflichtungen, die sich aus einer vertraglich gewährleisteten Grundfreiheit wie der Freiheit des Warenverkehrs ergeben[29]. **316**

Nach Art. 6 I 1 EUV erkennt die Union die Rechte, Freiheiten und Grundsätze der Grundrechte-Charta der Union (GRC)[30] an, die mit den Verträgen gleichrangig ist. Außerdem sind die Grundrechte, wie sie in der EMRK gewährleistet sind und wie sie **317**

---

27 Vgl. dazu EuGH vom 12.6.2003, Rs. C-112/00, Slg. 2003, I-5659, NJW 2003, S. 3185 ff., 3188 Rn. 78, Schmidberger, sowie *Kingreen*, in: Calliess/Ruffert, AEUV, Art. 34–36, Rn. 75 ff. und *Streinz*, Europarecht, Rn. 863 ff.

28 Vgl. EuGH vom 12.6.2003, Rs. C-112/00, Slg. 2003, I-5659, NJW 2003, S. 3185 ff., 3187, Rn. 66 ff., Schmidberger.

29 Vgl. EuGH vom 12.6.2003, Rs. C-112/00, Slg. 2003, I-5659, NJW 2003, S. 3185 ff., 3187, Rn. 71 ff. m.w.N., Schmidberger. Siehe dazu auch *Kingreen*, in: Calliess/Ruffert, AEUV, Art. 34–36, Rn. 79.

30 Vom 7.12.2000, ABl. 2000 Nr. C 364/1. Siehe dazu *Streinz*, Europarecht, Rn. 55, 64 und 749 ff., sowie *Weiß*, EuZW 2013, S. 287 ff., und *Lenaerts*, EuR 2012, S. 3 ff.

sich aus der gemeinsamen Verfassungsüberlieferung der Mitgliedstaaten ergeben, gem. Art. 6 III EUV als allgemeine Grundsätze Teil des Unionsrechts. Daher kommt insbesondere eine Rechtfertigung durch Art. 11 I und 12 I GRC sowie die Art. 10 I und 11 I EMRK in Betracht[31].

Allerdings bindet die GRC nach Art. 51 I 1 Hs. 1 GRC in erster Linie die Union selbst. Im vorliegenden Fall geht es dagegen um das Verhalten der nationalen (deutschen) Behörden. Für die Mitgliedstaaten gilt die Charta gem. Art. 51 I 1 Hs. 2 GRC „ausschließlich bei der Durchführung des Rechts der Union". Hierzu hat der EuGH im Fall Åkerberg Fransson festgestellt, dass die in der Unionsrechtsordnung garantierten Grundrechte in allen unionsrechtlich geregelten Fallgestaltungen, aber nicht außerhalb derselben Anwendung finden. Da folglich die durch die Charta garantierten Grundrechte zu beachten sind, wenn eine nationale Rechtsvorschrift in den Geltungsbereich des Unionsrechts fällt, sind keine Fallgestaltungen denkbar, die vom Unionsrecht erfasst würden, ohne dass diese Grundrechte anwendbar wären. Die Anwendbarkeit des Unionsrechts umfasst die Anwendbarkeit der durch die Charta garantierten Grundrechte[32]. Für die Anwendung der GRC kommt es daher darauf an, ob die deutschen Behörden mit der Zulassung der Demonstration (auch) Unionsrecht durchgeführt haben.

„Durchführung" umfasst sowohl die legislative Umsetzung als auch den administrativen Vollzug von Unionsrecht[33]. Gegen die „Durchführung" spricht zunächst, dass sich die Behörden bei ihrer Entscheidung über die Warenverkehrsfreiheit möglicherweise keine Gedanken gemacht haben, zumindest lässt sich dazu aus dem Sachverhalt nichts entnehmen. Andererseits geht es nicht um die rechtliche Beurteilung einer aktiven Handlung, sondern um die Frage, ob ein qualifiziertes Unterlassen vorliegt, das gegen eine unionsrechtlich durch die Warenverkehrsfreiheit begründete Handlungspflicht verstößt. Diese Pflicht wurde mit dem EuGH auf der Basis der Schmidberger-Rspr. bejaht. Da es um eine unionsrechtliche Verpflichtung geht, also die Frage, ob die Behörden aufgrund der Warenverkehrsfreiheit zum Handeln (Verbot der Demonstration) verpflichtet sind, müssen sie unmittelbar europäisches Primärrecht anwenden. Damit ist nach der – wenn auch umstrittenen[34] – Ansicht des EuGH der Anwendungsbereich der Charta nach Art. 51 I 1 Hs. 1 GRC

31 Zur Rechtslage im Originalfall s. EuGH vom 12.6.2003, Rs. C-112/00, Slg. 2003, I-5659, NJW 2003, S. 3185 ff., 3188, Rn. 71 ff. m.w.N., Schmidberger, sowie die Lösung des Falles in der Erstauflage dieses Klausurenkurses. Allgemein zur Rechtslage vor Inkrafttreten des Vertrags von Lissabon bzw. der GRC s.o. Rn. 12 und 39.

32 EuGH vom 26.2.2013, Rs. C-617/10, ECLI:EU:C:2013:105, NJW 2013, S. 1415 ff., Rn. 19 ff., Åkerberg Fransson, einschränkend inzwischen aber EuGH vom 6.3.2014, Rs. C-206/13, ECLI:EU:C:2014:126, NVwZ 2014, S. 575 ff., Cruciano Siragusa./.Regione Sicilia – Soprintendenza Beni Culturali e Ambientali di Palermo. Siehe dazu ausführlich oben Rn. 12 und 39.

33 *Kingreen*, in: Calliess/Ruffert, AEUV, Art. 51 GRC Rn. 8, *Peters*, JURA 2014, S. 752 ff., 756 f.

34 Siehe dazu *Wollenschläger*, EuZW 2014, S. 577 ff., 578; wohl ablehnend auch *Kingreen*, EuR 2013, S. 446 ff., 450.

eröffnet, so dass die Grundrechte der GRC als Rechtfertigungsgründe herangezogen werden können[35].

Nach Art. 11 I und 12 I GRC bzw. Art. 10 I und 11 I EMRK hat u.a. jede Person das Recht auf freie Meinungsäußerung und das Recht, sich frei und friedlich mit anderen zu versammeln. Die Meinungsäußerungs- und Versammlungsfreiheit sind somit ausdrücklich durch GRC und die EMRK geschützt und stellen darüber hinaus wesentliche Grundlagen einer demokratischen Gesellschaft dar. Gemäß Art. 10 II und Art. 11 II EMRK sind allerdings jeweils bestimmte (durch Ziele des Allgemeininteresses gerechtfertigte) Einschränkungen zulässig. Diese Einschränkung gelten über die Verweisung des Art. 52 III 1 GRC auch für die Art. 11 und 12 GRC, so dass der Rückgriff auf die allgemeine Schranke des Art. 52 I GRC ausgeschlossen ist[36]. Daher kann die Ausübung dieser Rechte beschränkt werden, sofern diese Beschränkungen tatsächlich Zielen der Union entsprechen, die dem Gemeinwohl dienen, und nicht einen (im Hinblick auf den mit den Beschränkungen verfolgten Zweck) unverhältnismäßigen, nicht tragbaren Eingriff darstellen, der die geschützten Rechte in ihrem Wesensgehalt antastet[37].

Demgemäß sind die bestehenden Interessen abzuwägen, und es ist anhand sämtlicher Umstände des jeweiligen Einzelfalls festzustellen, ob das richtige Gleichgewicht zwischen diesen Interessen gewahrt worden ist. Dabei haben die zuständigen staatlichen Stellen ein weites Ermessen[38].

Im vorliegenden Fall handelt es sich um eine friedliche Versammlung, mit der die Beteiligten auf die ihrer Meinung nach vom Transitverkehr ausgehende Umweltzerstörung aufmerksam machen wollten. Der Tatbestand der Art. 11 I und 12 I GRC bzw. Art. 10 I und 11 I EMRK ist somit erfüllt. Die Demonstration war nach deutschem Recht korrekt angemeldet und von den Behörden nicht untersagt worden. Außerdem handelte es sich um eine einmalige und insgesamt doch recht punktuelle Aktion, mit der Bürger ihre Grundrechte ausübten und bei der sie eine ihnen im öffentlichen Leben wichtig erscheinende Meinung äußerten. Die Demonstration diente auch nicht dem *Zweck*, den Handel mit Waren einer bestimmten Art oder Herkunft zu beeinträchtigen.

---

35 Vgl. EuGH vom 21.12.2016, Rs. C-201/15, ECLI:EU:C:2016:972, NJW 2017, S. 1723 ff., Rn. 62 ff., Anonymi Geniki Etairia Tsimenton Iraklis (AGET Iraklis)./.Ypourgos Ergasias, Koinonikis Asfalisis kai Koinonikis Allilengyis, EuGH vom 30.4.2014, Rs. C-390/14, ECLI:EU:C:2014:281, EuZW 2014, S. 597 ff., Rn. 36 Robert Pfleger, Autoart as, Mladen Vucicevic, Maroxx Software GmbH und Hans-Jörg Zehetner; siehe dazu *Ogorek*, JA 2014, S. 954 ff., *Ruffert*, JuS 2014, S. 662 ff., *Wollenschläger*, EuZW 2014, S. 577 ff. Im Ergebnis ebenso *Degenhart*, Klausurenkurs Staatsrecht II, Rn. 1065, *Kingreen*, JURA 2014, S. 295 ff., 303, und *Frenz*, DVBl. 2015, S. 741 ff., 742. Siehe dazu auch *Kahl/Schwind*, EuR 2014, S. 170 ff., 172 ff.

36 *Calliess*, in: Calliess/Ruffert, GRCh, Art. 11, Rn. 30, und *Calliess*, in: Calliess/Ruffert, GRCh, Art. 12, Rn. 8, je m.w.N. Die EMRK stellt allerdings kein Rechtsinstrument dar, das formell in die Unionsrechtsordnung übernommen wurde, solange die Union ihr nicht beigetreten ist, s. EuGH vom 29.5.2018, Rs. C-426/16, ECLI:EU:C:2018:335, NVwZ 2018, S. 1283 ff., Rn. 40 m.w.N., Liga van Moskeeën en Islamitische Organisatie Provincie Antwerpen VZW u.a../.Vlaams Gewest.

37 Vgl. EuGH vom 12.6.2003, Rs. C-112/00, Slg. 2003, I-5659, NJW 2003, S. 3185 ff., 3188, Rn. 79 f. m.w.N., Schmidberger.

38 Vgl. EuGH vom 12.6.2003, Rs. C-112/00, Slg. 2003, I-5659, NJW 2003, S. 3185 ff., 3188, Rn. 79 ff. m.w.N., Schmidberger.

Hinzu kommt, dass die Behörden verschiedene Rahmen- und Begleitmaßnahmen getroffen hatten, um die Störungen des Straßenverkehrs möglichst gering zu halten (u.a. Zusammenarbeit von Polizei, den Veranstaltern der Demonstration und verschiedenen Automobilclubs, um einen ordnungsgemäßen Ablauf der Versammlung zu gewährleisten, Informationen über Ausweichmöglichkeiten schon lange vor dem Demonstrationstermin).

318 Andererseits hätte ein Verbot oder auch nur eine räumliche und/oder zeitliche Begrenzung der Demonstration einen wesentlichen Teil der Wirkung genommen und die Rechte der Teilnehmer unangemessen beschränken können. Außerdem war nicht auszuschließen, dass es dadurch zu anderen, weniger beherrschbaren Aktionen („wilde" Demonstrationen, Streitigkeiten zwischen Gegnern und Befürwortern der Maßnahmen, Gewalttätigkeiten o.ä.) gekommen wäre.

Im Rahmen des ihnen eingeräumten weiten Ermessens durften die deutschen Behörden daher vernünftigerweise annehmen, dass das mit der Versammlung in legitimer Weise verfolgte Ziel im vorliegenden Fall nicht durch Maßnahmen erreicht werden konnte, die den Handel innerhalb der Union weniger beschränkt hätten. Die Ermessensausübung zugunsten der Veranstaltung war vor dem Hintergrund der Rechte aus Art. 11 und 12 GRC bzw. Art. 10 und 11 EMRK daher zulässig, so dass die Beeinträchtigung der Warenverkehrsfreiheit gerechtfertigt ist[39].

D. Ergebnis

319 Die deutschen Behörden, die die Versammlung auf der Inntal-Autobahn und die daraus resultierende Blockade nicht untersagt haben, haben sich nicht unionsrechtswidrig verhalten[40]. Die Auffassung von Herrn X ist somit falsch.

Frage 2

Rechtsschutz vor europäischen Gerichten

320 Rechtsschutz vor europäischen Gerichten kommt nur in Betracht, wenn X sich direkt an den EuGH oder das Gericht wenden könnte, um mitgliedstaatliche Verstöße gegen Unionsrecht zu rügen. Dies ist nur im Ausnahmefall möglich. Im dezentralen Rechtsschutzsystem der Europäischen Union sind grundsätzlich die mitgliedstaatlichen Gerichte zur Entscheidung über Klagen einzelner Bürger berufen. Die europäischen und nationalen Gerichte bilden zusammen einen kohärenten Rechtsschutzverbund[41].

39 Ebenso *Streinz*, Europarecht, Rn. 882.

40 Vgl. EuGH vom 12.6.2003, Rs. C-112/00, Slg. 2003, I-5659, NJW 2003, S. 3185 ff., 3189, Rn. 94, Schmidberger, und *Kingreen*, in: Calliess/Ruffert, AEUV, Art. 34–36, Rn. 218.

41 Siehe dazu *Mächtle*, JuS 2015, S. 28 ff. m.w.N.

Mangels Generalklausel ist der Rechtsweg zu den Unionsgerichten nur in den Fällen der enumerativen Einzelzuständigkeit eröffnet[42]. Grundsätzlich können zwar auch Einzelpersonen Nichtigkeitsklage gem. Art. 263 AEUV oder Untätigkeitsklage gem. Art. 265 erheben, doch scheiden diese beiden Möglichkeiten hier schon deshalb aus, weil die genannten Rechtsschutzverfahren Maßnahmen der Union zum Gegenstand haben, während es bei der Blockade um das Verhalten deutscher Behörden geht. X bleibt nur die Möglichkeit, ein Vertragsverletzungsverfahren gegen Deutschland durch die Kommission (Art. 258 AEUV) anzuregen[43].

Wiederholung und Vertiefung

Weiterführende Hinweise

Streinz, Rudolf: Europarecht, Rn. 633 ff., 809 ff., 832, 836 ff., 864, 875, 883, 903 ff., 926 ff. **321**

EuGH vom 12.6.2003, Rs. C-112/00, Slg. 2003, I-5659, NJW 2003, S. 3185 ff., Eugen Schmidberger Internationale Transporte und Planzüge./.Republik Österreich.

EuGH vom 30.4.2014, Rs. C-390/14, ECLI:EU:C:2014:281, EuZW 2014, S. 597 ff., Robert Pfleger, Autoart as, Mladen Vucicevic, Maroxx Software GmbH und Hans-Jörg Zehetner.

EuGH vom 11.7.1974, Rs. 8/74, Slg. 1974, 837, NJW 1975, S. 515 ff., Dassonville (in NJW a.a.O. ist das falsche Datum 11.6.1974 angegeben).

Kingreen, Thorsten: Die Unionsgrundrechte, JURA 2014, S. 295 ff.

Kizil, Baran C.: EU-Grundrechtsschutz im Vertrag von Lissabon, JA 2011, S. 277 ff.

Leidenmühler, Franz: Zur Haftung der Mitgliedstaaten für durch Unterlassung begangene Verstöße gegen die Grundfreiheiten des EG-Vertrages – Anmerkung zum Urteil des EuGH vom 12.6.2003, Eugen Schmidberger./.Republik Österreich, The European Legal Forum 2003, S. 185 ff.

Lenaerts, Koen: Die EU-Grundrechtecharta: Anwendbarkeit und Auslegung, EuR 2012, S. 3 ff.

Lindner, Josef Franz: Anmerkung zu EuGH vom 12.6.2003, Rs. C-112/00 (Schmidberger), BayVBl. 2003, S. 623 ff.

Lindner, Josef Franz: Die gemeinschaftsrechtliche Dimension des Polizeirechts – Eine dogmatische Analyse, JuS 2005, S. 302 ff.

Manger-Nestler, Cornelia/Noack, Gregor: Europäische Grundfreiheiten und Grundrechte, JuS 2013, S. 503 ff.

Mann, Thomas/Ripke, Stefan: Überlegungen zur Existenz und Reichweite eines Gemeinschaftsgrundrechts der Versammlungsfreiheit, EuGRZ 2004, S. 125 ff.

Safoklov, Yury: „Kauft deutsche Milch!“, JA 2018, S. 194 ff.

42 *Mächtle*, JuS 2015, S. 28 ff., 28 m.w.N.
43 Siehe dazu *Streinz*, Europarecht, Rn. 398 ff. und 633 ff., und *Stürner*, JURA 2017, S. 394 ff., 400.

Sauer, Heiko: Die Grundfreiheiten des Unionsrechts – Eine Handreichung für die Fallbearbeitung, JuS 2017, S. 310 ff.

Streinz, Rudolf: Freier Warenverkehr und Grundrechte – Staatshaftung, JuS 2004, S. 429 ff.

Uerpmann-Wittzack, Robert: Die Bedeutung der EMRK für den deutschen und den unionalen Grundrechtsschutz, JURA 2014, S. 916 ff.

Voßkuhle, Andreas/Wischmeyer, Thomas: Grundwissen – Öffentliches Recht: Grundrechte im Unionsrecht, JuS 2017, S. 1171 ff.

Weiß, Wolfgang: Grundrechtsschutz durch den EuGH: Tendenzen seit Lissabon, EuZW 2013, S. 287 ff.

Wollenschläger, Ferdinand: Anwendbarkeit der EU-Grundrechte im Rahmen einer Beschränkung von Grundfreiheiten: Bestätigung der ERT-Rechtsprechung durch den EuGH auch unter der Grundrechtecharta, EuZW 2014, S. 577 ff.

Fall 10

Bananenstreit[1]

Pflichtfach/Schwerpunktbereich, Schwierigkeitsgrad: mittel

Herr Z betreibt in Deutschland ein Unternehmen, das Bananen importiert. Bisher hatte er vorwiegend so genannte Dollarbananen importiert, d.h. Bananen aus Drittländern außerhalb des Unionsgebietes. Diese hatte er aufgrund einer für Deutschland geltenden Sonderregelung günstig einkaufen können. **322**

Auf der Grundlage von Art. 40 AEUV erlässt die EU durch das Europäische Parlament und den Rat eine gemeinsame Bananenmarktordnung als Verordnung, die den unionsweiten Handel mit Bananen und deren Einfuhr aus Drittländern auf eine einheitliche Grundlage stellt. Unter anderem werden die Einfuhrkontingente gleichmäßig auf die Vermarkter verteilt, um die bisher bestehenden Wettbewerbsverzerrungen auf dem Unionsmarkt für Bananen zu beseitigen. Die neue Ordnung dient außerdem dazu, den Absatz von Bananen aus der Union und afrikanischen, karibischen und pazifischen Staaten (den so genannten AKP-Staaten) zu fördern.

Die Einführung der Bananenmarktordnung hat für Herrn Z einschneidende Konsequenzen. Sein Einfuhrkontingent für Dollarbananen wird auf der Grundlage der Bananenmarktordnung von der zuständigen deutschen Behörde per Bescheid stark reduziert. Dadurch soll auch anderen Vermarktern Zugang zu diesem Marktsegment verschafft werden. Umgekehrt kann Herr Z diesen Umsatzeinbruch aber nicht durch den Import von Unionsbananen wettmachen, weil die Exporteure der entsprechenden Kontingente durch langfristige Lieferverträge mit konkurrierenden Vermarktern gebunden sind. Infolge der so entstehenden Umsatzeinbußen ist Herr Z gezwungen, ein Drittel seines Personals zu entlassen. Das will sich Herr Z nicht bieten lassen. Er ist der Auffassung, die Bananenmarktordnung verstoße gegen Unionsgrundrechte. Zumindest sei eine Übergangs- oder Härtefallregelung erforderlich gewesen, um seinen Grundrechten gerecht zu werden.

Frage 1: Hat er Recht? Gehen Sie davon aus, dass in der Bananenmarktordnung keine Übergangs- oder Härtefallregelung vorgesehen ist[2].

Frage 2: Kann Herr Z mit Aussicht auf Erfolg vor Gerichten der Union gegen die Bananenmarktordnung vorgehen?

---

1 Siehe auch *Streinz*, Europarecht, Rn. 725 (Fall 28 und Lösung), der die vorliegende Konstellation unter einem anderen Aspekt beleuchtet.

2 In der für den EuGH maßgeblichen realen Bananenmarkt-VO (EWG) 404/93, die inzwischen durch die VO (EU) Nr. 1308/2013 des Europäischen Parlaments und des Rates vom 17.12.2013 über eine gemeinsame Marktorganisation für landwirtschaftliche Erzeugnisse und zur Aufhebung der Verordnungen (EWG) Nr. 922/72, (EWG) Nr. 234/79, (EG) Nr. 1037/2001 und (EG) Nr. 1234/2007 (ABl. 2013 Nr. L 347/671) abgelöst worden ist, war in den Art. 27 und 30 eine Härtefallklausel vorgesehen.

Frage 3: Kann Herr Z nach Erschöpfung des innerstaatlichen Rechtswegs Verfassungsbeschwerde mit der Behauptung erheben, die Bananenmarktordnung als Rechtsgrundlage der gegen ihn ergangenen Bescheide verstoße gegen Grundrechte des Grundgesetzes?

Vorüberlegungen

Der vorliegende Fall hat den berühmten „Bananenstreit" zwischen Deutschland und der EU zum Hintergrund. Die EU hatte in einer neuen Bananenmarktordnung festgelegt, dass Deutschland künftig nicht mehr im bisherigen Umfang günstige Dollarbananen importieren, sondern sich wie die übrigen Mitgliedstaaten mit AKP-Bananen oder solchen aus überseeischen Departements Frankreichs eindecken sollte. Hiergegen regte sich Widerstand in Deutschland. Der Streit beschäftigte nahezu alle nationalen Gerichtszweige und auch die europäische Gerichtsbarkeit. Es wurden alle Rechtsfragen geklärt, die in irgendeinem Zusammenhang mit dem Bananenmarkt stehen konnten. Ein Aspekt des Streits wird etwa in *Streinz*, Europarecht, Rn. 725, Fall 28 behandelt; der vorliegende Fall behandelt einen anderen, nämlich den grundrechtlichen Aspekt. **323**

Zum einen geht es um die Reichweite der europäischen Grundrechte[3]. Der vorliegende Fall bietet insbesondere im Rahmen von Frage 1 eine gute Gelegenheit, Schutzbereich und Rechtfertigungsmöglichkeiten im Rahmen europäischer Grundrechte auszuloten. Frage 2 bestimmt dann prozessuale Möglichkeiten, Grundrechtsschutz vor europäischen Gerichten durchzusetzen.

Des Weiteren ist die Reichweite der deutschen Grundrechte im Zusammenhang mit europarechtlich vorgeprägten Sachverhalten problematisch. Dieser Fragestellung wird in Frage 3 nachgegangen. Die Rechtsprechung des BVerfG war hier lange schwankend, so dass im Zusammenhang mit dem Bananenstreit die Hoffnung aufkam, das Gericht könne wieder dazu übergehen, auch unionsrechtliche Sachverhalte am Maßstab deutscher Grundrechte zu messen. Im Gegensatz dazu hat es seine Rechtsprechung präzisiert und verschärft.

In Frage 1 sind die europäischen Grundrechte zu behandeln. Dabei müssen die in Betracht kommenden Unionsgrundrechte im Einzelnen durchgeprüft werden. Vorliegend kommen die Eigentumsfreiheit, die Berufs- bzw. unternehmerische Freiheit sowie der Gleichheitssatz aus Art. 40 II AEUV in Betracht. Grob kann man sagen, dass die Prüfung ähnlich einer deutschen Grundrechtsprüfung verläuft. Im Ergebnis kann man unterschiedlicher Auffassung sein, ob ein Grundrechtsverstoß vorliegt oder nicht.

Bei Frage 2 gilt es zu erkennen, dass Rechtsschutz vor europäischen Gerichten nicht in Betracht kommt. Rechtsschutz gegen Verordnungen wird gem. Art. 263 IV AEUV nur im Ausnahmefall gewährt. Ein solcher liegt ersichtlich nicht vor.

Frage 3 schließlich gibt Anlass, über die Zuständigkeit des BVerfG für die Überprüfung von Unionsrechtsakten am Maßstab der Grundrechte des Grundgesetzes nachzudenken. An dieser Stelle sollte die Solange-Rechtsprechung und ihre Weiterentwicklung durch das BVerfG angesprochen werden. Wichtig ist es auch, die Problematik an der richtigen Stelle im Aufbau der Verfassungsbeschwerde zu prüfen. Die Beschwerdebefugnis ist in der vorliegenden Konstellation der richtige Ort für die entsprechenden Erörterungen.

---

3 Siehe dazu ausführlich oben Rn. 12 und 39.

Die mittelschwere Klausur eignet sich sowohl im Pflichtfach Öffentliches Recht als auch im Schwerpunkt Europarecht als Prüfungsaufgabe. Die Fragen des Grundrechtsschutzes auf europäischer Ebene dürften mittlerweile zum Allgemeingut öffentlich-rechtlicher Wissensvermittlung gehören.

Gliederung

Frage 1 324

A. Anwendbarkeit der GRC (Herleitung der Unionsgrundrechte)
B. Verletzung der Eigentumsfreiheit, Art. 17 GRC
C. Verletzung der Berufs- bzw. unternehmerischen Freiheit, Art. 15 und 16 GRC
  I. Eingriff in den Schutzbereich
  II. Rechtfertigung
    1. Gemeinwohlbelange und Wesensgehalt
    2. Verhältnismäßigkeit
D. Verletzung des Gleichheitssatzes aus Art. 40 II UAbs. 2 AEUV
  I. Vorliegen einer Ungleichbehandlung
  II. Rechtfertigung
E. Ergebnis

Frage 2

A. Zuständigkeit
B. Beteiligtenfähigkeit
C. Zulässiger Klagegegenstand
D. Klageberechtigung
E. Ergebnis Zulässigkeit

Frage 3

A. Zuständigkeit
B. Beteiligtenfähigkeit
C. Beschwerdegegenstand
D. Beschwerdebefugnis
E. Ergebnis

Musterlösung

Frage 1

325 Zu prüfen ist, ob die Bananenmarktordnung gegen Grundrechte des Unionsrechts verstößt. Europäische Grundrechte könnten sich für Herrn Z insbes. aus der GRC ergeben. Als verletzte Grundrechte kommen vorliegend die Eigentumsfreiheit (Art. 17 GRC) und die Berufs- bzw. unternehmerische Freiheit (Art. 15 und 16 GRC) in Betracht. Zudem könnte der besondere Gleichheitssatz aus Art. 40 II UAbs. 2 AEUV verletzt sein, der den allgemeinen Bestimmungen der Art. 20 ff. GRC vorgeht.

A. Anwendbarkeit der GRC (Herleitung der Unionsgrundrechte)

326 Nach Art. 6 I 1 EUV erkennt die Union die Rechte, Freiheiten und Grundsätze der Grundrechte-Charta der Union (GRC)[4] an, die mit den Verträgen gleichrangig ist. Außerdem sind die Grundrechte, wie sie in der EMRK gewährleistet sind und wie sie sich aus der gemeinsamen Verfassungsüberlieferung der Mitgliedstaaten ergeben, gem. Art. 6 III EUV als allgemeine Grundsätze Teil des Unionsrechts[5].

Gemäß Art. 51 I 1 GRC gilt die Charta für die Organe, Einrichtungen und sonstigen Stellen der Union unter Wahrung des Subsidiaritätsprinzips und für die Mitgliedstaaten ausschließlich bei der Durchführung des Rechts der Union. Verpflichtete der Unionsgrundrechte sind damit jedenfalls die Unionsorgane, hier also der Unionsgesetzgeber bei Erlass der Bananenmarktordnung. Mit der gem. Art. 40 AEUV als Verordnung (Art. 288 AEUV) erlassenen Bananenmarktordnung setzt der Rat primäres Unionsrecht um und schafft gleichzeitig sekundäres Unionsrecht, so dass es sich bei der Bananenmarktordnung um die Durchführung von Unionsrecht handelt. Die GRC ist daher anwendbar.

Weitergehende Ausführungen zum Anwendungsbereich der GRC sind hier nicht angebracht, insbes. betrifft der vieldiskutierte Fall Åkerberg Fransson aus dem Jahr 2013 eine andere Konstellation (Bindung der *Mitgliedstaaten* an die GRC, siehe dazu oben Rn. 12 und 39 und bei Fall 9).

B. Verletzung der Eigentumsfreiheit, Art. 17 GRC

327 Zu denken ist zunächst an eine Verletzung der Eigentumsfreiheit, die durch Art. 17 GRC geschützt wird[6].

Problematisch ist, ob der Schutzbereich dieses Grundrechts eröffnet ist. Das zivilrechtliche Eigentum des Herrn Z an den Bananen und sein sonstiges Betriebseigentum wird

---

4 Vom 7.12.2000, ABl. 2000 Nr. C 364/1. Siehe dazu *Streinz*, Europarecht, Rn. 55, 64 und 749 ff., sowie *Weiß*, EuZW 2013, S. 287 ff., und *Lenaerts*, EuR 2012, S. 3 ff.

5 Zur Rechtslage im Originalfall s. EuGH vom 5.10.1994, Rs. C-280/93, Slg. 1994, I-4973, NJW 1995, S. 945 ff., 948, Rn. 78 ff., Deutschland./.Rat – Bananenmarkt sowie die Lösung des Falles in der Erstauflage dieses Klausurenkurses. Allgemein zur Rechtslage vor Inkrafttreten des Vertrags von Lissabon bzw. der GRC s.o. Rn. 12 und 39.

6 Siehe dazu auch EuGH vom 14.5.1974, Rs. 4/73, Slg. 1974, 491, NJW 1975, S. 518, J. Nold KG./.Kommission der Europäischen Gemeinschaften, sowie *Streinz*, Europarecht, Rn. 786, 791 ff.

durch die Verordnung nicht berührt. Er beruft sich allerdings auf die Reduzierung seines Einfuhrkontingents und den dadurch verursachten Umsatzrückgang. Zu prüfen ist daher, ob dies zum Eigentum i.S.d. Art. 17 GRC zählt. Der EuGH verneint das im Falle der Bananenmarktordnung[7]. Er führt aus, kein Wirtschaftsteilnehmer könne ein Eigentumsrecht an einem Marktanteil geltend machen. Auch schütze die Eigentumsfreiheit im vorliegenden Zusammenhang nicht das Vertrauen auf die Beibehaltung einer bestehenden Situation. Dem Gerichtshof ist hier zuzustimmen, da die Eigentumsfreiheit nicht die Erwerbsmöglichkeit, sondern nur das Erworbene schützen will. Eine Verletzung der europäischen Eigentumsfreiheit ist von vornherein abzulehnen.

Die gegenteilige Auffassung ist kaum vertretbar. Es bestehen nach dem Sachverhalt keine Anhaltspunkte dafür, dass das Unternehmen des Z durch die Auswirkungen der Bananenmarktordnung in seiner Existenz bedroht wäre.

C. Verletzung der Berufs- bzw. unternehmerischen Freiheit, Art. 15 und 16 GRC

I. Eingriff in den Schutzbereich

In Betracht kommt aber eine Verletzung der Berufs- und der unternehmerischen Frei- **328**
heit, die durch Art. 15 I und 16 GRC[8] geschützt werden. Danach hat u.a. jede Person das Recht, zu arbeiten und einen frei gewählten oder angenommenen Beruf auszuüben (vgl. Art. 15 I GRC), zudem wird die „unternehmerische Freiheit" nach dem Unionsrecht und den einzelstaatlichen Rechtsvorschriften und Gepflogenheiten anerkannt (Art. 16 GRC). Der EuGH hat in der Bananenmarkt-Entscheidung, die lange vor dem Inkrafttreten der GRC erging (s.o.), keine Abgrenzung der Schutzbereiche vorgenommen. Dies ist erstmals im Juni 2016 erfolgt. Danach umfasst das Recht auf unternehmerische Freiheit insbes. das Recht jedes Unternehmens, in den Grenzen seiner Verantwortlichkeit für seine eigenen Handlungen frei über seine wirtschaftlichen, technischen und finanziellen Ressourcen verfügen zu können, sowie die Freiheit zur Ausübung einer Wirtschafts- oder Geschäftstätigkeit, die Vertragsfreiheit und den freien Wettbewerb, während der Schutz des Art. 15 GRC mehr in Richtung der Berufswahl zu gehen scheint[9]. Ein Eingriff in den Schutzbereich lässt sich jedenfalls hinsichtlich der unternehmerischen Freiheit auch mit der neueren EuGH-Rspr. bejahen, da Herr Z als Bananenimporteur seine Berufsausübung den neuen Regelungen der Bananenmarktordnung anpassen muss und dabei erhebliche finanzielle Einbußen erleidet[10].

---

7 EuGH vom 5.10.1994, Rs. C-280/93, Slg. 1994, I-4973, NJW 1995, S. 945 ff., 948, Rn. 78 ff., Deutschland./.Rat – Bananenmarkt.

8 Siehe dazu ausführlich *Wollenschläger*, EuZW 2015, S. 285 ff., sowie *Kühling/Drechsler*, JuS 2017, S. 335 ff., 341.

9 EuGH vom 30.6.2016, Rs. C-134/15, ECLI:EU:C:2016:498 (JURIS), Rn. 26 ff., Lidl GmbH & Co. KG./.Freistaat Sachsen, dazu *Streinz*, JuS 2017, S. 798 ff.

10 Vgl. EuGH vom 5.10.1994, Rs. C-280/93, Slg. 1994, I-4973, NJW 1995, S. 945 ff., 948, Rn. 81 ff., Bananenmarkt.

II. Rechtfertigung

1. Gemeinwohlbelange und Wesensgehalt

329 Fraglich ist, ob dieser Eingriff gerechtfertigt ist. Die Schranken der Berufs- sowie der unternehmerischen Freiheit ergeben sich aus Art. 52 I GRC, der die bisherige Rspr. übernommen hat[11]. Nach Art. 52 I GRC dürfen Einschränkungen nur vorgenommen werden, wenn sie erforderlich sind und den von der Union anerkannten dem Gemeinwohl dienenden Zielsetzungen oder den Erfordernissen des Schutzes der Rechte und Freiheiten anderer tatsächlich entsprechen und den Grundsatz der Verhältnismäßigkeit wahren. Als Gemeinwohlbelang führt der Gerichtshof die Sicherung des Absatzes von Unions- und AKP-Bananen an. Dies entspreche den Zielen der Gemeinsamen Agrarpolitik nach Art. 39 I AEUV. Die traditionellen Vermarkter von Dollarbananen sollten dazu bewegt werden, Unionsbananen zu vertreiben, während die traditionellen Vermarkter von Unionsbananen auch Dollarbananen importieren sollten. Es gehe also auch um die Beseitigung von Wettbewerbsverzerrungen. Der EuGH prüft zudem noch, ob die Berufsfreiheit nicht in ihrem Wesensgehalt (Art. 52 I 1 GRC) angetastet würde, verneint dies aber zu Recht[12].

Dem EuGH ist darin zuzustimmen, dass es sich bei der Absatzsicherung und der Beseitigung von Wettbewerbsverzerrungen um Gemeinwohlbelange handelt, die die Berufsfreiheit beschränken können.

2. Verhältnismäßigkeit

330 Allerdings muss auch im Zusammenhang mit Unionsgrundrechten weiter geprüft werden, ob die Regelungen der Bananenmarktordnung zu diesen Zwecken verhältnismäßig sind (s.o.). Der Gerichtshof prüft an diesem Punkt in dem zugrunde liegenden Urteil lediglich, ob die Bananenmarktordnung offensichtlich ungeeignet ist. Dies verneint er und damit auch einen Verstoß gegen die Berufsfreiheit.

Dieses Vorgehen des EuGH ist Ausdruck seiner allgemeinen Tendenz, bei der Beurteilung von Akten der Union großzügiger zu verfahren als bei mitgliedstaatlichen Akten, auch wenn sich seit dem Vertrag von Lissabon eine Richtungsänderung i.S. einer stärkeren Kontrolle der Unionsakte anzudeuten scheint[13]. Der bisherigen Prüfpraxis des EuGH kann schon deshalb nicht gefolgt werden, weil die Union ebenso an das Primärrecht gebunden ist wie die Mitgliedstaaten.

11 Vgl. EuGH vom 30.6.2016, Rs. C-134/15, ECLI:EU:C:2016:498 (JURIS), Rn. 31, Lidl, sowie *Ruffert*, in: Calliess/Ruffert, GRCh, Art. 15, Rn. 12 m.w.N., und Art. 16 Rn. 5.

12 EuGH vom 5.10.1994, Rs. C-280/93, Slg. 1994, I-4973, NJW 1995, S. 945 ff., 948, Rn. 81 ff., Bananenmarkt.

13 Siehe dazu *Weiß*, EuZW 2013, S. 287 ff., 290 f., und *Schröder*, EuZW 2011, S. 462 ff., 465 ff.

Zu prüfen ist demnach, ob die Bananenmarktordnung verhältnismäßig im herkömmlichen Sinne, also geeignet und erforderlich ist[14]. Die Bananenmarktordnung ist geeignet, die genannten Gemeinwohlziele zu erreichen.

Fraglich ist aber, ob ein milderes, zur Zielerreichung gleich wirksames Mittel ersichtlich ist. Um die Verzerrungen auf dem Unionsmarkt zu beseitigen, bedurfte es einer so durchgreifenden und umwälzenden Neuordnung des Marktes, wie sie die Bananenmarktordnung vorgenommen hat. Vor diesem Hintergrund wären weniger weitgehende Regelungen weniger wirksam gewesen. Allerdings werden die bisherigen Vermarkter von Dollarbananen wie Herr Z durch die Neuregelung schwer getroffen. Dies lässt sich daran ablesen, dass Herr Z ein Drittel seines Personals entlassen musste. Hier wäre daran zu denken gewesen, ob nicht Übergangsregelungen notwendig gewesen wären, um einen schonenden Übergang zu der neuen Ordnung zu ermöglichen. So wäre die Berufsfreiheit eines Teils der Vermarkter besser gewahrt worden. Eine Übergangsregelung hätte auch die Wirksamkeit der Marktneuordnung als solche nicht in Frage gestellt. Vor diesem Hintergrund erscheint die Bananenmarktordnung als unnötig harte Regelung. Sie ist nicht erforderlich und verstößt gegen die Berufs- bzw. die unternehmerische Freiheit von Herrn Z. **331**

Hier kann auch die gegenteilige Auffassung vertreten werden. Wer mit dem EuGH einen eingeschränkten Prüfungsmaßstab bei der Verhältnismäßigkeit annimmt, gelangt zu einer Vereinbarkeit mit der Berufsfreiheit.

D. Verletzung des Gleichheitssatzes aus Art. 40 II UAbs. 2 AEUV

I. Vorliegen einer Ungleichbehandlung

Schließlich kommt eine Verletzung des Gleichheitssatzes in Betracht. Dieser ergibt sich im Rahmen der Gemeinsamen Agrarpolitik aus Art. 40 II UAbs. 2 AEUV, der eine spezifische Ausprägung des allgemeinen Gleichheitsgrundsatzes ist. Danach hat die gemeinsame (Markt-)Organisation jede Diskriminierung zwischen Erzeugern oder Verbrauchern innerhalb der Union auszuschließen. **332**

Fraglich ist zunächst, ob diese Vorschrift auch mit Blick auf die Bananenimporteure einschlägig ist, da sie weder Bananenerzeuger noch Verbraucher sind. Die gemeinsame Marktorganisation für Bananen fasst Wirtschaftsteilnehmer zu Gruppen zusammen, die weder Erzeuger noch Verbraucher sind. Wegen der Allgemeinheit des Grundsatzes der Nichtdiskriminierung gilt das Diskriminierungsverbot jedoch auch für andere Gruppen

14 Eine vollständige Prüfung der Verhältnismäßigkeit findet sich etwa in EuGH vom 6.12.2005, verb. Rs. C-453/03, C-11/04, C-12/04 und C-194/04, Slg. 2005, I-10423, EWS 2006, S. 73 ff., The Queen, auf Antrag von ABNA Ltd u.a./.Secretary of State for Health und Food Standards Agency.; siehe auch *Streinz*, Europarecht, Rn. 782, insbesondere die dortige Fn. 82, sowie *Michl*, EuR 2018, S. 456 ff., 465 ff.

von Wirtschaftsteilnehmern, die einer gemeinsamen Marktorganisation unterliegen[15]. Daher ist auch eine Diskriminierung der Importeure denkbar[16].

Zu prüfen ist, ob vergleichbare Sachverhalte ungleich behandelt werden. Dabei räumt der EuGH dem Unionsgesetzgeber im Bereich der Agrarpolitik ein weites Ermessen ein, so dass sich die richterliche Kontrolle auf die Prüfung der Frage beschränkt, ob die betreffende Maßnahme nicht mit einem offensichtlichen Irrtum oder einem Ermessensmissbrauch behaftet ist oder ob die betreffende Behörde die Grenzen ihres Ermessens nicht offensichtlich überschritten hat. Der EuGH verneint bereits das Vorliegen einer Diskriminierung/Ungleichbehandlung, da es vor der Einführung der Bananenmarktordnung sehr heterogene nationale Regelungen gegeben habe, so dass es an der Vergleichbarkeit der Sachverhalte fehle[17]. Hier können die Vergleichsgruppen jedoch in der Weise bestimmt werden, dass auf die Vermarkter von Dollarbananen im Vergleich zu denjenigen von Unionsbananen abgestellt wird. Eine relevante Ungleichbehandlung liegt darin, dass Letztere nunmehr auch einen Zugang zum Markt für Dollarbananen erhalten, während den bisherigen Importeuren von Dollarbananen der Zugang zum Markt für Unionsbananen aufgrund der langfristigen Lieferverträge faktisch verwehrt ist.

Auch hier gilt wieder, dass es vertretbar ist, dem EuGH zu folgen.

II. Rechtfertigung

333 Diese Ungleichbehandlung müsste sich rechtfertigen lassen. Der EuGH führt als rechtfertigendes Ziel wiederum den Abbau von Wettbewerbsverzerrungen und der Abschottung von Märkten an und gelangt so (hilfsweise) zu einer Rechtfertigung der Ungleichbehandlung[18]. Aber auch hier müsste sich noch eine Verhältnismäßigkeitsprüfung anschließen, die zum gleichen Ergebnis gelangt wie bei der Berufsfreiheit.

E. Ergebnis

334 Der EuGH hält die Bananenmarktordnung für grundrechtskonform. Dem ist aus den genannten Gründen nicht zuzustimmen. Vielmehr ist wegen des Fehlens von Übergangsregelungen ein Verstoß gegen die Berufs- bzw. unternehmerische Freiheit gem. Art. 15 I und 16 GRC und den besonderen Gleichheitssatz aus Art. 40 II UAbs. 2 AEUV anzunehmen. Herr Z hat Recht.

---

15 EuGH vom 5.10.1994, Rs. C-280/93, Slg. 1994, I-4973, NJW 1995, S. 945 ff., 947, Rn. 68, Bananenmarkt, vgl. in diesem Sinne auch EuGH vom 30.6.2016, Rs. C-134/15, ECLI:EU:C:2016:498 (JURIS), Rn. 45 m.w.N., Lidl.

16 EuGH vom 30.6.2016, Rs. C-134/15, ECLI:EU:C:2016:498 (JURIS), Rn. 47 m.w.N., Lidl.

17 EuGH vom 5.10.1994, Rs. C-280/93, Slg. 1994, I-4973, NJW 1995, S. 945 ff., 947, Rn. 66 ff., Bananenmarkt.

18 EuGH vom 5.10.1994, Rs. C-280/93, Slg. 1994, I-4973, NJW 1995, S. 945 ff., 947, Rn. 66 ff., Bananenmarkt.

Frage 2

Mangels Generalklausel ist der Rechtsweg zu den Unionsgerichten nur in den Fällen der enumerativen Einzelzuständigkeit eröffnet[19]. In Betracht kommt eine Nichtigkeitsklage vor dem EuG gem. Art. 263 IV AEUV. Diese müsste zulässig sein. **335**

A. Zuständigkeit

Gem. Art. 263 I 1 AEUV überwacht der Gerichtshof der Europäischen Union die Rechtmäßigkeit der Gesetzgebungsakte. Er umfasst u.a. den EuGH und das EuG (Art. 19 I EUV). Nach Art. 256 I AEUV i.V.m. Art. 51 EuGH-Satzung ist organintern das EuG für Nichtigkeitsklagen gem. Art. 263 AEUV zuständig, die nichtprivilegiert Klageberechtigte wie Herr Z als natürliche Person erheben. **336**

B. Beteiligtenfähigkeit

Herr Z ist als natürliche Person gem. Art. 263 IV AEUV aktiv beteiligtenfähig. Das Europäische Parlament und der Rat sind als Urheber der Bananenmarktordnung gem. Art. 263 I AEUV passiv beteiligtenfähig[20]. **337**

C. Zulässiger Klagegegenstand

Zulässiger Klagegegenstand können die in Art. 263 I AEUV genannten Handlungen der Organe, mit Ausnahme von Empfehlungen und Stellungnahmen, sein. Vorliegend geht es um die Bananenmarktordnung als Verordnung des Rates und des Parlaments, die zulässiger Klagegegenstand ist. **338**

D. Klageberechtigung

Herr Z gehört nicht zu den nach Art. 263 II AEUV privilegiert Klageberechtigten. Allerdings kann gem. Art. 263 IV AEUV u.a. jede natürliche Person gegen die an sie gerichteten oder sie unmittelbar und individuell betreffenden Handlungen sowie gegen Rechtsakte mit Verordnungscharakter, die sie unmittelbar betreffen und keine Durchführungsmaßnahmen nach sich ziehen, Klage erheben. **339**

Die Bananenmarktordnung ist nicht direkt an Z gerichtet, da Verordnungen keine bestimmten Adressaten haben. Zu prüfen bleibt, ob es sich um eine Handlung handelt, die, obwohl als Verordnung ergangen, Herrn Z unmittelbar und individuell betrifft[21]. Dazu müsste eine Einzelfallentscheidung im Gewande einer Verordnung vorliegen. Dagegen spricht, dass die Bananenmarktordnung als generelle Marktordnung gedacht

19 *Mächtle*, JuS 2015, S. 28 ff., 28 m.w.N.
20 Vgl. *Herrmann/Rosenfeldt*, Europäisches Prozessrecht, Rn. 249.
21 Siehe *Streinz*, Europarecht, Rn. 661 ff.

und nicht speziell auf Personen wie Herrn Z zugeschnitten ist. Aber selbst wenn man den Entscheidungscharakter bejahte, scheitert die Klageberechtigung jedenfalls an der individuellen Betroffenheit. Dafür müsste Herr Z durch die Verordnung nach der sog. „Plaumann-Formel" *wegen bestimmter persönlicher Eigenschaften oder besonderer, ihn aus dem Kreis der übrigen Personen heraushebenden Umstände berührt und daher in ähnlicher Weise individualisiert sein wie ein Adressat*[22]. Herr Z ist nicht derart aus dem Kreis der Normadressaten herausgehoben, dass von einem gegenüber anderen Marktteilnehmern erhöhten Grad an Individualisierung auszugehen wäre. Die bloße gattungsmäßige Betroffenheit als Wirtschaftsteilnehmer mit bestimmten Eigenschaften, hier z.B. als Bananenimporteur, genügt dafür nicht[23].

Die Klagebefugnis könnte sich schließlich daraus ergeben, dass es sich bei der Verordnung um einen „Rechtsakt mit Verordnungscharakter" handelt, der Herrn Z unmittelbar betrifft und keine Durchführungsmaßnahmen[24] nach sich zieht.

Neben dem Gedanken eines umfassenden Rechtsschutzes scheint auch der Wortlaut dafür zu sprechen, denn eine Verordnung ist gem. Art. 288 II AEUV ein Rechtsakt und sollte eigentlich auch „Verordnungscharakter" haben. Bei der Auslegung einer Vorschrift des Unionsrechts sind nach st. Rspr. des EuGH aber nicht nur ihr Wortlaut, sondern auch die mit ihr verfolgten Ziele, ihr Zusammenhang und das gesamte Unionsrecht sowie ihre Entstehungsgeschichte zu berücksichtigen[25]. Danach ergibt sich vor dem Hintergrund der unterschiedlichen Klagerechte der Unionsorgane und Mitgliedstaaten einerseits und der natürlichen und juristischen Personen in Art. 263 II bzw. IV AEUV andererseits, der Entstehungsgeschichte der Norm aus dem gescheiterten Verfassungsvertrag und der Abgrenzung zum Begriff der „Handlungen" in Art. 263 II AEUV zwar gegenüber dem früheren EG-Vertrag eine Erweiterung der Klagemöglichkeiten, die aber nicht dazu führen sollte, dass auch Gesetzgebungsakte wie Verordnungen erfasst werden[26].

Dadurch können natürliche und juristische Personen allerdings nur in Ausnahmefällen unmittelbar gegen Verordnungen klagen, die als Gesetzgebungsakte ergangen sind (und Verordnungen damit überwiegend nicht direkt angreifen[27]). Doch auch vor dem Hintergrund des Rechtschutzgebots aus Art. 47 GRC ist keine eine großzügigere Betrach-

---

22 Siehe *Streinz*, Europarecht, Rn. 664 m.w.N., und *Herrmann/Rosenfeldt*, Europäische Prozessrecht, Rn. 262 ff.; der Name geht zurück auf EuGH vom 15.7.1963, Rs. 25/62, Slg. 1963, 213, Plaumann & Co./.Kommission der Europäischen Wirtschaftsgemeinschaft.

23 Vgl. *Dittert*, Europarecht, S. 172, und *Herrmann/Rosenfeldt*, Europäische Prozessrecht, Rn. 263 f.

24 Dazu ausführlich *Rosenfeldt*, EuZW 2015, S. 174 ff.

25 Vgl. EuGH vom 3.10.2013, Rs. C-583/11 P, ECLI:EU:C:2013:625, NVwZ 2014, S. 53 ff. (mit Anm. *Guretzki* S. 58 f.), Rn. 50 m.w.N., Inuit Tapiriit Kanatami u.a./.Parlament und Rat - Inuit I.

26 Vgl. ausführlich EuGH vom 3.10.2013, Rs. C-583/11 P, ECLI:EU:C:2013:625, NVwZ 2014, S. 53 ff., Rn. 52-60, Inuit I, sowie *Streinz*, Europarecht, Rn. 670, *Herrmann/Rosenfeldt*, Europäische Prozessrecht, Rn. 265 ff., und *Dittert*, Europarecht, S. 173 ff., je m.w.N. Siehe zu der (kontrovers aufgenommenen) Entscheidung *Ogorek*, JA 2014, S. 236 ff., *Streinz*, JuS 2014, S. 184 ff., und *ders.* EuZW 2014, S. 17 ff., *Petzold*, EuZW 2014, S. 289 ff., *Dauses*, EuZW 2014, S. 121 ff., *Guretzki*, NVwZ 2014, S. 58 ff., *Nowak/Behrend*, EuR 2014, S. 86 ff., und *Epiney*, NVwZ 2014, S. 1059 ff., 1064.

27 Siehe *Ogorek*, JA 2014, S. 236 ff., 237.

tungsweise geboten. Zum einen können sie gegen Durchführungsmaßnahmen der Union, die sie selbst betreffen, gem. Art. 263 IV AEUV vorgehen und sich dabei nach Art. 277 AEUV auf die Rechtswidrigkeit der allgemeinen Handlungen berufen. Bei Umsetzungsmaßnahmen durch die Mitgliedstaaten kann die Unionshandlung im Rahmen des Rechtsschutzes vor den nationalen Gerichten gem. Art. 267 AEUV durch den EuGH überprüft werden[28]. Art. 47 GRC zielt nicht darauf, das in den Verträgen vorgesehene Rechtsschutzsystem und insbesondere die Bestimmungen über die Zulässigkeit direkter Klagen bei den Gerichten der EU zu ändern[29], und verlangt nicht, dass ein Betroffener unmittelbar vor den Unionsgerichten uneingeschränkt eine Nichtigkeitsklage gegen Gesetzgebungsakte anstrengen kann[30].

Verordnungen, die wie die Bananenmarktordnung als Gesetzgebungsakte erlassen wurde, fallen somit nicht unter die „Handlungen mit Verordnungscharakter" i.S.d. Art. 263 IV AEUV[31]. Es fehlt daher insgesamt an einer Klageberechtigung nach Art. 263 IV AEUV[32].

E. Ergebnis Zulässigkeit

Eine Nichtigkeitsklage des Herrn Z vor dem Gericht wäre mangels Klageberechtigung **340**
bereits unzulässig. Weitere Möglichkeiten, gegen die Bananenmarktordnung vor Gerichten der Union vorzugehen, bestehen nicht. Es erscheint lediglich denkbar, einen (privilegiert klageberechtigten) Mitgliedstaat dazu zu veranlassen, die Verordnung im Rahmen einer Nichtigkeitsklage vor dem EuGH überprüfen zu lassen.

Frage 3

Herr Z kann Verfassungsbeschwerde beim BVerfG erheben, wenn eine solche zulässig **341**
ist.

28 EuGH vom 3.10.2013, Rs. C-583/11 P, ECLI:EU:C:2013:625, NVwZ 2014, S. 53 ff., Rn. 93-95, NVwZ 2014, S. 53 ff., Inuit I. Kritisch unter Rechtsschutzgesichtspunkten *Ogorek*, JA 2014, S. 236 ff., 238, da es weder bei deutschen noch europäischen Gerichten eigenes Vorlageerzwingungsverfahren gebe und im deutschen Recht auch der Weg über die Rüge des Entzugs des gesetzlichen Richters gemäß Art. 101 I 2 GG nicht bei jedem Verstoß gegen die Vorlagepflicht greife (s. dazu ausführlich Fall 13); dazu auch *Michl*, NVwZ 2014, S. 841 ff.

29 EuGH vom 3.10.2013, Rs. C-583/11 P, ECLI:EU:C:2013:625, NVwZ 2014, S. 53 ff., Rn. 97, Inuit I.

30 EuGH vom 3.10.2013, Rs. C-583/11 P, ECLI:EU:C:2013:625, NVwZ 2014, S. 53 ff., Rn. 105, Inuit I. Ausführlich zu Art. 47 GRC *Rademacher*, JuS 2018, S. 337 ff.

31 EuGH vom 3.10.2013, Rs. C-583/11 P, ECLI:EU:C:2013:625, NVwZ 2014, S. 53 ff., Rn. 61, Inuit I, *Streinz*, Europarecht, 669 f., *Dittert*, Europarecht, S. 173; kritisch bis ablehnend dagegen *Dauses*, EuZW 2014, S. 121 ff., *Nowak/Behrend*, EuR 2014, S. 86 ff., und (zur Vorinstanz) *Everling*, EuZW 2012, S. 376 ff.

32 Zu den Voraussetzungen im Einzelnen siehe *Dittert*, Europarecht, S. 170 ff.; instruktiv auch *Kühling/Drechsler*, JuS 2017, S. 335 ff., 336 f.

A. Zuständigkeit

342 Das BVerfG ist gem. Art. 93 I Nr. 4a GG, §§ 13 Nr. 8a, 90 ff. BVerfGG für die Verfassungsbeschwerde zuständig.

B. Beteiligtenfähigkeit

343 Herr Z ist wie jedermann gem. § 90 I BVerfGG beteiligtenfähig.

C. Beschwerdegegenstand

344 Zulässiger Beschwerdegegenstand ist gem. § 90 I BVerfGG jeder Akt der öffentlichen Gewalt. Dazu gehören die Maßnahmen aller drei Staatsgewalten. Als Akte in diesem Sinne sind die Bescheide sowie die darauf ergangenen Urteile anzusehen.

Falsch wäre es, hier auf die Bananenmarktordnung selbst abzustellen. Diese stellt zwar einen Akt der öffentlichen Gewalt dar, aber nicht der deutschen, sondern der europäischen. Das BVerfG überprüft aber grundsätzlich nur Akte der deutschen öffentlichen Gewalt, europäische Rechtsakte dagegen nur in engen Ausnahmekonstellationen, die hier nicht einschlägig sind[33]. Auch die Mitwirkungsakte der deutschen Vertreter in den Unionsorganen stellen nach st. Rspr. des BVerfG keine tauglichen Gegenstände einer Verfassungsbeschwerde dar[34].

D. Beschwerdebefugnis

345 Fraglich ist jedoch, ob Herr Z behaupten kann, durch die Akte der öffentlichen Gewalt in seinen Grundrechten verletzt zu sein. Eine Verletzung muss zumindest möglich erscheinen. Herr Z bringt vor, die Bananenmarktordnung als Rechtsgrundlage der Bescheide verletze ihn in seinen Grundrechten, wobei hier wie auf der europäischen Ebene insbes. die Berufs- und die Eigentumsfreiheit (Art. 12 I und Art. 14 GG) in Betracht kommen.

Bereits im Ansatz problematisch ist, ob das BVerfG zur Überprüfung der Bananenmarktordnung bzw. unionsrechtlich determinierter Umsetzungsakte der deutschen Behörden am Maßstab des Grundgesetzes, insbesondere der Grundrechte, berufen ist. Die Frage war in der Vergangenheit heftig umstritten[35], und auch die Position des Gerichts dazu hat gewechselt. Aus der Sicht der EG bzw. der EU war dabei immer eindeutig, dass jegliches Gemeinschafts- bzw. Unionsrecht jeglichem nationalen Recht, auch Verfassungsrecht, vorgeht. Daraus folgt dann zwingend die Unzuständigkeit natio-

33 Siehe *Streinz*, Europarecht, Rn. 245 ff., *Eifert/Gerberding*, JURA 2016, S. 628 ff., 636 f., *Ruppert/Schorkopf*, in: Burkiczak/Dollinger/Schorkopf, BVerfGG, § 90 Rn. 73 ff., je m.w.N., und oben Rn. 16 und 45.

34 BVerfG vom 18.10.1967, 1 BvR 248/63 und 216/67, BVerfGE 22, 293, 295; dazu *Streinz*, Europarecht, Rn. 245 ff., a.A. offenbar *Schiffbauer*, JuS 2017, S. 1190 ff., 1193; sehr ausführlich und differenzierend *Cremer*, EuR 2014, S. 195 ff.

35 Polemisch etwa *Scholz*, NJW 1990, S. 941 ff.

naler Gerichte für eine Überprüfung von Unionsrechtsakten am Maßstab nationalen Verfassungsrechts[36].

Das BVerfG hat sich 1974 in seiner Solange I-Entscheidung[37] in Widerspruch zu dieser Position begeben. Es führte aus, *solange* der Integrationsprozess der (damaligen) EG nicht so weit fortgeschritten sei, dass das Gemeinschaftsrecht auch einen von einem Parlament beschlossenen und in Geltung stehenden formulierten Katalog von Grundrechten enthält, der dem Grundrechtskatalog des GG adäquat ist, könne Gemeinschaftsrecht auch am Maßstab der Grundrechte gemessen werden. In der Solange II-Entscheidung bezog es 1986 die gegenteilige Position. Es kam zu dem Ergebnis, dass im Hoheitsbereich der EG mittlerweile ein Grundrechtsschutz erwachsen sei, der nach Konzeption, Inhalt und Wirkungsweise dem Grundrechtsstandard des GG im Wesentlichen gleichzuachten sei. *Solange* die (damalige) EG, insbesondere die Rspr. des EuGH, einen wirksamen Schutz der Grundrechte gegenüber der Hoheitsgewalt der EG generell gewährleiste, der dem vom Grundgesetz als unabdingbar gebotenen Grundrechtsschutz im wesentlichen gleichzuachten ist, zumal den Wesensgehalt der Grundrechte generell verbürgt, werde es seine Gerichtsbarkeit über die Anwendbarkeit von sekundärem Gemeinschaftsrecht, das als Rechtsgrundlage für ein Verhalten deutscher Gerichte oder Behörden im Hoheitsbereich der Bundesrepublik Deutschland in Anspruch genommen wird, nicht mehr ausüben und dieses Recht mithin nicht mehr am Maßstab der Grundrechte des GG überprüfen[38]. **346**

Diese Rspr. hat es – nach aufgrund des Maastricht-Urteils[39] aufgekommenen Zweifeln – im Bananenmarkt-Urteil weiter gefestigt. Verfassungsbeschwerden und Vorlagen von Gerichten, die eine Verletzung von Grundrechten des Grundgesetzes durch sekundäres Gemeinschafts- bzw. Unionsrecht geltend machen, seien von vornherein unzulässig, wenn ihre Begründung nicht darlege, dass die europäische Rechtsentwicklung – einschließlich der Rspr. des EuGH – nach Ergehen der Solange II-Entscheidung unter den nach dem Grundgesetz erforderlichen Grundrechtsstandard gesunken sei. Deshalb müsse die Begründung im Einzelnen darlegen, dass der jeweils als unabdingbar gebotene Grundrechtsschutz generell – also losgelöst vom Einzelfall – nicht gewährleistet sei. Dies erfordere eine genaue Gegenüberstellung des Grundrechtsschutzes auf nationaler und auf Unionsebene[40].

In der jüngsten Rspr. zu den Euro-Rettungsmaßnahmen und dem europäischen Haftbefehl hat das BVerfG seinen Prüfungsmaßstab vor dem Hintergrund der Identitäts- bzw. Ultra-vires-Kontrolle weiter ausdifferenziert und z.B. eine auf die Menschenwürde aus Art. 1 GG gestützte Verfassungsbeschwerde zugelassen[41]. Für weitergehende diesbezügliche Erörterungen bietet der Sachverhalt allerdings keinen Anlass.

---

36 Vgl. *Dittert*, Europarecht, S. 71.

37 BVerfG vom 29.5.1974, 2 BvL 52/71, BVerfGE 37, 271. Siehe dazu auch *Bäcker*, EuR 2011, S. 103 ff., und ausführlich zur Entwicklung der Rspr. *Fisahn/Ciftci*, JA 2016, S. 364 ff., 365 ff.

38 BVerfG vom 22.10.1986, 2 BvR 197/83, BVerfGE 73, 339. Siehe dazu *Thiemann*, JURA 2012, S. 902 ff., 905 f.

39 BVerfG vom 12.10.1993, 2 BvR 2134/92 und 2159/92, BVerfGE 89, 155.

40 Vgl. sinngemäß BVerfG vom 7.6.2000, 2 BvL 1/97, BVerfGE 102, 147.

41 BVerfG vom 15.12.2015, Az. 2 BvR 2735/14, BVerfGE 140, 317, NJW 2016, S. 1149 ff., JURA 2016, S. 707, dazu *Sachs*, JuS 2016, S. 373 ff., *Bender*, ZJS 2016, S. 260 ff., und *Sauer*, NJW 2016, S. 1134 ff., kritisch *Classen*, EuR 2016, S. 304 ff. Siehe dazu auch oben Rn. 17 und 45 sowie unten bei Fall 12.

Diesen Erwägungen ist zuzustimmen. Sie gelten auch nach den durch den Vertrag von Lissabon bewirkten Änderungen fort. In pragmatischer Manier vermeidet das BVerfG einen Justizkonflikt mit dem Europäischen Gerichtshof, ohne ganz auf seine Kontrollfunktion im europäischen Kontext zu verzichten.

Da Herr Z den genannten Darlegungspflichten nicht nachgekommen ist und wohl auch nicht nachkommen konnte, fehlt es an der Beschwerdebefugnis.

Die Gegenauffassung ist mit guter Begründung vertretbar. Insbesondere kann man darlegen, dass – wie das bereits ergangene und bei Frage 1 dargestellte EuGH-Urteil zeige – im Einzelfall kein vergleichbarer Grundrechtsschutz bestehe. Wer zu diesem Ergebnis gelangt, muss nun die Begründetheit prüfen, in deren Rahmen sich aber dieselben Fragen stellen wie bei Frage 1.

E. Ergebnis

347 Im Ergebnis ist die Verfassungsbeschwerde, die sich gegen die Bananenmarktordnung richtet, unzulässig.

Wiederholung und Vertiefung

Weiterführende Hinweise

348 EuGH vom 5.10.1994, Rs. C-280/93, Slg. 1994, I-4973, NJW 1995, S. 945 ff., Bundesrepublik Deutschland./.Rat der Europäischen Union – Bananenmarktordnung.

EuGH vom 3.10.2013, Rs. C-583/11 P, ECLI:EU:C:2013:625, NVwZ 2014, S. 53 ff., Inuit Tapiriit Kanatami u.a./.Parlament und Rat – Inuit I.

BVerfG vom 7.6.2000, 2 BvL 1/97, BVerfGE 102, 147, NJW 2000, S. 3124 ff., Bananenmarkt.

BVerfG vom 21.6.2016, 2 BvR 2728/13 u.a., BVerfGE 142, 123, NJW 2016, S. 2473 ff., OMT.

BVerfG vom 15.12.2015, Az. 2 BvR 2735/14, BVerfGE 140, 317, NJW 2016, S. 1149 ff., Europäischer Haftbefehl.

BVerfG vom 24.4.2013, 1 BvR 1215/07, BVerfGE 133, 277 ff., NJW 2013, S. 1499 ff., Antiterrordatei.

BVerfG vom 12.10.1993, 2 BvR 2159/92, BVerfGE 89, 155, NJW 1993, S. 3047 ff., Maastricht.

BVerfG vom 22.10.1986, 2 BvR 197/83, BVerfGE 73, 339, NJW 1987, S. 577 ff., Solange II.

BVerfG vom 29.5.1974, 2 BvL 52/71, BVerfGE 37, 271, NJW 1974, S. 2176 ff., Solange I.

Ehlers, Dirk: Die Nichtigkeitsklage des Europäischen Gemeinschaftsrechts (Art. 230 EGV), JURA 2009, S. 31 ff.

Eifert, Martin/Gerberding, Johannes: Verfassungsbeschwerde und Unionsrecht, JURA 2016, S. 628 ff.

Fisahn, Andreas/Ciftci, Ridvan: Hierarchie oder Netzwerk – zum Verhältnis nationaler zur europäischen Rechtsordnung, JA 2016, S. 364 ff.

Kizil, Baran C.: EU-Grundrechtsschutz im Vertrag von Lissabon, JA 2011, S. 277 ff.

Lenaerts, Koen: Die EU-Grundrechtecharta: Anwendbarkeit und Auslegung, EuR 2012, S. 3 ff.

Ludwigs, Markus/Sikora, Patrick: Grundrechtsschutz im Spannungsfeld von Grundgesetz, EMRK und Grundrechtecharta, JuS 2017, S. 385 ff.

Manger-Nestler, Cornelia/Noack, Gregor: Europäische Grundfreiheiten und Grundrechte, JuS 2013, S. 503 ff.

Ogorek, Markus: Auslegung des Begriffs „Rechtsakte mit Verordnungscharakter" in Art. 263 IV AEUV, JA 2014, S. 236 ff.

Rademacher, Timo: Rechtsschutzgarantien des Unionsrechts, JuS 2018, S. 337 ff.

Sauer, Heiko: „Solange" geht in Altersteilzeit – Der unbedingte Vorrang der Menschenwürde vor dem Unionsrecht, NJW 2016, S. 1134 ff.

Streinz, Rudolf: Europarecht: Nichtigkeitsklage von Individuen, JuS 2014, S. 184 ff.

Thiemann, Christian: Verfassungsbeschwerde und konkrete Normenkontrolle im Lichte des Unionsrechts, JURA 2012 S. 902 ff.

Weiß, Wolfgang: Grundrechtsschutz durch den EuGH: Tendenzen seit Lissabon, EuZW 2013, S. 287 ff.

Fall 11

Fehler bei der Richtlinienumsetzung

Pflichtfach/Schwerpunktbereich, Schwierigkeitsgrad: mittel

349 **Teil I**

Die S ist eine Stiftung des privaten Rechts in Mitgliedstaat A. Sie führt in ihrer Ambulanz psychotherapeutische Behandlungen durch bei ihr angestellte Diplompsychologen durch. Diese verfügen jeweils über eine entsprechende Zusatzqualifikation als Psychotherapeut, sind aber nicht als Arzt ausgebildet. Eine ärztliche Aufsicht über die Behandlungen findet nicht statt. S möchte für die in der Ambulanz im Jahre 2018 durchgeführten Behandlungen keine Umsatzsteuer entrichten, da diese von der Umsatzsteuer zu befreien seien. Das zuständige Finanzamt verweist auf das Umsatzsteuergesetz des Mitgliedstaats A. Dort ist ausdrücklich geregelt, dass nur Leistungen unter Aufsicht eines Arztes von der Umsatzsteuer zu befreien sind. S meint, dann müsse zu ihren Gunsten Art. 132 I lit. c) der Mehrwertsteuersystem-Richtlinie zur Anwendung kommen. Dort sei nur von „Heilbehandlungen im Bereich der Humanmedizin" die Rede. Die Mehrwertsteuersystem-Richtlinie ist noch nicht in das Recht des Staates A umgesetzt worden. Allerdings enthielt die Vorgängerin der Mehrwertsteuersystem-Richtlinie, die Richtlinie 77/388/EWG vom 17.5.1977, die bis zum 31.12.1978 umzusetzen war, in Art. 13 Teil A I lit. c) eine dem Art. 132 I lit. c) Mehrwertsteuersystem-Richtlinie wortgleich entsprechende Bestimmung. Doch auch diese Umsetzung ist bisher nicht erfolgt.

Hat S für das Jahr 2018 einen Anspruch auf Steuerbefreiung?

Mehrwertsteuersystem-Richtlinie[1] – Auszug:

KAPITEL 2 Steuerbefreiungen für bestimmte, dem Gemeinwohl dienende Tätigkeiten

Art. 132

(1) Die Mitgliedstaaten befreien folgende Umsätze von der Steuer: [...]

c) Heilbehandlungen im Bereich der Humanmedizin, die im Rahmen der Ausübung der von dem betreffenden Mitgliedstaat definierten ärztlichen und arztähnlichen Berufe durchgeführt werden;

KAPITEL 3 Umsetzung und Inkrafttreten

Art. 411

(1) Die Richtlinie 67/227/EWG und die Richtlinie 77/388/EWG werden unbeschadet der Verpflichtung der Mitgliedstaaten hinsichtlich der in Anhang XI Teil B genannten Fristen für die Umsetzung in innerstaatliches Recht und der Anwendungsfristen aufgehoben.

---

1 RL 2006/112/EG des Rates vom 28.11.2006 über das gemeinsame Mehrwertsteuersystem (ABl. 2006 Nr. L 347/1), zuletzt geändert durch RL (EU) 2019/475 des Rates vom 18. Februar 2019 (ABl. 2019 Nr. L 83/42).

(2) Verweisungen auf die aufgehobenen Richtlinien gelten als Verweisungen auf die vorliegende Richtlinie und sind nach Maßgabe der Entsprechungstabelle in Anhang XII zu lesen.

Art. 412

(1) Die Mitgliedstaaten erlassen die Rechts- und Verwaltungsvorschriften, die erforderlich sind, um Artikel 2 Absatz 3, Artikel 44, Artikel 59 Absatz 1, Artikel 399 und Anhang III Nummer 18 dieser Richtlinie mit Wirkung zum 1. Januar 2008 nachzukommen. [...]

(2) Die Mitgliedstaaten teilen der Kommission den Wortlaut der wesentlichen innerstaatlichen Rechtsvorschriften mit, die sie auf dem unter diese Richtlinie fallenden Gebiet erlassen.

Art. 413

Diese Richtlinie tritt am 1. Januar 2007 in Kraft.

Art. 414

Diese Richtlinie ist an die Mitgliedstaaten gerichtet.

Teil II

Frau X träumt schon lange von Venedig, wollte aber bisher nicht fahren, weil sie kein Italienisch kann. Auf einer Bahnreise wird sie vor dem Hauptbahnhof der Stadt M in Mitgliedstaat B von einem Werber der Firma Y angesprochen. Er überredet sie, einen Vertrag über einen Italienisch-Fernsprachkurs im Wert von 400 € abzuschließen. Zu Hause angekommen, bereut sie ihre Entscheidung und möchte den Vertrag widerrufen. Nach dem innerstaatlichen Recht von B besteht dafür allerdings keine Möglichkeit. Demgegenüber sieht die Richtlinie 2011/83/EU für solche Verträge, die unter den genannten Umständen geschlossen werden, ein entsprechendes Widerrufsrecht vor. Denn ausweislich der Erwägungsgründe der Richtlinie steht der Verbraucher außerhalb von Geschäftsräumen möglicherweise psychisch unter Druck oder ist einem Überraschungsmoment ausgesetzt, wobei es keine Rolle spielt, ob der Verbraucher den Besuch des Unternehmers herbeigeführt hat oder nicht. Als Frau X den Vertrag schloss, war die Frist zur Umsetzung der Richtlinie 2011/83/EU bereits abgelaufen, die Richtlinie von B aber noch nicht in nationales Recht umgesetzt worden.

Frage 1: Kann Frau X den Vertrag widerrufen?

Frage 2: Kann sie, wenn dies nicht der Fall sein sollte, von B Schadensersatz verlangen? Wenden Sie deutsches Staatshaftungsrecht an, soweit es auf innerstaatliche Vorschriften ankommt.

Richtlinie 2011/83/EU („Verbraucherrichtlinie")[2] – Auszug:

Artikel 1 Gegenstand

Zweck dieser Richtlinie ist es, durch Angleichung bestimmter Aspekte der Rechts- und Verwaltungsvorschriften der Mitgliedstaaten in Bezug auf Verträge, die zwischen Verbrauchern und Unternehmern geschlossen werden, ein hohes Verbraucherschutzniveau zu erreichen und damit zum ordnungsgemäßen Funktionieren des Binnenmarkts beizutragen.

Artikel 2 Begriffsbestimmungen

Im Sinne dieser Richtlinie bezeichnen die Ausdrücke

1. „Verbraucher" jede natürliche Person, die bei von dieser Richtlinie erfassten Verträgen zu Zwecken handelt, die außerhalb ihrer gewerblichen, geschäftlichen, handwerklichen oder beruflichen Tätigkeit liegen;
2. „Unternehmer" jede natürliche oder juristische Person, unabhängig davon, ob letztere öffentlicher oder privater Natur ist, die bei von dieser Richtlinie erfassten Verträgen selbst oder durch eine andere Person, die in ihrem Namen oder Auftrag handelt, zu Zwecken tätig wird, die ihrer gewerblichen, geschäftlichen, handwerklichen oder beruflichen Tätigkeit zugerechnet werden können; [...]
8. „außerhalb von Geschäftsräumen abgeschlossener Vertrag" jeden Vertrag zwischen dem Unternehmer und dem Verbraucher,
   a) der bei gleichzeitiger körperlicher Anwesenheit des Unternehmers und des Verbrauchers an einem Ort geschlossen wird, der kein Geschäftsraum des Unternehmers ist; [...]

Artikel 3 Geltungsbereich

(1) Diese Richtlinie gilt unter den Bedingungen und in dem Umfang, wie sie in ihren Bestimmungen festgelegt sind, für jegliche Verträge, die zwischen einem Unternehmer und einem Verbraucher geschlossen werden. [...]

(5) Diese Richtlinie lässt das allgemeine innerstaatliche Vertragsrecht wie die Bestimmungen über die Wirksamkeit, das Zustandekommen oder die Wirkungen eines Vertrags, soweit Aspekte des allgemeinen Vertragsrechts in dieser Richtlinie nicht geregelt werden, unberührt.

Artikel 4 Grad der Harmonisierung

Sofern diese Richtlinie nichts anderes bestimmt, erhalten die Mitgliedstaaten weder von den Bestimmungen dieser Richtlinie abweichende innerstaatliche Rechtsvorschriften aufrecht noch führen sie solche ein; dies gilt auch für strengere oder weniger strenge Rechtsvorschriften zur Gewährleistung eines anderen Verbraucherschutzniveaus.

---

2 RL 2011/83/EU des Europäischen Parlaments und des Rates vom 25.10.2011 über die Rechte der Verbraucher, zur Abänderung der Richtlinie 93/13/EWG des Rates und der Richtlinie 1999/44/EG des Europäischen Parlaments und des Rates sowie zur Aufhebung der Richtlinie 85/577/EWG des Rates und der Richtlinie 97/7/EG des Europäischen Parlaments und des Rates („Verbraucherrichtlinie", ABl. 2011 Nr. L 304/64), zuletzt geändert durch RL (EU) 2015/2302 des Europäischen Parlaments und des Rates vom 25.11.2015 (ABl. 2015 Nr. L 326/1). Nach Art. 28 I 1 war sie bis zum 13.12.2013 umzusetzen. In Deutschland geschah dies durch Gesetz vom 20.09.2013 (BGBl. I 2013, S. 3642), das gemäß seines Art. 15 zum 13.6.2014 in Kraft trat (siehe dazu *Wendelstein/Zander*, JURA 2014, S. 1191 ff., und *Beck*, JURA 2014, S. 666 ff.). Durch Art. 31 I der Richtlinie 2011/83/EU wurde die sog. „Haustürwiderrufsrichtinie" 85/577/EWG des Rates vom 20.12.1985 (ABl. 1985 Nr. L 372/31), nach der der EuGH den Originalfall zu entscheiden hatte, zum 13.6.2014 aufgehoben.

Artikel 6 Informationspflichten bei Fernabsatz- und außerhalb von Geschäftsräumen geschlossenen Verträgen

(1) Bevor der Verbraucher durch einen Vertrag im Fernabsatz oder einen außerhalb von Geschäftsräumen geschlossenen Vertrag oder ein entsprechendes Vertragsangebot gebunden ist, informiert der Unternehmer den Verbraucher in klarer und verständlicher Weise über Folgendes:

a) die wesentlichen Eigenschaften der Waren oder Dienstleistungen, in dem für das Kommunikationsmittel und die Waren oder Dienstleistungen angemessenen Umfang;
b) die Identität des Unternehmers, beispielsweise seinen Handelsnamen;
c) die Anschrift des Ortes, an dem der Unternehmer niedergelassen ist, und gegebenenfalls seine Telefonnummer, Faxnummer und E-Mail-Adresse, damit der Verbraucher schnell Kontakt zu ihm aufnehmen und effizient mit ihm kommunizieren kann, sowie gegebenenfalls die Anschrift und die Identität des Unternehmers, in dessen Auftrag er handelt; [...]
e) den Gesamtpreis der Waren oder Dienstleistungen einschließlich aller Steuern und Abgaben, [...]
g) die Zahlungs-, Liefer- und Leistungsbedingungen, den Termin, bis zu dem sich der Unternehmer verpflichtet, die Waren zu liefern oder die Dienstleistung zu erbringen, und gegebenenfalls das Verfahren des Unternehmers zum Umgang mit Beschwerden;
h) im Falle des Bestehens eines Widerrufsrechts die Bedingungen, Fristen und Verfahren für die Ausübung dieses Rechts gemäß Artikel 11 Absatz 1 sowie das Muster-Widerrufsformular gemäß Anhang I Teil B; [...]
o) gegebenenfalls die Laufzeit des Vertrags oder die Bedingungen der Kündigung unbefristeter Verträge oder sich automatisch verlängernder Verträge; [...]

(5) Die Informationen nach Absatz 1 sind fester Bestandteil des Fernabsatzvertrags oder des außerhalb von Geschäftsräumen abgeschlossenen Vertrags und dürfen nicht geändert werden, es sei denn, die Vertragsparteien vereinbaren ausdrücklich etwas anderes. [...]

(9) Die Beweislast für die Erfüllung der in diesem Kapitel genannten Informationspflichten obliegt dem Unternehmer.

Artikel 7 Formale Anforderungen für außerhalb von Geschäftsräumen geschlossene Verträge

(1) Bei Verträgen, die außerhalb von Geschäftsräumen geschlossen werden, stellt der Unternehmer die in Artikel 6 Absatz 1 vorgeschriebenen Informationen dem Verbraucher auf Papier oder, sofern der Verbraucher dem zustimmt, auf einem anderen dauerhaften Datenträger bereit. Diese Informationen müssen lesbar und in klarer und verständlicher Sprache abgefasst sein.

(2) Der Unternehmer stellt dem Verbraucher eine Kopie des unterzeichneten Vertragsdokuments oder die Bestätigung des geschlossenen Vertrags auf Papier oder, sofern der Verbraucher dem zustimmt, auf einem anderen dauerhaften Datenträger zur Verfügung, wobei diese Kopie gegebenenfalls auch die Bestätigung der vorher ausdrücklich erklärten Zustimmung und der Kenntnisnahme des Verbrauchers gemäß Artikel 16 Buchstabe m umfasst. [...]

Artikel 9 Widerrufsrecht

(1) Sofern nicht eine der Ausnahmen gemäß Artikel 16[3] Anwendung findet, steht dem Verbraucher eine Frist von 14 Tagen zu, in der er einen Fernabsatz- oder einen außerhalb von Geschäftsräumen geschlossenen Vertrag ohne Angabe von Gründen und ohne andere Kosten als in Artikel 13 Absatz 2 und Artikel 14 vorgesehen widerrufen kann.

---

3 Art. 16 der Richtlinie betrifft Ausnahmen für bestimmte Waren und Dienstleistungen, die für den vorliegenden Fall nicht relevant sind.

(2) Unbeschadet des Artikels 10 endet die in Absatz 1 dieses Artikels vorgesehene Widerrufsfrist

a) bei Dienstleistungsverträgen 14 Tage ab dem Tag des Vertragsabschlusses, [...]

(3) Die Mitgliedstaaten verbieten den Vertragsparteien eine Erfüllung ihrer vertraglichen Verpflichtungen während der Widerrufsfrist nicht. Die Mitgliedstaaten können jedoch bei außerhalb von Geschäftsräumen geschlossenen Verträgen innerstaatliche Rechtsvorschriften aufrechterhalten, die dem Unternehmer verbieten, innerhalb eines bestimmten Zeitraums nach Vertragsabschluss Zahlung vom Verbraucher zu fordern und entgegenzunehmen.

Artikel 11 Ausübung des Widerrufsrechts

(1) Der Verbraucher informiert den Unternehmer vor Ablauf der Widerrufsfrist über seinen Entschluss, den Vertrag zu widerrufen. [...]

(2) Die in Artikel 9 Absatz 2 und in Artikel 10 genannte Widerrufsfrist ist gewahrt, wenn der Verbraucher die Mitteilung über die Ausübung des Widerrufsrechts vor Ablauf der Widerrufsfrist absendet. [...]

(4) Die Beweislast für die Ausübung des Widerrufsrechts nach diesem Artikel obliegt dem Verbraucher.

Artikel 12 Wirkungen des Widerrufs

Mit der Ausübung des Widerrufsrechts enden die Verpflichtungen der Vertragsparteien

a) zur Erfüllung des Fernabsatz- oder außerhalb von Geschäftsräumen geschlossenen Vertrags oder

[...]

Art. 35 Adressaten

Diese Richtlinie ist an die Mitgliedstaaten gerichtet.

Teil III

Mitgliedstaat I erlässt Ende 2018 ein Gesetz, das die Anforderungen an die Etikettierung von Olivenöl neu regelt und u.a. die Bestimmungen über die Herkunftsangaben für das Öl enthält (im Folgenden „Olivenöl-Angaben-Gesetz" [OlölAG]). Eine Mitteilung des OlölAG oder eines Entwurfes hiervon an die Kommission war unterblieben, obwohl es sich um eine nationale „technische Vorschrift" im Sinne des Art. 1 der Richtlinie (EU) 2015/1535 handelt. Nach Art. 5 dieser Richtlinie müssen technische Vorschriften für bestimmte Erzeugnisse (u.a. auch landwirtschaftliche Produkte wie Olivenöl) vor der Verabschiedung der Kommission mitgeteilt werden. Das Gesetz tritt zum 1.1.2019 in Kraft.

Im Frühjahr 2019 liefert Olivenölhändler O an seinen Abnehmer A in I größere Mengen in Flaschen abgefülltes Olivenöl. Diese Flaschen entsprechen nicht den genannten neuen Etikettierungsvorschriften nach dem OlölAG und sind daher unverkäuflich. A verweigert daher die Zahlung des Kaufpreises. O meint, das neue Gesetz sei wegen Unionsrechtswidrigkeit unanwendbar und er deshalb nicht daran gebunden. A hingegen ist der Auffassung, selbst wenn das Verfahren beim Erlass des OlölAG gegen die Richtlinie (EU) 2015/1535 verstoßen habe, könne sich O im Verhältnis zu ihm nicht auf den Verstoß berufen.

Kann A den Zahlungsanspruch mit Hinweis auf die fehlerhafte Etikettierung abwehren, wenn die Lieferung ansonsten ordnungsgemäß war? Die Richtlinie (EU) 2015/1535 betrifft allein das Verfahren beim Erlass der technischen Vorschriften, enthält aber selbst keine inhaltlichen Anforderungen an die Spezifikation oder Etikettierung der Erzeugnisse.

Richtlinie (EU) 2015/1535[4] – Auszug:

Art. 5

(1) Vorbehaltlich des Artikels 7[5] übermitteln die Mitgliedstaaten der Kommission unverzüglich jeden Entwurf einer technischen Vorschrift, sofern es sich nicht um eine vollständige Übertragung einer internationalen oder europäischen Norm handelt; in diesem Fall reicht die Mitteilung aus, um welche Norm es sich handelt. Sie unterrichten die Kommission gleichzeitig in einer Mitteilung über die Gründe, die die Festlegung einer derartigen technischen Vorschrift erforderlich machen, es sei denn, die Gründe gehen bereits aus dem Entwurf hervor.

Gegebenenfalls – sofern dies noch nicht bei einer früheren Mitteilung geschehen ist – übermitteln die Mitgliedstaaten gleichzeitig den Wortlaut der hauptsächlich und unmittelbar betroffenen grundlegenden Rechts- und Verwaltungsvorschriften an die Kommission, wenn deren Wortlaut für die Beurteilung der Tragweite des Entwurfs einer technischen Vorschrift notwendig ist. [...]

Die Kommission unterrichtet die anderen Mitgliedstaaten unverzüglich über den Entwurf einer technischen Vorschrift und alle ihr zugegangenen Dokumente; sie kann den Entwurf auch dem nach Artikel 2 dieser Richtlinie eingesetzten Ausschuss und gegebenenfalls dem jeweils zuständigen Ausschuss zur Stellungnahme vorlegen. [...]

(2) Die Kommission und die Mitgliedstaaten können bei dem Mitgliedstaat, der einen Entwurf einer technischen Vorschrift unterbreitet hat, Bemerkungen vorbringen, die dieser Mitgliedstaat bei der weiteren Ausarbeitung der technischen Vorschrift so weit wie möglich berücksichtigt. [...]

Art. 6

(1) Die Mitgliedstaaten nehmen den Entwurf einer technischen Vorschrift nicht vor Ablauf von drei Monaten nach Eingang der Mitteilung gemäß Artikel 5 Absatz 1 bei der Kommission an.

(2) bis (5) *enthalten differenzierte Fristen für verschiedene Fallkonstellationen, die für den vorliegenden Fall nicht relevant sind.*

(6) Die in den Absätzen 3, 4 und 5 genannten Pflichten entfallen,

a) wenn die Kommission den Mitgliedstaaten mitteilt, dass sie auf ihre Absicht verzichtet, einen verbindlichen Rechtsakt vorzuschlagen oder zu erlassen;
b) wenn die Kommission die Mitgliedstaaten von der Rücknahme ihres Entwurfs oder Vorschlags unterrichtet oder
c) sobald ein verbindlicher Rechtsakt vom Europäischen Parlament und vom Rat oder von der Kommission erlassen worden ist.

---

4 Die RL (EU) 2015/1535 des Europäischen Parlaments und des Rates vom 9.9.2015 über ein Informationsverfahren auf dem Gebiet der technischen Vorschriften und der Vorschriften für die Dienste der Informationsgesellschaft (ABl. 2015 Nr. L 241/1) ist die Nachfolgerin der RL 83/189/EWG vom 28.3.1983 (ABl. 1983 Nr. L 109/8), nach der der EuGH den Originalfall zu entscheiden hatte. Die hier zitierten Art. 5 und 6 entsprechen im Wesentlichen den Art. 8 und 9 der RL 83/189/EWG.

5 Art. 7 der Richtlinie betrifft verschiedene Ausnahmen, die für den vorliegenden Fall nicht relevant sind.

(7) Die Absätze 1 bis 5 gelten nicht, wenn ein Mitgliedstaat

a) aus dringenden Gründen, die durch eine ernste und unvorhersehbare Situation entstanden sind und sich auf den Schutz der Gesundheit von Menschen und Tieren, die Erhaltung von Pflanzen oder die Sicherheit und im Falle von Vorschriften betreffend Dienste auch auf die öffentliche Ordnung, insbesondere auf den Jugendschutz beziehen, gezwungen ist, ohne die Möglichkeit einer vorherigen Konsultation in kürzester Frist technische Vorschriften auszuarbeiten, um sie unverzüglich zu erlassen und in Kraft zu setzen, oder

b) aus dringenden Gründen, die durch eine ernste Situation entstanden sind und sich auf den Schutz der Sicherheit und der Integrität des Finanzsystems, insbesondere auf den Schutz der Einleger, der Anleger und der Versicherten, beziehen, gezwungen ist, unverzüglich Vorschriften betreffend die Finanzdienstleistungen zu erlassen und in Kraft zu setzen.

Der Mitgliedstaat begründet in der in Artikel 5 genannten Mitteilung die Dringlichkeit der betreffenden Maßnahmen. Die Kommission äußert sich binnen kürzester Frist zu dieser Mitteilung. Bei missbräuchlicher Anwendung dieses Verfahrens trifft sie die erforderlichen Maßnahmen. Das Europäische Parlament wird von der Kommission regelmäßig unterrichtet.

Art. 12

Diese Richtlinie ist an die Mitgliedstaaten gerichtet.

Vorüberlegungen

Die Klausur enthält drei Variationen zum Thema „unmittelbare Wirkung von Richtlinien" und greift dabei einige Grundsatzentscheidungen des EuGH zu diesem Themenkreis auf. **350**

Teil I betrifft die „klassische" Variante, in der sich ein Bürger gegenüber einem Mitgliedstaat auf eine nicht bzw. ungenügend oder fehlerhaft umgesetzte Richtlinie beruft. Dem liegt das Urteil in Sachen Dornier-Stiftung gegen Finanzamt Gießen aus dem Jahr 2003 zu Grunde[6]. Über nicht umgesetzte Richtlinien zur Umsatzsteuerbefreiung hatte der EuGH allerdings schon im Jahr 1982 zu befinden[7]. In beiden Fällen gab der EuGH den Klägern Recht, die jeweils die Befreiung von der Umsatzsteuer erreichen wollten.

Im Teil II geht es um die so genannte „horizontale" Wirkung einer Richtlinie im Verhältnis von Privatpersonen. Der Fall ist dem EuGH-Urteil „Faccini Dori" nachgebildet[8]. Inzwischen ist die für die Entscheidung Faccini Dori maßgebliche Haustürwiderrufsrichtlinie 85/577/EWG durch die sog. „Verbraucherrichtlinie" 2011/83/EU abgelöst worden. Auf die grundsätzliche Lösung der Klausur hat das aber keine wesentlichen Auswirkungen. Im Fall Faccini Dori bestätigte der EuGH seine gefestigte Rspr.[9], dass Richtlinien grundsätzlich keine entsprechende Wirkung zukommt. Nach der grundlegenden Francovich-Entscheidung[10] kann der Einzelne gegenüber dem betreffenden Mitgliedstaat aber gegebenenfalls Schadensersatzansprüche geltend machen. Dementsprechend enthält dieser Teil zwei Fragen, wobei die zweite Frage nach dem Schadensersatz für den aufmerksamen Bearbeiter bereits darauf hindeutet, dass eine unmittelbare Wirkung der Richtlinie wohl nicht in Betracht kommen kann.

Auch im Teil III geht es um die Wirkung von Richtlinien im Verhältnis zweier Vertragspartner, diesmal jedoch in der besonderen Konstellation eines Verstoßes gegen die Informationsrichtlinie für Normen und technische Verfahren. Hier hat der EuGH insbesondere in der „Unilever Italia"-Entscheidung anerkannt, dass sich der Einzelne auch gegenüber seinem Vertragspartner auf einen solchen Verstoß berufen kann, so dass die entsprechende technische Vorschrift nicht anwendbar ist[11].

---

6 EuGH vom 6.11.2003, Rs. C-45/01, Slg. 2003, I-12911, DStRE 2004, S. 99 ff., Dornier-Stiftung./.Finanzamt Gießen.

7 EuGH vom 19.1.1982, Rs. 8/81, Slg. 1982, 53, NJW 1982, S. 499 ff., Becker./.Finanzamt Münster.

8 EuGH vom 14.7.1994, Rs. C-91/92, Slg. 1994, I-3325, NJW 1994, S. 2473 ff., Paola Faccini Dori./.Recreb Srl.

9 Seit EuGH vom 26.2.1986, Rs. 152/84, Slg. 1986, 723, NJW 1986, S. 2178 ff., Marshall./.Health Authority, siehe z.B. EuGH vom 19.1.2010, Rs. C-555/07, Slg. 2010, I-365, NJW 2010, S. 427 ff., 429, Rn. 46 m.w.N., Seda Kücükdeveci./.Swedex GmbH & Co. KG. Siehe dazu ausführlich auch *Schwarze*, JA 2010, S. 384 ff., 386, und *Herrmann/Michl*, JuS 2009, S. 1065 ff.

10 EuGH vom 19.11.1991, verb. Rs. C-6/90 und C-9/90, Slg. 1991, I-5357, NJW 1992, S. 165 ff., Francovich, Bonifaci u.a./.Italienische Republik.

11 EuGH vom 26.9.2000, Rs. C-443/98, Slg. 2000, I-7535, EuZW 2001, S. 153 ff., Unilever Italia SpA./.Central Food SpA; zuvor auch schon EuGH vom 30.4.1996, Rs. C-194/94, Slg. 1996, I-2201, EuZW 1996, S. 379 ff., CIA Security International SA./.Signalson SA u. Securitel SPRL.

Die großen Linien der EuGH-Rspr. zur unmittelbaren Wirkung von Richtlinien seit Grad./.Finanzamt Traunstein[12] gehören zu den Standardthemen des Europarechts und sollten daher bekannt sein. Für alle drei Teile der Klausur sind die einschlägigen Richtlinien in Auszügen mit abgedruckt, so dass es auch darum geht, diese anhand der Kriterien des EuGH für die unmittelbare Wirkung jeweils sachgerecht auszulegen. Frage 2 zu Teil II betrifft daneben das deutsche Staatshaftungsrecht, hier für legislatives Unrecht.

In Teil III ist die Konstellation etwas komplexer, so dass es zunächst darum geht, den Sachverhalt richtig zu erfassen: Das Öl selbst ist einwandfrei, nur die Etikettierung des Öls entspricht nicht den innerstaatlichen Vorschriften nach dem OlölAG. Diese allerdings sind möglicherweise fehlerhaft erlassen worden, weil gegen die RL (EU) 2015/1535 verstoßen wurde. Allerdings enthält die Richtlinie nicht die Anforderungen an die Etikettierung selbst, sondern betrifft nur das Verfahren beim Erlass entsprechender Bestimmungen. Zu prüfen ist daher zum einen, ob ein solcher Verfahrensfehler zur Unanwendbarkeit des OlölAGs führt, und zum anderen, ob sich A seinem Vertragspartner gegenüber darauf berufen kann.

Außerdem ist die Problemstellung in einen konkreten Fall eingebettet. Eine ausführliche zivilrechtliche Darstellung (z.B., ob ein möglicher Verstoß gegen die Richtlinie hier nach deutschem Recht zu einem Rechts- oder einem Sachmangel führt) erscheint allerdings nicht angebracht, zumal kein konkreter Mitgliedstaat genannt wird, dessen Zivilrecht anzuwenden wäre. Vielmehr ist allein die Kernfrage zu bearbeiten, ob A dem O einen möglichen Verstoß gegen die Richtlinie überhaupt entgegenhalten kann.

Der mittelschwere Fall behandelt Standardprobleme im Zusammenhang mit der Richtlinienumsetzung durch die Mitgliedstaaten und ist sowohl für das Pflichtfach als auch den Schwerpunktbereich geeignet.

12 EuGH vom 6.10.1970, Rs. 9/70, Slg. 1970, 825, NJW 1970, S. 2182 ff., Grad./.Finanzamt Traunstein.

Gliederung

Teil I 351

A. Grundsatz: Umsetzungsbedürftigkeit der Richtlinien
B. Anspruch wegen Nicht- bzw. verspäteter Umsetzung
  I. Unmittelbare Wirkung einer Richtlinie?
  II. Ausreichende Konkretisierung der Regelung
  III. Unmittelbare Wirkung im konkreten Fall
    1. Anwendbarkeit der Richtlinie 77/388/EWG
    2. Ärztliche bzw. arztähnliche Heilbehandlung
C. Ergebnis

Teil II

Frage 1

A. Geltung der Richtlinie
B. Vertragspartner als „Gegner“
C. Ergebnis

Frage 2

A. Unionsrechtlicher Staatshaftungsanspruch und gesetzgeberisches Unterlassen
B. Anspruchsgrundlage
C. Anspruchsvoraussetzungen
  I. Beamter im haftungsrechtlichen Sinne
  II. Verletzung einer drittgerichteten Amtspflicht
  III. Verschulden
  IV. Kausalität
D. Ergebnis

Teil III

A. Geltung der Richtlinie
B. Vertragspartner als „Gegner“
C. Unmittelbare Wirkung der Richtlinie
  I. Verstoß gegen Mitteilungspflicht relevant?
  II. Rechtsfolge: Unanwendbarkeit des OlölAG
D. Ergebnis

Musterlösung

Teil I

352 Da das Umsatzsteuergesetz des Staates A laut Sachverhalt keinen Anspruch auf die Steuerbefreiung für das Jahr 2018 vorsah, könnte sich ein solcher Anspruch nur aus der Mehrwertsteuersystem-Richtlinie[13] ergeben.

A. Grundsatz: Umsetzungsbedürftigkeit der Richtlinien

353 Grundlage für die Steuerbefreiung wäre hier mit der Mehrwertsteuersystem-Richtlinie eine Norm des (sekundären) Unionsrechts[14]. Daher ist zu prüfen, ob die Richtlinie innerhalb des Staates A unmittelbar anwendbar ist.

Nach Art. 288 III AEUV sind Richtlinien hinsichtlich des zu erreichenden Ziels verbindlich für jeden Mitgliedstaat, an den sie gerichtet sind, überlassen jedoch den innerstaatlichen Stellen die Wahl der Form und der Mittel. Demgegenüber hat eine Verordnung gem. Art. 288 II AEUV allgemeine Geltung; sie ist in allen ihren Teilen verbindlich und gilt unmittelbar in jedem Mitgliedstaat.

Aus dem Wortlaut und der Systematik des Art. 288 AEUV ergibt sich somit, dass Richtlinien grundsätzlich keine unmittelbare Geltung in den Mitgliedstaaten besitzen. Ihre Rechtsfolgen entstehen in der innerstaatlichen Rechtsordnung regelmäßig erst nach der pflichtgemäßen Umsetzung durch die Mitgliedstaaten[15].

B. Anspruch wegen Nicht- bzw. verspäteter Umsetzung

354 Die Mehrwertsteuersystem-Richtlinie 2006/112/EG trat nach ihrem Art. 413 zum 1.1.2007 in Kraft. Die Umsetzungsvorschriften der Art. 411 und 412 dieser Richtlinie enthalten allerdings keine Pflicht, den Art. 132 der Richtlinie umzusetzen. Ein Anspruch auf Steuerbefreiung aus der Nichtumsetzung der Mehrwertsteuersystem-Richtlinie 2006/112/EG kommt damit nicht in Betracht.

Allerdings sah auch die Vorgänger-Richtlinie 77/388/EWG aus dem Jahr 1977 die entsprechende Umsatzsteuerbefreiung für bestimmte ärztliche und arztähnliche Heilbehandlungen vor. Diese Richtlinie hätte laut Sachverhalt schon vor über 40 Jahren, nämlich bis zum 31.12.1978, in das Recht der Mitgliedstaaten umgesetzt werden müssen. Da die RL 2006/112/EG in Art. 132 I lit. c) an der Steuerbefreiung festhält, soll die Befreiung offensichtlich trotzt die Aufhebung der RL 77/388/EWG gewährt werden, so dass das innerstaatliche Recht insofern ebenfalls nicht hätte geändert werden dürfen. Bei fristgerechter Umsetzung wäre die S daher für das Jahr 2018 in den Genuss der Steuerbefreiung gekommen, sofern der entsprechende Tatbestand erfüllt ist. Zu prüfen bleibt, ob das hier eine andere Beurteilung rechtfertigt.

---

13 Siehe dazu *Pichler*, JURA 2013, S. 30 ff., 32.

14 Siehe dazu allgemein *Streinz*, Europarecht, Rn. 466 ff., und *Dittert*, Europarecht, S. 54 ff.

15 Vgl. *Streinz*, Europarecht, Rn. 477 ff., 490.

I. Unmittelbare Wirkung einer Richtlinie?

Für die Staaten, an die eine Richtlinie gerichtet ist, begründet sie gem. Art. 288 III AEUV die Pflicht, ein bestimmtes Ziel zu erreichen, das bei Ablauf der durch die Richtlinie selbst festgesetzten Frist erfüllt sein muss. Daraus folgt, dass immer dann, wenn eine Richtlinie ordnungsgemäß durchgeführt wird, ihre Wirkungen den Einzelnen auf dem Wege über die von dem jeweiligen Mitgliedstaat ergriffenen Durchführungsmaßnahmen treffen[16]. **355**

Andererseits spricht der Umstand, dass Verordnungen nach Art. 288 II AEUV unmittelbar gelten und damit unmittelbare Rechtswirkungen erzeugen können, nicht zwingend dafür, dass die weiteren in Art. 288 AEUV genannten Rechtsakte in keinem Fall ähnliche Wirkungen entfalten können. Mit der verbindlichen Wirkung der Richtlinien (s.o.) wäre es unvereinbar, grundsätzlich auszuschließen, dass sich betroffene Personen auf die durch die Richtlinie auferlegte Verpflichtung berufen können[17].

Besondere Probleme entstehen auch, wenn ein Mitgliedstaat eine Richtlinie nicht ordnungsgemäß – insbes. wie hier nicht fristgemäß – durchgeführt hat. Das gilt insbes. in den Fällen, in denen die Mitgliedstaaten durch die Richtlinie zu einem bestimmten Verhalten verpflichtet werden sollen. Denn wenn der Einzelne sich vor Gericht nicht darauf berufen und die staatlichen Gerichte sie nicht als Bestandteil des Unionsrechts berücksichtigen könnte(n), würde die praktische Wirksamkeit (der „effet utile“) einer solchen Maßnahme abgeschwächt[18]. **356**

Auch ein Vertragsverletzungsverfahren vor dem EuGH nach Art. 258 AEUV würde in einem solchen Fall nicht helfen, das Unionsrecht nachhaltig zu sichern. Denn zum einen verhindert es die Verzögerung nicht, und zum anderen ergeht gem. Art. 260 I AEUV nur ein Feststellungsurteil[19]. Um zu verhindern, dass die einzelnen Mitgliedstaaten den Eintritt der in der Richtlinie beabsichtigten Rechtswirkungen hinauszögern oder gar durch Nichtumsetzung vereiteln, ist das nicht sonderlich wirksam.

Daher kann ein Mitgliedstaat, der die in der Richtlinie vorgeschriebenen Durchführungsmaßnahmen nicht fristgemäß erlassen hat, dem Einzelnen nicht entgegenhalten, dass er die aus dieser Richtlinie erwachsenen Verpflichtungen nicht erfüllt hat[20].

Aus Sicht des Bürgers bedeutet dies, dass sich der Einzelne gegenüber allen innerstaatlichen nicht richtlinienkonformen Vorschriften auf jene Bestimmungen einer Richtlinie, die inhaltlich als unbedingt und hinreichend genau erscheinen, berufen kann, wenn die Richtlinie nicht fristgemäß umgesetzt wurde. Einzelne können sich auf diese Bestimmungen auch berufen, soweit diese Rechte festlegen, die dem Staat gegenüber geltend **357**

16 Vgl. EuGH vom 19.1.1982, Rs. 8/81, Slg. 1982, 53, NJW 1982, S. 499 ff., 500 m.w.N., Becker.
17 Vgl. EuGH vom 19.1.1982, Rs. 8/81, Slg. 1982, 53, NJW 1982, S. 499 ff., 500 m.w.N., Becker.
18 Vgl. EuGH vom 19.1.1982, Rs. 8/81, Slg. 1982, 53, NJW 1982, S. 499 ff., 500 m.w.N., Becker.
19 Vgl. *Streinz*, Europarecht, Rn. 490.
20 Vgl. EuGH vom 19.1.1982, Rs. 8/81, Slg. 1982, 53, NJW 1982, S. 499 ff., 500 m.w.N., Becker; dahinter steht letztlich der Grundsatz von Treu und Glauben, vgl. *Ruffert*, in: Calliess/Ruffert, AEUV, Art. 288, Rn. 48, und *Dittert*, Europarecht, S. 63.

gemacht werden können[21]. Durch die Möglichkeit, sich auf die Richtlinie berufen zu können, wird der Vertragsverstoß des Mitgliedstaates angemessen sanktioniert[22]. „Berufen" bedeutet dabei nicht, dass der Einzelne dazu (wie z.B. bei der Einrede der Verjährung) ausdrücklich etwas vortragen oder sich auf die Richtlinie beziehen muss. Die unmittelbare Wirkung der Richtlinie zugunsten des Einzelnen ist vielmehr von allen mitgliedstaatlichen Gerichten und Behörden von Amts wegen zu beachten[23].

Nach der inzwischen gefestigten und anerkannten Rspr. des EuGH[24] kann somit in bestimmten Fällen auch Richtlinien eine „unmittelbare Wirkung"[25] zukommen, wenn die Frist abgelaufen ist und sie nicht oder nicht ordnungsgemäß umgesetzt wurden. Hierbei handelt es sich um die so genannte „vertikale Wirkung", bei der sich der Einzelne gegenüber dem Mitgliedstaat auf eine ihm günstige Richtlinienbestimmung beruft[26].

II. Ausreichende Konkretisierung der Regelung

358 Um unmittelbare Wirkung zu entfalten, muss die jeweilige Richtlinienbestimmung nach st. Rspr. des EuGH inhaltlich unbedingt und hinreichend genau sein, und die Mitgliedstaaten müssen durch die Richtlinie zu einem bestimmten Verhalten verpflichtet werden[27].

Eine Richtlinienregelung ist unbedingt, wenn sie eine Verpflichtung begründet, die an keine Bedingung geknüpft ist und die zu ihrer Wirksamkeit oder Erfüllung keiner weiteren Maßnahmen der Unionsorgane oder der Mitgliedstaaten bedarf. Wenn sie den Mitgliedstaaten bei der Konkretisierung der Verpflichtung einen großen Gestaltungsspielraum überlässt, ist sie somit nicht mehr „unbedingt". Denn dann müsste der nationale Richter aus der Richtlinie eine bestimmte Norm entwickeln, wobei er mehrere richtlinienkonforme Möglichkeiten hätte. Dies ist aber dem Gesetzgeber vorbehalten, so dass der Richter in dessen Gestaltungsspielraum eingreifen und das Prinzip der Gewaltenteilung verletzen würde[28].

Nach der Rspr. des EuGH ist eine Richtlinienregelung dann unbedingt und hinreichend genau, wenn sie unzweideutig die Verpflichtung des Mitgliedstaates begründet, d.h. wenn sie den berechtigten Personenkreis, den Inhalt des (mindestens) zu gewährenden Rechts und die Person des Verpflichteten festlegt[29].

---

21 Vgl. EuGH vom 19.1.1982, Rs. 8/81, Slg. 1982, 53, NJW 1982, S. 499 ff., 500 m.w.N., Becker.

22 *Dittert*, Europarecht, S. 63.

23 Siehe dazu *Streinz*, Europarecht, Rn. 491.

24 Siehe dazu *Ruffert*, in: Calliess/Ruffert, AEUV, Art. 288, Rn. 47 ff.

25 Auch „unmittelbare Anwendung" oder „Direktwirkung" genannt, siehe *Streinz*, Europarecht, Rn. 490.

26 Für den umgekehrten Fall, dass sich eine staatliche Stelle gegenüber dem Bürger auf Richtlinienvorschriften berufen will („umgekehrt-vertikale Wirkung"), hat der EuGH die unmittelbare Wirkung mit Hinweis auf die Rechtssicherheit und das Rückwirkungsverbot abgelehnt (siehe dazu *Streinz*, Europarecht, Rn. 492 m.w.N., sowie *Krimphove*, EuZW 2014, S. 178 ff., und *Herrmann/Michl*, JuS 2009, S. 1065 ff., 1066 m.w.N.). Zur „horizontalen Drittwirkung" siehe Teil II und Teil III dieser Klausur.

27 Vgl. *Ruffert*, in: Calliess/Ruffert, AEUV, Art. 288, Rn. 53. Allgemein zur Auslegung von Richtlinien s. *Kühling*, JuS 2014, S. 481 ff., *Hecker*, JuS 2014, S. 385 ff., *Herresthal*, JuS 2014, S. 289 ff., *Tonikidis*, JA 2013, S. 598 ff., und *Leenen*, JURA 2012, S. 753 ff., 756 ff.

28 Vgl. *Dittert*, Europarecht, S. 64. Siehe dazu auch *Herrmann/Michl*, JuS 2009, S. 1065 ff., 1068 ff.

29 Vgl. *Dittert*, Europarecht, S. 63 f. m.w.N. Siehe dazu auch *Streinz*, Europarecht, Rn. 491, 498 und 500.

III. Unmittelbare Wirkung im konkreten Fall

1. Anwendbarkeit der Richtlinie 77/388/EWG

Die RL 77/388/EWG ist durch Art. 411 I i.V.m. Art. 413 der Mehrwertsteuersystem-Richtlinie am 1.1.2007 aufgehoben worden. Daher könnte es der S verwehrt sein, sich auf diese Richtlinie zu berufen. Dagegen spricht aber zum einen, dass auch die neue Richtlinie eine entsprechende Steuerbefreiung vorsieht, so dass der Rat offenbar keine inhaltliche Rechtsänderung beabsichtigt hat. Das zeigt auch Art. 411 II Mehrwertsteuersystem-Richtlinie, nach der Verweisungen auf die aufgehobenen Richtlinien als Verweisungen auf die neue Richtlinie gelten. Hinzu kommt, dass die Aufhebung gem. Art. 411 I ausdrücklich „unbeschadet der Verpflichtung der Mitgliedstaaten hinsichtlich der in Anhang XI Teil B genannten Fristen für die Umsetzung in innerstaatliches Recht und der Anwendungsfristen" erfolgt, so dass der Rat die Mitgliedstaaten offensichtlich nicht aus der Umsetzungspflicht nach der alten Richtlinie entlassen wollte. Daher kann sich die S auch für das Jahr 2018 noch auf die Nichtumsetzung der RL 77/388/EWG berufen. **359**

2. Ärztliche bzw. arztähnliche Heilbehandlung

Nach Art. 13 Teil A I lit. c) der RL 77/388/EWG sollten Umsätze aus Heilbehandlungen im Bereich der Humanmedizin, die im Rahmen der Ausübung der von dem betreffenden Mitgliedstaat definierten ärztlichen und arztähnlichen Berufe durchgeführt werden, ab 1979 von der Umsatzsteuer befreit werden. Dazu hätte offensichtlich das Umsatzsteuergesetz des Staates A geändert werden müssen, wobei davon auszugehen ist, dass außer der Gesetzesänderung zur Steuerbefreiung und ggf. der Anpassung der entsprechenden Verwaltungsvorschriften etc. keine weiteren Maßnahmen des Gesetzgebers und der Finanzverwaltung mehr notwendig waren. Die Begriffe „Umsatzsteuer", „Heilbehandlungen im Bereich der Humanmedizin" sowie „ärztliche Berufe" sind ebenfalls als hinreichend bestimmt anzusehen, so dass auch insofern keine besonderen Abgrenzungen oder Festlegungen durch den Gesetzgeber mehr erforderlich waren. **360**

Allerdings hilft das der S hier noch nicht weiter, weil sie ihre Behandlungen laut Sachverhalt nicht durch Ärzte, sondern durch Diplompsychologen mit entsprechender psychotherapeutischer Zusatzausbildung erbringt. Fraglich ist daher allein, ob es sich dabei um „arztähnliche Berufe" i.S.d. Art. 13 Teil A I lit. c) der Richtlinie 77/388/EWG handelt.

Nach der Rspr. des Gerichtshofes sind die Steuerbefreiungen der RL 77/388/EWG eng auszulegen, da sie Ausnahmen von dem allgemeinen Grundsatz darstellen, dass jede Dienstleistung, die ein Steuerpflichtiger gegen Entgelt erbringt, der Mehrwertsteuer unterliegt. Die Auslegung des Wortlauts dieser Bestimmung muss jedoch mit den Zielen in Einklang stehen, die mit den Befreiungen verfolgt werden. Zu diesen Zielen gehört unter anderem, die Kosten der Heilbehandlungen zu senken und diese Behandlungen dem Einzelnen zugänglicher zu machen. Als „Heilbehandlung im Bereich der Humanmedizin" gelten Leistungen, die der Diagnose, Behandlung und, soweit wie möglich, Heilung von Krankheiten oder Gesundheitsstörungen dienen[30]. **361**

30 Vgl. EuGH vom 6.11.2003, Rs. C-45/01, Slg. 2003, I-12911, DStRE 2004, S. 99 ff., 103, Rn. 42 ff. m.w.N., Dornier-Stiftung.

Für die Arztähnlichkeit spricht hier, dass psychotherapeutische Behandlungen jedenfalls auch von Ärzten mit entsprechender (Zusatz-)Ausbildung[31] durchgeführt werden. Andererseits ist das Aufgabenfeld der Diplompsychologen weit gefächert und umfasst z.B. Beratungen in der Schule und damit außerhalb des Gesundheitsbereichs. Die Qualifikation als Diplompsychologe genügt daher nicht in jedem Fall für eine arztähnliche Tätigkeit. Hier verfügen die Psychologen aber über eine entsprechende Zusatzqualifikation. Auch die tatsächlich bei der Psychotherapie erbrachten Leistungen sind mit denen vergleichbar, die von Ärzten erbracht werden, und dienen der Diagnose, Behandlung und ggf. Linderung von Krankheiten und Gesundheitsstörungen. Daher spricht hier alles dafür, dass die Heilbehandlungen im Rahmen der Ausübung arztähnlicher Berufe erbracht werden[32].

362 Des Weiteren verlangt Art. 13 Teil A I lit. c) der RL 77/388/EWG, dass die entsprechenden Berufe „von den Mitgliedstaaten definiert" sind. Eine solche Definition fehlt hier, weil die Richtlinie noch nicht in innerstaatliches Recht umgesetzt wurde. Allerdings kann das der Anwendung der Richtlinie bzw. deren hinreichender Bestimmtheit nicht entgegenstehen, weil es andernfalls die Mitgliedstaaten in der Hand hätten, über die entsprechenden Definitionen auf die Steuerbefreiung Einfluss zu nehmen. Zumindest in Fällen wie dem vorliegenden, in denen die materiellen Anforderungen der Richtlinie an die entsprechenden Berufe ohne weiteres erfüllt sind, kann es daher nicht darauf ankommen, ob bzw. wie die Mitgliedstaaten die Berufe definiert haben. Denn Art. 13 Teil A I lit. c) der RL 77/388/EWG zählt die Tätigkeiten, die steuerfrei sind, hinreichend genau und unbedingt auf. Daher kann sich auch der Einzelne, der nach objektiven Kriterien die dem Gemeinwohl dienenden Leistungen erbringt, auf die sich die genannten Steuerbefreiungen beziehen, gegenüber allen nicht richtlinienkonformen innerstaatlichen Vorschriften unmittelbar auf die Richtlinie berufen[33].

Die Stiftung S erzielte Umsätze aus der Heilbehandlung durch Diplompsychologen. Die Befreiung aufgrund der RL 77/388/EWG hätte sich für sie auch begünstigend ausgewirkt, weil sie dann im Jahr 2018 für bestimmte Umsätze keine Steuern mehr hätte zahlen müssen. Diese Bestimmung wurde noch nicht in das innerstaatliche Recht umgesetzt. Daher kann sich die S gegenüber der Finanzverwaltung auf die in der Richtlinie enthaltene Steuerbefreiung berufen[34]. Nach dem Grundsatz des Anwendungsvorrangs des Unionsrechts geht die Richtlinie somit dem entgegenstehenden Umsatzsteuerrecht des Staates A vor[35].

---

31 In Deutschland beispielsweise als „Facharzt für Psychosomatische Medizin und Psychotherapie", „Facharzt für Psychiatrie und Psychotherapie" (oft in Kombination mit dem „Facharzt für Neurologie") oder als „Facharzt für Kinder- und Jugendpsychiatrie und -psychotherapie".

32 Im Ergebnis ebenso EuGH vom 6.11.2003, Rs. C-45/01, Slg. 2003, I-12911, DStRE 2004, S. 99 ff., 103, Rn. 45 und 50, Dornier-Stiftung.

33 EuGH vom 6.11.2003, Rs. C-45/01, Slg. 2003, I-12911 ff., DStRE 2004, S. 99 ff., 104/105, Rn. 80 und 81, Dornier-Stiftung.

34 Vgl. EuGH vom 19.1.1982, Rs. 8/81, Slg. 1982, 53, NJW 1982, S. 499 ff., 501 m.w.N., Becker, sowie *Herrmann/Michl*, JuS 2009, S. 1065 ff., 1066.

35 Vgl. *Streinz*, Europarecht, Rn. 500.

C. Ergebnis

Die S kann für das Jahr 2018 die Befreiung von der Umsatzsteuer für die Heilbehandlung durch Diplompsychologen mit psychotherapeutischer Zusatzausbildung verlangen, obwohl die Steuergesetze des Staates A noch nicht geändert worden waren. **363**

Teil II

Frage 1

Da das Recht des Staates B kein Widerrufsrecht vorsieht, könnte Frau X den Vertrag nur widerrufen, wenn sie sich unmittelbar auf das Widerrufsrecht aus Art. 9 der Richtlinie 2011/83/EU berufen könnte. **364**

A. Geltung der Richtlinie

Wie in Teil I geht es auch hier um die unmittelbare Anwendung einer Richtlinie. Hinsichtlich der Umsetzungsbedürftigkeit etc. kann daher auf die obigen Ausführungen verwiesen werden. Um unmittelbare Wirkung zu entfalten, muss die jeweilige Richtlinienbestimmung nach st. Rspr. des EuGH inhaltlich unbedingt und hinreichend genau sein, und die Mitgliedstaaten müssen durch die Richtlinie zu einem bestimmten Verhalten verpflichtet werden[36]. **365**

B. Vertragspartner als „Gegner“

In Teil I hat sich die S gegenüber dem Finanzamt, also einer staatlichen Behörde, auf die unmittelbare Wirkung einer Richtlinie berufen. Hier geht es dagegen um einen zivilrechtlichen Vertrag der X mit dem privaten Unternehmen Y. Zu prüfen ist daher, ob der Richtlinie auch im Verhältnis privater Vertragspartner untereinander unmittelbare Drittwirkung zukommt. **366**

Die sog. „horizontale[37] Drittwirkung“ von Richtlinien (also insbesondere ihre Heranziehung bei der Beurteilung eines Rechtsverhältnisses zwischen Privatpersonen) ist umstritten. Während sich u.a. Teile des Schrifttums für eine solche Drittwirkung aussprechen[38], lehnt der EuGH sie in st. Rspr. bisher grundsätzlich ab[39].

Für die horizontale Drittwirkung spricht zum einen die „nützliche Wirkung“ („effet utile“). Zum anderen richten sich Richtlinien gem. Art. 288 III AEUV an die Mitgliedstaaten und sind für diese sowie für deren Organe verbindlich. Zu diesen Organen gehö-

36 Vgl. *Ruffert*, in: Calliess/Ruffert, AEUV, Art. 288, Rn. 53.

37 „Horizontal“, weil beide Parteien auf derselben Ebene stehen.

38 Nachweise bei *Ruffert*, in: Calliess/Ruffert, AEUV, Art. 288, Rn. 57 ff. Für horizontale Wirkung auch OLG Celle vom 28.8.1990, 20 U 85/89, EuZW 1990, S. 550 ff. m.w.N.

39 Seit EuGH vom 26.2.1986, Rs. 152/84, Slg. 1986, 723, NJW 1986, S. 2178 ff., Marshall./.Health Authority, siehe z.B. EuGH vom 19.1.2010, Rs. C-555/07, Slg. 2010, I-365, NJW 2010, S. 427 ff., 429, Rn. 46 m.w.N., Seda Kücükdeveci./.Swedex GmbH & Co. KG.

ren aber auch die staatlichen Gerichte, die im Streitfall zu entscheiden haben[40]. Außerdem führe die Ablehnung der horizontalen Drittwirkung dazu, dass eindeutig richtlinienwidrige nationale Rechtsvorschriften mit belastender Wirkung für Einzelne weiter angewendet werden könnten[41]. Auch stehe der Wortlaut des Art. 288 III AEUV einer Drittwirkung nicht entgegen, und durch die weiteren Voraussetzungen (Umsetzungserfordernis, Fristablauf) bestünden noch hinreichende Unterschiede zur (gem. Art. 288 II AEUV unmittelbar geltenden) Verordnung[42].

367 Vorzugswürdig erscheint allerdings die Auffassung des EuGH, nach dessen st. Rspr. den Richtlinien grundsätzlich keine horizontale Drittwirkung zukommt. Dafür spricht, dass die Möglichkeit, sich gegenüber staatlichen Einrichtungen auf die Richtlinien zu berufen, darauf beruht, dass die Richtlinie nach Art. 288 III AEUV „für jeden Mitgliedstaat, an den sie gerichtet ist“ – und nur für diesen – verbindlich ist. Mit der Anerkennung der „vertikalen“ Drittwirkung solle verhindert werden, dass „der Staat aus seiner Nichtbeachtung des Unionsrechts Nutzen ziehen kann“. Es wäre nämlich nicht hinnehmbar, dass sich der Staat, dem der Unionsgesetzgeber den Erlass bestimmter Vorschriften vorschreibt, mit denen seine Beziehungen zu den Bürgern geregelt und diesen bestimmte Rechte gewährt werden sollen, auf die Nichterfüllung seiner Verpflichtungen berufen könnte, um den Bürgern diese Rechte zu versagen (s.o. Rn. 356). Demgegenüber würde eine Ausdehnung dieser Rspr. auf den Bereich der Beziehungen zwischen den Bürgern dazu führen, der Union die Befugnis zuzuerkennen, mit unmittelbarer Wirkung zu Lasten der Bürger Verpflichtungen anzuordnen, obwohl sie dies gem. Art. 288 II AEUV nur dort darf, wo ihr die Befugnis zum Erlass von Verordnungen zugewiesen ist[43]. Die nationalen Gerichte sind allerdings gehalten, im Wege der richtlinienkonformen Auslegung[44] dem Unionsrecht Rechnung zu tragen, indem sie die Auslegung des nationalen Rechts soweit wie möglich am Wortlaut und Zweck der Richtlinie ausrichten, um das mit der Richtlinie verfolgte Ziel zu erreichen und auf diese Weise Art. 288 III AEUV nachzukommen[45].

Nach der st. Rspr. des EuGH kann eine Richtlinie somit nicht selbst Verpflichtungen für einen Bürger begründen, so dass ihm gegenüber eine Berufung auf die Richtlinie als solche nicht möglich ist[46].

---

40 Siehe dazu *Streinz*, Europarecht, Rn. 493.

41 *Herrmann*, EuZW 2006, S. 69 ff., 70.

42 Siehe dazu *Ruffert*, in: Calliess/Ruffert, AEUV, Art. 288, Rn. 60 m.w.N.

43 St. Rspr., vgl. EuGH vom 14.7.1994, Rs. C-91/92, Slg. 1994, I-3325, NJW 1994, S. 2473 f., 2474, Rn. 21 ff., Faccini Dori.

44 Siehe dazu *Kühling*, JuS 2014, S. 481 ff., *Hecker*, JuS 2014, S. 385 ff., *Herresthal*, JuS 2014, S. 289 ff., *Tonikidis*, JA 2013, S. 598 ff., und *Leenen*, JURA 2012, S. 753 ff.

45 Siehe dazu EuGH vom 14.7.1994, Rs. C-91/92, Slg. 1994, I-3325, NJW 1994, S. 2473 f., 2474, Rn. 26, Faccini Dori, m.w.N., sowie *Herrmann/Michl*, JuS 2009, S. 1065 ff., 1068 ff. Zur Frage, wie weit dabei auch der entgegenstehende Wortlaut einer nationalen Norm „überwunden“ werden kann, s. BGH vom 21.12.2011, VIII ZR 70/08, BGHZ 192, 148 (Rn. 26 ff.), sowie *Kühling*, JuS 2014, S. 481 ff., 484 f., *Tonikidis*, JA 2013, S. 598 ff., 603, und *Leenen*, JURA 2012, S. 753 ff., 759 ff.

46 Vgl. EuGH vom 14.7.1994, Rs. C-91/92, Slg. 1994, I-3325, NJW 1994, S. 2473 f., 2474, Rn. 20, Faccini Dori und EuGH vom 7.6.2007, Rs. C-80/06, Slg. 2007, I-4473, EuZW 2007 S. 545 f., 546, Rn. 20 m.w.N., Carp Snc di L. Moleri e V. Corsi./.Ecorad Srl. – Bauprodukte-Richtlinie.

Zu überlegen bliebe noch, ob hier nicht ausnahmsweise eine andere Beurteilung gerechtfertigt erscheint, weil die Richtlinie 2011/83/EU zum Schutze der Verbraucher vor übereilten oder durch psychischen Druck herbeigeführten Vertragsschlüssen gedacht ist, gem. ihres Art. 1 für bestimmte Verträge ein hohes Verbraucherschutzniveau erreichen und damit zum ordnungsgemäßen Funktionieren des Binnenmarkts beitragen soll und der Verbraucherschutz in Art. 12 und 169 AEUV besonders betont wird. Nach dem Wortlaut hat Art. 169 AEUV allerdings nur eine begrenzte Tragweite. Er spricht in Abs. 1 zum einen die Verpflichtung der Union aus, einen Beitrag zur Erreichung eines hohen Verbraucherschutzniveaus zu leisten. Zum anderen schafft er in Abs. 2 eine Unionszuständigkeit für spezifische Aktionen im Zusammenhang mit der Verbraucherschutzpolitik, die über die im Rahmen des Binnenmarktes getroffenen Maßnahmen hinausgehen. Die Vorschrift beschränkt sich somit darauf, der Union ein Ziel zu setzen und ihr hierfür Befugnisse einzuräumen, ohne daneben eine Verpflichtung der Mitgliedstaaten oder Einzelner aufzustellen. Daher kann sie nicht rechtfertigen, dass Richtlinien über den Verbraucherschutz, die nicht fristgerecht umgesetzt worden sind, unmittelbar zwischen Einzelnen in Anspruch genommen werden. Art. 169 AEUV führt daher selbst bei Richtlinien über den Verbraucherschutz zu keiner Änderung der oben genannten Rspr.[47] **368**

Folglich kann ein Verbraucher ein Widerrufsrecht gegenüber dem Unternehmer, mit dem er einen Vertrag geschlossen hat, nicht auf die Richtlinie selbst stützen und vor einem nationalen Gericht geltend machen, auch wenn die Maßnahmen zur Umsetzung der Richtlinie nicht innerhalb der vorgesehenen Frist erlassen worden sind[48].

C. Ergebnis

Da der RL 2011/83/EU hier im Verhältnis zwischen X und Y keine unmittelbare Wirkung zukommt, kann sich Frau X auch nicht auf das dort enthaltene Widerrufsrecht berufen. Da nach dem Sachverhalt auch keine anderen Widerrufsgründe zu erkennen sind, kann Frau X den Vertrag nicht widerrufen. **369**

Frage 2

Frau X könnte wegen der Nichtumsetzung der RL 2011/83/EU einen Anspruch auf Schadensersatz gegen B haben. **370**

47 Siehe dazu EuGH vom 17.3.2004, T-183/02, Slg. 2004, II-965, NJW 1996, S. 1401 f., 1402, Rn. 18 ff., El Corte Inglés SA.

48 Vgl. zur Vorgängerrichtlinie 85/577/EWG: EuGH vom 14.7.1994, Rs. C-91/92, Slg. 1994, I-3325, NJW 1994, S. 2473 f., 2474, Rn. 25, Faccini Dori; ebenso *Herrmann/Michl*, JuS 2009, S. 1065 ff., 1067.

A. Unionsrechtlicher Staatshaftungsanspruch und gesetzgeberisches Unterlassen

371 In Betracht kommt ein Staatshaftungsanspruch der X wegen der Verletzung von europäischem Unionsrecht. Einen solchen Anspruch hat der Gerichtshof in seinen Entscheidungen Francovich[49] und Brasserie du Pêcheur[50] richterrechtlich entwickelt. Er leitet ihn aus folgenden Prinzipien ab: aus der praktischen Wirksamkeit des Vertrages (effet utile), dem effektiven Schutz der Rechte Einzelner, der staatlichen Mitwirkungspflicht gem. Art. 4 III EUV und der Parallele zur Haftung der Union aus Art. 340 AEUV. Der Gerichtshof sieht die Staatshaftung als allgemeinen Rechtsgrundsatz des Unionsrechts. Nach anfänglich heftiger Kritik erkennt auch die Literatur die Existenz dieses Anspruchs an[51].

Fraglich ist aber, ob er auch in Fällen von Unionsrechtsverletzungen durch den nationalen Gesetzgeber gilt. Denn zumindest nach deutschem Staatshaftungsrecht ist die Haftung für „legislatives Unrecht" umstritten und stark eingeschränkt[52]. Allerdings würde der unionsrechtliche Anspruch völlig vereitelt, würde man dem generellen Einwand folgen, dass bei legislativem Unrecht keine Haftung besteht[53]. Auch der EuGH hat beispielsweise in den Fällen Faccini Dori und El Corte Inglés SA ausdrücklich klargestellt, dass die Mitgliedstaaten unter bestimmten Umständen den Bürgern die durch die Nichtumsetzung einer Richtlinie verursachten Schäden ersetzen müssen[54]. Mithin ist vorliegend ein Staatshaftungsanspruch wegen Unionsrechtsverletzung nicht ausgeschlossen.

B. Anspruchsgrundlage

372 Fraglich ist allerdings, welche Anspruchsgrundlage für einen solchen Schadensersatzanspruch in Betracht kommt. Eine Schadensersatzklage gem. Art. 268 AEUV i.V.m. Art 340 II und III AEUV scheitert bereits daran, dass diese nur für die Amtshaftung der Union gilt, während hier nach dem Anspruch aufgrund des Verhaltens eines mitgliedstaatlichen Parlaments gefragt ist. Denkbar – da lt. Bearbeitervermerk deutsches Staatshaftungsrecht anzuwenden ist – ist ein Amtshaftungsanspruch gem. § 839 BGB/Art. 34 GG, aber auch eine eigenständige unionsrechtliche Anspruchsgrundlage im Rahmen allgemeiner Rechtsgrundsätze. Der BGH hat die Auffassung vertreten, dass in Fällen mit Unionsrechtsbezug ein genuin europarechtlicher Anspruch neben das innerstaatli-

---

49 EuGH 19.11.1991, verb. Rs. C-6/90 und C-9/90, Slg. 1991, I-5357, Francovich, Bonifaci u.a./.Italienische Republik, dazu *Streinz*, Europarecht, Rn. 511 (Fall 19 mit Lösung).

50 EuGH vom 5.3.1996, verb. Rs. C-46/93 und C-48/93, Slg. 1996, I-1029, Brasserie du Pêcheur, dazu *Streinz*, Europarecht, Rn. 462 (Fall 13 mit Lösung).

51 Siehe *Streinz*, Europarecht, Rn. 461 ff. mit ausführlichen Literaturnachweisen nach Rn. 465. Ausführlich zur gemeinschaftsrechtlichen Staatshaftung siehe *Frenz/Götzkes*, JA 2009, S. 759 ff.

52 *Streinz*, Europarecht, Rn. 462. Siehe zur Amtshaftung in Bereich der Rechtssetzung ausführlich *Maurer/ Waldhoff*, Allgemeines Verwaltungsrecht, § 26 Rn. 52 ff.

53 *Streinz*, Europarecht, Rn. 462.

54 EuGH vom 14.7.1994, Rs. C-91/92, Slg. 1994, I-3325, NJW 1994, S. 2473 f., Faccini Dori, und EuGH vom 17.3.2004, T-183/02, Slg. 2004, II-965, NJW 1996, S. 1401 f., El Corte Inglés, SA.

che Recht trete[55]. Demgegenüber wird in der Literatur angenommen, Ausgangspunkt sei das nationale Recht, das durch das Unionsrecht modifiziert werde[56]. All diejenigen nationalen Anspruchsvoraussetzungen, die die Durchsetzung des Unionsrechts unmöglich machen oder eine Diskriminierung von Fällen mit Auslandsbezug bewirken, müssen dann außer Anwendung bleiben oder unionsrechtskonform modifiziert werden.

Der letztgenannten Auffassung gebührt der Vorzug. Sie ermöglicht zum einen die Integration der unionsrechtlichen Vorgaben in das nationale Recht, belässt aber zum anderen den Mitgliedstaaten einen Spielraum zur Ausgestaltung des Anspruchs im Rahmen ihres eigenständigen Haftungsregimes[57].

Grundlage der Haftung ist also vorliegend zunächst ein Amtshaftungsanspruch gem. § 839 BGB/Art. 34 GG, der im Lichte der Vorgaben des Unionsrechts angepasst werden muss. Insbesondere muss ein Anspruch bei Vorliegen folgender Voraussetzungen gewährt werden, die in das deutsche Recht zu integrieren sind[58]:

1. Die verletzte Rechtsnorm des Unionsrechts bezweckt, dem Einzelnen Rechte zu verleihen,
2. der Verstoß des Mitgliedstaats gegen das Unionsrecht ist „hinreichend qualifiziert", und
3. zwischen dem Verstoß gegen die dem Staat obliegende Verpflichtung und dem der geschädigten Person entstandenen Schaden besteht ein unmittelbarer Zusammenhang (Kausalität).

Wie sich der Bearbeiter mit Blick auf die Anspruchsgrundlage entscheidet, ist nicht erheblich. Die Lösung muss nur konsequent sein. Wer der Gegenauffassung folgt, muss die genannten drei Voraussetzungen neben dem deutschen Amtshaftungsanspruch im Rahmen einer eigenständigen europarechtlichen Anspruchsgrundlage prüfen.

C. Anspruchsvoraussetzungen[59]

I. Beamter im haftungsrechtlichen Sinne

Gemäß § 839 I BGB müsste jemand in Ausübung eines öffentlichen Amtes gehandelt **373**
oder etwas pflichtwidrig unterlassen haben. Es muss also hoheitlich gehandelt worden sein. Hier hätte der nationale Gesetzgeber des Mitgliedstaates B die Richtlinie in innerstaatliches Recht umsetzen müssen. Der Erlass von Gesetzen gehört zu den genuin hoheitlichen Aufgaben, so dass die Abgeordneten als „Beamte" i.S.d. § 839 I BGB anzusehen sind.

---

55 Vgl. BGH vom 24.10.1996, III ZR 127/91, BGHZ 134, 30, wohl auch *Stürner*, JURA 2017, S. 394 ff., 398.

56 So z.B. *Streinz*, Europarecht, Rz. 511, *Oppermann/Classen/Nettesheim*, Europarecht, § 14 Rn. 13, und *Frenz/Götzkes*, JA 2009, S. 759 ff., 764.

57 Siehe dazu *Frenz/Götzkes*, JA 2009, S. 759 ff., 764 ff.

58 *Streinz*, Europarecht, Rn. 461 m.w.N.

59 Instruktiv dazu *Frenz/Götzkes*, JA 2009, S. 759 ff., 765 ff.

II. Verletzung einer drittgerichteten Amtspflicht

374 Durch dieses Unterlassen müsste der Gesetzgeber eine drittgerichtete Amtspflicht verletzt haben. Die Mitgliedstaaten sind verpflichtet, sich bei der Ausübung von Staatsgewalt an die Vorgaben des europäischen Unionsrechts zu halten. Eine dementsprechende Amtspflicht trifft jedes staatliche Organ, auch die Parlamente. Diese haben die Richtlinien gem. Art. 288 III AEUV in nationales Recht umzusetzen und dabei die in der Richtlinie vorgegebenen Fristen einzuhalten. Hier wurde die Richtlinie laut Sachverhalt „nicht fristgemäß" umgesetzt. Dadurch hat der Gesetzgeber seine Amtspflicht verletzt.

Fraglich ist, ob auch die Drittgerichtetheit zu bejahen ist. Das ist dann der Fall, wenn die verletzte Norm auch dem Schutz des Betroffenen dienen soll. Hier wird die erste unionsrechtliche Vorgabe relevant, wonach die verletzte Unionsrechtsnorm dem Einzelnen Rechte verleihen muss[60]. Da es sich bei der Norm um eine Richtlinie (RL 2011/83/EU) handelt, ist wiederum zu prüfen, ob sie inhaltlich unbedingt und hinreichend genau ist, und die Mitgliedstaaten zu einem bestimmten Verhalten verpflichtet[61].

Dafür spricht bereits, dass gem. Art. 4 ein sehr hoher Grad der unionsrechtlichen Harmonisierung angestrebt wird, denn sofern die Richtlinie nichts anderes bestimmt, erhalten die Mitgliedstaaten weder von den Bestimmungen dieser Richtlinie abweichende innerstaatliche Rechtsvorschriften aufrecht noch führen sie solche ein; dies gilt auch für strengere oder weniger strenge Rechtsvorschriften zur Gewährleistung eines anderen Verbraucherschutzniveaus[62]. Die Richtlinie geht damit vom Grundsatz der Vollharmonisierung aus. Lediglich in wenigen Bereichen wird den Mitgliedstaaten durch einzelne Vorschriften die Möglichkeit gegeben, ein höheres Verbraucherschutzniveau vorzusehen[63].

In der Regel sehen Richtlinien entweder eine Mindest- oder eine Vollharmonisierung vor. Im Fall einer Mindestharmonisierung dürfen die Mitgliedstaaten Vorschriften beibehalten oder erlassen, die strengere Regelungen (meist im Interesse eines höheren Verbraucherschutzes) vorsehen. Im Falle einer Vollharmonisierung dürfen die Mitgliedstaaten dagegen nicht von den Vorgaben der Richtlinie abweichen[64].

Nach ihrem Art. 3 I i.V.m. Art. 2 Nr. 8 gilt die Richtlinie u.a. für jeden Vertrag zwischen dem Unternehmer und dem Verbraucher, der bei gleichzeitiger körperlicher Anwesenheit des Unternehmers und des Verbrauchers an einem Ort geschlossen wird, der kein Geschäftsraum des Unternehmers ist. In Art. 2 Nr. 1 und 2 der Richtlinie werden die Begriffe „Verbraucher" und „Unternehmer" definiert. Diese Bestimmungen sind so genau, dass das nationale Gericht erkennen kann, wer aufgrund der Verpflichtungen Berechtigter und wer Verpflichteter ist. Insoweit ist keine besondere Durchführungs-

60 Siehe *Streinz*, Europarecht, Rn. 461.

61 Siehe dazu *Ruffert*, in: Calliess/Ruffert, AEUV, Art. 288, Rn. 53. Allgemein zur Auslegung von Richtlinien s. *Stürner*, JURA 2017, S. 394 ff., 402, *Kühling*, JuS 2014, S. 481 ff., *Hecker*, JuS 2014, S. 385 ff., *Herresthal*, JuS 2014, S. 289 ff., *Tonikidis*, JA 2013, S. 598 ff., und *Leenen*, JURA 2012, S. 753 ff., 756 ff.

62 Bei der Haustürwiderrufsrichtlinie von 1985 galt dieser Harmonisierungsgrad noch nicht, s. deren Art. 8.

63 *Wendelstein/Zander*, JURA 2014, S. 1191 ff., 1191, *Köhler*, JuS 2014, S. 865 ff., 868, differenzierender *Beck*, JURA 2014, S. 666 ff., 667: „Vollharmonisierung unter Vorbehalt".

64 *Köhler*, JuS 2014, S. 865 ff., 868, und *Dittert*, Europarecht, S. 322 f.

maßnahme erforderlich. Das nationale Gericht kann sich darauf beschränken, nachzuprüfen, ob der Vertrag unter den in der Richtlinie beschriebenen Umständen abgeschlossen worden und ob er zwischen einem Unternehmer und einem Verbraucher i.S.d. Richtlinie zustande gekommen ist[65].

Weiterhin sehen die Art. 6 und 7 der Richtlinie sehr umfassende Informationspflichten **375**
durch den Unternehmer sowie formale Anforderungen an die Verträge vor, und Art. 9 regelt das Recht, den Vertrag widerrufen zu können. Insgesamt lassen diese Bestimmungen den Mitgliedstaaten daher nur noch einen geringen Gestaltungsspielraum für den Verbraucherschutz bei Verträgen, die außerhalb von Geschäftsräumen geschlossen werden. Die Richtlinienbestimmungen sind damit sehr bestimmt, genau und unbedingt. Es ist also möglich, den Mindestschutz zu bestimmen, der auf jeden Fall eingeführt werden muss[66].

Das Widerrufsrecht aus Art. 9 I der Richtlinie soll auch gerade dem Einzelnen die Möglichkeit geben, sich ohne weiteres von dem Vertrag lösen zu können. Dieses Recht ist einschließlich der in Art. 12 genannten Wirkungen ebenfalls hinreichend genau umschrieben. Um dieser Voraussetzung zur Wirksamkeit zu verhelfen, muss auch ein Amtshaftungsanspruch gegen die entsprechende Nichtumsetzung der Richtlinie möglich sein. Ein Verstoß gegen eine drittgerichtete Amtspflicht liegt mithin vor, weil der Gesetzgeber entgegen seiner unionsrechtlichen Verpflichtung zum Verbraucherschutz die Richtlinie nicht umgesetzt hat.

III. Verschulden

Dieser Verstoß müsste nach § 839 I 1 BGB schuldhaft gewesen sein. Allerdings genügt **376**
für den europarechtlich determinierten Schadensersatzanspruch grundsätzlich schon ein hinreichend qualifizierter Verstoß gegen Unionsrecht. Somit kommt es nicht auf die Frage von Vorsatz und Fahrlässigkeit, sondern auf die hinreichende Qualifiziertheit, also die Schwere des Verstoßes, an[67]. Hier hat der Gesetzgeber eine Richtlinie nicht fristgemäß in nationales Recht umgesetzt. Rechtfertigungsgründe für dieses Unterlassen sind nach dem Sachverhalt nicht erkennbar. Daher ist hier ein hinreichend qualifizierter und offenkundiger Verstoß gegeben.

IV. Kausalität

Als Schaden kommen hier in erster Linie die Kosten für den Kurs in Höhe von 400 € **377**
in Betracht. Fraglich ist, ob ist Frau X bei fristgemäßer Umsetzung tatsächlich zum Widerruf berechtigt gewesen wäre, so dass sie diese nicht hätte zahlen müssen.

---

65 Vgl. zur Vorgängerrichtlinie 85/577/EWG: EuGH vom 14.7.1994, Rs. C-91/92, Slg. 1994, I-3325, NJW 1994, S. 2473 f., 2473, Rn. 12 ff., Faccini Dori.

66 Vgl. schon zur insofern noch wesentlich „ungenaueren" Vorgängerrichtlinie 85/577/EWG: EuGH vom 14.7.1994, Rs. C-91/92, Slg. 1994, I-3325, NJW 1994, S. 2473 f., 2474, Rn. 17, Faccini Dori.

67 Vgl. *Frenz/Götzkes*, JA 2009, S. 759 ff., 766 m.w.N. Siehe dazu ausführlich *Dörr*, EuZW 2012, S. 86 ff., 87 ff.

Mit der Richtlinie soll ihrem Art. 1 zufolge u.a. ein hohes Verbraucherschutzniveau erreicht werden. Bei außerhalb der Geschäftsräume geschlossenen Verträgen geht die Initiative zu den Vertragsverhandlungen normalerweise vom Unternehmer aus, so dass der Verbraucher darauf nicht vorbereitet ist. Er steht somit möglicherweise psychisch unter Druck oder ist einem Überraschungsmoment ausgesetzt, wobei es keine Rolle spielt, ob der Verbraucher den Besuch des Unternehmers herbeigeführt hat oder nicht. Er hat häufig keine Möglichkeit, Qualität und Preis des Angebots mit anderen Angeboten zu vergleichen. Mit der Richtlinie soll daher dem Verbraucher das Recht eingeräumt werden, den Vertrag widerrufen zu können, um ihm die Möglichkeit zu geben, die Verpflichtungen aus dem Vertrag zu überdenken[68]. Der abgeschlossene Vertrag fällt damit unter Art. 3 I i.V.m. Art. 2 Nr. 8 a) der Richtlinie, da das Überraschungsmoment und der „Überrumpelungseffekt" durch das Ansprechen auf dem Bahnhof außerhalb der Geschäftsräume des Y erfolgt ist und keine der in der Richtlinie vorgesehenen Ausnahmen vorliegt. X und Y sind hier auch als „Verbraucher" bzw. „Unternehmer" i.S.d. Richtlinie anzusehen. Da der Sachverhalt keine näheren bzw. gegenteiligen Angaben enthält, ist somit davon auszugehen, dass Frau X bei ordnungs- und fristgemäßer Umsetzung der Richtlinie zum Widerruf berechtigt gewesen wäre. Nach Art. 12 a) der RL 2011/83/EU hätten damit für Frau X die Verpflichtungen zur Erfüllung des Vertrags geendet, so dass auch der Anspruch der Y auf die Kursgebühr entfallen würde. Das wegen der Nichtumsetzung der Richtlinie fehlendeWiderrufsrecht ist somit auch kausal für den Schaden.

D. Ergebnis

378 Da die Voraussetzungen der Haftung vorliegen und keine Haftungseinschränkungen[69] durchgreifen, ist ein unionsrechtlich modifizierter Amtshaftungsanspruch gem. § 839 BGB/Art. 34 GG vorliegend zu bejahen. Frau X kann daher Schadensersatz von B verlangen.

Teil III

379 Das Olivenöl, das O dem A geliefert hat, entspricht nicht den Etikettierungsvorschriften nach dem OlölAG des Staates I und ist daher unverkäuflich. Es könnte daher einen Sach- bzw. Rechtsmangel aufweisen, der den A berechtigt, die Zahlung des Kaufpreises zu verweigern. Problematisch ist allerdings, dass die Etikettierungsvorschriften der Kommission nicht mitgeteilt wurden, so dass sie gegen die RL (EU) 2015/1535 verstoßen und daher nicht anwendbar sein könnten.

Zu prüfen ist daher, ob A dem Zahlungsanspruch des O entgegenhalten kann, dass O seine Pflichten nach dem OlölAG verletzt hat.

68 Vgl. zur Vorgängerrichtlinie 85/577/EWG: EuGH vom 14.7.1994, Rs. C-91/92, Slg. 1994, I-3325, NJW 1994, S. 2473 f., 2473, Rn. 5, Faccini Dori.
69 Siehe dazu *Frenz/Götzkes*, JA 2009, S. 759 ff., 766 f. m.w.N.

A. Geltung der Richtlinie

Wie in Teil I geht es auch hier um die unmittelbare Anwendung einer Richtlinie. Hinsichtlich der Umsetzungsbedürftigkeit etc. kann daher auf die obigen Ausführungen verwiesen werden. Um unmittelbare Wirkung zu entfalten, muss die jeweilige Richtlinienbestimmung nach st. Rspr. des EuGH inhaltlich unbedingt und hinreichend genau sein, und die Mitgliedstaaten müssen durch die Richtlinie zu einem bestimmten Verhalten verpflichtet werden[70]. **380**

B. Vertragspartner als „Gegner"

Wie in Teil II geht es um einen zivilrechtlichen Vertrag (zwischen A und O), wobei schon ausgeführt wurde, dass Richtlinien grundsätzlich keine „horizontale Drittwirkung" zwischen Privatpersonen zukommt (s.o.). Dort berief sich die X gegenüber der Y unmittelbar auf das in der RL 2011/83/EU normierte Widerrufsrecht, um sich vom Vertrag lösen zu können. Hier stellt sich die Situation dagegen etwas anders dar: O hat objektiv gegen die Anforderungen des OlölAG verstoßen. Dieses Gesetz wiederum könnte gegen die RL (EU) 2015/1535 verstoßen, weil es der Kommission nicht ordnungsgemäß mitgeteilt worden ist. Doch weder A noch O machen unmittelbar Ansprüche aus dem OlölAG geltend, denn Rechtsgrundlage für den Zahlungsanspruch ist allein der Kaufvertrag, während das OlölAG nur bestimmte objektive Pflichten für die Etikettierung des Öls aufstellt. Fraglich ist daher, ob das Verbot der horizontalen Drittwirkung auch in Konstellationen wie dieser gilt. Konkret geht es darum, ob das nationale Gericht bei der Prüfung, ob das Öl wegen eines Verstoßes gegen die Etikettierungsvorschriften mangelhaft ist, das OlölAG anwenden muss bzw. darf. **381**

C. Unmittelbare Wirkung der Richtlinie

Dazu hat der EuGH in seiner Unilever-Entscheidung bekräftigt, dass eine Richtlinie nicht selbst die Verpflichtung Einzelner begründen und daher ihnen gegenüber als solche nicht herangezogen werden kann[71]. Diese Rspr. gelte jedoch nicht für den Fall der Unanwendbarkeit einer technischen Vorschrift, die gegen die (damals maßgebliche) RL 83/189/EWG verstößt[72]. Denn die RL 83/189/EWG bzw. deren Nachfolgerin, die RL (EU) 2015/1535, begründe weder Rechte noch Pflichten für den Einzelnen und lege daher nicht den materiellen Inhalt der Rechtsnorm fest, auf deren Grundlage das nationale Gericht den Rechtstreit zu entscheiden hat. Das nationale Gericht muss daher in einem Zivilrechtstreit zwischen Einzelnen über vertragliche Rechte und Pflichten die **382**

---

70 Vgl. *Ruffert*, in: Calliess/Ruffert, AEUV, Art. 288, Rn. 53, sowie *Streinz*, Europarecht, Rn. 491, 498.

71 EuGH vom 26.9.2000, Rs. C-443/98, Slg. 2000, I-7535, EuZW, 2001, S. 153 ff., 156, Rn. 50, Unilever (Italia).

72 EuGH vom 26.9.2000, Rs. C-443/98, Slg. 2000, I-7535, EuZW 2001, S. 153 ff., 156, Rn. 51, Unilever (Italia). Die RL 83/189/EWG vom 28.3.1983 (ABl. 1983 Nr. L 109/8), war die Vor-Vorgängerbestimmung zur RL (EU) 2015/1535. Siehe allgemein zum Schutz der Warenverkehrsfreiheit durch diese Richtlinien *Streinz*, Europarecht, Rn. 1002.

Anwendung einer nationalen technischen Vorschrift ablehnen, die gegen die RL (EU) 2015/1535, verstößt[73].

I. Verstoß gegen Mitteilungspflicht relevant?

383 Zu prüfen ist somit, ob das OlölAG gegen die RL (EU) 2015/1535 verstößt und daher unbeachtlich ist. Laut Sachverhalt stellt das Gesetz eine „technische Vorschrift" i.S.d. Richtlinie dar. Diese enthält allerdings keine materiellen bzw. inhaltlichen Vorgaben für die technischen Vorschriften, sondern betrifft nur das Erlassverfahren. In Betracht kommt somit allein ein formeller Fehler des Gesetzes. Nach Art. 5 I der Richtlinie müssen die Mitgliedstaaten jeden Entwurf einer technischen Vorschrift unverzüglich der Kommission übermitteln, sofern es sich nicht um eine vollständige Übertragung einer internationalen oder europäischen Norm handelt. Für Letzteres ergeben sich hier keinerlei Anhaltspunkte, so dass das Gesetz der Kommission hätte mitgeteilt werden müssen.

Fraglich ist, welche Rechtsfolgen sich daraus ergeben und ob sich O insofern auf die Richtlinie berufen kann. Für die Unbeachtlichkeit eines solchen Verfahrensfehlers – und damit die Anwendbarkeit des OlölAGs – spricht zumindest, dass die RL (EU) 2015/1535 in Art. 5 keine besonderen Sanktionen für einen Verstoß vorsieht, so dass die Nichtanwendung der entsprechenden technischen Vorschrift eine zu weitgehende Rechtsfolge darstellen würde. Außerdem wird die Kompetenz der Mitgliedstaaten zum Erlass der entsprechenden Vorschriften durch die Verfahrensbestimmungen nicht in Frage gestellt[74].

Vorzugswürdig erscheint allerdings die Auffassung des EuGH, nach der sich der Einzelne auf einen Verstoß gegen die Mitteilungspflichten berufen kann und dieser Verstoß zur Unanwendbarkeit der entsprechenden technischen Vorschrift führt.

384 Zur Begründung führt er sinngemäß aus, dass die RL (EU) 2015/1535 durch eine vorbeugende Kontrolle der technischen Vorschriften den freien Warenverkehr schützen soll, der nach Art. 34 ff. AEUV zu den Grundlagen der Union gehört. Diese Kontrolle sei sinnvoll, weil die technischen Vorschriften möglicherweise den Warenaustausch zwischen Mitgliedstaaten beschränken könnten. Solche Beschränkungen könnten aber nur zugelassen werden, wenn sie notwendig sind, um zwingenden Erfordernissen des allgemeinen Interesses zu genügen. Die durch die Richtlinie geschaffene Kontrolle sei auch wirksam, da alle Entwürfe der von der Richtlinie erfassten technischen Vorschriften mitgeteilt und der Erlass und das Inkraftsetzen dieser Vorschriften (mit Ausnahme besonders dringlicher Maßnahmen) während der in Art. 6 der Richtlinie festgelegten Zeiträume ausgesetzt werden müssen[75]. Die Mitteilung und der Aussetzungszeitraum

73 Vgl. sinngemäß EuGH vom 26.9.2000, Rs. C-443/98, Slg. 2000, I-7535, EuZW 2001, S. 153 ff., 156, Rn. 52, Unilever (Italia), zur damaligen RL 83/189/EWG, mittlerweile st. Rspr., s. EuGH vom 27.10.2016, Rs. C-613/14, ECLI:EU:C:2016:821, NJW 2017, S. 311 ff., 314, R. 64 m.w.N., James Elliott Construction Limited./.Irish Asphalt Limited. Siehe dazu auch *Streinz*, Europarecht, Rn. 496.

74 Siehe dazu EuGH vom 30.4.1996, Rs. C-194/94, Slg. 1996, I-2201, EuZW 1996, S. 379 ff., 382, Rn. 46, CIA Security International SA.

75 Vgl. EuGH vom 30.4.1996, Rs. C-194/94, Slg. 1996, I-2201, EuZW 1996, S. 379 ff., 381/382, Rn. 40, CIA Security International SA, zu Art. 9 der damaligen RL 83/189/EWG.

böten der Kommission und den anderen Mitgliedstaaten somit zum einen Gelegenheit, zu prüfen, ob mit dem fraglichen Entwurf Handels- oder andere Schranken errichtet werden, die gegen den AEUV verstoßen bzw. die durch den Erlass gemeinsamer oder harmonisierter Maßnahmen verhindert werden müssen. Zum anderen bestehe für die Kommission und die übrigen Mitgliedstaaten die Möglichkeit, Änderungen der geplanten nationalen Maßnahmen vorzuschlagen. Dieses Verfahren erlaube es der Kommission zudem, gemeinschaftliche Normen zur Regelung des Bereichs, der Gegenstand der geplanten Maßnahme ist, vorzuschlagen oder zu erlassen[76].

Nach st. Rspr. können in allen Fällen, in denen die Bestimmungen einer Richtlinie **385** inhaltlich als unbedingt und hinreichend genau erscheinen, diese Bestimmungen gegenüber allen nicht richtlinienkonformen nationalen Vorschriften herangezogen werden[77]. Dies sei auch hier der Fall, weil die Art. 5 und 6 der RL (EU) 2015/1535 eine genau umrissene Verpflichtung der Mitgliedstaaten vorsähen, der Kommission die Entwürfe technischer Vorschriften vor ihrem Erlass mitzuteilen. Da diese Artikel somit inhaltlich unbedingt und hinreichend genau sind, können sie von Einzelnen vor den nationalen Gerichten herangezogen werden[78].

Als Zwischenergebnis bleibt daher festzuhalten, dass hier ein relevanter Verstoß gegen die Mitteilungspflichten aus der RL (EU) 2015/1535 vorliegt, auf den O sich berufen kann.

II. Rechtsfolge: Unanwendbarkeit des OlölAG

Nach der Rspr. des EuGH führt ein solcher Verstoß zur Unanwendbarkeit der entspre- **386** chenden Vorschrift. Der EuGH stellt zunächst fest, dass diese Auswirkung des Verstoßes nicht von einer dahingehenden ausdrücklichen Bestimmung abhänge. Wie oben bereits ausgeführt, sei das Ziel der Richtlinie der Schutz des freien Warenverkehrs durch eine vorbeugende Kontrolle und die Mitteilungspflicht ein wichtiges Mittel zur Verwirklichung dieser gemeinschaftlichen Kontrolle. Die Wirksamkeit dieser Kontrolle sei umso größer, wenn die Richtlinie dahin ausgelegt werde, dass der Verstoß gegen die Mitteilungspflicht einen wesentlichen Verfahrensfehler darstelle, der zur Unanwendbarkeit der fraglichen technischen Vorschriften auf Einzelne führen kann[79]. Der Zweck der Richtlinie gehe außerdem über die reine Information der Kommission hinaus. Er diene auch der Beseitigung oder Verringerung von Handelsschranken und der Einbeziehung der übrigen Mitgliedstaaten und der Kommission, wobei letztere insbesondere die

76 Vgl. EuGH vom 30.4.1996, Rs. C-194/94, Slg. 1996, I-2201, EuZW 1996, S. 379 ff., 382, Rn. 41, CIA Security International SA.

77 EuGH vom 30.4.1996, Rs. C-194/94, Slg. 1996, I-2201, EuZW 1996, S. 379 ff., 382, Rn. 42, CIA Security International SA, mit Hinweis auf EuGH vom 19.1.1982 (Rs. 8/81, Slg. 1982, 53, Becker) und EuGH vom 19.11.1991 (verb. Rs. C-6/90 und C-9/90, Slg. 1991, I-5357, Francovich, Bonifaci u.a./.Italienische Republik).

78 Vgl. sinngemäß EuGH vom 30.4.1996, Rs. C-194/94, Slg. 1996, I-2201, EuZW 1996, S. 379 ff., 382, Rn. 44, CIA Security International SA , zu Art. 8 und 9 der damaligen RL 83/189/EWG.

79 Vgl. EuGH vom 30.4.1996, Rs. C-194/94, Slg. 1996, I-2201, EuZW 1996, S. 379 ff., 382, Rn. 48, CIA Security International SA.

nötige Zeit haben müsse, um Harmonisierungsrichtlinien vorzuschlagen. Auch sei der Wortlaut der Art. 5 und 6 der RL (EU) 2015/1535 klar, denn er sehe ein Verfahren für die gemeinschaftliche Kontrolle der Entwürfe nationaler Vorschriften vor und mache den Zeitpunkt ihres Inkrafttretens vom Einverständnis oder vom fehlenden Widerspruch der Kommission abhängig[80]. Mit dem Dringlichkeitsverfahren nach Art. 6 VII der RL (EU) 2015/1535 sei außerdem ein Verfahren geschaffen, um Regelungslücken, insbesondere im Bereich der Sicherheit, zu vermeiden, die sich aus der Unanwendbarkeit der jeweiligen technischen Vorschrift ergeben könnten[81].

Daher sei die RL (EU) 2015/1535 im Ergebnis dahin auszulegen, dass der Verstoß gegen die Mitteilungspflicht zur Unanwendbarkeit der betreffenden technischen Vorschriften führt, so dass sie Einzelnen nicht entgegengehalten werden können[82].

D. Ergebnis

387 Das Gericht darf das OlölAG hier nicht als Maßstab für die Frage, ob ein Mangel vorliegt, heranziehen, weil es wegen eines Verstoßes gegen die Mitteilungspflichten aus der RL (EU) 2015/1535 nicht anwendbar ist. A kann sich dem O gegenüber daher nicht auf dessen Verstoß gegen das OlölAG berufen und muss somit den Kaufpreis bezahlen[83].

Wiederholung und Vertiefung

Weiterführende Hinweise

388 *Streinz, Rudolf:* Europarecht, Rn. 462/463, 477–501, 510–512, 1002.

EuGH vom 6.11.2003, Rs. C-45/01, Slg. 2003, I-12911 ff., DStRE 2004, S. 99 ff., Dornier-Stiftung./.Finanzamt Gießen.

EuGH vom 14.7.1994, Rs. C-91/92, Slg. 1994, I-3325 ff., NJW 1994, S. 2473 ff., Paola Faccini Dori./.Recreb Srl.

EuGH vom 26.9.2000, Rs. C-443/98, Slg. 2000, I-7535 ff., EuZW 2001, S. 153 ff., UnileverItalia SpA./.Central Food SpA.

EuGH vom 30.4.1996, Rs. C-194/94, Slg. 1996, I-2201 ff., EuZW 1996, S. 379 ff., CIA Security International SA./.Signalson SA u. Securitel SPRL.

---

80 Vgl. sinngemäß EuGH vom 30.4.1996, Rs. C-194/94, Slg. 1996, I-2201, EuZW 1996, S. 379 ff., 382, Rn. 50, CIA Security International SA zu Art. 8 und 9 der damaligen RL 83/189/EWG.

81 Vgl. sinngemäß EuGH vom 30.4.1996, Rs. C-194/94, Slg. 1996, I-2201, EuZW 1996, S. 379 ff., 382, Rn. 53, CIA Security International SA zu Art. 9 der damaligen RL 83/189/EWG.

82 Vgl. sinngemäß EuGH vom 30.4.1996, Rs. C-194/94, Slg. 1996, I-2201, EuZW 1996, S. 379 ff., 383, Rn. 58, CIA Security International SA zur damaligen RL 83/189/EWG.

83 Siehe dazu auch *Herrmann/Michl*, JuS 2009, S. 1065 ff., 1068.

EuGH vom 19.11.1991, verb. Rs. C-6/90 und C-9/90, Slg. 1991, I-5357 ff., NJW 1992, S. 165 ff., Francovich u.a./.Italienische Republik.

EuGH vom 19.1.1982, Rs. 8/81, Slg. 1982, 53 ff., NJW 1982, S. 499 ff., Becker./.Finanzamt Münster.

Dörr, Claus: Der gemeinschaftsrechtliche Staatshaftungsanspruch in der Rechtsprechung des Bundesgerichtshofs, DVBl. 2006, S. 598 ff.

Dörr, Claus: Neues zum unionsrechtlichen Staatshaftungsanspruch, WM 2010, S. 961 ff.

Dörr, Claus: Der unionsrechtliche Staatshaftungsanspruch in Deutschland zwanzig Jahre nach Francovich, EuZW. 2012, S. 86 ff.

Frenz, Walter/Götzkes, Vera: Die gemeinschaftsrechtliche Staatshaftung, JA 2009, S. 759 ff.

Fronia, Joachim: Anmerkung zu EuGH vom 30.4.1996, Rs. C-194/94 (CIA Security International SA), EuZW 1996, S. 383 ff.

Giesberts, Ludger/Eickelberg, Jan: Rechtliche Grundlagen einer Verletzung subjektiv-öffentlicher Rechte beim EU-Staatshaftungsanspruch im Bereich des harmonisierten Sekundärrechts, EuZW 2005, S. 231.

Gundel, Jörg: Neue Grenzlinien für die Direktwirkung nicht umgesetzter EG-Richtlinien unter Privaten – Zur Unanwendbarkeit richtlinienwidriger nationaler Verbotsgesetze im Konflikt unter Privaten, EuZW 2001, S. 143 ff.

Hecker, Bernd: Die richtlinienkonforme und die verfassungskonforme Auslegung im Strafrecht, JuS 2014, S. 385 ff.

Herresthal, Carsten: Die richtlinienkonforme und die verfassungskonforme Auslegung im Privatrecht, JuS 2014, S. 289 ff.

Hesselhaus, Sebastian: Unmittelbare Wirkung von Richtlinien zwischen Privaten, JA 2001, S. 647 ff.

Hummel, David: Zum Anwendungsvorrang von EG-Richtlinien im Zivilrecht – Sinn und Zweck der EuGH-Vorlage des BGH zur Frage der Nutzungsentschädigung im Fall einer Ersatzlieferung an einen Verbraucher, EuZW 2007, S. 268 ff.

Kühling, Jürgen: Die richtlinienkonforme und die verfassungskonforme Auslegung im Öffentlichen Recht, JuS 2014, S. 481 ff.

Leenen, Detlef: Die Auslegung von Richtlinien und die richtlinienkonforme Auslegung und Fortbildung des nationalen Rechts, JURA 2012, S. 753 ff.

Micklitz, Hans-Wolfgang: Kurzkommentar zu EuGH vom 26.9.2000, Rs. C-443/98, Unilever Italia SpA, EWiR 2001, S. 497 f.

Pichler, Stefan: Einführung in das Europäische Steuerrecht, JURA 2013, S. 30 ff.

Streinz, Rudolf: Notifizierungspflicht gem. EG-Informationsrichtlinie – Auswirkung nicht umgesetzter Richtlinien auf Privatrechtsverhältnisse, JuS 2001, S. 809 ff. (EuGH, Urteil vom 26.9.2000, Rs. C-443/98, Unilever Italia SpA).

Stürner, Michael: Privatrechtsangleichung durch EU-Richtlinien, JURA 2017, S. 394 ff.

Tonikidis, Stelios: Grundzüge der richtlinienkonformen Auslegung und Rechtsfortbildung, JA 2013, S. 598 ff.

Walzel, Daisy/Becker, Thomas: Grundzüge der Richtlinienrechtsprechung der EuGH, JURA 2007, S. 653 ff.

Fall 12

Arbeite und bete!

Pflichtfach/Schwerpunktbereich, Schwierigkeitsgrad: hoch

389 Der Arzt A ist Katholik und arbeitet schon lange in einem Krankenhaus in Deutschland, das von der K-GmbH betrieben wird. Die K-GmbH gehört zur Caritas, dem Wohlfahrtsverband der katholischen Kirche, und hat sich zur Aufgabe gemacht, ihren Betrieb an den Lebens- und Glaubensbekenntnissen der katholischen Kirche auszurichten. Der gesamte Krankenhausbetrieb unterliegt daher erzbischöflicher Aufsicht. Dennoch gibt es neben katholischen Mitarbeiterinnen und Mitarbeitern auch solche, die anderen christlichen Konfessionen angehören oder konfessionslos sind. Nach dem Arbeitsvertrag des A mit der K-GmbH liegen seinem Arbeitsverhältnis die Bestimmungen der katholischen Grundordnung (GrO 1993) zugrunde.

Fachlich wie ethisch beanstandungsfrei arbeitete Herr A fünfzehn Jahre für die K-GmbH. Zuletzt leitete er als Chefarzt den Bereich Innere Medizin. Zwischenzeitlich veränderte sich sein Privatleben. Er hatte sich von seiner ersten Frau, mit der er sowohl standesamtlich als auch nach katholischem Ritus verheiratet war, getrennt, und ist eine neue Beziehung eingegangen. Nach der Scheidung von seiner ersten Frau heiratete er seine neue Lebensgefährtin. Eine kirchliche Annullierung der ersten Ehe fand jedoch nicht statt, so dass sie nach katholischem Glaubensverständnis weiterbesteht und die neue Ehe daher ungültig ist. Diesen Umstand nahm die K-GmbH zum Anlass, sein Arbeitsverhältnis fristgemäß zu kündigen. Zur Begründung verwies sie auf Art. 5 II GrO 1993, nach dem das Eingehen einer nach dem Glaubensverständnis und der Grundordnung ungültigen Ehe einen gewichtigen Loyalitätspflichtverstoß darstellt. Das Verhalten des A sei daher mit ihrem Ethos unvereinbar und eine Weiterbeschäftigung nicht zumutbar.

A erhob beim zuständigen Arbeitsgericht Kündigungsschutzklage gem. § 4 KSchG. Die Kündigung sei unwirksam. Sein Privatleben tangiere insofern seine berufliche Eignung nicht. Im Übrigen habe die K-GmbH Mitarbeiter anderer Konfession, aber in vergleichbarer Stellung, nicht wegen Wiederheirat gekündigt. Die K-GmbH habe sogar die Wiederheirat eines anderen katholischen Chefarztes geduldet, der unmittelbar vor seiner Pensionierung stand.

Das ArbG gab der Klage statt, Berufung und Revision der K-GmbH wurden zurückgewiesen. Daraufhin erhob sie Verfassungsbeschwerde gegen das Urteil des BAG. Das BVerfG verwies den Rechtsstreit unter Aufhebung des Urteils zurück an das BAG. Das Urteil verletze die K-GmbH in ihrem Selbstbestimmungsrecht aus Art. 4 I, II GG i.V.m. Art. 140 GG, Art. 137 III WRV. Dieses garantiere das Recht kirchlicher Einrichtungen, selbst festzulegen, ob und wann im konkreten Fall eine Loyalitätspflicht erheblich verletzt ist. Insofern beschränke sich die Überprüfung durch staatliche Gerichte auf eine Plausibilitätskontrolle.

Nunmehr ist das BAG der Auffassung, die Frage der Wirksamkeit der Kündigung hänge von der Auslegung des Art. 4 II UAbs. 2 der RL 2000/78/EG ab. Denn die dem Rechtsstreit zugrundliegende nationale Regelung (§ 9 II AGG) sei Umsetzungsakt dieser Richtlinie und dürfe nicht zur ihr im Widerspruch stehen. Daher legt es dem EuGH folgende Frage zur Entscheidung vor: „Ist Art. 4 II UAbs. 2 der RL 2000/78/EG dahin auszulegen, dass eine Kirche oder eine andere Organisation, deren Ethos auf religiösen Grundsätzen oder Weltanschauungen beruht und die ein Krankenhaus in Form einer privatrechtlichen Kapitalgesellschaft betreibt, verbindlich bestimmen kann, an ihre leitend tätigen Beschäftigten je nach deren Konfession oder Konfessionslosigkeit unterschiedliche Anforderungen hinsichtlich der Loyalität und Aufrichtigkeit zu stellen, und, falls nicht, anhand welcher Kriterien im Einzelfall zu prüfen ist, ob solche Anforderungen mit dieser Vorschrift vereinbar sind?“

Frage: Wie wird der EuGH im Rahmen eines zulässigen Vorlageverfahrens entscheiden?

Zusatzfrage:

Nach Abschluss des Vorabentscheidungsverfahrens kommt das BAG zu dem Urteil, die Kündigung sei unwirksam, weil der § 9 II AGG unionsrechtkonform dahin auszulegen ist, dass die Kündigung wegen einer Wiederheirat eine nach Art. 4 II UAbs. 2 der RL 2000/78/EG nicht gerechtfertigte Ungleichbehandlung darstellt. K, die nach dem Ergebnis ihrer Verfassungsbeschwerde eine andere Entscheidung erwartet hatte, ist entsetzt und sieht sich nicht nur in ihrer Glaubensfreiheit verletzt. Wenn die Richtlinie tatsächlich so zu verstehen sei, habe die Union ihre Zuständigkeit ganz gewaltig überschritten. Ein solche Auslegung sei mit den grundlegenden deutschen Verfassungsbestimmungen zur Glaubensfreiheit und zur Stellung der Religionsgemeinschaften nicht zu vereinbaren und stelle damit die verfassungsmäßige Ordnung der Bundesrepublik grundsätzlich in Frage.

Skizzieren Sie die angesprochenen Kontrollmöglichkeiten des BVerfG.

GrO 1993 – Auszug

Art. 4 Loyalitätsobliegenheiten

(1) Von allen katholischen Mitarbeiterinnen und Mitarbeitern wird erwartet, dass sie Grundsätze der katholischen Glaubens- und Sittenlehre anerkennen und beachten. Das erfordert ein persönliches Lebenszeugnis im Sinne des kirchlichen Ethos. [...]

Art. 5 Verstöße gegen die Loyalitätsobliegenheiten

(2) Für eine Kündigung aus kirchenspezifischen Gründen sieht die Kirche insbesondere folgende Loyalitätsverstöße als schwerwiegend an.

- Verletzungen der von einer leitenden Mitarbeiterin oder einem leitenden Mitarbeiter zu erfüllenden Obliegenheiten, insbesondere Kirchenaustritt, öffentliches Eintreten tragende Grundsätze der katholischen Kirche (z.B. hinsichtlich der Abtreibung) und schwerwiegende persönliche und sittliche Verfehlungen,
- Abschluss einer nach dem Glaubensverständnis und der Grundordnung ungültigen Ehe, [...]

Allgemeines Gleichbehandlungsgesetz (AGG)[1] – Auszug

§ 1 Ziel des Gesetzes

Ziel des Gesetzes ist, Benachteiligungen aus Gründen der Rasse oder wegen der ethnischen Herkunft, des Geschlechts, der Religion oder Weltanschauung, einer Behinderung, des Alters oder der sexuellen Identität zu verhindern oder zu beseitigen.

§ 9 Zulässige unterschiedliche Behandlung wegen der Religion oder Weltanschauung

(1) Ungeachtet des § 8 ist eine unterschiedliche Behandlung wegen der Religion oder der Weltanschauung bei der Beschäftigung durch Religionsgemeinschaften, die ihnen zugeordneten Einrichtungen ohne Rücksicht auf ihre Rechtsform oder durch Vereinigungen, die sich die gemeinschaftliche Pflege einer Religion oder Weltanschauung zur Aufgabe machen, auch zulässig, wenn eine bestimmte Religion oder Weltanschauung unter Beachtung des Selbstverständnisses der jeweiligen Religionsgemeinschaft oder Vereinigung im Hinblick auf ihr Selbstbestimmungsrecht oder nach der Art der Tätigkeit eine gerechtfertigte berufliche Anforderung darstellt.

(2) Das Verbot unterschiedlicher Behandlung wegen der Religion oder der Weltanschauung berührt nicht das Recht der in Absatz 1 genannten Religionsgemeinschaften, der ihnen zugeordneten Einrichtungen ohne Rücksicht auf ihre Rechtsform oder der Vereinigungen, die sich die gemeinschaftliche Pflege einer Religion oder Weltanschauung zur Aufgabe machen, von ihren Beschäftigten ein loyales und aufrichtiges Verhalten im Sinne ihres jeweiligen Selbstverständnisses verlangen zu können.

Gleichbehandlungs-Rahmen-Richtlinie 2000/78/EG[2] – Auszug:

DER RAT DER EUROPÄISCHEN UNION -

gestützt auf den Vertrag zur Gründung der Europäischen Gemeinschaft, insbesondere auf Artikel 13, [...]

Art. 1 Zweck

Zweck dieser Richtlinie ist die Schaffung eines allgemeinen Rahmens zur Bekämpfung der Diskriminierung wegen der Religion oder der Weltanschauung, einer Behinderung, des Alters oder der sexuellen Ausrichtung in Beschäftigung und Beruf im Hinblick auf die Verwirklichung des Grundsatzes der Gleichbehandlung in den Mitgliedstaaten.

Artikel 2 Der Begriff „Diskriminierung"

(1) Im Sinne dieser Richtlinie bedeutet „Gleichbehandlungsgrundsatz", dass es keine unmittelbare oder mittelbare Diskriminierung wegen eines der in Artikel 1 genannten Gründe geben darf.

(2) Im Sinne des Absatzes 1

a) liegt eine unmittelbare Diskriminierung vor, wenn eine Person wegen eines der in Artikel 1 genannten Gründe in einer vergleichbaren Situation eine weniger günstige Behandlung erfährt, als eine andere Person erfährt, erfahren hat oder erfahren würde; [...]

---

1 Allgemeines Gleichbehandlungsgesetz vom 14.8.2006 (BGBl. I S. 1897), zuletzt geändert durch Art. 8 des Gesetzes vom 3.4.2013 (BGBl. I S. 610).

2 RL 2000/78/EG des Rates vom 27.11.2000 zur Festlegung eines allgemeinen Rahmens für die Verwirklichung der Gleichbehandlung in Beschäftigung und Beruf (ABl. 2000 Nr. L 303/16).

Art. 4 Berufliche Anforderungen

(1) Ungeachtet des Artikels 2 Absätze 1 und 2 können die Mitgliedstaaten vorsehen, dass eine Ungleichbehandlung wegen eines Merkmals, das im Zusammenhang mit einem der in Artikel 1 genannten Diskriminierungsgründe steht, keine Diskriminierung darstellt, wenn das betreffende Merkmal aufgrund der Art einer bestimmten beruflichen Tätigkeit oder der Bedingungen ihrer Ausübung eine wesentliche und entscheidende berufliche Anforderung darstellt, sofern es sich um einen rechtmäßigen Zweck und eine angemessene Anforderung handelt.

(2) Die Mitgliedstaaten können in Bezug auf berufliche Tätigkeiten innerhalb von Kirchen und anderen öffentlichen oder privaten Organisationen, deren Ethos auf religiösen Grundsätzen oder Weltanschauungen beruht, Bestimmungen in ihren zum Zeitpunkt der Annahme dieser Richtlinie geltenden Rechtsvorschriften beibehalten oder in künftigen Rechtsvorschriften Bestimmungen vorsehen, die zum Zeitpunkt der Annahme dieser Richtlinie bestehende einzelstaatliche Gepflogenheiten widerspiegeln und wonach eine Ungleichbehandlung wegen der Religion oder Weltanschauung einer Person keine Diskriminierung darstellt, wenn die Religion oder die Weltanschauung dieser Person nach der Art dieser Tätigkeiten oder der Umstände ihrer Ausübung eine wesentliche, rechtmäßige und gerechtfertigte berufliche Anforderung angesichts des Ethos der Organisation darstellt. Eine solche Ungleichbehandlung muss die verfassungsrechtlichen Bestimmungen und Grundsätze der Mitgliedstaaten sowie die allgemeinen Grundsätze des Gemeinschaftsrechts beachten und rechtfertigt keine Diskriminierung aus einem anderen Grund.

Sofern die Bestimmungen dieser Richtlinie im Übrigen eingehalten werden, können die Kirchen und andere öffentliche oder private Organisationen, deren Ethos auf religiösen Grundsätzen oder Weltanschauungen beruht, im Einklang mit den einzelstaatlichen verfassungsrechtlichen Bestimmungen und Rechtsvorschriften von den für sie arbeitenden Personen verlangen, dass sie sich loyal und aufrichtig im Sinne des Ethos der Organisation verhalten.

Art. 9 Rechtsschutz

(1) Die Mitgliedstaaten stellen sicher, dass alle Personen, die sich durch die Nichtanwendung des Gleichbehandlungsgrundsatzes in ihren Rechten für verletzt halten, ihre Ansprüche aus dieser Richtlinie auf dem Gerichts- und/oder Verwaltungsweg sowie, wenn die Mitgliedstaaten es für angezeigt halten, in Schlichtungsverfahren geltend machen können, selbst wenn das Verhältnis, während dessen die Diskriminierung vorgekommen sein soll, bereits beendet ist.

Vorüberlegungen

390 Fragen mit religiösem Hintergrund haben den EuGH in der jüngeren Vergangenheit mehrfach beschäftigt. So entschied er die ersten sog. „Kopftuchfälle“[3], über das rituelle Schlachten von Tieren ohne Betäubung (Schächten)[4] und über Feiertagsregelungen[5]. Meist ging es um Einzelne, die ihre Religion ausüben möchten und dabei mit widerstreitenden Interessen wie den Vorstellungen des Arbeitgebers oder dem Tierschutz in Konflikt gerieten.

Auch der Klausurfall entstammt dem (kirchlichen) Arbeitsrecht. Er ist allerdings etwas anders gelagert, geht es doch um einen Arzt, der seinem Arbeitgeber gewissermaßen nicht religiös genug war. Er beruht auf Entscheidungen des BAG[6], des BVerfG[7] und des EuGH[8], denen ein Fall zugrunde liegt, in dem ein katholischer Chefarzt wegen Eingehung einer aus Sicht der Kirche ungültigen Ehe aus seinem kirchlichen Arbeitsverhältnis entlassen wurde. Die Besonderheit liegt darin, dass der Kirche und ihren Einrichtungen nach dem GG besondere Rechte zur Wahrung ihrer Glaubensbekenntnisse eingeräumt werden. Dies steht im Spannungsfeld zur Gleichstellung von Arbeitnehmern durch das Verbot von Diskriminierungen wegen des Glaubens in Beschäftigung und Beruf, die ein besonderes Anliegen der EU ist. Im Kern geht es daher um den Konflikt zwischen verfassungsrechtlich verbürgter Selbstverwaltung der Kirchen und ihrer Einrichtungen einerseits (Art. 140 GG, Art. 136 ff. WRV) und dem Diskriminierungsschutz andererseits: Wo verläuft die Grenze zwischen erforderlicher Selbstverwaltung und -ordnung der Kirchen, die auch eine unmittelbare Benachteiligung wegen der Religion rechtfertigt, und einer willkürlichen Ungleichbehandlung zwischen Mitarbeitern in gleicher leitender Position, die nicht mehr konfessionell zu begründen ist?[9]

---

3 EuGH vom 14.3.2017, Rs. C-157/15, ECLI:EU:C:2018:203, NJW 2017, 1087 f., Samira Achbita u. Centrum voor gelijkheid van kansen en voor racismebestrijding./.G4S Secure Solutions NV, und vom 14.3.2017, Rs. C-188/15, ECLI:EU:C:2018:204, NJW 2017, 1089 ff., Asma Bougnaoui, Association de défense des droits de l'homme [ADDH]./.Micropole SA, vormals Micropole Univers SA, dazu *Kingreen* JURA 2017, 873, *Schwarze* JA 2017, S. 943 ff., *Schubert* NJW 2017, S. 2582 ff., *Sagan* EuZW 2017, S. 457 ff., *Klein*, NVwZ 2017, S. 920 ff., kritisch *Mangold/Payandeh*, EuR 2017, S. 700 ff., sowie *Germann*, EuR 2018, S. 235 ff.; insbes. zum Verhältnis zum nationalen Grundrechtsschutz *Wagner*, EuR 2018, S. 724 ff.

4 EuGH vom 29.5.2018, Rs. C-426/16, ECLI:EU:C:2018:335, NVwZ 2018, S. 1283 ff., Liga van Moskeeën en Islamitische Organisatie Provincie Antwerpen VZW u.a./.Vlaams Gewest, dazu *Ogorek*, JA 2019, S. 396 f.

5 EuGH vom 22.1.2019, Rs. C-193/17, ECLI:EU:C:2019:43 (JURIS), Cresco Investigation GmbH./.Markus Achatzi, dazu *Kingreen*, JURA 2019, S. 684.

6 BAG vom 8.9.2011, 2 AZR 543/10, BAGE 139, 144, NJW 2012, S. 1099 ff., BAG (EuGH-Vorlage) vom 28.07.2016, 2 AZR 746/14 (A), BAGE 156, 23, NZA 2017, S. 388 ff., BAG vom 20.2.2019, 2 AZR 746/14 (bei Abschluss des Manuskripts im Juni 2019 war die Fundstelle in der Amtlichen Sammlung noch nicht bekannt), JURIS.

7 BVerfG vom 22.10.2014, 2 BvR 661/12, BVerfGE 137, 273, NZA 2014, S. 1387 ff., dazu *Sachs*, JuS 2015, S. 665 ff.

8 EuGH vom 11.9.2018, Rs. C-68/17, ECLI:EU:C:2018:696, EuZW 2018, S. 853 ff., IR./.JQ, dazu *Kingreen*, JURA 2019, S. 228.

9 *Bauer/Hofer*, NJW 2018, S. 3090.

Zunächst geht es um die Frage der Anwendbarkeit von Unionsrecht und die Auslegung des Art. 4 II UAbs. 2 der RL 2000/78/EG. Hier konnte der EuGH weitgehend auf die Kriterien zurückgreifen, die er kurz zuvor in der ebenfalls vom BAG vorgelegten Rechtssache Egenberger[10] entwickelt hatte. Diese betraf die Bewerberauswahl bei einer Einstellung durch das Evangelischen Werk für Diakonie und Entwicklung e.V. Fraglich war insbes., wie weit die Einhaltung der kirchlichen Loyalitätsobliegenheiten durch die staatlichen Gerichte überprüft werden kann.

Die Zusatzfrage greift das Verhältnis zwischen Unionsrecht und nationalem (Verfassungs)Recht auf, konkret nach den Prüfmöglichkeiten des BVerfG im Rahmen der Ultra-vires- und der Identitätskontrolle. Der Charakter als Zusatzfrage erfordert allerdings nur eine knappe Darstellung der Eckpunkte.

Obwohl es „nur" um die Auslegung einer konkret genannten Richtlinienbestimmung geht, ist die Klausur insbes. wegen des Zusammenspiels mit der Rspr. des BVerfG anspruchsvoll und eher für den Schwerpunktbereich geeignet.

Gliederung

A. Anwendbarkeit des Art. 4 II der RL 2000/78/EG **391**

B. Voraussetzungen

I. Gerichtlicher Kontrollmaßstab

II. Verhaltensanforderungen im Sinne des Ethos

1. Direkter Zusammenhang mit der Art und den Umständen der Ausübung der Tätigkeit
2. Wesentliche berufliche Anforderung
3. Rechtmäßige berufliche Anforderung
4. Gerechtfertigte berufliche Anforderung

III. Weitere Auslegungshinweise

C. Ergebnis

Zusatzfrage

10 EuGH vom 17.4.2018; Rs. C-414/16, ECLI:EU:C:2018:257, EuZW 2018, S. 381 ff., Vera Egenberger./.Evangelisches Werk für Diakonie und Entwicklung e.V., dazu *Kingreen*, JURA 2018, S. 1064, *Ogorek*, JA 2018, S. 958 ff., und *Payandeh*, JuS 2018, S. 593 ff.

Musterlösung

392 Da das Vorlageersuchen nach den Angaben im Sachverhalt zulässig ist, wird der EuGH die Vorlagefragen inhaltlich beantworten. Der EuGH wird im Rahmen des Vorabentscheidungsverfahrens sinngemäß prüfen, ob Art. 4 II UAbs. 2 der RL 2000/78/EG einen Fall wie den vorliegenden erfasst und im Ergebnis dahin auszulegen ist, dass eine Kündigung wie die des A eine i.S.d. Richtlinie nicht gerechtfertigte Ungleichbehandlung darstellt.

A. Anwendbarkeit des Art. 4 II der RL 2000/78/EG

393 Fraglich ist zunächst, ob der persönliche Anwendungsbereich des Art. 4 II UAbs. 2 der RL 2000/78 eröffnet ist, d.h. es sich bei der K um eine der dort genannten Organisationen handelt, obwohl sie als GmbH eine Kapitalgesellschaft ist. Als jur. Person des Privatrechts (vgl. § 13 GmbHG), die ein Krankenhaus betreibt, wird K auch nicht deshalb zur Kirche, weil sie ihren Betrieb an den Lebens- und Glaubensbekenntnissen der katholischen Kirche ausrichtet. Die Richtlinie ist anwendbar, wenn eine Kirche oder andere öffentliche oder private Organisationen, deren Ethos u.a. auf religiösen Grundsätzen beruht, im Rechtsverkehr als Arbeitgeber auftritt. Angesichts des allgemeinen Charakters der verwendeten Begriffe, nämlich „Kirchen und andere öffentliche oder private Organisationen“, kommt es auf die konkrete Rechtsnatur und Rechtsform der betreffenden Körperschaft allerdings nicht an. Insbes. erfasst die Bezugnahme auf private Organisationen auch Einrichtungen, die wie K nach dem Privatrecht gegründet sind[11].

394 In sachlicher Hinsicht sind die Art. 4 II UAbs. 1 S. 1, UAbs. 2 der RL 2000/78/EG anwendbar, wenn es um die „berufliche Tätigkeiten innerhalb der Organisation“ der für „sie arbeitenden Personen“, d.h. um die auf dem Ethos beruhenden Loyalitätspflichten im Rahmen eines Arbeitsverhältnisses geht. Fraglich ist, ob dies auch Fragen der Kündigung umfasst. Der Wortlaut „arbeitende Personen“ könnte dafür sprechen, dass nur die Inhalte des Arbeitsverhältnis selbst gemeint sind. Andererseits gehört zu einer beruflichen Tätigkeit auch deren ordnungsgemäße Beendigung, zumal die Kündigung durch ein Verhalten während der Anstellung veranlasst worden ist. Auch der in Art. 1 genannte Zweck der Richtlinie, Arbeitnehmer vor Diskriminierung aus religiösen Gründen zu schützen, spricht für eine weite Auslegung.

B. Voraussetzungen

395 Nach Art. 4 II UAbs. 2 der RL 2000/78/EG können Kirchen und andere öffentliche oder private Organisationen, deren Ethos u.a. auf religiösen Grundsätzen beruht, im Einklang mit den einzelstaatlichen verfassungsrechtlichen Bestimmungen und Rechtsvorschriften von den für sie arbeitenden Personen verlangen, dass sie sich loyal und auf-

11 Vgl. EuGH vom 11.9.2018, Rs. C-68/17, ECLI:EU:C:2018:696, EuZW 2018, S. 853 ff., Rn. 40, IR./JQ.

richtig im Sinne des Ethos der Organisation verhalten. Dies ergänzt Art. 4 II UAbs. 1 der RL 2000/78/EG[12] und führt im Ergebnis zu einer Ausnahme vom generellen Diskriminierungsverbot aus Art. 1 und 2 I der RL 2000/78/EG.

I. Gerichtlicher Kontrollmaßstab

Die Frage des BAG, ob die Kirche die Loyalitätsanforderungen „verbindlich" festlegen kann, zielt auf die Kontrollmöglichkeiten dieser Festlegungen durch die staatlichen (Arbeits)Gerichte ab. Das BVerfG hält Umfang und Grenzen der Auferlegung von Loyalitätsobliegenheiten kirchlicher Arbeitnehmer vor dem Hintergrund der Art. 140 GG i.V.m. Art. 137 III WRV, Art. 4 I, II GG insofern für nur eingeschränkt überprüfbar. Danach müssen die staatlichen Gerichte auf einer ersten Prüfungsstufe zunächst im Rahmen einer Plausibilitätskontrolle auf der Grundlage des glaubensdefinierten Selbstverständnisses der verfassten Kirche überprüfen, ob eine Organisation oder Einrichtung an der Verwirklichung des kirchlichen Grundauftrags teilhat, ob eine bestimmte Loyalitätsobliegenheit Ausdruck eines kirchlichen Glaubenssatzes ist und welches Gewicht dieser Loyalitätsobliegenheit und einem Verstoß hiergegen nach dem kirchlichen Selbstverständnis zukommt. Auf einer zweiten Prüfungsstufe ist sodann unter dem Gesichtspunkt der Schranken des „für alle geltenden Gesetzes" eine Gesamtabwägung vorzunehmen, in der die – im Lichte des Selbstbestimmungsrechts der Kirchen verstandenen – kirchlichen Belange und die korporative Religionsfreiheit mit den Grundrechten der betroffenen Arbeitnehmer und deren in den allgemeinen arbeitsrechtlichen Schutzbestimmungen enthaltenen Interessen auszugleichen sind. Die widerstreitenden Rechtspositionen sind dabei jeweils in möglichst hohem Maße zu verwirklichen[13]. **396**

Demgegenüber sieht der EuGH auf der Grundlage der RL 2000/78/EG weitergehende Kontrollbefugnisse. **397**

So hat er zu bereits im Fall Egenberger zu Art. 4 II UAbs. 1 der Richtlinie festgestellt, dass die Behauptung einer entsprechenden religiösen Anforderung gegebenenfalls Gegenstand einer wirksamen gerichtlichen Kontrolle sein können muss, damit sichergestellt wird, dass die in der Vorschrift genannten Kriterien im konkreten Fall erfüllt sind[14]. Denn die Kontrolle der Einhaltung dieser Kriterien ginge völlig ins Leere, wenn sie in Zweifelsfällen keiner unabhängigen Stelle wie einem staatlichen Gericht obläge, sondern der Kirche oder der Organisation, die eine Ungleichbehandlung wegen der Religion vorzunehmen beabsichtigt[15]. Zudem dürfe die Bezugnahme des Art. 4 II UAbs. 1 der RL 2000/78/EG auf die zum Zeitpunkt von deren Annahme geltenden nationalen Rechtsvorschriften sowie auf die zu diesem Zeitpunkt bestehenden einzelstaatlichen Gepflogenheiten nicht so verstanden werden, dass er den Mitgliedstaaten gestattet, die

12 EuGH vom 11.9.2018, Rs. C-68/17, ECLI:EU:C:2018:696, EuZW 2018, S. 853 ff., Rn. 46, IR./.JQ.

13 BVerfG vom 22.10.2014, 2 BvR 661/12, BVerfGE 137, 273, NZA 2014, S. 1387 ff., Rn. 81, dazu *Junker*, NJW 2018, S. 1850 ff., und *Sachs*, JuS 2015, S. 665 ff., 666 f.

14 EuGH vom 17.4.2018, Rs. C-414/16, ECLI:EU:C:2018:257, EuZW 2018, S. 381 ff., Rn. 59, Egenberger, EuGH vom 11.9.2018, Rs. C-68/17, ECLI:EU:C:2018:696, EuZW 2018, S. 853 ff., Rn. 43, IR./.JQ.

15 EuGH vom 17.4.2018, Rs. C-414/16, ECLI:EU:C:2018:257, EuZW 2018, S. 381 ff., Rn. 46, Egenberger.

Einhaltung der in dieser Bestimmung genannten Kriterien einer wirksamen gerichtlichen Kontrolle zu entziehen.[16]

Bestärkt werden diese Überlegungen durch den Zweck der Richtlinie, gem. Art. 1 im Hinblick auf die Verwirklichung des Grundsatzes der Gleichbehandlung in den Mitgliedstaaten einen allgemeinen Rahmen zur Bekämpfung der Diskriminierung u.a. wegen der Religion oder Weltanschauung in Beschäftigung und Beruf zu schaffen. Damit konkretisiert sie in dem von ihr erfassten Bereich das nunmehr in Art. 21 GRC niedergelegte allgemeine Diskriminierungsverbot. Um die Beachtung dieses allgemeinen Verbots zu gewährleisten, verpflichtet ihr Art. 9 I u.a. dazu, Verfahren vorzusehen, mit denen Ansprüche aus der Richtlinie insbes. gerichtlich geltend gemacht werden können.[17]

398 Dies Erfordernis einer wirksamen gerichtlichen Kontrolle, das auf das Ziel der RL 2000/78/EG, auf den Kontext ihres Art. 4 II, auf die nach ihrem Art. 9 I von den Mitgliedstaaten geforderten Verfahrensgarantien sowie auf das in Art. 47 GRC verbürgte Recht auf wirksamen gerichtlichen Rechtsschutz gestützt ist, gilt auch für den Fall, dass eine private Organisation einem ihrer Beschäftigten mit der Begründung kündigt, er habe sich nicht loyal und aufrichtig im Sinne des Ethos der Organisation verhalten. Art. 4 II UAbs. 2 der RL 2000/78/EG ergänzt nämlich UAbs. 1 dahingehend, dass zu den beruflichen Anforderungen, die eine Kirche oder eine andere öffentliche oder private Organisation, deren Ethos u.a. auf religiösen Grundsätzen beruht, von den für sie arbeitenden Personen verlangen kann, auch die Anforderung gehört, sich loyal und aufrichtig im Sinne des Ethos der Kirche oder Organisation zu verhalten. Wie sich insbesondere aus dem Satzteil „[s]ofern die Bestimmungen dieser Richtlinie im Übrigen eingehalten werden" ergibt, muss diese Befugnis unter Beachtung der übrigen Bestimmungen der RL 2000/78/EG und insbesondere der in ihrem Art. 4 II UAbs. 1 genannten Kriterien ausgeübt werden, die gegebenenfalls einer wirksamen gerichtlichen Kontrolle unterliegen können müssen.

Die Prüfung der Rechtmäßigkeit einer von einer Kirche oder einer anderen Organisation, deren Ethos auf religiösen Grundsätzen beruht, gestellten Anforderung, sich loyal und aufrichtig zu verhalten, kann somit nicht ausschließlich anhand des nationalen Rechts vorgenommen werden, sondern muss auch die Bestimmungen von Art. 4 II der RL 2000/78/EG und die dort genannten Kriterien berücksichtigen, deren Einhaltung einer wirksamen gerichtlichen Kontrolle nicht entzogen sein darf.

Art. 17 AEUV vermag diese Schlussfolgerung nicht in Frage zu stellen. Er bringt zwar die Neutralität der Union demgegenüber, wie die Mitgliedstaaten ihre Beziehungen zu den Kirchen und religiösen Vereinigungen oder Gemeinschaften gestalten, zum Ausdruck, kann aber nicht bewirken, dass die Einhaltung der in Art. 4 II der RL 2000/78/EG genannten Kriterien einer wirksamen gerichtlichen Kontrolle entzogen wird[18].

16 EuGH vom 11.9.2018, Rs. C-68/17, ECLI:EU:C:2018:696, EuZW 2018, S. 853 ff., Rn. 44, IR./JQ.
17 EuGH vom 17.4.2018, Rs. C-414/16, ECLI:EU:C:2018:257, EuZW 2018, S. 381 ff., Rn. 47 f., Egenberger.
18 Vgl. EuGH vom 11.9.2018, Rs. C-68/17, ECLI:EU:C:2018:696, EuZW 2018, S. 853 ff., Rn. 44 ff., IR./JQ.

399 Die Rspr. des EuGH ist insbes. wegen der (zu) knappen Auseinandersetzung mit Art. 17 AEUV in der deutschen Literatur sehr unterschiedlich aufgenommen und teilweise bis hin zum Vorwurf, „ultra vires" gehandelt zu haben, kritisiert worden[19]. Allerdings ist nicht erkennbar, dass der Europäische Rat mit dem Erlass der RL 2000/78/EG offensichtlich außerhalb der ihm übertragenen Kompetenzen und damit ultra vires gehandelt hätte. Insbesondere ist das Prinzip der begrenzten Einzelermächtigung nicht verletzt. Ermächtigungsgrundlage für die Richtlinie war Art. 13 EG, der dem heutigen 19 Abs. 1 AEUV entspricht[20]. Auch der EuGH hat bei der Auslegung von Art. 4 II UAbs. 2 der RL 2000/78/EG seine Kompetenz nicht offensichtlich überschritten, da keine objektiv willkürliche Auslegung der Verträge ersichtlich ist[21].

Insgesamt trägt die Auslegung dem kirchlichen Selbstverwaltungsrecht Rechnung, zieht aber dort eine Grenze, wo eine Unterscheidung wegen der Religionszugehörigkeit zum bloßen Reflex wird. Denn es bleibt den Kirchen letztlich unbenommen, den Inhalt ihres konfessionellen Ethos frei festzulegen – gerichtlich überprüft wird jedoch, ob die konkrete Tätigkeit so verkündungsnah ist, dass die Loyalität zu diesem Kirchenethos zur beruflichen Anforderung erhoben werden darf[22]. Daher ist dem EuGH zu folgen.

II. Verhaltensanforderungen im Sinne des Ethos

1. Direkter Zusammenhang mit der Art und den Umständen der Ausübung der Tätigkeit

400 Nach Art. 4 II UAbs. 2 der RL 2000/78/EG kann von den Arbeitnehmern verlangt werden, sich loyal und aufrichtig im Sinne des Ethos der Organisation zu verhalten. Wie oben ausgeführt, ergänzt Art. 4 II UAbs. 2 der RL 2000/78/EG deren UAbs. 1, so dass eine Ungleichbehandlung bei der Anforderung eines im Sinne des Ethos des Arbeitgebers loyalen und aufrichtigen Verhaltens u.a. die in Art 4 II UAbs. 1 der Richtlinie genannten Kriterien einzuhalten hat. Aus dieser Vorschrift geht ausdrücklich hervor, dass es von der „Art" der fraglichen Tätigkeiten oder den „Umständen" ihrer Ausübung abhängt, ob die Religion oder Weltanschauung eine wesentliche, rechtmäßige und gerechtfertigte berufliche Anforderung angesichts des Ethos der betreffenden Kirche oder Organisation im Sinne dieser Vorschrift darstellen kann. Die Rechtmäßigkeit einer Ungleichbehandlung wegen der Religion oder der Weltanschauung nach Maßgabe dieser Vorschrift hängt also vom objektiv überprüfbaren Vorliegen eines direkten Zusammenhangs zwischen der vom Arbeitgeber aufgestellten beruflichen Anforderung und der fraglichen Tätigkeit ab. Ein solcher Zusammenhang kann sich entweder aus der Art

---

19 Letzteres insbes. von *Greiner*, jM 2018, S. 233, *Thüsing/Mathy*, BB 2018, S. 2805 ff., 2808 f., und *Fremuth*, EuZW 2018, S. 723 ff., 730; weniger kritisch *Fuhlrott*, EuZW 2018, S. 857 f., 858, *Schneedorf*, NJW 2019, S. 177; tendenziell dem EuGH zustimmend bzw. einen Ultra-vires-Akt ablehnend *Wienbracke*, NZA-RR 2018, 349, *Boemke*, jurisPR-ArbR 9/2019 Anm. 1, *Junker*, NJW 2018, S. 1850 ff., *Bauer/Hofer*, NJW 2018, S. 3090, und *Payandeh*, JuS 2018, S. 593 ff., 596.

20 Vgl. BAG vom 20.2.2019, 2 AZR 746/14 (JURIS), Rn. 58.

21 Siehe dazu ausführlich BAG vom 20.2.2019, 2 AZR 746/14 (JURIS), Rn. 59 ff., zustimmend *Boemke*, jurisPR-ArbR 9/2019 Anm. 1.

22 Vgl. *Bauer/Hofer*, NJW 2018, S. 3090.

dieser Tätigkeit ergeben – z.B. wenn sie mit der Mitwirkung an der Bestimmung des Ethos der betreffenden Kirche oder Organisation oder einem Beitrag zu deren Verkündigungsauftrag verbunden ist – oder aus den Umständen ihrer Ausübung, zum Beispiel der Notwendigkeit, für eine glaubwürdige Vertretung der Kirche oder Organisation nach außen zu sorgen[23].

2. Wesentliche berufliche Anforderung

401 Wesentlich bedeutet, dass die Zugehörigkeit zu der Religion bzw. das Bekenntnis zu der Weltanschauung, auf der das Ethos der betreffenden Kirche oder Organisation beruht, aufgrund der Bedeutung der betreffenden beruflichen Tätigkeit für die Bekundung dieses Ethos oder die Ausübung des in Art. 17 AEUV und in Art. 10 GRC anerkannten Rechts dieser Kirche oder Organisation auf Autonomie notwendig erscheinen muss.[24]

3. Rechtmäßige berufliche Anforderung

402 Das Erfordernis der Rechtmäßigkeit stellt sicher, dass die Anforderung, die die Zugehörigkeit zu u.a. der Religion betrifft, auf der das Ethos der in Rede stehenden Kirche oder Organisation beruht, nicht zur Verfolgung eines sachfremden Ziels ohne Bezug zu diesem Ethos oder zur Ausübung des Rechts dieser Kirche oder Organisation auf Autonomie dient[25], sondern ihrer tatsächlich gelebten Überzeugung entspringt.

4. Gerechtfertigte berufliche Anforderung

403 Der Ausdruck „gerechtfertigt" bedeutet zunächst, dass es der Kirche oder Organisation, die diese Anforderung aufgestellt hat, obliegt, im Lichte der tatsächlichen Umstände des Einzelfalls darzutun, dass die geltend gemachte Gefahr einer Beeinträchtigung ihres Ethos oder ihres Rechts auf Autonomie wahrscheinlich und erheblich ist, so dass sich eine solche Anforderung tatsächlich als notwendig erweist. Außerdem folgt daraus, dass die Einhaltung der in Art. 4 II der RL 2000/78 genannten Kriterien durch ein innerstaatliches Gericht überprüfbar sein muss[26].

Dabei muss die Anforderung, um die es in Art. 4 II der RL 2000/78 geht, mit dem Grundsatz der Verhältnismäßigkeit im Einklang stehen. Denn auch wenn diese Vorschrift im Gegensatz zu Art. 4 I der Richtlinie nicht ausdrücklich vorsieht, dass die Anforderung „angemessen" sein muss, bestimmt sie jedoch, dass jede Ungleichbehand-

23 Vgl. EuGH vom 11.9.2018, Rs. C-68/17, ECLI:EU:C:2018:696, EuZW 2018, S. 853 ff., Rn. 49 f., IR./.JQ,

24 EuGH vom 11.9.2018, Rs. C-68/17, ECLI:EU:C:2018:696, EuZW 2018, S. 853 ff., Rn. 51, IR./.JQ, EuGH vom 17.4.2018, Rs. C-414/16, ECLI:EU:C:2018:257, EuZW 2018, S. 381 ff., Rn. 50, 65, Egenberger.

25 EuGH vom 11.9.2018, Rs. C-68/17, ECLI:EU:C:2018:696, EuZW 2018, S. 853 ff., Rn. 52, IR./.JQ, EuGH vom 17.4.2018, Rs. C-414/16, ECLI:EU:C:2018:257, EuZW 2018, S. 381 ff., Rn. 66, Egenberger.

26 EuGH vom 11.9.2018, Rs. C-68/17, ECLI:EU:C:2018:696, EuZW 2018, S. 853 ff., Rn. 53, IR./.JQ, EuGH vom 17.4.2018, Rs. C-414/16, ECLI:EU:C:2018:257, EuZW 2018, S. 381 ff., Rn. 67, Egenberger. tendenziell wohl a.A. BVerfG vom 22.10.2014, 2 BvR 661/12, BVerfGE 137, 273, NZA 2014, S. 1387 ff., Rn. 81 ff.

lung u.a. die „allgemeinen Grundsätze des Gemeinschaftsrechts“ beachten muss. Da der Grundsatz der Verhältnismäßigkeit zu den allgemeinen Grundsätzen des Unionsrechts gehört, müssen die nationalen Gerichte prüfen, ob die fragliche Anforderung angemessen ist und nicht über das zur Erreichung des angestrebten Ziels Erforderliche hinausgeht[27].

III. Weitere Auslegungshinweise

Zusammengefasst bedeutet dies, dass eine Kirche oder eine andere öffentliche oder private Organisation, deren Ethos auf religiösen Grundsätzen beruht, bei der Anforderung, sich loyal und aufrichtig im Sinne dieses Ethos zu verhalten, ihre Beschäftigten in leitender Stellung nur dann je nach deren Zugehörigkeit zur Religion dieser Kirche oder dieser anderen Organisation unterschiedlich behandeln darf, wenn die Religion im Hinblick auf die Art der betreffenden beruflichen Tätigkeiten oder die Umstände ihrer Ausübung eine wesentliche, rechtmäßige und gerechtfertigte berufliche Anforderung angesichts dieses Ethos ist[28]. **404**

Ob das tatsächlich der Fall ist, entscheidet das nationale Gericht, das das deutsche Recht im Lichte der Vorabentscheidung auslegen muss. Der EuGH nimmt allerdings in st. Rspr. für sich in Anspruch, dem vorlegenden Gericht Hinweise zu geben, die diesem eine Entscheidung über den bei ihm anhängigen Rechtsstreit ermöglichen. Demnach ergibt sich hier folgendes:

Die konkrete Anforderung betrifft einen bestimmten Gesichtspunkt des Ethos der katholischen Kirche, nämlich den heiligen und unauflöslichen Charakter der kirchlichen Eheschließung. Unter Berücksichtigung der von A ausgeübten beruflichen Tätigkeiten (Beratung und medizinische Pflege in einem Krankenhaus und Leitung der Abteilung „Innere Medizin“ als Chefarzt) erscheint die Akzeptanz dieses Eheverständnisses für die Bekundung des Ethos von A jedoch nicht notwendig. Sie scheint somit i.S.d. Art. 4 II UAbs. 1 der RL 2000/78 keine wesentliche Voraussetzung der beruflichen Tätigkeit zu sein, was jedoch das BAG zu prüfen hat. Die Feststellung, dass die Akzeptanz dieses Bestandteils des Ethos der betroffenen Organisation im vorliegenden Fall keine wesentliche Anforderung sein kann, wird durch den Umstand bekräftigt, dass Stellen, die medizinische Verantwortung und Leitungsaufgaben umfassen und der mit A besetzten Stelle ähneln, Beschäftigten der K-GmbH anvertraut wurden, die nicht katholischer Konfession sind und folglich nicht derselben Anforderung, sich loyal und aufrichtig im Sinne des Ethos von K zu verhalten, unterworfen waren. Die Anforderung scheint daher i.S.v. Art. 4 II UAbs. 1 der RL 2000/78 nicht gerechtfertigt. Das BAG hat jedoch zu prüfen, ob in Anbetracht der Umstände des Ausgangsverfahrens die K dargetan hat, dass die Gefahr einer Beeinträchtigung ihres Ethos oder ihres Rechts auf Autonomie wahrscheinlich und erheblich ist[29].

27 EuGH vom 11.9.2018, Rs. C-68/17, ECLI:EU:C:2018:696, EuZW 2018, S. 853 ff., Rn. 54, IR./.JQ, EuGH vom 17.4.2018, Rs. C-414/16, ECLI:EU:C:2018:257, EuZW 2018, S. 381 ff., Rn. 68, Egenberger.

28 Vgl. EuGH vom 11.9.2018, Rs. C-68/17, ECLI:EU:C:2018:696, EuZW 2018, S. 853 ff., Rn. 55, IR./.JQ.

29 Vgl. EuGH vom 11.9.2018, Rs. C-68/17, ECLI:EU:C:2018:696, EuZW 2018, S. 853 ff., Rn. 56 ff., IR./.JQ.

C. Ergebnis

405 Der EuGH wird dem vorlegenden BAG antworten[30], dass Art. 4 II UAbs. 2 der RL 2000/78 dahin auszulegen ist, dass

1. eine Kirche oder eine andere Organisation, deren Ethos auf religiösen Grundsätzen oder Weltanschauungen beruht und die eine in Form einer privatrechtlichen Kapitalgesellschaft gegründete Klinik betreibt, nicht beschließen kann, an ihre leitend tätigen Beschäftigten je nach deren Konfession oder Konfessionslosigkeit unterschiedliche Anforderungen an das loyale und aufrichtige Verhalten im Sinne dieses Ethos zu stellen, ohne dass dieser Beschluss gegebenenfalls Gegenstand einer wirksamen gerichtlichen Kontrolle sein kann, damit sichergestellt wird, dass die in Art. 4 II der Richtlinie genannten Kriterien erfüllt sind, und
2. bei Anforderungen an das loyale und aufrichtige Verhalten im Sinne des genannten Ethos eine Ungleichbehandlung zwischen Beschäftigten in leitender Stellung je nach deren Konfession oder Konfessionslosigkeit nur dann mit der Richtlinie im Einklang steht, wenn die Religion oder die Weltanschauung im Hinblick auf die Art der betreffenden beruflichen Tätigkeiten oder die Umstände ihrer Ausübung eine berufliche Anforderung ist, die angesichts des Ethos der in Rede stehenden Kirche oder Organisation wesentlich, rechtmäßig und gerechtfertigt ist und dem Grundsatz der Verhältnismäßigkeit entspricht, was das nationale Gericht zu prüfen hat.

Zusatzfrage

406 Der Vortrag der K wirft die Frage nach der Ultra-vires- und der Identitätskontrolle von Unionsrechtsakten durch das BVerfG auf, die insbes. im Urteil zum Vertrag von Lissabon ergänzend zur sog. „Solange"-Rspr.[31] entwickelt wurden[32] und in jüngster Zeit u.a. bei den Maßnahmen zur sog. „Euro-Rettung" immer wieder herangezogen werden[33].

Mit der Ultra-vires-Kontrolle prüft das BVerfG, ob ein erheblicher Kompetenzverstoß der EU vorliegt. Das Kompetenzgefüge ist maßgeblich durch das Prinzip der begrenzten Einzelermächtigungen (Art. 5 I, II EUV) gekennzeichnet. Offensichtlich ist ein Verstoß, wenn eine Auslegung der Verträge schlechterdings nicht mehr nachvollziehbar und objektiv willkürlich ist[34]. Das BVerfG prüft, ob Maßnahmen von Organen, Einrichtungen und sonstigen Stellen der EU die Grenzen des demokratisch legitimierten Integrationsprogramms nach Art. 23 I 2 GG offensichtlich und in strukturell bedeutsamer Weise überschreiten und dadurch gegen den Grundsatz der Volkssouveränität verstoßen. Die Ultra-vires-Kontrolle leitet sich aus Art. 79 III GG ab und ist zurückhaltend und europarechtsfreundlich auszuüben[35].

---

30 Vgl. EuGH vom 11.9.2018, Rs. C-68/17, ECLI:EU:C:2018:696, EuZW 2018, S. 853 ff., Rn. 72, IR./.JQ
31 Siehe dazu oben Fall 10.
32 *Streinz*, Europarecht, Rn. 237.
33 Z.B. BVerfG vom 21.6.2016 – 2 BvR 2728/13, BVerfGE 142, 123 (OMT), s. dazu oben Rn. 16 und 45.
34 BVerfG vom 21.6.2016 – 2 BvR 2728/13, BVerfGE 142, 123.
35 Vgl. BVerfG vom 21.6.2016, 2 BvR 2728/13 u.a., BVerfGE 142, 123, NJW 2016, S. 2473 ff., 2475, Rn. 121 ff. m.w.N.

Mit der Identitätskontrolle wird geprüft, ob Maßnahmen von Organen, Einrichtungen und sonstigen Stellen der EU die durch Art. 23 I 3 i.V.m. Art. 79 III GG geschützten Grundsätze der Art. 1 und Art. 20 GG berühren. Auch die Identitätskontrolle ist zurückhaltend und ebenfalls europarechtsfreundlich auszuüben[36].

Fraglich ist allerdings, ob K dies im Rahmen einer Verfassungsbeschwerde gem. Art. 93 I Nr. 4a GG, §§ 13 Nr. 8a, 90 ff. BVerfGG überhaupt geltend machen kann. Im Rahmen der Zulässigkeitsprüfung wäre insbes. zu erörtern, ob sie die Grundsätze der Identitätskontrolle geltend machen kann. Anknüpfungspunkte für die individuelle Beschwer im Rahmen der Identitätskontrolle sind die Menschenwürde aus Art. 1 I GG sowie das vom BVerfG aus Art. 38 I GG abgeleitete „Recht auf Demokratie"[37]. Menschenwürde i.S.d. Art. 1 I GG steht der K als jur. Person auch i.V.m. Art. 19 III GG nicht zu, weil sie ihrem Wesen nach nicht anwendbar ist[38]. Auch eine Verletzung der Menschenwürde der hinter ihr stehenden natürlichen Personen i.S.d. sog. „personalen Substrats"[39] durch das Urteil ist nicht erkennbar[40].

Auf die Gewährleistungen aus Art. 38 I 1 GG können sich gem. Art. 38 II GG nur wahlberechtigte Bürger, also volljährige Deutsche (§ 12 I BWahlG i.V.m. Art. 116 I GG) berufen[41]. Eine wesensmäßige Anwendung gem. Art. 19 III GG auf jur. Personen wie die K-GmbH scheidet damit insoweit aus[42].

Demgegenüber kann ein Ultra-vires-Vorwurf inzident auch mit anderen Grundrechten geprüft werden[43], wobei hier neben Art. 4 I, II GG i.V.m. Art. 140 GG, 137 III WRV auch die durch Art. 12 I, 2 I, 19 III GG geschützte (berufliche) Vertragsfreiheit in Betracht kommt[44].

---

36 BVerfG vom 21.6.2016, 2 BvR 2728/13 u.a., BVerfGE 142, 123, NJW 2016, S. 2473 ff., Rn. 121 ff. m.w.N.

37 *Schiffbauer*, JuS 2017, S. 1190 ff., BVerfG vom 21.6.2016, 2 BvR 2728/13 u.a., BVerfGE 142, 123, NJW 2016, S. 2473 ff., Rn. 147; kritisch zum „Recht auf Demokratie" *Manger-Nestler*, NJ 2016, S. 353 ff., 355.

38 *Remmert*, in: Maunz/Dürig, GG, Art. 19, Rn. 101, je m.w.N., vgl. auch BAG vom 20.2.2019, 2 AZR 746/14 (JURIS), Rn. 67.

39 Siehe dazu *Kingreen/Poscher*, Grundrechte Staatsrecht II, Rn. 215.

40 Vgl. BAG vom 20.2.2019, 2 AZR 746/14 (JURIS), Rn. 67 m.w.N.

41 *Schiffbauer* JuS 2017, S. 1190 ff., 1192 m.w.N.

42 Vgl. dazu BVerfG vom 21.6.2016, 2 BvR 2728/13 u.a., BVerfGE 142, 123, NJW 2016, S. 2473 ff., 2475, Rn. 126, *Schiffbauer* JuS 2017, S. 1190 ff., 1192 m.w.N., und *Klein*, in: Maunz/Dürig, GG. Art. 38, Rn. 139 ff., auch zu den hier nicht einschlägigen Ausnahmen für Parteien und Wählervereinigungen.

43 *Hillgruber/Goos*, Verfassungsprozessrecht, Rn. 960d m.w.N.

44 Vgl. BVerfG vom 6.7.2010, 2 BvR 2661/06, BVerfGE 126, 268, NJW 2010, S. 3422 ff., Rn. 46, und *Koch/Ilgner*, JuS 2011, S. 540 ff., 542.

Wiederholung und Vertiefung

Weiterführende Hinweise

407 EuGH vom 11.9.2018, Rs. C-68/17, ECLI:EU:C:2018:696, EuZW 2018, S. 853 ff., IR/JQ.

EuGH vom 17.4.2018; Rs. C-414/16, ECLI:EU:C:2018:257, EuZW 2018, S. 381 ff., Vera Egenberger./.Evangelisches Werk für Diakonie und Entwicklung e.V.

BAG vom 20.2.2019, 2 AZR 746/14 (bei Abschluss des Manuskripts im Juni 2019 war die Fundstelle in der Amtlichen Sammlung noch nicht bekannt), JURIS.

BVerfG vom 22.10.2014, 2 BvR 661/12, BVerfGE 137, 273, NZA 2014, S. 1387 ff.

Eifert, Martin/Gerberding, Johannes: Verfassungsbeschwerde und Unionsrecht, JURA 2016, S. 628 ff.

Fisahn, Andreas/Ciftci, Ridvan: Hierarchie oder Netzwerk – zum Verhältnis nationaler zur europäischen Rechtsordnung, JA 2016, S. 364 ff.

Fremuth, Michael: Das letzte Armen ist noch nicht gesprochen, EuZW 2018, S. 723 ff.

Kingreen, Thorsten: Kündigung eines katholischen Chefarztes wegen Wiederverheiratung, JURA 2019, S. 228.

Kingreen, Thorsten: Beschränktes Recht der Religionsgemeinschaften, die Bewerberauswahl von der Religionszugehörigkeit abhängig zu machen, JURA 2018, S. 1064.

Lörler, Sighart: Das katholische Kirchenarbeitsrecht auf dem europäischen Prüfstand, NJ 2018, S. 489 ff.

Ludwigs, Markus/Sikora, Patrick: Grundrechtsschutz im Spannungsfeld von Grundgesetz, EMRK und Grundrechtecharta, JuS 2017, S. 385 ff.

Ogorek, Markus: Bewerberauswahl nach Religionszugehörigkeit – Diskriminierungsverbot, JA 2018, S. 958 ff.

Payandeh, Mehrdad: Europarecht: Grenzen des Selbstbestimmungsrechts von Religionsgemeinschaften – Gerichtliche Überprüfbarkeit und inhaltliche Voraussetzungen für das Erfordernis konfessioneller Zugehörigkeit für Beschäftigungsverhältnisse einer Religionsgemeinschaft, JuS 2018, S. 593 ff.

Sauer, Heiko: „Solange" geht in Altersteilzeit – Der unbedingte Vorrang der Menschenwürde vor dem Unionsrecht, NJW 2016, S. 1134 ff.

Schneedorf, Andreas: Diskriminierungsschutz nach dem EuGH – Bröckelt das Fundament des kirchlichen Arbeitsrechts?, NJW 2019, S. 177 ff.

Thiemann, Christian: Verfassungsbeschwerde und konkrete Normenkontrolle im Lichte des Unionsrechts, JURA 2012 S. 902 ff.

Thüsing, Gregor/Mathy, Regina: Kirchliche Loyalitätspflichten im Zugriff des EuGH – Zugleich Besprechung des Urteils des EuGH IR gegen JQ (C-68/17), BB 2018, S. 2805 ff.

Fall 13

Das Bundesverwaltungsgericht auf europarechtlichen Abwegen

Pflichtfach/Schwerpunktbereich, Schwierigkeitsgrad: hoch

Frau A strebt aufgrund einer Teilzeitqualifizierung in einer Allgemeinarztpraxis in Hamburg die Anerkennung als Praktische Ärztin an. Allerdings sieht die für ihre Ausbildung maßgebliche europäische Richtlinie zur Erleichterung der Freizügigkeit für Ärzte und zur gegenseitigen Anerkennung ihrer Diplome, Prüfungszeugnisse und sonstigen Befähigungsnachweise („Befähigkeitsnachweis-Richtlinie")[1] vor, dass eine spezifische Ausbildung zur Praktischen Ärztin, wie sie Frau A anstrebt, eine mindestens zweijährige Vollzeitausbildung beinhaltet. Die Mitgliedstaaten dürfen zwar auch eine Teilzeitausbildung zulassen, dies aber nicht unter 60 % der wöchentlichen Vollzeitarbeitsdauer. **408**

Frau A hat durchgängig weniger gearbeitet als 60 %. Sie ist aber der Auffassung, dass die Vorgaben der Befähigkeitsnachweis-Richtlinie, die ordnungsgemäß in deutsches Recht umgesetzt wurden, in Hamburg durch das Hamburgische Ärztegesetz, ihrerseits unionsrechtswidrig seien. Zum einen seien alle anderen Facharztausbildungen nach europäischem Recht auch in Teilzeit zu absolvieren. Dazu stehe die Regelung für Praktische Ärzte in Widerspruch und begründe überdies einen Verstoß gegen das europäische Grundrecht auf Gleichbehandlung von Mann und Frau aus Art. 23 GRC. Außerdem kollidiere die Richtlinie mit den Vorschriften der Richtlinie 2006/54/EG[2], die eine Gleichbehandlung von Männern und Frauen hinsichtlich des Zugangs zur Beschäftigung, zur Berufsausbildung und zum beruflichen Aufstieg verlange. Da Frauen typischerweise auf Teilzeitbeschäftigung angewiesen seien, sei das Vollzeiterfordernis diskriminierend.

Die gegen die ablehnenden Bescheide erhobene verwaltungsgerichtliche Klage blieb in allen Instanzen ohne Erfolg. Die Verwaltungsgerichte hatten nur nach deutschem Recht entschieden und eine Vorlage zum EuGH nicht in Betracht gezogen. Das Bundesver-

---

1 Die für den EuGH im Fall Rinke (s. Fn. 3) maßgebliche RL 93/16/EWG des Rates vom 5.4.1993 zur Erleichterung der Freizügigkeit für Ärzte und zur gegenseitigen Anerkennung ihrer Diplome, Prüfungszeugnisse und sonstigen Befähigungsnachweise (ABl. 1993 Nr. L 165/1) wurde im Oktober 2007 durch die RL 2005/36/EG des Europäischen Parlaments und des Rates vom 7.9.2005 über die Anerkennung von Berufsqualifikationen (ABl. 2005 Nr. L 255/22), zuletzt geändert durch Delegierten Beschluss (EU) 2019/608 der Kommission vom 16.1.2019 (ABl. 2019 Nr. L 104/1), aufgehoben. Auf die Einzelheiten dieser Richtlinien kommt es im Rahmen dieser Klausur nicht an; aus didaktischen Gründen wurden vielmehr die für die Originalentscheidung relevanten Regelungsinhalte beibehalten.

2 Die RL 2006/54/EG des Europäischen Parlaments und des Rates vom 5.7.2006 zur Verwirklichung des Grundsatzes der Chancengleichheit und Gleichbehandlung von Männern und Frauen in Arbeits- und Beschäftigungsfragen (ABl. 2006 Nr. L 204/23) ersetzt seit August 2009 die Vorgänger-RL 76/207/EWG des Rates vom 9.2.1976 (ABl. 1976 Nr. L 39/40), die der EuGH im Fall Rinke zu beachten hatte.

waltungsgericht hatte das Problem der Richtlinienkollision zwar gesehen, aber allein auf Grundlage der deutschen Dogmatik nach den Grundsätzen von *lex specialis* und *lex posterior* (Grundsätze der Priorität und der Spezialität) gelöst, ohne sich mit möglichen methodischen Besonderheiten bei der Auslegung des Unionsrechts bzw. der Rechtsprechung des EuGH auseinanderzusetzen. Die Existenz von Unionsgrundrechten hatte es nicht einmal erwogen.

Frau A ist empört. Sie erhebt beim BVerfG Verfassungsbeschwerde gegen die Befähigkeitsnachweis-Richtlinie und das die Richtlinie umsetzende Hamburgische Ärztegesetz. Außerdem rügt sie, dass ihr der gesetzlicher Richter entzogen worden sei. Das letztinstanzliche Bundesverwaltungsgericht sei verpflichtet gewesen, dem EuGH die Frage nach der Auslegung und Gültigkeit der sie belastenden Richtlinienbestimmungen vorzulegen. Die Nichtvorlage verletze sie in ihren Grundrechten.

Hat die Verfassungsbeschwerde Aussicht auf Erfolg? Gehen Sie davon aus, dass das Hamburgische Ärztegesetz eine wortgetreue Umsetzung der entsprechenden Richtlinie darstellt. Gehen Sie weiter davon aus, dass der EuGH die sich stellenden Fragen noch nicht abschließend geklärt hat[3].

3 Vgl. nunmehr aber EuGH vom 9.9.2003, Rs. C-25/02, Slg. 2003, I-8349, EuZW 2003, S. 734 ff., Katharina Rinke./.Ärztekammer Hamburg.

Vorüberlegungen

Dem Fall liegt eine Entscheidung des BVerfG aus dem Jahre 2001 zugrunde[4]. Geklagt hatte eine deutsche Facharztanwärterin, die ihre Facharztausbildung auch in Teilzeit absolvieren wollte. Das entsprechende Richtlinienrecht sah demgegenüber nur Vollzeitausbildungen vor. Das BVerfG war wie die Beschwerdeführerin der Auffassung, dass das letztinstanzlich zuständige BVerwG die unionsrechtlichen Vorfragen des Falles dem EuGH hätte vorlegen müssen und dies aus unhaltbaren Erwägungen nicht getan habe. Darin liege ein Entzug des gesetzlichen Richters. Aus Sicht des Unionsrecht kann die Nichtvorlage zudem eine Vertragsverletzung darstellen[5], doch ist dies nicht Inhalt des Falls. **409**

Bereits die Zulässigkeit wirft Probleme auf. So rügt die Beschwerdeführerin eine Grundrechtsverletzung durch einen europäischen Rechtsakt, durch das deutsche Umsetzungsgesetz sowie durch das Verhalten des BVerwG. Hier gilt es zu erkennen, dass sie nur mit der letzten Rüge Erfolg haben kann. Entscheidend ist es auch, dass der Bearbeiter hier Problembewusstsein hinsichtlich des Prüfungsstandortes für die sich stellenden Zulässigkeitsfragen beweist.

Der Aufbau der Begründetheit ist ebenfalls nicht unproblematisch. So ist im Falle des Entzugs des gesetzlichen Richters eine andere Prüfungsfolge angezeigt als bei den anderen Grundrechten. Insbesondere bedeutet jeder Entzug bereits eine Grundrechtsverletzung. Allerdings führt nicht schon jeder Verfahrensverstoß zu einem Entzug des gesetzlichen Richters. Diese an sich schon ungewöhnliche Problematik wird nun durch das Hinzutreten des Unionsrechts noch verkompliziert. Es muss an der richtigen Stelle geprüft werden, ob eine falsche Handhabung der Vorlagepflicht zu einem Entzug des gesetzlichen Richters führen kann. Hier ist zu differenzieren zwischen einem generellen Verstoß gegen die Vorlagepflicht und deren unhaltbarer Handhabung. In diesem Rahmen ist dann auch zu entscheiden, wie tief in die Prüfung der unionsrechtlichen Fragen eingestiegen werden muss. Eine volle Prüfung ist nicht angezeigt, weil dies für die Entscheidung des BVerfG nicht notwendig ist. Es ist vielmehr lediglich darzulegen, auf welche europarechtlichen Fragen es angekommen und ob deshalb eine Vorlage angezeigt gewesen wäre.

Insgesamt handelt es sich um eine schwierige Klausur, weil sie komplizierte Aufbaufragen aufwirft. Die materielle Frage der Vorlagepflicht ist zwar geklärt, dennoch gilt es abzuwägen, welche Aspekte des Unionsrechts für die Falllösung relevant sind und welche nicht. Der Fall eignet sich sowohl für das Pflichtfach als auch für den Schwerpunktbereich.

---

4 BVerfG vom 9.1.2001, 1 BvR 1036/99, NJW 2001, S. 1267 f. (Verfassungsbeschwerde gegen BVerwG vom 18.2.1999, 3 C 10–98, NJW 1999, S. 2752 ff.).

5 EuGH vom 4.10.2018, Rs. C-416/17, ECLI:EU:C:2018:811, EuZW 2018, S. 1038 ff., Rn. 100 ff., Europäische Kommission./.Französische Republik, mit Anm. *Kaufmann* a.a.O, S. 1046 f., und *Payandeh*, JuS 2019, S. 82 ff. Siehe dazu oben Rn. 20 und 35.

Gliederung

410 **A. Zulässigkeit**
- I. Zuständigkeit
- II. Beteiligtenfähigkeit
- III. Beschwerdegegenstand
- IV. Beschwerdebefugnis
- V. Rechtswegerschöpfung, Subsidiarität
- VI. Form, Frist
- VII. Ergebnis

B. Begründetheit
- I. Entzug des gesetzlichen Richters
  - 1. Vorlagepflicht und gesetzlicher Richter
  - 2. Verstoß gegen die Vorlagepflicht
    - a) Voraussetzungen der Vorlagepflicht
    - b) Vorlagepflicht im konkreten Fall
    - c) Keine Ausnahme ersichtlich
  - 3. Unhaltbare Handhabung der Vorlagepflicht
- II. Ergebnis

Musterlösung

Die Verfassungsbeschwerde beim BVerfG hat Aussicht auf Erfolg, soweit sie zulässig und begründet ist. **411**

A. Zulässigkeit

I. Zuständigkeit

Das BVerfG ist für die Verfassungsbeschwerde gem. Art. 93 I Nr. 4a GG, §§ 13 Nr. 8a, 90 ff. BVerfGG zuständig. **412**

II. Beteiligtenfähigkeit

Nach § 90 I BVerfGG kann jedermann Verfassungsbeschwerde erheben, also auch Frau A. **413**

III. Beschwerdegegenstand

Als Beschwerdegegenstand kommt jeder Akt der öffentlichen Gewalt in Betracht. Die „öffentliche Gewalt" umfasst u.a. die Legislative und die Judikative (vergl. Art. 1 III GG). Frau A greift hier drei unterschiedliche Hoheitsakte an: zum einen die europäische Richtlinie selbst, zum zweiten das Hamburgische Ärztegesetz als Gesetz zu deren Umsetzung in deutsches Recht, und schließlich das letztinstanzliche Urteil des BVerwG. **414**

Was die Richtlinie selbst angeht, so liegt bereits kein tauglicher Beschwerdegegenstand vor. Das BVerfG überprüft grundsätzlich nur Akte der deutschen öffentlichen Gewalt, europäische Rechtsakte dagegen nur in engen Ausnahmekonstellationen, die hier nicht einschlägig sind[6]. Hingegen kann das deutsche (hamburgische) Umsetzungsgesetz als Akt der Legislative grundsätzlich Gegenstand einer Verfassungsbeschwerde sein. Das letztinstanzliche Urteil ist als Akt der Judikative ebenfalls tauglicher Beschwerdegegenstand.

IV. Beschwerdebefugnis

Gem. § 90 I BVerfGG muss Frau A geltend machen, durch die angegriffenen Maßnahmen in ihren Grundrechten verletzt zu sein. Eine solche Verletzung müsste möglich erscheinen. **415**

Zunächst ist das Hamburgische Ärztegesetz zu prüfen. Dieses kann grundsätzlich am Maßstab deutscher Grundrechte gemessen werden. Hier kämen etwa Art. 3 I GG und

6 Siehe oben Rn. 16 und 45 und bei den Fällen 10 und 12 sowie *Streinz*, Europarecht, Rn. 245 ff., *Eifert/Gerberding*, JURA 2016, S. 628 ff., 636 f., und *Ruppert/Schorkopf*, in: Burkiczak/Dollinger/Schorkopf, BVerfGG, § 90 Rn. 73 ff., je m.w.N.

Art. 12 I GG in Betracht. Jedoch ist zu beachten, dass es sich bei diesem Gesetz um eine (wortgetreue) Umsetzung der europäischen Richtlinie handelt. Das BVerfG judiziert für derartige Umsetzungsgesetze in st. Rspr., dass eine Überprüfung durch das BVerfG uneingeschränkt nur insoweit in Betracht komme, wie dem Gesetzgeber ein Umsetzungsspielraum zukomme. Soweit der Teil des Gesetzes gerügt werde, der lediglich eine Umsetzung von Unionsrecht darstelle, sei der für das Unionsrecht geltende Maßstab anzuwenden[7]. Dies ist hier der Fall, weil das Hamburgische Ärztegesetz die Richtlinie wortgetreu umsetzt[8].

Für die inhaltliche Überprüfbarkeit von sekundärem Unionsrecht am Maßstab der deutschen Grundrechte gilt indes, dass eine solche seit der Solange II-Entscheidung des BVerfG nicht mehr vorgenommen wird[9]. Nur wenn die Begründung darlegt, dass die europäische Rechtsentwicklung einschließlich der Rspr. des EuGH unter den erforderlichen Grundrechtsstandard abgesunken ist, kommt eine Überprüfung am Maßstab des Grundgesetzes in Betracht[10]. Eine solche Begründung ist hier nicht ersichtlich, so dass mit Blick auf das Ärztegesetz die Beschwerdebefugnis fehlt.

416 Weiterhin wendet sich Frau A gegen das letztinstanzliche Urteil und rügt, dass das BVerwG den Fall nicht dem EuGH vorgelegt habe. Darin liege ein Grundrechtsverstoß. Hierzu hat das BVerfG ausgeführt, dass in Fällen der Vorlagepflicht aus Art. 267 AEUV der EuGH zum gesetzlichen Richter werde. Lege ein nationales Gericht trotz Bestehens dieser Pflicht nicht vor, so könne darin ein Grundrechtsverstoß liegen, nämlich gegen Art. 101 I 2 GG. Es kann nicht ausgeschlossen werden, dass das BVerwG seine Vorlagepflicht verletzt hat. Mithin ist die Beschwerdebefugnis unter diesem Aspekt gegeben.

Mit Blick auf die drei gerügten Maßnahmen kann auch ein anderer Aufbau gewählt werden. Es erscheint denkbar, alle drei Akte für taugliche Beschwerdegegenstände zu halten und erst bei der Beschwerdebefugnis zu differenzieren. Umgekehrt erscheint es denkbar, die Solange-Problematik bereits im Rahmen des Beschwerdegegenstandes abzuhandeln. Das BVerfG macht insoweit keine Vorgaben.

V. Rechtswegerschöpfung, Subsidiarität

417 Die nach § 90 II BVerfGG erforderliche Rechtswegerschöpfung ist vorliegend zu bejahen, da sich A gegen ein letztinstanzliches Urteil des BVerwG wendet. Auch ist die Verfassungsbeschwerde nicht subsidiär, da kein anderer Rechtsweg ersichtlich ist, auf dem Frau A ihr Klageziel noch erreichen könnte.

---

7 Siehe BVerfG vom 9.1.2001, 1 BvR 1036/99, NJW 2001, S. 1267 f., 1268, sowie BVerfG vom 31.5.2016, 1 BvR 1585/13 (JURIS), Rn. 115 m.w.N.

8 Zur Pflicht der Instanzgerichte, im Rahmen einer Normenkontrolle nach Art. 100 GG den Umsetzungsspielraum ggf. durch Vorlage an den EuGH zu klären, siehe BVerfG vom 4.10.2010, 1 BvL 3/08, BVerfGE 129, 186, *Muckel*, JA 2012 S. 77 ff., 78, sowie *Michael*, ZJS 2014, S. 356 ff., 362 f., und *Thiemann*, JURA 2012, S. 902 ff., 907 ff.

9 BVerfG vom 22.10.1986, 2 BvR 197/83, BVerfGE 73, 339. Siehe zur Solange-Rspr. auch *Bäcker*, EuR 2011, S. 103 ff.

10 BVerfG vom 7.6.2000, 2 BvL 1/97, BVerfGE 102, 147, Bananenmarkt, dazu oben Fall 10.

VI. Form, Frist

Von der Einhaltung der Formerfordernisse aus § 23 BVerfGG und der Frist des § 93 I BVerfGG ist mangels gegenteiliger Angaben im Sachverhalt auszugehen. **418**

VII. Ergebnis

Die Verfassungsbeschwerde ist zulässig, soweit sie sich gegen das Urteil des BVerwG richtet. **419**

B. Begründetheit

Die Verfassungsbeschwerde ist begründet, wenn das Urteil des BVerwG Grundrechte von Frau A verletzt. In Betracht kommt eine Verletzung von Art. 101 I 2 GG. Danach darf niemand seinem gesetzlichen Richter entzogen werden. **420**

Grundsätzlich ist im Rahmen einer Verfassungsbeschwerde zunächst ein Eingriff in den Schutzbereich des Grundrechts und sodann die verfassungsrechtliche Rechtfertigung zu prüfen. Art. 101 I 2 GG steht allerdings unter keinen Gesetzesvorbehalt, so dass ein Verstoß allenfalls durch kollidierendes Verfassungsrecht gerechtfertigt werden kann[11]. Für eine solche Kollision bietet der Sachverhalt allerdings keine Anhaltspunkte, so dass der Eingriff bereits eine Verletzung impliziert. Es ist folglich lediglich zu prüfen, ob ein Entzug des gesetzlichen Richters vorliegt.

Dieser Aufbau bietet sich an, weil kaum einmal Rechtfertigungsmöglichkeiten in Betracht kommen werden. Es stellt aber keinen Fehler dar, wenn die Rechtfertigung erst nach dem Grundrechtseingriff geprüft wird[12].

I. Entzug des gesetzlichen Richters

1. Vorlagepflicht und gesetzlicher Richter

Grundsätzlich beinhaltet Art. 101 I 2 GG das Recht darauf, dass die Zuständigkeit des Richters für eine bestimmte Sache vorab gesetzlich eindeutig festgelegt ist. Um diese Fälle geht es vorliegend aber ersichtlich nicht. **421**

Vielmehr wird gerügt, dass eine bestimmte gesetzlich vorgesehene Vorlage an ein anderes Gericht nicht erfolgt sei. Ein solcher Verstoß gegen Verfahrensnormen kann nach st. Rspr. des BVerfG ebenfalls zu einem Entzug des gesetzlichen Richters führen. Allerdings kann nicht jeder Verfahrensverstoß als Verfassungsverstoß qualifi-

11 Vgl. *Kingreen/Poscher*, Grundrechte Staatsrecht II, Rn. 1235 f., *Schulze-Fielitz*, in: Dreier (Hrsg.), GG, Bd. III, Art. 101 Rn. 64, *Kingreen* JURA 2018, S. 847, und *Saurer/Rothfuß*, JuS 2017, S. 1099 ff., 1004; strenger (keine Rechtfertigungsmöglichkeit) *Halder/Ittner*, ZjS 2018, S. 275 ff, 280 m.w.N.; das BVerfG geht auf Rechtfertigungsmöglichkeiten in der Regel nicht ein.

12 So z.B. *Kingreen* JURA 2018, S. 847, *Halder/Ittner*, ZjS 2018, S. 275 ff., 280, und *Saurer/Rothfuß*, JuS 2017, S. 1099 ff., 1004.

ziert werden. Vielmehr muss eine „willkürlich unrichtige“ Anwendung von Verfahrensrecht vorliegen[13].

In diesem Zusammenhang hat das BVerfG bereits entschieden, dass auch der EuGH gesetzlicher Richter im Sinne von Art. 101 I 2 GG ist[14]. Zwar ist er gem. Art. 13 I und 19 EUV ein Unionsorgan und kein Organ der Bundesrepublik Deutschland. Die funktionelle Verschränkung der Gerichtsbarkeit der EU mit der Gerichtsbarkeit der Mitgliedstaaten zusammen mit dem Umstand, dass das Unionsrecht Teil der innerstaatlich geltenden Rechtsordnung der Bundesrepublik Deutschland und von ihren Gerichten zu beachten, auszulegen und anzuwenden ist, qualifizieren den EuGH aber als gesetzlichen Richter i.S.d. Art. 101 I 2 GG, soweit ihm durch die Zustimmungsgesetze zu den Verträgen darin enthaltene Rechtsprechungsfunktionen aufgetragen sind. Hierzu rechnet insbes. die Kompetenz des EuGH zu Vorabentscheidungen gemäß Art. 267 AEUV[15]. Eine Nichtvorlage an den EuGH kann daher grundsätzlich einen Entzug des gesetzlichen Richters darstellen. Allerdings gilt auch hier, dass nur besonders schwere Verstöße gegen die Vorlagepflicht zu einem Verfassungsverstoß führen.

Im Folgenden ist daher zunächst zu prüfen, ob eine etwaige Vorlagepflicht verletzt wurde und in einem zweiten Schritt, ob die Vorlagepflicht in unhaltbarer Weise gehandhabt wurde[16].

2. Verstoß gegen die Vorlagepflicht

a) Voraussetzungen der Vorlagepflicht

422 Die Vorlage zum EuGH im Rahmen des Vorabentscheidungsverfahrens ist in Art. 267 II und III AEUV geregelt. Das BVerwG ist ein Gericht eines Mitgliedstaats im Sinne dieser Vorschrift.

Eine Vorlagepflicht besteht in den Fällen des Art. 267 III AEUV. Danach hat ein letztinstanzliches Gericht grundsätzlich vorzulegen, wenn sich in einem Verfahren Fragen nach der Auslegung oder Gültigkeit von Unionsrecht i.S.d. Art. 267 I AEUV stellen. Eine Vorlagepflicht besteht ausnahmsweise nicht, wenn die Frage nicht entscheidungserheblich, vom EuGH bereits entschieden („acte éclairé“) oder derart offenkundig ist, dass keinerlei Raum für vernünftige Zweifel an der richtigen Entscheidung bleibt (sog. „acte clair“-Theorie bzw. CILFIT-Rspr.)[17].

---

13 BVerfG vom 8.4.1987, 2 BvR 687/85, BVerfGE 75, 223, 234; *Kingreen/Poscher*, Grundrechte Staatsrecht II, Rn. 1231 m.w.N. Siehe dazu ausführlich und kritisch *Callies*, NJW 2013, S. 1905 ff., 1907 ff. m.w.N., und *Haensle*, DVBl. 2011, S. 811 ff., 812 ff.

14 BVerfG vom 8.4.1987, 2 BvR 687/85, BVerfGE 73, 339, 366; BVerfG vom 9.1.2001, 1 BvR 1036/99, NJW 2001, S. 1267 f., 1268, m.w.N. Siehe dazu *Callies*, NJW 2013, S. 1905 ff.

15 Vgl. *Streinz*, Europarecht, Rn. 262 (Lösung Fall 5).

16 Hierzu BVerfG vom 9.1.2001, 1 BvR 1036/99, NJW 2001, S. 1267 f., 1268.

17 EuGH vom 6.10.1982, Rs. 283/81, Slg. 1982, 3415, NJW 1983, S. 1257 f. 1258, CILFIT u.a./.Ministero della Sanità; dazu *Dittert*, Europarecht, S. 147 f. und *Streinz*, Europarecht, Rn. 704; s. auch *Kühling/Drechsler*, NJW 2017, S. 2950 ff., und *Callies*, NJW 2013, S. 1905 ff., 1906.

Hierzu hat der EuGH im Jahr 2015 die CILFIT-Kriterien präzisiert und als entscheidendes Ziel der Vorlagepflicht die Vermeidung voneinander abweichender Gerichtsentscheidungen zu unionsrechtlich geregelten Fragen betont, da diese mit der Einheitlichkeit des Unionsrechts eine seiner Grundlagen gefährden würden[18]. Unter Hinweis auf die CILFIT-Rspr. stellt er fest, dass die Beurteilung, ob ein „acte clair“-Fall gegeben ist, unter Berücksichtigung der Eigenheiten des Unionsrechts, der besonderen Schwierigkeiten seiner Auslegung und der Gefahr voneinander abweichender Gerichtsentscheidungen innerhalb der Union erfolgen müsse. Zwar bleibe es allein dem nationalen Gericht überlassen, zu beurteilen, ob die richtige Anwendung des Unionsrechts derart offenkundig ist, dass für einen vernünftigen Zweifel kein Raum bleibt und demgemäß davon abzusehen, dem EuGH eine vor ihm aufgeworfene Frage nach der Auslegung des Unionsrechts vorzulegen. Insoweit könne das bloße Vorliegen sich widersprechender Entscheidungen anderer einzelstaatlicher Gerichte kein ausschlaggebendes Kriterium für das Bestehen der in Art. 267 III AEUV genannten Pflicht darstellen. Denn das letztinstanzliche Gericht könne in Bezug auf eine unionsrechtliche Bestimmung der Ansicht sein, dass ungeachtet einer bestimmten Auslegung, zu der Instanzgerichte gelangt sind, die davon verschiedene Auslegung, die es vorzunehmen beabsichtigt, ohne jeden vernünftigen Zweifel geboten ist. Wenn aber die Auslegung eines bestimmten Begriffs zu zahlreichen Fragen einer Vielzahl nationaler Gerichte geführt hat, die sich gezwungen sahen, den EuGH anzurufen, belege dies nicht nur das Vorhandensein von Auslegungsschwierigkeiten, sondern auch, dass auf Unionsebene die Gefahr von Divergenzen in der Rspr. besteht. Unter diesen Umständen müsse das Gericht seiner Pflicht zur Anrufung des EuGH nachkommen, um die Gefahr einer fehlerhaften Auslegung des Unionsrechts auszuschließen[19].

Da das BVerwG unzweifelhaft als letztinstanzliches Gericht im Sinne von Art. 267 III AEUV anzusehen ist[20], kommt es allein auf die weitere Voraussetzung an, wonach sich eine europarechtliche Frage in einem bei ihm anhängigen Verfahren stellen muss.

b) Vorlagepflicht im konkreten Fall

Vordergründig geht es in dem zu entscheidenden Fall um die Anwendung des Hamburgischen Ärztegesetzes. Dieses ist jedoch als Umsetzungsgesetz von dem hinter ihm stehenden Unionsrecht abhängig. Stellte sich heraus, dass die Befähigkeitsnachweis-Richtlinie tatsächlich gegen Unionsrecht verstieße, so wäre sie vom EuGH für nichtig zu erklären. Dies hätte für das umsetzende deutsche Gesetz zur Folge, dass es seinerseits mit dem höherrangigen Unionsrecht nicht in Einklang stünde und damit unangewendet bleiben müsste. Es erscheint also grundsätzlich denkbar, dass sich die Frage der Gültigkeit der Richtlinie in dem Ausgangsverfahren stellt. **423**

Konkret kommt ein Verstoß der Richtlinie gegen Unionsrecht unter zwei Aspekten in Betracht: zum einen aufgrund einer Kollision mit anderen Richtlinien, insbesondere

---

18 *Streinz*, JuS 2016, S. 472 ff., 473.

19 EuGH vom vom 9.9.2015, Rs. C-160/14, ECLI:EU:C:2015:565, EuZW 2016, S. 111 ff. (mit Anm. *Wendenburg* S. 115 f.), Rn. 39 ff., João Filipe Ferreira da Silva e Brito u.a./.Estado português, dazu *Streinz*, JuS 2016, S. 472 ff. Das Urteil, in dem der EuGH erstmal eine Verletzung der Vorlagepflicht festgestellt hat, ist auch unter dem Aspekt einer möglichen Staatshaftung für judikatives Unrecht von Interesse (Rn. 46 ff.), dazu *Streinz* und *Wendenburg* a.a.O.

20 Zur Frage der abstrakten oder konkreten Betrachtungsweise der Letztinstanzlichkeit bei Art 267 III AEUV siehe *Streinz*, Europarecht, Rn. 702.

den Facharztrichtlinien und der Gleichbehandlungsrichtlinie 2006/54/EG, zum anderen aufgrund der Unvereinbarkeit mit Unionsgrundrechten.

424 Zunächst ist also denkbar, dass mehrere Richtlinien in ihrem Anwendungsbereich kollidieren. Zur Lösung dieser Problematik im Unionsrecht gibt es laut Bearbeiterhinweis noch keine abschließende EuGH-Rspr.[21]. Jedenfalls kann nicht von vornherein davon ausgegangen werden, dass die Nichtübereinstimmung von Richtlinienbestimmungen nach denselben Regeln aufgelöst werden kann wie im deutschen Recht. Hier hätte es einer Klärung durch den EuGH bedurft. Dessen ungeachtet hat das BVerwG das Verhältnis der Richtlinien untereinander nach den Grundsätzen von lex specialis und lex posterior selbst bestimmt, ohne eine abweichende Lösung durch das Unionsrecht in Erwägung zu ziehen[22]. Mit Blick auf die mögliche Richtlinienkollision bestand also grundsätzlich eine Vorlagepflicht, gegen die das BVerwG möglicherweise verstoßen hat.

Auch ein Verstoß gegen Grundrechte des Unionsrechts ist ernsthaft in Erwägung zu ziehen. Ein solcher Verstoß gegen das Gebot der Gleichbehandlung aus Art. 23 GRC ist hier auch nahe liegend, da kein Grund ersichtlich ist, warum die Ausbildung zum Praktischen Arzt nicht auch in Teilzeit sollte erfolgen können. Das BVerwG hat demgegenüber die Verletzung von Unionsgrundrechten nicht in Erwägung gezogen[23]. Auch unter diesem Aspekt kommt eine Verletzung der Vorlagepflicht in Betracht[24]. Eine Verletzung der Vorlagepflicht ließe sich nur verneinen, wenn einer der vom EuGH anerkannten Ausnahmefälle vorläge.

c) Keine Ausnahme ersichtlich

425 Was die Entscheidungserheblichkeit angeht, so wurde bereits ausgeführt, dass das Hamburgische Ärztegesetz selbst unanwendbar würde, wenn die zugrunde liegende Richtlinienbestimmung ungültig wäre. Zwar obliegt die Beurteilung der Entscheidungserheblichkeit grundsätzlich dem nationalen (vorlegenden) Gericht. Jedoch lässt sich den Ausführungen im Sachverhalt entnehmen, dass das BVerwG durchaus von der Entscheidungserheblichkeit des Unionsrechts ausgegangen ist.

Auch lag noch keine gesicherte Rspr. des EuGH zu den aufgeworfenen Fragen vor. Schließlich liegt die richtige Entscheidung auch nicht derart offen zutage („acte clair"), dass von einer Vorlage hätte abgesehen werden können.

Da somit insgesamt kein Ausnahmefall ersichtlich ist, hat das BVerwG gegen die Vorlagepflicht verstoßen.

---

21 Vgl. dazu BVerfG vom 9.1.2001, 1 BvR 1036/99, NJW 2001, S. 1267 f., 1268.; zur Lösung im konkreten Fall s. EuGH vom 9.9.2003, Rs. C-25/02, Slg. 2003, I-8349, EuZW 2003, S. 734 ff., Rinke.

22 Vgl. BVerwG vom 18.2.1999, 3 C 10/98, NJW 1999, S. 2752 ff., 2753 f.

23 Vgl. BVerwG vom 18.2.1999, 3 C 10/98, NJW 1999, S. 2752 ff., 2754.

24 Ebenso BVerfG vom 9.1.2001, 1 BvR 1036/99, NJW 2001, S. 1267 f., 1268.

3. Unhaltbare Handhabung der Vorlagepflicht

Allerdings lässt das BVerfG nicht schon jeden einfachen Verstoß gegen die Vorlagepflicht ausreichen. Vielmehr muss eine unhaltbare Handhabung der Vorlagepflicht vorliegen, um einen Entzug des gesetzlichen Richters bejahen zu können[25]. Die Entscheidung muss sich als willkürlich darstellen. **426**

Für die Willkürkontrolle haben sich in der Rspr. des BVerfG drei Fallgruppen herausgebildet. Demnach liegt eine Verletzung des Rechts auf den gesetzlichen Richter vor, wenn

1) ein letztinstanzliches Gericht eine Vorlage trotz der – seiner Auffassung nach bestehenden – Entscheidungserheblichkeit der unionsrechtlichen Frage überhaupt nicht in Erwägung zieht, obwohl es selbst Zweifel hinsichtlich der richtigen Beantwortung der Frage hegt und das Unionsrecht somit eigenständig fortbildet (grundsätzliche Verkennung der Vorlagepflicht),
2) das letztinstanzliche Hauptsachegericht in seiner Entscheidung bewusst von der Rspr. des Gerichtshofs zu entscheidungserheblichen Fragen abweicht und gleichwohl nicht oder nicht neuerlich vorlegt (bewusstes Abweichen ohne Vorlagebereitschaft), oder
3) zu einer entscheidungserheblichen Frage des Unionsrechts einschlägige Rspr. des Gerichtshofs hingegen noch nicht vorliegt oder eine vorliegende Rspr. die entscheidungserhebliche Frage möglicherweise noch nicht erschöpfend beantwortet oder eine Fortentwicklung der Rspr. des Gerichtshofs nicht nur als entfernte Möglichkeit erscheint (Unvollständigkeit der Rspr.) und das letztinstanzliche Hauptsachegericht den ihm in solchen Fällen notwendig zukommenden Beurteilungsrahmen in unvertretbarer Weise überschreitet[26].

Bei der letzten Fallgruppe (3) gab es zumindest früher unterschiedliche Herangehensweisen in den beiden Senaten des BVerfG. Nach dem ursprünglichen Ansatz des BVerfG lag eine unhaltbare Handhabung der Vorlagepflicht vor, „wenn mögliche Gegenauffassungen zu der entscheidungserheblichen Frage des Unionsrechts gegenüber der vom Gericht vertretenen Meinung *eindeutig* vorzuziehen sind“. Allein der Umstand, dass solche Gegenauffassungen existieren, ist dagegen nicht ausreichend. An einer willkürlichen Verletzung der Vorlagepflicht fehlt es nach dieser Auffassung des BVerfG bereits dann, „wenn das Gericht die entscheidungserhebliche Frage in zumindest vertretbarer Weise beantwortet hat.“ Danach kam es allein darauf an, ob das Gericht das materielle Unionsrecht vertretbar ausgelegt und angewendet hat, unabhängig davon, ob es noch weitere vertretbare Lösungen gab. Demgegenüber orientierte sich der Erste Senat an den Vorgaben des EuGH zur Vorlagepflicht und verlangte, dass das letztinstanzliche nationale Gericht „nach Auswertung der entscheidungserheblichen Bestimmungen des Unionsrechts eine vertretbare Begründung dafür gibt, dass

25 Ausführlich *Callies*, NJW 2013, S. 1905 ff., 1907 ff., *Haensle*, DVBl. 2011, S. 811 ff., 812 ff. und *Sensburg*, NJW 2001, S. 1259 f.

26 *Lange*, JuS 2016, S. 50 ff., 54, *Finck/Wagner*, NVwZ 2014, S. 1286 ff., 1287, je m.w.N., vgl. auch BVerfG vom 19.12.2017, 2 BvR 424/17, NJW 2018, S. 686 ff., Rn. 41 ff.; grds. kritisch zur bisherigen Rspr. *Starke* NVwZ 2018, S. 659 ff.

die maßgebliche Rechtsfrage durch den EuGH bereits entschieden ist oder dass die richtige Antwort auf diese Rechtsfrage offenkundig ist". Gefragt wird also nicht nach der vertretbaren Auslegung des materiellen Unionsrechts, sondern nach der vertretbaren Handhabung der Vorlagepflicht durch das Fachgericht, mithin danach, ob das letztinstanzliche Hauptsachegericht vertretbar von einem „acte éclairé" oder von einem „acte clair" ausgegangen ist[27]. Im Jahr 2014 hat der Zweite Senat allerdings festgestellt, dass beide Senate trotz zum Teil unterschiedlichen Formulierungen in der Sache übereinstimmten[28].

Auf mögliche Unterschiede in der Betrachtung durch die beiden Senate käme es jedoch nur an, wenn sie hier zu unterschiedlichen Ergebnissen führen würden.

Das BVerwG hat im vorliegenden Fall trotz Kenntnis der Kollisionsproblematik zwischen mehreren Richtlinien keine Vorlage erwogen und noch nicht einmal Unionsrecht geprüft, obwohl dies zwingend notwendig war. Ein Gericht, das sich hinsichtlich des europäischen Rechts nicht ausreichend kundig macht, verkennt regelmäßig die Bedingungen für die Vorlagepflicht. Dabei umfasst der Begriff des europäischen Rechts nicht nur materielle Rechtsnormen, sondern auch die Methodenwahl, denn die Wahl der Methode – Spezialität oder praktische Konkordanz - entscheidet auch darüber, welche Rechtsnorm sich im Kollisionsfall durchsetzt und damit materiell gilt. Zudem wurden auch die allein anwendbaren europäischen Grundrechte als Prüfungsmaßstab völlig außer Acht gelassen und so der Grundrechtsschutz der Klägerin verkürzt (die Prüfung durch das BVerfG entfällt gem. der Solange II-Rspr., die durch EuGH, weil ihn der Fall mangels Vorlage nicht erreicht). Damit hat sich das BVerwG weder i.S.d. ursprünglichen Ansatzes ausreichend mit den möglichen Auslegungen des Unionsrechts auseinandergesetzt noch durfte es davon ausgehen, dass die Rechtsfrage entweder offenkundig („acte clair") oder bereits durch den EuGH beantwortet („acte éclairé") war, so dass nach beide Ansichten ein Verstoß gegen die Vorlagepflicht anzunehmen und auf die möglichen Differenzen nicht weiter einzugehen ist. Diese Verstöße wiegen derart schwer, dass sie in den verfassungsrechtlich relevanten Bereich hineinreichen[29]. Eine unhaltbare Handhabung der Vorlagepflicht liegt vor.

II. Ergebnis

427 Aufgrund der unhaltbaren Handhabung der Vorlagepflicht liegt ein Entzug des gesetzlichen Richters i.S.d. Art. 101 I 2 GG vor. Das Grundrecht ist verletzt, die Verfassungsbeschwerde begründet.

---

27 *Lange*, JuS 2016, S. 50 ff., 54 f., *Finck/Wagner*, NVwZ 2014, S. 1286 ff., 1287 f., je m.w.N. Zur zulässigen Annahme eines *acte clair* s. BVerfG vom 24.3.2016, 2 BvR 1305/10 (JURIS), zur unzulässigen s. BVerfG vom 15.12.2016, 2 BvR 221/11 (JURIS).

28 BVerfG vom 29.4.2014, 2 BvR 1572/10, Rn. 24 (dort auch Rn. 25 ff. zu der Frage, ob aufgrund des Unionsrechts oder der EMRK eine über die Willkürkontrolle hinausgehender strengerer Maßstab geboten sei); *Kingreen/Poscher*, Grundrechte Staatsrecht II, Rn. 1236. Kritisch zu dieser Selbsteinschätzung des BVerfG *Finck/Wagner*, NVwZ 2014, S. 1286 ff., 1289.

29 Siehe dazu BVerfG vom 9.1.2001, 1 BvR 1036/99, NJW 2001, S. 1267 f., 1268.

Wiederholung und Vertiefung

Weiterführende Hinweise

BVerfG vom 9.1.2001, 1 BvR 1036/99, NJW 2001, S. 1267 ff. 428

Callies, Christian: Der EuGH als gesetzlicher Richter im Sinne des Grundgesetzes – Auf dem Weg zu einer kohärenten Kontrolle der unionsrechtlichen Vorlagepflicht?, NJW 2013, S. 1905 ff.

Eifert. Martin/Gerberding, Johannes: Verfassungsbeschwerde und Unionsrecht, JURA 2016, S. 628 ff.

Finck, Christopher/Wagner, Eva Ellen: Eine schrittweise Annäherung des BVerfG an den unionsrechtlichen Maßstab der Vorlagepflicht nach Art. 267 III AEUV beim gesetzlichen Richter? Zur Bereinigung „vermeintlicher" Divergenzen zwischen der Rechtsprechung des Ersten und Zweiten Senats zu Art. 101 I 2 GG, NVwZ 2014, S. 1286 ff.

Haensle, Walter: Der Willkürmaßstab bei der Garantie des gesetzlichen Richters bei Nichtvorlagen – bewährter Maßstab oder gemeinschaftsrechtliche Notwendigkeit einer Neuausrichtung?, DVBl. 2011, S. 811 ff.

Lange, Pia: Referendarexamen – Öffentliches Recht: Europarecht und Verfassungsrecht – Die verweigerte Vorlage, JuS 2016, S. 20 ff.

Payandeh, Mehrdad: Nichtvorlage als Vertragsverletzung – Rüge der Verletzung der Vorlagepflicht nach Art. 267 III AEUV im Vertragsverletzungsverfahren nach Art. 258 AEUV (EuGH, Urt. v. 4.10.2018, C-416/17, ECLI:EU:C:2018:811, Kommission./. Frankreich), JuS 2019, S. 82 ff.

Sensburg, Patrick Ernst: Die Vorlagepflicht an den EuGH: Eine einheitliche Rechtsprechung des BVerfG, NJW 2001, S. 1259 f.

Stürner, Michael: Privatrechtsangleichung durch EU-Richtlinien, JURA 2017, S. 394 ff.

Thiemann, Christian: Verfassungsbeschwerde und konkrete Normenkontrolle im Lichte des Unionsrechts, JURA 2012, S. 902 ff.

Fall 14

Bestandskraft als Europarechtsproblem

Pflichtfach/Schwerpunktbereich, Schwierigkeitsgrad: mittel/hoch

429 Die EU gewährt für die Ausfuhr bestimmter Lebensmittel in Drittländer (außerhalb der EU) so genannte Ausfuhrerstattungen. Hierbei handelt es sich um eine Art Subvention, mit der der Unterschied zwischen dem Binnenmarkt und dem niedrigeren Weltmarktpreis ausgeglichen wird. Die Höhe der einzelnen Erstattung richtet sich nach einer bestimmten Tarifstelle des Gemeinsamen Zolltarifs, der in einer EU-Verordnung festgelegt ist. Zuständig für den Vollzug des Erstattungsrechts sind die nationalen Zollbehörden, in Deutschland allein das Hauptzollamt Hamburg-Jonas[1].

Die deutsche Firma „HK GmbH" (HK) exportiert u.a. Geflügelteile in die Türkei. Dafür erhielt sie im Jahr 2016 vom zuständigen Hauptzollamt Hamburg-Jonas eine Ausfuhrerstattung in Höhe von 100 000 € nach der Zolltarifstelle 453-C[2]. Im Jahr 2017 überprüfte das Hauptzollamt die Erstattungen und kam zu dem Ergebnis, dass die fraglichen Teile nicht unter die Zolltarifstelle 453-C, sondern nach der Art und Größe der Geflügelteile unter die Stelle 128-B fielen. Da die demnach gewährte Ausfuhrerstattung geringer ist, forderte es nach Anhörung der HK mit Bescheid vom 21.11.2017 rund 37 000 € zurück. HK klagte vor dem zuständigen Finanzgericht (FG), doch sowohl das Gericht als auch der Bundesfinanzhof (BFH) als Revisionsinstanz wiesen die Klage als unbegründet ab. Beide Gerichte hielten den Zolltarif für eindeutig und die Auslegung der Tarifbestimmungen durch das Zollamt für korrekt, so dass keine Entscheidung des EuGH eingeholt wurde. Die HK hatte allerdings auch keine Vorlage angeregt. Aufgrund des BFH-Urteils überwies sie im Februar 2019 die 37 000 € an das Hauptzollamt.

Ende August 2019 entschied der EuGH in einem vergleichbaren Fall aus dem Mitgliedstaat M, dass Geflügelteile wie die von HK exportierten zweifelsfrei unter die Zollstelle 453-C fallen. Mit dieser Bestätigung ihrer früheren Rechtsauffassung im Rücken beantragte die HK am 16.9.2019 beim Hauptzollamt Hamburg-Jonas die Aufhebung des Rückforderungsbescheids vom 21.11.2017, um die Rückzahlung der 37 000 € zu erreichen. Das Zollamt lehnt den Antrag ab und verweist zur Begründung darauf, dass der Bescheid nicht bloß bestandskräftig, sondern sogar rechtskräftig vom BFH bestätigt worden sei. Die HK hält die Ablehnung ihres Antrags für falsch, weil das Hauptzollamt unionsrechtlich zur Aufhebung des Bescheids verpflichtet sei. Zumindest müsse es ihren Fall erneut prüfen.

---

1 Siehe § 2 S. 3 Nr. 2 der Ausfuhrerstattungsverordnung (AusfErstV) vom 24.5.1996 (BGBl. I 1996, S. 766), zuletzt geändert durch Artikel 3 des Gesetzes vom 19.5.2009 (BGBl. I 2009 S. 1090).

2 Es handelt sich hierbei um fiktive Zahlen; auf den genauen Tarif kommt es im Rahmen dieser Klausur nicht an.

Hat HK einen Anspruch darauf, dass der Bescheid vom 21.11.2017 aufgehoben, zumindest aber erneut geprüft wird? Gehen Sie davon aus, dass das Unionsrecht keine Verfahrensregelungen für die Aufhebung solcher Rückforderungsbescheide[3] enthält.

Abgabenordnung[4] (AO) – Auszug:

§ 1 Anwendungsbereich

(1) Dieses Gesetz gilt für alle Steuern einschließlich der Steuervergütungen, die durch Bundesrecht oder Recht der Europäischen Gemeinschaften geregelt sind, soweit sie durch Bundesfinanzbehörden oder durch Landesfinanzbehörden verwaltet werden. [...]

§ 3 Steuern, steuerliche Nebenleistungen

(1) Steuern sind Geldleistungen, die nicht eine Gegenleistung für eine besondere Leistung darstellen und von einem öffentlich-rechtlichen Gemeinwesen zur Erzielung von Einnahmen allen auferlegt werden, bei denen der Tatbestand zutrifft, an den das Gesetz die Leistungspflicht knüpft; die Erzielung von Einnahmen kann Nebenzweck sein.

Gesetz zur Durchführung der gemeinsamen Marktorganisationen und der Direktzahlungen[5] (MOG) – Auszug:

§ 2 Marktordnungswaren

Marktordnungswaren im Sinne dieses Gesetzes sind die Erzeugnisse, die den gemeinsamen Marktorganisationen unterliegen, [...]

§ 5 Sonstige Begriffsbestimmungen

Im Sinne dieses Gesetzes sind: [...]

Ausfuhrerstattungen:

Erstattungen einschließlich Berichtigungs- und Differenzbeträgen, die [...] bei der Ausfuhr von Marktordnungswaren gewährt werden; [...]

§ 10 Rücknahme, Widerruf, Erstattung

(1) Rechtswidrige begünstigende Bescheide [...] sind, auch nachdem sie unanfechtbar geworden sind, zurückzunehmen; § 48 Abs. 2 bis 4 und § 49a Abs. 1 Satz 1 und Abs. 2 des Verwaltungsverfahrensgesetzes sind anzuwenden. [...]

(2) Rechtmäßige begünstigende Bescheide [...] sind, auch nachdem sie unanfechtbar geworden sind, zu widerrufen, soweit eine Voraussetzung für den Erlass des Bescheides nachträglich entfallen oder nicht eingehalten worden ist, insbesondere der gewährte rechtlich erhebliche Vorteil nicht oder

3 Die VO (EG) Nr. 612/2009 der Kommission vom 7.7.2009 über gemeinsame Durchführungsvorschriften für Ausfuhrerstattungen bei landwirtschaftlichen Erzeugnissen (ABl. 2009 Nr. L 186/1), zuletzt geändert durch Delegierte VO (EU) Nr. 907/2014 der Kommission vom 11.3.2014 (ABl. 2014 Nr. L 255/18) enthält in Art. 49 Bestimmungen über die Rückforderung von zu Unrecht gezahlten Erstattungen. Für den vorliegenden Fall kommt es darauf aber nicht an, weil es hier um die *Aufhebung* eines solchen Rückforderungsbescheides geht.

4 Fassung der Bekanntmachung vom 1.10.2002 (BGBl. I S. 3866; 2003 I S. 61), zuletzt geändert durch Art. 15 des Gesetzes vom 18.12.2018 (BGBl. I S. 2639).

5 Fassung der Bekanntmachung vom 7.11.2017 (BGBl. I 2017, S. 3746), zuletzt geändert durch Art. 1 des Gesetzes vom 6.5.2019 (BGBl. I 2019, S. 642).

nicht mehr nach Maßgabe des Bescheides verwendet wird; der Bescheid ist mit Wirkung für die Vergangenheit zu widerrufen, [...]. § 48 Abs. 4 des Verwaltungsverfahrensgesetzes gilt entsprechend, § 49a Abs. 1 Satz 1 und Abs. 2 des Verwaltungsverfahrensgesetzes ist anzuwenden.

(3) Zu erstattende Beträge werden durch Bescheid festgesetzt.

Vorüberlegungen

Die Klausur behandelt den Einfluss des Europarechts auf die Bestandskraft von Verwaltungsakten. Damit besteht eine gewisse Parallele zu Fall 15, bei dem es ebenfalls um die Auswirkungen des europäischen Rechts auf grundlegende deutsche Bestimmungen (vorläufiger Rechtsschutz nach der VwGO) geht. **430**

Der Fall ist der Entscheidung des EuGH in Sachen Kühne & Heitz[6] aus dem Jahr 2004 nachgebildet. Dort ging es um eine niederländische Firma, so dass der Fall nach Deutschland übertragen wurde, um deutsches Verwaltungsverfahrensrecht anwenden zu können.

Die Fragestellung ist rein materiellrechtlich, zu prüfen sind die Ansprüche der HK. Dafür sind zunächst die möglichen Anspruchsgrundlagen zu ermitteln. Die abgedruckten Normen des MOG und der AO sollten dabei ohne größere Probleme dazu führen, dass letztlich nur das allgemeine Verwaltungsverfahrensgesetz als Grundlage in Betracht kommt. Hier ist dann eine schulmäßige Prüfung der §§ 48, 49 und 51 VwVfG gefragt, bei der die europarechtlichen Fragen an der geeigneten Stelle aufzuwerfen und abzuhandeln sind. Spezielle Kenntnisse des Zolltarifs oder des Ausfuhrerstattungsrechts sind dagegen nicht notwendig und werden auch nicht erwartet.

Die europarechtliche Pflicht folgt hier aus den allgemeinen Mitwirkungspflichten der Mitgliedstaaten nach Art. 4 III AEUV. Die nationalen Behörden bewegen sich dabei im Spannungsfeld verschiedener Ausprägungen des Rechtsstaatsprinzips und der allgemeinen europäischen Rechtsgrundsätze. Auf der einen Seite steht das Prinzip der Rechtssicherheit, das im deutschen Recht unter anderem durch das Institut der Bestandskraft von Verwaltungsakten verwirklicht wird. Auf der anderen Seite verlangt die Bindung der Verwaltung an Recht und Gesetz, dass rechtswidrige Entscheidungen grundsätzlich zu korrigieren sind. Dies gilt auch und gerade für Verwaltungsakte, die dem europäischen Recht widersprechen. In der Entscheidung Kühne & Heitz hat der EuGH das Prinzip der Rechtssicherheit betont, aber gleichzeitig einige Voraussetzungen aufgestellt, bei deren Vorliegen die Verwaltung zumindest zur Überprüfung der fraglichen Entscheidung verpflichtet ist. Im Kempter-Urteil vom Februar 2008[7] hat er diese weiterentwickelt.

Bei § 48 VwVfG werden die Kriterien zweckmäßigerweise im Rahmen des Ermessens erörtert, wobei sich das Ermessen wiederum in das Überprüfungsermessen (Befasst sich das Hauptzollamt überhaupt noch einmal mit dem Bescheid?) und das Aufhebungsermessen (Hebt das Hauptzollamt den Bescheid tatsächlich auf?) aufspalten lässt. Der EuGH hat in Sachen Kühne & Heitz vor allem das Überprüfungsermessen im Blick gehabt, doch es spricht einiges dafür, die Erwägungen auch im Rahmen des Aufhebungsermessens fruchtbar zu machen.

6 EuGH vom 13.1.2004, Rs. C-453/00, Slg. 2004, I-837, EuZW 2004, S. 215 f., NVwZ 2004, S. 459 f., Kühne & Heitz U./.Productschap voor Pluimvee en Eieren.
7 EuGH, Urteil vom 12.2.2008, Rs. C-2/06, Slg. 2008, I-411, EuZW 2008, S. 148 f., NVwZ 2008, S. 870, Willy Kempter KG./.Hauptzollamt Hamburg-Jonas.

Bejaht man mit dem EuGH die Aufhebung nach § 48 I VwVfG, so wäre der HK an sich schon geholfen und die Überprüfung weiterer Anspruchsgrundlagen zumindest in einem Urteil entbehrlich. Bei dem hier anzufertigenden Gutachten deutet die Fallfrage aber darauf hin, alle möglichen Rechtsgrundlagen in Betracht zu ziehen, so dass auch auf § 51 VwVfG einzugehen ist. Das Hauptproblem dort ist die Frage, ob eine Änderung der Rechtsprechung des EuGH zu einer relevanten „Änderung der Rechtslage" i.S.d. § 51 I Nr. 1 VwVfG führt. Während das für Rechtsprechungsänderungen der obersten nationalen Gerichte ganz überwiegend verneint wird, scheint es beim EuGH wegen des deutlichen case-law-Charakters des Europarechts nicht ganz so eindeutig. Die besseren Gründe sprechen aber wohl doch gegen ein solches Verständnis des § 51 VwVfG. Auch hier kommt es letztlich nicht auf das Ergebnis an, sondern darauf, dass die aus der Mitwirkungspflicht resultierenden Einflüsse auf das deutsche Verwaltungsverfahrensrecht an geeigneter Stelle thematisiert und angemessen bearbeitet werden.

Die Klausur mit mittlerem bis hohem Schwierigkeitsgrad ist sowohl für den Pflichtfachbereich als auch für den Schwerpunktbereich geeignet.

Gliederung

431 **A. Notwendigkeit einer Anspruchsgrundlage**

B. Unionsrechtliche Anspruchsgrundlage?

C. Deutsche Anspruchsgrundlagen: MOG, AO oder VwVfG?

D. Rücknahme nach § 48 VwVfG?

- I. Anwendbarkeit der §§ 48, 49 VwVfG
- II. Tatbestand des § 48 I VwVfG
  - 1. Formelle Rechtswidrigkeit
  - 2. Materielle Rechtswidrigkeit
- III. Ermessen gemäß §§ 40, 48 I VwVfG
  - 1. Überprüfungsermessen
  - 2. Aufhebungsermessen

E. Widerruf nach § 49 VwVfG

F. Anspruch auf Wiederaufnahme gemäß § 51 VwVfG

- I. Anwendbarkeit des § 51 VwVfG
- II. Tatbestand des § 51 I VwVfG
- III. Ergebnis

G. Gesamtergebnis

Musterlösung

A. Notwendigkeit einer Anspruchsgrundlage

HK benötigt eine Anspruchsgrundlage, damit sie vom Zollamt die Aufhebung und Rückzahlung verlangen kann. Da die Erstattung nach dem Zolltarif materiell unionsrechtlich geregelt ist, ist zunächst zu prüfen, ob deutsches oder europäisches Verfahrensrecht anzuwenden ist. **432**

B. Unionsrechtliche Anspruchsgrundlage?

Grundsätzlich richtet sich das Verwaltungshandeln und -verfahren nach der Art des Vollzugs des Unionsrechts[8]: Beim unionsunmittelbaren Vollzug gilt daher fast ausschließlich primäres und sekundäres Unionsrecht, beim Vollzug durch die Mitgliedstaaten dagegen das jeweilige nationale Recht, soweit nicht in bestimmten besonders stark „vergemeinschafteten" Bereichen unionsrechtliche Vorschriften bestehen. Dabei stellt der Vollzug des Unionsrechts durch die Mitgliedstaaten die Regel dar, während der Vollzug unmittelbar durch die Unionsorgane nur in Ausnahmefällen erfolgt. Dafür muss das primäre Unionsrecht den unionsunmittelbaren Vollzug ausdrücklich vorsehen[9]. **433**

Hier verlangt die HK vom Zollamt eine Rückerstattung nach dem unionsrechtlichen Zolltarif. Für den Vollzug des Erstattungsrechts sind laut Sachverhalt die nationalen Zollbehörden zuständig. Es handelt sich somit um den Vollzug durch die Mitgliedstaaten, so dass grundsätzlich das deutsche Verwaltungsverfahrensrecht anzuwenden ist.

C. Deutsche Anspruchsgrundlagen: MOG, AO oder VwVfG?

Zu prüfen ist, ob für die Zollverwaltung hier das allgemeine Verwaltungsverfahrensgesetz oder als vorrangiges Recht das Marktorganisationsgesetz (MOG) oder die Abgabenordnung gelten. **434**

Das MOG enthält in § 10 I und II Bestimmungen über die Rücknahme und den Widerruf bestimmter Bescheide. Diese beziehen sich dem Wortlaut nach aber nur auf „begünstigende Bescheide". Da hier eine eigenständige Definition für den Begriff „begünstigend" fehlt, kann ergänzend § 48 I 2 VwVfG herangezogen werden, auf den auch sonst in § 10 I 1 MOG verwiesen wird. Danach sind begünstigende Verwaltungsakte solche, die ein Recht oder einen rechtlich erheblichen Vorteil begründen oder bestätigen. Hier geht es der HK darum, den Rückforderungsbescheid vom 21.11.2017 aufheben zu lassen. Das würde zwar mittelbar zu einem Vorteil führen, weil sie dann die höhere (ursprüngliche) Ausfuhrerstattung bekäme, ändert aber nichts daran, dass der Rückforderungsbescheid selbst nicht begünstigend ist. Die Voraussetzungen des § 10 MOG sind damit nicht erfüllt.

---

8 Siehe *Streinz*, Europarecht, Rn. 598, 600.
9 Siehe dazu *Streinz*, Europarecht, Rn. 583.

Der Anwendungsbereich der Abgabenordnung ergibt sich aus § 1 AO i.V.m. den Begriffsbestimmungen in § 3 AO. Bei der Ausfuhrerstattung (§ 5 MOG), die den Exporteuren gezahlt wird, handelt es sich nicht um eine Steuer i.S.d. § 3 I AO[10], so dass die Abgabenordnung hier nicht anwendbar ist. Das Verfahren der Zollbehörden richtet sich daher mangels speziellerer Bestimmungen nach dem Verwaltungsverfahrensgesetz.

D. Rücknahme nach § 48 VwVfG?

I. Anwendbarkeit der §§ 48, 49 VwVfG

435 Nach § 48 I VwVfG kann ein rechtswidriger Verwaltungsakt, auch wenn er unanfechtbar geworden ist, ganz oder teilweise mit Wirkung für die Zukunft oder die Vergangenheit zurückgenommen werden. Fraglich ist allerdings, ob § 48 VwVfG überhaupt anwendbar ist. Das könnte problematisch sein, weil § 10 MOG teilweise Sonderregelungen enthält, die möglicherweise den Rückgriff auf das allgemeinere VwVfG versperren.

Nach § 1 VwVfG gilt das Gesetz u.a. für die öffentlich-rechtliche Verwaltungstätigkeit des Bundes sowie der Länder und Gemeinden, wenn diese Bundesrecht im Auftrag des Bundes ausführen, soweit nicht Rechtsvorschriften des Bundes inhaltsgleiche oder entgegenstehende Bestimmungen enthalten.

Zuständig für die Ausfuhrerstattung ist das Hauptzollamt Hamburg-Jonas. Dieses vollzieht bei der Gewährung der Ausfuhrerstattung u.a. das MOG des Bundes, das in § 5 den Begriff „Ausfuhrerstattung" definiert. Außerdem gehört die Zollverwaltung nach Art. 108 I GG zu den Behörden des Bundes, so dass das VwVfG hier grundsätzlich anwendbar ist.

Fraglich ist daher allein, ob es sich bei § 10 MOG um „entgegenstehende Bestimmungen" i.S.d. § 1 I VwVfG handelt. Soweit es um die Rücknahme und den Widerruf *begünstigender* Bescheide geht, wird man das bejahen können, da beispielsweise die in § 10 I 1 MOG geregelte obligatorische Rücknahme („sind ... zurückzunehmen") sinnlos wäre, wenn die Verwaltung dennoch gem. § 48 I 1 VwVfG ein Ermessen („kann zurückgenommen ... werden") hätte. Andererseits verweist § 10 MOG selbst auf die §§ 48, 49 VwVfG, was darauf hindeutet, dass die Regelung nicht völlig abschließend gemeint sein kann. Daher lässt sich aus der Nichterwähnung der nicht-begünstigenden Verwaltungsakte in § 10 MOG auch nicht ableiten, dass deren Rücknahme und Widerruf ausgeschlossen sein sollten. Außerdem spricht auch das Rechtsstaatsprinzip (Art. 20 III GG) dafür, dass die Verwaltung insbesondere belastende Bescheide selbst wieder aufheben darf. Daher ist § 48 VwVfG hier bezüglich des Rückforderungsbescheids grundsätzlich anwendbar.

---

10 Und auch nicht um eine Ein- oder Ausfuhr*abgabe* oder um eine steuerliche Nebenleistung i.S.d. § 3 III und IV AO, auf deren Abdruck hier aus Vereinfachungsgründen verzichtet wurde.

II. Tatbestand des § 48 I VwVfG

Der Bescheid vom 21.11.2017, mit dem ein Teil der Ausfuhrerstattung zurückgefordert wurde, stellt einen Verwaltungsakt i.S.d. § 35 S. 1 VwVfG dar. Dieser ist auch unanfechtbar geworden, weil er durch den Bundesfinanzhof letztinstanzlich bestätigt wurde. Fraglich ist, ob er auch rechtswidrig ist. **436**

Der Begriff der Rechtswidrigkeit wird in § 48 VwVfG nicht definiert. Hilfsweise kann hier aber § 44 I SGB X herangezogen werden. Rechtswidrigkeit liegt demnach vor, wenn „sich im Einzelfall ergibt, dass bei Erlass eines Verwaltungsaktes das Recht unrichtig angewandt oder von einem Sachverhalt ausgegangen worden ist, der sich als unrichtig erweist“. Prüfungsmaßstab hierfür ist neben dem formellen und materiellen nationalen Recht u.a. auch das EU-Recht[11]. Maßgeblich ist dabei grundsätzlich die Sach- und Rechtslage zum Zeitpunkt des Erlasses des VAs[12].

1. Formelle Rechtswidrigkeit

Formelle Fehler des Bescheids vom 21.11.2017 sind nach dem Sachverhalt nicht zu erkennen, insbesondere ist die Zuständigkeit des Hauptzollamts Hamburg-Jonas gegeben und die HK wurde angehört. **437**

2. Materielle Rechtswidrigkeit

Seine Ermächtigungsgrundlage findet der Bescheid in den Bestimmungen über die Ausfuhrerstattung des europäischen Rechts und des MOG[13]. Fraglich ist hier allein, ob er diesen entspricht. Aus heutiger Sicht ergibt sich durch die inzwischen ergangene Entscheidung des EuGH, dass Geflügelteile wie die von HK exportierten unter die Zollstelle 453-C fallen, so dass im November 2017 der falsche Tarif angewandt wurde. Da es aber auf die Sach- und Rechtslage zum Zeitpunkt des Erlasses ankommt, könnte man überlegen, ob der VA im November 2017 dennoch rechtmäßig war. Denn damals wurde die Ansicht des Hauptzollamts immerhin von FG und BFH geteilt, und das anders lautende EuGH-Urteil war noch nicht ergangen. Gegen ein solches Verständnis der Rechtmäßigkeit spricht allerdings, dass der EuGH für sich in Anspruch nimmt, durch die Auslegung einer Bestimmung des Unionsrechts im Vorabentscheidungsverfahren nach Art. 267 AEUV erforderlichenfalls zu erläutern und zu verdeutlichen, in welchem Sinne und mit welcher Bedeutung diese Bestimmung *ab ihrem Inkrafttreten* zu verstehen und anzuwenden ist oder gewesen wäre. Daher ist eine so ausgelegte Bestimmung des Unionsrechts von einer Verwaltungsbe- **438**

11 *Maurer/Waldhoff*, Allgemeines Verwaltungsrecht, § 11 Rn. 16 und 53 ff. Vgl. dazu auch BVerwG vom 17.1.2007, 6 C 32/06, NVwZ 2007, S. 709 ff.

12 *Maurer/Waldhoff*, Allgemeines Verwaltungsrecht, § 10 Rn. 23.

13 Nähere Ausführungen sind hierzu entbehrlich und auch nicht möglich, da der Sachverhalt dazu keine weiteren Angaben macht und Kenntnisse der einschlägigen Normen nicht verlangt werden können.

hörde im Rahmen ihrer Zuständigkeit auch auf Rechtsbeziehungen anzuwenden, die vor dem Erlass der Vorabentscheidung des Gerichtshofes entstanden sind[14].

Vor diesem Hintergrund ergibt sich somit, dass die ursprüngliche Auslegung des Zolltarifs, die die Grundlage für den Bescheid bildet, unzutreffend war. Der Bescheid vom 21.11.2017 ist somit (unions-)rechtswidrig[15].

Damit kann der Bescheid gem. § 48 I 1 VwVfG grundsätzlich für die Zukunft oder die Vergangenheit zurückgenommen werden. Die besonderen Vertrauensschutzbestimmungen des § 48 II bis IV VwVfG greifen hier nicht, weil es sich bei dem Rückforderungsbescheid nicht um einen begünstigenden VA i.S.d. § 48 I 2 VwVfG handelt (siehe oben). Zuständig für die Rücknahme ist die Behörde, die den Verwaltungsakt erlassen hat, hier also das Hauptzollamt Hamburg-Jonas (§ 48 V i.V.m. § 3 VwVfG).

III. Ermessen gemäß §§ 40, 48 I VwVfG

439 Nach § 48 I 1 „kann" der VA zurückgenommen werden; der Behörde steht somit ein Ermessen zu. Dabei ist sie gem. § 40 VwVfG verpflichtet, ihr Ermessen entsprechend dem Zweck der Ermächtigung auszuüben und die gesetzlichen Grenzen des Ermessens einzuhalten.

HK hat daher zumindest einen Anspruch auf die fehlerfreie Ausübung des behördlichen Ermessens. Die Aufhebung des Bescheids könnte sie aber nur verlangen, wenn dies die einzig rechtmäßige Möglichkeit wäre, also ein Fall der so genannten Ermessensreduzierung auf Null vorläge.

Dabei sind zwei Formen des Ermessens zu unterscheiden: Zum einen das so genannte „Überprüfungsermessen", zum anderen das sog. „Aufhebungsermessen".

1. Überprüfungsermessen

440 Das Überprüfungsermessen betrifft die Frage, ob die Behörde das Verfahren überhaupt wieder aufgreift. Eine entsprechende Ermessensreduzierung könnte sich hier aus der Pflicht zur Zusammenarbeit nach Art. 4 III EUV ergeben.

Nach Art. 4 III 2 EUV ergreifen die Mitgliedstaaten (auch Deutschland, Art. 52 I EUV) alle geeigneten Maßnahmen allgemeiner oder besonderer Art zur Erfüllung der Verpflichtungen, die sich „aus den Verträgen" (also EUV und AEUV, vgl. Art. 1 III 1 EUV) oder aus den Handlungen der Organe der Union ergeben. Gemäß Art. 4 III 3 EUV müs-

---

14 St. Rspr., EuGH vom 20.12.2017, Rs. C-492/16, ECLI:EU:C:2017:995 (JURIS), Rn. 41 m.w.N., Incyte Corporation./.Szellemi Tulajdon Nemzeti Hivatala, EuGH vom 13.1.2004, Rs. C-453/00, Slg. 2004, I-837 ff., EuZW 2004, S. 215 f., 216, Rn. 21 f. m.w.N., Kühne & Heitz. Siehe dazu *Streinz*, Europarecht, Rn. 706 f., *Dittert*, Europarecht, S. 158 f., sowie ausführlich *Wegener*, in: Calliess/Ruffert, AEUV, Art. 267, Rn. 52 ff.; zu Ausnahmen aus Gründen der Rechtssicherheit *Düsterhaus*, EuR 2017, S. 30 ff. Der BGH hat keine grundsätzlichen verfassungsrechtlichen Bedenken gegen die Rückwirkung, siehe BGH vom 21.4.1994, I ZR 31/92, NJW 1994, S. 2607 ff. mit Anmerkung *Schulze* (S. 2610).

15 Im Ergebnis ebenso *Schmahl/Köber*, EuZW 2010, S. 927 ff., 928.

sen sie außerdem alle Maßnahmen unterlassen, die die Verwirklichung der Ziele der Union gefährdet könnten. Diese Pflicht obliegt nach st. Rspr. des EuGH allen Trägern der öffentlichen Gewalt[16] und damit auch der Zollverwaltung.

An dieser Stelle muss nicht erörtert werden, ob Art. 4 III EUV auch fordert, dass das nationale Recht entsprechende Verfahrensregeln zur Aufhebung von Verwaltungsentscheidungen enthält bzw. solche zu erlassen sind, da diese mit den §§ 48 ff. VwVfG bzw. den vergleichbaren Bestimmungen der Bundesländer zumindest in Deutschland vorhanden sind[17].

Im vorliegenden Fall haben sowohl das Hauptzollamt als auch die Gerichte den unionsrechtlichen Zolltarif falsch ausgelegt, wie die spätere Entscheidung des EuGH zeigt. **441** Der auf dieser falschen Auslegung beruhende Rückforderungsbescheid verstößt, wie oben dargelegt, gegen europäisches Recht. Das könnte dafür sprechen, nach dem aus Art. 4 III EUV abgeleiteten Effektivitätsgrundsatz stets eine Verpflichtung zur Aufhebung solcher Bescheide bzw. eine entsprechende Ermessensreduzierung anzunehmen. Der Grundsatz besagt, dass die deutschen Behörden die Verfahrensvorschriften nur insoweit anwenden dürfen, als dadurch die Realisierung des unionsrechtlich begründeten Anspruchs des Unternehmens nicht vereitelt oder wesentlich erschwert wird[18]. Tatsächlich hat sich der EuGH in der Ciola-Entscheidung in Richtung einer allgemeinen Rücknahmepflicht geäußert, indem er den Vorrang des Gemeinschaftsrechts auch gegenüber den Trägern der Verwaltung betont hat[19]. Würde man eine solche Pflicht statuieren, könnte es aber zu Problemen mit der Rechtssicherheit kommen, weil die Bescheide praktisch unter dem Damoklesschwert nachträglicher EuGH-Urteile stünden, und das wegen der vom Gerichtshof beanspruchten Rückwirkung auf unbestimmte Zeit. Auch der EuGH betont in mittlerweile st. Rspr., dass die Rechtssicherheit zu den im Unionsrecht anerkannten allgemeinen Rechtsgrundsätzen gehört. Die Bestandskraft

---

16 Z.B. EuGH vom 14.7.1994, Rs. C-91/92, Slg. 1994, I-3325, NJW 1994, S. 2473 f., 2474, Rn. 26, Faccini Dori./.Recreb (siehe dazu ausführlich Fall 11), EuGH vom 13.1.2004, Rs. C-453/00, Slg. 2004, I-837 ff., EuZW 2004, S. 215 f., 216, Rn. 20, Kühne & Heitz, und EuGH vom 12.2.2008, Rs. C-2/06, Slg. 2008, I-411, EuZW 2008, S. 148 ff., 150, Rn. 34, Willy Kempter KG./.Hauptzollamt Hamburg-Jonas, jeweils m.w.N.

17 Zu dieser Problematik siehe z.B. *Hummel*, DStZ 2011, S. 832 ff., 836 f., *Haack*, JURA 2008, S. 739 ff., 740 m.w.N. und aus der jüngeren Rspr. insbes. zum Steuerrecht FG Köln vom 25.2.2016, 11 K 3198/14 (JURIS), (insbes. Rn. 44), BFH vom 21.1.2015, X R 40/12, BFHE 248, 485, NVwZ-RR 2015, S. 510 ff. (insbes. Rn. 62 ff.), dazu *de Weerth*, IStR 2015, S. 330 f., BFH vom 6.3.2013, III B 113/12, BFH/NV 2013, S. 899, BVerfG vom 29.5.2012, 1 BvR 640/11, NVwZ 2012, S. 1033, BFH vom 16.9.2010, V R 57/09, DStR 2010, S. 2400 ff., 2403, Rn. 43 ff. m.w.N., BVerfG vom 4.9.2008, 2 BvR 1321/07, DStRE 2009, S. 60 f. mit Anm. *de Weerth*, und EuGH vom 6.10.2009, Rs. C-40/08, Slg. 2009, I-9579, EuZW 2009, S. 852 ff., 854, Rn. 35 ff., Asturcom Telecomunicaciones SL./.Cristina Rodríguez Nogueira. Die Frage wird im Steuerrecht immer wieder virulent, da die §§ 172 ff. AO keine Änderungsmöglichkeiten für bestandskräftige unionsrechtswidrige Steuerbescheide enthalten.

18 Vgl. *Streinz*, Europarecht, Rn. 618 (Lösung Fall 24). Ausführlich dazu aus der jüngeren Rspr. EuGH vom 24.10.2018, C-234/17, ECLI:EU:C:2018:853, Strafverfahren gegen XC, YB und ZA, EuZW 2019, S. 82 ff., mit Anm. *Buckler* a.a.O. S. 87 f. sowie *Streinz*, JuS 2019, S. 502 ff.

19 EuGH vom 29.4.1999, Rs. C-224/97, Slg. 1999, I-2517, EuZW 1999, S. 405 ff., 407, Rn. 30 ff., Erich Ciola./.Land Vorarlberg, mit Anmerkung *Schilling* (S. 407 f.), tendenziell ähnlich auch Generalanwalt *Léger*, Schlussanträge in der Rs. C-453/00, Slg. 2004, I-839, 856, Rn. 75, Kühne & Heitz. Siehe dazu *Kahl*, in: Calliess/Ruffert, EUV, Art. 4, Rn. 77 m.w.N.

einer Verwaltungsentscheidung, die nach Ablauf angemessener Klagefristen oder Erschöpfung des Rechtswegs eintritt, trage zur Rechtssicherheit bei. Daher verlange das Unionsrecht nicht, dass eine Verwaltungsbehörde grundsätzlich verpflichtet ist, eine bestandskräftige Verwaltungsentscheidung zurückzunehmen[20].

442 Andererseits, so der EuGH weiter, verpflichtet der Grundsatz zur Zusammenarbeit aus Art. 4 III EUV die Behörde unter bestimmten Umständen, ihre Entscheidung zu überprüfen, um der mittlerweile vom Gerichtshof vorgenommenen Auslegung der einschlägigen Bestimmung des Unionsrechts Rechnung zu tragen. Diese Behörde muss anhand der Ergebnisse dieser Überprüfung entscheiden, inwieweit sie verpflichtet ist, die Entscheidung zurückzunehmen, ohne die Belange Dritter zu verletzen[21]. Das setzt nach den in Sachen „Kühne & Heitz“ aufgestellten Kriterien voraus, dass (1) die Behörde nach nationalem Recht befugt ist, diese Entscheidung zurückzunehmen, (2) die Entscheidung infolge eines Urteils eines in letzter Instanz entscheidenden nationalen Gerichts bestandskräftig geworden ist, (3) das Urteil, wie eine nach seinem Erlass ergangene Entscheidung des Gerichtshofes zeigt, auf einer unrichtigen Auslegung des Unionsrechts beruht, die erfolgt ist, ohne dass der Gerichtshof um Vorabentscheidung ersucht wurde, obwohl der Tatbestand des Art. 267 III AEUV erfüllt war, und (4) der Betroffene sich, unmittelbar nachdem er Kenntnis von der besagten Entscheidung des Gerichtshofes erlangt hat, an die Verwaltungsbehörde gewandt hat[22].

Zu prüfen ist daher, ob diese Kriterien hier erfüllt sind. Die Befugnis des Hauptzollamts zur Rücknahme auch bestandskräftiger Verwaltungsakte ergibt sich unproblematisch aus § 48 I und V VwVfG. Der BFH war hier gem. § 36 FGO letztinstanzlich zuständig und hat den Bescheid bestätigt. Dabei hat er den unionsrechtlichen Zolltarif falsch ausgelegt, wie die spätere Entscheidung des EuGH beweist. Da Entscheidungen des BFH nicht mehr mit ordentlichen Rechtsmitteln angegriffen werden können, wäre er auch gem. Art. 267 I und III AEUV zur Vorlage verpflichtet gewesen[23]. Auch die vierte Bedingung ist erfüllt, da sich die HK im September 2019 unter Hinweis auf das Ende August ergangene EuGH-Urteil an das Hauptzollamt gewandt hat. Im Fall Kühne &

---

20 Vgl. EuGH vom 20.12.2017, Rs. C-492/16, ECLI:EU:C:2017:995 (JURIS), Rn. 46, Incyte, EuGH vom 12.2.2008, Rs. C-2/06, Slg. 2008, I-411, EuZW 2008, S. 148 ff., 150, Rn. 37, Kempter, und EuGH vom 13.1.2004, Rs. C-453/00, Slg. 2004, I-837, EuZW 2004, S. 215 f., 216, Rn. 24, Kühne & Heitz, je m.w.N. Dem folgen u.a. OVG NRW vom 25.06.2018, 12 A 1313/14 (JURIS) Rn. 35 ff., BVerwG vom 15.3.2005, 3 B 86/04, DÖV 2005, S. 651 f. und vom 17.1.2007, 6 C 32/06, NVwZ 2007, S. 709 ff., 711. Ebenso *Streinz*, Europarecht, Rn. 618 (Lösung Fall 24).

21 EuGH vom 13.1.2004, Rs. C-453/00, Slg. 2004, I-837, EuZW 2004, S. 215 f., 216, Rn. 27, Kühne & Heitz.

22 EuGH vom 13.1.2004, Rs. C-453/00, Slg. 2004, I-837, EuZW 2004, S. 215 f., 216, Rn. 26, Kühne & Heitz, bestätigt durch EuGH vom 20.12.2017, Rs. C-492/16, ECLI:EU:C:2017:995 (JURIS), Rn. 47, Incyte, ebenso z.B. OVG NRW vom 25.06.2018, 12 A 1313/14 (JURIS). Siehe dazu *Streinz*, Europarecht, Rn. 618 (Lösung Fall 24), sowie insbes. zum Kriterium der (fehlenden) innerstaatlichen Rechtswegerschöpfung BFH vom 14.2.2012, VII R 27/10, BFHE 237, 1, NVwZ-RR 2012, S. 585 ff., OVG Lüneburg vom 29.8.2012, 10 LC 107/10, (JURIS), und *Hummel*, DStZ 2011, S. 832 ff. Als fünfte Voraussetzung dürfte noch der vom EuGH a.a.O. in Rn. 26 eher beiläufig genannte Aspekt hinzukommen, dass Belange Dritter nicht beeinträchtigt sein dürfen, siehe *Haack*, JURA 2008, S. 739 ff., 740, und *Sasse*, JURA 2009, S. 493 ff., 497, je m.w.N.

23 Siehe dazu *Streinz*, Europarecht, Rn. 693 ff.

Heitz hatte der EuGH sogar eine Frist von drei Monaten ab Kenntnis des Urteils für unschädlich gehalten[24].

Die vom EuGH aufgestellten Kriterien für eine Rücknahmepflicht sind im vorliegenden Fall also gegeben. Zu bedenken ist allerdings, dass die HK im Prozess gegen den Rückforderungsbescheid keine Vorlage an den EuGH angeregt hat. Hierin könnte ein Verstoß gegen eigene prozessuale Sorgfaltspflichten liegen, mit der Folge, dass sie sich nunmehr nicht mehr gegen die Unionsrechtswidrigkeit wehren kann.

Tatsächlich war auf der Basis des Urteils in Sachen Kühne & Heitz unklar, ob es für die **443** Überprüfung und Korrektur einer Verwaltungsentscheidung notwendig ist, dass sich der Betroffene im Rahmen des gerichtlichen Rechtsbehelfs gegen diese Entscheidung auf das Unionsrecht berufen hat[25]. Dagegen spricht allerdings schon der Wortlaut des Art. 267 III AEUV, der keinen entsprechenden Antrag der Parteien verlangt[26]. Inzwischen hat auch der EuGH im Fall Kempter festgestellt, dass das Unionsrecht keine solche Pflicht enthalte. Es genüge vielmehr, wenn der unionsrechtliche Gesichtspunkt, dessen Auslegung sich in Anbetracht eines späteren Urteils des Gerichtshofs als unrichtig erwiesen hat, von dem in letzter Instanz entscheidenden nationalen Gericht entweder geprüft wurde oder von Amts wegen hätte aufgegriffen werden können[27]. Außerdem sollte es nicht dem betroffenen Bürger angelastet werden, wenn die nationalen Gerichte die Bedeutung einer unionsrechtlichen Zweifelsfrage übersehen[28]. Auch wenn das Unionsrecht von den Parteien nicht geltend gemacht wird, muss das nationale Gericht die rechtlichen Gesichtspunkte, die sich aus einer zwingenden Vorschrift des Unionsrechts ergeben, von Amts wegen aufgreifen, wenn die nationalen Gerichte nach dem nationalen Recht verpflichtet oder berechtigt sind, dies im Fall einer zwingenden Vorschrift des nationalen Rechts zu tun[29].

Damit sind alle notwendigen Voraussetzungen für eine Überprüfung des Rückforderungsbescheids gegeben. Im Rahmen der Ermessensausübung kann dem Unionsrecht nur durch eine erneute Überprüfung des Bescheids Genüge getan werden. Würde man

---

24 Siehe EuGH vom 12.2.2008, Rs. C-2/06, Slg. 2008, I-411, EuZW 2008, S. 148 ff., 151, Rn. 54, Kempter, sowie Generalanwalt *Léger*, Schlussanträge in der Rs. C-453/00, Slg. 2004, I-839, 842 ff., Rn. 13 f., Kühne & Heitz. Ob auch eine Frist von 1 ¾ Jahren noch ausreichend ist, hat das FG Berlin-Brandenburg ausdrücklich offen gelassen, da es darauf im konkreten Fall nicht mehr ankam, s. FG Berlin-Brandenburg vom 29.6.2010, 5 K 2292/06 B, EFG 2012, 206 f., 207. In der Kempter-Entscheidung hat der EuGH seine Rspr. inzwischen dahingehend präzisiert, dass das Unionsrecht die Möglichkeit, einen Antrag auf Überprüfung einer bestandskräftigen Verwaltungsentscheidung zu stellen, in zeitlicher Hinsicht nicht beschränkt. Die Mitgliedstaaten können jedoch im Einklang mit den unionsrechtlichen Grundsätzen der Effektivität und der Äquivalenz angemessene Rechtsbehelfsfristen festlegen (a.a.O., Rn. 63).

25 Für eine solche Pflicht des Betroffenen wohl BVerwG 15.3.2005, 3 B 86/04, DÖV 2005, S. 651 f. Die Unsicherheit veranlasste das FG Hamburg (DStRE 2006, S. 373 ff., 375), die Frage in der Sache Kempter dem EuGH vorzulegen.

26 Siehe dazu auch Generalanwalt *Bot*, Schlussanträge in der Rs. C-2/06, Slg. 2008, I-414 ff., Rn. 85 ff., Kempter.

27 Vgl. EuGH vom 12.2.2008, Rs. C-2/06, Slg. 2008, I-411, EuZW 2008, S. 148 ff., 150 f., Rn. 46 und 43, Kempter.

28 Vgl. FG Hamburg DStRE 2006, S. 2373 ff., 2375.

29 EuGH vom 13.2.2014, Rs. C-18/13, ECLI:EU:C:2014:69, DStRE 2014, S. 1249 ff., Rn. 34, Maks Pen EOOD./.Direktor na Direktsia „Obzhalvane i danachno-osiguritelna praktika" Sofia.

dem Hauptzollamt eine entsprechende Ablehnungsmöglichkeit zubilligen, hätte die HK zudem überhaupt keine Möglichkeit mehr, den Verstoß gegen europäisches Recht geltend zu machen. Daher ist das Überprüfungsermessen hier auf Null reduziert, so dass sich das Hauptzollamt erneut mit der Sache befassen muss.

2. Aufhebungsermessen

444 Das Aufhebungsermessen betrifft die Frage, ob der Rückforderungsbescheid tatsächlich aufzuheben ist, also auch insofern eine entsprechende Ermessensreduzierung besteht. Fraglich ist zunächst, ob auch hier die vom EuGH im Fall Kühne & Heitz aufgestellten Ermessenskriterien gelten[30]. Dagegen könnte sprechen, dass er im Tenor dieser Entscheidung ausdrücklich nur die Pflicht zur „Überprüfung" der Verwaltungsentscheidung ausspricht. Das könnte bedeuten, dass es im Übrigen beim allgemeinen Ermessensspielraum der Behörde bleibt. Andererseits heißt es am Ende der Urteilsbegründung auch, dass die Behörde anhand der Ergebnisse dieser Überprüfung entscheiden müsse, inwieweit sie verpflichtet sei, die fragliche Entscheidung zurückzunehmen[31]. Das deutet darauf hin, dass die Überprüfung auch nach Ansicht des EuGH nicht völlig losgelöst von den praktischen Folgen gedacht zu sein scheint. Außerdem ist der HK und der praktischen Durchsetzung des Unionsrechts letztlich nur gedient, wenn der Rückforderungsbescheid nicht bloß überprüft, sondern tatsächlich aufgehoben wird. Daher sollten hier sinngemäß dieselben Erwägungen wie beim Überprüfungsermessen gelten. Gegen eine entsprechende Aufhebung könnten zwar die vom EuGH erwähnten entgegenstehenden Belange Dritter sprechen, doch sind solche hier nicht erkennbar. In anderen Fällen mag ebenfalls die Rechtssicherheit überwiegen, weil z.B. die Rückabwicklung des Verwaltungsakts in der Praxis undurchführbar sein könnte. Hier geht es diesbezüglich aber nur um Zahlungspflichten, die sich leicht handhaben lassen. Daher ist auch nach dem oben zum Überprüfungsermessen Gesagten auch das Aufhebungsermessen auf Null reduziert, so dass die HK im Ergebnis die Aufhebung des Rückforderungsbescheids verlangen kann[32].

E. Widerruf nach § 49 VwVfG

445 Nach (nicht unbestrittener) Rspr. und wohl h.M. können auch rechtswidrige Verwaltungsakte nach § 49 VwVfG zurückgenommen werden[33]. Begründet wird dies insbesondere damit, dass der Widerruf eines rechtswidrigen VAs erst recht möglich sein müsse,

---

30 Siehe dazu ausführlich *Britz/Richter*, JuS 2005, S. 198 ff., sowie *Kahl*, in: Calliess/Ruffert, EUV, Art. 4, Rn. 77 m.w.N.

31 EuGH vom 13.1.2004, Rs. C-453/00, Slg. 2004, I-837, EuZW 2004, S. 215 f., 216, Rn. 27, Kühne & Heitz.

32 Im Ergebnis ebenso *Lenze*, VerwArch 2006, S. 49 ff., 56, *Kanitz/Wendel*, JuS 2008, S. 58 ff., 63, und *Streinz*, Europarecht, Rn. 618 (Lösung Fall 24). Siehe dazu auch *Haack*, JURA 2008, S. 739 ff., 740 m.w.N. Bedenkenswert ist allerdings der Einwand von *Haack* a.a.O. m.w.N., es sei unstimmig, einerseits den Rücknahmeanspruch zu bejahen, während andererseits das mitgliedstaatliche Recht nicht einmal gehalten sein soll, eine Rücknahmemöglichkeit überhaupt zu eröffnen (siehe dazu auch den Hinweis oben bei Rn. 440).

33 Siehe dazu *Maurer/Waldhoff*, Allgemeines Verwaltungsrecht, § 11 Rn. 17, und *Kopp/Ramsauer*, VwVfG, § 49 Rn. 12, je m.w.N. Ablehnend dagegen *Ruffert*, in: Ehlers/Pünder (Hrsg.), Allgemeines Verwaltungsrecht, § 25 Rn. 1.

wenn schon rechtmäßige VAe unter den dort genannten Voraussetzungen aufgehoben werden können, denn die Rechtswidrigkeit solle die Aufhebbarkeit nicht einschränken, sondern erweitern[34]. Der Streit muss hier nicht weiter erörtert werden, da der Widerruf nicht-begünstigender Verwaltungsakte nach § 49 I VwVfG nur für die Zukunft zulässig ist. Hier verlangt HK aber die rückwirkende Aufhebung des Bescheids. Dieser Anspruch lässt sich somit ohnehin nicht auf § 49 VwVfG stützen.

F. Anspruch auf Wiederaufnahme gemäß § 51 VwVfG

Ein Anspruch auf die erneute Prüfung des Sachverhalts könnte sich auch aus § 51 I VwVfG ergeben. **446**

I. Anwendbarkeit des § 51 VwVfG

Unionsrechtliche oder sonstige Sonderregelungen über die Wiederaufnahme des Verfahrens sind nicht erkennbar. Das VwVfG ist nach dem oben zu den §§ 48, 49 VwVfG Gesagten hier grundsätzlich anwendbar. **447**

II. Tatbestand des § 51 I VwVfG

Nach § 51 I VwVfG hat die Behörde auf Antrag des Betroffenen über die Aufhebung oder Änderung eines unanfechtbaren Verwaltungsakts zu entscheiden, wenn einer der dort genannten Gründe gegeben ist. Mit dem gerichtlich bestätigten Rückforderungsbescheid liegt ein unanfechtbarer Verwaltungsakt vor. Fraglich ist jedoch, ob auch ein Wiederaufgreifensgrund gegeben ist, wobei nach dem Sachverhalt nur die Nr. 1 in Betracht kommt. **448**

Dafür müsste sich die dem Verwaltungsakt zugrunde liegende Sach- oder Rechtslage nachträglich zugunsten des Betroffenen geändert haben.

Hier erging der Rückforderungsbescheid aufgrund einer Einordnung der Geflügelteile in einen bestimmten Zolltarif. An der Art dieser Teile hat sich unstreitig nichts geändert, so dass die Sachlage unverändert geblieben ist.

Zu prüfen bleibt somit, ob sich durch das nachträgliche Urteil des EuGH eine Änderung der Rechtslage ergeben hat. Das setzt grundsätzlich voraus, dass sich das maßgebliche materielle Recht nach Erlass des VAs geändert hat[35]. Eine solche Änderung ist hier nicht erfolgt. Vielmehr hat der EuGH nur (rückwirkend) klargestellt, wie eine bestimmte Vorschrift auszulegen ist und damit die Rechtslage geklärt. Eine Änderung der höchstrichterlichen Rspr. stellt aber grundsätzlich keine Änderung der Rechtslage

34 Siehe dazu *Maurer/Waldhoff*, Allgemeines Verwaltungsrecht, § 11 Rn. 17, und *Ruffert*, in: Ehlers/Pünder (Hrsg.), Allgemeines Verwaltungsrecht, § 25 Rn. 1.
35 *Kopp/Ramsauer*, VwVfG, § 51 Rn. 30.

dar und ist dieser auch nicht gleichgestellt[36]. Für den Fall, dass ein Gericht erstmals zur Auslegung einer Vorschrift Stellung nimmt, muss daher dasselbe gelten[37].

Fraglich ist allerdings, ob bei Urteilen des EuGH eine andere Beurteilung angebracht ist, wobei hier neben dem schon angesprochenen Effektivitätsgrundsatz auch der Äquivalenzgrundsatz zum Tragen kommt. Letzterer besagt, dass die Verfahrensregelungen bei Fällen mit Unionsbezug nicht ungünstiger sein dürfen als diejenigen, die gleichartige Sachverhalte innerstaatlicher Art regeln[38]. Wie oben dargestellt, gilt in rein innerstaatlichen Fällen die Änderung der höchstrichterlichen Rspr. nicht als Änderung der Rechtslage i.S.d. § 51 I Nr. 1 VwVfG. Die entsprechende Nichtbeachtung einer Änderung der Rechtsprechung des EuGH stellt eine vergleichbare Behandlung und damit keinen Verstoß gegen das Äquivalenzgebot dar.

Nach dem Effizienzgrundsatz könnte die besondere Bedeutung der EuGH-Rspr. für die Entwicklung des Unionsrechts dafür sprechen, das Ergehen einer neuen bzw. die Änderung einer bisherigen EuGH-Rspr. einer Änderung des materiellen Rechts gleichzustellen[39].

449 Hierzu ist zunächst festzustellen, dass § 51 I VwVfG einen Rechtsanspruch auf das Wiederaufgreifen des Verfahrens und auf eine erneute Sachentscheidung gewährt[40]. Das folgt bereits aus dem Wortlaut des § 51 I VwVfG, nach dem die Behörde über die Aufhebung oder Änderung des VAs zu entscheiden „hat“. Die Anwendung des § 51 VwVfG auf Änderungen der Rspr. des EuGH würde daher zu einer relativ starren Regelung führen, bei der die Verwaltung das Verfahren wieder aufgreifen und den als rechtswidrig erkannten Verwaltungsakt selbst dann zurücknehmen müsste, wenn diese Durchbrechung der Bestandskraft im Einzelfall gar nicht unionsrechtlich induziert wäre[41]. Außerdem sieht sogar das Unionsrecht wegen des Prinzips der Rechtssicherheit keine allgemeine Aufhebungspflicht vor (s.o.). Die Anwendung des § 51 VwVfG würde – auch wenn sie sich nur auf die Wiederaufnahme des Verfahrens und nicht unmittelbar auf die Aufhebung der fraglichen Entscheidung bezieht – daher wohl über das nach dem Unionsrecht Erforderliche hinausgehen. Auch würde durch eine generelle Bejahung eines solchen Anspruchs die Bestandskraft und damit die Rechtssicherheit unangemessen beeinträchtigt[42]. Hinzu kommt, dass mit den §§ 48, 49 VwVfG ein flexibleres Verfahren zur Verfügung steht, um dem Europarecht Geltung zu verschaffen.

---

36 OVG Lüneburg vom 29.8.2012, 10 LC 107/10, (JURIS), Rn. 52, BVerwG vom 16.2.1993, 9 B 241/92, NVwZ-RR 1994, S. 119, *Kopp/Ramsauer*, VwVfG, § 51 Rn. 30, *Maurer/Waldhoff*, Allgemeines Verwaltungsrecht, § 11 Rn. 84, je m.w.N.

37 *Streinz*, Europarecht, Rn. 618 (Lösung Fall 24).

38 Vgl. EuGH vom 19.6.2006, verb. Rs. C-392/04 und C-422/04, Slg. 2006, I-8559, NVwZ 2006, S. 1277 ff., 1279, Rn. 57 m.w.N., i-21 Germany GmbH und Arcor GmbH & Co. KG./.Bundesrepublik Deutschland (umgesetzt durch BVerwG vom 17.1.2007, 6 C 32/06, NVwZ 2007, S. 709 ff.), sowie *Streinz*, Europarecht, Rn. 604.

39 Vgl. *Kanitz/Wendel*, JuS 2008, S. 58 ff., 61, und *Sasse*, JURA 2009, S. 493 ff., 497/498.

40 *Sasse*, JURA 2009, S. 493 ff., 495.

41 Vgl. *Kanitz/Wendel*, JuS 2008, S. 58 ff., 61.

42 Siehe dazu *Britz/Richter*, JuS 2005, S. 198 ff., 201, *Kahl*, in: Calliess/Ruffert, EUV, Art. 4, Rn. 74 m.w.N., sowie *Streinz*, Europarecht, Rn. 618 (Lösung Fall 24).

Daher erscheint auch nach dem Effektivitätsgrundsatz keine andere Beurteilung angebracht. Eine Änderung der Rspr. des EuGH stellt damit keine Änderung der Rechtslage i.S.d. § 51 I Nr. 1 VwVfG dar[43].

III. Ergebnis

Die Auslegung des Gemeinsamen Zolltarifs durch den EuGH, die von derjenigen durch die deutschen Gerichte abweicht, die dem Rückforderungsbescheid zugrunde lag, führt daher nicht zu einer i.S.d. § 51 I Nr. 1 VwVfG beachtlichen Änderung der Rechtslage. Die HK hat daher keinen Anspruch auf die Wiederaufnahme des Verfahrens gem. § 51 VwVfG. **450**

G. Gesamtergebnis

Die HK kann gem. § 48 I 1 VwVfG nicht bloß die Überprüfung, sondern sogar die Aufhebung des Rückforderungsbescheids verlangen. **451**

Wiederholung und Vertiefung

Weiterführende Hinweise

Streinz, Rudolf: Europarecht, insbes. Rn. 618 (Fall 24) sowie Rn. 582 ff., 600 ff., 611 ff., 617 ff. **452**

EuGH vom 13.1.2004, Rs. C-453/00, Slg. 2004, I-837, EuZW 2004, S. 215 f., NVwZ 2004, S. 459 f., Kühne & Heitz U./.Productschap voor Pluimvee en Eieren.

EuGH vom 12.2.2008, Rs. C-2/06 Slg. 2008, I-411, EuZW 2008, S. 148 ff., Willy Kempter KG./.Hauptzollamt Hamburg-Jonas.

Britz, Gabriele/Richter, Tobias: Die Aufhebung eines gemeinschaftsrechtswidrigen nicht begünstigenden Verwaltungsakts, JuS 2005, S. 198 ff.

von Carnap-Bornheim, Philipp: Einführung in das Europäische Beihilfenrecht, JuS 2103, S. 215 ff.

Ebeling, Christoph/Tellenbröker, Johannes: Subventionsrecht als Verwaltungsrecht, JuS 2014, S. 217 ff.

Frenz, Walter: Anmerkung zu EuGH vom 13.1.2004, Rs. C-453/00 (Kühne & Heitz), DVBl. 2004, S. 375 ff.

Gärditz, Klaus Ferdinand: Europäisches Verwaltungsprozessrecht, JuS 2009, S. 385 ff.

Haack, Stefan: Die Bestandskraft gemeinschaftsrechtswidriger Verwaltungsakte, JURA 2008, S. 739 ff.

---

43 *Schmahl/Köber*, EuZW 2010, S. 927 ff., 928 m.w.N. Für eine Lösung (auch) über § 51 VwVfG dagegen wohl *Sasse*, JURA 2009, S. 493 ff., 497/498, und, wenn auch bevorzugt im Wege einer klarstellenden Gesetzesänderung, *Lenze*, VerwArch 2006, S. 49 ff., 59/60.

Kanitz, Ralf/Wendel, Mattias: Referendarexamensklausur – Öffentliches Recht: Europarechtlich induzierte Durchbrechung der Bestandskraft?, JuS 2008 S. 58 ff.

Lenze, Anne: Die Bestandskraft von Verwaltungsakten nach der Rechtsprechung des EuGH, VerwArch 2006, S. 49 ff.

Rennert, Klaus: Bestandskraft rechtswidriger Verwaltungsakte und Gemeinschaftsrecht, DVBl. 2007, S. 400.

Ruffert, Matthias: Anmerkung zu EuGH vom 13.1.2004, C-453/00 (Kühne & Heitz), JZ 2004, S. 620 ff.

Sasse, Thorsten: Das Wiederaufgreifen des Verfahrens gemäß § 51 VwVfG, JURA 2009, S. 493 ff.

Schmahl, Stefanie/Köber, Michael: Durchbrechung der Rechtskraft nationaler Gerichtsentscheidungen zu Gunsten der Effektivität des Unionsrechts?, EuZW 2010, S. 927 ff.

Schneider, Anne: Die Wiederaufnahme rechtskräftig abgeschlossener nationaler Verfahren nach EuGH-Entscheidungen, EuR 2017, S. 433 ff.

Streinz, Rudolf: Europarecht – Auswirkungen des Vorrangs des EG-Rechts auf die Bestandskraft, JuS 2004 S. 516 ff.

Urlesberger, Franz: Zur Rechtskraft im Gemeinschaftsrecht, ZfRV 2004, S. 100 ff. (Aufsatz betrifft das österreichische Recht).

Voßkuhle, Andreas/Schemmel, Jakob: Grundwissen – Öffentliches Recht: Die Europäisierung des Verwaltungsrechts, JuS 2019, S. 347 ff.

Fall 15

Der mitgliedstaatliche Vollzug von Unionsrecht

Pflichtfach/Schwerpunktbereich, Schwierigkeitsgrad: hoch

Teil I 453

Der Weinmarkt in der EU leidet dauerhaft unter der Überproduktion bestimmter Weinsorten. Deshalb besteht im Rahmen der gemeinsamen Marktorganisation für Wein seit langem die Möglichkeit, die so genannte „obligatorische Destillation" von Tafelwein anzuordnen, wenn in einem Weinwirtschaftsjahr mit besonders hohen Erträgen ein Verfall des Weinpreises zu befürchten ist. Durch die obligatorische Destillation können die Erzeuger verpflichtet werden, den überschüssigen Wein zu einem garantierten Mindestpreis zur Destillation abzuliefern. Der bei der Destillation gewonnene Alkohol wird dem Trinkalkoholmarkt zugeführt, wobei die Mengen, die auch dort keinen Absatz finden können, als Kraftstoff verwendet werden. Rechtsgrundlage für die Destillation ist eine Bestimmung in der Verordnung über die gemeinsame Marktorganisation für Wein[1]. Diese Verordnung sieht außerdem vor, dass „die Mitgliedstaaten die notwendigen Maßnahmen treffen müssen, um die Einhaltung der Gemeinschaftsvorschriften auf dem Weinsektor zu gewährleisten".

In einem Weinwirtschaftsjahr mit besonders hoher Überproduktion ordnete die zuständige Kommission die obligatorische Destillation an. Danach sollten von deutschen Erzeugern insgesamt 70 000 Hektoliter Wein destilliert werden. Die deutschen Behörden erließen zur Umsetzung der Maßnahme 600 Verwaltungsakte gegen deutsche Winzer. Diese legten jeweils fest, wie viel Wein vom Winzer abzuliefern bzw. zu destillieren sei. Eine sofortige Vollziehung der Bescheide wurde nicht angeordnet. Rund 500 Winzer erhoben Widerspruch gegen den Bescheid. Die Widerspruchsführer wandten sich meist gegen Diskriminierungen bei der Bemessung der auf sie entfallenden Menge. Während der aufschiebenden Wirkung der Bescheide verkauften die Winzer den betroffenen Wein und vereitelten so die Maßnahme der EU, weil dadurch tatsächlich nur etwa 9 000 hl Wein destilliert wurden. Die Union möchte ein Vertragsverletzungsverfahren gegen Deutschland einleiten.

Mit Aussicht auf Erfolg?

---

1 Die Marktordnung für Wein war bis 2009 zuletzt in der VO (EG) 479/2008 des Rates vom 29.4.2008 über die gemeinsame Marktorganisation für Wein (ABl. 2008 Nr. L 148/1) geregelt. Seit dem 1.1.2014 erfolgt die Regelung durch die VO (EU) Nr. 1308/2013 des Europäischen Parlaments und des Rates vom 17.12.2013 über eine gemeinsame Marktorganisation für landwirtschaftliche Erzeugnisse und zur Aufhebung der Verordnungen (EWG) Nr. 922/72, (EWG) Nr. 234/79, (EG) Nr. 1037/2001 und (EG) Nr. 1234/2007 (ABl. 2013 Nr. L 347/671), zuletzt geändert durch Delegierte VO (EU) 2019/33 der Kommission vom 17.10.2018 (ABl. 2019 Nr. L 9/2). Auf die Einzelheiten dieser Marktordnung kommt es im Rahmen dieser Klausur nicht an, daher wird auf den Abdruck verzichtet.

Teil II

Auch der Zuckermarkt in der EU ist durch strukturelle Überschüsse gekennzeichnet. Nach der gemeinsamen Marktordnung für Zucker wird bei der Ausfuhr von Zucker aus der EU auf den Weltmarkt die Differenz zwischen dem Weltmarktpreis und dem höheren unionsinternen Interventionspreis in Form einer Ausfuhrerstattung[2] ausgeglichen. Die hierfür benötigten Beträge konnte die Union nach der im Streitjahr geltenden Verordnung über die Marktordnung für Zucker[3] durch die Erhebung der so genannten Tilgungsabgabe auf die Zuckerhersteller umlegen. In den vorangegangenen Jahren war durch die Ausfuhrerstattungen ein erhebliches Defizit entstanden. Dieses sollten die Zuckerhersteller nun nachträglich ausgleichen. Daher beschloss die Union, im Streitjahr von den Zuckerherstellern die Tilgungsabgabe zu verlangen.

In Deutschland erlegt das zuständige Hauptzollamt der Zuckerfabrik AG (Z) per Bescheid eine Abgabe in Höhe von einer Million Euro auf. Nachdem der Einspruch zurückgewiesen wurde, beantragte Z beim Finanzgericht, die Vollziehung des Abgabenbescheides auszusetzen, und erhob fristgerecht Anfechtungsklage. Die der Tilgungsabgabe zugrunde liegende EG-Verordnung sei ungültig, da sie insbesondere gegen das Rückwirkungsverbot verstoße. Das Finanzgericht ist der Auffassung, dass tatsächlich ein Verstoß gegen das Rückwirkungsverbot vorliege.

Kann es die Aussetzung der Vollziehung anordnen?

Finanzgerichtsordnung (FGO) – Auszug[4]:

§ 40

(1) Durch Klage kann die Aufhebung, in den Fällen des § 100 Abs. 2[5] auch die Änderung eines Verwaltungsakts (Anfechtungsklage) sowie die Verurteilung zum Erlass eines abgelehnten oder unterlassenen Verwaltungsakts (Verpflichtungsklage) oder zu einer anderen Leistung begehrt werden.

(2) Soweit gesetzlich nichts anderes bestimmt ist, ist die Klage nur zulässig, wenn der Kläger geltend macht, durch den Verwaltungsakt oder durch die Ablehnung oder Unterlassung eines Verwaltungsakts oder einer anderen Leistung in seinen Rechten verletzt zu sein. [...]

§ 69

(1) Durch Erhebung der Klage wird die Vollziehung des angefochtenen Verwaltungsakts vorbehaltlich des Absatzes 5 nicht gehemmt, insbesondere die Erhebung einer Abgabe nicht aufgehalten. [...]

---

2 Siehe dazu ausführlich Fall 14.

3 Die Marktordnung für Zucker war bis 2008 zuletzt in der VO (EU) 318/2006 des Rates vom 20.2.2006 über die gemeinsame Marktorganisation für Zucker (ABl. 2006 Nr. L 58/1) geregelt. Seit dem 1.1.2014 erfolgt die Regelung ebenfalls durch die VO (EU) Nr. 1308/2013 (siehe Fn. 1). Auf die Einzelheiten dieser Marktordnung kommt es im Rahmen dieser Klausur nicht an, daher wird auf den Abdruck verzichtet.

4 Fassung der Bekanntmachung vom 28.3.2001 (BGBl. I S. 442, 2262; 2002 I S. 679), zuletzt geändert durch Art. 8 des Gesetzes vom 12.7.2018 (BGBl. I S. 1151).

5 § 100 Abs. 2 FGO betrifft die Festsetzung bestimmter Geldbeträge durch das Gericht und ist für den Klausurfall nicht relevant.

(2) Die zuständige Finanzbehörde kann die Vollziehung ganz oder teilweise aussetzen. Auf Antrag soll die Aussetzung erfolgen, wenn ernstliche Zweifel an der Rechtmäßigkeit des angefochtenen Verwaltungsakts bestehen oder wenn die Vollziehung für den Betroffenen eine unbillige, nicht durch überwiegende öffentliche Interessen gebotene Härte zur Folge hätte. Die Aussetzung kann von einer Sicherheitsleistung abhängig gemacht werden. [...]

(3) Auf Antrag kann das Gericht der Hauptsache die Vollziehung ganz oder teilweise aussetzen; Absatz 2 Satz 2 bis 6 und § 100 Abs. 2 Satz 2 gelten sinngemäß. Der Antrag kann schon vor Erhebung der Klage gestellt werden. Ist der Verwaltungsakt im Zeitpunkt der Entscheidung schon vollzogen, kann das Gericht ganz oder teilweise die Aufhebung der Vollziehung, auch gegen Sicherheit, anordnen. [...]

(4) Der Antrag nach Absatz 3 ist nur zulässig, wenn die Behörde einen Antrag auf Aussetzung der Vollziehung ganz oder zum Teil abgelehnt hat. Das gilt nicht, wenn

1. die Finanzbehörde über den Antrag ohne Mitteilung eines zureichenden Grundes in angemessener Frist sachlich nicht entschieden hat oder
2. eine Vollstreckung droht. [...]

Vorüberlegungen

454 In dieser Klausur geht es in zwei Varianten um den Einfluss des Europarechts auf den vorläufigen Rechtsschutz nach deutschem Recht. Damit besteht eine gewisse Parallele zu Fall 14, bei dem es ebenfalls um die Auswirkungen des europäischen Rechts auf grundlegende deutsche Bestimmungen (Aufhebung von Verwaltungsakten nach dem VwVfG) geht.

Beide Teile stammen aus dem Agrarrecht, das in Art. 40 AEUV die Grundlagen für die gemeinsamen Marktorganisationen für Wein und Zucker enthält. Besondere Kenntnisse aus diesem Bereich sind allerdings nicht erforderlich, da es in der Sache um deutsches Prozessrecht nach der VwGO und der Finanzgerichtsordnung (FGO) geht. Das wird auch dadurch verdeutlicht, dass die maßgeblichen Bestimmungen der einschlägigen Marktordnungen im Sachverhalt wiedergegeben, aber nicht selbst mit abgedruckt werden.

Teil I ist der Tafelwein-Entscheidung des EuGH[6] aus dem Jahr 1990 nachgebildet. Hier zwingt die relativ offene Fragestellung zunächst dazu, die geeignete Verfahrensart zu ermitteln. In Betracht kommt nur ein Vertragsverletzungsverfahren nach Art. 258 AEUV, dessen Zulässigkeit hier keine Probleme aufweist[7]. Im Rahmen der Begründetheit ist sodann zu untersuchen, ob Deutschland seine vertraglichen Pflichten verletzt hat, indem es die Heranziehung zur obligatorischen Destillation nicht für sofort vollziehbar erklärt hat. Der Umstand, dass hier keine weiteren Informationen über die Wein-Marktordnung (deren Kenntnisse weder vorausgesetzt noch erwartet werden können) gegeben werden, zeigt, dass es offenbar nicht auf deren Einzelheiten ankommt. Sedes materiae ist vielmehr § 80 VwGO, und hier insbesondere die Absätze 2 und 3. Diese sind vor dem Hintergrund des Europarechts auszulegen. Zu erkennen ist insbesondere, dass das „öffentliche Interesse" nach § 80 II 1 Nr. 4 VwGO das Einfallstor für die Durchsetzung des Unionsrechts bildet. Dabei verlangen die entsprechende Verordnung und Art. 4 III EUV nach der Tafelwein-Rspr. des EuGH, auch für eine effektive Durchsetzung durch die verfügbaren Instrumentarien zu sorgen. Im vorliegenden Fall wäre das die Anordnung der sofortigen Vollziehung gewesen. Ein anderes Ergebnis dürfte dagegen nur schwer vertretbar sein. Im Ergebnis hat das Vertragsverletzungsverfahren daher Aussicht auf Erfolg.

Ergänzend sei noch angemerkt, dass die Verordnungen, nach denen der EuGH den Fall zu entscheiden hatte (insbes. die VO (EWG) 337/79 über die gemeinsame Marktorganisation für Wein), inzwischen aufgehoben wurden. Die bei Abschluss des Manuskripts im Juni 2019 gültige Regelung des Weinmarkts durch die VO (EU) Nr. 1308/2013 des Europäischen Parlaments und des Rates vom 17.12.2013 über eine gemeinsame Marktorganisation für landwirtschaftliche Erzeugnisse enthält keine ausdrückliche Verpflichtung der Mitgliedstaaten zur Gewährleistung der einschlägigen Vor-

---

6 EuGH vom 10.7.1990, Rs. C-217/88, Slg. 1990, I-2879, EuZW 1990, S. 384 ff., Kommission der Europäischen Gemeinschaften./.Bundesrepublik Deutschland – Tafelwein.

7 Prüfungsschemata zum Vertragsverletzungsverfahren und anderen wichtigen Verfahrensarten vor dem EuGH sind am Ende des 2. Teils unter C. abgedruckt (Rn. 55).

schriften mehr. Nach aktuellem Recht wäre der Fall daher über Art. 4 III EUV zu lösen, was aber zum gleichen Ergebnis führt. Um diese Probleme zu umgehen, wurde die maßgebliche Vorschrift im Sachverhalt ohne die ausdrückliche Nennung bestimmter Verordnungen zitiert.

Teil II ist prozessual in den vorläufigen Rechtsschutz nach der Finanzgerichtsordnung eingekleidet, verlangt aber keine diesbezüglichen Spezialkenntnisse. Die einschlägigen Normen sind mit abgedruckt. Inhaltlich greift der Sachverhalt die grundlegende Entscheidung des EuGH in Sachen Zuckerfabrik Süderdithmarschen von 1991 und den daran anschließenden Fall der Atlanta Fruchthandelsgesellschaft auf[8]. Auch bei Teil II geht es wieder um die Verbindung des deutschen Prozessrechts mit dem Europarecht. Nach der Rechtsprechung des Gerichtshofs ist die Aussetzung der Vollziehung grundsätzlich auch dann möglich, wenn der Bescheid auf einer europäischen Verordnung beruht. Zur Sicherung und Durchsetzung des Unionsrechts hat der EuGH allerdings mehrere Kriterien erarbeitet, die die nationalen Gerichte dabei beachten müssen. Da der Sachverhalt insgesamt nur wenige Angaben enthält, kommt es letztlich nicht so sehr darauf an, wie der Bearbeiter sich entscheidet. Wichtig ist vielmehr, die maßgeblichen Voraussetzungen für eine Aussetzung anhand der bisherigen Rechtsprechung herauszuarbeiten.

Der schwierige Fall verlangt sowohl gute Kenntnisse des deutschen Verwaltungsrechts als auch fundiertes Wissen über die Rechtsprechung des EuGH zum mitgliedstaatlichen Vollzug von Unionsrecht. Er ist als Aufgabe mit hohem Schwierigkeitsgrad sowohl im Pflichtfach als auch im Schwerpunktbereich einsetzbar.

8 EuGH vom 21.2.1991, verb. Rs. C-143/88 und C-92/89, Slg. 1991, I-415, NVwZ 1991, S. 460 f., Zuckerfabrik Süderdithmarschen AG und Soest GmbH./.Hauptzollamt Itzehoe und Paderborn, und EuGH vom 9.11.1995, Rs. C-465/93, Slg. 1995, I-3761 ff., NJW 1996, S. 1333 ff., Atlanta Fruchthandelsgesellschaft mbH u.a./.Bundesamt für Ernährung und Forstwirtschaft.

Gliederung

Musterlösung

Teil I

In Betracht kommt ein Vertragsverletzungsverfahren gem. Art. 258 AEUV und damit eine Klage der Kommission gegen die Bundesrepublik Deutschland vor dem EuGH. Das Verfahren hat Aussicht auf Erfolg, wenn die Klage zulässig und begründet ist. **456**

A. Zulässigkeit

I. Zuständigkeit

Gem. Art. 258 II AEUV ist der Gerichtshof für das Vertragsverletzungsverfahren zuständig. **457**

II. Beteiligtenfähigkeit

Aktiv beteiligtenfähig ist nur die Kommission, passiv beteiligtenfähig sind nur die einzelnen Mitgliedstaaten, Art. 258 I AEUV. **458**

III. Klageberechtigung

Art. 258 II AEUV spricht der Kommission ausdrücklich die Klageberechtigung im Vertragsverletzungsverfahren zu[9]. **459**

IV. Vorverfahren

Vor Klageerhebung hat die Kommission gem. Art. 258 I AEUV ein Vorverfahren durchzuführen[10]. Dazu hat sie zunächst ein erstes Mahnschreiben an den Mitgliedstaat zu richten. Darin muss sie die Tatsachen mitteilen, in denen sie den Vertragsverstoß sieht, erklären, dass sie ein Vertragsverletzungsverfahren eingeleitet hat und dem Mitgliedstaat eine Frist zur Äußerung setzen. **460**

Räumt der Mitgliedstaat den Verstoß nicht aus, so ist von der Kommission eine begründete Stellungnahme abzugeben, die die wesentlichen Tatsachen und Rechtsgründe enthält, aus denen sich nach Auffassung der Kommission der Vertragsverstoß ergibt. Die begründete Stellungnahme ist mit einer Frist zur Beseitigung des Verstoßes zu versehen.

V. Streitgegenstand

Der Streitgegenstand der Klage vor dem EuGH richtet sich nach der begründeten Stellungnahme. Er darf in seiner Reichweite nicht über diese hinausgehen. Die begründete **461**

---

9 Siehe dazu *Streinz*, Europarecht, Rn. 633.
10 Siehe dazu *Streinz*, Europarecht, Rn. 634 f.

Stellungnahme wiederum darf nicht über das erste Mahnschreiben hinausreichen, so dass der Streitgegenstand der Klage gegenüber dem des Vorverfahrens in doppelter Hinsicht akzessorisch ist[11]. Hinsichtlich des überschießenden Teils des Streitgegenstandes wäre die Klage unzulässig.

VI. Rechtsschutzinteresse

462 Die Kommission muss grundsätzlich kein Rechtsschutzinteresse nachweisen. Jedoch ist es erforderlich, dass sie von dem Vertragsverstoß überzeugt ist.

VII. Ergebnis Zulässigkeit

463 Hält die Kommission die geschilderten Voraussetzungen ein, so ist die Klage zulässig.

B. Begründetheit

I. Prüfungsmaßstab

464 Nach Art. 258 AEUV kann die Kommission den Gerichtshof anrufen, wenn ihrer Auffassung nach ein Mitgliedstaat gegen eine Verpflichtung aus „den Verträgen", also u.a. aus dem AEUV (vgl. Art. 1 II AEUV), verstoßen hat.

Die Klage ist daher begründet, wenn die von der Kommission behaupteten Tatsachen zutreffen und sich aus diesen Tatsachen ein Verstoß gegen Unionsrecht ergibt, der dem beklagten Mitgliedstaat – hier Deutschland (Art. 52 I EUV) – zuzurechnen ist[12]. Bei diesen Tatsachen kann es sich um den Erlass oder die Aufrechterhaltung von unionsrechtswidrigen Gesetzen, Verordnungen, Verwaltungsrichtlinien oder um bloße Praxis eines Mitgliedstaats, d.h. seiner Organe, Behörden oder Gerichte, handeln. Es spielt keine Rolle, ob ein permanentes Verhalten, eine Einzelmaßnahme oder ein pflichtwidriges Unterlassen vorliegt. Die Mitgliedstaaten sind der Union gegenüber für jedes staatliche Fehlverhalten in ihrem Hoheitsgebiet verantwortlich. Dies gilt auch für unabhängige Organe wie z.B. Parlamente, Bundesländer, Gemeinden und Gerichte[13].

Prüfungsmaßstab für das Verhalten des Mitgliedstaats ist das gesamte Unionsrecht. Der Begriff „Verpflichtung aus den Verträgen" in Art. 258 I AEUV ist weit auszulegen und umfasst u.a. geschriebenes und ungeschriebenes, primäres und sekundäres Unionsrecht[14]. Dies folgt aus Art. 17 I 2 EUV, nach dem die Kommission nicht nur für die Anwendung des primären, sondern auch des abgeleiteten (sekundären) Unionsrechts Sorge zu tragen hat[15].

---

11 *Dittert*, Europarecht, S. 162/163. Siehe dazu auch *Streinz*, Europarecht, Rn. 635.

12 *Cremer*, in: Calliess/Ruffert, AEUV, Art. 258, Rn. 33 m.w.N., und *Dittert*, Europarecht, S. 163.

13 Vgl. *Dittert*, Europarecht, S. 163.

14 Vgl. *Cremer*, in: Calliess/Ruffert, AEUV, Art. 258, Rn. 33 m.w.N.

15 Vgl. *Dittert*, Europarecht, S. 164, und *Ruffert*, in: Calliess/Ruffert, EUV, Art. 17, Rn. 7. Siehe dazu auch *Streinz*, Europarecht, Rn. 397 ff.

II. Verstoß gegen die gemeinsame Marktorganisation für Wein?

Die Nicht-Anordnung der sofortigen Vollziehung der Heranziehung zur Destillation **465** könnte gegen die Vorschriften über die gemeinsame Marktorganisation für Wein verstoßen. In der entsprechenden Verordnung werden die Mitgliedstaaten nach den Angaben im Sachverhalt verpflichtet, die „notwendigen Maßnahmen" zu treffen, um die Einhaltung der Unionsvorschriften auf dem Weinsektor zu gewährleisten[16].

Hier sollten im entsprechenden Weinwirtschaftsjahr insgesamt 70 000 hl Tafelwein destilliert werden, um einen durch die hohen Erträge verursachten Preisverfall zu verhindern. Allerdings ergingen die entsprechenden Bescheide an die Winzer ohne die Anordnung der sofortigen Vollziehung. Daher hatten die Widersprüche, die gegen 500 der 600 Bescheide eingelegt wurden, gem. § 80 I 1 VwGO aufschiebende Wirkung, und der fragliche Wein konnte während des Widerspruchsverfahrens weitestgehend verkauft werden. Da insgesamt nur etwas mehr als 10 % (9 000 hl) der geforderten Weinmenge destilliert wurden, lief die Anordnung der Kommission im Ergebnis weitgehend ins Leere.

III. Pflicht zur Anordnung der sofortigen Vollziehung?

1. Öffentliches Interesse als entscheidende Kategorie

Zu prüfen ist daher, ob die deutschen Behörden verpflichtet gewesen wären, durch flankierende Maßnahmen sicherzustellen, dass die Winzer der Destillationspflicht tatsächlich nachkommen. Rechtstechnisch hätte das durch die Anordnung der sofortigen Vollziehung der Verwaltungsakte gem. § 80 II 1 Nr. 4 VwGO geschehen können. Danach entfällt die aufschiebende Wirkung u.a. in den Fällen, in denen die sofortige Vollziehung im öffentlichen Interesse besonders angeordnet wird. **466**

Es kommt somit darauf an, ob die sofortige Vollziehung im „öffentlichen Interesse" lag.

Die 2. Alternative („überwiegendes Interesse eines Beteiligten") ist hier offensichtlich nicht einschlägig.

2. Öffentliches Interesse gem. § 80 II 1 Nr. 4 VwGO?

Nach § 80 II 1 Nr. 4 VwGO muss ein (zusätzliches) öffentliches Interesse gerade daran **467** bestehen, dass Rechtsbehelfe keine aufschiebende Wirkung haben. Erforderlich ist ein

---

16 Diese Verpflichtung ergab sich im Originalfall (EuGH vom 10.7.1990, Rs. C-217/88, Slg. 1990, I-2879, EuZW 1990, S. 384 ff., Tafelwein) aus Art. 64 I 1 der VO (EWG) 337/79 des Rates vom 5.2.1979 über die gemeinsame Marktorganisation für Wein (ABl. 1979 Nr. L 54/1; die obligatorische Destillation wurde dort im Jahr 1982 durch eine Änderung des Art. 41 eingefügt, VO (EWG) 2144/82 des Rates vom 27.7.1982, ABl. 1982 Nr. L 227/1). Die VO 337/79 wurde inzwischen aufgehoben. Bei Abschluss des Manuskripts im Juni 2019 maßgeblich war die VO (EU) Nr. 1308/2013 (siehe Fn. 1), die allerdings keine dem Art. 64 I 1 VO (EWG) 337/79 entsprechende ausdrückliche Normierung der mitgliedstaatlichen Pflichten mehr enthält. Hier muss dann ergänzend auf Art. 4 III EUV zurückgegriffen werden. Aus didaktischen Gründen wurde im Fall die (nunmehr fiktive) Vorschrift der Originalentscheidung beibehalten, um die mitgliedstaatlichen Verpflichtungen anhand der EuGH-Entscheidung darstellen zu können.

„besonderes Interesse" (vgl. § 80 III 1 VwGO) an der sofortigen Vollziehung des Verwaltungsakts. Dieses Interesse bezieht sich gerade auf den Sofortvollzug und muss so gewichtig sein, dass es gerechtfertigt erscheint, aufgrund dieses Interesses den durch die aufschiebende Wirkung ansonsten eintretenden Rechtsschutz des Betroffenen einstweilen zurückzustellen. Das besondere Vollzugsinteresse ist durch eine Abwägung aller Umstände des konkreten Einzelfalls zu ermitteln[17].

Aus dem Sachverhalt ergeben sich keine Anhaltspunkte für ein spezifisch *deutsches* öffentliches Interesse an der sofortigen Vollziehung. In Betracht käme allerdings ein aus dem europäischen Recht fließendes Interesse, gem. der Verpflichtung aus der Marktorganisation zu handeln. Denn zum öffentlichen Interesse gehört bei Verwaltungsakten, die – wie hier – auf Unionsrecht beruhen, wegen der gebotenen unionsrechtskonformen Auslegung und Anwendung des § 80 II 1 Nr. 4 VwGO auch das Interesse der Union am wirksamen Vollzug des Unionsrechts[18].

3. Abwägung und europäisches Unionsrecht

468 Im Rahmen der Abwägung aller Umstände ist somit zu überlegen, ob das öffentliche Interesse an der sofortigen Vollziehung hier derart gewichtig war, dass es das Ermessen der Behörde bei der Entscheidung über die entsprechende Anordnung auf Null reduzierte.

Dagegen spricht, dass die Mitgliedstaaten nicht ausdrücklich verpflichtet sind, nationale Zwangsmittel einzusetzen, um die obligatorische Destillation sicherzustellen. Sie müssen aber die „notwendigen Maßnahmen" treffen, um die Einhaltung der Unionsvorschriften auf dem Weinsektor zu gewährleisten. Daraus leitet der EuGH die Pflicht ab, nationale Zwangsmittel einzusetzen, und zwar unabhängig davon, ob diese Maßnahmen im nationalen Recht bereits vorgesehen sind oder noch eingeführt werden müssen[19]. Dem lässt sich nicht entgegenhalten, dass die entsprechende Vorschrift in der Marktorganisation keine hinreichend klare und eindeutige Rechtsgrundlage für den Einsatz von nationalen Zwangsmitteln darstelle. Denn das Gebot, „die notwendigen Maßnahmen zu treffen", besagt auch, dass die Mitgliedstaaten in ihrem nationalen Recht alle gesetzgeberischen Maßnahmen oder Einzelfallregelungen treffen müssen, die zur tatsächlichen Durchführung der obligatorischen Destillation notwendig sind[20].

469 Allerdings könnte es Sache der Mitgliedstaaten sein, zu bestimmen, welche Maßnahmen am besten geeignet sind, um die Beachtung der Unionsvorschriften zu gewährleisten. Dagegen spricht aber, dass die Maßnahmen hier fristgebunden durchgeführt werden mussten, um den gewünschten Erfolg zu erreichen. Daher müssen die Mitgliedstaaten auch dafür Sorge tragen, dass die betroffenen Erzeuger die Destillation innerhalb der vorgeschriebenen Frist vornehmen, und alle dazu notwendigen Maßnahmen

17 Vgl. *Puttler*, in: Sodan/Ziekow, VwGO, § 80 Rn. 84, 85.
18 Vgl. BVerfG vom 18.5.2016, 1 BvR 895/16 (JURIS), Rn. 36 ff., sowie *Puttler*, in: Sodan/Ziekow, VwGO, § 80 Rn. 88 und *Schenke*, Verwaltungsprozessrecht, Rn. 984.
19 EuGH vom 10.7.1990, Rs. C-217/88, Slg. 1990, I-2879, EuZW 1990, S. 384 ff., 385, Rn. 14, Tafelwein.
20 EuGH vom 10.7.1990, Rs. C-217/88, Slg. 1990, I-2879, EuZW 1990, S. 384 ff., 385, Rn. 16, Tafelwein.

ergreifen. Nachdem die in Deutschland niedergelassenen Erzeuger durch einen im deutschen Recht vorgesehenen Rechtsbehelf die Aussetzung der Vollziehung der Bescheide erreicht hatten, oblag es somit den deutschen Behörden, diese aufschiebende Wirkung durch die Anordnung der sofortigen Vollziehung wieder zu beseitigen[21]. Dem lässt sich auch nicht entgegenhalten, dass die nach deutschem Recht für den Erlass einer solchen Anordnung notwendigen Voraussetzungen nicht erfüllt gewesen seien. Selbst wenn diese Auffassung zuträfe, kann sie die Nichterfüllung einer unionsrechtlichen Verpflichtung nicht rechtfertigen. Nach st. Rspr. des Gerichtshofs kann sich ein Mitgliedstaat nämlich nicht auf Bestimmungen, Übungen oder Umstände seiner internen Rechtsordnung berufen, um die Nichtbeachtung von Verpflichtungen aus dem Unionsrecht zu rechtfertigen[22].

Fraglich ist allerdings, ob die Anordnung der sofortigen Vollziehung überhaupt ein taugliches Mittel gewesen wäre, weil die Verwaltungsgerichte gem. § 80 V VwGO die aufschiebende Wirkung ohnehin hätten wiederherstellen können, wenn sie ernstliche Zweifel an der Rechtmäßigkeit der Bescheide gehabt hätten[23].

Doch auch das hält der EuGH nicht für stichhaltig. Zum einen könne sich Deutschland nicht auf eine mögliche oder wahrscheinliche Haltung seiner Gerichte berufen, um die eigene Untätigkeit zu rechtfertigen. Zum anderen hätten die Gerichte – gegebenenfalls auf Anregung der beteiligten Behörden – gem. Art. 267 AEUV die Möglichkeit gehabt, die Frage der Gültigkeit der unionsrechtlichen Vorschriften über die obligatorische Destillation im Wege der Vorabentscheidung dem EuGH vorzulegen[24].

Der Gerichtshof hat in seiner Tafelwein-Entscheidung daher festgestellt, dass ein Mit- **470**
gliedstaat, der bei der Durchführung einer Verordnung der Kommission auf unvorhersehbare Schwierigkeiten stößt, die die Erfüllung der entsprechenden Verpflichtungen absolut unmöglich machen, diese Probleme der Kommission unterbreiten und ihr dabei geeignete Lösungen vorschlagen muss. Zur Begründung verweist der EuGH auf Art. 4 III EUV. Gemäß Art. 4 III 2 EUV sind die Mitgliedstaaten verpflichtet, u.a. alle geeigneten Maßnahmen allgemeiner oder besonderer Art zur Erfüllung der Verpflichtungen zu ergreifen, die sich „aus den Verträgen" (also EUV und AEUV, vgl. Art. 1 III 1 EUV)

---

21 Vgl. EuGH vom 10.7.1990, Rs. C-217/88, Slg. 1990, I-2879, EuZW 1990, S. 384 ff., 385, Rn. 25, Tafelwein.

22 Vgl. EuGH vom 10.7.1990, Rs. C-217/88, Slg. 1990, I-2879, EuZW 1990, S. 384 ff., 386 Rn. 26 m.w.N., Tafelwein.

23 Vgl. dazu *Puttler*, in: Sodan/Ziekow, VwGO, § 80 Rn. 158, sowie *Hufen*, Verwaltungsprozessrecht, § 32 Rn. 39.

24 Vgl. EuGH vom 10.7.1990, Rs. C-217/88, Slg. 1990, I-2879, EuZW 1990, S. 384 ff., 386, Rn. 28, Tafelwein. Dort hatte Deutschland des weiteren vorgebracht, dass eine Anordnung der sofortigen Vollziehung der Bescheide über die Heranziehung zur obligatorischen Destillation Aufwendungen zur Folge gehabt hätte, die in keinem Verhältnis zu der zu destillierenden Weinmenge und zu dem Einfluss, den die Destillation auf das Preisniveau gehabt hätte, gestanden hätten. Außerdem wäre die Anordnung auch deshalb ins Leere gegangen, weil bei Zustellung dieser Bescheide bei den deutschen Erzeugern nur geringe Tafelweinmengen vorhanden gewesen seien und der Ankauf von Wein bei Erzeugern in anderen Mitgliedstaaten kaum in Betracht gekommen sei. Doch auch diese Argumente ließ der EuGH nicht gelten (a.a.O. S. 386, Rn. 30–33).

ergeben. Sie haben darüber hinaus alle Maßnahmen zu unterlassen, die die Verwirklichung der Ziele der Union gefährden könnten (Art. 4 III 3 EUV).

Aufgrund der gegenseitigen Verpflichtung zu loyaler Zusammenarbeit nach Treu und Glauben müssten die Kommission und der Mitgliedstaat daher in einem solchen Fall zusammenarbeiten, um die Schwierigkeiten unter voller Beachtung der Bestimmungen des Vertrages zu überwinden. Im vorliegenden Fall hat Deutschland der Kommission aber keine geeignete Lösung für die aufgetretenen Schwierigkeiten vorgeschlagen, sondern einseitig beschlossen, auf die weitere Durchführung der Maßnahmen der obligatorischen Destillation zu verzichten. Ein derartiges Verhalten verstößt laut EuGH gegen die Pflicht zur Zusammenarbeit[25].

IV. Vertragsverletzung

471 Bei Abwägung aller Umstände hätte die Anordnung der sofortigen Vollziehung im „öffentlichen Interesse“ i.S.d. § 80 II 1 Nr. 4 VwGO gelegen und wäre nach deutschem Recht zulässig gewesen. Vor dem Hintergrund des Unionsrechts hätten die deutschen Behörden somit gem. § 80 II 1 Nr. 4 VwGO die sofortige Vollziehung anordnen müssen[26]. Indem sie diese Anordnung unterließen und gegenüber den Erzeugern, die sich geweigert hatten, Tafelwein zur obligatorischen Destillation zu liefern, keine der im deutschen Recht vorgesehenen Zwangsmittel einsetzten, hat Deutschland gegen seine Verpflichtungen aus Art. 4 III EUV und der gemeinsamen Marktorganisation für Wein verstoßen[27].

C. Ergebnis

472 Wegen des deutschen Verstoßes gegen Art. 4 III EUV und die gemeinsame Marktorganisation für Wein hat das Vertragsverletzungsverfahren Aussicht auf Erfolg.

Teil II

473 In Betracht kommt hier eine Entscheidung nach § 69 III Finanzgerichtsordnung (FGO). Danach kann das Gericht der Hauptsache die Vollziehung auf Antrag ganz oder teilweise aussetzen (§ 69 III 1 FGO). Das Gericht könnte somit die Aussetzung der Vollziehung anordnen, wenn ein entsprechender Antrag der Z zulässig und begründet wäre.

---

25 Vgl. EuGH vom 10.7.1990, Rs. C-217/88, Slg. 1990, I-2879, EuZW 1990, S. 384 ff., 386, Rn. 33, Tafelwein.

26 Siehe dazu *Streinz*, Europarecht, Rn. 608, und *Kahl*, in: Calliess/Ruffert, EUV, Art. 4, Rn. 71, je m.w.N.

27 Vgl. EuGH vom 10.7.1990, Rs. C-217/88, Slg. 1990, I-2879, EuZW 1990, S. 384 ff., 386, Rn. 34, Tafelwein.

A. Zulässigkeit

I. Zuständiges Gericht

Nach § 69 III 1 FGO ist der Antrag an das Gericht der Hauptsache zu richten. Das ist das Gericht, bei dem das Verfahren über den angefochtenen Verwaltungsakt anhängig ist. In der Regel ist der Antrag somit an das Finanzgericht (FG) zu richten, bei dem Klage erhoben worden ist oder werden wird[28]. Das FG, bei dem die Z Anfechtungsklage gegen den Abgabenbescheid erhoben hat, ist somit zuständig. **474**

II. Antrag

Den nach § 69 III 1 FGO erforderlichen Antrag hat die Z hier noch nicht gestellt. Er ist allerdings nicht fristgebunden[29], so dass dies hier noch erfolgen kann. Der Antrag ist schriftlich zu stellen[30]. **475**

III. Antragsbefugnis

Als akzessorisches Verfahren ist der einstweilige Rechtsschutz nur im Umfang des Hauptsacheverfahrens gegen den angefochtenen VA eröffnet. Wie im Hauptsacheverfahren muss der Antragsteller für seinen Antrag auf Aussetzung der Vollziehung die Verletzung eigener Rechte geltend machen; § 40 II FGO gilt entsprechend. Soweit gesetzlich nichts anderes bestimmt ist, ist der Antrag daher nur zulässig, wenn der Antragsteller geltend macht, durch den Verwaltungsakt in seinen Rechten verletzt zu sein. Antragsbefugt ist damit u.a. der durch den vollziehbaren VA Betroffene[31]. **476**

Durch den Bescheid wurde der Z hier eine Abgabe in Höhe von einer Million Euro auferlegt, die möglicherweise gegen das Rückwirkungsverbot und damit gegen das Rechtsstaatsprinzip des Art. 20 III GG verstößt. Eine Verletzung des Rechts auf gesetzmäßige Besteuerung bzw. der Art. 12, 14 und 2 I i.V.m. Art. 19 III[32] GG erscheint daher nicht ausgeschlossen, so dass die Z antragsbefugt ist[33].

IV. Ablehnung der Aussetzung durch Behörde

Der Antrag nach § 69 III FGO ist nach § 69 IV 1 FGO grundsätzlich nur dann zulässig, wenn die Behörde einen Antrag auf Aussetzung der Vollziehung ganz oder zum Teil abgelehnt hat. Hier hat die Z einen entsprechenden Antrag gestellt, über dessen Ergeb- **477**

28 *Birkenfeld*, in: Hübschmann/Hepp/Spitaler, FGO, § 69 Rn. 719.
29 *Birkenfeld*, in: Hübschmann/Hepp/Spitaler, FGO, § 69 Rn. 736.
30 *Birkenfeld*, in: Hübschmann/Hepp/Spitaler, FGO, § 69 Rn. 735; siehe dort auch Rn. 738 ff. zu den weiteren inhaltlichen Anforderungen.
31 *Birkenfeld*, in: Hübschmann/Hepp/Spitaler, FGO, § 69 Rn. 759 f.
32 Als AG ist die Z gemäß § 1 I AktG juristische Person des Privatrechts.
33 Einfacher zum selben Ergebnis kommt man hier mit der Erwägung, dass Z der Adressat eines belastenden Verwaltungsakts ist und daher zumindest die Verletzung der allgemeinen Handlungsfreiheit aus Art. 2 I i.V.m. Art. 19 III GG nicht ausgeschlossen werden kann (sog. „Adressatentheorie"). Vgl. dazu *Hufen*, Verwaltungsprozessrecht, § 14 Rn. 60 ff.

nis der Sachverhalt nichts aussagt. Sofern er abgelehnt wird bzw. die Voraussetzungen des § 69 IV 2 FGO vorliegen, steht § 69 IV FGO der Zulässigkeit der Aussetzung durch das FG nicht entgegen.

V. Rechtsschutzbedürfnis

478 Das allgemeine Rechtsschutzbedürfnis fehlt ausnahmsweise, wenn der Antrag nicht notwendig, unzweckmäßig, mutwillig oder rechtsmissbräuchlich ist bzw. wenn es einen Weg gibt, der billiger, einfacher und schneller zum Erfolg führt[34]. Anders als im allgemeinen Verwaltungsprozessrecht (vgl. § 80 I 1 VwGO) wird die Vollziehung eines Abgabenbescheids durch die Klageerhebung nicht gehemmt (§ 69 I 1 FGO). Da der Einspruch der Z durch das Hauptzollamt zurückgewiesen wurde, steht ihr – vorbehaltlich einer Entsprechung des Antrags nach § 69 IV FGO – kein einfacherer Weg gegen die Vollziehung zur Verfügung. Daher ist das Rechtsschutzbedürfnis gegeben.

VI. Ergebnis

479 Unter den geschilderten Voraussetzungen wäre der Antrag zulässig.

B. Begründetheit

480 Nach § 69 III 1 FGO gelten bei der Aussetzung der Vollziehung durch das Gericht § 69 II 2–6 und § 100 II 2 FGO sinngemäß. Nach § 69 II 2 FGO soll die Aussetzung erfolgen, wenn ernstliche Zweifel an der Rechtmäßigkeit des angefochtenen Verwaltungsakts bestehen oder wenn die Vollziehung für den Betroffenen eine unbillige, nicht durch überwiegende öffentliche Interessen gebotene Härte zur Folge hätte.

Dem Charakter des Verfahrens nach § 69 III FGO entsprechend ist das Gericht auf eine lediglich summarische Prüfung der Sach- und Rechtslage im Hinblick darauf beschränkt, ob die Voraussetzungen des § 69 II 2 FGO vorliegen[35]. Der Antrag wäre somit begründet, wenn ernstliche Zweifel an der Rechtmäßigkeit des Bescheids bestehen.

I. Ernstliche Zweifel

481 „Ernstliche Zweifel" i.S.d. § 69 II 2 FGO sind anzunehmen, wenn bei summarischer Prüfung neben Umständen, die für die Rechtmäßigkeit sprechen, gewichtige Gesichtspunkte zutage treten, die Unentschiedenheit oder Unsicherheit in der Beurteilung der Rechtsfragen oder Unklarheiten in der Beurteilung der Tatfragen auslösen. Eine überwiegende Erfolgsaussicht der Klage in der Hauptsache ist dagegen nicht erforderlich[36].

---

34 *Birkenfeld*, in: Hübschmann/Hepp/Spitaler, FGO, § 69 Rn. 769.
35 *Birkenfeld*, in: Hübschmann/Hepp/Spitaler, FGO, § 69 Rn. 712.
36 *Birkenfeld*, in: Hübschmann/Hepp/Spitaler, FGO, § 69 Rn. 786.

Hier ist das Gericht der Auffassung, dass die der Tilgungsabgabe zugrunde liegende Verordnung der Union gegen das Rückwirkungsverbot verstößt, so dass ein Verstoß gegen das Rechtsstaatsprinzip (Art. 20 III GG) vorliegen könnte. Grundsätzlich genügen auch ernstliche Zweifel an der Rechtsgrundlage eines Bescheids, wenn z.B. verfassungsrechtliche Zweifel an der Gültigkeit eines Gesetzes bestehen[37].

II. Zulässigkeit einer Aussetzung bei Unionsrechtsbezug

Fraglich ist allerdings, ob diese Zweifel hier relevant sind. Denn der Bescheid wurde aufgrund der gemeinsamen Marktordnung für Zucker erlassen. Rechtsgrundlage des Bescheids ist eine Verordnung der Union, und damit gem. Art. 288 AEUV eine Norm des Unionsrechts. **482**

Zu prüfen ist somit, ob das Gericht die Vollstreckung auch dann aussetzen kann, wenn es Zweifel an der Rechtmäßigkeit einer Unionsverordnung hat. Dem könnte Art. 288 II AEUV entgegenstehen, weil die unmittelbare allgemeine Geltung von Verordnungen in den Mitgliedstaaten[38] (und damit gem. Art. 52 I EUV auch in Deutschland) eine entsprechende Befugnis der nationalen Gerichte ausschließen könnte. Denn die Gewährung vorläufigen Rechtsschutzes, die weitreichende Auswirkungen haben kann, könnte die volle Wirksamkeit der Verordnungen in allen Mitgliedstaaten gem. Art. 288 II AEUV in Frage stellen.

Allerdings kann Art. 288 II AEUV nach der Rspr. des EuGH den Rechtsschutz nicht verkürzen, der den Bürgern nach Unionsrecht zusteht. Der unionsrechtlich gewährleistete Rechtsschutz umfasst in den Fällen, in denen die verwaltungsmäßige Durchführung von Unionsverordnungen nationalen Stellen obliegt, das Recht der Bürger, die Rechtmäßigkeit dieser Verordnungen vor dem nationalen Gericht inzident zu bestreiten und dieses zur Befassung des EuGH mit Vorlagefragen zu veranlassen. Dieses Recht wäre gefährdet, wenn der Bürger trotz des Vorliegens bestimmter Voraussetzungen solange nicht in der Lage wäre, eine Aussetzung der Vollziehung zu erreichen und damit für sich der Verordnung einstweilen die Wirksamkeit zu nehmen, wie es an einem Urteil des EuGH fehlt, der allein befugt ist, die Ungültigkeit einer Unionsverordnung festzustellen[39]. Denn das Vorabentscheidungsersuchen zur Beurteilung der Gültigkeit stellt, ebenso wie die Nichtigkeitsklage, eine Form der Kontrolle der Rechtmäßigkeit der Handlungen der Unionsorgane dar. Im Rahmen einer Nichtigkeitsklage gibt nun Art. 278 S. 2 AEUV dem Kläger das Recht, eine Aussetzung der Durchführung der angefochtenen Handlung zu beantragen, und dem EuGH die Befugnis, sie zu gewähren. Die Kohärenz des Systems des vorläufigen Rechtsschut-

37 *Birkenfeld*, in: Hübschmann/Hepp/Spitaler, FGO, § 69 Rn. 329.
38 Siehe dazu *Streinz*, Europarecht, Rn. 470 ff.
39 Vgl. EuGH vom 21.2.1991, verb. Rs. C-143/88 und C-92/89, Slg. 1991, I-415, NVwZ 1991, S. 460 f., 460, Rn. 16, 17 m.w.N., Zuckerfabrik Süderdithmarschen u.a., und EuGH vom 9.11.1995, Rs. C-466/93, Slg. 1995, I-3799, NJW 1996, S. 1333 ff., 1334, Rn. 20, 21, Atlanta Fruchthandelsgesellschaft.

zes verlangt somit, dass das nationale Gericht die Vollziehung eines auf einer Unionsverordnung beruhenden nationalen Verwaltungsakts aussetzen kann, wenn dessen Rechtmäßigkeit bestritten wird[40].

483 Um die praktische Wirksamkeit („effet utile") des Art. 267 AEUV zu wahren, muss das nationale Gericht, das eine Auslegungsfrage zur Vorabentscheidung vorgelegt hat, um über die Vereinbarkeit eines nationalen Gesetzes mit dem Unionsrecht entscheiden zu können, die Möglichkeit haben, vorläufigen Rechtsschutz zu gewähren und die Anwendung des beanstandeten nationalen Gesetzes auszusetzen, bis der EuGH sein Auslegungsurteil gem. Art. 267 AEUV erlässt[41]. Daher muss der vorläufige Rechtsschutz, den das Unionsrecht den Bürgern vor den nationalen Gerichten sichert, unabhängig davon derselbe sein, ob sie die Vereinbarkeit nationalen Rechts mit dem Unionsrecht oder die Gültigkeit abgeleiteten Unionsrechts rügen. Denn die Rüge wird in beiden Fällen auf das Unionsrecht selbst gestützt[42].

Als Zwischenergebnis bleibt somit festzuhalten, dass Art. 288 II AEUV den nationalen Gerichten nicht verbietet, die Vollziehung eines auf einer Gemeinschaftsverordnung beruhenden nationalen Verwaltungsakts auszusetzen[43].

III. Konkrete Voraussetzungen der Aussetzung

484 Zu prüfen bleibt somit noch, unter welchen konkreten Voraussetzungen die nationalen Gerichte die Vollziehung eines auf einer Unionsverordnung beruhenden nationalen Verwaltungsakts bei Zweifeln an der Gültigkeit dieser Verordnung aussetzen können. Dazu hat der EuGH folgende Kriterien aufgestellt:

1. Erhebliche Zweifel an der Gültigkeit

485 Grundsätzlich kann die Vollziehung eines angefochtenen Verwaltungsakts nur ausgesetzt werden, wenn die vom Antragsteller angeführten sachlichen und rechtlichen Gegebenheiten das nationale Gericht davon überzeugen, dass an der Gültigkeit der Unionsverordnung, auf der der angefochtene Verwaltungsakt beruht, erhebliche Zwei-

---

40 Vgl. EuGH vom 21.2.1991, verb. Rs. C-143/88 und C-92/89, Slg. 1991, I-415, NVwZ 1991, S. 460 f., 460, Rn. 18 m.w.N., Zuckerfabrik Süderdithmarschen u.a., und EuGH vom 9.11.1995, Rs. C-466/93, Slg. 1995, I-3799, NJW 1996, S. 1333 ff., 1334, Rn. 22, 21, Atlanta Fruchthandelsgesellschaft. Siehe dazu *Streinz*, Europarecht, Rn. 720 ff.

41 EuGH vom 21.2.1991, verb. Rs. C-143/88 und C-92/89, Slg. 1991, I-415 ff., NVwZ 1991, S. 460 f., 460, Rn. 19., Zuckerfabrik Süderdithmarschen u.a., und EuGH vom 9.11.1995, Rs. C-466/93, Slg. 1995, I-3799, NJW 1996, S. 1333 ff., 1334, Rn. 23, Atlanta Fruchthandelsgesellschaft u.a.

42 EuGH vom 21.2.1991, verb. Rs. C-143/88 und C-92/89, Slg. 1991, I-415 ff., NVwZ 1991, S. 460 f., 460, Rn. 20, Zuckerfabrik Süderdithmarschen u.a., und EuGH vom 9.11.1995, Rs. C-466/93, Slg. 1995, I-3799, NJW 1996, S. 1333 ff., 1334, Rn. 24, Atlanta Fruchthandelsgesellschaft u.a.

43 EuGH vom 21.2.1991, verb. Rs. C-143/88 und C-92/89, Slg. 1991, I-415 ff., NVwZ 1991, S. 460 f., 460, Rn. 21, Zuckerfabrik Süderdithmarschen u.a., und EuGH vom 9.11.1995, Rs. C-466/93, Slg. 1995, I-3799, NJW 1996, S. 1333 ff., 1334, Rn. 25, Atlanta Fruchthandelsgesellschaft u.a. Siehe dazu *Streinz*, Europarecht, Rn. 720 ff.

fel bestehen. Die Aussetzung rechtfertigt sich nämlich allein aus der Möglichkeit einer Feststellung der Ungültigkeit, die dem EuGH vorbehalten ist[44].

2. Vorläufige Entscheidung und Vorlage an EuGH

Außerdem muss die Aussetzung der Vollziehung vorläufig bleiben. Das nationale Gericht kann im Rahmen des vorläufigen Rechtsschutzes die Vollziehung also nur aussetzen, bis der EuGH über die Frage der Gültigkeit entschieden hat. Sofern der EuGH mit dieser Frage noch nicht befasst ist, obliegt es dem nationalen Gericht, diese selbst vorzulegen und dabei die Gründe anzugeben, aus denen es die Verordnung für ungültig hält[45]. Es kann im Rahmen der Gewährung vorläufigen Rechtsschutzes einstweilige Anordnungen nur solange treffen und aufrechterhalten, wie der EuGH nicht festgestellt hat, dass die Prüfung der Vorabentscheidungsfragen nichts ergeben hat, was die Gültigkeit der fraglichen Verordnung beeinträchtigen könnte[46]. **486**

3. Besondere Dringlichkeit

Die Aussetzung muss dringend sein, d.h. sie muss vor der Entscheidung in der Hauptsache verfügt und wirksam werden, um zu verhindern, dass der Antragsteller einen schweren und nicht wiedergutzumachenden Schaden erleidet. Dringlichkeit ist dabei nur anzunehmen, wenn der vom Antragsteller geltend gemachte Schaden eintreten kann, bevor der EuGH über die Gültigkeit der gerügten Handlung der Union entscheiden konnte. Ein reiner Geldschaden ist allerdings grundsätzlich nicht als „nicht wiedergutzumachen" anzusehen. Das jeweilige Gericht muss im Rahmen des vorläufigen Rechtsschutzes die Umstände des Falles untersuchen und prüfen, ob die sofortige Vollziehung des Verwaltungsakts dem Antragsteller irreversible Schäden zufügen könnte, die nicht mehr wiedergutzumachen wären, wenn die Unionshandlung für ungültig erklärt werden müsste[47]. **487**

---

44 EuGH vom 21.2.1991, verb. Rs. C-143/88 und C-92/89, Slg. 1991, I-415, NVwZ 1991, S. 460 f., 461, Rn. 23, Zuckerfabrik Süderdithmarschen u.a., und EuGH vom 9.11.1995, Rs. C-466/93, Slg. 1995, I-3799, NJW 1996, S. 1333 ff., 1335, Rn. 35, Atlanta Fruchthandelsgesellschaft, bestätigt durch EuGH vom 5.5.2011, Rs. C-305/09, Slg. 2011, I-3225, Rn. 44, Europäische Kommission./.Italienische Republik. Siehe dazu und zum folgenden *Streinz*, Europarecht, Rn. 720 ff., und aus der jüngeren Rspr. z.B. FG Hamburg vom 10.04.2018, 4 V 194/16 (JURIS), Rn. 44 f. Das nationale Gericht muss aber nicht von der Ungültigkeit des Gemeinschaftsrechtsakts überzeugt sein, vgl. FG Münster vom 1.8.2011, 9 V 357/11 K, G, DStR 2011, S. 1507 ff., 1510.

45 EuGH vom 21.2.1991, verb. Rs. C-143/88 und C-92/89, Slg. 1991, I-415, NVwZ 1991, S. 460 f., 461, Rn. 24, Zuckerfabrik Süderdithmarschen u.a.

46 EuGH vom 9.11.1995, Rs. C-466/93, Slg. 1995, I-3799, NJW 1996, S. 1333 ff., 1335, Rn. 38, Atlanta Fruchthandelsgesellschaft.

47 Vgl. EuGH vom 21.2.1991, Rs. C-143/88 und C-92/89, Slg. 1991, I-415, NVwZ 1991, S. 460 f., 461, Rn. 28 f., Zuckerfabrik Süderdithmarschen u.a., und EuGH vom 9.11.1995, Rs. C-466/93, Slg. 1995, I-3799, NJW 1996, S. 1333 ff., 1335, Rn. 40 f., Atlanta Fruchthandelsgesellschaft, und FG Hamburg vom 10.04.2018, 4 V 194/16 (JURIS), Rn. 45.

4. Wahrung der Interessen der Union

488 Außerdem hat das nationale Gericht, das im Rahmen seiner Zuständigkeit Unionsrecht anzuwenden hat, dessen volle Wirkung sicherzustellen. Damit ist es bei Zweifeln an der Gültigkeit von Unionsverordnungen verpflichtet, das Interesse der Union daran in Rechnung zu stellen, dass diese Verordnungen nicht vorschnell außer Anwendung gelassen werden. Dieser Verpflichtung wird das nationale Gericht im Rahmen des vorläufigen Rechtsschutzes nur gerecht, wenn es zuerst prüft, ob der fraglichen Unionsverordnung nicht jede praktische Wirksamkeit genommen wird, wenn sie nicht sofort angewandt wird. Wenn die Aussetzung der Vollziehung ein finanzielles Risiko für die Union darstellt, muss das nationale Gericht im Übrigen die Möglichkeit haben, von dem Antragsteller hinreichende Sicherheiten, etwa eine Kaution oder eine Hinterlegung, zu verlangen[48].

5. Beachtung der EuGH-Rechtsprechung

489 Ferner hat das Gericht gem. Art. 4 III EUV bei der Prüfung aller dieser Voraussetzungen die Entscheidungen des EuGH oder des Gerichts über die Rechtmäßigkeit der Verordnung oder einen Beschluss im Verfahren des vorläufigen Rechtsschutzes betreffend gleichartige einstweilige Anordnungen auf Unionsebene zu beachten. Die Verpflichtung des nationalen Gerichts, eine eventuelle Entscheidung des EuGH zu beachten, gilt ganz besonders für die vom EuGH vorgenommene Beurteilung des Interesses der Union und der Abwägung zwischen diesem Interesse und dem Interesse des betreffenden Wirtschaftssektors[49].

C. Ergebnis

490 Wegen der bestehenden ernstlichen Zweifel an der Rechtmäßigkeit der Verordnung könnte das Gericht grundsätzlich die Aussetzung der Vollziehung anordnen, sofern es die vom EuGH aufgestellten Kriterien beachtet. Die Anwendung dieser Kriterien führt hier allerdings dazu, dass es den Antrag der Z ablehnen muss, da es zumindest an der besonderen Dringlichkeit der Aussetzung fehlt. Aus dem Sachverhalt ergeben sich keinerlei Hinweise, dass der Z ein schwerer und nicht wiedergutzumachender Schaden droht. Die Zahlung in Höhe von einer Million Euro genügt für sich genommen dafür nicht, selbst wenn es sich um einen bleibenden Geldschaden handeln würde (s.o.).

---

48 Vgl. EuGH vom 21.2.1991, Rs. C-143/88 und C-92/89, Slg. 1991, I-415, NVwZ 1991, S. 460 f., 461, Rn. 30–32, Zuckerfabrik Süderdithmarschen u.a., und EuGH vom 9.11.1995, Rs. C-466/93, Slg. 1995, I-3799, NJW 1996, S. 1333 ff., 1335, Rn. 42 ff., Atlanta Fruchthandelsgesellschaft. Siehe dazu auch BVerfG vom 18.5.2016, 1 BvR 895/16 (JURIS), Rn. 36 ff.

49 Vgl. EuGH vom 9.11.1995, Rs. C-466/93, Slg. 1995, I-3799, NJW 1996, S. 1333 ff., 1335, Rn. 46, 50 f. Atlanta Fruchthandelsgesellschaft mbH u.a.

Wiederholung und Vertiefung

Weiterführende Hinweise

Streinz, Rudolf: Europarecht, Rn. 397 ff., 608, 633 ff., 673, 720 ff. **491**

EuGH vom 10.7.1990, Rs. C-217/88, Slg. 1990, I-2879, EuZW 1990, S. 384 ff., Kommission der Europäischen Gemeinschaften./.Bundesrepublik Deutschland – Tafelwein.

EuGH vom 21.2.1991, Verb. Rs. C-143/88 und C-92/89, Slg. 1991, I-415, NVwZ 1991, S. 460 f., Zuckerfabrik Süderdithmarschen u.a./.Hauptzollamt Itzehoe.

EuGH vom 9.11.1995, Rs. C-465/93, Slg. 1995, I-3761, NJW 1996, S. 1333 ff., Atlanta Fruchthandelsgesellschaft mbH./.Bundesamt für Ernährung und Forstwirtschaft.

Gärditz, Klaus Ferdinand: Europäisches Verwaltungsprozessrecht, JuS 2009, S. 385 ff.

Glawe, Robert A. P.: Der Eilrechtsschutz im Europarecht – ein Überblick, JA 2013, S. 63 ff.

Jannasch, Alexander: Der Einfluss des Gemeinschaftsrechts auf den vorläufigen Rechtsschutz, NVwZ 1999, S. 495 ff.

Voßkuhle, Andreas/Schemmel, Jakob: Grundwissen – Öffentliches Recht: Die Europäisierung des Verwaltungsrechts, JuS 2019, S. 347 ff.

Fall 16

Öffentliche Unternehmen unter Druck

Schwerpunktbereich, Schwierigkeitsgrad: hoch

492 **Teil I**

Ein internationales Kreditkartenunternehmen bedient sich des im Mitgliedstaat X ansässigen Abwicklungsdienstleisters A, um Kundenabrechnungen für seine in X ansässigen Kunden zu erstellen und in großer Stückzahl zu versenden. Die Abrechnungen werden von A in X gefertigt und anschließend in die Niederlande verbracht und dort zur Post gegeben, um das günstigere dortige Porto zu nutzen. Aus den Niederlanden werden sie dann an die Empfänger in X versandt. Die X-Post AG, deren Aktien sich zu 80 % im Besitz des Mitgliedstaates X befinden und die 90 % der Postdienstleistungen in X erbringt, erhält von der niederländischen Post eine Endvergütung für die Weiterbeförderung der Briefe in X, die allerdings die Kosten der Zustellung nicht annähernd deckt. Die X-Post AG hält die Sendungen an und fordert den A auf, für jeden Brief die Differenz zwischen der Endvergütung und dem in X für Inlandsbriefe geltenden Porto zu entrichten. Anderenfalls werde sie die Briefe auf Kosten des A an die niederländische Post zurücksenden. Die X-Post AG stützt sich dabei auf die Vorschriften des Art. 43 Weltpostvertrag, welche der X-Post AG, die auch mit der Erfüllung der Aufgaben des Mitgliedstaates X aus dem Weltpostvertrag betraut ist, aufgrund des Zustimmungsgesetzes des Mitgliedstaates X entsprechende Rechte verleihen. Der Weltpostvertrag ist ein völkerrechtlicher Vertrag, der u.a. grundlegende Bestimmungen für den Briefpostdienst enthält. A hält die Vorgehensweise der X-Post AG und des Staates X für unionsrechtswidrig.

Zu Recht?

Teil II

Im Mitgliedstaat M ist das Gesundheitssystem ähnlich solidarisch organisiert wie in Deutschland. Daher entsprechenden die Aufgaben und Strukturen der dortigen gesetzlichen Krankenkassen im Wesentlichen denen der deutschen gesetzlichen Krankenkassen. In M dürfen die Verbände der gesetzlichen Krankenkassen Festbeträge festlegen, die sie für verschriebene Arzneimittel maximal erstatten. Dadurch sollen Einsparungseffekte im Gesundheitswesen erreicht werden. Als die Verbände der Krankenkassen für eine Gruppe von Medikamenten, zu der auch ein Medikament des Pharmaherstellers P gehört, einen Festbetrag festlegen, der unter dem Verkaufspreis für dieses Medikament liegt, nimmt P die Verbände der Krankenkassen gerichtlich auf Aufhebung dieser Entscheidung in Anspruch. P ist der Meinung, mit der Festlegung von Festbeträgen betätigten sich die Verbände der Krankenkassen in wettbewerbswidriger Weise. Das angerufene Gericht ist über die Rechtslage im Zweifel und möchte vom EuGH im zulässigen Vorabentscheidungsverfahren wissen, ob tatsächlich ein Unionsrechtsverstoß vorliegt.

1. Formulieren Sie entsprechende Vorlagefragen.
2. Wie wird der Gerichtshof entscheiden?

Weltpostvertrag vom 15.9.1999 – Auszug[1]:

Art. 1 Postuniversaldienst

1. Zur Förderung des Grundgedankens, demgemäß der Weltpostverein ein einziges Postgebiet bildet, sorgen die Mitgliedsländer dafür, dass alle Benutzer/Kunden Zugang zu einem Postuniversaldienst haben, der in einem qualitativ guten Angebot an Basispostdiensten besteht, die an jedem Punkt ihres Gebietes zu erschwinglichen Preisen jederzeit bereitgestellt werden.
2. Zu diesem Zweck legen die Mitgliedsländer im Rahmen ihrer innerstaatlichen Rechtsvorschriften im Bereich des Postwesens oder auf andere übliche Weise den Umfang der hierfür in Frage kommenden Postdienste sowie die Voraussetzungen für Qualität und erschwingliche Preise unter gleichzeitiger Berücksichtigung der Bedürfnisse der Bevölkerung und der innerstaatlichen Gegebenheiten fest.
3. Die Mitgliedsländer sorgen dafür, dass die mit der Bereitstellung des Postuniversaldienstes beauftragten Betreiber das Angebot an Postdiensten sicherstellen und die Qualitätsnormen einhalten.

Art. 2 Freiheit des Durchgangs

1. Die Freiheit des Durchgangs ist in Art. 1 der Satzung als Grundsatz verankert. Danach ist jede Postverwaltung verpflichtet, die ihr von einer anderen Postverwaltung übergebenen Kartenschlüsse und Briefsendungen des offenen Durchgangs stets auf den schnellsten Beförderungswegen und mit den sichersten Beförderungsmitteln weiterzuleiten, die sie für ihre eigenen Sendungen benutzt. [...]

Art. 43 Einlieferung von Briefsendungen im Ausland

1. Kein Mitgliedsland ist verpflichtet, Briefsendungen zu befördern oder dem Empfänger auszuliefern, die in seinem Gebiet ansässige Absender im Ausland einliefern oder einliefern lassen, um aus den dort geltenden günstigeren Gebührenverhältnissen Nutzen zu ziehen.
2. Die in Absatz 1 vorgesehenen Bestimmungen gelten ohne Unterschied sowohl für Briefsendungen, die in dem Land, in dem der Absender ansässig ist, vorbereitet und anschließend über die Grenzen gebracht werden, als auch für Briefsendungen, die in einem anderen Land versandfertig gemacht worden sind.
3. Die Bestimmungsverwaltung ist berechtigt, vom Absender oder, wenn dies nicht möglich ist, von der Einlieferungsverwaltung die Zahlung der Inlandsgebühren zu verlangen. Sind weder der Absender noch die Einlieferungsverwaltung bereit, diese Gebühren innerhalb einer von der Bestimmungsverwaltung festgesetzten Frist zu zahlen, so kann diese entweder die Sendung an die Einlieferungsverwaltung zurückschicken – in diesem Fall hat sie Anspruch auf die Erstattung der Kosten für die Rücksendung – oder nach ihren innerstaatlichen Rechtsvorschriften mit ihnen verfahren.
4. Kein Mitgliedsland ist verpflichtet, Briefsendungen zu befördern oder dem Empfänger auszuliefern, die Absender in einem anderen Land als demjenigen, in dem sie ansässig sind, in großen Mengen eingeliefert haben oder haben einliefern lassen, wenn die hierfür fällige Endvergütung

1 BGBl. II 2002, S. 1470.

niedriger sind als die Beträge, die erhoben worden wären, wenn die Sendungen in dem Land eingeliefert worden wären, in dem die Absender ansässig sind. Die Bestimmungsverwaltungen sind berechtigt, von der Einlieferungsverwaltung eine mit den entstandenen Kosten in Beziehung stehende Vergütung zu verlangen, [...]. Ist die Einlieferungsverwaltung nicht bereit, den geforderten Betrag innerhalb einer von der Bestimmungsverwaltung festgesetzten Frist zu zahlen, so kann diese entweder die Sendung an die Einlieferungsverwaltung zurückschicken – in diesem Fall hat sie Anspruch auf die Erstattung der Kosten für die Rücksendung – oder nach ihren innerstaatlichen Rechtsvorschriften mit ihnen verfahren.

Vorüberlegungen

Der vorliegende Fall befasst sich mit einigen Kernproblemen des Europäischen Wirtschaftsrechts. Der erste Teil, der dem Fall Deutsche Post[2] des EuGH nachgebildet ist, dreht sich zentral um die Frage der Freistellung eines Unternehmens von den Bindungen des AEUV gem. Art. 106 II AEUV. Sorgfalt sollte allerdings auch auf die Behandlung des Art. 102 AEUV gelegt werden. Bei beiden zu prüfenden Vorschriften sollten sich die Bearbeiter mit den einschlägigen Tatbestandsmerkmalen gründlich auseinandersetzen und sich auch dann um eine die Subsumtion ermöglichende Aufbereitung der Begriffe bemühen, wenn sie mit der wettbewerbsrechtlichen Terminologie nicht vertraut sind. In einem zweiten Schritt ist noch eine Verletzung der Dienstleistungsfreiheit durch Mitgliedstaat X zu prüfen, was allerdings gegenüber dem ersten Prüfungsteil keine neuen Probleme aufwirft. **493**

Teil II findet sein Vorbild in der AOK-Bundesverband-Entscheidung des EuGH[3]. Es geht um die Frage, ob sich auch die gesetzlichen Krankenkassen an die Wettbewerbsvorschriften des AEUV halten müssen. Dies wird im Ergebnis verneint, aber mit überraschender Begründung, da die gesetzlichen Krankenkassen nicht generell und endgültig von diesen Vorschriften ausgenommen sind, sondern nur solange, wie sie nicht wettbewerblich tätig sind. Es kann also künftig der Fall eintreten, dass die Unternehmenseigenschaft doch zu bejahen ist. Bisher gab es allerdings kein weiteres Verfahren, in dem der EuGH dazu hätte Stellung nehmen können[4].

Bei der Formulierung der Vorlagefrage ist es zweckdienlich, diese in mehrere Unterfragen zu unterteilen, um einen „Satzbandwurm" zu vermeiden. Auf diese Weise kann man die anschließende Prüfung auf den wesentlichen Punkt, ob die Verbände der gesetzlichen Krankenkassen als Unternehmensverbände anzusehen sind, konzentrieren und – sofern man der Ansicht des EuGH folgt – beschränken. In Teil II kommt es darauf an, den wettbewerbsrechtlichen Unternehmensbegriff möglichst plastisch darzustellen.

Insgesamt handelt es sich um eine Aufgabenstellung mit hohem Schwierigkeitsgrad, die nur im Schwerpunktbereich gestellt werden kann. Auch in vielen Schwerpunktbereichen liegt das Klausurthema (Europäisches Wirtschaftsrecht) eher am Rande.

---

2 EuGH vom 10.2.2000, verb. Rs. C-147/97 und C-148/97, Slg. 2000, I-825, EuZW 2000, S. 281 ff., Deutsche Post AG./.GZS Gesellschaft für Zahlungssysteme mbH u. Citicorp Kartenservice GmbH.

3 EuGH vom 16.3.2004, verb. Rs. C-264/01, C-306/01, C-354/01 und C-355/01, Slg. 2004, I-2493, EuZW 2004, S. 241 ff., AOK Bundesverband u.a./.Ichthyol-Gesellschaft Cordes, Hermani & Co. u.a.

4 Bei Abschluss des Manuskripts im Juni 2019 war beim EuGH das Rechtmittel der Kommission gegen ein Urteil des EuG anhängig (Rs. C-262/18 P), in dem es die slowakischen gesetzlichen Krankenkassen wegen der dortigen wettbewerblichen Elemente als Unternehmen i.S.d. Art. 107 Abs. 1 AEUV eingestuft hatten (EuG vom 5.2.2018, Rs. T-216/15, ECLI:EU:T:2018:64, Dôvera zdravotná poist'ovňa, a.s./.Europäische Kommission).

Gliederung

494 **Teil I**

A. Verstoß der X-Post AG gegen Art. 102 AEUV

I. Unternehmen

II. Ausschluss durch Art. 106 II AEUV

1. Öffentliches Unternehmen
2. Dienstleistung von allgemeinem wirtschaftlichem Interesse
3. Verhinderung der Aufgabenerfüllung
4. Ergebnis

III. Relevanter Markt

IV. Marktbeherrschende Stellung

V. Missbräuchliches Ausnutzen

VI. Ergebnis

B. Verstoß von Mitgliedstaat X gegen die Dienstleistungsfreiheit gem. Art. 56 AEUV

I. Ausschluss durch Art. 106 II AEUV

II. Anwendungsbereich der Dienstleistungsfreiheit

III. Gewährleistungsinhalt

IV. Rechtfertigung durch zwingende Erfordernisse des Allgemeininteresses

V. Ergebnis

C. Gesamtergebnis

Teil II

A. Vorlagefragen

B. Entscheidung des Gerichtshofes

I. Verbände der gesetzlichen Krankenkassen als Unternehmen?

II. Ergebnis

Musterlösung

Teil I

A. Verstoß der X-Post AG gegen Art. 102 AEUV

Die Vorgehensweise der X-Post AG könnte unionsrechtswidrig sein, weil sie gegen Art. 102 AEUV verstoßen könnte. Danach ist die missbräuchliche Ausnutzung einer beherrschenden Stellung auf dem Binnenmarkt oder auf einem wesentlichen Teil desselben durch ein oder mehrere Unternehmen mit dem Binnenmarkt unvereinbar und verboten, soweit dies dazu führen kann, den Handel zwischen Mitgliedstaaten zu beeinträchtigen. **495**

I. Unternehmen

Die X-Post AG müsste zu den Unternehmen i.S.d. Art. 102 AEUV gehören. Ein Unternehmen ist nach der st. Rspr. des EuGH „jede eine wirtschaftliche Tätigkeit ausübende Einheit unabhängig von ihrer Rechtsform und der Art ihrer Finanzierung“[5]. Eine wirtschaftliche Tätigkeit ist dabei jede Tätigkeit, die darin besteht, Güter oder Dienstleistungen auf einem bestimmten Markt anzubieten[6]. Der EuGH folgt damit einem funktionalen Unternehmensbegriff, der nicht bestimmte Organisationsformen betrachtet („institutioneller Unternehmensbegriff“), sondern die Wirtschaftlichkeit des Handelns als maßgebliches Kriterium heranzieht[7]. Unter diesen Unternehmensbegriff fällt auch die X-Post AG. **496**

II. Ausschluss durch Art. 106 II AEUV

Art. 102 AEUV ist nach seinem insoweit offenen Wortlaut auf alle Arten von Unternehmen anwendbar[8]. Jedoch könnte die Anwendung von Art. 102 AEUV gem. Art. 106 II AEUV ausgeschlossen sein, wenn es sich bei der X-Post AG um ein öffentliches Unternehmen handelt, das mit Dienstleistungen von allgemeinem wirtschaftlichem Interesse betraut ist, und die Anwendung der Wettbewerbsregeln wie des Art. 102 AEUV die Erfüllung der ihr übertragenen besonderen Aufgabe rechtlich oder tatsächlich verhindert[9]. **497**

---

5 St. Rspr., z.B. EuGH vom 23.4.1991, Rs. C-41/90, Slg. 91, I-1979, NJW 1991 S. 2891 ff., Rn. 21, Höfner-Elser./.Macrotron GmbH, EuGH vom 16.3.2004, verb. Rs. C-264/01, C-306/01, C-354/01 und C-355/01, Slg. 2004, I-2493, EuZW 2004, S. 241 ff., Rn. 46, AOK-Bundesverband. Statt „Einheit“ verwendet der EuGH auch den Begriff „Einrichtung“, siehe *Dompke/Schulz*, JURA 2015, S. 822 ff., 825.

6 *Dittert*, Europarecht, S. 332; zur Gewinnerzielungsabsicht s. bei Rn. 515.

7 *Dompke/Schulz*, JURA 2015, S. 822 ff., 825.

8 *Stadler*, in: Langen/Bunte, Kommentar Kartellrecht, Bd. 2, Art. 106 AEUV, Rn. 14.

9 So auch *Jung*, in: Calliess/Ruffert, AEUV, Art. 106, Rn. 47, der davon ausgeht, dass Art. 106 für die Anwendbarkeit des Art. 102 AEUV auf öffentliche Unternehmen konstitutiv ist (a.a.O. Rn. 3).

1. Öffentliches Unternehmen

498 Es müsste sich bei der X-Post AG zunächst um ein öffentliches Unternehmen i.S.d. Art. 106 I AEUV handeln, oder das Unternehmen müsste gem. Art. 106 I AEUV mit besonderen oder ausschließlichen Rechten ausgestattet sein.

Von ausschließlichen Rechten – wie etwa einem Briefdienstleistungsmonopol – berichtet der Sachverhalt nichts[10].

Öffentliche Unternehmen sind Unternehmen, auf deren Geschäftsplanung oder Tätigkeit öffentliche Hoheitsträger über Eigentum, Beteiligungsverhältnisse, Stimmrecht oder in sonstiger Weise mittelbar oder unmittelbar bestimmenden Einfluss ausüben können. Die Abgrenzung zu privaten Unternehmen liegt darin, dass dieser bestimmende Einfluss nicht mit den üblichen hoheitlichen Maßnahmen (Gesetzgebung, Verwaltungsakte) erzielt zu werden braucht[11]. Da der Mitgliedstaat X 80 % der Aktien der X-Post AG hält, hat er einen – über sein Mehrheitseigentum vermittelten – bestimmenden Einfluss auf die X-Post AG. Die X-Post AG ist ein öffentliches Unternehmen.

2. Dienstleistung von allgemeinem wirtschaftlichem Interesse

499 Weiterhin müsste es sich bei der X-Post AG um ein Unternehmen handeln, welches mit einer Dienstleistung von allgemeinem wirtschaftlichem Interesse betraut ist. Laut Sachverhalt ist die X-Post AG mit der Erfüllung der Aufgaben des Mitgliedstaates X aus dem Weltpostvertrag betraut. Dazu gehört nach dessen Art. 1 und 2 u.a., die ihr von einer anderen Postverwaltung übergebenen Kartenschlüsse und Briefsendungen des offenen Durchgangs stets auf den schnellsten Beförderungswegen und mit den sichersten Beförderungsmitteln weiterzuleiten, die sie für ihre eigenen Sendungen benutzt, um damit zu einem weltweit einheitlichen Postgebiet beizutragen. Sie muss also Auslandssendungen an jeden im Mitgliedstaat X ansässigen Empfänger zustellen. Dass die X-Post AG diese Dienstleistung nicht im Eigen-, sondern im Allgemeininteresse erbringt, ergibt sich daraus, dass die Weiterbeförderung von Auslandsbriefsendungen laut Sachverhalt für die X-Post AG unrentabel ist. Sie ist daher mit einer Dienstleistung von allgemeinem wirtschaftlichem Interesse betraut.

3. Verhinderung der Aufgabenerfüllung

500 Die Anwendung der Wettbewerbsregeln des Art. 102 AEUV auf die X-Post AG müsste die Erfüllung dieser Aufgabe im allgemeinen wirtschaftlichen Interesse rechtlich oder tatsächlich verhindern.

Für eine rechtliche Verhinderung der Erfüllung der Aufgabe ist nichts ersichtlich. Es könnte sich jedoch eine tatsächliche Verhinderung der Erfüllung der Aufgabe ergeben, wenn es der X-Post AG bei Anwendung der Wettbewerbsregeln verwehrt wäre, bei dem Art. 43 Weltpostvertrag unterfallenden Sendungen dessen Möglichkeiten zu nutzen.

---

10 Im zugrunde liegenden Fall war dies anders, weil die Bundesrepublik Deutschland der Deutschen Post AG Rechte aus dem Briefmonopol eingeräumt hatte, vgl. EuGH 10.2.2000, verb. Rs. C-147/97 und C-148/97, Slg. 2000, I-825, EuZW 2000, S. 281 ff., 283, Rn. 37, Deutsche Post.

11 *Jung*, in: Calliess/Ruffert, AEUV, Art. 106, Rn. 13 m.w.N.

Man könnte zum einen davon ausgehen, eine tatsächliche Verhinderung der Erfüllung der Aufgabe komme nur dann in Betracht, wenn die X-Post AG die wirtschaftliche Belastung, die aus den Verlusten bei der Beförderung von Auslandssendungen entsteht, nicht tragen könnte und daher die Erbringung ihrer Dienstleistungen einstellen müsste. Die Anwendung des AEUV müsste bei dieser Auslegung des Art. 106 II AEUV mithin die Existenz des mit der Wahrnehmung der Aufgabe betrauten Unternehmens bedrohen. Zum anderen ist es denkbar, von einer tatsächlichen Verhinderung der Aufgabenerfüllung bereits dann zu sprechen, wenn die Anwendung des AEUV verhindert, dass die Aufgabe zu wirtschaftlich ausgewogenen Bedingungen wahrgenommen werden kann.

Der ersten Ansicht ist zuzugeben, dass sie mit dem Wortlaut des Art. 106 II AEUV, der **501** von Verhinderung, nicht von Gefährdung der Aufgabenerfüllung spricht, eher im Einklang steht. Gleichwohl ist mit dem EuGH[12] der zweiten Ansicht der Vorzug zu geben, da mit der erstgenannten Auffassung zu Art. 106 II AEUV die Mitgliedstaaten stets auf die Möglichkeit verwiesen werden könnten, die Weitererfüllung der Aufgabe im Allgemeininteresse durch das in der Existenz bedrohte Unternehmen durch Eigenleistungen an dieses abzuwenden, so dass die Vorschrift praktisch leerliefe. Dann könnte sie aber ihren Zweck, einen Ausgleich zwischen dem Gestaltungsspielraum der Mitgliedstaaten bei der Organisation der Dienstleitungen im Allgemeininteresse, denen Art. 14 AEUV besonderes Gewicht einräumt, und der möglichst weitreichenden Geltung des AEUV zu erreichen, nicht erfüllen.

Entscheidend ist daher, ob die X-Post AG die ihr übertragenen Aufgaben auch dann zu wirtschaftlich ausgewogenen Bedingungen wahrnehmen kann, wenn sie das Instrumentarium des Art. 43 Weltpostvertrag bei Sendungen aus dem EU-Ausland nicht nutzen kann. Infolge einer Nichtanwendung von Art. 43 Weltpostvertrag würde die Anzahl an Zustellungen gegen regelmäßig rentables Inlandsporto erheblich abnehmen und die Anzahl an Zustellungen gegen nicht kostendeckende Endvergütungen[13] erheblich zunehmen. Dies führt den EuGH im zugrunde liegenden Fall dazu, von einer Gefährdung der Aufgabenerfüllung auszugehen, wenn Art. 102 AEUV angewandt würde[14]. Gegen diese Annahme spricht aber, dass im Sachverhalt nicht dargelegt wird, ob die durch die Nichtanwendung der entsprechenden Vorschriften entstehenden Einnahmeausfälle im Auslandsgeschäft nicht durch Gewinne im Inlandsgeschäft aufgefangen werden können. In einer solchen Situation von einer Gefährdung der Aufgabenerfüllung zu sprechen, erscheint voreilig.

Die gegenteilige Ansicht ist mit dem EuGH gut vertretbar.

---

12 EuGH vom 23.10.1997, C-157/94, Slg. 1997, I-5699, DB 1997, S. 2482 f., Rn. 52, Kommission der Europäischen Gemeinschaften./.Königreich der Niederlande – Einfuhrrechte für Elektrizität. Siehe zum Prüfungsmaßstab ausführlich *von Komorowski*, EuR 2015, S. 310 ff., 324 ff.

13 Das Problem nicht kostendeckender Endvergütungen sollte innerhalb der EU durch die REIMS II-Vereinbarung abgeschafft werden, der allerdings die Niederlande nicht beigetreten sind; vermutlich wird sich das Problem aber durch eine Neuregelung im Weltpostvertrag erledigen.

14 EuGH vom 10.2.2000, verb. Rs. C-147/97 und C-148/97, Slg. 2000, I-825, EuZW 2000, S. 281 ff., 284, Rn. 50, Deutsche Post. Differenzierend Generalanwalt *La Pergola*, Schlussanträge in den verb. Rs. C-147/97 und C-148/97, Slg. 2000, I-825, 851 ff., Rn. 29 f., Deutsche Post.

4. Ergebnis

502 Art. 106 II AEUV führt nicht zu einer Freistellung von den Wettbewerbsregeln. Die X-Post AG ist mithin an Art. 102 AEUV gebunden.

Wer hier der Gegenauffassung folgt, muss sein Gutachten an dieser Stelle beenden, würde sich aber dadurch die Prüfung der weiteren Voraussetzungen „abschneiden".

III. Relevanter Markt

503 Die X-Post AG ist auf dem für den ganzen Mitgliedstaat X einheitlichen Markt für Postbeförderungsdienstleistungen tätig. Damit erstreckt sich ihre Tätigkeit auf einen wesentlichen Teil des Binnenmarktes i.S.d. Art. 102 AEUV.

IV. Marktbeherrschende Stellung

504 Auf diesem Markt müsste die X-Post AG eine beherrschende Stellung innehaben. Unter der beherrschenden Stellung i.S.d. Art. 102 AEUV versteht der EuGH in st. Rspr. die wirtschaftliche Machtstellung eines Unternehmens, die dieses in die Lage versetzt, die Aufrechterhaltung eines wirksamen Wettbewerbs auf dem relevanten Markt zu verhindern, indem sie ihm die Möglichkeit verschafft, sich seinen Wettbewerbern, seinen Abnehmern und letztlich den Verbrauchern gegenüber in einem nennenswerten Umfang unabhängig zu verhalten[15]. Eine marktbeherrschende Stellung setzt nicht voraus, dass auf dem betroffenen Markt keinerlei Wettbewerb vorhanden oder die Stellung des betroffenen Unternehmens unangreifbar ist. Es bedarf vielmehr einer umfassenden Betrachtung der wettbewerblichen Situation auf dem relevanten Markt. In diesem Rahmen müssen sodann verschiedene Faktoren analysiert werden, deren wichtigster der Marktanteil des untersuchten Unternehmens ist. Auch wenn das europäische Recht keine gesetzliche Marktbeherrschungsvermutung aufgrund von Marktanteilen kennt[16], haben sich in der Praxis Schwellenwerte herausgebildet, die eine erhebliche Relevanz in Bezug auf die Feststellung einer Marktbeherrschung haben. So können bereits Marktanteile von (deutlich) über 40 % ein starker Indikator für das Vorliegen einer marktbeherrschenden Stellung sein. Bei sehr hohen Marktanteilen wird regelmäßig von einer beherrschenden Stellung auszugehen sein, ohne dass es einer weiteren Analyse zusätzlicher Indizien bedarf[17]. Bei einem Marktanteil eines Unternehmens von 75 % oder mehr auf dem relevanten Markt, wie ihn die X-Post AG für Postbeförderungsdienstleistungen im Mitgliedstaat X innehat, ist daher von einer marktbeherrschenden Stellung auszugehen. Bei einem derart hohen Marktanteil sind alle Nachfrager auf diesem Markt für ihre Versorgungssicherheit auf Angebote des Marktführers angewiesen. Für eine Ausnahme von dieser Regel spricht vorliegend nichts. Eine marktbeherrschende Stellung liegt vor.

15 EuGH, st. Rspr. seit EuGH vom 13.2.1979, Rs. 85/76, Slg 1979, 461, NJW 1979, S. 2460 f., Rn. 38, Hoffmann-La Roche & Co. AG./.Kommission der Europäischen Gemeinschaften (Vitamine), etwa EuGH vom 5.10.1988, Rs. 247/86, Slg. 1988, 5987, NJW 1990, S. 1410 f., Rn. 12, Alsatel.

16 Anders z.B. im deutschen Recht, siehe § 18 GWB.

17 Vgl. *Dompke/Schulz*, JURA 2015, S. 951 ff., 954 m.w.N.

V. Missbräuchliches Ausnutzen

Die X-Post AG müsste diese beherrschende Stellung missbräuchlich ausnutzen. Die Fälle des Missbrauchs sind in Art. 102 II AEUV konkretisiert. Vorliegend kommt insbesondere Art. 102 II lit. a) AEUV in Betracht. Danach kann der Missbrauch insbes. in der unmittelbaren oder mittelbaren Erzwingung von unangemessenen Einkaufs- oder Verkaufspreisen oder sonstigen Geschäftsbedingungen bestehen. Es erscheint denkbar, dass die X-Post AG unmittelbar oder mittelbar unangemessene Einkaufspreise erzwingt. Einkaufspreise i.S.d. Art. 102 II lit. a) AEUV sind dabei in Einklang mit dem Zweck der Vorschrift, den Missbrauch marktbeherrschender Stellungen umfassend zu verhindern, auch Preise für Dienstleistungen. **505**

Allerdings müsste das von der X-Post AG verlangte Inlandsbriefporto in einem unangemessenen Verhältnis zum Wert der Postbeförderungsdienstleistung stehen. Für die Begründung einer solchen Unangemessenheit enthält der Sachverhalt keine ausreichenden Hinweise. Insbesondere führt die Tatsache, dass A, der ja bereits das volle niederländische Porto entrichtet hat, insgesamt mehr als das volle Inlandsporto für die Beförderung seiner Briefe zu zahlen hat, noch nicht zur Unangemessenheit. Es kommt vielmehr auf ein unangemessenes Verhältnis zwischen der an die X-Post AG geflossenen Vergütung und ihrer Leistung an; ein unangemessenes Verhältnis zwischen Leistungen des A und ihm gewährten Dienstleistungen ist ohne Belang. Ein Missbrauch i.S.v. Art. 102 II lit. a) AEUV ist zu verneinen. Auch die übrigen Varianten von Art. 102 II AEUV sind nicht einschlägig, so dass insgesamt kein Missbrauch einer marktbeherrschenden Stellung vorliegt.

VI. Ergebnis

Ein Verstoß der X-Post AG gegen Art. 102 AEUV scheidet aus. **506**

B. Verstoß von Mitgliedstaat X gegen die Dienstleistungsfreiheit gem. Art. 56 AEUV

In Betracht kommt ein Verstoß von Mitgliedstaat X gegen die Dienstleistungsfreiheit des A gem. Art. 56 AEUV, indem X die Bestimmungen des Weltpostvertrages, nach denen die X-Post AG das Inlandsporto verlangen kann, durch das Zustimmungsgesetz zugunsten der X-Post AG in Geltung gesetzt hat. **507**

I. Ausschluss durch Art. 106 II AEUV

Der Anwendung der Dienstleistungsfreiheit könnte wiederum Art. 106 II AEUV entgegenstehen. Jedoch gilt hier wie oben, dass durch die Anwendung des EG-Vertrages die Aufgabenerfüllung nicht rechtlich oder tatsächlich verhindert würde. Art. 56 AEUV bleibt anwendbar. **508**

II. Anwendungsbereich der Dienstleistungsfreiheit

509 Die Dienstleistungsfreiheit ist hier persönlich und sachlich auf A anwendbar, da es sich um ein in X ansässiges Unternehmen handelt, das gegen Entgelt grenzüberschreitende Abrechnungsdienstleistungen erbringt. Andere Grundfreiheiten sind nicht einschlägig.

III. Gewährleistungsinhalt

510 Vom Gewährleistungsinhalt der Dienstleistungsfreiheit sind zunächst alle staatlichen Maßnahmen erfasst, die die Ausübung der Freiheit unterbinden, behindern oder weniger attraktiv machen[18]. Darunter fallen neben diskriminierenden Maßnahmen auch bloße Beschränkungen[19]. Das Zustimmungsgesetz, das Art. 43 Weltpostvertrag in X für anwendbar erklärt, ist eine staatliche Maßnahme. Durch die Verpflichtung zur Zahlung des Inlandsportos auf Auslandssendungen in der vorliegenden Konstellation wird die grenzüberschreitende Dienstleistungserbringung für A weniger attraktiv, so dass die Maßnahme von X vom Gewährleistungsinhalt der Dienstleistungsfreiheit erfasst wird.

IV. Rechtfertigung durch zwingende Erfordernisse des Allgemeininteresses

511 Jedoch kommt eine Rechtfertigung durch zwingende Erfordernisse in Betracht. Der Mitgliedstaat X ist dem Weltpostvertrag beigetreten, um eine flächendeckende und reibungslose grenzüberschreitende Beförderung von Postsendungen sicherzustellen. Zu diesem Zweck wird die X-Post AG verpflichtet, bestimmte grenzüberschreitende Beförderungsleistungen zu übernehmen. Im Gegenzug muss es ihr aber möglich sein, für sie unzumutbare Sendungen zurückzuweisen und mit höherem Porto zu belegen, um ein wirtschaftliches Arbeiten zu ermöglichen. Indem Mitgliedstaat X der entsprechenden Vorschrift des Art. 43 Weltpostvertrag zugestimmt und sie in innerstaatliches Recht umgesetzt hat, hat er somit nicht gegen die Dienstleistungsfreiheit verstoßen.

V. Ergebnis

512 Die Dienstleistungsfreiheit gem. Art. 56 AEUV ist nicht verletzt.

C. Gesamtergebnis

513 Da weder die X-Post AG noch der Mitgliedstaat X gegen Unionsrecht verstoßen, verhalten sie sich nicht unionsrechtswidrig. A hat also nicht Recht.

---

18 *Dittert*, Europarecht, S. 257 m.w.N. Diese Aussage ist Teil der sog. Gebhard-Formel. Siehe dazu bereits oben Fall 3 (Rn. 123 und 124).

19 *Streinz*, Europarecht, Rn. 833.

Teil II

A. Vorlagefragen

1. Sind Zusammenschlüsse von gesetzlichen Krankenkassen wie die Verbände der gesetzlichen Krankenkassen des Staates M als Unternehmen oder Unternehmensvereinigung i.S.d. Art. 101 AEUV anzusehen, wenn sie Festbeträge festsetzen, bis zu deren Erreichen die gesetzlichen Krankenkassen die Kosten von Arzneimitteln übernehmen? **514**

Hinweis: Bei der Formulierung der Vorlagefrage ist der funktionelle Unternehmensbegriff des EuGH zu beachten, welcher die Unternehmenseigenschaft einer Einheit nicht abstrakt-generell, sondern anhand der konkret in Frage stehenden Tätigkeit bestimmt (siehe dazu oben Teil I). Eine Einheit kann daher in mancherlei Hinsicht ein Unternehmen sein und in anderer Hinsicht nicht. Daher ist die konkret in Frage stehende Tätigkeit mit anzugeben.

2. Falls diese erste Frage zu bejahen ist, verstoßen diese Zusammenschlüsse gegen Art. 101 AEUV, wenn sie Entscheidungen zur Festsetzung dieser Beträge erlassen?
3. Falls diese zweite Frage zu bejahen ist, gilt für diese Entscheidungen die Befreiung nach Art. 106 II AEUV?
4. Falls ein Verstoß gegen die Wettbewerbsvorschriften des AEUV vorliegt, bestehen gegen diese Zusammenschlüsse Ansprüche auf Beseitigung?

B. Entscheidung des Gerichtshofes

I. Verbände der gesetzlichen Krankenkassen als Unternehmen?

Da das Vorabentscheidungsverfahren laut Sachverhalt zulässig ist, wird der EuGH die Vorlagefragen in der Sache beantworten. Im Rahmen der ersten Frage ist zu klären, ob es sich im Hinblick auf die Festsetzung der Festbeträge bei den Verbänden der gesetzlichen Krankenkassen um Unternehmen bzw. Unternehmensvereinigungen i.S.d. Art. 101 AEUV handelt. **515**

Ein Unternehmen ist nach der st. Rspr. des EuGH „jede eine wirtschaftliche Tätigkeit ausübende Einheit unabhängig von ihrer Rechtsform und der Art ihrer Finanzierung“ (s.o. Teil I). Die Verbände der gesetzlichen Krankenkassen stellen als Zusammenschluss wirtschaftlich selbstständig agierender gesetzlicher Krankenkassen keine Einheit in diesem Sinne dar und sind mithin keine Unternehmen[20].

Sie könnten jedoch eine Unternehmensvereinigung sein. Verbände der gesetzlichen Krankenkassen sind Vereinigungen. Unternehmensvereinigungen sind sie dann, wenn sie bei der Festsetzung von Festbeträgen eine wirtschaftliche Tätigkeit ausüben. Dies ist dann *nicht* der Fall, wenn es sich bei der Tätigkeit der gesetzlichen Krankenkassen nicht um eine wirtschaftliche Tätigkeit handelt und die Festsetzung von Festbeträgen einen Teilaspekt dieser nichtwirtschaftlichen Tätigkeit bildet.

20 Die Praxis trennt zwischen Unternehmen und Unternehmensvereinigungen nicht scharf; angesichts der Bedeutungslosigkeit der Unterscheidung verständlicherweise.

Mit diesem Obersatz kann sich die weitere Prüfung an dem Aufbau der zugrunde liegenden AOK-Bundesverband-Entscheidung des EuGH[21] orientieren. Die weitere Prüfung kann natürlich auch anders strukturiert werden, sollte sich aber keinesfalls eine Behandlung der Frage, ob gesetzliche Krankenkassen eine wirtschaftliche Tätigkeit ausüben, abschneiden.

Wirtschaftliche Tätigkeit ist eine Tätigkeit, die auf den Austausch von Leistungen oder Gütern am Markt gerichtet ist (s.o. Teil I). Auf einen Austausch am Markt zielt die Tätigkeit immer dann, wenn sie sich auch zur Ausübung durch einen zur Gewinnerzielung handelnden Privaten eignet[22]. Sofern man als maßgebliche Tätigkeit der Krankenkassen die Versicherung von Menschen gegen den Krankheitsfall ansieht, so ergäbe sich bereits aus der Existenz privater Krankenversicherungen die Möglichkeit der Ausübung dieser Tätigkeit durch Private und mithin die wirtschaftliche Tätigkeit der Krankenkassen. Maßgeblich für die Tätigkeit der gesetzlichen Krankenkassen ist aber die Tatsache, dass sie all ihren Mitgliedern unabhängig von der Höhe ihres Beitrags die gleichen Pflichtleistungen anbieten und bei der Höhe der Beiträge zwar einen gewissen Spielraum besitzen[23], die Beitragshöhe aber nicht an dem individuellen Krankheitsrisiko orientieren dürfen.

516 Diese Beschränkungen ihrer unternehmerischen Freiheit beruhen auf dem Grundsatz der Solidarität, welcher durch die Verteilung der Lasten individuell unterschiedlicher Krankheitsrisiken auf alle Versicherten und den Ausgleich zwischen unterschiedlich einkommensstarken Versicherten verwirklicht wird. Der umfassende Zugang zu dieser solidaritätsgeprägten Tätigkeit ist für private Krankenversicherungen, die an der Aufnahme von Versicherten, deren Beiträge ihre zu erwartende Leistungsberechtigung nicht decken (aufgrund einkommensbedingt niedriger Beiträge, hohem Gesundheitsrisiko oder beidem) und mithin statt Gewinn Verlust erwarten lassen, naturgemäß nicht von Interesse. Die maßgebliche rein soziale Tätigkeit der gesetzlichen Krankenkassen ist mithin für die Ausübung durch Private ungeeignet, zielt nicht auf den Austausch von Leistungen oder Gütern am Markt und ist daher keine wirtschaftliche[24].

---

21 EuGH vom 16.3.2004, verb. Rs. C-264/01, C-306/01, C-354/01 und C-355/01, Slg. 2004, I-2493, EuZW 2004, S. 241 ff., AOK-Bundesverband.

22 Da es nur auf die Eignung der Tätigkeit zum Handeln mit Gewinnerzielungsabsicht ankommt, schließt das Fehlen der Gewinnerzielungsabsicht bei der zu prüfenden Einheit selbst die Unternehmenseigenschaft nicht aus; EuGH vom 16.11.1995, Rs. C-244/94, Slg. 1995, I-4013, EuZW 1996, S. 277 ff., 279, Rn. 21, Fédération française des sociétés d'assurance u.a./.Ministère de l'Agriculture und de la Pêche.

23 In Deutschland ist dieser Spielraum mit der gesetzlichen Festlegung eines allgemeinen Beitragssatzes durch § 241 SGB V sogar noch enger geworden und beschränkt sich im Wesentlichen auf die Zusatzbeiträge gemäß §§ 242 ff. SGB V.

24 Kritisch zur Herausnahme der gesetzlichen Krankenversicherung aus dem Unternehmensbegriff *Giesen*, VSSR 1996, S. 311 ff., 321 f. und wohl auch *Kamann*, in: Körber, Wettbewerbsbeschränkungen, S. 173 ff.; wie hier *Möller*, VSSR 2001, S. 25 ff., 42 mit zutreffendem Hinweis auf die Wahrung mitgliedstaatlicher Kompetenzen durch diese Entscheidung, sowie (unter Hinweis auf die Entscheidung zum AOK-Bundesverband) BSG vom 12.3.2013, B 1 A 2/12 R, BSGE 113, 114, Rn. 25. Allerdings hat der EuGH inzwischen im Fall BKK Mobil Oil eine gesetzliche Krankenkasse als „Gewerbetreibenden" i.S.d. RL 2005/29/EG über unlautere Geschäftspraktiken im binnenmarktinternen Geschäftsverkehr zwischen Unternehmen und Verbrauchern eingestuft, ohne sich mit dem Unternehmensbegriff der Art. 101 ff. AEUV auseinanderzusetzen (EuGH vom 3.10.2013, Rs. C-59/12, ECLI:EU:C:2013:634, NJW 2014, S. 269 ff., BKK Mobil Oil Körperschaft des öffentlichen Rechts./.Zentrale zur Bekämpfung unlauteren Wettbewerbs e.V., dazu *Becker/ Schweitzer*, NJW 2014, S. 269 ff., und *Ebert-Weidenfeller/Gromotke*, EuZW 2013, S. 937 ff.).

Das gegenteilige Ergebnis ist selbstverständlich vertretbar. Es sind dann die weiteren Vorlagefragen zu beantworten. Dabei wird eine Bejahung der zweiten Vorlagefrage unter Hinweis auf Art. 101 I lit. a) AEUV zu erfolgen haben. Bei der dritten Vorlagefrage sind wiederum verschiedene Ergebnisse vertretbar.

Die Verbände der gesetzlichen Krankenkassen sind daher dann keine Unternehmensvereinigungen, wenn die Festsetzung der Festbeträge durch die Verbände der gesetzlichen Krankenkassen nicht von der Wahrnehmung der Aufgaben rein sozialer Art durch die gesetzlichen Krankenkassen zu trennen ist. Eine solche Trennung ist nicht vorzunehmen, da die gesetzlichen Krankenkassen auch bei der Festsetzung von Festbeträgen über ihre Verbände nicht als Wettbewerber an einem Markt agieren, sondern einer gesetzlichen Verpflichtung zur Sicherung des Fortbestands des solidargeprägten Systems der gesetzlichen Krankenversicherungen Folge leisten[25].

Auch hier ist das gegenteilige Ergebnis vertretbar.

II. Ergebnis

Der EuGH wird dem vorlegenden Gericht antworten, dass Zusammenschlüsse von **517** gesetzlichen Krankenkassen wie die Verbände der gesetzlichen Krankenkassen des Staates M nicht als Unternehmen oder Unternehmensvereinigung i.S.d. Art. 101 AEUV anzusehen sind, wenn sie Festbeträge festsetzen, bis zu deren Erreichen die gesetzlichen Krankenkassen die Kosten von Arzneimitteln übernehmen.

Auf die zweite bis vierte Vorlagefrage ist nicht weiter einzugehen, da diese Fragen unter der Bedingung stehen, dass erste Frage bejaht wird.

Sofern man im Rahmen des Gutachtens bei der ersten Vorlagefrage zu einem anderen Ergebnis kommt (siehe die obigen Hinweise) und die Frage bejaht, müsste man mindestens die zweite Vorlagefrage – und je nach der Antwort auch die weiteren – beantworten.

Wiederholung und Vertiefung

Weiterführende Hinweise

EuGH vom 10.2.2000, verb. Rs. C-147/97 und C-148/97, Slg. 2000, I-825, EuZW 2000, S. 281 ff., **518** NJW 2000, S. 2261 ff., Deutsche Post AG./.GZS Gesellschaft für Zahlungssysteme mbH u. Citicorp Kartenservice GmbH.

EuGH vom 16.3.2004, verb. Rs. C-264/01, C-306/01, C-354/01 und C-355/01, Slg. 2004, I-2493, EuZW 2004, S. 241 ff., DVBl. 2004, S. 555 ff., AOK-Bundesverband u.a./.Ichthyol-Gesellschaft Cordes, Hermani & Co. u.a.

25 EuGH vom 16.3.2004, verb. Rs. C-264/01, C-306/01, C-354/01 und C-355/01, Slg. 2004, I-2493, EuZW 2004, S. 241 ff., Rn. 61 ff., AOK-Bundesverband.

EuGH vom 3.10.2013, Rs. C-59/12, ECLI:EU:C:2013:634, NJW 2014, S. 269 ff., BKK Mobil Oil Körperschaft des öffentlichen Rechts./.Zentrale zur Bekämpfung unlauteren Wettbewerbs e.V.

Becker, Ulrich/Schweitzer, Heike: Schutz der Versicherten vor unlauterem Kassenwettbewerb, NJW 2014, S. 269 ff.

Dompke, Julia/Schulz, Max: Grundzüge des Kartellrechts – Teil 1: Kartellverbot und Verfahren, JURA 2015, S. 822 ff.

Dompke, Julia/Schulz, Max: Grundzüge des Kartellrechts – Teil 2: Missbrauchsverbot und Zusammenschlusskontrolle, JURA 2015, S. 951 ff.

Ebert-Weidenfeller, Andreas/Gromotke, Carsten: Krankenkassen als Normadressaten des Lauterkeits- und Kartellrechts, EuZW 2013, S. 937 ff.

Fehling, Michael: Struktur und Entwicklungslinien des Öffentlichen Wirtschaftsrechts, JuS 2014, S. 1057 ff.

Frenz, Walter: Das EU-Missbrauchsverbot, JURA 2015, S. 1206 ff.

von Komorowski, Alexis: Der allgemeine Daseinsvorsorgevorbehalt des Art. 106 Abs. 2 AEUV, EuR 2015, S. 310 ff.

Wernicke, Stephan: Die gewandelte Bedeutung des Art. 106 AEUV: Aus den Apokryphen zum Kanon der Wirtschaftsverfassung, EuZW 2015, S. 281 ff.

Fall 17

Verordneter Verbraucherschutz

Schwerpunktbereich, Schwierigkeitsgrad: mittel

Teil I 519

In den Mitgliedstaaten der EU werden von den Mobilfunkanbietern für die Nutzung von öffentlichen Mobilfunkdiensten durch die Kunden von Mobilfunkanbietern aus anderen Mitgliedstaaten (sog. „Roaming") sehr hohe Zusatzgebühren erhoben, deren Höhe zudem in den einzelnen Staaten sehr unterschiedlich ausfällt. Bei den Roamingdiensten werden den Kunden auch dann Dienste erbracht, wenn sie sich ins Ausland begeben, so dass sie in den Netzen anderer Mitgliedstaaten Anrufe tätigen und annehmen können. Um Roamingdienste erbringen zu können, schließt der Heimatnetzbetreiber spezielle Großkundenkaufverträge mit Netzbetreibern in anderen Mitgliedstaaten. Der örtliche Betreiber des von einem Kunden des Heimatnetzes besuchten Mitgliedstaats, mit dem der Heimatnetzbetreiber eine solche Vereinbarung geschlossen hat, leitet den Anruf an den Kunden. Bei dem Dienst, den das besuchte Netz dem Heimatnetz erbringt, handelt es sich um den „Roamingdienst auf Großkundenebene". Der Heimatanbieter ist ein Unternehmen, das für einen Roamingkunden öffentliche Mobiltelefondienste bereitstellt. Bei dem Dienst, den ein solcher Anbieter den Roamingkunden erbringt, handelt es sich um den „Roamingdienst auf Endkundenebene". Die Roamingdienste auf Endkundenebene sind Teil des Mobilfunkvertrags, den der Kunde mit dem Heimatanbieter geschlossen hat, und werden als einer der zu diesem Vertrag gehörenden Dienste in Rechnung gestellt. Die Bedingungen für die Erbringung von Roamingdiensten auf Endkundenebene richten sich somit nach den geschlossenen Verträgen.

Die hohen und uneinheitlichen Zusatzgebühren sind der Kommission ein Dorn im Auge, zumal sie vor allem im Bereich der Endkundenentgelte erhebliche Diskrepanzen zwischen den Kosten der Anbieter und der Höhe der Entgelte festgestellt hat.

Die EU hat daher auf der Grundlage von Art. 114 AEUV im ordentlichen Gesetzgebungsverfahren durch das Europäische Parlament und den Rat eine sogenannte Roamingverordnung erlassen, die u.a. die untenstehenden Regelungen enthält. Insbesondere werden die Entgelte für Roaminganrufe sowohl im Bereich der Großkundenentgelte als auch bei den Endkundenentgelten begrenzt. Dabei ist vorgesehen, dass die Höhe der Roaminggebühren zunächst EU-weit begrenzt und dann über mehrere Jahre schrittweise abgesenkt werden soll. Außerdem werden die Anbieter verpflichtet, transparent über diese Tarife zu informieren, bevor entsprechende Anrufe getätigt werden.

M ist ein Anbieter von Mobilfunkdiensten mit Sitz in Mitgliedstaat A und hat bisher sehr gut an den hohen Roaminggebühren für die Nutzung von Mobilfunkdiensten durch ausländische Geräteinhaber verdient. Er sieht sich durch die neue Verordnung in seiner unternehmerischen Freiheit eingeschränkt. Insbesondere sei die Verordnung durch die

Normierung fester Obergrenzen unverhältnismäßig. Zudem sei die EU für den Erlass einer solchen Verordnung nicht zuständig, da sich aus Art. 114 AEUV keine Gesetzgebungskompetenz ergebe. Vielmehr sei es Sache der Mitgliedstaaten, für einen hinreichenden Verbraucherschutz zu sorgen. Schließlich ist er der Auffassung, dass das Subsidiaritätsprinzip durch den Erlass der Verordnung verletzt worden sei.

Frage 1: Ist die Verordnung mit Primärrecht der EU vereinbar? Die Angaben der Kommission sind als zutreffend zu unterstellen.

Frage 2: Auf welchem prozessualen Weg kann ein Mitgliedstaat eine Überprüfung der Verordnung erreichen?

VO (EU) Nr. 531/2012 des Europäischen Parlaments und des Rates vom 13.6.2012 über das Roaming in öffentlichen Mobilfunknetzen in der Union[1] – Auszug:

Artikel 1 Gegenstand und Geltungsbereich

(1) Mit dieser Verordnung wird ein gemeinsamer Ansatz eingeführt, der sicherstellen soll, dass den Nutzern öffentlicher Mobilfunknetze auf Reisen innerhalb der Union im Rahmen von unionsweiten Roamingdiensten – verglichen mit den unter Wettbewerbsbedingungen gebildeten Preisen in den einzelnen Mitgliedstaaten – für abgehende und ankommende Anrufe, das Senden und Empfangen von SMS-Nachrichten und das Benutzen paketvermittelter Datenkommunikationsdienste keine überhöhten Preise in Rechnung gestellt werden, um dadurch zum reibungslosen Funktionieren des Binnenmarkts beizutragen und gleichzeitig ein hohes Verbraucherschutzniveau zu erreichen, Wettbewerb und die Transparenz am Markt zu fördern und Anreize sowohl für die Innovation als auch für die Auswahl der Verbraucher zu bieten. [...]

(2) Der von inländischen Mobilfunkdiensten getrennte Verkauf von regulierten Roamingdiensten ist ein notwendiger Zwischenschritt hin zu mehr Wettbewerb, um die Roamingtarife für die Kunden zu senken und einen Binnenmarkt für Mobilfunkdienste zu schaffen, auf dem schließlich nicht mehr zwischen Inlands- und Roamingtarifen unterschieden wird.

(3) Mit dieser Verordnung werden außerdem Vorschriften über mehr Preistransparenz und die Bereitstellung besserer Tarifinformationen für die Nutzer von Roamingdiensten festgelegt.

Artikel 6a Abschaffung von Endkunden-Roamingaufschlägen[2]

Roaminganbieter dürfen ihren Roamingkunden ab dem 15. Juni 2017, [...] vorbehaltlich der Artikel 6b [...], für die Abwicklung abgehender oder ankommender regulierter Roaminganrufe, für die Abwicklung versendeter regulierter SMS-Roamingnachrichten oder für die Nutzung regulierter Datenroamingdienste, einschließlich MMS-Nachrichten, im Vergleich mit dem inländischen Endkundenpreis in einem Mitgliedstaat weder zusätzliche Entgelte noch allgemeine Entgelte für die Nutzung von Endgeräten oder von Dienstleistungen im Ausland berechnen.

1 VO (EU) Nr. 531/2012 des Europäischen Parlaments und des Rates vom 13.6.2012 über das Roaming in öffentlichen Mobilfunknetzen in der Union (ABl. 2012 Nr. L 172/10), zuletzt geändert durch VO (EU) 2017/920 des Europäischen Parlaments und des Rates vom 17.05.2017 zur Änderung der VO (EU) Nr. 531/2012 in Bezug auf Vorschriften für Großkunden-Roamingmärkte (ABl. 2017 Nr. L 147/1). Die VO (EU) Nr. 531/2012 hat zum Juli 2012 die VO (EG) Nr. 717/2007 des Europäischen Parlaments und des Rates vom 27.6.2007 über das Roaming in öffentlichen Mobilfunknetzen in der Gemeinschaft abgelöst, die der Entscheidung des EuGH zur Roamingverordnung (s.u.) zugrunde gelegen hatte. In dieser VO wurden die hier zitierten Inhalte der Art. 1, 7, 8 und 14 der VO (EU) 531/2012 im Wesentlichen vergleichbar in den Art. 1, 3, 4 und 6 geregelt (siehe die Vorauflagen).

2 Artikel 6a und 6b wurden durch die VO (EU) 2015/2120 eingefügt.

Artikel 6b Angemessene Nutzung

(1) Roaminganbieter können gemäß diesem Artikel [...] eine Regelung der angemessenen Nutzung („Fair Use Policy") für die Inanspruchnahme regulierter Roamingdienste auf Endkundenebene, die zu dem geltenden inländischen Endkundenpreis bereitgestellt werden, anwenden, um eine zweckwidrige oder missbräuchliche Nutzung regulierter Roamingdienste auf Endkundenebene durch Roamingkunden zu vermeiden, wie etwa die Nutzung solcher Dienste durch Roamingkunden in einem Mitgliedstaat, der nicht der ihres jeweiligen Anbieters ist, für andere Zwecke als vorübergehende Reisen. [...]

Artikel 7 Großkundenentgelte für regulierte Roaminganrufe[3]

(1) Mit Wirkung vom 15. Juni 2017 darf das durchschnittliche Großkundenentgelt, das der Betreiber eines besuchten Netzes dem Roaminganbieter für die Abwicklung eines regulierten Roaminganrufs aus dem jeweiligen besuchten Netz berechnet, einschließlich unter anderem der Kosten für Verbindungsaufbau, Transit und Anrufzustellung, eine Schutzobergrenze von 0,032 EUR pro Minute nicht übersteigen. Dieses maximale Großkundenentgelt bleibt [...] bis zum 30. Juni 2022 bei 0,032 EUR. [...]

Artikel 8 Endkundenentgelte für regulierte Roaminganrufe[4]

(1) Die Roaminganbieter stellen allen ihren Roamingkunden einen Sprach-Eurotarif gemäß Absatz 2 zur Verfügung und bieten ihn von sich aus in verständlicher und transparenter Weise an. Dieser Tarif wird nicht mit einem Vertrag oder sonstigen festen oder regelmäßig wiederkehrenden Entgelten verbunden und kann mit jedem Endkundentarif kombiniert werden. Im Rahmen dieses Angebots weisen die Roaminganbieter alle ihre Roamingkunden, die sich für einen speziellen Roamingtarif oder ein spezielles Roamingpaket entschieden haben, auf die Bedingungen dieses Tarifs oder Pakets hin.

(2) Mit Wirkung vom 1. Juli 2012 kann das Endkundenentgelt (ohne Mehrwertsteuer) für einen Sprach-Eurotarif, den ein Roaminganbieter seinem Roamingkunden für die Abwicklung eines regulierten Roaminganrufs berechnet, bei jedem Roaminganruf unterschiedlich sein, darf aber 0,29 EUR pro Minute bei allen abgehenden Anrufen und 0,08 EUR pro Minute bei allen ankommenden Anrufen nicht übersteigen. Die Höchstentgelte für abgehende Anrufe werden am 1. Juli 2013 auf 0,24 EUR und am 1. Juli 2014 auf 0,19 EUR gesenkt sowie für ankommende Anrufe am 1. Juli 2013 auf 0,07 EUR und am 1. Juli 2014 auf 0,05 EUR gesenkt. [...]

Teil II 520

Die erste Richtlinie zur Angleichung der Rechts- und Verwaltungsvorschriften der Mitgliedstaaten über Werbung und Sponsoring zu Gunsten von Tabakerzeugnissen (RL 98/43/EG) ist auf eine entsprechende Klage der Bundesrepublik Deutschland vom Europäischen Gerichtshof für nichtig erklärt worden[5]. Daraufhin haben das Europäische Parlament und der Rat eine neue, inhaltlich modifizierte Richtlinie zum selben Gegenstand erlassen (RL 2003/33/EG[6]). Die wesentlichen Bestimmungen dieser Richtlinie lauten:

3 Artikel 7 Abs. 1 wurden durch die VO (EU) 2017/920 geändert.

4 Artikel 8 wurde mittlerweile durch die VO (EU) 2015/2120 aufgehoben.

5 EuGH vom 5.10.2000, Rs. C-376/98, Slg. 2000, I-8419, NJW 2000, S. 3701 ff., Bundesrepublik Deutschland./.Europäisches Parlament und Rat der Europäischen Union – Tabakwerbung. Siehe dazu *Streinz*, Europarecht, Rn. 977 und 1007 (Fall 51 und Lösung).

6 RL 2003/33/EG des Europäischen Parlaments und des Rates vom 26.5.2003 zur Angleichung der Rechts- und Verwaltungsvorschriften der Mitgliedstaaten über Werbung und Sponsoring zugunsten von Tabakerzeugnissen (ABl. 2003 Nr. L 152/16, berichtigt ABl. 2004 Nr. L 67/34).

Art. 1 Gegenstand und Anwendungsbereich

(1) Ziel dieser Richtlinie ist die Angleichung der Rechts- und Verwaltungsvorschriften der Mitgliedstaaten über die Werbung für Tabakerzeugnisse und ihre Verkaufsförderung: a) in der Presse und anderen gedruckten Veröffentlichungen, b) im Hörfunk, c) über Dienste der Informationsgesellschaft und d) durch Sponsoring in Verbindung mit Tabakerzeugnissen, einschließlich der kostenlosen Verteilung von Tabakerzeugnissen.

(2) Diese Richtlinie soll den freien Verkehr der betreffenden Medien und damit zusammenhängender Dienstleistungen sicherstellen und Hemmnisse für das Funktionieren des Binnenmarkts beseitigen.

Art. 3 Werbung in Druckerzeugnissen und Diensten der Informationsgesellschaft

(1) Werbung in der Presse und anderen gedruckten Veröffentlichungen ist auf Veröffentlichungen zu beschränken, die ausschließlich für im Tabakhandel tätige Personen bestimmt sind, sowie auf Veröffentlichungen, die in Drittländern gedruckt und herausgegeben werden, sofern diese Veröffentlichungen nicht hauptsächlich für den Gemeinschaftsmarkt bestimmt sind. Sonstige Werbung in der Presse und anderen gedruckten Veröffentlichungen ist verboten.

(2) Werbung, die in der Presse und anderen gedruckten Veröffentlichungen nicht erlaubt ist, ist in Diensten der Informationsgesellschaft ebenfalls nicht gestattet.

Art. 4 Rundfunkwerbung und Sponsoring

(1) Alle Formen der Rundfunkwerbung für Tabakerzeugnisse sind verboten.

(2) Rundfunkprogramme dürfen nicht von Unternehmen gesponsert werden, deren Haupttätigkeit die Herstellung oder der Verkauf von Tabakerzeugnissen ist.

Art. 5 Sponsoring von Veranstaltungen

(1) Sponsoring von Veranstaltungen oder Aktivitäten, an denen mehrere Mitgliedstaaten beteiligt sind, die in mehreren Mitgliedstaaten stattfinden oder die eine sonstige grenzüberschreitende Wirkung haben, ist verboten.

(2) Die kostenlose Verteilung von Tabakerzeugnissen im Zusammenhang mit dem in Absatz 1 genannten Sponsoring von Veranstaltungen mit dem Ziel oder der direkten oder indirekten Wirkung, den Verkauf dieser Erzeugnisse zu fördern, ist verboten.

Art. 8 Freier Verkehr von Waren und Dienstleistungen

Die Mitgliedstaaten dürfen den freien Verkehr von Waren und Dienstleistungen, die mit dieser Richtlinie im Einklang stehen, nicht verbieten oder einschränken.

Die Bundesregierung hält auch diese Nachfolgeregelung für rechtswidrig, weil der Union nach den Verträgen die entsprechende Kompetenz fehle. In der Sache selbst trägt sie vor, dass für die meisten von der Richtlinie betroffenen Druckerzeugnisse kein nennenswerter Handel innerhalb der Union bestehe. Zudem gebe es trotz unterschiedlicher mitgliedstaatlicher Regelungen zur Tabakwerbung keine spürbaren Handelshemmnisse, da ausländische Druckerzeugnisse in allen Mitgliedstaaten mit Werbeverboten von diesen Verboten ausgenommen seien.

Trifft die Auffassung der Bundesregierung zu? Gehen Sie davon aus, dass die von ihr genannten Tatsachen stimmen.

Abwandlung zu Teil II:

Nehmen Sie an, die RL 2003/33/EG würde vollständig aufgehoben. Wäre eine deutsche gesetzliche Regelung, die ein vollständiges Werbeverbot für Tabakerzeugnisse in Printmedien, Internet und Rundfunk vorsähe, mit den Grundfreiheiten vereinbar?

Vorüberlegungen

521 Die Klausur behandelt verschiedene formelle und materielle Rechtsprobleme im Zusammenhang mit unionsrechtlichen Gesetzgebungsakten. Diese Problematik gewinnt angesichts der weiter steigenden Bedeutung der Unionsgesetzgebung immer mehr an praktischer Relevanz. In Teil I der Klausur geht es um die Roamingverordnung der EU, die in Kreisen der Anbieter von Telekommunikationsdienstleistungen wenig Zustimmung fand. Das Ergebnis war ein Rechtsstreit, der vom EuGH im Jahre 2010 zugunsten der EU entschieden wurde[7]. Die für dieses Verfahren maßgebliche erste Roaming-VO (EG) 717/2007 ist zwar zum Juli 2012 durch die hier in Auszügen abgedruckte VO (EU) 531/2012 abgelöst worden, auf die Unterschiede im Detail kommt es im Rahmen der Klausur allerdings nicht an. Inzwischen ist die VO (EU) 531/2012 dahingehend geändert worden, dass besondere Roaminggebühren seit Juni 2017 grundsätzlich ganz entfallen sind (zuvor waren sie ab 2007 durch die VO (EG) 717/2007 schrittweise reduziert worden). In Teil II wird ein Fall aus dem Bereich der Tabakwerbung zugrunde gelegt. Er ist an die zweite Klage der Bundesrepublik Deutschland gegen die Tabakwerberichtlinie aus dem Jahr 2006 angelehnt[8].

Der Schwerpunkt beider Teile liegt auf der Nichtigkeitsprüfung der Verordnung bzw. Richtlinie. In Teil I geht es vor allem um die Anforderungen an die Verhältnismäßigkeit und Subsidiarität unionsrechtlicher Gesetzgebungsakte. In Teil II ist der Sachverhalt so angelegt, dass sich die Bearbeitung auf die (angeblich) fehlende Kompetenz, also gem. Art. 263 II AEUV die „Unzuständigkeit“ der Union, beschränken kann. Daher geht es zunächst darum, eine oder mehrere Kompetenzgrundlagen zu finden, deren Voraussetzungen dann im Einzelnen geprüft werden müssen. Während die allgemeine Harmonisierungsvorschrift des Art. 114 AEUV wohl recht unproblematisch zu finden sein dürfte, setzt das Erkennen der Probleme, die sich aus Art. 168 V AEUV ergeben, schon vertieftes Wissen oder aber einen sorgfältigen Umgang mit dem Vertrag voraus. Ferner ist vor dem Hintergrund der einschlägigen EuGH-Rechtsprechung auch die Auseinandersetzung mit dem Verhältnis von Art. 114 AEUV und 168 AEUV bei Harmonisierungsmaßnahmen zum Gesundheitsschutz erforderlich. Ein unkritischer Umgang mit Art. 114 AEUV stellt demzufolge einen gravierenden Fehler dar, auch wenn der EuGH im Ergebnis die Kompetenz auf diese Bestimmung stützt.

Die Abwandlung von Teil II beruht auf der Standard-Situation „Prüfung des nationalen Rechts am Maßstab des Unionsrechts“, konkret der Grundfreiheiten, und führt daher auf vertrauteres Terrain. Hier kommen die Warenverkehrs- und die Dienstleistungsfreiheit in Betracht[9]. Bei der Warenverkehrsfreiheit dürfte ein Werbeverbot bezüglich der

---

7 EuGH vom 8.6.2010, Rs. C-58/08, Slg. 2010, I-4999, EuZW 2010, S. 539 ff., The Queen, auf Antrag von Vodafone Ltd u.a./.Secretary of State for Business, Enterprise and Regulatory Reform – Roamingverordnung.

8 EuGH vom 12.12.2006, Rs. C-380/03, Slg. 2006, I-11573, NVwZ 2007, S. 561 ff., Bundesrepublik Deutschland./.Europäisches Parlament und Rat der Europäischen Union – Tabakwerbung.

9 Prüfungsschemata zur Warenverkehrs- und zur Dienstleistungsfreiheit sind unter „Wiederholung und Vertiefung“ zu Fall 1 (Waren) bzw. Fall 3 (Dienstleistungen) abgedruckt (Rn. 86, 139).

Tabakerzeugnisse im Lichte der Keck-Rechtsprechung[10] als bloße (zulässige) Verkaufsmodalität zu beurteilen sein, so dass es schon an einem Eingriff fehlt. Hinsichtlich der Warenverkehrsfreiheit an Werbeartikeln und der entsprechenden Dienstleistungsfreiheit der Werbetreibenden ist ein Eingriff dagegen zu bejahen, so dass der Schwerpunkt insofern bei der Rechtfertigung und hier insbesondere bei der Verhältnismäßigkeit des Eingriffs liegt. Im Ergebnis lässt sich ein Verbot aber gut vertretbar auf den Gesundheitsschutz stützen, so dass es gerechtfertigt und damit zulässig wäre. Auch hier zählt weniger das Ergebnis als der Weg dorthin und die verschiedenen Argumente.

Insgesamt handelt es sich um eine mittelschwere Klausur, die in erster Linie für den Schwerpunktbereich gedacht ist. Insbesondere Teil I und die Grundkonstellation von Teil II verlangen vertieftes Wissen über die Kompetenzen der Union.

Gliederung

Teil I 522

Frage 1

A. Formelle Rechtmäßigkeit
- I. Notwendigkeit einer Kompetenzgrundlage
- II. Voraussetzungen des Art. 114 AEUV
- III. Hohe Roaminggebühren als Gefährdung des Binnenmarktes
- IV. Keine weiteren formellen Bedenken – Zwischenergebnis

B. Materielle Rechtmäßigkeit
- I. Verstoß gegen den Verhältnismäßigkeitsgrundsatz
- II. Verstoß gegen das Subsidiaritätsprinzip

C. Ergebnis

Frage 2

Nichtigkeitsklage durch einen Mitgliedstaat
- I. Zuständigkeit
- II. Beteiligtenfähigkeit
- III. Zulässiger Klagegegenstand
- IV. Klageberechtigung und Klagegründe
- V. Klagefrist
- VI. Ergebnis Nichtigkeitsklage

Teil II

A. Notwendigkeit einer Kompetenzgrundlage

B. Kompetenz im Dienste des Gesundheitsschutzes

10 Siehe dazu ausführlich unten unter Abwandlung zu Teil II. A., Rn. 558 ff.

C. Kompetenz zur Förderung des Binnenmarkts
  I. Ausschluss wegen Berührung des Gesundheitsschutzes?
  II. Ausschluss wegen Schwerpunkt im Gesundheitsschutz?
    1. Schwerpunkt der Richtlinie
    2. Maßgebliche Kompetenznorm
  III. Voraussetzungen des Art. 114 I 2 AEUV
    1. Verbot der Werbung in Presse und gedruckten Veröffentlichungen, Art. 3 I der Richtlinie
    2. Verbot der Werbung im Internet und im Rundfunk, Art. 3 II und Art. 4 I der Richtlinie
    3. Verbot des Sponsorings von Veranstaltungen, Art. 5 der Richtlinie
D. Ergebnis

Abwandlung zu Teil II

A. Warenverkehrsfreiheit für Tabakerzeugnisse, Art. 34 ff. AEUV
B. Warenverkehrsfreiheit für Tabakwerbeprodukte, Art. 34 ff. AEUV
  I. Eingriff (Maßnahme gleicher Wirkung)
  II. Rechtfertigung, Art. 36 AEUV
C. Dienstleistungsfreiheit für Tabakwerbung, Art. 56 ff. AEUV
D. Ergebnis

Musterlösung

Teil I

Frage 1

Fraglich ist, ob die Roamingverordnung der EU gegen das europäische Primärrecht verstößt. Insbesondere sind in formeller Hinsicht die Unionskompetenz und in materieller Hinsicht die Grundsätze der Verhältnismäßigkeit und der Subsidiarität zu prüfen. **523**

A. Formelle Rechtmäßigkeit

I. Notwendigkeit einer Kompetenzgrundlage

Fraglich ist zunächst, ob die Union überhaupt eine besondere Kompetenzgrundlage benötigt, um eine Verordnung erlassen zu dürfen. Verordnungen zählen gem. Art. 288 II AEUV zu den Rechtsakten der Union. Nach Art. 5 I EUV gilt für die Abgrenzung der Zuständigkeiten der Union der Grundsatz der begrenzten Einzelermächtigung[11]. Dieses Prinzip besagt gem. Art. 5 II EUV, dass die Union nur innerhalb der Grenzen der Zuständigkeiten tätig wird, die die Mitgliedstaaten ihr in den Verträgen zur Verwirklichung der darin niedergelegten Ziele übertragen haben, und dass alle Zuständigkeiten, die der Union nicht übertragenen wurden, bei den Mitgliedstaaten verbleiben (vgl. auch Art. 4 I EUV). **524**

Nach dem Grundsatz der begrenzten Einzelermächtigung darf die Union also keine eigenen Zuständigkeiten begründen, sondern muss innerhalb der ihr durch die Verträge zugewiesenen Zuständigkeiten handeln. Daher ist eine vertragliche Kompetenznorm für den Erlass der Verordnung notwendig.

II. Voraussetzungen des Art. 114 AEUV

Die Roamingverordnung wird auf Art. 114 AEUV gestützt. Nach Art. 114 I 2 AEUV können Maßnahmen zur Angleichung der Rechts- und Verwaltungsvorschriften der Mitgliedstaaten erlassen werden, welche die Errichtung und das Funktionieren des Binnenmarktes zum Gegenstand haben. Entscheidend ist also, ob die Roamingverordnung einen Bezug zum Funktionieren des Binnenmarktes aufweist. **525**

Nach dem Wortlaut der Vorschrift können diejenigen Rechts- und Verwaltungsvorschriften der Mitgliedstaaten angeglichen werden, „welche die Errichtung und das Funktionieren des Binnenmarktes zum Gegenstand haben". Sofern man sich streng an diesem Wortlaut orientiert, bleibt für die Norm kein nennenswerter Anwendungsbereich, denn mitgliedstaatliche Vorschriften werden kaum jemals die Errichtung und das Funktionieren des (über die einzelnen Mitgliedstaaten hinausreichenden) Binnenmarkts zum Gegen-

11 Siehe zu diesem Grundsatz *Streinz*, Europarecht, Rn. 457, 466 und 544/545.

stand haben. Gemäß dem Zweck von Art. 114 I 2 AEUV ist dessen verunglückter Wortlaut daher so zu lesen, dass die *Rechtsangleichungsmaßnahmen* der Union die Errichtung oder das Funktionieren des Binnenmarktes zum Gegenstand haben müssen[12].

526 Dies könnte zunächst so zu verstehen sein, dass Art. 114 I 2 AEUV der Union eine allgemeine Kompetenz zur Regelung des Binnenmarkts einräumt. Ein solches Verständnis der Norm würde jedoch den in Art. 5 I und II AEUV festgeschriebenen Grundsatz der begrenzten Einzelermächtigung[13] aushebeln und ist daher abzulehnen[14]. Um die Errichtung bzw. das Funktionieren des Binnenmarktes geht es daher nur dann, wenn die rechtsangleichende Tätigkeit der Union bezweckt, der Gefahr von Beeinträchtigungen der Grundfreiheiten bzw. von Wettbewerbsverzerrungen entgegenzuwirken. Die bloße Feststellung von Unterschieden zwischen den nationalen Vorschriften und die *abstrakte* Gefahr von Beeinträchtigungen der Grundfreiheiten oder daraus möglicherweise entstehenden Wettbewerbsverzerrungen genügt allerdings nicht, um die Kompetenz zu bejahen. Denn dann würde der richterlichen Kontrolle der Wahl der Rechtsgrundlage jede Wirksamkeit genommen, so dass der EuGH an der ihm gem. Art. 19 I EUV obliegende Aufgabe gehindert wäre, die Wahrung des Rechts bei der Auslegung und Anwendung der Verträge zu sichern[15]. Gleichwohl muss es auch möglich sein, dass der Unionsgesetzgeber bereits vorbeugend tätig wird, um der Entstehung von Hindernissen für den Handel infolge einer heterogenen Entwicklung der nationalen Rechtsvorschriften entgegenzuwirken. Allerdings muss deren Entstehen wahrscheinlich sein und die fragliche Maßnahme ihre Vermeidung bezwecken[16], wobei es nicht drauf ankommt, ob der Handel mit den betreffenden Erzeugnissen eine verhältnismäßig wichtige Rolle spielt[17].

III. Hohe Roaminggebühren als Gefährdung des Binnenmarktes

527 Fraglich ist daher, ob die Roaminggebühren eine konkrete Gefährdung des Binnenmarktes darstellen. Im zugrunde liegenden Urteilsfall führte der EuGH hierzu aus, dass die sehr hohen und in den Mitgliedstaaten sehr unterschiedlichen Roaminggebühren allgemein als Problem wahrgenommen würden. Angesichts der mittlerweile flächendeckenden Nutzung des Mobilfunks sowohl im privaten als auch im wirtschaftlichen

---

12 Vgl. *Korte*, in: Calliess/Ruffert, AEUV, Art. 114, Rn. 38, und *Dittert*, Europarecht, S. 324 und 326. Siehe dazu auch EuGH vom 5.10.2000, Rs. C-376/98, Slg. 2000, I-8419, NJW 2000, S. 3701 ff., 3702, Rn. 82 f., Tabakwerbung.

13 Siehe zu diesem Grundsatz *Streinz*, Europarecht, Rn. 457, 466 und 544/545.

14 Vgl. EuGH vom 5.10.2000, Rs. C-376/98, Slg. 2000, I-8419, NJW 2000, S. 3701 ff., 3702, Rn. 83, Tabakwerbung.

15 Vgl. EuGH vom 5.10.2000, Rs. C-376/98, Slg. 2000, I-8419, NJW 2000, S. 3701 ff., 3702, Rn. 84, Tabakwerbung.

16 EuGH vom 8.6.2010, Rs. C-58/08, Slg. 2010, I-4999, EuZW 2010, S. 539 ff., 539, Rn. 33, Roamingverordnung, bestätigt durch EuGH vom 4.5.2016, Rs. C-358/14, ECLI:EU:C:2016:323 (JURIS), Rn. 32 f., Republik Polen./.Europäisches Parlament und Rat der Europäischen Union., bzw. Rs. C-547/14, ECLI:EU:C:2016:325 (JURIS), Rn 57 f., Philip Morris Brands SARL u.a./.Secretary of State for Health; insbes. grds. kritisch zu letzteren *Nettesheim*, EuZW 2016, S. 578 ff. Zu den Voraussetzungen des Art. 114 AEUV auch *Streinz*, Europarecht, Rn. 980 ff., sowie *Geber*, JuS 2014, S. 20 ff., 22 f.

17 EuGH vom 3.9.2015, Rs. C-398/13 P, ECLI:EU:C:2015:535, EuZW 2015, S. 838 ff., 840 (Rn. 39 ff.), Inuit Tapiriit Kanatami u.a./.Europäische Kommission, mit zust. Anm. *Hemler*, EuZW 2015, S. 842 ff., 843.

Bereich habe für den Gesetzgeber sowohl auf mitgliedstaatlicher als auch auf Unionsebene ein hoher Handlungsdruck bestanden. Es sei zu befürchten gewesen, dass die Mitgliedstaaten jeweils unterschiedliche Regelungen erlassen würden, um die Roaminggebühren zu senken[18]. Dies insbesondere vor dem Hintergrund, dass die Mitgliedstaaten vor allem an einer Senkung der Endkundenentgelte, nicht aber der Großkundenentgelte interessiert gewesen seien. So sei die Gefahr eines Auseinanderdriftens der Märkte noch erhöht worden.

In dieser Situation sei ein Handeln der Unionsorgane zwingend notwendig gewesen. **528**
Angesichts der Funktionsweise der Roamingmärkte und der erheblichen Wechselwirkungen zwischen den Endkunden- und den Großkundenentgelten für Roamingdienste hätte eine heterogene Entwicklung nationaler Rechtsvorschriften, die nur auf die Senkung der Endkundenentgelte zielen, ohne gleichzeitig die mit der Erbringung gemeinschaftweiter Roamingdienste verbundenen Großkundenentgelte zu regeln, spürbare Wettbewerbsverzerrungen verursachen und das ordnungsgemäße Funktionieren des Markts für gemeinschaftsweites Roaming empfindlich stören können. In dieser Situation war der Gemeinschaftsgesetzgeber berechtigt, das Ziel der Förderung des reibungslosen Funktionierens des Binnenmarkts zu verfolgen[19].

Der Erlass der Roamingverordnung diente nach alledem der Gewährleistungen eines funktionierenden Binnenmarktes. Die Verordnung konnte auf Art. 114 AEUV gestützt werden.

IV. Keine weiteren formellen Bedenken – Zwischenergebnis

Mangels weiterer Angaben im Sachverhalt bestehen keine Hinweise auf formelle **529**
Bedenken gegen die Gültigkeit der Roamingverordnung. Sie ist formell rechtmäßig.

B. Materielle Rechtmäßigkeit

I. Verstoß gegen den Verhältnismäßigkeitsgrundsatz

In materieller Hinsicht könnte die Verordnung zunächst gegen den Verhältnismäßig- **530**
keitsgrundsatz verstoßen, indem sie nicht nur für Großkundenentgelte, sondern auch für Endkundenentgelte Obergrenzen festsetzt und Pflichten zur Kundeninformation über Roamingentgelte normiert.

Der Grundsatz der Verhältnismäßigkeit wird vom EuGH in st. Rspr. als allgemeiner Grundsatz des Unionsrechts angesehen. Er kann anders als im deutschen Recht auch unabhängig von der Verletzung von Verfassungsnormen, insbesondere von Grundrechten, geprüft werden. Er verlangt, dass die von einer Unionsbestimmung eingesetzten Mittel zur Erreichung der mit der betreffenden Regelung verfolgten Ziele geeignet sind

18 Kritisch hinsichtlich der tatsächlichen Voraussetzungen einer solchen Gefahr im konkreten Fall und der damit verbundenen Absenkung der Schwelle für präventive Rechtsangleichungen *Gundel*, EWS 2010, S. 386 f., 387.

19 Vgl. EuGH vom 8.6.2010, Rs. C-58/08, Slg. 2010, I-4999, EuZW 2010, S. 539 ff., 540, Rn. 47, Roamingverordnung.

und nicht über das dazu Erforderliche hinausgehen[20]. Der Gerichtshof billigt dem Unionsgesetzgeber allerdings ein weites Ermessen dergestalt zu, dass er nur prüft, ob die ergriffenen Maßnahmen offensichtlich ungeeignet sind, um die Ziele zu erreichen[21]. Dies gilt insbesondere, wenn sowohl komplexe wirtschaftliche als auch politische oder soziale Einschätzungen gefordert sind[22]. Gleichwohl wird aber geprüft, ob die Entscheidung auf objektiven Kriterien beruht.

531 Zu prüfen ist zunächst, ob die Festlegung auch der Endkundenentgelte auf einem einheitlichen europäischen Niveau geeignet ist, das Ziel einer Förderung des Binnenmarktes zu erreichen. Dafür spricht, dass vor allem auf dem Endkundenmarkt Wettbewerbsverzerrungen auftreten können. Zum anderen hat die Kommission dargelegt, dass vor allem im Bereich der Endkundenentgelte erhebliche Diskrepanzen zwischen den Kosten der Anbieter und der Höhe der Entgelte bestanden hätten. Diese habe es gegolten abzubauen. Auch dies ist eine nachvollziehbare Erwägung, so dass die Maßnahmen als geeignet erscheinen.

Mit Blick auf die Erforderlichkeit kann gefragt werden, ob es nicht ausreichend gewesen wäre, die Großkundenentgelte zu vereinheitlichen und die Endkundenentgelte den Marktkräften zu überlassen. Dem tritt der Gerichtshof mit der zutreffenden Erwägung entgegen, dass für eine Angleichung der Einzelkundenentgelte auf Anbieterseite keinerlei Anreize bestünden. Somit ist die Festlegung einer Obergrenze in diesem Bereich auch erforderlich. Insgesamt ist sie damit als verhältnismäßig anzusehen[23].

II. Verstoß gegen das Subsidiaritätsprinzip

532 Weiterhin könnte ein Verstoß gegen das Subsidiaritätsprinzip gem. Art. 5 III UAbs. 1 EUV vorliegen. Die Union wird in Bereichen, die nicht in ihre ausschließliche Zuständigkeit fallen, nur tätig, sofern und soweit die Ziele der in Betracht gezogenen Maßnahmen auf Ebene der Mitgliedstaaten nicht ausreichend erreicht werden können und daher wegen ihres Umfangs oder ihrer Wirkungen besser auf Unionsebene erreicht werden können[24]. Die Union muss den Mitgliedstaaten im Rahmen ihrer Gesetzgebung so viel Entscheidungsspielraum wie möglich belassen.

---

20 Dazu EuGH vom 6.12.2005, verb. Rs. C-453/03, C-11/04, C-12/04 und C-194/04, Slg. 2005, I-10423, EWS 2006, S. 73 ff., ABNA Ltd u.a., m.w.N. in Rn. 68.

21 EuGH vom 8.6.2010, Rs. C-58/08, Slg. 2010, I-4999, EuZW 2010, S. 539 ff., 541, Rn. 52, Roamingverordnung, bestätigt durch EuGH vom 7.2.2018, Rs. C-304/16, ECLI:EU:C:2018:66 (JURIS), Rn. 86, bzw. Rs. C-643/16, ECLI:EU:C:2018:67 (JURIS), Rn 85, jeweils American Express Co./.The Lords Commissioners of Her Majesty's Treasury.

22 Siehe dazu *Fehling*, JURA 2016, S. 498 ff., 509 m.w.N., EuGH vom 4.5.2016, Rs. C-477/14, ECLI:EU:C:2016:324 (JURIS), Rn. 49, Pillbox 38 (UK) Ltd./.Secretary of State for Health – Tabakrichtlinie, und EuGH vom 16.6.2015, Rs. C-62/14, ECLI:EU:C:2015:400, NVwZ 2015, S. 1033 ff., Rn. 68, Peter Gauweiler u.a./.Deutscher Bundestag – OMT.

23 EuGH vom 8.6.2010, Rs. C-58/08, Slg. 2010, I-4999, EuZW 2010, S. 539 ff., 542, Rn. 71, Roamingverordnung.

24 Beachte auch das Protokoll über die Anwendung der Grundsätze der Subsidiarität und der Verhältnismäßigkeit vom 13.12.2007 (ABl. 2007 Nr. C 306/150). Ausführlich zum Subsidiaritätsprinzip *Bickenbach*, EuR 2013, S. 523 ff., sowie im Zusammenhang mit Art. 114 AEUV kritisch *Nettesheim*, EuZW 2016, S. 578 ff., 580.

Vor diesem Hintergrund könnte man argumentieren, dass eine Festlegung der Endkundenentgelte durch die Union nicht notwendig gewesen sei. Jedoch führt der EuGH hierzu überzeugend aus, dass zwischen Großkundenentgelten und Endkundenentgelten ein derart komplexes Wechselspiel besteht, dass die Regelung nur eines Bereiches das Ziel der Maßnahme nur unvollkommen erreichen würde[25]. Vielmehr würden sich die Endverbraucherpreise, auf die es im vorliegenden Zusammenhang besonders ankommt, nicht signifikant verringern, wenn nicht auch die Endkundenentgelte reglementiert werden. Die Verordnung ist damit auch als mit dem Subsidiaritätsprinzip vereinbar anzusehen.

C. Ergebnis

Die Roamingverordnung stellt sich nach alledem als formell und materiell rechtmäßig **533**
dar und verstößt somit nicht gegen Primärrecht.

Frage 2

Nichtigkeitsklage durch einen Mitgliedstaat

Eine Verordnung der EU kann direkt nur vor deren Gerichten angefochten werden, weil **534**
die mitgliedstaatlichen Gerichte insofern keine Verwerfungskompetenz besitzen. Mangels Generalklausel ist der Rechtsweg zu den Unionsgerichten nur in den Fällen der enumerativen Einzelzuständigkeit eröffnet[26]. In Betracht kommt eine Nichtigkeitsklage gem. Art 263 AEUV, deren Zulässigkeit zu prüfen ist.

I. Zuständigkeit

Gem. Art. 263 I 1 AEUV überwacht der Gerichtshof der Europäischen Union die **535**
Rechtmäßigkeit der Gesetzgebungsakte. Er umfasst u.a. den EuGH und das EuG (Art. 19 I EUV). Nach Art. 256 I AEUV i.V.m. Art. 51 EuGH-Satzung ist organintern der EuGH für Nichtigkeitsklagen gem. Art. 263 AEUV zuständig, die privilegiert Klageberechtigte wie die Mitgliedstaaten erheben.

II. Beteiligtenfähigkeit

Ein Mitgliedstaat ist gem. Art. 263 II AEUV aktiv beteiligtenfähig. Das Europäische **536**
Parlament und der Rat sind als Urheber der Roamingverordnung gem. Art. 263 I AEUV passiv beteiligtenfähig[27].

III. Zulässiger Klagegegenstand

Eine Verordnung ist zulässiger Klagegegenstand i.S.v. Art. 263 I AEUV, da zu den **537**
Handlungen der Organe insbes. auch Gesetzgebungsakte (Art. 288 II AEUV) gehören.

25 EuGH vom 8.6.2010, Rs. C-58/08, Slg. 2010, I-4999, EuZW 2010, S. 539 ff., 543, Rn. 77, Roamingverordnung.
26 *Mächtle*, JuS 2015, S. 28 ff., 28 m.w.N.
27 Vgl. *Herrmann/Rosenfeldt*, Europäisches Prozessrecht, Rn. 249.

IV. Klageberechtigung und Klagegründe

538 Ein Mitgliedstaat ist gem. Art. 263 II AEUV privilegiert klageberechtigt. Er muss daher keine besondere Klageberechtigung nachweisen und braucht insbesondere durch den angefochtenen Akt nicht betroffen zu sein. Art. 263 II AEUV lässt die Nichtigkeitsklage nur bei bestimmten Klagegründen zu. Als mögliche Klagegründe i.S.d. Art. 263 II AEUV kommen die Unzuständigkeit der Union sowie die Verletzung der Verträge, konkret des in Art. 5 III UAbs. 1 EUV geregelten Subsidiaritätsprinzips, in Betracht (siehe oben)[28].

V. Klagefrist

539 Die Frist des Art. 263 VI AEUV muss eingehalten werden.

VI. Ergebnis Nichtigkeitsklage

540 Eine Nichtigkeitsklage eines Mitgliedstaats gegen die Verordnung wäre zulässig.

Teil II

541 Zu prüfen ist, ob die Auffassung der Bundesregierung zutrifft, dass die Richtlinie gegen die europäischen Verträge (EUV und AEUV, vgl. Art. 1 II AEUV) verstößt. In Betracht kommt insbesondere die von der Regierung angeführte „Unzuständigkeit", wenn der Union die Verbandskompetenz zum Erlass der Richtlinie fehlt. Wie sich aus Art. 263 II i.V.m. Art. 264 I AEUV ergibt, würde die Unzuständigkeit zur Nichtigkeit der Richtlinie führen.

Der Sachverhalt und die Fragestellung bieten keine Anhaltspunkte für die Prüfung weiterer Nichtigkeitsgründe, so dass sich die klausurmäßige Bearbeitung auf die fehlende Verbandskompetenz der Union beschränken kann. In den Verfahren gegen die Richtlinien 98/43/EG und 2003/33/EG hatte sich Deutschland darüber hinaus u.a. auf Verstöße gegen die Begründungspflicht, gegen Grundrechte, gegen den Grundsatz der Verhältnismäßigkeit und das Subsidiaritätsprinzip sowie gegen weitere Vertragsbestimmungen berufen[29].

A. Notwendigkeit einer Kompetenzgrundlage

542 Richtlinien zählen gem. Art. 288 III AEUV zu den Rechtsakten der Union, so dass nach dem Grundsatz der begrenzten Einzelermächtigung aus Art. 5 I EUV eine vertragliche Kompetenznorm für den Erlass der Richtlinie notwendig ist (s.o. bei Teil I).

---

28 Dass diese Gründe im Ergebnis nicht durchgreifen (siehe Frage 1), ist eine Frage der Begründetheit der Nichtigkeitsklage und steht daher im Rahmen dieser Fallbearbeitung der Zulässigkeit nicht entgegen.

29 Siehe EuGH vom 5.10.2000, Rs. C-376/98, Slg. 2000, I-8419, NJW 2000, S. 3701 ff., Tabakwerbung, und EuGH vom 12.12.2006, Rs. C-380/03, Slg. 2006, I-11573, NVwZ 2007, S. 561 ff., Tabakwerbung.

B. Kompetenz im Dienste des Gesundheitsschutzes

Die Kompetenz der Union zum Erlass der Richtlinie könnte sich aus Art. 168 V AEUV ergeben. Danach sind – unter Ausschluss jeglicher Harmonisierung der Rechtsvorschriften der Mitgliedstaaten – u.a. Fördermaßnahmen zum Schutz und der Verbesserung der menschlichen Gesundheit zulässig, darunter ausdrücklich auch Maßnahmen, die „unmittelbar den Schutz der Gesundheit der Bevölkerung vor Tabakkonsum und Alkoholmissbrauch zum Ziel haben“[30]. **543**

Die Richtlinie verfolgt zumindest auch den Zweck, die menschliche Gesundheit zu schützen und zu verbessern, wie sich aus den anderweitig nicht begründbaren weitreichenden Verboten in Art. 3 bis 5 der Richtlinie ergibt. Zweifelhaft ist jedoch, ob es sich bei der Richtlinie um eine „Fördermaßnahme“ i.S.d. Art. 168 V AEUV handelt. Fraglich erscheint auch, ob es sich um eine Maßnahme handelt, die „unmittelbar“ den Schutz der Bevölkerung vor Tabakkonsum zum Ziel hat. Zwar sollen die Maßnahmen dazu dienen, den Tabakkonsum zu verringern. Mit den in der Richtlinie geregelten Werbe- und Sponsoringverboten wird dies – im Gegensatz zu konkreten Rauchverboten – aber nur indirekt erreicht. Letzten Endes kann das aber auch offen bleiben, weil die Richtlinie nach ihrem Art. 1 I darauf abzielt, die Rechts- und Verwaltungsvorschriften der Mitgliedstaaten für die Tabakwerbung zu harmonisieren. Eine solche Harmonisierung ist nach dem Wortlaut des Art. 168 V AEUV bei den dort genannten Maßnahmen ausdrücklich ausgeschlossen[31]. Auf diese Kompetenznorm kann sich die Union mithin nicht stützen.

C. Kompetenz zur Förderung des Binnenmarkts

Die Kompetenz könnte sich jedoch aus Art. 114 I 2 AEUV ergeben. Diese Vorschrift geht in ihrem durch Art. 114 II AEUV beschränkten Anwendungsbereich dem allgemeineren Art. 115 AEUV vor[32]. Danach können Maßnahmen zur Angleichung der Rechts- und Verwaltungsvorschriften der Mitgliedstaaten erlassen werden, die das Errichten und das Funktionieren des Binnenmarktes zum Gegenstand haben. **544**

I. Ausschluss wegen Berührung des Gesundheitsschutzes?

Die Anwendung des Art. 114 I 2 AEUV könnte aber durch Art. 168 V AEUV ausgeschlossen sein, weil die Richtlinie auch den Schutz der Gesundheit im allgemeinen und vor Tabakkonsum im besonderen berührt, und Art. 168 V AEUV jegliche Harmonisierung der Rechts- und Verwaltungsvorschriften der Mitgliedstaaten zum Schutz und zur Förderung der menschlichen Gesundheit und zum unmittelbaren Schutz vor Tabakkonsum ausschließt. Nach dem Wortlaut des Art. 168 V AEUV gilt dieser Ausschluss aber **545**

30 Eingefügt bei der Neufassung der Vorschrift durch den Vertrag von Lissabon (ABl. 2007 Nr. C 306/1). Ob sich aus dieser Erweiterung eine Reduzierung der Kompetenzen nach Art. 114 AEUV ergibt, bleibt abzuwarten.

31 Siehe dazu *Geber*, JuS 2014, S. 20 ff., 22.

32 Zum Verhältnis von „Gemeinsamem Markt“ und „Binnenmarkt“ siehe *Streinz*, Europarecht, Rn. 968 ff.

nur für diese Kompetenznorm selbst. Harmonisierungsmaßnahmen, die auf der Grundlage anderer Vertragsbestimmungen erlassen werden, dürfen daher auch Auswirkungen auf den Schutz der menschlichen Gesundheit haben[33]. Dafür spricht auch, dass gem. Art. 114 III AEUV auch Vorschläge (Art. 114 I AEUV) im Bereich Gesundheit möglich sind und dabei ausdrücklich ein hohes Schutzniveau vorgesehen ist[34]. Die gesundheitspolitischen Ziele der Richtlinie stehen der Anwendung des Art. 114 I 2 AEUV daher nicht entgegen.

II. Ausschluss wegen Schwerpunkt im Gesundheitsschutz?

546 Allerdings dürfen nach der Rspr. des EuGH andere Artikel des AEUV nicht als Rechtsgrundlage herangezogen werden, um den ausdrücklichen Ausschluss jeglicher Harmonisierung gem. Art. 168 V AEUV zu umgehen[35]. Daher könnte der Kompetenz aus Art. 114 I 2 AEUV entgegenstehen, dass der Schwerpunkt der Richtlinie im Bereich Gesundheitsschutz und Schutz vor Tabakkonsum liegt. Voraussetzung einer solchen Sperre wäre zum einen, dass die Richtlinie tatsächlich diesen Schwerpunkt aufweist, und zum anderen, dass als Kompetenzgrundlage einer Richtlinie nur eine dem Regelungsschwerpunkt entsprechende Kompetenznorm in Betracht kommt.

1. Schwerpunkt der Richtlinie

547 Als Schwerpunkte könnten der freie Verkehr von Medien und Dienstleistungen und die Beseitigung von Hemmnissen für den Binnenmarkt in Betracht kommen (vgl. Art. 1 II der Richtlinie), die durch Art. 8 der Richtlinie umgesetzt werden. Allerdings harmonisiert die Richtlinie die Tabakwerbevorschriften der Mitgliedstaaten nicht bloß durch die Festsetzung von einfach zu erfüllenden Mindeststandards, was für die Ermöglichung des freien Austauschs von Waren und Dienstleistungen genügen würde. Vielmehr enthalten die Art. 3 bis 5 der Richtlinie äußerst weitreichende Verbote. Diese Art der Herstellung einheitlicher rechtlicher Rahmenbedingungen gibt der Richtlinie ihre wesentliche Prägung und ist nur durch gesundheitspolitische Motive erklärbar. Der Schwerpunkt der Regelungen der Richtlinie liegt mithin im Bereich Gesundheitsschutz und Schutz vor Tabakkonsum.

2. Maßgebliche Kompetenznorm

548 Fraglich ist daher, ob sich eine Richtlinie immer nur auf die Kompetenznorm stützen lässt, die dem Regelungsschwerpunkt der Richtlinie entspricht[36]. Dagegen spricht zumindest im vorliegenden Fall, dass sich die Ziele des Gesundheitsschutzes und der

---

33 Vgl. EuGH vom 5.10.2000, Rs. C-376/98, Slg. 2000, I-8419, NJW 2000, S. 3701 ff., 3702, Rn. 78 und 88, Tabakwerbung; *Kingreen*, in: Calliess/Ruffert, AEUV, Art. 168, Rn. 30 m.w.N.

34 Vgl. EuGH vom 5.10.2000, Rs. C-376/98, Slg. 2000, I-8419, NJW 2000, S. 3701 ff., 3702, Rn. 88, Tabakwerbung.

35 Vgl. sinngemäß EuGH vom 5.10.2000, Rs. C-376/98, Slg. 2000, I-8419, NJW 2000, S. 3701 ff., 3702, Rn. 79, Tabakwerbung.

36 Siehe dazu die Schlussanträge von Generalanwalt *Fenelly* in der Rs. C-376/98, Slg. 2000, I-8419, 8452, Rn. 67 ff., Tabakwerbung. Der EuGH hat dies offen gelassen und geht implizit und begründungslos davon aus, dass es auf den Schwerpunkt der Regelungen der Richtlinie nicht ankommt, siehe EuGH vom 5.10.2000, Rs. C-376/98, Slg. 2000, I-8419, 8512, Rn. 32, Tabakwerbung (insoweit nicht in NJW 2000, S. 3701 ff. abgedruckt).

Funktionsverbesserung des Binnenmarktes nicht wechselseitig ausschließen und daher auch ein überwiegendes Maß an bezwecktem Gesundheitsschutz nichts für die allein ausschlaggebende Frage besagt, ob die Richtlinie die Förderung des Binnenmarktes bezweckt. Entscheidend muss vielmehr sein, dass eine Maßnahme die Errichtung und das Funktionieren des Binnenmarkts oder die Erreichung der Dienstleistungsfreiheit zum Ziel hat. Ein höheres Gesundheitsschutzniveau führt nämlich nicht zwangsläufig zu einem niedrigeren Binnenmarkts-„Gehalt". Jedes materielle Ziel, sei es die Gesundheit oder ein anderes Gebiet der Regulierungstätigkeit, das auch verfolgt wird, steht nicht so sehr im Wettbewerb mit dem Binnenmarktziel oder dient ihm; es ist vielmehr von anderer Art und kann daher gleichzeitig oder „untrennbar" so intensiv verfolgt werden, wie es der Gesetzgeber wünscht (oder für erforderlich hält), sofern die funktionalen Ziele des Binnenmarkts von der erlassenen Maßnahme gefördert werden[37].

Gegen die Annahme, dass Art. 168 V AEUV bei Maßnahmen mit Schwerpunkt im **549**
Gesundheitsschutz und Schutz vor Tabakkonsum den Rückgriff auf Art. 114 AEUV versperrt, sprechen außerdem systematische Gründe. So ist der Fall denkbar, dass die Union eine Maßnahme zwar nicht auf Art. 114 AEUV, aber auf Art. 168 V AEUV stützen kann. Allerdings ist die Kompetenz in diesem Bereich eng begrenzt und erlaubt vor allem keine Harmonisierung. Würde man Art. 168 V AEUV als „Sperre" verstehen, dann dürfte die Union aufgrund von Art. 168 V AEUV per Saldo im Gesundheitsbereich weniger, als sie ohne diesen Artikel dürfte. Art. 168 V AEUV würde also obwohl als Kompetenznorm formuliert – vor allem als kompetenzbegrenzende Bereichsausnahme des Art. 114 AEUV wirken. Hätte der Unionsgesetzgeber dies gewollt, so hätte es nahe gelegen, in Art. 114 II AEUV auch zu regeln, dass Maßnahmen im Bereich Gesundheit nicht auf Art. 114 AEUV gestützt werden können. Daher spricht auch die Stellung des Art. 168 AEUV in einem ganz anderen Abschnitt des Vertrags dafür, Art. 168 V AEUV nicht in diesem restriktiven Sinn zu verstehen.

Der Schwerpunkt der Richtlinie im Gesundheitsschutz und dem Schutz vor Tabakkonsum steht der Anwendung des Art. 114 I 2 AEUV somit nicht entgegen, so dass sich die Union grundsätzlich auf diese Kompetenzgrundlage stützen kann[38].

III. Voraussetzungen des Art. 114 I 2 AEUV

Wie bereits oben in Teil I bei Frage 1 unter A. I. (Rn. 525 f.) ausgeführt wurde, geht es **550**
nur dann um die Errichtung bzw. das Funktionieren des Binnenmarktes i.S.d. Art. 114 I 2 AEUV, wenn die rechtsangleichende Tätigkeit der Union bezweckt, der Gefahr von

37 Vgl. die Schlussanträge von Generalanwalt *Fenelly* in der Rs. C-376/98, Slg. 2000, I-8419, 8451/8452, Rn. 66, Tabakwerbung.

38 Vgl. auch EuGH vom 4.5.2016, Rs. C-358/14, ECLI:EU:C:2016:323 (JURIS), Rn. 34, Republik Polen./.Europäisches Parlament und Rat der Europäischen Union., bzw. Rs. C-547/14, ECLI:EU:C:2016:325 (JURIS), Rn. 59, Philip Morris Brands SARL u.a./.Secretary of State for Health; insbes. grds. kritisch zu letzteren *Nettesheim*, EuZW 2016, S. 578 ff. Siehe dazu auch *Schuster*, JuS 2019, S. 39 ff., 41 ff., *Kühling/Drechsler*, JuS 2017, S. 335 ff., 338, *Epiney*, NVwZ 2017, S. 761 f., und *Kingreen*, JURA 2016, S. 1085.

Beeinträchtigungen der Grundfreiheiten[39] bzw. von Wettbewerbsverzerrungen[40] entgegenzuwirken, wobei eine lediglich abstrakte Gefahr nicht genügt.

Zu prüfen ist daher, ob mit der Richtlinie tatsächlich die vom Unionsgesetzgeber angeführten Zwecke verfolgt werden[41], konkreten Gefahren der Beeinträchtigung von Grundfreiheiten oder von Wettbewerbsverzerrungen entgegenzuwirken. Bei dieser Prüfung ist zwischen den einzelnen Bestimmungen der Richtlinie zu differenzieren. Dabei können grundsätzlich auch vorbeugende Maßnahmen gegen die Entstehung neuer Hindernisse für den Handel ergehen. Das Entstehen solcher Hindernisse muss jedoch wahrscheinlich sein und die fragliche Maßnahme ihre Vermeidung bezwecken[42].

1. Verbot der Werbung in Presse und gedruckten Veröffentlichungen, Art. 3 I der Richtlinie

551 Eine konkrete Gefahr für die Warenverkehrsfreiheit (Art. 34 AEUV) der Hersteller von Druckerzeugnissen könnte darin bestehen, dass diese ihre Druckerzeugnisse, welche Tabakwerbung entsprechend den Werberegelungen in einem Mitgliedstaat enthalten, in einem anderen Mitgliedstaat wegen der dortigen Regelungen für die Tabakwerbung nicht absetzen können.

Druckerzeugnisse (Zeitungen, Zeitschriften etc.) sind bewegliche Sachen, die einen Geldwert haben und daher Gegenstand von Handelsgeschäften sein können, mithin Waren i.S.d. Art. 34 ff. AEUV[43].

Zudem müsste eine tatsächlich bestehende Gefahr spürbaren Ausmaßes für die Warenverkehrsfreiheit vorliegen. Allerdings erscheint eine solch spürbare Gefahr schon deshalb zweifelhaft, weil laut Sachverhalt für die meisten Druckerzeugnisse kein nennenswerter Handel innerhalb der Union besteht[44]. Daher dürfte durch die wenigen tatsächlich betroffenen Druckerzeugnisse wohl keine hinreichend intensive Gefahr entstehen. Allerdings ist umstritten, ob Beeinträchtigungen von Grundfreiheiten ebenso wie Wettbewerbsverzerrungen spürbar sein müssen[45], um den Tatbestand des Art. 114 I 2 AEUV zu erfüllen. Hier gelten die mitgliedstaatlichen Tabakwerbeverbote in Druckerzeugnissen laut Sachverhalt nicht für ausländische Druckerzeugnisse. Daher besteht bereits keine tatsächliche Gefahr für die Warenverkehrsfreiheit, so dass es auch nicht darauf ankommt, ob die Gefahr spürbar sein müsste. Die Streitfrage kann somit offen bleiben.

---

39 Siehe dazu ex-Art. 3 I lit. c) EG.

40 Siehe dazu ex-Art. 3 I lit. g) EG.

41 EuGH vom 5.10.2000, Rs. C-376/98, Slg. 2000, I-8419, NJW 2000, S. 3701 ff., 3702, Rn. 85, Tabakwerbung.

42 Vgl. EuGH vom 5.10.2000, Rs. C-376/98, Slg. 2000, I-8419, NJW 2000, S. 3701 ff., 3702, Rn. 86, Tabakwerbung.

43 Vgl. *Kingreen*, in: Calliess/Ruffert, AEUV, Art. 34–36, Rn. 120.

44 Dies war bei der Entscheidung des EuGH nicht so eindeutig, vgl. EuGH vom 12.12.2006, Rs. C-380/03, Slg. 2006, I-11573, NVwZ 2007, S. 561 ff., 563, Rn. 54, Tabakwerbung.

45 So für Wettbewerbsverzerrungen EuGH vom 5.10.2000, Rs. C-376/98, Slg. 2000, I-8419, NJW 2000, S. 3701 ff., 3703, Rn. 106, Tabakwerbung, und *Korte*, in: Calliess/Ruffert, AEUV, Art. 114, Rn. 43 m.w.N. Zur Frage der Spürbarkeit bei Beeinträchtigungen der Grundfreiheiten siehe *Korte*, in: Calliess/Ruffert, AEUV, Art. 114, Rn. 39 m.w.N.

Zu prüfen bleibt, ob eine konkrete Gefahr für die Warenverkehrsfreiheit auch darin liegen kann, dass die tatsächliche Gefahr besteht, dass künftig neue Hemmnisse entstehen. Gegen diese Ansicht spricht, dass das Vorliegen einer konkreten Gefahr durch derart niedrige Anforderungen in die Nähe einer abstrakten Gefahr und Art. 114 AEUV dadurch in die Nähe einer unbegrenzten Kompetenz rückt. Gleichwohl ist dieser Auffassung zu folgen, da so eine Parallele zur Rspr. zu den Grundfreiheiten, welche den Binnenmarkt konstituieren, hergestellt wird. Da sich mitgliedstaatliche Regelungen nach der sog. „Dassonville-Formel" schon an den Grundfreiheiten messen lassen müssen, wenn sie sich lediglich *eignen*, den Handel innerhalb der Union mittelbar und potentiell zu behindern[46] (st. Rspr. des EuGH seit dem Dassonville-Urteil von 1974[47]), überzeugt es nicht, eine Kompetenz der EU über Art. 114 AEUV erst bei einer deutlich konkreter nachgewiesenen Betroffenheit des Binnenmarktes anzunehmen[48]. Aufgrund der immer kritischeren gesellschaftlichen und politischen Einstellung zu Tabakkonsum und Tabakwerbung erscheint es auch plausibel, dass einzelne Mitgliedstaaten im Zuge der Verschärfung ihrer Bestimmungen die Ausnahmeregelung für ausländische Druckerzeugnisse abschaffen könnten[49]. Mithin besteht die tatsächliche Gefahr künftiger Hemmnisse und damit eine Gefahr für die Warenverkehrsfreiheit[50]. **552**

Indem die Richtlinie insoweit unionsweit einheitliche Standards herstellt, bezweckt sie auch, dieser Gefahr entgegenzuwirken. Das Verbot der Werbung in Druckerzeugnissen kann sich mithin auf Art. 114 I 2 AEUV stützen.

2. Verbot der Werbung im Internet und im Rundfunk, Art. 3 II und Art. 4 I der Richtlinie

Eine konkrete Gefahr für die Dienstleistungsfreiheit (Art. 56 AEUV) der Werbe- und Rundfunkunternehmen könnte darin bestehen, dass diese ihre Dienste in Rundfunk und Internet („Dienste der Informationsgesellschaft"), welche Tabakwerbung enthalten, wegen der unterschiedlichen Regelungen in den Mitgliedstaaten grenzüberschreitend nur unter erheblichen Erschwernissen erbringen können. Die Warenverkehrsfreiheit ist demgegenüber nicht betroffen, weil es sich bei Werbung in Rundfunk und Internet nicht um Waren i.S.d. Art. 34 ff. AEUV[51] handelt (vgl. Art. 57 I AEUV). **553**

46 Vgl. EuGH vom 12.6.2003, Rs. C-112/00, Slg. 2003, I-5659, NJW 2003, S. 3185 ff., 3186 Rn. 56 m.w.N., Eugen Schmidberger Internationale Transporte und Planzüge./.Republik Österreich. Siehe dazu ausführlich Fall 9 sowie *Streinz*, Europarecht, Rn. 864; *Kingreen*, in: Calliess/Ruffert, AEUV, Art. 34–36, Rn. 37 ff.; *Loibl*, Europarecht – Das Skriptum, S. 83 ff. und *Dittert*, Europarecht, S. 212 ff.

47 EuGH vom 11.7.1974, Rs. 8/74, Slg. 1974, 837, NJW 1975, S. 515 ff. (in NJW a.a.O. ist das falsche Datum 11.6.1974 angegeben), Dassonville.

48 Instruktiv zu dieser Parallele – freilich mit umgekehrter Stoßrichtung – *Calliess*, JURA 2001, S. 311 ff., 316.

49 Vgl. EuGH vom 5.10.2000, Rs. C-376/98, Slg. 2000, I-8419, NJW 2000, S. 3701 ff., 3703, Rn. 97, Tabakwerbung, und EuGH vom 12.12.2006, Rs. C-380/03, Slg. 2006, I-11573, NVwZ 2007, S. 561 ff., 563, Rn. 61, Tabakwerbung.

50 Im Ergebnis offenbar ebenso EuGH vom 5.10.2000, Rs. C-376/98, Slg. 2000, I-8419, NJW 2000, S. 3701 ff., 3703, Rn. 97, Tabakwerbung, und EuGH vom 12.12.2006, Rs. C-380/03, Slg. 2006, I-11573, NVwZ 2007, S. 561 ff., 563, Rn. 60, Tabakwerbung. Sehr kritisch dagegen *Stein*, EuZW 2007, S. 54 ff., 56.

51 Siehe dazu *Kingreen*, in: Calliess/Ruffert, AEUV, Art. 34–36, Rn. 120.

Fraglich ist allerdings, ob die Richtlinie geeignet ist, dieser Gefahr entgegenzuwirken. Dagegen spricht, dass nach ihrem Art. 4 I Rundfunkwerbung für Tabakerzeugnisse vollständig verboten ist. Damit wird die Dienstleistungstätigkeit auf diesem Sektor nicht gefördert, sondern vollständig unterbunden.

554 Andererseits erscheint es – wie bei der Werbung in Druckerzeugnissen – aber sowohl für den Rundfunk als auch für das Internet plausibel, dass künftig mitgliedstaatliche Regelungen geschaffen werden könnten, welche die Übertragung von Tabakwerbung auf diesen Wegen auch für ausländische Dienstleister untersagen. Dadurch würde dann eine konkrete Gefahr für die Dienstleistungsfreiheit der Rundfunk- bzw. Internetunternehmer entstehen, weil sie grenzüberschreitend nur noch dann tätig sein könnten, wenn sie die Tabakwerbevorschriften aller von ihnen erreichten Mitgliedstaaten beachten. Außerdem besteht die Gefahr, dass durch Rundfunk und Internet das Verbot der Werbung in Druckerzeugnissen umgangen wird, da beispielsweise zahlreiche Zeitungen und Zeitschriften auch Online-Ausgaben veröffentlichen, die europaweit abrufbar sind. Die entsprechenden Märkte mögen zwar (derzeit) noch nicht so aufeinander bezogen sein, dass sich tatsächlich schon eine Umgehungsgefahr ausmachen lässt. Angesichts der zunehmenden Vernetzung der verschiedenen Medien eines Anbieters dürfte aber der Wechsel etwa zwischen der Print- und der Online-Ausgabe einer Zeitschrift aus Sicht des Nutzers bzw. Lesers immer selbstverständlicher werden, so dass zu erwarten ist, dass sich die Märkte immer stärker vermischen. Mithin besteht auch insoweit die tatsächliche Gefahr zumindest künftiger Hemmnisse und damit eine Gefahr für die Dienstleistungsfreiheit[52].

Indem die Richtlinie unionsweit einheitliche Standards herstellt, bezweckt sie auch, dieser Gefahr entgegenzuwirken. Das Verbot der Werbung in Rundfunk und Internet kann sich mithin ebenfalls auf Art. 114 I 2 AEUV stützen.

3. Verbot des Sponsorings von Veranstaltungen, Art. 5 der Richtlinie

555 Hinsichtlich des Sponsorings von Veranstaltungen sind konkrete Gefahren der Beeinträchtigung von Grundfreiheiten durch unterschiedliche mitgliedstaatliche Regelungen nicht ersichtlich.

Es könnte insoweit aber eine konkrete Gefahr von spürbaren Wettbewerbsverzerrungen bestanden haben. Da das Verbot des Art. 5 der Richtlinie nur Sponsoring in Fällen mit grenzüberschreitender Wirkung regelt, scheitert die Gefahr von Wettbewerbsverzerrungen nicht bereits am fehlenden grenzüberschreitenden Bezug. Im Falle unterschiedlicher Regelungen zum Sponsoring in der Union erscheint es denkbar, dass etwa Sportwettkämpfe aufgrund dieser Unterschiede verlegt werden. Dadurch würden sich für die an solchen Veranstaltungen beteiligten Unternehmen die Wettbewerbsbedingungen gravierend aufgrund von Faktoren ändern, die nicht Teil eines fairen Konkurrenzkampfes

52 Im Ergebnis offenbar ebenso EuGH vom 12.12.2006, Rs. C-380/03, Slg. 2006, I-11573, NVwZ 2007, S. 561 ff., 563/564, Rn. 61, 76, 78, Tabakwerbung.

sind. Daher bestand insoweit die Gefahr von spürbaren Wettbewerbsverzerrungen[53]. Da die Richtlinie auch insoweit bezweckt, diesen Gefahren entgegenzuwirken, ist auch das Verbot des Sponsorings von der Kompetenznorm Art. 114 I 2 AEUV gedeckt.

D. Ergebnis

Es besteht daher für sämtliche Regelungen der Richtlinie eine Kompetenz der Union. **556**
Die Richtlinie ist daher rechtmäßig, so dass die Auffassung der Bundesregierung nicht zutrifft.

Abwandlung zu Teil II

Ein vollständiges Werbeverbot für Tabakerzeugnisse in Internet, Rundfunk und Print- **557**
medien wäre hinsichtlich der Grundfreiheiten an der Warenverkehrsfreiheit für Tabakerzeugnisse und Tabakwerbeartikel (Art. 34 ff. AEUV) bzw. der Dienstleistungsfreiheit für Tabakwerbung (Art. 56 ff. AEUV) zu messen.

A. Warenverkehrsfreiheit für Tabakerzeugnisse, Art. 34 ff. AEUV

Ein vollständiges Werbeverbot könnte gegen die Warenverkehrsfreiheit (Art. 34 AEUV) **558**
für Tabakerzeugnisse verstoßen. Tabakerzeugnisse sind bewegliche Sachen, die einen Geldwert haben und daher Gegenstand von Handelsgeschäften sein können, mithin Waren i.S.d. Art. 34 ff. AEUV[54]. Bei dem gesetzlichen Werbeverbot würde es sich auch um eine staatliche Maßnahme handeln[55]. Werbeverbote stellen allerdings keine mengenmäßige Ein- oder Ausfuhrbeschränkung i.S.d. Art. 34, 35 AEUV dar, so dass ein Verstoß gegen die Warenverkehrsfreiheit nur vorläge, wenn es sich um eine „Maßnahme gleicher Wirkung" gem. Art. 34, 35 AEUV handeln würde.

Ein Eingriff in die Warenverkehrsfreiheit durch eine Maßnahme gleicher Wirkung wie eine mengenmäßige Einfuhrbeschränkung liegt dann vor, wenn das Werbeverbot geeignet ist, den Handel innerhalb der Union unmittelbar oder mittelbar, tatsächlich oder potentiell zu behindern[56] (st. Rspr. des EuGH seit dem Dassonville-Urteil von 1974[57]). Diese Eignung hat das Werbeverbot, da es auf die Verringerung des Handelsvolumens mit Tabakerzeugnissen abzielt.

---

53 Siehe dazu EuGH vom 5.10.2000, Rs. C-376/98, Slg. 2000, I-8419, NJW 2000, S. 3701 ff., 3704, Rn. 110 f., Tabakwerbung.

54 Vgl. *Kingreen*, in: Calliess/Ruffert, AEUV, Art. 34–36, Rn. 120.

55 Siehe dazu *Streinz*, Europarecht, Rn. 874 m.w.N.

56 Sog. Dassonville-Formel, vgl. EuGH vom 12.6.2003, Rs. C-112/00, Slg. 2003, I-5659, NJW 2003, S. 3185 ff., 3186 Rn. 56 m.w.N. – Schmidberger. Siehe dazu ausführlich *Streinz*, Europarecht, Rn. 864; *Kingreen*, in: Calliess/Ruffert, AEUV, Art. 34–36, Rn. 37 ff.; *Loibl*, Europarecht – Das Skriptum, S. 83 ff. und *Dittert*, Europarecht, S. 212 ff.

57 EuGH vom 11.7.1974, Rs. 8/74, Slg. 1974, 837, NJW 1975, S. 515 ff., Dassonville.

Allerdings könnte es sich bei einem Werbeverbot auch um bloße Verkaufsmodalitäten handeln. Verkaufsmodalitäten werden unter bestimmten Voraussetzungen nicht als Maßnahmen gleicher Wirkung angesehen und vom Anwendungsbereich der Warenverkehrsfreiheit ausgenommen. Die Unterscheidung zwischen produktbezogenen Regelungen und vertriebsbezogenen Verkaufsmodalitäten nimmt der EuGH seit seinem Keck-Urteil vor[58]. Liegt eine Verkaufsmodalität vor, so ist weiter zu prüfen, ob diese unterschiedslos gilt und inländische wie ausländische Erzeugnisse rechtlich wie tatsächlich in gleicher Weise berührt.

559 Da ein Werbeverbot keine Veränderungen an den Tabakerzeugnissen selbst erfordert, handelt es sich bei ihm um die Regelung einer Verkaufsmodalität. Es würde für alle betroffenen Wirtschaftsteilnehmer, inländische wie ausländische, gleichermaßen gelten. Zu prüfen ist also, ob das Verbot in- und ausländische Erzeugnisse in gleicher Weise berührt. Eine rechtliche Diskriminierung der ausländischen Erzeugnisse besteht nicht, weil das Verbot gleichermaßen für in- und ausländische gelten würde. Grundsätzlich kann ein allgemeines Werbeverbot aber zu einer faktischen Diskriminierung der ausländischen Produkte führen, sofern diese für ihren Zugang zum Markt in stärkerer Weise auf Werbung angewiesen sind als einheimische Produkte[59]. Bei der konkret betroffenen Warengruppe der Tabakerzeugnisse handelt es sich allerdings nicht selten um „Weltmarken", bei denen die ausländischen Produkte auf dem deutschen Markt vielfach ebenso sehr eingeführt sind wie einheimische. Daher sind sie auch nicht stärker auf Werbung angewiesen, so dass auch keine tatsächliche Diskriminierung vorliegt.

Mit entsprechender Begründung wäre hier auch die Gegenansicht vertretbar, so dass ein Eingriff vorliegen würde. Zu prüfen wäre dann, ob der Eingriff gerechtfertigt wäre, was unter dem Aspekt des Gesundheitsschutzes gem. Art. 36 S. 1 AEUV zu bejahen wäre. Im Ergebnis würde ein entsprechendes Werbeverbot somit nicht gegen die Warenverkehrsfreiheit verstoßen.

Mithin würde für Tabakerzeugnisse kein Eingriff in und damit auch kein Verstoß gegen die Warenverkehrsfreiheit vorliegen.

Zum gleichen Ergebnis kommt man auch mit dem sog. Drei-Stufen-Test, mit dem der EuGH in der jüngeren Rspr. seit der grundlegenden „Kradanhänger"-Entscheidung von 2009[60]

58 In EuGH vom 24.11.1993, verb. Rs. C-267/91 und C-268/91, Slg. 1993, I-6097, NJW 1994, S. 121, Strafverfahren gegen Bernard Keck und Daniel Mithouard, heißt es wörtlich (Rn. 16): *„Demgegenüber ist entgegen der bisherigen Rechtsprechung die Anwendung nationaler Bestimmungen, die bestimmte Verkaufsmodalitäten beschränken oder verbieten, auf Erzeugnisse aus anderen Mitgliedstaaten nicht geeignet, den Handel zwischen den Mitgliedstaaten im Sinne des Urteils Dassonville unmittelbar oder mittelbar, tatsächlich oder potentiell zu behindern, sofern diese Bestimmungen für alle betroffenen Wirtschaftsteilnehmer gelten, die ihre Tätigkeit im Inland ausüben, und sofern sie den Absatz der inländischen Erzeugnisse und der Erzeugnisse aus anderen Mitgliedstaaten rechtlich wie tatsächlich in der gleichen Weise berühren."*. Zur Kritik an der Keck-Rspr. des EuGH siehe Fall 2.

59 Siehe dazu ausführlich *Kingreen*, in: Calliess/Ruffert, AEUV, Art. 34–36 Rn. 173.

60 EuGH vom 10.2.2009, Rs. C-110/05, Slg. 2009, I-519, EuZW 2009, S. 173 ff., Kommission der Europäischen Gemeinschaften./.Italienische Republik – Kradanhänger (dazu *Streinz*, JuS 2009, S. 652 ff.); s. dazu insbes. auch EuGH vom 26.4.2012, Rs. C-456/10, ECLI:EU:C:2012:241, EuZW 2012, S. 508 ff. (mit Anm. *Streinz*, S. 511 f.), Asociación Nacional de Expendedores de Tabaco y Timbre (ANETT)./.Administración del Estado (dazu *Streinz*, JuS 2012, S. 759 ff.), EuGH vom 2.12.2010, Rs. C-108/09, Slg. 2010, I-12213, EuZW 2011, S. 112 ff., Ker-Optika bt./.ÀNTSZ Dél-dunántúli Regionális Intézete, und EuGH vom 4.6.2009, Rs. C-142/05, Slg. 2009, I-4273, EuZW 2009, S. 617 ff., Åklagaren./.Percy Mickelsson, Joakim Roos.

prüft, ob es sich um eine „Maßnahme gleicher Wirkung" handelt. Allerdings sind sowohl dessen Verhältnis zur Dassonville-Formel und zur Keck-Rspr. als auch die Anforderungen der dritten Stufe nicht abschließend geklärt[61]. Beim Drei-Stufen-Test fragt der EuGH, ob (1) durch die Maßnahme bezweckt oder bewirkt wird, Erzeugnisse aus anderen Mitgliedstaaten weniger günstig zu behandeln, (2) Hemmnisse für den freien Warenverkehr bestehen, die sich daraus ergeben, dass Waren aus anderen Mitgliedstaaten, die dort rechtmäßig hergestellt und in den Verkehr gebracht worden sind, bestimmten Vorschriften entsprechen müssen, selbst wenn diese Vorschriften unterschiedslos für alle Erzeugnisse gelten, oder (3) durch die Maßnahme der Zugang zum Markt eines Mitgliedstaats für Erzeugnisse aus anderen Mitgliedstaaten behindert wird. Damit wurde das Kriterium der Behinderung des Marktzugangs explizit zu einem Leitprinzip von Art. 34 AEUV[62]. Ein Werbeverbot würde sich nur auf der dritten Stufe auswirken, würde aber wegen des „Weltmarkencharakters" der Tabakerzeugnisse zu keiner relevanten Behinderung des Marktzugangs in Deutschland führen (s.o.).

B. Warenverkehrsfreiheit für Tabakwerbeprodukte, Art. 34 ff. AEUV

I. Eingriff (Maßnahme gleicher Wirkung)

Ein vollständiges Werbeverbot könnte auch gegen die Warenverkehrsfreiheit (Art. 34 **560**
AEUV) für Tabakwerbeträger wie Plakate, Sonnenschirme usw. verstoßen, wobei ebenfalls nur eine „Maßnahme gleicher Wirkung" in Betracht kommt. Auch die Werbeträger sind bewegliche Sachen, die Gegenstand von Handelsgeschäften sein können, und mithin Waren i.S.d. Art. 34 ff. AEUV.

Für diese Waren würde es sich bei dem Werbeverbot nicht bloß um eine Regelung der Verkaufsmodalität handeln, da Änderungen an der Ware selbst erforderlich wären, um dem Werbeverbot Rechnung zu tragen. Das Werbeverbot würde daher in die Warenverkehrsfreiheit in Bezug auf solche Tabakwerbeträger eingreifen. Nach dem Drei-Stufen-Test wären Maßnahmen der zweiten und dritten Stufe zu bejahen.

II. Rechtfertigung, Art. 36 AEUV

Dieser Eingriff könnte jedoch gem. Art. 36 I AEUV aus Gründen des Schutzes der **561**
Gesundheit insbesondere vor den Gefahren des Rauchens gerechtfertigt sein.

---

61 Siehe dazu (auch unter klausurtaktischen Aspekten) *Streinz*, Europarecht, Rn. 911 m.w.N., *Haratsch/Koenig/Pechstein*, Europarecht, Rn. 908, *Streinz*, JuS 2017, S. 566 ff., *Ogorek*, JA 2016, S. 556 ff., *Schulz-Pabst*, ZJS 2016, S. 370 ff., 371 ff., *Cremer*, JA 2015, S. 39 ff, 49 ff., *Cremer/Bothe*, EuZW 2015, S. 413 ff., *Reyes y Ráfales*, DVBl. 2015, S. 268 ff., und *Dietz/Streinz*, EuR 2015, S. 50 ff.

62 *Streinz*, Europarecht, Rn. 911/912 m.w.N., s. dazu auch EuGH vom 23.12.2015, Rs. C-333/14, ECLI:EU:C:2015:845, NJW 2016, S. 621 ff., Rn. 32, Scotch Whisky Association u.a./.The Lord Advocate und The Advocate General for Scotland, mit Anm. *Streinz*, JuS 2016, S. 949 ff., *Ogorek*, JA 2016, S. 556 ff., und *Hoffmann*, NJW 2016, S. 625 f.

Weil das Werbeverbot eine formal unterschiedslos geltende Maßnahme ist, käme grundsätzlich auch eine Anwendung der sog. „Cassis-Formel"[63] in Betracht. Jedoch wird der Aspekt des Gesundheitsschutzes, weil er ausdrücklich in Art. 36 AEUV geregelt ist, im Rahmen dieser Vorschrift und nicht als zwingendes Erfordernis geprüft.

Außerdem müssten die Maßnahmen auch verhältnismäßig, d.h. zur Erreichung dieses Zieles geeignet, erforderlich und angemessen sein[64].

Die Richtlinie verfolgt den legitimen Zweck, den Gesundheitsschutz in der Union zu verbessern. Da sie dieses Ziel durch eine Verringerung des Tabakkonsums erreichen will, wäre sie ungeeignet, wenn sie keine Verringerung bewirken würde. Die Eignung von Werbeverboten für Tabakerzeugnisse zum Zwecke des Gesundheitsschutzes setzt voraus, dass Tabakwerbung den Tabakkonsum fördert. Für die Richtigkeit dieser Annahme spricht bereits, dass andernfalls nicht enorme Summen für die Werbung ausgegeben würden. Daher erscheint auch der Umkehrschluss plausibel, dass der Konsum und damit die Gesundheitsgefahren ohne die Werbung zurückgehen werden. Zumindest wird man dem Gesetzgeber der Union eine entsprechende Einschätzungsprärogative zubilligen können. Dem lässt sich auch nicht entgegenhalten, dass die Werbung nur zur Verschiebung der Marktanteile innerhalb eines in seinem Gesamtumfang davon unberührten Tabakmarktes bewirken würde[65]. Denn auch die Annahme, dass das von der Werbung vermittelte Bild des Tabakkonsums zumindest langfristig Auswirkungen auf die gesellschaftliche Einstellung zum Tabakkonsum und damit auf das Konsumverhalten hat, erscheint plausibel. Von der Eignung des Werbeverbots ist daher auszugehen.

Da mildere Mittel nicht ersichtlich sind, wäre das Werbeverbot auch erforderlich.

Der Schutz der menschlichen Gesundheit vor den mit dem Tabakkonsum verbundenen Gesundheitsgefahren überwiegt das Interesse an einem ungehinderten Warenverkehr mit Tabakwerbeprodukten. Daher wäre das Werbeverbot auch angemessen.

Der Eingriff in die Warenverkehrsfreiheit wäre daher gerechtfertigt, so dass auch insoweit kein Verstoß vorliegen würde.

C. Dienstleistungsfreiheit für Tabakwerbung, Art. 56 ff. AEUV

562 Ein vollständiges Werbeverbot könnte auch die Dienstleistungsfreiheit (Art. 56 AEUV) von Tabakwerbedienstleistern verletzen.

Das Werbeverbot würde auch gegenüber solchen Angehörigen der Werbebranche wirken, die selbstständig grenzüberschreitend ohne dauerhafte Eingliederung in das Wirt-

---

63 Zur Cassis-Formel ausführlich *Dittert*, Europarecht, S. 219 ff. und *Streinz*, Europarecht, Rn. 864 ff.

64 Der EuGH scheint zwar grundsätzlich von einer aus dem deutschen Recht bekannten dreistufigen Prüfung (Geeignetheit-Erforderlichkeit-Angemessenheit/Verhältnismäßigkeit im engeren Sinne) auszugehen, spricht die Frage der Angemessenheit in der Praxis aber nur selten an. Siehe dazu *Streinz*, Europarecht, Rn. 870 und 918, *Dittert*, Europarecht, S. 297, je m.w.N., ausführlich *Brigola*, EuZW 2017, S. 406 ff., sowie (für Grundrechtseinschränkungen) *Michl*, EuR 2018, S. 456 ff., 465 ff.

65 In diese Richtung argumentiert die Tabakindustrie.

schaftsleben des Aufnahmestaates unkörperliche Leistungen gegen Entgelt erbringen (vgl. Art. 57 I AEUV). Damit würde in die Dienstleistungsfreiheit eingegriffen.

Die Übertragbarkeit der Keck-Rspr. auf die Dienstleistungsfreiheit braucht nicht erörtert zu werden, da auch hier keine bloße Modalitätsregelung vorliegt.

Der Eingriff wäre allerdings gem. Art. 62 i.V.m. Art. 52 I AEUV aus denselben Gründen wie der Eingriff in die Warenverkehrsfreiheit bezüglich der Tabakwerbeträger gerechtfertigt. Auch insoweit würde also kein Verstoß vorliegen.

D. Ergebnis

Das Werbeverbot für Tabakerzeugnisse würde nicht gegen die Grundfreiheiten verstoßen. **563**

Wiederholung und Vertiefung

Weiterführende Hinweise

Streinz, Rudolf: Europarecht, insbes. Rn. 977, 1007 (Fall 51 und Lösung), 641 ff., 749 ff., 769 ff., **564**
864 ff., 874, 918, 968 ff., 978 ff.

EuGH vom 8.6.2010, Rs. C-58/08, Slg. 2010, I-4999, EuZW 2010, S. 539 ff., The Queen, auf Antrag von Vodafone Ltd u.a./.Secretary of State for Business, Enterprise and Regulatory Reform – Roamingverordnung.

EuGH vom 5.10.2000, Rs. C-376/98, Slg. 2000, I-8419, NJW 2000, S. 3701 ff., Bundesrepublik Deutschland./.Europäisches Parlament und Rat der Europäischen Union – Tabakwerbung.

EuGH vom 4.5.2016, Rs. C-547/14, ECLI:EU:C:2016:325 (JURIS), Philip Morris Brands SARL, Philip Morris Ltd, British American Tobacco UK Ltd./.Secretary of State for Health.

EuGH vom 4.5.2016, Rs. C-358/14, ECLI:EU:C:2016:323 (JURIS), Republik Polen./.Europäisches Parlament und Rat der Europäischen Union - Tabakrichtlinie.

EuGH vom 23.12.2015, Rs. C-333/14, ECLI:EU:C:2015:845, NJW 2016, S. 621 ff., Scotch Whisky Association u.a./.The Lord Advocate und The Advocate General for Scotland.

EuGH vom 10.2.2009, Rs. C-110/05, Slg. 2009, I-519, EuZW 2009, S. 173 ff., Kommission der Europäischen Gemeinschaften./.Italienische Republik – Kradanhänger.

EuGH vom 12.12.2006, Rs. C-380/03, Slg. 2006, I-11573, NVwZ 2007, S. 561 ff., Bundesrepublik Deutschland./.Europäisches Parlament und Rat der Europäischen Union – Tabakwerbung.

EuGH vom 14.12.2004, Rs. C-210/03, Slg. 2004, I-11893, The Queen, auf Antrag von Swedish Match AB, Swedish Match UK Ltd./.Secretary of State for Health.

EuGH vom 10.12.2002, Rs. C-491/01, Slg. 2002, I-11453, EuGRZ 2003, S. 248 ff., The Queen./.Secretary of State for Health, British American Tobacco (Investments) und Imperial Tobacco.

Böhm, Monika: Rechtsschutz im Europarecht, JA 2009, S. 679 ff.

Calliess, Christian: Nach dem „Tabakwerbung-Urteil" des EuGH – Binnenmarkt und gemeinschaftsrechtliche Kompetenzverfassung im neuen Licht, JURA 2001, S. 311 ff.

Cremer, Wolfram: Die Grundfreiheiten des Europäischen Unionsrechts, JURA 2015, S. 39 ff.

Cremer, Wolfram/Bothe, Alexander: Die Dreistufenprüfung als neuer Baustein der warenverkehrsrechtlichen Dogmatik, EuZW 2015, S. 413 ff.

Ehlers, Dirk: Die Nichtigkeitsklage des Europäischen Gemeinschaftsrechts (Art. 230 EGV), JURA 2009, S. 31 ff.

Fehling, Michael: Gesetzgebungskompetenzen im Verfassungsrecht und im Unionsrecht, JURA 2016, S. 498 ff.

Frenz, Walter: Stand der Keck-Judikatur, WRP 2011, S. 1034 ff.

Geber, Frederic: Rechtsangleichung nach Art. 114 AEUV im Spiegel der EuGH-Rechtsprechung, JuS 2014, S. 20 ff.

Görlitz, Niklas: EU-Binnenmarktkompetenz und Tabakwerbeverbote, EuZW 2003, S. 485 ff.

Gundel, Jörg: EWS-Kommentar zu EuGH vom 8.6.2010, Rs. C-58/08 (Roamingverordnung), EWS 2010, S. 386 f.

Gundel, Jörg: Die zweite Fassung der Tabakwerberichtlinie vor dem EuGH: Weitere Klärungen zur Binnenmarkt-Harmonisierungskompetenz der Gemeinschaft, EuR 2007, S. 251 ff.

Lindner, Josef Franz: Anmerkung zu EuGH vom 12.12.2006, Rs. C-380/03 (Deutschland./.Europäisches Parlament und Rat – Tabakwerbung), BayVBl. 2007, S. 304 ff.

Kingreen, Thorsten: Vereinbarkeit der EU-Tabakrichtlinie mit primärem Unionsrecht, JURA 2016, S. 1085

Kühling, Jürgen/Drechsler Stefan: Semesterabschlussklausur – Öffentliches Recht: Europarecht – Schockbilder vor dem EuGH, JuS 2017, S. 335 ff.

Nettesheim, Martin: Die Tabak-Urteile des EuGH: Lifestyle-Regulierung im Binnenmarkt, EuZW 2016, S. 578 ff.

Sauer, Heiko: Die Grundfreiheiten des Unionsrechts - Eine Handreichung für die Fallbearbeitung, JuS 2017, S. 310 ff.

Schuster, Simon: Schwerpunktbereichsklausur – Öffentliches Recht: Europarecht – „Europäisches Verfassungsrecht", JuS 2019, S. 39 ff.

Stein, Torsten: Anmerkung zu EuGH vom 12.12.2006, Rs. C-380/03 (Deutschland./.Europäisches Parlament und Rat – Tabakwerbung), EuZW 2007, S. 54 ff.

Fall 18

Datenschutz oder Transparenz bei Kommissionsentscheidungen?

Pflichtfach/Schwerpunktbereich, Schwierigkeitsgrad: hoch

Der Biermarkt in Großbritannien ist traditionell durch die Praxis vieler Brauereien 565
geprägt, Gastwirte durch Alleinbezugsvereinbarungen zu binden. Dadurch werden sie verpflichtet, ausschließlich Bier der jeweiligen Brauerei zu beziehen.

Nach einer ministeriellen Bierlieferverordnung müssen britische Brauereien mit Lieferrechten für mehr als 2000 Gaststätten den Gaststättenbetreibern allerdings gestatten, auch von anderen Brauereien Bier zu beziehen. Die Regelung bezieht sich aber nur auf Fassbier mit einem Alkoholgehalt von mehr als 1,2 Prozent, während sie nicht für Flaschenbier gilt.

Die „Good German Beer" Ltd (GGB) ist eine Gesellschaft nach britischem Recht mit Sitz in London, die von der deutschen Brauerei B gegründet wurde, um deren deutsches Bier nach Großbritannien zu exportieren. Nach Ansicht der GGB verstößt die britische Praxis gegen die Warenverkehrsfreiheit nach Art. 34 AEUV. Sie reichte daher Beschwerde bei der Europäischen Kommission ein. Die Kommission leitete daraufhin gemäß Art. 258 AEUV ein Vertragsverletzungsverfahren gegen das Vereinigte Königreich und Nordirland ein. Im Zuge dieses Verfahrens kam es am 11.10.2013 zu einer Besprechung mit 45 Teilnehmern, an der u.a. Vertreter der Kommission, der britischen Handelsministeriums und des europäischen Verbandes der Bierbrauer des Gemeinsamen Marktes teilnahmen. Auch die GGB wollte teilnehmen, wurde aber nicht zugelassen.

Kurze Zeit später wurde die Bierlieferverordnung dahingehend geändert, dass die Ausnahme nunmehr auch für Flaschenbier anderer Brauereien gilt. Daraufhin stellte die Kommission das Vertragsverletzungsverfahren im Jahr 2014 ein.

Die GGB gab sich mit diesem Ergebnis allerdings nicht zufrieden. Sie hegt den Verdacht, dass an der Besprechung vom Oktober 2013 auch Lobbyisten der britischen Bierindustrie teilgenommen hatten. Daher verlangt sie von der Kommission die Offenlegung des Protokolls des Treffens. Dieses Protokoll enthält eine Liste der Teilnehmer, die nach den Körperschaften, in deren Namen und als deren Vertreter sie teilgenommen hatten, aufgeführt sind. Angegeben wird jeweils ihr Titel, des Anfangsbuchstabe ihres Vornamens, ihr Familienname und gegebenenfalls die Dienststelle, Einrichtung oder Vereinigung, der sie innerhalb der betreffenden Körperschaft angehören.

Eine besondere Begründung für ihr Begehren liefert die GGB allerdings nicht. Die Kommission hat grund- und datenschutzrechtliche Bedenken und bittet die Teilnehmer des Treffens um Zustimmung. Von den 45 Personen antworten allerdings nur 39, davon

35 zustimmend und vier ablehnend. Außerdem sieht die Kommission eine Gefahr für das Vertragsverletzungsverfahren, wenn sie die Namen weitergibt. Die GGB erhält daher nur ein Protokoll, in dem 10 Namen geschwärzt und daher nicht zu erkennen sind. Den Antrag, das Protokoll mit allen Namen zugänglich zu machen, lehnt die Kommission mit Entscheidung vom 12.11.2018 ab.

Die GGB hält die Entscheidung für falsch und fragt, ob eine Nichtigkeitsklage gegen die Entscheidung der Kommission Aussicht auf Erfolg hat.

Zusatzfrage:

Wäre eine Nichtigkeitsklage der GGB zulässig, mit der diese von der Kommission die Herausgabe der Namen verlangt?

Bearbeiterhinweis: Auf die Datenschutz-Grundverordnung[1] und mögliche Auswirkungen des sog. „Brexit" ist nicht einzugehen.

Verordnung (EG) Nr. 1049/2001 des Europäischen Parlaments und des Rates vom 30. Mai 2001 über den Zugang der Öffentlichkeit zu Dokumenten des Europäischen Parlaments, des Rates und der Kommission[2] – Auszug:

DAS EUROPÄISCHE PARLAMENT UND DER RAT DER EUROPÄISCHEN UNION –

gestützt auf den Vertrag zur Gründung der Europäischen Gemeinschaft, insbesondere auf Artikel 255 Absatz 2, [...]

in Erwägung nachstehender Gründe:

(1) In Artikel 1 Absatz 2 des Vertrags über die Europäische Union, wonach der Vertrag eine neue Stufe bei der Verwirklichung einer immer engeren Union der Völker Europas darstellt, in der die Entscheidungen möglichst offen und möglichst bürgernah getroffen werden, ist das Prinzip der Transparenz verankert.

(2) Transparenz ermöglicht eine bessere Beteiligung der Bürger am Entscheidungsprozess und gewährleistet eine größere Legitimität, Effizienz und Verantwortung der Verwaltung gegenüber dem Bürger in einem demokratischen System. Transparenz trägt zur Stärkung der Grundsätze der Demokratie und der Achtung der Grundrechte bei, die in Artikel 6 des EU-Vertrags und in der Charta der Grundrechte der Europäischen Union verankert sind. [...]

(4) Diese Verordnung soll dem Recht auf Zugang der Öffentlichkeit zu Dokumenten größtmögliche Wirksamkeit verschaffen und gemäß Artikel 255 Absatz 2 des EG-Vertrags die allgemeinen Grundsätze und Einschränkungen dafür festlegen. [...]

(11) Grundsätzlich sollten alle Dokumente der Organe für die Öffentlichkeit zugänglich sein. Der Schutz bestimmter öffentlicher und privater Interessen sollte jedoch durch Ausnahmen gewährleis-

1 VO (EU) 2016/679 des Europäischen Parlaments und des Rates vom 27.4.2016 zum Schutz natürlicher Personen bei der Verarbeitung personenbezogener Daten, zum freien Datenverkehr und zur Aufhebung der Richtlinie 95/46/EG („Datenschutz-Grundverordnung,", ABl. 2016 Nr. L 119/1). Nach Art. 2 III 1 DS-GVO gilt für die Verarbeitung personenbezogener Daten durch die Organe, Einrichtungen, Ämter und Agenturen der Union die Verordnung (EG) Nr. 45/2001.

2 VO (EG) Nr. 1049/2001 des Europäischen Parlaments und des Rates vom 30. Mai 2001 über den Zugang der Öffentlichkeit zu Dokumenten des Europäischen Parlaments, des Rates und der Kommission („Informationszugangs-Verordnung" oder auch „Transparenzverordnung", ABl. 2001 Nr. L 145/43).

tet werden. Es sollte den Organen gestattet werden, ihre internen Konsultationen und Beratungen zu schützen, wo dies zur Wahrung ihrer Fähigkeit, ihre Aufgaben zu erfüllen, erforderlich ist. Bei der Beurteilung der Ausnahmen sollten die Organe in allen Tätigkeitsbereichen der Union die in den Rechtsvorschriften der Gemeinschaft verankerten Grundsätze über den Schutz personenbezogener Daten berücksichtigen. [...]

HABEN FOLGENDE VERORDNUNG ERLASSEN:

Artikel 1 Zweck

Zweck dieser Verordnung ist es:

a) die Grundsätze und Bedingungen sowie die aufgrund öffentlicher oder privater Interessen geltenden Einschränkungen für die Ausübung des in Artikel 255 des EG-Vertrags niedergelegten Rechts auf Zugang zu Dokumenten des Europäischen Parlaments, des Rates und der Kommission (nachstehend „Organe" genannt) so festzulegen, dass ein größtmöglicher Zugang zu Dokumenten gewährleistet ist, [...]

Artikel 2 Zugangsberechtigte und Anwendungsbereich

(1) Jeder Unionsbürger sowie jede natürliche oder juristische Person mit Wohnsitz oder Sitz in einem Mitgliedstaat hat vorbehaltlich der in dieser Verordnung festgelegten Grundsätze, Bedingungen und Einschränkungen ein Recht auf Zugang zu Dokumenten der Organe.

[...]

Artikel 3 Begriffsbestimmungen

Im Sinne dieser Verordnung bedeutet:

a) „Dokument": Inhalte unabhängig von der Form des Datenträgers (auf Papier oder in elektronischer Form, Ton-, Bild- oder audiovisuelles Material), die einen Sachverhalt im Zusammenhang mit den Politiken, Maßnahmen oder Entscheidungen aus dem Zuständigkeitsbereich des Organs betreffen; [...]

Artikel 4 Ausnahmeregelung

(1) Die Organe verweigern den Zugang zu einem Dokument, durch dessen Verbreitung Folgendes beeinträchtigt würde:

a) der Schutz des öffentlichen Interesses im Hinblick auf:
   - die öffentliche Sicherheit,
   - die Verteidigung und militärische Belange,
   - die internationalen Beziehungen,
   - die Finanz-, Währungs- oder Wirtschaftspolitik der Gemeinschaft oder eines Mitgliedstaats;

b) der Schutz der Privatsphäre und der Integrität des Einzelnen, insbesondere gemäß den Rechtsvorschriften der Gemeinschaft über den Schutz personenbezogener Daten.

(2) Die Organe verweigern den Zugang zu einem Dokument, durch dessen Verbreitung Folgendes beeinträchtigt würde:

- der Schutz der geschäftlichen Interessen einer natürlichen oder juristischen Person, einschließlich des geistigen Eigentums,
- der Schutz von Gerichtsverfahren und der Rechtsberatung,
- der Schutz des Zwecks von Inspektions-, Untersuchungs- und Audittätigkeiten,

es sei denn, es besteht ein überwiegendes öffentliches Interesse an der Verbreitung. [...]

Artikel 6 Anträge

(1) Anträge auf Zugang zu einem Dokument sind in schriftlicher, einschließlich elektronischer, Form in einer der in Artikel 314 des EG-Vertrags aufgeführten Sprachen zu stellen und müssen so präzise formuliert sein, dass das Organ das betreffende Dokument ermitteln kann. Der Antragsteller ist nicht verpflichtet, Gründe für seinen Antrag anzugeben. [...]

Verordnung (EG) Nr. 45/2001 des Europäischen Parlaments und des Rates vom 18. Dezember 2000 zum Schutz natürlicher Personen bei der Verarbeitung personenbezogener Daten durch die Organe und Einrichtungen der Gemeinschaft und zum freien Datenverkehr[3] – Auszug:

[...] in Erwägung nachstehender Gründe: [...]

(2) Ein umfassendes Datenschutzsystem erfordert nicht nur eine Bestimmung der Rechte der betroffenen Personen und der Pflichten der Personen, die personenbezogene Daten verarbeiten, sondern auch geeignete Sanktionen für Rechtsverletzer und eine Überwachung durch eine unabhängige Kontrollbehörde. [...]

(7) Unter den Schutz fallen können Personen, deren personenbezogene Daten von den Organen oder Einrichtungen der Gemeinschaft in irgendeinem Kontext verarbeitet werden, z.B. weil sie bei diesen Organen oder Einrichtungen beschäftigt sind. [...]

(12) Die kohärente, homogene Anwendung der Bestimmungen für den Schutz der Grundrechte und Grundfreiheiten von Personen bei der Verarbeitung personenbezogener Daten sollte in der gesamten Gemeinschaft gewährleistet sein. [...]

(14) Zu diesem Zweck sollten zwingende Vorschriften für die Organe und Einrichtungen der Gemeinschaft erlassen werden. Diese Vorschriften sollten auf alle Verarbeitungen personenbezogener Daten durch alle Organe und Einrichtungen der Gemeinschaft Anwendung finden, soweit die Verarbeitung im Rahmen von Tätigkeiten erfolgt, die ganz oder teilweise den Anwendungsbereich des Gemeinschaftsrechts betreffen.

(15) Wird diese Verarbeitung von den Organen und Einrichtungen der Gemeinschaft in Ausübung von Tätigkeiten außerhalb des Anwendungsbereichs der vorliegenden Verordnung, insbesondere für die Tätigkeiten gemäß den Titeln V und VI des Vertrags über die Europäische Union, durchgeführt, so wird der Schutz der Grundrechte und Grundfreiheiten der Personen unter Beachtung des Artikels 6 des Vertrags über die Europäische Union gewährleistet. [...]

HABEN FOLGENDE VERORDNUNG ERLASSEN:

Artikel 1 Gegenstand der Verordnung

(1) Die durch die Verträge zur Gründung der Europäischen Gemeinschaften oder aufgrund dieser Verträge geschaffenen Organe und Einrichtungen, nachstehend „Organe und Einrichtungen der Gemeinschaft" genannt, gewährleisten nach den Bestimmungen dieser Verordnung den Schutz der

3 VO (EG) Nr. 45/2001 des Europäischen Parlaments und des Rates vom 18. Dezember 2000 zum Schutz natürlicher Personen bei der Verarbeitung personenbezogener Daten durch die Organe und Einrichtungen der Gemeinschaft und zum freien Datenverkehr („Datenschutzverordnung", ABl. 2001 Nr. L 8/1). Art. 2 III DS-GVO sieht vor, dass die VO (EG) Nr. 45/2001 an die Grundsätze und Vorschriften der DS-GVO angepasst wird. Das ist durch die VO (EU) 2018/1725 geschehen, die die VO (EG) Nr. 45/2001 am 11. Dezember 2018 abgelöst hat (Verordnung (EU) 2018/1725 des Europäischen Parlaments und des Rates vom 23. Oktober 2018 zum Schutz natürlicher Personen bei der Verarbeitung personenbezogener Daten durch die Organe, Einrichtungen und sonstigen Stellen der Union, zum freien Datenverkehr und zur Aufhebung der Verordnung (EG) Nr. 45/2001 und des Beschlusses Nr. 1247/2002/EG, ABl. 2018 Nr. L 295/39). Die oben zitierten Bestimmungen sind im Wesentlichen in den dortigen Art. 1, 3, 4, 5, 9 und 23 enthalten.

Grundrechte und Grundfreiheiten und insbesondere den Schutz der Privatsphäre natürlicher Personen bei der Verarbeitung personenbezogener Daten;

Artikel 2 Begriffsbestimmungen

Im Sinne dieser Verordnung bezeichnet der Ausdruck

a) „personenbezogene Daten" alle Informationen über eine bestimmte oder bestimmbare natürliche Person (nachstehend „betroffene Person" genannt); als bestimmbar wird eine Person angesehen, die direkt oder indirekt identifiziert werden kann, insbesondere durch Zuordnung zu einer Kennnummer oder zu einem oder mehreren spezifischen Elementen, die Ausdruck ihrer physischen, physiologischen, psychischen, wirtschaftlichen, kulturellen oder sozialen Identität sind;

b) „Verarbeitung personenbezogener Daten" (nachstehend „Verarbeitung" genannt) jeden mit oder ohne Hilfe automatisierter Verfahren ausgeführten Vorgang oder jede Vorgangsreihe im Zusammenhang mit personenbezogenen Daten wie das Erheben, das Speichern, die Organisation, die Aufbewahrung, die Anpassung oder Veränderung, das Wiederauffinden, das Abfragen, die Nutzung, die Weitergabe durch Übermittlung, Verbreitung oder jede andere Form der Bereitstellung, die Kombination oder die Verknüpfung sowie das Sperren, Löschen oder Vernichten; [...]

h) „Einwilligung der betroffenen Person" jede Willensbekundung, die ohne Zwang, für den konkreten Fall und in Kenntnis der Sachlage erfolgt und mit der die betroffene Person akzeptiert, dass sie betreffende personenbezogene Daten verarbeitet werden.

Artikel 4 Qualität der Daten

(1) Personenbezogene Daten dürfen nur

a) nach Treu und Glauben und auf rechtmäßige Weise verarbeitet werden;

Artikel 5 Rechtmäßigkeit der Verarbeitung

Personenbezogene Daten dürfen nur verarbeitet werden, wenn eine der folgenden Voraussetzungen erfüllt ist: [...]

b) die Verarbeitung ist für die Erfüllung einer rechtlichen Verpflichtung erforderlich, der der für die Verarbeitung Verantwortliche unterliegt [...]; oder

d) die betroffene Person hat ohne jeden Zweifel ihre Einwilligung gegeben;

Artikel 8

Übermittlung personenbezogener Daten an Empfänger, die nicht Organe oder Einrichtungen der Gemeinschaft sind [...]

Unbeschadet der Artikel 4, 5, 6 und 10 werden personenbezogene Daten an Empfänger [...] nur übermittelt, [...]

b) wenn der Empfänger die Notwendigkeit der Datenübermittlung nachweist und kein Grund zu der Annahme besteht, dass die berechtigten Interessen der betroffenen Person beeinträchtigt werden könnten.

Artikel 18 Widerspruchsrecht der betroffenen Person

Die betroffene Person hat das Recht,

a) jederzeit aus zwingenden, schutzwürdigen, sich aus ihrer besonderen Situation ergebenden Gründen gegen die Verarbeitung von sie betreffenden Daten Widerspruch einzulegen, außer in den unter Artikel 5 Buchstaben b), c) und d) fallenden Fällen. Bei berechtigtem Widerspruch darf sich die betreffende Verarbeitung nicht mehr auf diese Daten beziehen; [...]

Vorüberlegungen

566 Die Klausur greift den im Jahr 2010 vom EuGH entschiedenen Fall „Bavarian Lager" auf, in dem er zum Verhältnis zwischen der Transparenz von Entscheidungen der Unionsorgane, namentlich der Kommission, und den Anforderungen des Datenschutzes Stellung genommen hat[4]. In der Entscheidung ging es darum, einen angemessenen Ausgleich zwischen diesen sich tendenziell widersprechenden Anforderungen zu finden. Streitigkeiten um den Zugang zu EU-Dokumenten beschäftigen den EuGH immer wieder[5], wobei wie im Fall Bavarian Lager oft wirtschaftliche Interessen im Spiel sind. Die Bierimportgesellschaft Bavarian Lager Co Ltd hatte ihr Anliegen, die Namen der Teilnehmer eines Treffens, das im Jahr 1996 während eines Vertragsverletzungsverfahrens gegen das Vereinigte Königreich stattfand, jahrelang hartnäckig verfolgt, obwohl das Verfahren längst in ihrem Sinne ausgegangen war. Nachdem das Gericht (damals noch „erster Instanz") ihr im Jahr 2007 Recht gegeben hatte, hob der EuGH dieses Urteil auf und entschied zugunsten der Kommission und des Datenschutzes. Er fand seine Lösung durch die Kombination der rechtlichen Anforderungen, die sich aus den beiden auszugsweise mit abgedruckten Verordnungen (EG) 1049/2001 und 45/2001 ergeben (die VO (EG) 45/2001 ist im Dezember 2018 außer Kraft getreten und durch die VO (EU) 2018/1725 ersetzt worden, auf die Klausur hat das aber keinen Einfluss).

Für den Klausurfall wurde der Sachverhalt zeitlich verlagert, um Unklarheiten bei der Anwendung des Unionsrechts auszuschließen. Da der Datenschutz seit Mai 2018 unionsweit durch die DS-GVO geregelt wird und die (fiktive) Kommissionsentscheidung erst danach erging, wurde ein Bearbeiterhinweis eingefügt. Die inhaltliche Problematik ist in die prozessuale Aufgabenstellung einer Nichtigkeitsklage eingebettet, die als solche allerdings keine besonderen Probleme aufweist. Die Zulässigkeit ist unproblematisch, allein beim Klagegegenstand sollte etwas argumentiert werden. Das Hauptproblem liegt (wie bei Fall 17) auf der Begründetheit der Klage, d.h. der Frage, ob die Kommission rechtmäßig gehandelt hat, als sie der GGB die Namensnennung verweigerte. Ungewöhnlich, und das macht die Schwierigkeit des Falles aus, ist, dass er im wesentlichen nach sekundärem Unionsrecht zu lösen ist. Es kommt daher darauf an, die beiden Verordnungen (EG) 1049/2001 und 45/2001 mit ihren divergierenden Zielen (einerseits Transparenz, andererseits Datenschutz) auszulegen und miteinander sinnvoll zur Anwendung zu bringen.

---

4 EuGH vom 29.6.2010, Rs. C-28/08, Slg. 2010, I-6055, EuZW 2010, S. 617 ff., Europäische Kommission./.The Bavarian Lager Co. Ltd und Europäischer Datenschutzbeauftragter.

5 Z.B. EuGH vom 11.1.2017, Rs. C-491/15 P, ECLI:EU:C:2017:5, Rainer Typke./.Europäische Kommission, EuGH vom 16.7.2015, Rs. C-612/13 P, ECLI:EU:C:2015:486, NVwZ 2015, S. 1273 ff., ClientEarth./.Europäische Kommission (dazu *Brauneck*, NVwZ 2016, S. 489 ff.), EuGH vom 29.6.2010, Rs. C-139/07, Slg. 2010, I-5885, EuZW 2010, S. 624 ff., Europäische Kommission./.Technische Glaswerke Ilmenau, EuGH vom 26.1.2010, Rs. C-362/08, Slg. 2010, I-669, NVwZ 2010, S. 431 ff., Internationaler Hilfsfonds e.V./.Europäische Kommission. Zum Datenschutz siehe zudem noch EuGH vom 9.11.2010, verb. Rs. C-92/09 und C-93/09, Slg. 2010, I-11063, EuZW 2010, S. 939 ff., Volker und Markus Schecke GbR und Hartmut Eifert./.Land Hessen, mit kritischer Besprechung von *Kühling*, JURA 2011, S. 771 ff., sowie als Fall 32 in *Streinz*, Europarecht, Rn. 800 (unter grundrechtlichen Aspekten s. dazu auch *Schroeder*, EuZW 2011, S. 462 ff., 465 ff.). Allgemein zum Zugang zu Dokumenten siehe *Dittert*, Europarecht, S. 198 ff.

Der EuGH entschied im Fall Bavarian Lager zugunsten der Kommission, indem er die Pflicht zur Offenlegung nach der Verordnung (EG) 1049/2001 im konkreten Fall durch die Datenschutzanforderungen der Verordnung (EG) 45/2001 begrenzte. Das Urteil ist mit gemischten Reaktionen aufgenommen worden. Zwar wird grundsätzlich begrüßt, dass der Gerichtshof den Datenschutz stärkt. Kritik entzündet sich aber daran, dass durch den Schutz auch zugunsten von Personen, die in rein beruflicher Eigenschaft an Kommissionsentscheidungen mitwirken, die Gefahr besteht, dass die Intransparenz von Maßnahmen der Union und der Einfluss von (dann anonymen) Interessenvertretern zunimmt[6].

Die Zusatzfrage betrifft das europäische Prozessrecht, konkret die Frage, welche Ziele der Kläger mit einer Nichtigkeitsklage nach Art. 263 AEUV erreichen kann. Das Gericht musste in der ersten Instanz von „Bavarian Lager“ zu diesem Problem Stellung nehmen, und hat den entsprechenden Antrag für unzulässig erklärt. Hier gilt es zu erkennen, dass das Begehren, die Kommission möge die Namen herausgeben, der Sache nach auf eine von der Kommission zu erbringende Leistung hinausläuft. Die Nichtigkeitsklage ist nach ihrer Ausformung im AEUV allerdings keine Leistungsklage, so dass es sich nicht um einen tauglichen Klagegegenstand handelt und eine entsprechende Klage unzulässig ist.

Der Fall lässt sich zwar mit den üblichen „Handwerksmitteln“ der Auslegung auch ohne Vorkenntnisse lösen, ist durch die ungewohnte Materie und den Umgang mit den Verordnungen aber doch als schwierig zu bewerten und eher für den Schwerpunkt geeignet.

6 Siehe dazu *Erd*, K&R 2010, S. 562 ff., *Sanner*, EuZW 2010, S. 774 ff., *Ho/Messina*, EWS 2010, S. 440 ff.

Gliederung

567 **A. Zulässigkeit der Nichtigkeitsklage**
- I. Zuständigkeit
- II. Beteiligtenfähigkeit
- III. Zulässiger Klagegegenstand
- IV. Klageberechtigung und Klagegrund
- V. Klagefrist
- VI. Ergebnis Zulässigkeit

B. Begründetheit der Nichtigkeitsklage
- I. Pflicht zur Offenlegung, Art. 15 III AEUV i.V.m. der VO (EG) 1049/2001
- II. Ausschluss des Anspruchs durch Art. 4 der VO (EG) 1049/2001
  - 1. Ausnahme gemäß Art. 4 I lit. b) der VO (EG) 1049/2001
    - a) Ansicht des Europäischen Gerichts
    - b) Ansicht des EuGH
    - c) Anwendbarkeit der VO (EG) 45/2001?
    - d) Lösung nach der „Bavarian Lager“-Rechtsprechung des EuGH
  - 2. Ausnahme gemäß Art. 4 II 3. Spiegelstrich der VO (EG) 45/2001
  - 3. Ausnahme wegen des Verstoßes gegen europäische Menschenrechte

C. Ergebnis

Zusatzfrage

Musterlösung

Die Nichtigkeitsklage der GGB gem. Art. 263 AEUV hat Aussicht auf Erfolg, wenn sie zulässig und soweit sie begründet ist. 568

A. Zulässigkeit der Nichtigkeitsklage

I. Zuständigkeit

Gem. Art. 263 I 1 AEUV überwacht der Gerichtshof der Europäischen Union die Rechtmäßigkeit der Handlungen der Kommission. Er umfasst u.a. den EuGH und das EuG (Art. 19 I EUV). Nach Art. 256 I AEUV i.V.m. Art. 51 EuGH-Satzung ist organintern das EuG für Nichtigkeitsklagen gem. Art. 263 AEUV zuständig, die nichtprivilegiert Klageberechtigte wie die GGB als juristische Person des Privatrechts erheben. 569

II. Beteiligtenfähigkeit

Die GGB ist als juristische Person gem. Art. 263 IV AEUV aktiv beteiligtenfähig. Die Kommission ist gem. Art. 263 I AEUV passiv beteiligtenfähig 570

III. Zulässiger Klagegegenstand

Grundlegend ergeben sich die Klagegegenstände aus Art. 263 IV AEUV[7]. Nach st. Rspr. können nur Maßnahmen, die verbindliche Rechtswirkungen erzeugen, die die Interessen des Klägers durch eine qualifizierte Änderung seiner Rechtsstellung beeinträchtigen, Gegenstand einer Nichtigkeitsklage sein[8]. Anfechtbare Handlungen sind insoweit grundsätzlich Maßnahmen, die den Standpunkt der Kommission beim Abschluss eines Verwaltungsverfahrens endgültig festlegen und verbindliche Rechtswirkungen erzeugen sollen, die die Interessen des Klägers berühren. Das schließt Zwischenmaßnahmen aus, die der Vorbereitung der endgültigen Entscheidung dienen und keine solche Wirkung haben, sowie Maßnahmen, durch die lediglich ein früherer, nicht fristgerecht angefochtener Rechtsakt bestätigt wird[9]. 571

Hier hat die Kommission den Antrag der GGB auf die vollständige Offenlegung der Namen nach einem längeren Verfahren verbindlich abgelehnt. Dies stellt eine Handlung i.S.d. Art. 263 IV AEUV dar, die mit der Nichtigkeitsklage überprüft werden kann[10]. Damit ist ein zulässiger Klagegegenstand gegeben.

---

7 Siehe dazu *Ehlers*, JURA 2009, S. 31 ff., 32 f.

8 EuGH vom 26.1.2010, Rs. C-362/08, Slg. 2010, I-669, NVwZ 2010, S. 431 ff., 432, Rn. 51 m.w.N., Internationaler Hilfsfonds e.V./Europäische Kommission.

9 EuGH vom 26.1.2010, Rs. C-362/08, Slg. 2010, I-669, NVwZ 2010, S. 431 ff., 432, Rn. 52 m.w.N., Internationaler Hilfsfonds.

10 Vgl. EuGH vom 26.1.2010, Rs. C-362/08, Slg. 2010, I-669, NVwZ 2010, S. 431 ff., 432, Rn. 58, Internationaler Hilfsfonds.

IV. Klageberechtigung und Klagegrund

572 Juristische Personen wie die GGB sind nicht privilegiert[11] klageberechtigt, so dass es sich, da kein „Rechtsakt mit Verordnungscharakter" vorliegt, gem. Art. 263 IV AEUV bei der Entscheidung der Kommission um eine an die GGB gerichtete oder sie unmittelbar und individuell betreffende Handlung handeln müsste. Hier entschied die Kommission unmittelbar gegen die GGB, die den Antrag auf Herausgabe des Protokolls gestellt hatte. Da die GGB somit Adressatin der Kommissionsentscheidung ist, liegt die erforderliche Klageberechtigung vor[12]. Art. 263 II AEUV lässt die Nichtigkeitsklage nur bei bestimmten Klagegründen zu. Als Klagegrund i.S.d. Art. 263 II AEUV kommt eine Verletzung der Verträge oder einer bei ihrer Durchführung anzuwendenden Rechtsnorm in Betracht, weil die Kommission bei ihrer Entscheidung gegen die maßgeblichen Verordnungen verstoßen haben könnte.

V. Klagefrist

573 Die Zweimonatsfrist des Art. 263 VI AEUV muss eingehalten werden.

VI. Ergebnis Zulässigkeit

574 Eine Nichtigkeitsklage der GGB gegen die Entscheidung der Kommission wäre zulässig.

B. Begründetheit der Nichtigkeitsklage

575 Die Klage ist begründet, wenn wenigstens einer der in Art. 263 IV i.V.m. II AEUV genannten Nichtigkeitsgründe vorliegt. Für die Unzuständigkeit der Kommission, die Verletzung wesentlicher Formvorschriften oder einen Ermessensmissbrauch bietet der Sachverhalt keinerlei Anlass. In Betracht kommt allerdings die Verletzung der Verträge oder einer bei ihrer Durchführung anzuwendenden Rechtsnorm. Dies bildet einen Auffangtatbestand für alle Verstöße, die keinem der anderen drei spezielleren Aufhebungsgründe unterfallen. Den Tatbestand erfüllt jede Handlung der Union, die mit höherrangigem Unionsrecht nicht in Einklang steht[13]. Daher ist dem Gerichtshof grundsätzlich eine volle Prüfung der Rechtmäßigkeit aufgegeben. Maßgeblicher Zeitpunkt für die Beurteilung der Rechtmäßigkeit der angefochtenen Handlung ist grundsätzlich der Zeitpunkt des Erlasses der Maßnahme[14].

Zu prüfen ist daher, ob die Kommission bei der Weigerung, der GGB die Namen zu nennen, rechtmäßig gehandelt hat.

11 Siehe dazu *Ehlers*, JURA 2009, S. 31 ff., 32.
12 Vgl. *Cremer*, in: Calliess/Ruffert, AEUV, Art. 263, Rn. 32 m.w.N., sowie *Ehlers*, JURA 2009, S. 31 ff., 35.
13 Vgl. *Cremer*, in: Calliess/Ruffert, AEUV, Art. 263, Rn. 95 m.w.N., sowie *Ehlers*, JURA 2009, S. 31 ff., 38.
14 Vgl. *Ehlers*, JURA 2009, S. 31 ff., 37.

I. Pflicht zur Offenlegung, Art. 15 III AEUV i.V.m. der VO (EG) 1049/2001

Die Pflicht zur Offenlegung der Namen könnte sich aus Art. 15 III UAbs. 1 AEUV bzw. Art. 2 II der VO (EG) 1049/2001 ergeben. Nach Art. 15 III UAbs. 1 AEUV hat u.a. jede juristische Person mit satzungsmäßigem Sitz in einem Mitgliedstaat das Recht auf Zugang zu Dokumenten der Organe, Einrichtungen oder sonstigen Stellen der Union, unabhängig von der Form der für diese Dokumente verwendeten Träger. **576**

Konkretisiert wird die Bestimmung durch die VO (EG) 1049/2001 aus dem Jahr 2001. Nach deren Art. 2 I hat u.a. jede juristische Person mit Sitz in einem Mitgliedstaat vorbehaltlich der in dieser Verordnung festgelegten Grundsätze, Bedingungen und Einschränkungen ein Recht auf Zugang zu Dokumenten der Organe. Nach ihrem Art. 2 III gilt sie für alle Dokumente eines Organs und damit für Dokumente aus allen Tätigkeitsbereichen der Union, die von dem Organ erstellt wurden oder bei ihm eingegangen sind und sich in seinem Besitz befinden.

Als Verordnung gilt die VO (EG) 1049/2001 gem. Art. 288 II AEUV unmittelbar und bedarf keiner Umsetzung in deutsches oder britisches Recht. Die GGB kann sich daher grundsätzlich auf die VO (EG) 1049/2001 berufen. Die GGB ist als juristische Person mit Sitz in Großbritannien (Mitgliedstaat, Art. 52 I EU) auch nach Art. 2 I VO (EG) 1049/2001 zugangsberechtigt.

Der Begriff „Dokumente" ist in Art. 3 lit. a) der VO (EG) 1049/2001 definiert. Er umfasst Inhalte unabhängig von der Form des Datenträgers, die einen Sachverhalt im Zusammenhang mit den Politiken, Maßnahmen oder Entscheidungen aus dem Zuständigkeitsbereich des Organs betreffen. Das Protokoll des Treffens mit den Namen wurde im Zuge eines Vertragsverletzungsverfahrens durch die Kommission erstellt. Es ist daher ein Dokument eines Organs (vgl. Art. 13 I EUV) i.S.d. Art. 2 I der Verordnung.

Daher hat die GGB gem. Art. 2 I der VO (EG) 1049/2001 grundsätzlich ein Recht auf Zugang zu dem vollständigen Protokoll.

II. Ausschluss des Anspruchs durch Art. 4 der VO (EG) 1049/2001

Allerdings wird der Zugang nach der VO (EG) 1049/2001 nicht schrankenlos gewährt. Art. 4 enthält bestimmte Ausnahmeregelungen, in denen er verweigert wird. Einschränkungen des Zugangsrechts sind nach Art. 15 III UAbs. 2 AEUV grundsätzlich zulässig, wenn sie öffentlichen oder privaten Interessen dienen. Dies ist bei den in Art. 4 der Verordnung genannten Ausnahmen unproblematisch zu bejahen. **577**

Anzeichen für die Beeinträchtigung öffentlicher Interessen durch die Offenlegung der Namen (vgl. Art. 4 I lit. a) der VO (EG) 1049/2001) bietet der Sachverhalt nicht. In Betracht kommt allerdings Art. 4 I lit. b) der VO (EG) 1049/2001. Danach verweigert ein Organ den Zugang zu einem Dokument, durch dessen Verbreitung der Schutz der Privatsphäre und der Integrität des Einzelnen, insbesondere gem. den Rechtsvorschriften der Gemeinschaft über den Schutz personenbezogener Daten, beeinträchtigt wird.

Außerdem könnte eine Ausnahme nach Art. 4 II 3. Spiegelstrich VO (EG) 1049/2001 vorliegen. Danach verweigern die Organe den Zugang zu einem Dokument, durch dessen Verbreitung der Schutz des Zwecks von Inspektions-, Untersuchungs- und Audittätigkeiten beeinträchtigt würde, es sei denn, es besteht ein überwiegendes öffentliches Interesse an der Verbreitung.

1. Ausnahme gemäß Art. 4 I lit. b) der VO (EG) 1049/2001

578 Fraglich ist daher, ob die Verbreitung der Namen den Schutz der Privatsphäre und die Integrität des Einzelnen gem. den Rechtsvorschriften der Gemeinschaft über den Schutz personenbezogener Daten beeinträchtigt. Dagegen spricht zunächst, dass die Teilnehmer der Besprechung dort nicht als Privatpersonen, sondern in ihrer beruflichen Eigenschaft als Vertreter ihrer jeweiligen Organisationen und Verbände teilgenommen haben. Insofern erscheinen sie zumindest bei einer engen Auslegung nicht schutzwürdig[15]. Es kommt daher darauf an, ob Art. 4 I lit. b) der VO (EG) 1049/2001 weit oder eng auszulegen ist und welche „Rechtsvorschriften der Gemeinschaft" anzuwenden sind.

Zu dieser Frage haben das Europäische Gericht und der EuGH im Fall Bavarian Lager unterschiedliche Ansichten vertreten.

a) Ansicht des Europäischen Gerichts

579 Das Europäische Gericht[16] hat sich in seiner Entscheidung aus dem Jahr 2007 allein auf die Grund- und Menschenrechte bezogen und die VO (EG) 45/2001 über den Schutz personenbezogener Daten im wesentlichen außer Betracht gelassen. Es hat die Entscheidung der Kommission insbesondere an Art. 8 EMRK gemessen und die Weitergabe der Namen nach der EMRK für zulässig gehalten. Daher wurde die Entscheidung der Kommission für nichtig erklärt[17].

b) Ansicht des EuGH

580 Demgegenüber hat der EuGH nicht bloß die Grundrechte, sondern auch die sonstigen Bestimmungen des Unionsrechts, namentlich die VO (EG) 45/2001, angewandt. Er kam zu dem Schluss, dass die Bestimmungen dieser Verordnung im konkreten Fall einer Weitergabe der Namen entgegenstanden, so dass die Kommission rechtmäßig gehandelt habe. Daher hat es die Klage abgewiesen und das Urteil des Gerichts aufgehoben[18].

Die beiden Ansichten kommen hinsichtlich der VO (EG) 45/2001 zu unterschiedlichen Ergebnissen, so dass die VO (EG) 45/2001 entscheidend für die Lösung des Falles ist.

---

15 In diesem Sinne etwa Gericht erster Instanz vom 8.11.2007, Rs. T-194/04, Slg. 2007, II-4523, EuR 2007, S. 776 ff., 787, Rn. 131 ff., Bavarian Lager Co Ltd./.Kommission der Europäischen Gemeinschaften, sowie *Erd*, K&R 2010, S. 562 ff., 564.

16 Damals noch „Gericht erster Instanz".

17 Gericht erster Instanz vom 8.11.2007, Rs. T-194/04, Slg. 2007, II-4523, EuR 2007, S. 776 ff., Bavarian Lager.

18 EuGH vom 29.6.2010, Rs. C-28/08, Slg. 2010, I-6055, EuZW 2010, S. 617 ff., Bavarian Lager.

Zu prüfen ist daher, ob die VO (EG) 45/2001 anwendbar ist und im konkreten Fall dem Zugang zu den Namen entgegensteht.

c) Anwendbarkeit der VO (EG) 45/2001?

Die VO (EG) 45/2001 regelt schon ihrem Titel nach den Schutz natürlicher Personen **581**
bei der Datenverarbeitung durch die Organe der Union. Sie stellt daher grundsätzlich eine „Rechtsvorschrift über den Schutz personenbezogener Daten" i.S.d. Art. 4 I lit. b) der VO (EG) 1049/2001 dar, die als Verordnung i.S.d. Art. 288 II AEUV unmittelbar wirksam ist. Als Konkretisierung des Art. 16 AEUV kommt ihr wie der VO (EG) 1049/2001 eine hohe Bedeutung zu. Es stellt sich somit die Frage, in welchem Verhältnis die beiden Verordnungen im Hinblick auf die Ausnahmebestimmung des Art. 4 I lit. b) der VO (EG) 1049/2001 stehen.

Wie ihr erster Erwägungsgrund zeigt, folgt die VO (EG) 1049/2001 ganz dem in Art. 1 II EUV zum Ausdruck gebrachten Willen, ein Zeichen für eine neue Stufe bei der Verwirklichung einer immer engeren Union der Völker Europas zu setzen, in der die Entscheidungen möglichst offen und möglichst bürgernah getroffen werden. Im zweiten Erwägungsgrund der Verordnung heißt es, dass Transparenz eine bessere Beteiligung der Bürger am Entscheidungsprozess ermöglicht und eine größere Legitimität, Effizienz und Verantwortung der Verwaltung gegenüber dem Bürger in einem demokratischen System gewährleistet. Daher legt sie als allgemeine Regel fest, dass Dokumente der Unionsorgane der Öffentlichkeit zugänglich sind, sieht jedoch wegen bestimmter öffentlicher und privater Interessen Ausnahmen vor. Insbesondere weist der elfte Erwägungsgrund dieser Verordnung darauf hin, dass bei der Beurteilung der Ausnahmen die Organe in allen Tätigkeitsbereichen der Union die in den Rechtsvorschriften der Gemeinschaft verankerten Grundsätze über den Schutz personenbezogener Daten berücksichtigen sollten[19].

Die VO (EG) 1049/2001 zielt somit darauf ab, die größtmögliche Transparenz des Entscheidungsprozesses staatlicher Stellen und der Informationen, auf denen ihre Entscheidungen beruhen, zu gewährleisten. Sie soll also die Ausübung des Rechts auf Zugang zu Dokumenten so weit wie möglich erleichtern und eine gute Verwaltungspraxis fördern[20].

Andererseits wollte der Unionsgesetzgeber auch ein „umfassendes Datenschutzsystem" errichten. Das zeigt der zweite Erwägungsgrund der VO (EG) 45/2001. Dabei hielt er es dem Wortlaut des zwölften Erwägungsgrundes dieser Verordnung zufolge für notwendig, eine kohärente, homogene Anwendung der Bestimmungen für den Schutz der Grundrechte und Grundfreiheiten von Personen bei der Verarbeitung personenbezogener Daten in der gesamten Gemeinschaft zu gewährleisten. Zudem stellen nach diesem Erwägungsgrund die Rechte, die den Betroffenen im Hinblick auf den Schutz bei der Verarbeitung personenbezogener Daten verliehen werden, Bestimmungen für den

19 Vgl. EuGH vom 29.6.2010, Rs. C-28/08, Slg. 2010, I-6055, EuZW 2010, S. 617 ff., 618, Rn. 53 ff., Bavarian Lager.
20 EuGH vom 29.6.2010, Rs. C-28/08, Slg. 2010, I-6055, EuZW 2010, S. 617 ff., 618, Rn. 49, Bavarian Lager.

Schutz der Grundrechte und Grundfreiheiten dar. Nach dem Verständnis des Unionsgesetzgebers dient die Unionsregelung über die Verarbeitung personenbezogener Daten dem Schutz der Grundrechte und Grundfreiheiten, und nach dem siebten und dem vierzehnten Erwägungsgrund handelt es sich um „zwingende Vorschriften", die auf „alle Verarbeitungen personenbezogener Daten durch alle Organe und Einrichtungen der Gemeinschaft", die in „irgendeinem Kontext" stattfinden, Anwendung finden[21].

Die VO (EG) 45/2001 bezweckt somit, den Schutz der Grundrechte und Grundfreiheiten der natürlichen Personen und insbesondere deren Recht auf die Privatsphäre bei der Verarbeitung personenbezogener Daten sicherzustellen[22].

582 Daraus ergibt sich gleichzeitig, dass die beiden Verordnungen unterschiedlichen Zielen dienen. Beide sind kurz nacheinander erlassen worden. Sie enthalten auch keine Bestimmungen, die ausdrücklich den Vorrang der einen gegenüber der anderen dieser Verordnungen vorsähen. Daher ist grundsätzlich ihre volle Anwendung sicherzustellen. Die einzige ausdrückliche Verbindung zwischen diesen beiden Verordnungen stellt Art. 4 I lit. b) der VO (EG) 1049/2001 her, der eine Ausnahme vom Zugang zu einem Dokument vorsieht, durch dessen Verbreitung der Schutz der Privatsphäre oder der Integrität des Einzelnen, insbesondere gem. den Rechtsvorschriften der Union über den Schutz personenbezogener Daten, beeinträchtigt würde[23].

In der ersten Instanz hatte das Gericht die Ausnahmen auf Fälle begrenzt, in denen die Privatsphäre oder die Integrität des Einzelnen i.S.d. Art. 8 EMRK und der Rspr. des Europäischen Gerichtshofs für Menschenrechte verletzt worden ist, ohne die (sonstigen) Unionsvorschriften über den Schutz personenbezogener Daten, insbesondere die Beschränkungen der VO (EG) 45/2001, zu berücksichtigen[24]. Zur Begründung hat es insbesondere auf die genannten unterschiedlichen Zielsetzungen der beiden Verordnungen verwiesen, nach der für den Zugang zu Dokumenten die VO (EG) 1049/2001 maßgeblich sei und die Weitergabe der Daten nach dieser Verordnung eine gesetzliche Pflicht i.S.d. Art. 5 lit. b) der VO (EG) 45/2001 darstelle, die der Betroffene hinnehmen müsse[25]. Außerdem würde die Regelung, dass nach Art. 6 I 2 der VO (EG) 1049/2001 keine Begründung für den Antrag notwendig sei, leerlaufen, wenn nach Art. 8 lit. b) der VO (EG) 45/2001 die Notwendigkeit der Datenübermittlung nachgewiesen werden müsse[26].

---

21 Vgl. EuGH vom 29.6.2010, Rs. C-28/08, Slg. 2010, I-6055, EuZW 2010, S. 617 ff., 618, Rn. 50 ff., Bavarian Lager.

22 EuGH vom 29.6.2010, Rs. C-28/08, Slg. 2010, I-6055, EuZW 2010, S. 617 ff., 618, Rn. 49, Bavarian Lager.

23 EuGH vom 29.6.2010, Rs. C-28/08, Slg. 2010, I-6055, EuZW 2010, S. 617 ff., 618, Rn. 57, Bavarian Lager.

24 Vgl. EuGH vom 29.6.2010, Rs. C-28/08, Slg. 2010, I-6055, EuZW 2010, S. 617 ff., 618, Rn. 56 f., Bavarian Lager, und Gericht erster Instanz vom 8.11.2007, Rs. T-194/04, Slg. 2007, II-4523, EuR 2007, S. 776 ff., 783 f., Rn. 111 ff., Bavarian Lager.

25 Gericht erster Instanz vom 8.11.2007, Rs. T-194/04, Slg. 2007, II-4523, EuR 2007, S. 776 ff., 781 f., Rn. 98 ff., Bavarian Lager.

26 Gericht erster Instanz vom 8.11.2007, Rs. T-194/04, Slg. 2007, II-4523, EuR 2007, S. 776 ff., 782, Rn. 107, Bavarian Lager.

Der Wortlaut des Art. 4 I lit. b) der VO (EG) 1049/2001 verlangt allerdings, dass etwaige **583**
Beeinträchtigungen der Privatsphäre oder der Integrität des Einzelnen „insbesondere gemäß den Rechtsvorschriften der Gemeinschaft über den Schutz personenbezogener Daten", und damit insbesondere nach der VO (EG) 45/2001, geprüft und beurteilt werden[27]. Damit spricht bereits der Wortlaut gegen eine Prüfung allein am Maßstab der Unionsgrundrechte. Auch der Sinn und Zweck der Norm steht dem entgegen: Art. 4 I lit. b) der Verordnung Nr. 1049/2001 enthält eine spezifische, verstärkte Schutzregelung für Personen, deren personenbezogene Daten gegebenenfalls veröffentlicht werden könnten. Gegenstand der VO (EG) 45/2001 ist nach deren Art. 1 I 1 die Gewährleistung des Schutzes der Grundrechte und Grundfreiheiten und insbesondere des Schutzes der Privatsphäre natürlicher Personen bei der Verarbeitung personenbezogener Daten. Diese Bestimmung lässt nicht zu, dass die Fälle einer Verarbeitung personenbezogener Daten in zwei Gruppen unterteilt werden, nämlich in eine, in der die Verarbeitung ausschließlich nach der GRC bzw. Art. 8 EMRK und der Rspr. des Europäischen Gerichtshofs für Menschenrechte zu diesem Artikel geprüft würde, und eine andere, in der die Verarbeitung den Bestimmungen der VO (EG) 45/2001 unterläge. Im fünfzehnten Erwägungsgrund der VO (EG) 45/2001 hat der Unionsgesetzgeber auf die Notwendigkeit hingewiesen, Art. 6 EUV und über diesen auch Art. 8 EMRK anzuwenden, wenn diese Verarbeitung von den Organen und Einrichtungen der Gemeinschaft in Ausübung von Tätigkeiten außerhalb des Anwendungsbereichs der vorliegenden Verordnung, insbesondere für die Tätigkeiten gem. den Titeln V und VI des EU-Vertrags (in der Fassung vor Inkrafttreten des Vertrags von Lissabon) durchgeführt wird. Dagegen hat sich eine solche Verweisung bei der Ausübung von Tätigkeiten innerhalb des Anwendungsbereichs der VO (EG) 45/2001 nicht als notwendig erwiesen. Denn in solchen Fällen ist diese Verordnung ja selbst anwendbar. Daraus folgt, dass die Bestimmungen der VO (EG) 45/2001 einschließlich ihrer Art. 8 und 18 in vollem Umfang anwendbar werden, wenn ein nach der VO (EG) 1049/2001 gestellter Antrag auf die Gewährung des Zugangs zu Dokumenten gerichtet ist, die personenbezogene Daten enthalten[28]. Denn nur so kann die Anwendung von datenschutzrechtlichen Kernbestimmungen, wie sie diese Bestimmungen mit den hohen Rechtfertigungsanforderungen (vgl. Art. 8 der VO (EG) 45/2001) bzw. dem Widerspruchsrecht der Betroffenen (vgl. Art. 18 der VO [EG] 45/2001) darstellen, sichergestellt werden. Eine einschränkende Auslegung, wie sie das Gericht in der ersten Instanz vorgenommen hat, wird daher nicht dem Gleichgewicht gerecht, das der Unionsgesetzgeber zwischen den beiden fraglichen Verordnungen herstellen wollte[29].

---

27 EuGH vom 29.6.2010, Rs. C-28/08, Slg. 2010, I-6055, EuZW 2010, S. 617 ff., 618, Rn. 59, Bavarian Lager.

28 Generalanwältin *Sharpston* hatte demgegenüber in ihren Schlussanträgen dafür plädiert, danach zu differenzieren, ob die fraglichen Dokumente personenbezogene Daten enthalten, und – wenn das der Fall ist – zu prüfen, ob diese Daten eher beiläufig erwähnt werden oder den wesentlichen Teil des Dokuments ausmachen, vgl. Schlussanträge in der Rs. C-28/08, Slg. 2010, I-6097 ff., Rn. 158 ff. (JURIS). Diesen Ansatz hat der EuGH nicht aufgegriffen. *Sanner*, K&R 2010, S. 774 ff., 775, weist zudem zu Recht darauf hin, dass es der Bavarian Lager Co Ltd ja gerade um die Namen ging, so dass sie nicht etwa nur als „Anhängsel" des Protokolls betrachtet werden können, was gegen diese Differenzierung spricht.

29 Vgl. dazu EuGH vom 29.6.2010, Rs. C-28/08, Slg. 2010, I-6055, EuZW 2010, S. 617 ff., 618, Rn. 60 ff., Bavarian Lager.

Die VO (EG) 45/2001 gehört daher zu den unionsrechtlichen Vorschriften, die auch im Rahmen eines Verfahrens nach der VO (EG) 1049/2001 zu beachten sind, und die einer Weitergabe von Daten daher grundsätzlich entgegenstehen können. Zu prüfen bleibt somit, ob die Kommission die VO (EG) 45/2001 im konkreten Fall richtig angewandt hat.

d) Lösung nach der „Bavarian Lager"-Rechtsprechung des EuGH

584 Die Kommission hat der GGB das Protokoll der fraglichen Sitzung übersandt, in dem 10 Namen geschwärzt waren. Mit 6 dieser 10 Personen hatte die Kommission keinen Kontakt bekommen und konnte so kein Einverständnis einholen. Die 4 anderen Personen haben sich der Preisgabe ihrer Identität ausdrücklich widersetzt. Daher hat die Kommission den Zugang zu den Namen dieser 10 Teilnehmer unter Berufung auf Art. 4 I lit. b) der VO (EG) 1049/2001 und Art. 8 der VO (EG) 45/2001 verweigert.

Die Vor- und Nachnamen sind als „personenbezogene Daten" i.S.d. Art. 2 lit. a) der VO (EG) 45/2001 anzusehen, weil es sich um Informationen über bestimmte bzw. bestimmbare natürliche Personen handelt. Daher enthält auch das fragliche Protokoll mit den Namen und sonstigen Angaben zu den Teilnehmern des Treffens „personenbezogene Daten" i.S.d. VO (EG) 45/2001, da die Personen, die an diesem Treffen teilgenommen haben, im Protokoll identifiziert werden können[30].

Bei der Weitergabe dieser Daten an Dritte handelt es sich um eine „Verarbeitung von Daten" i.S.d. Art. 2 lit. b) der VO (EG) 45/2001, denn die „Weitergabe durch Übermittlung, Verbreitung oder jede andere Form der Bereitstellung" ist dort ausdrücklich genannt.

Daher durfte die Kommission die Namen nur unter den Voraussetzungen der VO (EG) 45/2001 herausgeben. Die Einwilligung (vgl. Art. 2 lit. h) i.V.m. 5 lit. d) und 18 der VO (EG) 45/2001) der Betroffenen lag nicht vor. Ohne diese Einwilligung hätte die Kommission die fehlenden 10 Namen aber nur unter den Voraussetzungen des Art. 8 lit. b) der VO (EG) 45/2001 herausgeben dürfen. Das setzt insbesondere voraus, dass die GGB die Notwendigkeit der Übermittlung dieser personenbezogenen Daten nachweist[31].

585 Diesen Nachweis hat die GGB nicht geliefert, da sie ihr Anliegen nicht weiter begründet hat. Die GGB hat somit auch kein überzeugendes Argument vorgetragen, um die Notwendigkeit der Übermittlung dieser personenbezogenen Daten darzutun. Daher war es der Kommission nicht möglich, die verschiedenen Interessen der Beteiligten gegeneinander abzuwägen. Sie konnte auch nicht gem. Art. 8 lit. b) der VO (EG) 45/2001 prüfen, ob ein Grund für die Annahme, dass durch diese Übermittlung möglicherweise die berechtigten Interessen der Betroffenen beeinträchtigt werden konnten, bestand oder nicht. Daher musste sie die Weitergabe der Namen gem. Art. 4 I lit. b) der VO (EG)

30 Vgl. EuGH vom 29.6.2010, Rs. C-28/08, Slg. 2010, I-6055, EuZW 2010, S. 617 ff., 618, Rn. 68, 70, Bavarian Lager.

31 Vgl. EuGH vom 29.6.2010, Rs. C-28/08, Slg. 2010, I-6055, EuZW 2010, S. 617 ff., 618, Rn. 77, Bavarian Lager.

1049/2001 i.V.m. der VO (EG) 45/2001 verweigern. Die Kommission lehnte daher den Antrag auf Zugang zum vollständigen Protokoll der Sitzung vom Oktober 2013 zu Recht ab.

2. Ausnahme gemäß Art. 4 II 3. Spiegelstrich VO (EG) 1049/2001

Nach der oben gefundenen Lösung kommt es auf diese Ausnahmevorschrift im Grunde nicht mehr **586** an, weil die Weigerung bereits durch die Ausnahmebestimmung der Art. 4 I lit. b) der VO (EG) 1049/2001 i.V.m. der VO (EG) 45/2001 gerechtfertigt ist. Da die Kommission aber diesbezüglich Probleme gesehen hatte, sollten auch die Bearbeiter darauf eingehen.

Das Verbot der Weitergabe der Namen könnte sich zudem aus Art. 4 II 3. Spiegelstrich VO (EG) 1049/2001 ergeben. Danach verweigern die Organe den Zugang zu einem Dokument, durch dessen Verbreitung der Schutz des Zwecks von Inspektions-, Untersuchungs- und Audittätigkeiten beeinträchtigt würde, es sei denn, es besteht ein überwiegendes öffentliches Interesse an der Verbreitung.

Bei dem Protokoll handelt es sich um ein Dokument i.S.d. VO (EG) 1049/2001 (siehe oben). Zu prüfen ist daher, ob durch seine Verbreitung der Schutz des Zwecks einer Inspektions-, Untersuchungs- oder Audittätigkeit der Kommission beeinträchtigt wird.

Das Protokoll dokumentiert eine Sitzung, die im Rahmen eines Vertragsverletzungsverfahrens gegen das Vereinigte Königreich und Nordirland stattgefunden hat. Diese Verfahren ist in Art. 258 ff. AEUV geregelt und wird von der Kommission durchgeführt. Insofern gehört es zu den durch Art. 4 II 3. Spiegelstrich der VO (EG) 1049/2001 geschützten Verfahren.

Fraglich ist allerdings, ob der bloße Umstand, dass das betreffende Dokument mit einem Vertragsverletzungsverfahren in Zusammenhang steht und damit die Untersuchungstätigkeiten der Kommission betrifft, genügt, um den Zugang zu verweigern. Dagegen spricht, dass – wie oben dargelegt – nach der VO (EG) 1049/2001 grundsätzlich ein Zugang zu den Dokumenten gegeben ist. Daher ist jede Ausnahme vom Recht auf Zugang zu Dokumenten der Organe, die unter die VO (EG) 1049/2001 fallen, eng auszulegen[32]. Die Kommission muss in jedem Einzelfall prüfen, ob die Schriftstücke, deren Offenlegung beantragt worden ist, tatsächlich unter die in der Verordnung über den Zugang zu Dokumenten aufgeführten Ausnahmen fallen[33].

Im vorliegenden Fall war die Untersuchungstätigkeiten der Kommission zum Zeitpunkt **587** des Kommissionsentscheidung vom 12.11.2018 bereits seit Jahren beendet, weil das Vertragsverletzungsverfahren schon im Jahr 2014 eingestellt worden war. Das Protokoll

32 Gericht erster Instanz vom 8.11.2007, Rs. T-194/04, Slg. 2007, II-4523, EuR 2007, S. 776 ff., 789, Rn. 145 m.w.N., Bavarian Lager, im Ergebnis ebenso EuGH vom 3.7.2014, Rs. C-350/12 P, ECLI:EU:C:2014:2039, NVwZ 2014, S. 1366, Rn. 48 m.w.N., Rat der Europäischen Union./.Sophie in't Veld, Rn. 48, und EuGH vom 29.6.2010, Rs. C-139/07, EuZW 2010, S. 624 ff., 626, Rn. 51 ff. m.w.N., Technische Glaswerke Ilmenau.

33 Vgl. *Lorenz*, NVwZ 2005, S. 1274 ff., 1275 m.w.N.

wurde zwar im Rahmen dieses Verfahrens erstellt. Allerdings ist Art. 4 II 3. Spiegelstrich der VO (EG) 1049/2001 nach der Rspr. des Gerichts nur anwendbar, wenn die Zugänglichmachung der betreffenden Dokumente dazu führen könnte, dass die Inspektions-, Untersuchungs- und Audittätigkeiten nicht abgeschlossen werden. Denn nach ihrem Wortlaut soll die Ausnahme nicht die Untersuchungstätigkeiten als solche, sondern (nur) deren Zweck schützen. Dieser besteht im Fall eines Vertragsverletzungsverfahrens darin, den betreffenden Mitgliedstaat dazu zu bewegen, das Unionsrecht zu beachten. Im vorliegenden Fall hatte die Kommission das Vertragsverletzungsverfahren aber schon 2014 eingestellt, da die einschlägigen nationalen Vorschriften europarechtskonform geändert wurden, so dass der Zweck der Untersuchungstätigkeiten erreicht war. Zum Zeitpunkt des Erlasses der angefochtenen Entscheidung war also keine Untersuchungstätigkeit mehr im Gange, deren Zweck durch eine Offenlegung der Namen hätte gefährdet werden können. Daher kann die Ausnahme nach Art. 4 II 3. Spiegelstrich der VO (EG) 1049/2001 im vorliegenden Fall nicht eingreifen[34].

Art. 4 II 3. Spiegelstrich der VO (EG) 1049/2001 steht daher der Offenlegung nicht entgegen, so dass die Kommission ihre Weigerung darauf nicht stützen kann.

3. Ausnahme wegen des Verstoßes gegen europäische Menschenrechte

588 Nach Art. 6 I 1 EUV erkennt die Union die Rechte, Freiheiten und Grundsätze der Grundrechte-Charta der Union (GRC)[35] an, die mit den Verträgen gleichrangig ist. Außerdem sind die Grundrechte, wie sie in der EMRK gewährleistet sind und wie sie sich aus der gemeinsamen Verfassungsüberlieferung der Mitgliedstaaten ergeben, gem. Art. 6 III EUV als allgemeine Grundsätze Teil des Unionsrechts. Nach Art. 51 I 1 GRC gilt die Charta für u.a. die Organe, Einrichtungen und sonstigen Stellen der Union unter Wahrung des Subsidiaritätsprinzips, so dass auch die Kommission als Unionsorgan (Art. 17 EUV) grundrechtsverpflichtet ist. Daher kommt insbesondere ein Verbot der Namensweitergabe durch Art. 7 und 8 GRC und Art. 8 EMRK in Betracht[36].

Das kann hier aber letztlich offen bleiben, weil die entsprechende Weigerung der Kommission bereits durch die Ausnahmebestimmung der Art. 4 I lit. b) der VO (EG) 1049/2001 i.V.m. der VO (EG) 45/2001 gerechtfertigt ist.

Wer hier eine Prüfung für notwendig hält, kann mit dem Gericht erster Instanz gut dazu kommen, dass die Weitergabe der Daten nicht gegen Art. 8 EMRK verstößt[37] und auch Art. 8 I GRC keinen weitergehenden Schutz bieten dürfte, weil sich die Weitergabe durch Art. 8 II GRC rechtfertigen lässt (vgl. dazu auch Art. 52 III GRC). Der EuGH hat dazu jedenfalls nicht ausdrücklich Stellung genommen. Die Kommission könnte ihre Weigerung daher nicht auf die europäischen Grundrechte

34 Vgl. Gericht erster Instanz vom 8.11.2007, Rs. T-194/04, Slg. 2007, II-4523, Rn. 143 ff. m.w.N.

35 Vom 7.12.2000, ABl. 2000 Nr. C 364/1. Siehe dazu *Streinz*, Europarecht, Rn. 55, 64 und 749 ff., sowie *Weiß*, EuZW 2013, S. 287 ff., und *Lenaerts*, EuR 2012, S. 3 ff.

36 Zur Rechtslage im Originalfall s. Gericht erster Instanz vom 8.11.2007, Rs. T-194/04, Slg. 2007, II-4523, EuR 2007, S. 776 ff., 783 ff., Rn. 111/112 m.w.N., Bavarian Lager. Allgemein zur Rechtslage vor Inkrafttreten des Vertrags von Lissabon bzw. der GRC s. oben Rn. 12 und 39.

37 Vgl. Gericht erster Instanz vom 8.11.2007, Rs. T-194/04, Slg. 2007, II-4523, EuR 2007, S. 776 ff., 783 ff., Rn. 111 ff. m.w.N., Bavarian Lager.

stützten. Mit der entsprechenden Argumentation – insbes. vor dem Hintergrund, dass die VO 45/2001 die entsprechenden Grundrechte näher ausformt – ist aber auch das gegenteilige Ergebnis gut vertretbar.

C. Ergebnis

Die Kommission hat der GGB Zugang zu allen Informationen über das Treffen vom 11.10.2013 einschließlich der von den Beteiligten in ihrer beruflichen Eigenschaft abgegebenen Meinungsäußerungen gewährt. Die Weitergabe der Namen von 10 Teilnehmern, die der Weitergabe nicht zugestimmt hatten, war ihr durch die VO (EG) 45/2001 untersagt. Daher hat sie mit der Weitergabe einer Fassung des streitigen Dokuments, in dem 10 Namen geschwärzt waren, nicht gegen die Bestimmungen der VO (EG) 1049/2001 verstoßen. Gleichzeitig hat sie die ihr gem. Art. 2 I der VO (EG) 1049/2001 obliegende Pflicht zur Transparenz beachtet. Ihre Entscheidung war somit rechtmäßig. **589**

Die Nichtigkeitsklage ist daher nicht begründet und hat keine Aussicht auf Erfolg[38].

Zusatzfrage

Die Klage wäre unter den oben unter A. genannten Voraussetzungen zulässig, wenn es sich bei dem Antrag auf Mitteilung der Namen um einen zulässigen Klagegegenstand für eine Nichtigkeitsklage handelt. **590**

Nach Art. 263 I 1 AEUV überwacht der Gerichtshof u.a. die Rechtmäßigkeit der Handlungen der Kommission, soweit es sich nicht um Empfehlungen oder Stellungnahmen handelt. Ist die Klage begründet, so erklärt der Gerichtshof die angefochtene Handlung gem. Art. 264 I AEUV für nichtig. Die Organe, deren Handlung für nichtig erklärt worden ist, haben die sich aus dem Urteil ergebenden Maßnahmen zu ergreifen (Art. 266 I AEUV).

Diese Konzeption der Nichtigkeitsklage nach dem AEUV zeigt, dass sie nicht dafür gedacht ist, Leistungsansprüche gegenüber der Kommission durchzusetzen[39]. Eine solche Klage ist im Gemeinschaftsrecht nicht vorgesehen[40], so dass für eine nicht-kassatorische Urteilstenorierung grundsätzlich kein Raum ist[41]. Daher ist das Gericht nach st. Rspr. im Rahmen der von ihm ausgeübten Rechtmäßigkeitskontrolle nicht befugt, den Organen Weisungen zu erteilen oder sich an ihre Stelle zu setzen. Diese Beschränkung der Rechtmäßigkeitskontrolle gilt für alle Arten von Rechtsstreitigkeiten, für deren Entscheidung das Gericht zuständig ist, einschließlich solcher über den Zugang zu Doku-

38 Vgl. EuGH vom 29.6.2010, Rs. C-28/08, Slg. 2010, I-6055, EuZW 2010, S. 617 ff., 618, Rn. 78/79, Bavarian Lager.

39 Auch das deutsche Verwaltungsprozessrecht kennt für die verschiedenen Rechtsschutzziele unterschiedliche Klagearten wie z.B. die Anfechtungs- und die Verpflichtungsklage gem. § 42 I VwGO und die Feststellungsklage gemäß § 43 VwGO.

40 *Ehlers*, JURA 2009, S. 31 ff., 32.

41 *Ehlers*, JURA 2009, S. 31 ff., 38 m.w.N.

menten. Der Antrag, anzuordnen, dass die Kommission die Namen aller Teilnehmer des Treffens vom 11.10.2013 mitzuteilen hat, ist daher kein tauglicher Gegenstand für eine Nichtigkeitsklage[42]. Die Klage wäre unzulässig.

Der Charakter als Zusatzfrage legt es nahe, hier keine umfassende Zulässigkeitsprüfung vorzunehmen (was aber auch kein Fehler wäre). Entscheidend ist nur, den Unterschied zwischen den Klagebegehren und dem Charakter der Nichtigkeitsklage kurz darzustellen und die Frage dann entsprechend zu beantworten (vgl. dazu auch die Vorüberlegungen).

Wiederholung und Vertiefung

Weiterführende Hinweise

591 EuGH vom 29.6.2010, Rs. C-28/08, Slg. 2010, I-6055, EuZW 2010, S. 617 ff., Europäische Kommission./.The Bavarian Lager Co. Ltd und Europäischer Datenschutzbeauftragter.

Vorinstanz: Gericht erster Instanz vom 8.11.2007, Rs. T-194/04, Slg. 2007, II-4523, EuR 2007, S. 776 ff., The Bavarian Lager Co Ltd./.Kommission der Europäischen Gemeinschaften.

EuGH vom 29.6.2010, Rs. C-139/07, Slg. 2010, I-5885, EuZW 2010, S. 624 ff., Europäische Kommission./.Technische Glaswerke Ilmenau.

EuGH vom 26.1.2010, Rs. C-362/08, Slg. 2010, I-669, NVwZ 2010, S. 431 ff., Internationaler Hilfsfonds e.V./.Europäische Kommission.

Böhm, Monika: Rechtsschutz im Europarecht, JA 2009, S. 679 ff.

Ehlers, Dirk: Die Nichtigkeitsklage des Europäischen Gemeinschaftsrechts (Art. 230 EGV), JURA 2009, S. 31 ff.

Erd, Rainer: Lobbyismus vs. Datenschutz: Zugang zu Dokumenten der Gemeinschaftsorgane, K&R 2010, S. 562 ff.

Ho, Jean-Claude Alexandre/Messina, Michele: EWS-Kommentar zu EuGH vom 29.6.2010, Rs. C-28/08 (Bavarian Lager), EWS 2010, S. 440 f.

Lorenz, Moritz: Weitere Stärkung des Rechts auf Dokumentenzugang – Das Urteil des Europäischen Gerichts erster Instanz in der Sache „Verein für Konsumenteninformation", NVwZ 2005, S. 1274 ff.

Sanner, Julian Alexander: Der Schutz personenbezogener Daten beim Zugang zu Dokumenten der Unionsorgane, EuZW 2010, S. 774 ff.

42 Vgl. Gericht erster Instanz vom 8.11.2007, Rs. T-194/04, Slg. 2007, II-4523, EuR 2007, S. 776 ff., 779 f., Rn. 47/48 m.w.N., Bavarian Lager, unter Hinweis auf Urteil des Gerichts vom 12.7.2001, Rs. T-204/99, Slg. 2001, II-2265, Rn. 26, Mattila./.Rat und Kommission (bestätigt durch Urteil des Gerichtshofs vom 22.1.2004, Rs. C-353/01 P, Slg. 2004, I-1073, Rn. 15, Mattila./.Rat und Kommission).

Fall 19

Europäischer Haftbefehl

Schwerpunktbereich, Schwierigkeitsgrad: mittel/hoch

Herr W ist Deutscher und wurde in Deutschland rechtskräftig zu einer Freiheitsstrafe von einem Jahr und neun Monaten verurteilt, die zur Bewährung ausgesetzt wurde. Zwei Jahre später zog W in die Niederlande, wo er Arbeit gefunden hatte. Er lebt dort in der Stadt V in einer Wohnung, die er gemeinsam mit seiner Frau gemietet hat. Nach der Ausreise widerrief das zuständige deutsche Amtsgericht die Aussetzung der Strafe zur Bewährung, weil W gegen seine Bewährungsauflagen verstoßen hatte. Gut ein Jahr, nachdem W in die Niederlande gezogen war, stellte die Staatsanwaltschaft Aachen als zuständige deutsche Justizbehörde gegen W einen Europäischen Haftbefehl aus und schrieb ihn im Schengener Informationssystem zum Zweck der Vollstreckung seiner rechtskräftig gewordenen Freiheitsstrafe aus. Grundlage dafür sind die deutschen Bestimmungen, mit denen der Rahmenbeschluss 2002/584/JI über den Europäischen Haftbefehl vom 13.6.2002 in deutsches Recht umgesetzt wurde. **592**

Aufgrund dieser Ausschreibung wurde W einige Tage später in den Niederlanden festgenommen. Zwei Tage später übersandte die deutsche Justizbehörde der niederländischen vollstreckenden Justizbehörde den gegen W ausgestellten Europäischen Haftbefehl und ersuchte um dessen Übergabe zum Zweck der Vollstreckung der Strafe von einem Jahr und neun Monaten, zu der er verurteilt worden war. W meldete sich daraufhin bei der zuständigen niederländischen Einwanderungs- und Naturalisierungsstelle an, um sich in den Niederlanden als Unionsbürger registrieren zu lassen. Diese teilte ihm – sachlich zutreffend – u.a. mit, dass seine Straftaten und die Verurteilung nicht dazu führen, dass er sein Aufenthaltsrecht in den Niederlanden verliert.

Nach dem nationalen niederländischen Recht stellt sich die Lage für W wie folgt dar: Maßgeblich für die Vollstreckung des Europäischen Haftbefehls ist das Niederländische Übergabegesetz (im Folgenden: NdlÜbergabeG), mit dem u.a. Art. 4 Nr. 6 und Art. 5 Nr. 3 des Rahmenbeschlusses 2002/584/JI umgesetzt werden.

Art. 6 II NdlÜbergabeG betrifft niederländische Staatsangehörige und setzt Art. 4 Nr. 6 des Rahmenbeschlusses um. Art. 6 II NdlÜbergabeG lautet: „Die Übergabe eines Niederländers ist nicht zulässig, wenn sie zum Zweck der Vollstreckung einer Freiheitsstrafe beantragt wird, die gegen ihn durch rechtskräftiges Urteil verhängt worden ist.“. Das Übergabegesetz sieht Regelungen vor, nach denen die Strafe dann in den Niederlanden vollstreckt wird. Art. 6 V NdlÜbergabeG, der andere Personen als niederländische Staatsangehörige (wie Angehörige eines Mitgliedstaats oder eines Drittstaats) betrifft, sieht vor: „Die Absätze I bis IV finden ebenfalls Anwendung auf einen Ausländer mit einer unbefristeten Aufenthaltsgenehmigung, sofern er in den Niederlanden wegen der dem Europäischen Haftbefehl zugrunde liegenden Taten verfolgt werden kann und sofern zu erwarten ist, dass er sein Aufenthaltsrecht in den Niederlanden nicht infolge einer gegen ihn verhängten Strafe oder Maßregel verlieren wird.". Nach der Gesetzesbegründung wollte der Gesetzgeber mit Art. 6 V des Übergabegesetzes eine Bestimmung schaffen, mit der anhand von objektiven Kriterien geprüft werden kann, ob der Aufenthalt des Betroffenen in den Niederlanden von Dauer ist.

Nach Art. 8 des niederländischen Ausländergesetzes (im Folgenden: NdlAusländerG) hält sich ein Ausländer u.a. nur dann rechtmäßig als Unionsangehöriger in den Niederlanden auf, wenn seinem Aufenthalt eine nach dem EG-Vertrag erlassene Norm zugrunde liegt. Art. 9 II NdlAusländerG sieht vor, dass der niederländische Justizminister einem Ausländer, der sich nach Art. 8 rechtmäßig aufhält und Unionsangehöriger ist, ein Dokument ausstellt, in dem die Rechtmäßigkeit des Aufenthalts bescheinigt wird, wenn er das Recht auf Daueraufenthalt im Sinne von Art. 16 der Richtlinie 2004/38/EG erworben hat. Nach Art. 20 I NdlAusländerG ist für die Erteilung einer unbefristeten Aufenthaltsgenehmigung der niederländische Justizminister zuständig. Der entsprechende Antrag kann nach Art. 21 des Gesetzes nur abgelehnt werden, wenn sich der Ausländer in den dem Antrag vorangehenden fünf Jahren nicht ununterbrochen rechtmäßig i.S.d. Art. 8 NdlAusländerG im Inland aufgehalten hat.

Herr W ist der Meinung, dass er als Deutscher von den niederländischen Behörden entgegen dem europäischen Recht diskriminiert werde. Denn wenn er Niederländer wäre, dürfte er nicht ausgeliefert werde. Der Zeitraum von fünf Jahren sei zudem viel zu lang. Immerhin lebe er jetzt schon über ein Jahr in V und habe schon am ersten Tag beschlossen, nie wieder nach Deutschland zurückzukehren. Die Behörden berufen sich demgegenüber u.a. darauf, dass der ununterbrochene Aufenthalt von fünf Jahren auch nach Art. 16 I der RL 2004/38/EG für das Recht auf Daueraufenthalt notwendig sei.

Hat Herr W Recht?

Bearbeitervermerk: Gehen Sie davon aus, dass die deutschen Gerichte und Behörden rechtmäßig gehandelt haben und dass es sich um Straftaten handelt, auf die der europäische Haftbefehl anwendbar ist und die sowohl nach deutschem als auch nach niederländischem Recht strafbar sind. Europäische Grundrechte (GRC, EMRK etc.) sind nicht zu prüfen.

Zusatzfrage 1: Im Recht des Mitgliedstaates M gelten sinngemäß dieselben Regelungen wie in den Niederlanden. Darüber hinaus verlangen die Behörden dort für die Verweigerung der Auslieferung von Unionsbürgern neben dem Mindestaufenthalt von fünf Jahren aber zusätzlich eine Bescheinigung über das Daueraufenthaltsrecht.

Ist das mit europäischem Recht vereinbar (Europäische Grundrechte nach der GRC, EMRK etc. sind nicht zu prüfen)?

Zusatzfrage 2: An welchem Grundrecht des GG wäre eine deutsche gesetzliche Umsetzung des Rahmenbeschlusses vorrangig zu prüfen?

Rahmenbeschluss 2002/584/JI des Rates vom 13. Juni 2002 über den Europäischen Haftbefehl und die Übergabeverfahren zwischen den Mitgliedstaaten[1] – Auszug:

DER RAT DER EUROPÄISCHEN UNION –

gestützt auf den Vertrag über die Europäische Union, insbesondere auf Artikel 31 Buchstaben a) und b) und Artikel 34 Absatz 2 Buchstabe b), [...]

in Erwägung nachstehender Gründe:

(1) Nach den Schlussfolgerungen des Europäischen Rates von Tampere vom 15. und 16. Oktober 1999, insbesondere in Nummer 35 dieser Schlussfolgerungen, sollten im Verhältnis der Mitgliedstaaten untereinander die förmlichen Verfahren zur Auslieferung von Personen, die sich nach einer rechtskräftigen Verurteilung der Justiz zu entziehen suchen, abgeschafft und die Verfahren zur Auslieferung von Personen, die der Begehung einer Straftat verdächtig sind, beschleunigt werden.

[...]

(5) Aus dem der Union gesetzten Ziel, sich zu einem Raum der Freiheit, der Sicherheit und des Rechts zu entwickeln, ergibt sich die Abschaffung der Auslieferung zwischen Mitgliedstaaten und deren Ersetzung durch ein System der Übergabe zwischen Justizbehörden. Die Einführung eines neuen, vereinfachten Systems der Übergabe von Personen, die einer Straftat verdächtigt werden oder wegen einer Straftat verurteilt worden sind, für die Zwecke der strafrechtlichen Verfolgung oder der Vollstreckung strafrechtlicher Urteile ermöglicht zudem die Beseitigung der Komplexität und der Verzögerungsrisiken, die den derzeitigen Auslieferungsverfahren innewohnen. Die bislang von klassischer Kooperation geprägten Beziehungen zwischen den Mitgliedstaaten sind durch ein System des freien Verkehrs strafrechtlicher justizieller Entscheidungen – und zwar sowohl in der Phase vor der Urteilsverkündung als auch in der Phase danach – innerhalb des Raums der Freiheit, der Sicherheit und des Rechts zu ersetzen. [...]

HAT FOLGENDEN RAHMENBESCHLUSS ERLASSEN:

KAPITEL I ALLGEMEINE GRUNDSÄTZE

Artikel 1 Definition des Europäischen Haftbefehls und Verpflichtung zu seiner Vollstreckung

(1) Bei dem Europäischen Haftbefehl handelt es sich um eine justizielle Entscheidung, die in einem Mitgliedstaat ergangen ist und die Festnahme und Übergabe einer gesuchten Person durch einen anderen Mitgliedstaat zur Strafverfolgung oder zur Vollstreckung einer Freiheitsstrafe oder einer freiheitsentziehenden Maßregel der Sicherung bezweckt.

(2) Die Mitgliedstaaten vollstrecken jeden Europäischen Haftbefehl nach dem Grundsatz der gegenseitigen Anerkennung und gemäß den Bestimmungen dieses Rahmenbeschlusses.

(3) Dieser Rahmenbeschluss berührt nicht die Pflicht, die Grundrechte und die allgemeinen Rechtsgrundsätze, wie sie in Artikel 6 des Vertrags über die Europäische Union niedergelegt sind, zu achten.

Artikel 3

Gründe, aus denen die Vollstreckung des Europäischen Haftbefehls abzulehnen ist

Die Justizbehörde des Vollstreckungsstaates (nachstehend „vollstreckende Justizbehörde" genannt) lehnt die Vollstreckung des Europäischen Haftbefehls ab,

1. wenn [...]

---

1 Rahmenbeschluss 2002/584/JI des Rates vom 13. Juni 2002 über den Europäischen Haftbefehl und die Übergabeverfahren zwischen den Mitgliedstaaten (ABl. 2002 Nr. L 190/1), geändert durch Rahmenbeschluss 2009/299/JI des Rates vom 26.2.2009 (ABl. 2009 Nr. L 81/24).

Artikel 4

Gründe, aus denen die Vollstreckung des Europäischen Haftbefehls abgelehnt werden kann

Die vollstreckende Justizbehörde kann die Vollstreckung des Europäischen Haftbefehls verweigern,

6. wenn der Europäische Haftbefehl zur Vollstreckung einer Freiheitsstrafe oder einer freiheitsentziehenden Maßregel der Sicherung ausgestellt worden ist, sich die gesuchte Person im Vollstreckungsmitgliedstaat aufhält, dessen Staatsangehöriger ist oder dort ihren Wohnsitz hat und dieser Staat sich verpflichtet, die Strafe oder die Maßregel der Sicherung nach seinem innerstaatlichen Recht zu vollstrecken; [...]

Artikel 5 Vom Ausstellungsmitgliedstaat in bestimmten Fällen zu gewährende Garantien

Die Vollstreckung des Europäischen Haftbefehls durch die vollstreckende Justizbehörde kann nach dem Recht dieses Staates an eine der folgenden Bedingungen geknüpft werden:

[...]

3. Ist die Person, gegen die ein Europäischer Haftbefehl zum Zwecke der Strafverfolgung ergangen ist, Staatsangehöriger des Vollstreckungsmitgliedstaats oder in diesem wohnhaft, so kann die Übergabe davon abhängig gemacht werden, dass die betreffende Person nach Gewährung rechtlichen Gehörs zur Verbüßung der Freiheitsstrafe oder der freiheitsentziehenden Maßregel der Sicherung, die im Ausstellungsmitgliedstaat gegen sie verhängt wird, in den Vollstreckungsmitgliedstaat rücküberstellt wird.

EU-Vertrag in der im Juni 2002 geltenden Fassung des Vertrags von Amsterdam[2] – Auszug:

Art. 31

Das gemeinsame Vorgehen im Bereich der justiziellen Zusammenarbeit in Strafsachen schließt ein:

a) die Erleichterung und Beschleunigung der Zusammenarbeit zwischen den zuständigen Ministerien und den Justizbehörden oder entsprechenden Behörden der Mitgliedstaaten bei Gerichtsverhandlungen und der Vollstreckung von Entscheidungen;
b) die Erleichterung der Auslieferung zwischen den Mitgliedstaaten; [...]

Art. 34

(1) [...]

(2) Der Rat ergreift Maßnahmen und fördert in der geeigneten Form und nach den geeigneten Verfahren, die in diesem Titel festgelegt sind, eine Zusammenarbeit, die den Zielen der Union dient. Hierzu kann er auf Initiative eines Mitgliedstaats oder der Kommission einstimmig

b) Rahmenbeschlüsse zur Angleichung der Rechts- und Verwaltungsvorschriften der Mitgliedstaaten annehmen. Rahmenbeschlüsse sind hinsichtlich des zu erreichenden Ziels verbindlich, überlassen jedoch den innerstaatlichen Stellen die Wahl der Form und der Mittel. Sie sind nicht unmittelbar wirksam; [...]

2 Die justizielle Zusammenarbeit ist heute in den Art. 82 ff. AEUV geregelt.

Richtlinie 2004/38/EG vom 29.4.2004[3] – Auszug:

KAPITEL IV Recht auf Daueraufenthalt

Abschnitt I Erwerb

Artikel 16 Allgemeine Regel für Unionsbürger und ihre Familienangehörigen

(1) Jeder Unionsbürger, der sich rechtmäßig fünf Jahre lang ununterbrochen im Aufnahmemitgliedstaat aufgehalten hat, hat das Recht, sich dort auf Dauer aufzuhalten. [...]

(3) Die Kontinuität des Aufenthalts wird weder durch vorübergehende Abwesenheiten von bis zu insgesamt sechs Monaten im Jahr, noch durch längere Abwesenheiten wegen der Erfüllung militärischer Pflichten, noch durch eine einzige Abwesenheit von höchstens zwölf aufeinander folgenden Monaten aus wichtigen Gründen wie Schwangerschaft und Niederkunft, schwere Krankheit, Studium oder Berufsausbildung oder berufliche Entsendung in einen anderen Mitgliedstaat oder einen Drittstaat berührt.

(4) Wenn das Recht auf Daueraufenthalt erworben wurde, führt nur die Abwesenheit vom Aufnahmemitgliedstaat, die zwei aufeinander folgende Jahre überschreitet, zu seinem Verlust.

Abschnitt II Verwaltungsformalitäten

Artikel 19 Dokument für Unionsbürger zur Bescheinigung des Daueraufenthalts

(1) Auf Antrag stellen die Mitgliedstaaten den zum Daueraufenthalt berechtigten Unionsbürgern nach Überprüfung der Dauer ihres Aufenthalts ein Dokument zur Bescheinigung ihres Daueraufenthalts aus.

(2) Das Dokument zur Bescheinigung des Daueraufenthalts wird so bald wie möglich ausgestellt.

---

3 RL 2004/38/EG des Europäischen Parlaments und des Rates vom 29.4.2004 über das Recht der Unionsbürger und ihrer Familienangehörigen, sich im Hoheitsgebiet der Mitgliedstaaten frei zu bewegen und aufzuhalten (ABl. 2004 Nr. L 158/77, deutsche Fassung berichtigt in ABl. 2004 Nr. L 229/35 ff. und ABl. 2007 Nr. L 204/28), geändert durch VO (EU) Nr. 492/2011 des Europäischen Parlaments und des Rates vom 5.4.2011 (ABl. 2011 Nr. L 141/1).

Vorüberlegungen

593 Die Klausur greift Fragen und Probleme des Europäischen Haftbefehls auf, der den EuGH und das BVerfG wiederholt beschäftigt hat. Sie beruht auf dem Fall Wolzenburg, den der EuGH im Oktober 2009 entschieden[4] hat. Herr Wolzenburg, deutscher Staatsbürger, sollte von den Niederlanden aus nach Deutschland übergeben werden, um dort die gegen ihn verhängte Freiheitsstrafe zu verbüßen. Nach dem niederländischen Recht besteht in solchen Fällen grundsätzlich die Möglichkeit, die Auslieferung zu verweigern. Es verlangt dafür bei Unionsbürgern aber besondere Anforderungen wie einen Mindestaufenthalt von fünf Jahren, während bei niederländischen Staatsbürgern die bloße Staatsangehörigkeit genügt. Das niederländische Gericht legte den Fall dem EuGH vor, weil es die Vereinbarkeit mit dem Diskriminierungsverbot aus Art. 18 AEUV und dem Rahmenbeschluss über den Europäischen Haftbefehl aus dem Jahr 2002 klären lassen wollte. Der EuGH entschied, dass zwar eine Ungleichbehandlung bestehe, diese aber gerechtfertigt sei. Er führte dazu im Wesentlichen der Gedanken der Resozialisierung an, der das durch den Aufenthalt manifestierte Kriterium der Verbundenheit mit den Niederlanden rechtfertige.

Mit der Entscheidung im Fall Wolzenburg hat der EuGH zudem klargestellt, dass die Rechtfertigung einer Diskriminierung aus Gründen der Staatsangehörigkeit auch bei direkten Diskriminierungen in Betracht kommt. Außerdem ergibt sich aus dem Urteil, dass bei der Prüfung der Verhältnismäßigkeit von Maßnahmen, die im Zusammenhang mit der Verbindung der betreffenden Personen zu dem jeweiligen Mitgliedstaat stehen, ein Rückgriff auf typisierende Kriterien (Staatsangehörigkeit, Mindestaufenthaltsdauer) grundsätzlich möglich ist.

Die Prüfung hat rein materiellrechtlich zu erfolgen; auf eine prozessuale Einkleidung wurde bewusst verzichtet, da dies wegen des Rahmenbeschluss-Hintergrundes besondere Fragen aufgeworfen hätte. Nach der konkreten Aufgabenstellung besteht auch kein Anlass, sich grundsätzlich mit der allgemeinen Problematik der Umsetzung von Rahmenbeschlüssen in deutsches Recht auseinanderzusetzen, wie es das BVerfG in der Entscheidung vom 18.7.2005[5] und die dortigen immerhin drei abweichenden Meinungen getan haben, so dass für die Bearbeitung der Klausur auch keine besonderen diesbezüglichen Kenntnisse notwendig sind. Gleichwohl dürfte sich die die Klausur ganz ohne Hintergrundwissen zum (früheren) EU-Vertrag kaum angemessen lösen lassen, so dass sie in erster Linie für den Schwerpunktbereich geeignet ist.

Bei der Zusatzfrage 2 gilt es, die Kriterien zu skizzieren, die das BVerfG zum Inhalt und besonderen Schutzzweck der Auslieferungsfreiheit entwickelt hat.

---

4 EuGH vom 6.10.2009, Rs. C-123/08, Slg. 2009, I-9621, NJW 2010, S. 283 ff., Auslieferung von Dominic Wolzenburg.

5 BVerfG vom 18.7.2005, 2 BvR 2236/04, BVerfGE 113, 273, NJW 2005, S. 2289 ff., s. dazu *Streinz*, Europarecht, Rn. 229.

Abschließend ist noch auf die jüngere Rspr. zum Europäischen Haftbefehl hinzuweisen, die sich zwar nicht unmittelbar auf den Klausurfall bezieht, aber u.a. die Frage des Vorrangs des Unionsrechts bzw. die Anwendung der deutschen Grundrechte betrifft. So hat das BVerfG anlässlich eines Auslieferungsgesuchs vor dem Hintergrund der Menschenwürdegarantie aus Art. 1 GG festgestellt, dass es im Wege der Identitätskontrolle den gem. Art. 23 I 3 i.V.m. Art. 79 III und Art. 1 I GG unabdingbar gebotenen Grundrechtsschutz uneingeschränkt und im Einzelfall gewährleistet[6]. Und der EuGH entschied, dass die Vollstreckung eines Europäischen Haftbefehls aufgeschoben werden muss, wenn für die betreffende Person aufgrund der Haftbedingungen in dem Mitgliedstaat, in dem der Haftbefehl ausgestellt wurde, eine echte Gefahr unmenschlicher oder erniedrigender Behandlung i.S.d. Art. 4 GRC besteht. Kann das Vorliegen einer solchen Gefahr nicht innerhalb einer angemessenen Frist ausgeschlossen werden, muss die mit der Vollstreckung des Haftbefehls betraute Behörde[7] darüber entscheiden, ob das Übergabeverfahren zu beenden ist[8].

Gliederung

A. Anwendbarkeit des Art. 18 I AEUV 594
B. Persönlicher Anwendungsbereich des allgemeinen Diskriminierungsverbots
C. Sachlicher Anwendungsbereich des allgemeinen Diskriminierungsverbots
    I. Ungleichbehandlung
    II. Rechtfertigung der Ungleichbehandlung
        1. Legitimer Zweck
            a) Systematik des Rahmenbeschlusses 2002/584/JI
            b) Umsetzung des Rahmenbeschlusses in niederländisches Recht
        2. Verhältnismäßigkeit
    III. Ergebnis Rechtfertigungsprüfung
D. Ergebnis

Zusatzfrage 1
Zusatzfrage 2

---

6 BVerfG vom 15.12.2015, Az. 2 BvR 2735/14, BVerfGE 140, 317, NJW 2016, S. 1149 ff., JURA 2016, S. 707, dazu *Sachs*, JuS 2016, S. 373 ff., *Bender*, ZJS 2016, S. 260 ff., und *Sauer*, NJW 2016, S. 1134 ff., kritisch *Classen*, EuR 2016, S. 304 ff. Zur Identitätskontrolle siehe oben Rn. 17 und 45.

7 Im konkreten Fall waren das die Justizbehörden in Deutschland (Hanseatisches OLG Bremen).

8 EuGH vom 5.4.2016, verb. Rs. C-404/15 und C-659/15 PPU, ECLI:EU:C:2016:198, NJW 2016, S. 1709 ff., Rn. 104, Auslieferung von Pál Aranyosi und von Robert Căldăraru, dazu *Ruffert*, JuS 2016, S. 853 ff., *Böhm*, NJW 2016, S. 1713 f., *Dietz*, NVwZ 2016, S. 1383 ff., und *Schwarz*, EuR 2016, S. 421 ff. Zur Anwendung der GRC bzw. der nationalen Grundrechte bei der Vollstreckung eines europäischen Haftbefehls siehe zudem EuGH vom 26.2.2013, Rs. C-399/11, ECLI:EU:C:2013:107, NJW 2013, S. 1215 ff., Stefano Melloni./.Ministerio Fiscal, dazu *Serafimova/Duda*, DeLuxe 2/2014 (Melloni, abrufbar unter www.rewi.europa-uni.de/deluxe), sowie *Streinz*, JuS 2013, S. 661 ff.

Musterlösung

595 Herr W trägt vor, durch die Auslieferung gegenüber niederländischen Bürgern benachteiligt zu werden. Hier wäre zunächst an die die Arbeitnehmerfreizügigkeit (Art. 45 ff. AEUV) oder die Niederlassungsfreiheit (Art. 49 ff. AEUV) zu denken[9], da W in den Niederlanden lebt und dort auch Arbeit gefunden hat. Die Frage der Auslieferung hat aber keinerlei Bezug zu den dadurch garantierten Freiheiten, so dass sie nicht einschlägig sind.

Mangels spezieller Grundfreiheiten[10] könnte aber das allgemeine Diskriminierungsverbot gem. Art. 18 I AEUV bzw. die allgemeine Freizügigkeit gem. Art. 21 AEUV in Betracht kommen[11]. Nach Art. 18 I AEUV ist unbeschadet besonderer Bestimmungen der Verträge in ihrem Anwendungsbereich jede Diskriminierung aus Gründen der Staatsangehörigkeit verboten. Art. 18 AEUV findet daher keine Anwendung, wenn besondere Diskriminierungstatbestände einschlägig sind. Hierzu zählen sämtliche Bestimmungen, die in gegenüber dem Verbot des Art. 18 AEUV modifizierender und damit einschränkender Weise unmittelbare oder mittelbare Diskriminierungen aufgrund der Staatsangehörigkeit verbieten[12]. Da die anderen Grundfreiheiten nicht einschlägig sind, steht die Subsidiarität der Anwendung des allgemeinen Diskriminierungsverbots nicht entgegen.

A. Anwendbarkeit des Art. 18 I AEUV

596 Art. 18 I AEUV erfordert, dass der „Anwendungsbereich der Verträge" eröffnet ist. Das könnte problematisch sein, weil der Rahmenbeschluss 2002/584 vom 13.6.2002, der die europäische Rechtsgrundlage für das niederländische Gesetz bildet, nicht auf der Grundlage des AEUV bzw. von dessen Vorläufer EG-Vertrag, sondern auf der Grundlage des im Jahr 2002 geltenden EU-Vertrages (konkret von dessen Art. 31 lit. a) und b) und Art. 34 II lit. b)) erlassen wurde.

Daraus darf nach der Rspr. des EuGH aber nicht abgeleitet werden, dass nationale Vorschriften, die ein Mitgliedstaat zur Durchführung eines Rechtsakts im Bereich des EU-Vertrags erlässt, keinerlei Kontrolle ihrer Rechtmäßigkeit im Hinblick auf das Unionsrecht unterliegen. Die Mitgliedstaaten dürfen nämlich bei der Durchführung eines Rahmenbeschlusses nicht gegen das Unionsrecht verstoßen. Dies gilt insbesondere für die

9 Vgl. *Dittert*, Europarecht, S. 304 m.w.N.

10 Siehe dazu *Streinz*, Europarecht, Rn. 824.

11 In den jüngeren Entscheidungen zum Europäischen Haftbefehl prüft der EuGH die Art. 18 und 21 AEUV gemeinsam (z.B. EuGH vom 13.11.2018, Rs. C-247/17, ECLI:EU:C:2018:898 (JURIS), Auslieferung von Denis Raugevicius), während er sich im Fall Wolzenburg nur auf den damaligen Art. 12 EG (heute Art. 18 AEUV) bezogen hat. In Rahmen des Verhältnisses von Art. 21 AEUV zu Art. 18 AEUV geht der EuGH davon aus, dass sich diese beiden Normen nicht gegenseitig ausschließen, sondern ergänzen, s. *Kühling/Ascher*, JURA 2017, S. 227 ff., 236 m.w.N.

12 *von Bogdandy*, in: Grabitz/Hilf/Nettesheim, AEUV, Art. 18, Rn. 57, s. auch *Dittert*, Europarecht, S. 304 m.w.N. In der Fallbearbeitung ist Art. 18 I AEUV deshalb nach den Grundfreiheiten zu prüfen und als subsidiäre Auffangnorm zu behandelt (*Dittert* a.a.O.).

Vorschriften der Verträge über die jedem Unionsbürger zuerkannte Freiheit, sich im Hoheitsgebiet der Mitgliedstaaten frei zu bewegen und aufzuhalten[13]. Hier hat W als Deutscher seinen Wohnsitz von Deutschland (Mitgliedstaat, Art. 52 EUV) in die Niederlande (Mitgliedstaat, Art. 52 EUV) verlegt. Damit hat er sein durch Art. 21 I AEUV jedem Unionsbürger zuerkanntes Recht ausgeübt, sich im Hoheitsgebiet eines anderen Mitgliedstaats als dem seiner Staatsangehörigkeit frei zu bewegen und aufzuhalten. Denn dazu gehört auch die Verlegung des Wohnsitzes[14].

Daher wird die Situation von W vom Recht der Unionsbürger, sich in den Mitgliedstaaten frei zu bewegen und aufzuhalten, erfasst, so dass sie in den Anwendungsbereich des AEUV fällt. Als Angehöriger eines Mitgliedstaats, der sich rechtmäßig in einem anderen Mitgliedstaat aufhält, kann W sich somit auch gegenüber einer nationalen Regelung auf Art. 18 I AEUV berufen, die die Voraussetzungen festlegt, unter denen die zuständige Justizbehörde die Vollstreckung eines zur Vollstreckung einer Freiheitsstrafe ausgestellten Europäischen Haftbefehls verweigern kann[15].

B. Persönlicher Anwendungsbereich des allgemeinen Diskriminierungsverbots

W ist Deutscher und damit gem. Art. 9 S. 2 EUV und Art. 20 I 2 AEUV Unionsbürger. **597**
Damit ist der persönliche Anwendungsbereich des Diskriminierungsverbots, das jedenfalls die Unionsbürger schützt[16], eröffnet.

C. Sachlicher Anwendungsbereich des allgemeinen Diskriminierungsverbots

Das allgemeine Diskriminierungsverbot aus Gründen der Staatsangehörigkeit besagt, **598**
dass vergleichbare Sachverhalte nicht unterschiedlich und unterschiedliche Sachverhalte nicht gleichbehandelt werden dürfen, es sei denn, dass eine derartige Behandlung objektiv gerechtfertigt ist[17].

---

13 EuGH vom 6.10.2009, Rs. C-123/08, Slg. 2009, I-9621, NJW 2010, S. 283 ff., 284, Rn. 44 ff., Wolzenburg.

14 *Kluth*, in: Calliess/Ruffert, AEUV, Art. 21, Rn. 4 m.w.N.

15 Vgl. z.B. EuGH vom 13.11.2018, Rs. C-247/17, ECLI:EU:C:2018:898 (JURIS), Rn. 27 m.w.N., Raugevicius, und EuGH vom 6.10.2009, Rs. C-123/08, Slg. 2009, I-9621, NJW 2010, S. 283 ff., 284, Rn. 47, Wolzenburg, sowie *Tinkl*, ZIS 2010, S. 323. Nach *Epiney*, NVwZ 2010, S. 1000 ff., 1006, ergibt sich die Anwendbarkeit des Verbots der Diskriminierung aus Gründen der Staatsangehörigkeit bereits aus den allgemeinen Grundsätzen, wonach sich die Unionsbürger im Falle der Ausübung ihres Freizügigkeitsrechts im Aufnahmestaat allgemein auf Art. 18 AEUV berufen können, so dass es nicht darauf ankommt, ob die betreffenden nationalen Vorschriften zur Umsetzung des Beschlusses über den Europäischen Haftbefehl ergangen sind. Die Begründung des EuGH sei im Zusammenhang mit der Rechtslage vor dem Inkrafttreten des Vertrags von Lissabon zu sehen.

16 *Epiney*, in: Calliess/Ruffert, AEUV, Art. 18, Rn. 41 m.w.N.

17 So z.B. EuGH vom 6.10.2009, Rs. C-123/08, Slg. 2009, I-9621, NJW 2010, S. 283 ff., 285, Rn. 63, Wolzenburg, und EuGH vom 3.5.2007, Rs. C-303/05, Slg. 2007, I-3633, NJW 2007, S. 2237 ff., 2240, Rn. 56 m.w.N., Advocaten voor de Wereld VZW./.Leden van de Ministerraad. Siehe dazu auch *Dittert*, Europarecht, S. 306.

I. Ungleichbehandlung

599 Zu prüfen ist daher, ob vergleichbare Sachverhalte unterschiedlich behandelt werden. Für W ergibt sich die Frage bei seiner Auslieferung mit Europäischem Haftbefehl von den Niederlanden nach Deutschland. Vergleichsgruppe sind also die Personen, die auf der Grundlage eines Europäischen Haftbefehls von den Niederlanden zum Zwecke der Strafvollstreckung ausgeliefert werden sollen. Es kommt somit darauf an, ob das niederländische Recht EU-Ausländer in dieser Situation anders behandelt als niederländische Staatsbürger. Zwar wäre es theoretisch auch denkbar, die Vergleichsgruppe enger zu ziehen und nur die Auslieferung von Bürgern aus verschiedenen EU-Mitgliedstaaten (außer den Niederlanden) zu betrachten, doch dann würde das maßgebliche Kriterium der Gleichbehandlung mit den *eigenen* Staatsbürgern leerlaufen.

Entscheidend dafür sind die Bestimmungen des niederländischen Rechts, die den Rahmenbeschluss umsetzen. Nach Art. 6 II NdlÜbergabeG ist die Übergabe (also die Auslieferung, vgl. Art. 1 I Rahmenbeschluss) eines Niederländers nicht zulässig, wenn sie zum Zweck der Vollstreckung einer Freiheitsstrafe beantragt wird, die gegen ihn durch rechtskräftiges Urteil verhängt worden ist. Praktisch bedeutet das, dass niederländische Staatsbürger nicht zum Zwecke der Strafvollstreckung ausgeliefert werden dürfen (die Strafe wird dann ggf. in den Niederlanden vollstreckt). Art. 6 V NdlÜbergabeG sieht vor, dass das Übergabeverbot nach Art. 6 II auch für einen Ausländer mit einer unbefristeten Aufenthaltsgenehmigung gilt, sofern er in den Niederlanden wegen der dem Europäischen Haftbefehl zugrunde liegenden Taten verfolgt werden kann und sofern zu erwarten ist, dass er sein Aufenthaltsrecht in den Niederlanden nicht infolge einer gegen ihn verhängten Strafe oder Maßregel verlieren wird. Die unbefristete Aufenthaltsgenehmigung wird nach den oben zitierten §§ 8 und 9 NdlAusländerG i.V.m. Art. 16 I der RL 2004/38/EG aber erst nach einem mindestens fünfjährigen rechtmäßigen Aufenthalt in den Niederlanden erteilt. Daraus folgt, dass das Verweigerung bei Staatsangehörigen anderer Mitgliedstaaten mindestens voraussetzt, dass sie sich rechtmäßig fünf Jahre lang ununterbrochen in den Niederlanden aufgehalten haben. Dadurch behandelt das NdlÜbergabeG niederländische Staatsbürger bei der Übergabe anders als Ausländer, so dass eine Ungleichbehandlung vorliegt[18]. W ist kein niederländischer Staatsbürger und lebt erst gut ein Jahr in den Niederlanden, so dass die Übergabe nicht verweigert werden kann. Es handelt sich hierbei um eine offene bzw. unmittelbare Ungleichbehandlung, die direkt an die Staatsangehörigkeit anknüpft.

II. Rechtfertigung der Ungleichbehandlung

600 Wie oben bereits erwähnt, gilt das Diskriminierungsverbot des Art. 18 I AEUV nicht absolut. Zu prüfen ist somit, ob die Ungleichbehandlung der Staatsangehörigen der anderen Mitgliedstaaten gerechtfertigt ist[19]. Das setzt voraus, dass sie auf objektiven

18 Vgl. EuGH vom 6.10.2009, Rs. C-123/08, Slg. 2009, I-9621, NJW 2010, S. 283 ff., 285, Rn. 64, Wolzenburg.

19 Zur Frage, ob Diskriminierungen gem. Art 18 AEUV überhaupt gerechtfertigt werden können, s. *Kühling/Ascher*, JURA 2017, S. 227 ff., 236 f. m.w.N.

Erwägungen beruht und in angemessenem Verhältnis zu dem mit dem nationalen Recht legitimerweise verfolgten Zweck steht[20].

1. Legitimer Zweck

Das niederländische ÜbergabeG steht einer Übergabe dann entgegen, wenn der Betroffene Niederländer ist oder sich schon eine gewisse Zeit (mindestens 5 Jahre) rechtmäßig in den Niederlanden aufgehalten hat. Mit dem Gesetz wurde der Rahmenbeschluss über den europäischen Haftbefehl gem. Art. 34 II lit. b) der im Jahr 2002 geltenden Fassung des EU-Vertrags in niederländisches Recht umgesetzt. Rahmenbeschlüsse sind gem. Art. 34 II lit. b) S. 2 und 3 EU-Vertrag (Amsterdam-Fassung) nicht unmittelbar wirksam, aber hinsichtlich des zu erreichenden Ziels verbindlich. **601**

Besondere Kenntnisse über Rahmenbeschlüsse[21] sind an dieser Stelle nicht verlangt, zumal deren Wirkung unmittelbar aus dem abgedruckten Vertragstext entnommen kann. Es ist daher nicht notwendig, sich an dieser Stelle vertieft mit dem Recht der EU, wie es vor Inkrafttreten des Vertrags von Lissabon bestand, auseinanderzusetzen. Zum einen kann diese Frage angesichts der Vertragsänderungen durch den Vertrag von Lissabon schon mangels des für eine angemessene Bearbeitung notwendigen EU-Vertrags in der Fassung des Vertrags von Amsterdam bzw. Nizza nicht sachgerecht beantwortet werden. Und zum anderen handelt es sich im konkreten Fall um einen Bereich, bei dem der nationale Gesetzgeber einen weiten Spielraum hat, so dass sich die Frage nach der Bindung durch den Rahmenbeschluss allenfalls am Rande stellt.

Der Zweck des NdlÜbergabeG kann daher nur vor dem Hintergrund dieses Rahmenbeschlusses sachgerecht beurteilt werden.

a) Systematik des Rahmenbeschlusses 2002/584/JI

Insbesondere aus Art. 1 I und II sowie aus Erwägungsgrund fünf des Rahmenbeschlusses ergibt sich, dass dieser das multilaterale System der Auslieferung zwischen den Mitgliedstaaten durch ein System der Übergabe zwischen Justizbehörden von verurteilten oder verdächtigen Personen zur Vollstreckung strafrechtlicher Urteile oder zur Strafverfolgung auf der Grundlage der gegenseitigen Anerkennung ersetzen soll. Außer in den in Art. 3 dieses Rahmenbeschlusses vorgesehenen Fällen, in denen die Vollstreckung abzulehnen ist, können die Mitgliedstaaten die Vollstreckung eines solchen Haftbefehls nur in den in Art. 4 dieses Rahmenbeschlusses aufgezählten Fällen verweigern. Der Grundsatz der gegenseitigen Anerkennung, der der Systematik des Rahmenbeschlusses zugrunde liegt, bedeutet nach dessen Art. 1 II somit, dass die Mitgliedstaaten grundsätzlich verpflichtet sind, einen Europäischen Haftbefehl zu vollstrecken. Die **602**

20 Vgl. EuGH vom 13.11.2018, Rs. C-247/17, ECLI:EU:C:2018:898, Rn. 31 m.w.N., Raugevicius, ähnlich EuGH vom 6.10.2009, Rs. C-123/08, Slg. 2009, I-9621, NJW 2010, S. 283 ff., 285, Rn. 69, Wolzenburg. Der EuGH scheint zwar grundsätzlich von einer aus dem deutschen Recht bekannten dreistufigen Prüfung (Geeignetheit-Erforderlichkeit-Angemessenheit/Verhältnismäßigkeit im engeren Sinne) auszugehen, spricht die Frage der Angemessenheit in der Praxis aber nur selten an. Siehe dazu *Streinz*, Europarecht, Rn. 870 und 918, *Dittert*, Europarecht, S. 297, je m.w.N., ausführlich *Brigola*, EuZW 2017, S. 406 ff., sowie (für Grundrechtseinschränkungen) *Michl*, EuR 2018, S. 456 ff., 465 ff.

21 Siehe dazu ausführlich Fall 18 der Erstauflage dieses Klausurenkurses und oben 1. Teil, Rz 54.

Übergabe wird im Sinne dieses Grundsatzes erleichtert, wenn das nationale Recht die Gründe für eine Verweigerung der Übergabe beschränkt. Ein nationaler Gesetzgeber, der sich innerhalb der durch Art. 4 des Rahmenbeschlusses gegebenen Möglichkeiten dafür entscheidet, die Fälle zu begrenzen, in denen die Übergabe einer gesuchten Person verweigert werden kann, stärkt daher das mit dem Rahmenbeschluss beabsichtigte Übergabesystem. Andererseits muss den Mitgliedstaaten schon aufgrund des Charakters als Rahmenbeschluss notwendigerweise ein gewisser Wertungsspielraum verbleiben, weil zwar dessen Ziele verbindlich sind, die Wahl der Form und der Mittel aber den innerstaatlichen Stellen überlassen wird (vgl. Art. 34 II lit. b) EU-Vertrag [Amsterdam-Fassung]). Daher zählt Art. 4 des Rahmenbeschlusses die Gründe auf, aus denen die Vollstreckung des Europäischen Haftbefehls abgelehnt werden kann. In diesen Fällen ist es somit gerechtfertigt, dass die zuständige Behörde im Vollstreckungsmitgliedstaat (hier also die Niederlande, vgl. Art. 3 des Rahmenbeschlusses) die Vollstreckung eines solchen Haftbefehls verweigert[22].

Nach Art. 4 Nr. 6 des Rahmenbeschlusses kann die Vollstreckung des Europäischen Haftbefehls u.a. dann verweigert werden, wenn er zur Vollstreckung einer Freiheitsstrafe ausgestellt worden ist und sich die gesuchte Person im Vollstreckungsmitgliedstaat aufhält, dessen Staatsangehöriger ist oder dort ihren Wohnsitz hat und dieser Staat sich verpflichtet, die Strafe nach seinem innerstaatlichen Recht zu vollstrecken.

b) Umsetzung des Rahmenbeschlusses in niederländisches Recht

603 Ausweislich der Gesetzesbegründung sollte mit Art. 6 V NdlÜbergabeG eine Bestimmung geschaffen werden, bei der anhand von objektiven Kriterien geprüft werden kann, ob der Aufenthalt des Betroffenen von Dauer ist[23]. Nimmt man dieses zusammen mit dem generellen Übergabeverbot für Niederländer, so zeigt sich, dass das Verbot vor allem dann greift, wenn die Betroffenen als Staatsbürger in die niederländische Gesellschaft integriert sind (oder zumindest die entsprechende Vermutung berechtigt ist) oder durch ihren langjährigen Aufenthalt zeigen, dass sie dort eine Perspektive für sich sehen und ein entsprechendes Leben aufbauen wollen. Das lässt vermuten, dass sich der niederländische Gesetzgeber vor allem vom Gedanken der Resozialisierung leiten ließ. Denn nach heutigen rechtsstaatlichen Maßstäben stellt eine Strafe, insbesondere eine Freiheitsstrafe, nicht bloß einen Ausgleich für das anderen zugefügte Unrecht dar, sondern soll durch geeignete Begleitmaßnahmen auch dazu beitragen, dass der Täter nach Verbüßung der Haft wieder in die Gesellschaft integriert werden kann[24].

---

22 Vgl. EuGH vom 6.10.2009, Rs. C-123/08, Slg. 2009, I-9621, NJW 2010, S. 283 ff., 285, Rn. 55 ff. m.w.N., Wolzenburg, sowie *Tinkl*, ZIS 2010, S. 321.

23 Vgl. EuGH vom 6.10.2009, Rs. C-123/08, Slg. 2009, I-9621, NJW 2010, S. 283 ff., 285, Rn. 65, Wolzenburg.

24 Siehe z.B. § 2 des deutschen Strafvollzugsgesetzes („Aufgaben des Vollzuges"): „Im Vollzug der Freiheitsstrafe soll der Gefangene fähig werden, künftig in sozialer Verantwortung ein Leben ohne Straftaten zu führen (Vollzugsziel). Der Vollzug der Freiheitsstrafe dient auch dem Schutz der Allgemeinheit vor weiteren Straftaten." Die Kenntnis dieser Norm kann bei einer klausurmäßigen Bearbeitung allerdings nicht erwartet werden. Aus Sicht des GG siehe dazu z.B. BVerfG vom 8.11.2006, 2 BvR 578/02 und 796/02, BVerfGE 117, 71, NJW 2007, S. 1933 ff.

Ein Straftäter wird sich nach seiner Entlassung eher schwer tun, sich straffrei in die Gesellschaft eines Landes einzufügen, dessen Sprache er nicht spricht und in dem er über keine nennenswerten persönlichen und wirtschaftlichen Bindungen verfügt. Wenn er aber schon hinreichend integriert ist, die Landessprache beherrscht und dort seit geraumer Zeit den Mittelpunkt seiner wirtschaftlichen und sozialen Beziehungen unterhält, so werden sich durch eine Vollstreckungsübernahme seine Resozialisierungschancen selbst dann erhöhen, wenn sein Geburtsland um Auslieferung ersucht[25]. Vor diesem Hintergrund ist der Ansatz, dass die Integration in einen bestimmten Staat und die Perspektive, dort auf Dauer zu leben, tendenziell die Chancen einer Resozialisierung erhöhen, also durchaus sachgerecht und grundsätzlich anzuerkennen.

Auch der EuGH misst dem Resozialisierungsgedanken einen hohen Wert zu und sieht ihn als „wichtiges Ziel"[26] bereits in dem Rahmenbeschluss angelegt. Denn die dort in Art. 4 Nr. 6 verwendeten Begriffe „ihren Wohnsitz hat" und „sich aufhält" stehen jeweils für Situationen, in denen die Person, gegen die ein Europäischer Haftbefehl erlassen wurde, entweder ihren tatsächlichen Wohnsitz im Vollstreckungsmitgliedstaat begründet hat oder infolge eines beständigen Verweilens von gewisser Dauer in diesem Mitgliedstaat Bindungen zu diesem Staat von ähnlicher Intensität aufgebaut hat, wie sie sich aus einem Wohnsitz ergeben[27]. Daher wird mit dem fakultativen Ablehnungsgrund in Art. 4 Nr. 6 des Rahmenbeschlusses ebenso wie mit dessen Art. 5 Nr. 3 insbesondere bezweckt, dass der Frage, ob die Resozialisierungschancen der gesuchten Person nach Verbüßung der gegen sie verhängten Strafe erhöht werden können, besondere Bedeutung beigemessen werden kann[28].

Das Ziel der Resozialisierung schließt es aber nicht aus, dass die Mitgliedstaaten bei **604**
der Durchführung des Rahmenbeschlusses die Fälle, in denen die Übergabe einer von Art. 4 Nr. 6 erfassten Person verweigert werden kann, i.S.d. in Art. 1 II des Rahmenbeschlusses aufgestellten Grundregel begrenzen[29]. Es ist daher legitim, dass der Vollstreckungsmitgliedstaat dieses Ziel nur gegenüber Personen verfolgt, die ein bestimmtes Maß an Integration in die Gesellschaft dieses Mitgliedstaats nachgewiesen haben. Die bloße Voraussetzung der Staatsbürgerschaft für die eigenen Staatsbürger einerseits und die Voraussetzung eines ununterbrochenen Aufenthalts von fünf Jahren für die Staatsbürger der anderen Mitgliedstaaten andererseits gewährleisten, dass die gesuchte Person hinreichend in den Vollstreckungsmitgliedstaat integriert ist[30]. Hingegen hat ein Uni-

25 Vgl. *Böhm*, NJW 2008, S. 3183 ff., 3184.

26 Vgl. EuGH vom 6.10.2009, Rs. C-123/08, Slg. 2009, I-9621, NJW 2010, S. 283 ff., 285, Rn. 62, Wolzenburg.

27 EuGH vom 17.7.2008, Rs. C-66/08, Slg. 2008, I-6041, NJW 2008, S. 3201 ff., 3203 f., Rn. 46, Auslieferung von Szymon Kozłowski.

28 Vgl. EuGH vom 6.10.2009, Rs. C-123/08, Slg. 2009, I-9621, NJW 2010, S. 283 ff., 285, Rn. 62, Wolzenburg, und EuGH vom 17.7.2008, Rs. C-66/08, Slg. 2008, I-6041, NJW 2008, S. 3201 ff., 3203, Rn. 45, Kozłowski.

29 Vgl. EuGH vom 6.10.2009, Rs. C-123/08, Slg. 2009, I-9621, NJW 2010, S. 283 ff., 285, Rn. 62, Wolzenburg.

30 Kritisch zu der Frage, ob die eigene Staatsangehörigkeit immer ausreichend ist, und daher teils a.A. allerdings Generalanwalt *Bot* in seinen Schlussanträgen im Fall Wolzenburg, Slg. 2009, I-9621 ff., Rn. 118 ff., insbes. Rn. 124.

onsbürger, der nicht die Staatsangehörigkeit des Vollstreckungsmitgliedstaats besitzt und sich nicht während eines bestimmten Zeitraums ununterbrochen im Hoheitsgebiet dieses Staates aufgehalten hat, im Allgemeinen stärkere Verbindungen mit seinem Herkunftsmitgliedstaat als mit der Gesellschaft des Vollstreckungsmitgliedstaats[31].

Daher liegt mit der Überlegung, dass die Resozialisierung grds. nur gelingt, wenn der Betroffene eine gewisse Beziehung zu der ihn umgebenden Gesellschaft hat, ein legitimer Zweck für die unterschiedliche Behandlung von Niederländern und den Bürgern anderer Staaten vor.

2. Verhältnismäßigkeit

605 Die Ungleichbehandlung muss in einem angemessenen Verhältnis zu dem Zweck stehen, der mit dem nationalen Recht legitimerweise verfolgt wird, und darf nicht über das hinausgehen, was zur Erreichung dieses Zwecks erforderlich ist[32].

Die niederländischen Bestimmungen, die für die Verweigerung der Übergabe an die Staatsangehörigkeit bzw. an eine Mindestaufenthaltsdauer anknüpfen, dienen dem Zweck, ein bestimmtes Maß an Integration zu erreichen. Fraglich ist allerdings, ob die Regelung noch verhältnismäßig ist. Dagegen spricht, dass ein ununterbrochener Aufenthalt von fünf Jahren eine recht hohe Hürde aufstellt. Zudem wird hier eine relativ starre Lösung gewählt, die an bestimmte Fristen anknüpft und kaum Raum für eine individuelle Prüfung der möglicherweise schon vor Ablauf der Fünfjahresfrist bestehenden Verbundenheit des Betroffenen mit den Niederlanden lässt. Für die Verhältnismäßigkeit spricht allerdings, dass der niederländische Gesetzgeber zu Recht davon ausgehen durfte, dass die eigenen Staatsangehörigen mit ihrem Herkunftsmitgliedstaat eine Verbindung aufweisen, die ihre soziale Reintegration nach der Strafvollstreckung in den Niederlanden gewährleistet, und dass dieser Aspekt bereits im Rahmenbeschluss angelegt ist (siehe oben). Ausländischen Straftätern fehlt diese Verbindung in der Regel, was ihre Resozialisierungschancen verschlechtert. Die Anknüpfung an personenbezogene Kriterien wie die individuelle Verbundenheit mit den Niederlanden, wie W sie geltend macht, würde zudem zu großen Beweisschwierigkeiten und Rechtsunsicherheiten führen[33]. Daher muss bei der Prüfung der Verhältnismäßigkeit von Maßnahmen, die im Zusammenhang mit der Verbindung der betreffenden Personen zu dem jeweiligen Mitgliedstaat stehen, ein Rückgriff auf typisierende Kriterien (Staatsangehörigkeit, Mindestaufenthaltsdauer) grundsätzlich möglich sein[34]. Eine solche Regelung dient letztlich

31 Vgl. EuGH vom 6.10.2009, Rs. C-123/08, Slg. 2009, I-9621, NJW 2010, S. 283 ff., 285, Rn. 67 f., Wolzenburg, und EuGH vom 13.11.2018, Rs. C-247/17, ECLI:EU:C:2018:898 (JURIS), Rn. 46, Raugevicius.

32 So z.B. EuGH vom 6.10.2009, Rs. C-123/08, Slg. 2009, I-9621, NJW 2010, S. 283 ff., 285, Rn. 69, Wolzenburg, und EuGH vom 18.11.2008, Rs. C-158/07, Slg. 2008, I-8507, NVwZ 2009, S. 93 ff., 95, Rn. 53, Jacqueline Förster./.Hoofddirectie van de Informatie Beheer Groep.

33 Nach dem Vortrag der niederländischen Regierung im Fall Wolzenburg entwickeln Personen, denen die Übergabe droht, einen „großen Einfallsreichtum" bei den Argumenten, mit denen sie eine Verbindung mit der niederländischen Gesellschaft nachzuweisen versuchen, siehe EuGH vom 6.10.2009, Rs. C-123/08, Slg. 2009, I-9621, NJW 2010, S. 283 ff., 285, Rn. 65, Wolzenburg.

34 Vgl. *Epiney* NVwZ 2010 S. 1000 ff., 1006.

auch der Rechtssicherheit, die der EuGH zu den im Unionsrecht anerkannten Rechtsgrundsätzen zählt[35]. Insofern ist die niederländische Unterscheidung zwischen In- und Ausländern mit ihrer Berücksichtigung der Aufenthaltsdauer grundsätzlich verhältnismäßig.

Zu prüfen bleibt allerdings, ob das auch für die konkrete Mindestaufenthaltsdauer von fünf Jahren gilt. Dagegen spricht, dass der Rahmenbeschluss selbst keine (Mindest-) Frist festlegt, so dass auch eine kürzere Frist zulässig wäre. Andererseits darf diese Frist auch nicht zu kurz bemessen werden, denn dann wäre sie nicht geeignet, ein Mindestmaß an Integration zu gewährleisten. Zudem legt das europäische Recht auch in Art. 16 I der RL 2004/38/EG den ununterbrochenen Aufenthalt von fünf Jahren als den Zeitraum fest, ab dem die Unionsbürger im Hoheitsgebiet des Aufnahmemitgliedstaats ein Recht auf Daueraufenthalt erwerben[36]. Der Zeitraum von fünf Jahren wird vom europäischen Gesetzgeber somit als maßgeblich für die Integration in einen fremden Staat angesehen. Daher geht die Voraussetzung des Aufenthalts während eines ununterbrochenen Zeitraums von fünf Jahren nicht über das Erforderliche hinaus, um das Ziel des Mindestmaßes an Integration im Vollstreckungsmitgliedstaat zu erreichen. Die niederländische Regelung erweist sich somit als verhältnismäßig[37]. **606**

III. Ergebnis Rechtfertigungsprüfung

Das Kriterium, dass sich Ausländer für die Verweigerung der Übergabe mindestens fünf Jahre lang ununterbrochen rechtmäßig in den Niederlanden aufgehalten haben müssen, dient einem legitimen Zweck und ist verhältnismäßig. Damit verstößt es nicht gegen Art. 18 I AEUV[38], so dass die Ungleichbehandlung gerechtfertigt ist. **607**

D. Ergebnis

Herr W wird durch die niederländische Regelung nicht i.S.d. Art. 18 I AEUV diskriminiert. Er hat also nicht Recht. **608**

Zusatzfrage 1

Wie oben dargelegt wurde, stellt die durch die Mindestaufenthaltsdauer manifestierte Verbundenheit mit dem Staat M ein zulässiges Unterscheidungskriterium dar. Fraglich ist allerdings, ob auch das Erfordernis einer entsprechenden Bescheinigung noch verhältnismäßig wäre. Zwar würde eine solche Bescheinigung die Entscheidung im konkreten Einzelfall sicherlich erleichtern, weil damit nach dem Recht von M entsprechend **609**

---

35 Vgl. EuGH vom 12.2.2008, Rs. C-2/06, Slg. 2008, I-411, EuZW 2008, S. 148 ff., 150, Rn. 37 m.w.N., Willy Kempter KG./.Hauptzollamt Hamburg-Jonas (siehe dazu ausführlich Fall 14).

36 EuGH vom 6.10.2009, Rs. C-123/08, Slg. 2009, I-9621, NJW 2010, S. 283 ff., 286, Rn. 71, Wolzenburg.

37 Vgl. EuGH vom 6.10.2009, Rs. C-123/08, Slg. 2009, I-9621, NJW 2010, S. 283 ff., 286, Rn. 76, Wolzenburg.

38 Vgl. EuGH vom 6.10.2009, Rs. C-123/08, Slg. 2009, I-9621, NJW 2010, S. 283 ff., 286, Rn. 74, Wolzenburg.

den §§ 9 II, 20 und 21 des niederländischen Ausländergesetzes die Mindestaufenthaltsdauer dokumentiert wird. Andererseits sieht Art. 16 I der RL 2004/38/EG ausdrücklich vor, dass ein Unionsbürger, der sich rechtmäßig fünf Jahre lang ununterbrochen im Aufnahmemitgliedstaat aufgehalten hat, das Recht hat, sich dort auf Dauer aufzuhalten. Nach Art. 19 I der Richtlinie, der das entsprechende Verwaltungsverfahren betrifft, stellen die Mitgliedstaaten auf Antrag den zum Daueraufenthalt berechtigten Unionsbürgern nach Überprüfung der Dauer ihres Aufenthalts ein Dokument zur Bescheinigung ihres Daueraufenthalts aus. Art. 19 dieser Richtlinie schreibt somit nicht vor, dass die Unionsbürger, die das Recht auf Daueraufenthalt im Hoheitsgebiet eines anderen Mitgliedstaats nach Art. 16 der Richtlinie erworben haben, Inhaber einer unbefristeten Aufenthaltsgenehmigung sein müssen. Die Unionsbürger können zwar ein entsprechendes Dokument erhalten, es ist nach Art. 19 der Richtlinie aber nicht vorgeschrieben. Ein solches Dokument hat daher nur deklaratorische Wirkung und Beweisfunktion, kann aber nach den Art. 16 und 19 der Richtlinie keine konstitutive Bedeutung für die Begründung des Aufenthaltsrechts haben. Daraus folgt, dass eine ergänzende verwaltungsrechtliche Anforderung wie eine unbefristete Aufenthaltsgenehmigung im Fall eines Unionsbürgers keine Voraussetzung für die Verweigerung der Übergabe gem. Art. 4 Nr. 6 des Rahmenbeschlusses 2002/584/JI sein darf. Denn dies würde über das zum Erreichen des entsprechenden Ziels (Integration durch Mindestaufenthalt) Notwendige hinausgehen und wäre unverhältnismäßig.

Daher dürfen neben Anforderungen an die Aufenthaltsdauer in dem jeweiligen Staat keine ergänzenden verwaltungsrechtlichen Anforderungen wie der Besitz einer unbefristeten Aufenthaltsgenehmigung gestellt werden[39].

Zusatzfrage 2

610 Ein Gesetz zur Umsetzung des Rahmenbeschlusses wäre in erster Linie an Art. 16 II GG zu messen. Gem. Art. 16 II 1 GG darf kein Deutscher an das Ausland ausgeliefert werden, zu dem, wie der Umkehrschluss aus Art. 16 II 2 GG zeigt, auch das Territorium der Mitgliedstaaten der EU gehört[40]. Allerdings lässt der im Jahr 2000 neu eingefügte[41] Art. 16 II 2 GG Ausnahmen vom strikten Verbot des Satzes 1 zu. Die Änderung dient u.a. der weiteren Öffnung der innerstaatlichen Rechtsordnung für das Europa- und Völkerrecht. Nach dem qualifizierten Gesetzesvorbehalt des Art. 16 II 2 GG kann durch Gesetz eine abweichende Regelung (d.h. eine Ausnahme von dem Verbot) u.a. für Auslieferungen an einen Mitgliedstaat der EU getroffen werden, sofern rechtsstaatliche Grundsätze gewahrt werden. Letzteres bezieht sich nicht auf das deutsche Verfahren, für das sich das ohnehin schon aus dem Rechtsstaatsprinzip gem. Art. 20 II GG ergibt, sondern auf den ausländischen Staat[42].

---

39 Vgl. EuGH vom 6.10.2009, Rs. C-123/08, Slg. 2009, I-9621, NJW 2010, S. 283 ff., 284, Rn. 48 ff. m.w.N., Wolzenburg.

40 Siehe auch BVerfG vom 19.7.2011, 1 BvR 1916/09, BVerfGE 129, 78, 96 m.w.N.

41 BGBl. I 2000, S. 1633; zur Geschichte des Art. 16 GG siehe BVerfG vom 18.7.2005, 2 BvR 2236/04, BVerfGE 113, 273 ff., 293 ff.

42 BVerfG vom 18.7.2005, 2 BvR 2236/04, BVerfGE 113, 273 ff., 299.

Das Unionsrecht basiert auf der Prämisse, dass alle Mitgliedstaaten eine Reihe gemeinsamer Werte teilen, zu denen nach Art. 2 EUV die Rechtsstaatlichkeit zählt. Hierauf gründen der Grundsatz des gegenseitigen Vertrauens und der Grundsatz der gegenseitigen Anerkennung, die im Rahmen der justiziellen Zusammenarbeit der Mitgliedstaaten im Raum der Freiheit der Sicherheit und des Rechts fundamentale Bedeutung haben. Aus ihnen folgt, dass die Mitgliedstaaten verpflichtet sein können, die Beachtung der Grundrechte durch die übrigen Mitgliedstaaten zu unterstellen und nicht näher zu hinterfragen. Auf dieser Prämisse beruht das Instrument des Europäischen Haftbefehls[43].

Im Rahmen der allgemeinen rechtsstaatlichen Anforderungen an die Verhältnismäßigkeit einer gesetzlichen Regelung ist nach der Rspr. des BVerfG insbes. der hohe Schutzgehalt des Art. 16 II GG zu beachten[44]. Der Zweck des Freiheitsrechts auf Auslieferungsschutz liegt nicht darin, den Betroffenen einer gerechten Bestrafung zu entziehen. Vielmehr sollen Bürger nicht gegen ihren Willen aus der ihnen vertrauten Rechtsordnung entfernt werden. Jeder Staatsangehörige soll – soweit er sich im Staatsgebiet aufhält – vor den Unsicherheiten einer Aburteilung unter einem ihm fremden Rechtssystem und in für ihn schwer durchschaubaren fremden Verhältnissen bewahrt werden. Zudem gewährleistet das Ausbürgerungs- und Auslieferungsverbot des Art. 16 GG die besondere Verbindung der Bürger zu der von ihnen getragenen freiheitlichen Rechtsordnung. Der Beziehung des Bürgers zu einem freiheitlichen demokratischen Gemeinwesen entspricht es, dass der Bürger von dieser Vereinigung grundsätzlich nicht ausgeschlossen werden kann[45]. **611**

Der Gesetzgeber muss daher beachten, dass mit dem Auslieferungsverbot gerade auch die Grundsätze der Rechtssicherheit und des Vertrauensschutzes für den von einer Auslieferung betroffenen Deutschen gewahrt werden sollen. Die Verlässlichkeit der Rechtsordnung ist wesentliche Voraussetzung für Freiheit, das heißt für die Selbstbestimmung über den eigenen Lebensentwurf und seine Umsetzung. Das Rechtsstaatsprinzip verlangt, dass der Grundrechtsberechtigte sich darauf verlassen können muss, dass sein dem jeweils geltenden Recht entsprechendes Verhalten nicht nachträglich als rechtswidrig qualifiziert wird[46]. **612**

Für den Verfolgten bedeutet die Überstellung in eine andere (auch in eine durch die europäische Integration näher gerückte mitgliedstaatliche) Rechtsordnung nicht nur eine verfahrensrechtliche Schlechterstellung, die in Sprachhindernissen, kulturellen Unterschieden sowie andersartigem Prozessrecht und Verteidigungsmöglichkeiten liegen kann. Sie bindet ihn auch im Ergebnis an ein Strafrecht, das er nicht demokratisch mitgestalten konnte, das er – anders als das deutsche Strafrecht – nicht kennen muss und das ihm in vielen Fällen wegen mangelnder Vertrautheit der jeweiligen nationalen **613**

---

43 *Payandeh*, JuS 2018, S. 919 ff., 920. Siehe zu Umgang mit rechtsstaatlichen Problemen z.B. EuGH vom 25.7.2018, Rs. C-220/18 PPU, ECLI:EU:C:2018:589, NJW 2018, S. 3161 ff., Europäischer Haftbefehl gegen ML, mit Anm. *Böhm*, S. 3168, und EuGH vom 25.7.2018, Rs. C-216/18 PPU, ECLI:EU:C: 2018:586 (JURIS), JuS 2018, S. 919 ff., Minister for Justice and Equality./.LM.

44 Vgl. BVerfG vom 18.7.2005, 2 BvR 2236/04, BVerfGE 113, 273, 292.

45 Vgl. BVerfG vom 18.7.2005, 2 BvR 2236/04, BVerfGE 113, 273, 293 f.

46 BVerfG vom 18.7.2005, 2 BvR 2236/04, BVerfGE 113, 273, 301 f., BVerfG vom 9.3.2016, 2 BvR 468/16 (JURIS), Rn. 12.

öffentlichen Kontexte auch keine hinreichend sichere Parallelwertung in der Laiensphäre erlaubt[47].

614 Bei der Abwägung der konkurrierenden Belange (einerseits Schutz vor Auslieferung, andererseits grenzüberschreitendes europäisches Strafvollstreckungsinteresse) muss das Vertrauen in die eigene Rechtsordnung somit dann in besonderer Weise geschützt werden, wenn die dem Auslieferungsersuchen zugrunde liegende Handlung einen maßgeblichen Inlandsbezug hat. Wer als Deutscher im eigenen Rechtsraum eine Tat begeht, muss grundsätzlich nicht mit einer Auslieferung an eine andere Staatsgewalt rechnen. Anders fällt die Beurteilung hingegen aus, wenn die vorgeworfene Tat einen maßgeblichen Auslandsbezug hat. Wer in einer anderen Rechtsordnung handelt, muss damit rechnen, hier auch zur Verantwortung gezogen zu werden[48].

Wiederholung und Vertiefung

Weiterführende Hinweise

615 *Streinz, Rudolf:* Europarecht, Rn. 229 und 824.

EuGH vom 6.10.2009, Rs. C-123/08, Slg. 2009, I-9621, NJW 2010, S. 283 ff., Auslieferung von Dominic Wolzenburg.

EuGH vom 5.4.2016, verb. Rs. C-404/15 und C-659/15 PPU, ECLI:EU:C:2016:198, Rn. 104, Auslieferung von Pál Aranyosi und von Robert Căldăraru.

EuGH vom 26.2.2013, Rs. C-399/11, ECLI:EU:C:2013:107, NJW 2013, S. 1215 ff., Stefano Melloni./.Ministerio Fiscal.

EuGH vom 17.7.2008, Rs. C-66/08, Slg. 2008, I-6041 NJW 2008, S. 3201 ff., Auslieferung von Szymon Kozłowski.

EuGH vom 3.5.2007, Rs. C-303/05, Slg. 2007, I-3633, NJW 2007, S. 2237 ff., Advocaten voor de Wereld VZW./.Leden van de Ministerraad.

BVerfG vom 9.3.2016, 2 BvR 468/16 (JURIS).

BVerfG vom 15.12.2015, Az. 2 BvR 2735/14, BVerfGE 140, 317, NJW 2016, S. 1149 ff.

BVerfG vom 28.10.2009, 2 BvR 2236/09 (JURIS).

BVerfG vom 18.7.2005, 2 BvR 2236/04, BVerfGE 113, 273, NJW 2005, S. 2289 ff.

Böhm, Klaus Michael: Die Kozlowski-Entscheidung des EuGH und ihre Auswirkungen auf das deutsche Auslieferungsrecht – Kein „Strafvollstreckungstourismus“ innerhalb Europas, NJW 2008, S. 3183 ff.

47 Vgl. BVerfG vom 18.7.2005, 2 BvR 2236/04, BVerfGE 113, 273, 302 f.
48 Vgl. BVerfG vom 18.7.2005, 2 BvR 2236/04, BVerfGE 113, 273, 302 f.

Hackner, Thomas/Schomburg, Wolfgang/Lagodny, Otto/Gleß, Sabine: Das 2. Europäische Haftbefehlsgesetz, NStZ 2006, S. 663 ff.

Reinhardt, Jörn/Düsterhaus, Dominik: Verfassungsgemäß, aber gemeinschaftswidrig? Zur Neufassung des deutschen Gesetzes über den europäischen Haftbefehl und der damit einhergehenden Inländerprivilegierung, NStZ 2006, S. 432 ff.

Sauer, Heiko: „Solange" geht in Altersteilzeit – Der unbedingte Vorrang der Menschenwürde vor dem Unionsrecht, NJW 2016, S. 1134 ff.

Tinkl, Cristina: Die Ungleichbehandlung eigener und fremder Staatsbürger im deutschen Auslieferungsrecht – Verstoß gegen das europäische Diskriminierungsverbot und gegen das grundgesetzliche Bestimmtheitsgebot, ZIS 2010, S. 320 ff.

Zimmermann, Frank: Die Auslegung künftiger EU-Strafrechtskompetenzen nach dem Lissabon-Urteil des Bundesverfassungsgerichts, JURA 2009, S. 844 ff.

Fall 20

Big Brother is watching you

Schwerpunktbereich, Schwierigkeitsgrad: hoch

616 Teil I

Herr S nutzt seit 2008 das soziale Netzwerk Facebook. Alle im Unionsgebiet wohnhaften Personen, die Facebook nutzen wollen, müssen bei ihrer Anmeldung einen Vertrag mit Facebook Ireland abschließen, einer Tochtergesellschaft der in den Vereinigten Staaten ansässigen Facebook Inc. Die personenbezogenen Daten der im Unionsgebiet wohnhaften Nutzer von Facebook werden ganz oder teilweise an Server der Facebook Inc., die sich in den Vereinigten Staaten befinden, übermittelt und dort verarbeitet.

Herr S legte beim Data Protection Commissioner der Republik Irland, der als Datenschutzbeauftragter zu den Aufsichtbehörden i.S.d. Art. 51 der Datenschutz-Grundverordnung (DS-GVO, VO (EU) 2016/679) gehört, Beschwerde ein, mit der er ihn aufforderte, Facebook Ireland die Übermittlung seiner personenbezogenen Daten in die Vereinigten Staaten zu untersagen. Er war der Auffassung, dass das Recht und die Praxis der Vereinigten Staaten keinen ausreichenden Schutz der dort gespeicherten personenbezogenen Daten vor den Überwachungstätigkeiten der dortigen Behörden gewährleisteten. Der angerufene Data Protection Commissioner wies die Beschwerde als unbegründet zurück. Er sah sich dabei an eine Entscheidung der Kommission gebunden, in der diese auf der Grundlage der damals einschlägigen Datenschutzrichtlinie 95/46/EG[1] die Angemessenheit des Schutzes personenbezogener Daten in den Vereinigten Staaten festgestellt hatte (nach Art. 25 VI der RL 95/46/EG konnte die Kommission gegenüber den Mitgliedstaaten feststellen, dass ein Drittland aufgrund seiner innerstaatlichen Rechtsvorschriften oder internationaler Verpflichtungen, die es eingegangen ist, hinsichtlich des Schutzes der Privatsphäre sowie der Freiheiten und Grundrechte von Personen ein angemessenes Schutzniveau gewährleistet). Eine Anfechtung dieser Entscheidung oder der zugrunde liegenden Richtlinienbestimmung sei nicht erfolgt.

Der angerufene High Court setzte das Verfahren aus und legte dem Gerichtshof die Frage vor, ob und inwieweit Art. 45 I der DS-GVO im Lichte der Art. 7, 8 und 47 GRC dahin auszulegen ist, dass eine aufgrund dieser Bestimmung bzw. des Art. 25 I der RL 95/46/EG ergangene Entscheidung, in der die Kommission feststellt, dass ein Drittland ein angemessenes Schutzniveau gewährleistet, eine Aufsichtsbehörde eines Mitgliedstaats i.S.d. Art. 51 der DS-GVO daran hindert, die Eingabe einer Person zu prüfen, die sich auf den Schutz ihrer Rechte und Freiheiten bei der Verarbeitung sie betreffender

---

1 RL 95/46/EG des Europäischen Parlaments und des Rates vom 24.10.1995 zum Schutz natürlicher Personen bei der Verarbeitung personenbezogener Daten und zum freien Datenverkehr, ABl. 1995 Nr. L 281/31, geändert durch VO (EG) Nr. 1882/2003 des Europäischen Parlaments und des Rates vom 29.9.2003, ABl. 2003 Nr. L Nr. 284/1, aufgehoben mit Wirkung zum 25.5.2018 durch Art. 94 der DS-GVO.

personenbezogener Daten, die aus einem Mitgliedstaat in dieses Drittland übermittelt wurden, bezieht, wenn diese Person geltend macht, dass das Recht und die Praxis dieses Landes kein angemessenes Schutzniveau gewährleisteten.

Wie wird der Gerichtshof die zulässige Vorlagefrage beantworten? Die Rechtmäßigkeit der Entscheidung der Kommission ist nicht zu prüfen[2].

Teil II

Frau T, eine dort ansässige Angehörige eines Mitgliedstaats, ist empört. Bei Eingabe ihres Namens in die Suchmaschine des Google-Konzerns wurden den Internetnutzern Links zu zwei Seiten einer Tageszeitung angezeigt, die eine Anzeige enthielten, in der unter Nennung des Namens von T auf die Versteigerung eines Grundstücks im Zusammenhang mit einer wegen Forderungen der Sozialversicherung erfolgten Pfändung hingewiesen wurde. Der Inhalt der Anzeige entsprach den gesetzlichen Bestimmungen. Frau T beantragte bei der zuständigen Datenschutzbehörde ihres Heimatmitgliedstaats, Google anzuweisen, sie betreffende personenbezogene Daten zu löschen oder zu verbergen, so dass diese weder in den Suchergebnissen noch in Links zu der Tageszeitung erscheinen. Google wurde entsprechend angewiesen. Google war der Ansicht, dass auf seiner Seite bereits keine Verantwortlichkeit für die Verarbeitung personenbezogener Daten im Sinne der DS-GVO bestehe. Zudem werde die Suchmaschine allein durch Google Inc. in den USA betrieben, die rechtlich selbstständige Niederlassung in dem fraglichen Mitgliedstaat befasse sich lediglich mit Werbung und Vermarktung der Internetseiten. Auf die Klage von Google setzte das nationale Gericht das Verfahren aus und legte dem Gerichtshof die Frage vor, ob sich den Bestimmungen der DS-GVO ein „Recht auf Vergessenwerden" entnehmen lasse, das von einem Betroffenen direkt gegenüber dem Betreiber der Suchmaschine geltend gemacht werden könne.

Wie wird der Gerichtshof die zulässige Vorlagefrage beantworten?

Datenschutz-Grundverordnung (VO (EU) 2016/679 v. 27.4.2016, Auszug)[3]:

[...] in Erwägung nachstehender Gründe:

(22) Jede Verarbeitung personenbezogener Daten im Rahmen der Tätigkeiten einer Niederlassung eines Verantwortlichen oder eines Auftragsverarbeiters in der Union sollte gemäß dieser Verordnung erfolgen, gleich, ob die Verarbeitung in oder außerhalb der Union stattfindet. Eine Niederlassung setzt die effektive und tatsächliche Ausübung einer Tätigkeit durch eine feste Einrichtung

---

2 Siehe zur Gültigkeit der sog. „Safe Harbor"-Entscheidung der Kommission (Entscheidung 2000/520/EG der Kommission vom 26.7.2000, ABl. 2000 Nr. L 215/7) EuGH vom 6.10.2015, Rs. C-362/14, ECLI:EU:C:2015:650, NJW 2015, S. 3151 ff., Rn. 67 ff., Maximillian Schrems./.Data Protection Commissioner; dazu *Ogorek*, JA 2016, S. 315 ff., *Streinz*, JuS 2016, S. 182 ff., und *Schwartmann*, EuZW 2015, S. 864 ff.

3 VO (EU) 2016/679 des Europäischen Parlaments und des Rates vom 27.4.2016 zum Schutz natürlicher Personen bei der Verarbeitung personenbezogener Daten, zum freien Datenverkehr und zur Aufhebung der Richtlinie 95/46/EG („Datenschutz-Grundverordnung", ABl. 2016 Nr. L 119/1).

voraus. Die Rechtsform einer solchen Einrichtung, gleich, ob es sich um eine Zweigstelle oder eine Tochtergesellschaft mit eigener Rechtspersönlichkeit handelt, ist dabei nicht ausschlaggebend. [...]

Artikel 1 Gegenstand und Ziele

(1) Diese Verordnung enthält Vorschriften zum Schutz natürlicher Personen bei der Verarbeitung personenbezogener Daten und zum freien Verkehr solcher Daten.

(2) Diese Verordnung schützt die Grundrechte und Grundfreiheiten natürlicher Personen und insbesondere deren Recht auf Schutz personenbezogener Daten. [...]

Artikel 2 Sachlicher Anwendungsbereich

(1) Diese Verordnung gilt für die ganz oder teilweise automatisierte Verarbeitung personenbezogener Daten sowie für die nichtautomatisierte Verarbeitung personenbezogener Daten, die in einem Dateisystem gespeichert sind oder gespeichert werden sollen.

(2) Diese Verordnung findet keine Anwendung auf die Verarbeitung personenbezogener Daten

a) im Rahmen einer Tätigkeit, die nicht in den Anwendungsbereich des Unionsrechts fällt, [...]

Artikel 3 Räumlicher Anwendungsbereich

(1) Diese Verordnung findet Anwendung auf die Verarbeitung personenbezogener Daten, soweit diese im Rahmen der Tätigkeiten einer Niederlassung eines Verantwortlichen oder eines Auftragsverarbeiters in der Union erfolgt, unabhängig davon, ob die Verarbeitung in der Union stattfindet. [...]

Artikel 4 Begriffsbestimmungen

Im Sinne dieser Verordnung bedeutet der Ausdruck

1. „personenbezogene Daten" alle Informationen, die sich auf eine identifizierte oder identifizierbare natürliche Person (im Folgenden „betroffene Person") beziehen; als identifizierbar wird eine natürliche Person angesehen, die direkt oder indirekt, insbesondere mittels Zuordnung zu einer Kennung wie einem Namen, zu einer Kennnummer, zu Standortdaten, zu einer Online-Kennung oder zu einem oder mehreren besonderen Merkmalen, die Ausdruck der physischen, physiologischen, genetischen, psychischen, wirtschaftlichen, kulturellen oder sozialen Identität dieser natürlichen Person sind, identifiziert werden kann;
2. „Verarbeitung" jeden mit oder ohne Hilfe automatisierter Verfahren ausgeführten Vorgang oder jede solche Vorgangsreihe im Zusammenhang mit personenbezogenen Daten wie das Erheben, das Erfassen, die Organisation, das Ordnen, die Speicherung, die Anpassung oder Veränderung, das Auslesen, das Abfragen, die Verwendung, die Offenlegung durch Übermittlung, Verbreitung oder eine andere Form der Bereitstellung, den Abgleich oder die Verknüpfung, die Einschränkung, das Löschen oder die Vernichtung;
7. „Verantwortlicher" die natürliche oder juristische Person, Behörde, Einrichtung oder andere Stelle, die allein oder gemeinsam mit anderen über die Zwecke und Mittel der Verarbeitung von personenbezogenen Daten entscheidet; [...]

Artikel 6 Rechtmäßigkeit der Verarbeitung

(1) Die Verarbeitung ist nur rechtmäßig, wenn mindestens eine der nachstehenden Bedingungen erfüllt ist: [...]

f) die Verarbeitung ist zur Wahrung der berechtigten Interessen des Verantwortlichen oder eines Dritten erforderlich, sofern nicht die Interessen oder Grundrechte und Grundfreiheiten der betroffenen Person, die den Schutz personenbezogener Daten erfordern, überwiegen, insbesondere dann, wenn es sich bei der betroffenen Person um ein Kind handelt. [...]

Artikel 16 Recht auf Berichtigung

Die betroffene Person hat das Recht, von dem Verantwortlichen unverzüglich die Berichtigung sie betreffender unrichtiger personenbezogener Daten zu verlangen. Unter Berücksichtigung der Zwecke der Verarbeitung hat die betroffene Person das Recht, die Vervollständigung unvollständiger personenbezogener Daten – auch mittels einer ergänzenden Erklärung – zu verlangen.

Artikel 17 Recht auf Löschung („Recht auf Vergessenwerden“)

(1) Die betroffene Person hat das Recht, von dem Verantwortlichen zu verlangen, dass sie betreffende personenbezogene Daten unverzüglich gelöscht werden, und der Verantwortliche ist verpflichtet, personenbezogene Daten unverzüglich zu löschen, sofern einer der folgenden Gründe zutrifft: [...]

c) Die betroffene Person legt gemäß Artikel 21 Absatz 1 Widerspruch gegen die Verarbeitung ein und es liegen keine vorrangigen berechtigten Gründe für die Verarbeitung vor, oder die betroffene Person legt gemäß Artikel 21 Absatz 2 Widerspruch gegen die Verarbeitung ein. [...]

(3) Die Absätze 1 und 2 gelten nicht, soweit die Verarbeitung erforderlich ist

a) zur Ausübung des Rechts auf freie Meinungsäußerung und Information; [...]

Art. 21 Widerspruchsrecht

(1) Die betroffene Person hat das Recht, aus Gründen, die sich aus ihrer besonderen Situation ergeben, jederzeit gegen die Verarbeitung sie betreffender personenbezogener Daten, die aufgrund von Artikel 6 Absatz 1 Buchstaben e oder f erfolgt, Widerspruch einzulegen; dies gilt auch für ein auf diese Bestimmungen gestütztes Profiling. Der Verantwortliche verarbeitet die personenbezogenen Daten nicht mehr, es sei denn, er kann zwingende schutzwürdige Gründe für die Verarbeitung nachweisen, die die Interessen, Rechte und Freiheiten der betroffenen Person überwiegen, oder die Verarbeitung dient der Geltendmachung, Ausübung oder Verteidigung von Rechtsansprüchen. [...]

Artikel 45 Datenübermittlung auf der Grundlage eines Angemessenheitsbeschlusses

(1) Eine Übermittlung personenbezogener Daten an ein Drittland oder eine internationale Organisation darf vorgenommen werden, wenn die Kommission beschlossen hat, dass das betreffende Drittland, ein Gebiet oder ein oder mehrere spezifische Sektoren in diesem Drittland oder die betreffende internationale Organisation ein angemessenes Schutzniveau bietet. Eine solche Datenübermittlung bedarf keiner besonderen Genehmigung.

(2) Bei der Prüfung der Angemessenheit des gebotenen Schutzniveaus berücksichtigt die Kommission insbesondere das Folgende: [...]

Artikel 51 Aufsichtsbehörde

(1) Jeder Mitgliedstaat sieht vor, dass eine oder mehrere unabhängige Behörden für die Überwachung der Anwendung dieser Verordnung zuständig sind, damit die Grundrechte und Grundfreiheiten natürlicher Personen bei der Verarbeitung geschützt werden und der freie Verkehr personenbezogener Daten in der Union erleichtert wird (im Folgenden „Aufsichtsbehörde“).

(2) Jede Aufsichtsbehörde leistet einen Beitrag zur einheitlichen Anwendung dieser Verordnung in der gesamten Union. [...]

Artikel 52 Unabhängigkeit

(1) Jede Aufsichtsbehörde handelt bei der Erfüllung ihrer Aufgaben und bei der Ausübung ihrer Befugnisse gemäß dieser Verordnung völlig unabhängig.

(2) Das Mitglied oder die Mitglieder jeder Aufsichtsbehörde unterliegen bei der Erfüllung ihrer Aufgaben und der Ausübung ihrer Befugnisse gemäß dieser Verordnung weder direkter noch indirekter Beeinflussung von außen und ersuchen weder um Weisung noch nehmen sie Weisungen entgegen. [...]

Artikel 57 Aufgaben

(1) Unbeschadet anderer in dieser Verordnung dargelegter Aufgaben muss jede Aufsichtsbehörde in ihrem Hoheitsgebiet

a) die Anwendung dieser Verordnung überwachen und durchsetzen; [...]
e) auf Anfrage jeder betroffenen Person Informationen über die Ausübung ihrer Rechte aufgrund dieser Verordnung zur Verfügung stellen und gegebenenfalls zu diesem Zweck mit den Aufsichtsbehörden in anderen Mitgliedstaaten zusammenarbeiten;
f) sich mit Beschwerden einer betroffenen Person oder Beschwerden einer Stelle, einer Organisation oder eines Verbandes gemäß Artikel 80 befassen, den Gegenstand der Beschwerde in angemessenem Umfang untersuchen und den Beschwerdeführer innerhalb einer angemessenen Frist über den Fortgang und das Ergebnis der Untersuchung unterrichten, insbesondere, wenn eine weitere Untersuchung oder Koordinierung mit einer anderen Aufsichtsbehörde notwendig ist; [...]

Artikel 58 Befugnisse

(1) Jede Aufsichtsbehörde verfügt über sämtliche folgenden Untersuchungsbefugnisse, die es ihr gestatten,

a) den Verantwortlichen, den Auftragsverarbeiter und gegebenenfalls den Vertreter des Verantwortlichen oder des Auftragsverarbeiters anzuweisen, alle Informationen bereitzustellen, die für die Erfüllung ihrer Aufgaben erforderlich sind,
b) Untersuchungen in Form von Datenschutzüberprüfungen durchzuführen, [...]
d) den Verantwortlichen oder den Auftragsverarbeiter auf einen vermeintlichen Verstoß gegen diese Verordnung hinzuweisen,
e) von dem Verantwortlichen und dem Auftragsverarbeiter Zugang zu allen personenbezogenen Daten und Informationen, die zur Erfüllung ihrer Aufgaben notwendig sind, zu erhalten,
f) gemäß dem Verfahrensrecht der Union oder dem Verfahrensrecht des Mitgliedstaats Zugang zu den Geschäftsräumen, einschließlich aller Datenverarbeitungsanlagen und - geräte, des Verantwortlichen und des Auftragsverarbeiters zu erhalten.

(2) Jede Aufsichtsbehörde verfügt über sämtliche folgenden Abhilfebefugnisse, die es ihr gestatten,

a) einen Verantwortlichen oder einen Auftragsverarbeiter zu warnen, dass beabsichtigte Verarbeitungsvorgänge voraussichtlich gegen diese Verordnung verstoßen,
b) einen Verantwortlichen oder einen Auftragsverarbeiter zu verwarnen, wenn er mit Verarbeitungsvorgängen gegen diese Verordnung verstoßen hat,
c) den Verantwortlichen oder den Auftragsverarbeiter anzuweisen, den Anträgen der betroffenen Person auf Ausübung der ihr nach dieser Verordnung zustehenden Rechte zu entsprechen,
d) den Verantwortlichen oder den Auftragsverarbeiter anzuweisen, Verarbeitungsvorgänge gegebenenfalls auf bestimmte Weise und innerhalb eines bestimmten Zeitraums in Einklang mit dieser Verordnung zu bringen,
e) den Verantwortlichen anzuweisen, die von einer Verletzung des Schutzes personenbezogener Daten betroffenen Person entsprechend zu benachrichtigen,
f) eine vorübergehende oder endgültige Beschränkung der Verarbeitung, einschließlich eines Verbots, zu verhängen,
g) die Berichtigung oder Löschung von personenbezogenen Daten oder die Einschränkung der Verarbeitung gemäß den Artikeln 16, 17 und 18 und die Unterrichtung der Empfänger, an die

diese personenbezogenen Daten gemäß Artikel 17 Absatz 2 und Artikel 19 offengelegt wurden, über solche Maßnahmen anzuordnen, [...]

j) die Aussetzung der Übermittlung von Daten an einen Empfänger in einem Drittland oder an eine internationale Organisation anzuordnen.

(3) Jede Aufsichtsbehörde verfügt über sämtliche folgenden Genehmigungsbefugnisse und beratenden Befugnisse, die es ihr gestatten, [...]

(5) Jeder Mitgliedstaat sieht durch Rechtsvorschriften vor, dass seine Aufsichtsbehörde befugt ist, Verstöße gegen diese Verordnung den Justizbehörden zur Kenntnis zu bringen und gegebenenfalls die Einleitung eines gerichtlichen Verfahrens zu betreiben oder sich sonst daran zu beteiligen, um die Bestimmungen dieser Verordnung durchzusetzen.

(6) Jeder Mitgliedstaat kann durch Rechtsvorschriften vorsehen, dass seine Aufsichtsbehörde neben den in den Absätzen 1, 2 und 3 aufgeführten Befugnissen über zusätzliche Befugnisse verfügt. Die Ausübung dieser Befugnisse darf nicht die effektive Durchführung des Kapitels VII beeinträchtigen.

Vorüberlegungen

617 Der vorliegende Fall widmet sich dem immer wichtiger werdenden Thema des Datenschutzes in Europa. Hier ist die Rechtsentwicklung in den letzten Jahren äußerst dynamisch verlaufen. Beginnend mit der Ungültigkeitserklärung der Richtlinie 2006/24/EG über die Vorratsdatenspeicherung[4] bis zum Gutachten zur Übermittlung von Fluggastdaten nach Kanada[5] haben zu dieser Dynamik nicht zuletzt die beiden Entscheidungen des Gerichtshofs beigetragen, die dem Fall zugrunde liegen. Generell stellt der EuGH, gestützt u.a. auf die Art. 7 und 8 GRC, hohe datenschutzrechtliche Anforderungen.

In Teil I geht es um die Übermittlung von Daten in Drittländer außerhalb der EU und die Rechtsschutzmöglichkeiten dagegen. Konkret waren bei Facebook gespeicherte Daten betroffen. Der Fall beleuchtet den Einfluss der Kommissionsfeststellung auf die Entscheidungsmöglichkeiten der Datenschutzbehörden, befasst sich aber nicht mit der Prüfung dieser Feststellung selbst. Im Fall Schrems war die Rechtmäßigkeit der Safe-Harbor-Regelung 2000/520 laut Gerichtshof zwar nicht ausdrücklich, aber *de facto* in Frage gestellt (und vom EuGH verneint) worden[6]. Teil II beruht auf dem Fall Google Spain, in dem sich der EuGH mit Löschungsansprüchen Einzelner direkt gegen Suchmaschinenbetreiber befasst (und dabei das sog. „Recht auf Vergessenwerden" aus den Richtlinienbestimmungen abgeleitet) hat.

Auch bei diesen beiden Urteilen ist festzustellen, dass der Gerichtshof um ein hohes Schutzniveau für die Betroffenen bemüht ist. Unter Zugrundelegung einer grundrechtsgeleiteten Auslegung werden Kontroll- und Rechtsschutzmöglichkeiten statuiert, die sich der zum Zeitpunkt der Entscheidung geltenden Datenschutzrichtlinie 95/46/EG nicht ausdrücklich entnehmen ließen.

Im Mai 2018 hat die neue DS-GVO (VO (EU) 2016/679) die RL 95/46/EG abgelöst. Sie enthält gegenüber der RL 95/46/EG einige deutlichere Regelungen, insbes. beim sog. „Recht auf Vergessenwerden". Dennoch ist die Klausur auch auf der Grundlage der DS-GVO nicht einfach und eher für den Schwerpunktbereich geeignet. In der Falllösung geht es vor allem darum, den Argumentations- und Auslegungsweg des EuGH strukturiert nachzuzeichnen.

---

4 EuGH vom 8.4.2014, verb. Rs. C-293/12 und C-594/12, ECLI:EU:C:2014:238, NVwZ 2014, S. 709 ff., Digital Rights Ireland Ltd./.Minister for Communications, Marine and Natural Resources, Minister for Justice, Equality and Law Reform, Commissioner of the Garda Síochána, Irland, The Attorney General, und Kärntner Landesregierung, Michael Seitlinger, Christof Tschohl u.a. Siehe dazu u.a. *Streinz*, JuS 2014, S. 758 ff., *Ogorek*, JA 2014, S. 798 ff., *Bäcker*, JURA 2014, S. 1263 ff., *Kühling*, NVwZ 2014, S. 681 ff., und *Kämper*, DeLuxe 01/2014 (Vorratsdatenspeicherung, abrufbar unter www.rewi.europa-uni.de/deluxe). Erneut mit Fragen der Vorratsdatenspeicherung, diesmal unter dem Aspekt mitgliedstaatlicher Speicherverpflichtungen, befasst sich EuGH vom 21.12.2016, verb. Rs. C-203/15 und C-698/15, ECLI:EU:C:2016:970, NJW 2017, S. 717 ff. (Tele2 Sverige AB./.Post- och telestyrelsen und Secretary of State for the Home Department./.Watson u.a.), dazu *Kingreen*, JURA 2017, S.607, *Priebe*, EuZW 2017, S. 136 ff., *Roßnagel*, NJW 2017, S. 696 ff., und *Sandhu*, EuR 2017, S. 453 ff.

5 EuGH vom 26.7.2017, Gutachten 1/15, ECLI:EU:C:2017:592 (JURIS), Fluggastdaten Kanada.

6 EuGH vom 6.10.2015, Rs. C-362/14, ECLI:EU:C:2015:650, NJW 2015, S. 3151 ff., Rn. 35, Schrems, und *Streinz*, JuS 2016, S. 182 ff., 183.

Gliederung

Teil I 618

I. Sachlicher und räumlicher Anwendungsbereich der VO (EU) 2016/679
II. Befugnisse der Aufsichtsbehörden gem. Art. 58 der VO (EU) 2016/679
III. Bedeutung der Kommissionsentscheidung nach Art. 25 VI der RL 95/46/EG
IV. Modalitäten des Rechtsschutzes
V. Ergebnis

Teil II

I. Sachlicher Anwendungsbereich der VO (EU) 2016/679
 1. Name als personenbezogenes Datum
 2. Suchmaschinentätigkeit als Verarbeitung personenbezogener Daten
II. Räumlicher Anwendungsbereich der VO (EU) 2016/679
 1. Suchmaschinenbetreiber als Verantwortlicher
 2. Datenverarbeitung im Rahmen der Niederlassung
III. Ergebnis Anwendungsbereich der VO (EU) 2016/679
IV. Tatbestand des Art. 17 der VO (EU) 2016/679 (Voraussetzungen eines Rechts auf Vergessenwerden)
V. Ergebnis

Musterlösung

Teil I

619 Da das Vorlageersuchen nach den Angaben im Sachverhalt zulässig ist, wird der EuGH die Vorlagefrage inhaltlich beantworten. Fraglich ist, ob Art. 58 der VO (EU) 2016/679 der nationalen Aufsichtsbehörde die Befugnis verleiht, anlässlich der Eingabe einer Person die Rechtmäßigkeit der Datenübermittlung in ein Drittland zu überprüfen, obwohl die Kommission gem. Art. 45 I der VO (EU) 2016/679 bzw. Art. 25 I der RL 95/46/EG eine Entscheidung über das Vorliegen eines angemessenen Schutzniveaus in diesem Staat getroffen hat. Anders gefragt geht es darum, ob die Behörde bei der Prüfung einer Beschwerde absolut an die Kommissionsentscheidung gebunden ist.

I. Sachlicher und räumlicher Anwendungsbereich der VO (EU) 2016/679

620 Art. 58 der VO (EU) 2016/679 ist als Norm dieser Verordnung nur anwendbar, wenn der sachliche und räumliche Anwendungsbereich der Verordnung eröffnet sind.

Nach Art. 2 I der VO (EU) 2016/679 gilt sie sachlich u.a. für die ganz oder teilweise automatisierte Verarbeitung personenbezogener Daten. Betroffen sind laut Sachverhalt die personenbezogenen Daten des S, die mittels Computertechnik und damit automatisiert[7] innerhalb des Facebook-Konzerns in die USA übermittelt werden. Nach Art. 4 Nr. 2 der VO (EU) 2016/679 bezeichnet „Verarbeitung personenbezogener Daten" jeden mit oder ohne Hilfe automatisierter Verfahren ausgeführten Vorgang oder jede solche Vorgangsreihe im Zusammenhang mit personenbezogenen Daten wie das Erheben, das Erfassen, die Organisation, das Ordnen, die Speicherung, die Anpassung oder Veränderung, das Auslesen, das Abfragen, die Verwendung, die Offenlegung durch Übermittlung, Verbreitung oder eine andere Form der Bereitstellung, den Abgleich oder die Verknüpfung, die Einschränkung, das Löschen oder die Vernichtung, so dass auch die Erhebung, Erfassung und Speicherung auf den Facebook-Servern erfasst ist. Da kein Ausschlussgrund gem. Art. 2 II der VO (EU) 2016/679 erkennbar ist[8], ist der sachliche Anwendungsbereich eröffnet.

Räumlich erstreckt sich der Anwendungsbereich gem. Art. 3 I der VO (EU) 2016/679 auf die Verarbeitung personenbezogener Daten, soweit diese u.a. im Rahmen der Tätigkeiten einer Niederlassung eines Verantwortlichen in der Union erfolgt, unabhängig davon, ob die Verarbeitung in der Union stattfindet. „Verantwortlicher" ist gem. Art. 4 Nr. 7 der VO (EU) 2016/679 die natürliche oder juristische Person, Behörde, Einrichtung oder andere Stelle, die allein oder gemeinsam mit anderen über die Zwecke und Mittel der Verarbeitung von personenbezogenen Daten entscheidet. Die Daten werden

7 Vgl. *Pabst*, in: Schwartmann/Jaspers/Thüsing/Kugelmann, DS-GVO, § 2, Rn. 27.

8 Art. 2 II a) erfasst gem. Erwägungsgrund 16 etwa Tätigkeiten im Rahmen der nationalen Sicherheit, vgl. *Pabst*, in: Schwartmann/Jaspers/Thüsing/Kugelmann, DS-GVO, § 2, Rn. 32.

von Facebook Ireland an die Muttergesellschaft Facebook Inc. in den USA übermittelt. Der Sachverhalt enthält keine näheren Angaben zu den Aufgaben und Befugnissen von Facebook Ireland, so dass davon auszugehen ist, dass die Entscheidungsbefugnis über die Zwecke und Mittel der Datenverarbeitung bei Facebook Inc. in den USA liegt. Die Verarbeitung müsste im Rahmen einer Niederlassung von Facebook Inc. in der Union erfolgen. Der Begriff der Niederlassung ist in der VO (EU) 2016/679 nicht definiert[9], aber in Erwägungsgrund 22 angesprochen. An den Begriff werden nach der EuGH-Rspr. nur geringe Anforderungen gestellt[10]. Notwendig für eine Niederlassung ist die effektive und tatsächliche Tätigkeit in einer festen Einrichtung mit einer gewissen Beständigkeit[11], so dass mit der Tochtergesellschaft im Mitgliedstaat Irland eine Niederlassung vorhanden ist. Die Verarbeitung erfolgt auch „im Rahmen“ dieser Niederlassung, weil es gerade deren Aufgabe ist, für Facebook Inc. die Verträge mit den Nutzern zu schließen und deren Daten zu erheben und in die USA zu übermitteln. Damit ist auch der räumliche Anwendungsbereich der VO (EU) 2016/679 gegeben.

Der Anwendungsbereich der VO (EU) 2016/679 ist damit eröffnet.

II. Befugnisse der Aufsichtsbehörden gem. Art. 58 der VO (EU) 2016/679

Die Befugnisse der nationalen Aufsichtsbehörden ergeben sich aus einer Zusammen- **621**
schau der verschiedenen Absätze des Art. 58 der VO (EU) 2016/679. Der EuGH betont in seiner Rspr. stets das hohe Datenschutzniveau (vgl. Art. 1 I und II der VO (EU) 2016/679), das sich aus den Art. 7 und 8 GRC und der Auslegung der VO im Lichte dieser Grundrechte ergibt[12]. Die Art. 51 I und 52 I der VO (EU) 2016/679 verpflichten die Mitgliedstaaten, Behörden einzurichten, die in völliger Unabhängigkeit agieren können. Nach der st. Rspr. des EuGH soll die Gewährleistung der Unabhängigkeit einer solchen Aufsichtsbehörde, deren Errichtung auch in Art. 16 II AEUV und Art 8 III GRC vorgesehen ist, die wirksame und zuverlässige Kontrolle der Einhaltung der Regeln zum Schutz natürlicher Personen bei der Verarbeitung personenbezogener Daten sicherstellen. Die Errichtung einer unabhängigen Aufsichtsbehörde stellt daher ein wesentliches Element zur Wahrung des Schutzes der Personen bei der Verarbeitung personenbezogener Daten dar. Die Aufsichtsbehörden müssten für einen angemessenen Ausgleich zwischen der Achtung des Grundrechts auf Privatsphäre und den Interessen sorgen, die einen freien Verkehr personenbezogener Daten gebieten[13].

---

9 Siehe aber Art. 4 Nr. 16 der VO zur „Hauptniederlassung“.
10 Kritisch zum weiten Niederlassungsbegriff des EuGH *Kartheuser/Schmitt*, ZD 2016, S. 155 ff.
11 *Pabst*, in: Schwartmann/Jaspers/Thüsing/Kugelmann, DS-GVO, § 2, Rn. 17.
12 Vgl. EuGH vom 6.10.2015, Rs. C-362/14, ECLI:EU:C:2015:650, NJW 2015, S. 3151 ff., Rn. 39 m.w.N., Schrems.
13 So zu den „Kontrollstellen“ i.S.d. Art. 28 RL 95/46/EG EuGH vom 6.10.2015, Rs. C-362/14, ECLI:EU:C:2015:650, NJW 2015, S. 3151 ff., Rn. 41, Schrems, EuGH vom 26.7.2017, Gutachten 1/15, ECLI:EU:C:2017:592 (JURIS), Rn. 229 m.w.N., Fluggastdaten Kanada; s. dazu auch *Kugelmann*, in: Schwartmann/Jaspers/Thüsing/Kugelmann, DS-GVO, § 52, Rn. 13 ff.

Zu diesem Zweck verfügten die Aufsichtsbehörden über eine große Bandbreite von Befugnissen, die in Art. 58 der VO (EU) 2016/679 aufgezählt sind. So verfügten sie unter anderem über Untersuchungsbefugnisse wie etwa das Recht auf Einholung aller für die Erfüllung ihres Kontrollauftrags erforderlichen Informationen (Abs. 1 lit. a)) und den Zugang zu Daten (Abs. 1 lit. e)), über wirksame Einwirkungsbefugnisse wie etwa die Befugnis, das vorläufige oder endgültige Verbot einer Verarbeitung von Daten anzuordnen (Abs. 2 lit. f)), oder über das Klagerecht gem. Abs. 5[14]. Auch die Anordnung der Aussetzung der Übermittlung von Daten an einen Empfänger in einem Drittland oder an eine internationale Organisation gehört gem. Abs. 2 lit. j) zu denBefugnissen der Aufsichtsbehörden.

Aus dieser umfassenden Kontroll- und Prüfungsbefugnis folgert der EuGH zu Recht, dass auch die Überprüfung von Datenübermittlungen in ein Drittland von der generellen Befugniszuschreibung für die Ausichtsbehörden umfasst ist[15].

III. Bedeutung der Kommissionsentscheidung nach Art. 25 VI der RL 95/46/EG

622 Fraglich ist aber, ob diese generelle Prüfungsbefugnis von der Befugnis der Kommission überlagert (und im Ergebnis eingeschränkt) wird, auf der Grundlage von Art. 45 IX VO (EU) 2016/679 i.V.m. Art. 25 VI RL 95/46/EG eine Entscheidung zu erlassen, in der sie feststellt, dass ein Drittland ein angemessenes Schutzniveau gewährleistet. Die Entscheidung gem. Art. 25 VI der RL 95/46/EG ist an die Mitgliedstaaten gerichtet und bindet nach Art. 288 IV AEUV auch deren Organe[16], so dass sie auch für auch den Data Protection Commissioner verbindlich sein könnte. Gemäß Art. 45 XI der VO (EU) 2016/679 bleiben diese Feststellungen der Kommission auch nach Inkrafttreten der DS-GVO in Kraft.

Der Gerichtshof hat sich in seiner Entscheidung im Fall Schrems ausführlich mit dem Verhältnis der Kontrollbefugnisse der damals gemäß der Datenschutz-RL 95/46/EG noch „Kontrollstellen" genannten nationalen Aufsichtsbehörden zur Entscheidungsbefugnis der Kommission auseinandergesetzt[17]. Er führt dort sinngemäß aus, dass für Kommissionsentscheidungen zwar grundsätzlich die Vermutung ihrer Rechtmäßigkeit gelte, solange sie nicht für ungültig erklärt seien. Verbindliche Rechtsakte der Mitgliedstaaten, die der Entscheidung widersprechen, seien nicht zulässig. Allerdings könne die Entscheidung solche Personen, deren Daten in Drittländer übermittelt wurden, nicht

14 Vgl. sinngemäß zu den „Kontrollstellen" i.S.d. Art. 28 RL 95/46/EG EuGH vom 6.10.2015, Rs. C-362/14, ECLI:EU:C:2015:650, NJW 2015, S. 3151 ff., Rn. 43, Schrems.

15 Vgl. sinngemäß zu den „Kontrollstellen" i.S.d. Art. 28 RL 95/46/EG EuGH vom 6.10.2015, Rs. C-362/14, ECLI:EU:C:2015:650, NJW 2015, S. 3151 ff., Rn. 47, Schrems. Art. 58 II j) der VO (EU) 2016/679 soll diesem Urteil maßgeblich Rechnung tragen, s. *Kugelmann/Buchmann*, in: Schwartmann/Jaspers/Thüsing/Kugelmann, DS-GVO, § 52, Rn. 117.

16 Vgl. EuGH vom 6.10.2015, Rs. C-362/14, ECLI:EU:C:2015:650, NJW 2015, S. 3151 ff., Rn. 51, Schrems.

17 EuGH vom 6.10.2015, Rs. C-362/14, ECLI:EU:C:2015:650, NJW 2015, S. 3151 ff., Rn. 51 ff., Schrems, s. auch *Jotzo*, JZ 2016, S. 366 ff., 367.

daran hindern, die nationalen Kontrollstellen zum Schutz ihrer Rechte mit einer Beschwerde i.S.d. Art. 57 I lit. f) der VO (EU) 2016/679 zu befassen. Danach muss sich die Aufsichtsbehörde mit Beschwerden einer betroffenen Person befassen, den Gegenstand der Beschwerde in angemessenem Umfang untersuchen und den Beschwerdeführer innerhalb einer angemessenen Frist über den Fortgang und das Ergebnis der Untersuchung unterrichten, insbesondere, wenn eine weitere Untersuchung oder Koordinierung mit einer anderen Aufsichtsbehörde notwendig ist. Dies gilt auch im Falle einer entsprechenden Feststellung durch die Kommission, denn ebensowenig wie das Beschwerderecht in Art. 57 I lit. f) enthält Art. 58 der VO (EU) 2016/679 eine Ausnahmeregelung für den Fall einer entsprechenden Kommissionsentscheidung. Zudem würde andernfalls das Recht aus Art. 8 I und III GRC vereitelt, sich wegen der Datenübermittlung zu Schutz ihrer Grundrechte an eine Aufsichtsbehörde zu wenden[18]. Die Feststellung der Kommission steht daher einer entsprechenden Prüfungstätigkeit der Aufsichtsbehörden nicht entgegen.

IV. Modalitäten des Rechtsschutzes

Allerdings sind die Aufsichtsbehörden gem. Art. 58 der VO (EU) 2016/679 nicht **623**
befugt, eine für rechtswidrig gehaltene Kommissionsentscheidung unangewendet zu lassen oder sie selbst für ungültig zu erklären. Der EuGH stellt zutreffend fest, dass es allein Aufgabe des Gerichtshofs ist, die Ungültigkeit eines Rechtsakts der Union festzustellen. Deshalb müsse eine angerufene Aufsichtsbehörde nach eingehender Prüfung die Möglichkeit haben zu erreichen, dass die Gültigkeitsfrage durch ein nationales Gericht und auf dessen Vorlage durch den Gerichtshof entschieden werden könne. Entsprechende Rechtsschutzmöglichkeiten seien durch den nationalen Gesetzgeber zu schaffen[19].

V. Ergebnis

Der EuGH wird dem vorlegenden High Court antworten, dass Art. 45 I der VO (EU) **624**
2016/679 dahin auszulegen ist, dass eine aufgrund dieser Bestimmung bzw. des Art. 25 I der RL 95/46/EG ergangene Entscheidung, in der die Kommission feststellt, dass ein Drittland ein angemessenes Schutzniveau gewährleistet, eine Aufsichtsbehörde eines Mitgliedstaats i.S.d. Art. 51 der VO (EU) 2016/679 nicht daran hindert, die Eingabe einer Person zu prüfen, die sich auf den Schutz ihrer Rechte und Freiheiten bei der Verarbeitung sie betreffender personenbezogener Daten, die aus einem Mitgliedstaat in dieses Drittland übermittelt wurden, bezieht, wenn diese Person geltend macht, dass das Recht und die Praxis dieses Landes kein angemessenes Schutzniveau gewährleisteten.

---

18 Vgl. EuGH vom 6.10.2015, Rs. C-362/14, ECLI:EU:C:2015:650, NJW 2015, S. 3151 ff., Rn. 55 ff. m.w.N., Schrems, s. dazu auch *Wolff/Stemmer*, BayVBl. 2016, S. 181 ff., 182, und zust. *Jotzo*, JZ 2016, S. 366 ff., 368.

19 Vgl. EuGH vom 6.10.2015, Rs. C-362/14, ECLI:EU:C:2015:650, NJW 2015, S. 3151 ff., Rn. 65, Schrems, s. dazu auch *Wolff/Stemmer*, BayVBl. 2016, S. 181 ff., 183, 185 f.; kritisch dazu *Kühling/Heberlein*, NVwZ 2016, S. 7 ff., 8.

Teil II

625 Da das Vorlageersuchen nach den Angaben im Sachverhalt zulässig ist, wird der EuGH die Vorlagefrage inhaltlich beantworten. Der Gerichtshof wird ein entsprechendes „Recht auf Vergessenwerden“ bejahen, wenn sich seine Voraussetzungen im Einzelnen den Bestimmungen der VO (EU) 2016/679 entnehmen lassen. Dazu muss der sachliche und räumliche Anwendungsbereich der Verordnung eröffnet sein (s.o. Teil I).

I. Sachlicher Anwendungsbereich der VO (EU) 2016/679

626 Nach Art. 2 I der VO (EU) 2016/679 gilt sie sachlich u.a. für die ganz oder teilweise automatisierte Verarbeitung personenbezogener Daten. In der Sache geht es um den Namen der T, der bei der Eingabe in die Google-Suchfunktion zu den ihr missliebigen Ergebnissen führt.

1. Name als personenbezogenes Datum

627 Nach Art. 4 Nr. 1 der VO (EU) 2016/679 gehören zu den „personenbezogenen Daten“ alle Informationen, die sich auf eine identifizierte oder identifizierbare natürliche Person beziehen. Dabei wird eine natürliche Person als „identifizierbar“ angesehen, die direkt oder indirekt, insbesondere mittels Zuordnung zu einer Kennung wie einem Namen, identifiziert werden kann. Der Name von Frau T gehört somit zu den personenbezogenen Daten i.S. der VO (EU) 2016/679.

2. Suchmaschinentätigkeit als Verarbeitung personenbezogener Daten

628 Damit die Vorschriften der Verordnung Anwendung finden, müsste sich die Tätigkeit einer Suchmaschine als Verarbeitung personenbezogener Daten i.S.d. Art. 4 Nr. 2 der VO (EU) 2016/679 einordnen lassen (s.o. Rn. 620). Der EuGH hat hierzu entschieden, dass der Vorgang, der darin besteht, personenbezogene Daten mittels Computertechnik und damit automatisiert[20] auf eine Internetseite zu stellen, eine Verarbeitung personenbezogener Daten in diesem Sinne darstellt[21]. Das automatische, kontinuierliche und systematische Durchforsten des Internets durch Suchmaschinen erfülle die notwendigen Voraussetzungen. Das gilt nach zutreffender Ansicht des EuGH auch dann, wenn die Informationen an anderer Stelle bereits in mit demselben Inhalt veröffentlicht waren[22]. Da kein Ausschlussgrund gem. Art. 2 II der VO (EU) 2016/679 erkennbar ist, ist der sachliche Anwendungsbereich eröffnet.

---

20 Vgl. *Pabst*, in: Schwartmann/Jaspers/Thüsing/Kugelmann, DS-GVO, § 2 Rn. 27.

21 Vgl. schon EuGH vom 6.11.2003, Rs. C-101/01, Slg. 2003, I-1297, EuZW 2004, S. 245 ff., Rn. 25, Strafverfahren gegen Bodil Lindqvist.

22 EuGH vom 13.5.2014, Rs. C-131/12, ECLI:EU:C:2014:317, NVwZ 2014, S. 857 ff., Rn. 30, Google Spain SL, Google Inc./.Agencia Española de Protección de Datos (AEPD), Mario Costeja González, zust. *Kühling*, EuZW 2014, S. 528.

II. Räumlicher Anwendungsbereich der VO (EU) 2016/679

Räumlich erstreckt sich der Anwendungsbereich gem. Art. 3 I der VO (EU) 2016/679 auf die Verarbeitung personenbezogener Daten, soweit diese u.a. im Rahmen der Tätigkeiten einer Niederlassung eines Verantwortlichen in der Union erfolgt, unabhängig davon, ob die Verarbeitung in der Union stattfindet. **629**

An dieser Stelle musste der EuGH im Fall Google auf der Grundlage der RL 95/46/EG noch größeren Begründungsaufwand betreiben; der räumliche Anwendungsbereich der DS-GVO auch für Unternehmen ohne Niederlassung in der Union ist durch ihren Art. 3 sehr weit gefasst[23].

1. Suchmaschinenbetreiber als Verantwortlicher

Zu klären, ist ob Suchmaschinenbetreiber wie Google Inc. als für die Datenverarbeitung **630** Verantwortliche i.S.d. Art. 4 Nr. 7 der VO (EU) 2016/679 anzusehen sind (s.o. Rn. 620). Der EuGH führt hierzu sinngemäß aus, dass über Zwecke und Mittel der Datenverarbeitung im Zusammenhang mit Suchmaschinen der Suchmaschinenbetreiber selbst entscheide und deshalb auch als Verantwortlicher anzusehen sei[24]. Mit Sinn und Zweck und der Schutzintention der Verordnung sei es nicht zu vereinbaren, ihn nur deshalb aus dem Kreis der Verantwortlichen auszunehmen, weil die personenbezogenen Daten nicht seiner Kontrolle unterliegen. Die Tätigkeit von Suchmaschinen sei mit Blick auf die Grundrechte der Betroffenen aus Art. 8 GRC so eingriffsintensiv, dass gegenüber diesen ein gegenüber den eigentlichen Websites eigenständiges Schutzinteresse entstehe. Für dieses hätten die Betreiber der Suchmaschine einzustehen. Dem ist zuzustimmen. Google Inc. ist daher Verantwortlicher für die Datenverarbeitung[25].

2. Datenverarbeitung im Rahmen der Niederlassung

Die Verarbeitung müsste gem. Art 3 I der VO (EU) 2016/679 „im Rahmen der Tätig- **631** keiten" einer Niederlassung von Google Inc. in der Union erfolgen (s.o. Rn. 620). Google Inc. betreibt in dem Mitgliedstaat eine selbständige Niederlassung, die sich aber lediglich mit Werbung und der Vermarktung der Internetseiten befasst, während die eigentliche Suchmaschinentätigkeit in den Vereinigten Staaten durchgeführt wird. Fraglich ist daher, ob auch diese Datenverarbeitung „im Rahmen" der Niederlassung erfolgt. Der EuGH prüft zunächst den Wortlaut, nach dem die Verarbeitung nicht „von" der Niederlassung ausgeführt werden muss. Insofern muss die Niederlassung die Suchmaschine also nicht selbst betreiben. Vor dem Hintergrund eines auch durch die Art. 7 und 8 GRC geforderten wirksamen und umfassenden Datenschutzes müsse der Begriff „im Rahmen der Tätigkeit" weit ausgelegt werden. Dies sei daher auch bei Werbe- und Ver-

23 Vgl. *Pabst*, in: Schwartmann/Jaspers/Thüsing/Kugelmann, DS-GVO, § 3, Rn. 21 ff., sowie zust. *Kühling*, EuZW 2014, S. 529.

24 EuGH vom 13.5.2014, Rs. C-131/12, ECLI:EU:C:2014:317, NVwZ 2014, S. 857 ff., Rn. 32 ff., Google Spain, ebenso *Boehme-Neßler*, NVwZ 2014, S. 825 ff., 827, a.A. Generalanwalt *Jääskinen*, Schlussanträge in der Rs. C-131-/12, ECLI:EU:C:2013:424, Rn. 84 ff., Google Spain.

25 Im Originalfall hat der EuGH insoweit nicht ausdrücklich zwischen Google Inc. und Google Spain differenziert, kritisch dazu *Trentmann*, CR 2017, S. 26 ff., 27.

marktungsaktivitäten für den eigentlichen Suchmaschinenbetreiber erfüllt. Andernfalls könne die Schutzintention der Verordnung unterlaufen werden. Zudem seien Suchmaschinenbetrieb und Vermarktung so eng miteinander verwoben, dass zwischen der Tätigkeit in einem Drittland und derjenigen der Niederlassung innerhalb der Union keine künstliche Trennung vorzunehmen sei[26]. Diesen Erwägungen ist zuzustimmen, so dass den Anforderungen an einer Niederlassung genügt ist.

Damit ist auch der räumliche Anwendungsbereich der VO (EU) 2016/679 gegeben.

III. Ergebnis Anwendungsbereich der VO (EU) 2016/679

632 Die VO (EU) 2016/679 ist sachlich und räumlich anwendbar[27].

IV. Tatbestand des Art. 17 der VO (EU) 2016/679 (Voraussetzungen eines Rechts auf Vergessenwerden)

633 Das „Recht auf Vergessenwerden", d.h. konkret ein Anspruch auf Löschung der Daten, könnte sich aus Art. 17 I DS-GVO ergeben. Danach hat die betroffene Person das Recht, von dem Verantwortlichen zu verlangen, dass sie betreffende personenbezogene Daten unverzüglich gelöscht werden, sofern einer der dort aufgezählten Gründe vorliegt und kein Ausschluss gemäß Art. 17 III DS-GVO greift. Zu prüfen ist somit, ob die DS-GVO dahingehend auszulegen ist, dass sie den Suchmaschinenbetreiber direkt verpflichtet, Links zu von Dritten veröffentlichten Internetseiten zu entfernen, auch wenn der Name oder die Informationen auf diesen Seiten nicht vorher oder gleichzeitig gelöscht werden und gegebenenfalls auch dann, wenn ihre Veröffentlichung als solche rechtmäßig ist.

Frau T ist gem. Art. 4 Nr. 1 der VO (EU) 2016/679 eine „betroffene Person", soweit ihr Name von Google mit den Suchergebnissen in Verbindung gebracht wird, Google Inc. ist Verantwortlicher für die diesbezügliche Datenverarbeitung (s.o.).

Fraglich ist, ob ein Löschungsgrund i.S.d. Art. 17 I der VO (EU) 2016/679 vorliegt. Hier kommt insbes. die lit. c) in Betracht, nachdem ein Löschungsgrund besteht, wenn die betroffene Person u.a. gem. Art. 21 I der VO Widerspruch gegen die Verarbeitung einlegt und keine vorrangigen berechtigten Gründe für die Verarbeitung vorliegen. Gem. Art. 21 I 1 der VO (EU) 2016/679 hat die betroffene Person das Recht, aus Gründen, die sich aus ihrer besonderen Situation ergeben, jederzeit gegen die Verarbeitung sie betreffender personenbezogener Daten, die aufgrund von Art. 6 I lit. e) oder f) der VO erfolgt, Widerspruch einzulegen. Nach Art. 6 I lit. f) der VO (EU) 2016/679 ist die Verarbeitung nur rechtmäßig, wenn keine Interessen oder Grundrechte der betroffenen

26 Vgl. sinngemäß EuGH vom 13.5.2014, Rs. C-131/12, ECLI:EU:C:2014:317, NVwZ 2014, S. 857 ff., Rn. 50 ff., Google Spain.

27 Im Ergebnis ebenso OLG Frankfurt am Main vom 6.9.2018 (nicht rkr.), 16 U 193/17, K&R 2018, S. 726 ff., Rn. 48 f., und *Trentmann*, CR 2017, S. 27 ff., 29.

Person überwiegen. Frau T hat bei Google die Löschung der Daten beantragt und damit der Verarbeitung widersprochen. Notwendig ist daher eine Abwägung zwischen ihren Interessen bzw. Grundrechten und denen von Google.

Gegen den Anspruch könnte grundsätzlich eingewandt werden, dass die Informationen auf der angezeigten Website korrekt und für sich genommen rechtmäßig waren. Der EuGH hat in seiner Entscheidung im Fall Google Spain die fraglichen Bestimmungen der Vorgänger-Richtlinie 95/46/EG zu den Auskunfts- und Widerspruchsrechten der betroffenen Personen allerdings im Lichte der Bestimmungen der GRC ausgelegt. Deren Art. 7 garantiere das Recht auf Achtung des Privatlebens, und Art. 8 GRC proklamiere ausdrücklich das Recht auf Schutz der personenbezogenen Daten. Im Gegensatz zum Berichtigungsanspruch aus Art 16 der VO (EU) 2016/679 kommt es daher im Rahmen des Rechts auf Vergessenwerden auf die (fehlende) Korrektheit der Daten nicht unmittelbar an[28].

Der EuGH führt bei der Interessenabwägung zwischen den Schutzinteressen der Betroffenen und den Interessen der Suchmaschinen- bzw. Websitebetreiber aus, dass Informationen wie die Vorliegenden in erheblichem Maße in die Grundrechte der Betroffenen eingreifen könnten. Dabei führe die Verbreitung über eine Suchmaschine zu einem eigenständigen, den Schweregrad des Eingriffs vertiefenden Beeinträchtigung. Demgegenüber sei das wirtschaftliche Interesse des Suchmaschinenbetreibers und das Interesse der Öffentlichkeit an der Aufrechterhaltung der Informationen regelmäßig nachrangig, wenn nicht besondere Umstände hinzuträten. Im Ergebnis wird ein Löschungsanspruch auch dann bejaht, wenn die Bereitstellung und Verbreitung der Information als solche rechtmäßig war[29]. Mit Blick auf die besondere Gefährdungslage, die mit dem hohen Verbreitungsgrad von über Suchmaschinen auffindbaren Informationen einhergehen, ist den Erwägungen des Gerichtshofs in vollem Umfang zu folgen. Daraus ergibt sich gleichzeitig, dass kein Ausschluss zugunsten der Meinungs- und Informationsfreiheit von Google gem. Art. 17 III lit. a) der VO (EU) 2016/679 besteht[30].

Fraglich ist schließlich noch der Inhalt des Anspruchs. Frau T verlangt zwar die Löschung, letztlich geht es aber darum, die Anzeige von bestimmten URL in den Google-Suchergebnissen bei Eingabe bestimmter Suchbegriffe zu verhindern (sog. „De-Listing“). Der EuGH hat die Verpflichtung, Links zu von Dritten veröffentlichten Internetseiten mit Informationen zu der betroffenen Person von der Ergebnisliste zu

---

28 Vgl. sinngemäß EuGH vom 13.5.2014, Rs. C-131/12, ECLI:EU:C:2014:317, NVwZ 2014, S. 857 ff., Rn. 69, Google Spain, zust. *Kühling*, EuZW 2014, S. 530.

29 EuGH vom 13.5.2014, Rs. C-131/12, ECLI:EU:C:2014:317, NVwZ 2014, S. 857 ff., Rn. 74 ff., Google Spain; dazu *Streinz*, JuS 2014, S. 1140 ff., 1142 f.

30 Kritisch gegenüber der unzureichenden Berücksichtigung der Rechte der Suchmaschinenbetreiber und Dritter *Streinz*, JuS 2014, S. 1140 ff., 1143, sowie insbes. *Forgó*, K&R 2017 (Beilage 1), S. 21 ff., 22, *Trentmann*, CR 2017, S. 27 ff., 28 f., 32, und *Paal/Hennemann*, K&R 2017, S. 18 ff., 19; dem EuGH wohl zust. und differenzierend *Singer/Beck*, JURA 2019, S. 125 ff., 127 f., 132; allgemein zur Abwägung nach der DS-GVO s. auch *Leutheusser-Schnarrenberger*, in: Schwartmann/Jaspers/Thüsing/Kugelmann, DS-GVO, § 17, Rn. 25 ff., 54, und OLG Frankfurt am Main vom 6.9.2018 (nicht rkr.), 16 U 193/17, K&R 2018, S. 726 ff., Rn. 68 ff.

entfernen, als eine Verpflichtung zur Löschung i.S.d. RL 95/46/EG angesehen[31], und die Entscheidung ist mit in die Beratungen zu Art. 17 DS-GVO eingeflossen[32]. Insoweit ist nicht ersichtlich, dass gerade jene Fallkonstellation, die Gegenstand der Entscheidung war – nämlich das (untechnische) „Entfernen" von Links von einer Suchliste – von Art. 17 der VO (EU) 2016/679, der nach seiner Überschrift auch das Recht auf Vergessen regelt – nicht erfasst sein soll. Zudem wird in der Literatur von einer Anwendung des Art. 17 DS-GVO auf Suchmaschinenbetreiber ausgegangen[33], so dass auch das De-Listing unter den Begriff der „Löschung" fällt[34].

Damit steht Frau T gem. Art. 17 I lit. c) der VO (EU) 2016/679 ein entsprechender Löschungsanspruch unmittelbar gegen Google Inc. zu[35].

V. Ergebnis

634 Der EuGH wird dem vorlegenden nationalen Gericht sinngemäß antworten, dass Art. 17 I der VO (EU) 2016/679 dahin auszulegen ist, dass eine Person in einer Situation wie der von Frau T nach Abwägung der Interessen und unter Berücksichtigung ihrer Grundrechte aus Art. 7 und 8 GRC gegenüber dem Betreiber einer Suchmaschine in einem Drittland einen Anspruch auf Löschung ihrer personenbezogenen Daten hat, wenn er in der Union eine Niederlassung unterhält, die auf die Vermarktung des Suchmaschinenbetreibers ausgerichtet ist.

Wiederholung und Vertiefung

Weiterführende Hinweise

635 EuGH vom 6.10.2015, Rs. C-362/14, ECLI:EU:C:2015:650, NJW 2015, S. 3151 ff., Rn. 41, Maximillian Schrems./.Data Protection Commissioner.

EuGH vom 13.5.2014, Rs. C-131/12, ECLI:EU:C:2014:317, NVwZ 2014, S. 857 ff., Rn. 30, Google Spain SL, Google Inc./.Agencia Española de Protección de Datos (AEPD), Mario Costeja González.

EuGH vom 8.4.2014, verb. Rs. C-293/12 und C-594/12, ECLI:EU:C:2014:238, NVwZ 2014, S. 709 ff., Digital Rights Ireland Ltd./.Minister for Communications, Marine and Natural Resources,

---

31 EuGH vom 13.5.2014, Rs. C-131/12, ECLI:EU:C:2014:317, NVwZ 2014, S. 857 ff., Rn. 94, Google Spain.

32 *Leutheusser-Schnarrenberger*, in: Schwartmann/Jaspers/Thüsing/Kugelmann, DS-GVO, § 17, Rn. 2 ff., *Singer/Beck*, JURA 2019, S. 125 ff., 129.

33 Z.B. *Leutheusser-Schnarrenberger*, in: Schwartmann/Jaspers/Thüsing/Kugelmann, DS-GVO, § 17, Rn. 15, 40 f., *Trentmann*, CR 2017, S. 26 ff., 29.

34 Vgl. dazu OLG Frankfurt am Main vom 6.9.2018 (nicht rkr.), 16 U 193/17, K&R 2018, S. 726 ff., Rn. 52 ff. m.w.N. und *Leutheusser-Schnarrenberger*, in: Schwartmann/Jaspers/Thüsing/Kugelmann, DS-GVO, § 17, Rn. 40 f.

35 Zu weitergehenden Implikationen des Falls siehe ausführlich *Boehme-Neßler*, NVwZ 2014, S. 825 ff., *Kühling*, EuZW 2014, S. 527 ff., und *Nolte*, NJW 2014, S. 2238 ff.

Minister for Justice, Equality and Law Reform, Commissioner of the Garda Síochána, Irland, The Attorney General, und Kärntner Landesregierung, Michael Seitlinger, Christof Tschohl u.a.

OLG Frankfurt am Main vom 6.9.2018, 16 U 193/17, K&R 2018, S. 726 ff. (bei Abschluss des Manuskripts im Juni 2019 noch nicht rkr., Az. beim BGH: VI ZR 405/18)

Boehme-Neßler, Volker: Das Recht auf Vergessenwerden – Ein neues Internet-Grundrecht im Europäischen Recht, NVwZ 2014, S. 825 ff.

Jotzo, Florian: Anmerkung zu EuGH vom 6.10.2015, Rs. C-362/14 (Schrems), JZ 2016, S. 366 ff.

Kühling, Jürgen: Rückkehr des Rechts: Verpflichtung von „Google & Co." zu Datenschutz, EuZW 2014, S. 527 ff.

Leeb, Christina-Maria/Liebhaber, Johannes: Grundlagen des Datenschutzrechts, JuS 2018, S. 534 ff.

Michel, Stefan: Das „Recht auf Vergessenwerden" nach der DSGVO - OLG Frankfurt a. M. contra EuGH?, K&R 2018, S. 731 f.

Nolte, Norbert: Das Recht auf Vergessenwerden – mehr als nur ein Hype?, NJW 2014, S. 2238 ff.

Ogorek, Markus: Übermittlung personenbezogener Daten in Drittländer – „Safe Harbor", JA 2016, S. 315 ff.

Schwartmann, Rolf: Datentransfer in die Vereinigten Staaten ohne Rechtsgrundlage – Konsequenzen der Safe-Harbor-Entscheidung des EuGH, EuZW 2015, S. 864 ff.

Singer, Reinhard/Beck, Benjamin: Das »Recht auf Vergessenwerden« im Internet - Bedeutung, Auswirkungen und Würdigung der »Google-Entscheidung« des Europäischen Gerichtshofs vom 13. Mai 2014, JURA 2019, S. 125 ff.

Skouris, Vassilios: Leitlinien der Rechtsprechung des EuGH zum Datenschutz, NVwZ 2016, S. 1359 ff.

Streinz, Rudolf: Europarecht: Kein dem EU-Recht angemessenes Datenschutzniveau („safe harbor") in den USA – Keine Bindung für Datenschutzbehörden der Mitgliedstaaten an eine Kommissionsentscheidung, die den USA angemessenes Datenschutzniveau bescheinigt, JuS 2016, S. 182 ff.

Streinz, Rudolf: Europarecht: Löschungsanspruch gegen verantwortlichen Suchmaschinenbetreiber (google), JuS 2014, S. 1140 ff.

Trentmann, Christian: Das „Recht auf Vergessenwerden" bei Suchmaschinentrefferlinks - Google & Co. im Lichte von DSGVO, DSRL und EuGH, CR 2017, S. 26 ff.

Wolff, Heinrich Amadeus/Stemmer, Bastian: Die Entscheidung der Kommission zur Angemessenheit des Datenschutzniveaus in den USA, BayVBl. 2016, S. 181 ff.

Fall 21

Die Europäische Union als Völkerrechtssubjekt

Schwerpunktbereich, Schwierigkeitsgrad: hoch

636 **Teil I**

Die EU ist Vertragspartei der Welthandelsorganisation (WTO). Unter dem Dach der WTO wurde auch ein Übereinkommen über Textilwaren und Bekleidung und ein Übereinkommen über Einfuhrlizenzen geschlossen. Zu den Vertragsparteien dieser Übereinkommen gehört auch die EU. Im Rahmen des Abschlusses der genannten Übereinkommen führte die EU jeweils mit Pakistan und Indien Verhandlungen über den Marktzugang für Textilwaren und Bekleidung, die zu jeweils gesonderten bilateralen Abkommen zwischen der EU und den beiden Staaten führten. Dort wurde unter anderem ein erleichterter Zugang für Textilien aus den jeweiligen Staaten zum Europäischen Binnenmarkt vereinbart. Mit Beschluss 96/386/EG des Rates wurden diese Vereinbarungen genehmigt.

Portugal erhebt beim EuGH fristgerecht Nichtigkeitsklage gegen diesen Beschluss. Zum einen verstoße er bereits gegen WTO-Recht. Es sei nicht zulässig, bilaterale Einzelvereinbarungen der vorliegenden Form zwischen Vertragsparteien der WTO abzuschließen. Außerdem verstießen die Vereinbarungen gegen Grundsätze des Unionsrechts. So hätten die portugiesischen Textilproduzenten darauf vertrauen dürfen, dass der europäische Markt nicht schneller für Einfuhren aus Drittstaaten geöffnet werde, als dies in der einschlägigen Verordnung[1] über die gemeinsame Einfuhrregelung für Textilwaren aus Drittstaaten vorgesehen sei. Außerdem verstoße der Beschluss gegen den Grundsatz des wirtschaftlichen und sozialen Zusammenhalts, wie er sich aus Art. 3 III EUV sowie den Art. 174 ff. AEUV ergebe. Der Rat erwidert, WTO-Recht könne bereits nicht Prüfungsmaßstab vor dem EuGH sein. Was die genannten Grundsätze des Unionsrechts angehe, so seien sie nicht verletzt. Die genannte Verordnung sei erlassen worden, als die Verhandlungen mit Indien und Pakistan bereits liefen. Der wirtschaftliche und soziale Zusammenhalt sei zwar ein Ziel, aber keine einklagbare Verpflichtung des Unionsrechts.

Wie wird der Europäische Gerichtshof entscheiden?

Teil II

Im Rahmen der von den Vereinten Nationen eingesetzten Wirtschaftskommission für Europa wurde zwischen den beteiligten Staaten ein Übereinkommen über die Annahme einheitlicher technischer Vorschriften für Radfahrzeuge, Ausrüstungsgegenstände und

---

1 Im Originalfall war das die VO (EWG) Nr. 3030/93 vom 12.10.1993 (ABl. 1993 Nr. L 275/1), die inzwischen durch die VO (EU) Nr. 2015/937 vom 9.6.2015 (ABl. 2015 Nr. L 160/55) aufgehoben wurde. Auf die Einzelheiten der Verordnung kommt es im Rahmen dieser Klausur nicht weiter an, so dass auf den (auszugsweisen) Abdruck verzichtet wurde.

Teile, die in Radfahrzeuge(n) eingebaut und/oder verwendet werden können, geschlossen. Das Abkommen soll Hemmnisse im Handel mit Kraftfahrzeugen zwischen den Vertragsstaaten abbauen. Die Europäische Union möchte diesem Übereinkommen beitreten. Zur Umsetzung des Abkommens müssten auch EU-interne Vorschriften geändert werden, die die Harmonisierung des Binnenmarktes zum Gegenstand haben.

Die Kommission bittet Sie um Rat zu der Frage, auf welche Rechtsgrundlage der Beitritt gestützt werden muss und wie das Europäische Parlament zu beteiligen ist.

Vorüberlegungen

637 Der Fall befasst sich mit unterschiedlichen Aspekten des Verhältnisses der EU zu anderen Völkerrechtssubjekten. Teil I ist der Entscheidung des EuGH im Fall Portugal./.Rat[2] nachgebildet, die vom Verhältnis von Unionsrecht und WTO-Recht handelt. Insgesamt geht es im Fall um die EU-interne Anwendung von Völkerrecht und um die Vertragsschlusskompetenzen der EU.

Teil I hat ein schon fast klassisches Problem zum Gegenstand. Seit jeher ist das Verhältnis von GATT- bzw. WTO-Recht und Unionsrecht umstritten. Der EuGH hat mittlerweile eine gefestigte Rspr. entwickelt, die aber weiterhin kritisiert wird. Von den Bearbeitern wird erwartet, dass ihnen das Problem in den Grundzügen vertraut ist. Eine eigenständige Herleitung wird in diesem Rechtsbereich kaum gelingen. Die beiden anderen in Teil I auftauchenden Rügen, Vertrauensschutz und Zusammenhalt, kann man demgegenüber mit dem vorhandenen juristischen Handwerkszeug gut lösen. Eingekleidet ist der Fall in eine Nichtigkeitsklage, die damit noch einmal wiederholt und geübt wird.

Teil II dient der Sensibilisierung für Kompetenzprobleme. Die Union muss ihre Rechtsakte immer auf eine ausreichende Rechtsgrundlage stützen können. Andernfalls fallen sie der Nichtigkeit anheim (vgl. dazu ausführlich Fall 17). Zudem schließt sich immer die Folgefrage an, in welchem Verfahren ein Rechtsakt zu erlassen ist. Hier weisen völkerrechtliche Abkommen Besonderheiten auf, die es zu erkennen gilt. Zudem wird erwartet, dass die AETR-Doktrin berücksichtigt und bei der Auslegung des AEUV zutreffend angewandt wird. Diese Doktrin ist durch den Vertrag von Lissabon kodifiziert worden und findet sich nun in Art. 3 II und 216 I AEUV.

Insgesamt verlangt der Fall viel Wissen über die völkerrechtliche Einbettung der EU. Er ist daher als schwer zu bezeichnen. Zudem ist er nur für Aufgabenstellungen im Schwerpunktbereich geeignet.

2 EuGH vom 23.11.1999, Rs. C-149/96, Slg. 1999, I-8395, EuZW 2000, S. 276 ff., Portugiesische Republik./.Rat der Europäischen Union – Textilwaren aus Indien und Pakistan.

Gliederung

Teil I 638

A. Zulässigkeit

I. Zuständigkeit
II. Beteiligtenfähigkeit
III. Zulässiger Klagegegenstand
IV. Klageberechtigung und Klagegrund
V. Klagefrist
VI. Ergebnis Zulässigkeit

B. Begründetheit

I. Verletzung von WTO-Recht
1. Grundsatz: Keine Prüfung am Maßstab von WTO-Recht
2. Ausnahmen: Besondere Durchführungsmaßnahmen
3. Ergebnis
II. Verletzung von primärem Unionsrecht
1. Grundsatz des Vertrauensschutzes
2. Grundsatz des wirtschaftlichen und sozialen Zusammenhalts

C. Ergebnis

Teil II

A. Rechtsgrundlage für den Beitritt

I. Verbandskompetenz gemäß Art. 216 I Var. 1 AEUV i.V.m. Art. 207 AEUV
II. Verbandskompetenz gemäß Art. 216 I Var. 4 AEUV i.V.m. Art. 114 I AEUV
III. Ergebnis

B. Beteiligung des Europäischen Parlaments

Musterlösung

Teil I

639 Der EuGH wird der Klage Portugals stattgeben, wenn sie zulässig und soweit sie begründet ist.

A. Zulässigkeit

I. Zuständigkeit

640 Gem. Art. 263 I 1 AEUV überwacht der Gerichtshof der Europäischen Union die Rechtmäßigkeit der Handlungen des Rates. Er umfasst u.a. den EuGH und das EuG (Art. 19 I EUV). Nach Art. 256 I AEUV i.V.m. Art. 51 EuGH-Satzung ist organintern der EuGH für Nichtigkeitsklagen gem. Art. 263 AEUV zuständig, die privilegiert Klageberechtigte wie der Mitgliedstaat Portugal erheben.

II. Beteiligtenfähigkeit

641 Portugal ist als Mitgliedstaat gem. Art. 263 II AEUV aktiv beteiligtenfähig. Der Rat ist gem. Art. 263 I AEUV passiv beteiligtenfähig.

III. Zulässiger Klagegegenstand

642 Zulässiger Klagegegenstand können die in Art. 263 I AEUV genannten Handlungen der Organe mit Ausnahme von Empfehlungen und Stellungnahmen sein. Vorliegend geht es um einen Beschluss des Rates, mit der bilaterale Vereinbarungen zwischen der EU und Indien bzw. Pakistan genehmigt wurden. Bei einem solchen Beschluss handelt es sich um einen zulässigen Klagegegenstand.

IV. Klageberechtigung und Klagegrund

643 Die Mitgliedstaaten sind in Art. 263 II AEUV als privilegiert Klageberechtigte genannt. Portugal muss durch den Beschluss also nicht in seinen Rechten betroffen sein.

Art. 263 II AEUV lässt die Nichtigkeitsklage nur bei bestimmten Klagegründen zu. Portugal beruft sich auf den Grundsatz des Vertrauensschutzes sowie die Art. 3 III EUV und Art. 174 ff. AEUV. Somit kommt die Verletzung der Verträge in Betracht, so dass ein Klagegrund i.S.d. Art. 263 II AEUV vorliegt.

V. Klagefrist

644 Die Klagefrist des Art. 263 VI AEUV wurde laut Sachverhalt eingehalten.

VI. Ergebnis Zulässigkeit

645 Die Klage ist zulässig.

B. Begründetheit

Die Klage ist begründet, wenn mindestens einer der in Art. 263 II AEUV genannten Nichtigkeitsgründe vorliegt. In Betracht kommt hier eine Verletzung der Verträge oder einer bei ihrer Durchführung anzuwendenden Rechtsnorm. **646**

I. Verletzung von WTO-Recht

Zunächst rügt Portugal einen Verstoß gegen WTO-Recht. Die Vereinbarungen seien bilateraler Natur und konterkarierten daher das Ziel der WTO, Handelshemmnisse zwischen allen Vertragstaaten zu beseitigen. Diese Rüge wirft die Frage auf, ob das WTO-Recht Maßstab für die Überprüfung von sekundärem EU-Recht wie den hier angegriffenen Beschluss sein kann. **647**

1. Grundsatz: Keine Prüfung am Maßstab von WTO-Recht

Völkerrechtliche Verträge sind, soweit sie die Union binden, gem. Art. 216 II AEUV grundsätzlich als Prüfungsmaßstab für sekundäres Unionsrecht geeignet. Allerdings können sich Einzelne nur auf Völkervertragsrecht berufen, soweit dessen Bestimmungen unmittelbar anwendbar sind[3]. **648**

Mit Blick auf das WTO-Recht geht der EuGH in st. Rspr. vom Fehlen der unmittelbaren Anwendbarkeit aus[4]. Einzelne können sich danach nicht auf WTO-Recht berufen. Der EuGH begründet dies insbesondere damit, dass diese Rechtsmaterie durch ein hohes Maß an Geschmeidigkeit gekennzeichnet sei und damit nicht die für eine unmittelbare Anwendbarkeit erforderliche Bestimmtheit und Unbedingtheit aufweise. Zwar beruft sich im vorliegenden Fall nicht ein Einzelner auf die entsprechenden Rechtsnormen, sondern ein Mitgliedstaat. Aber auch hier ist der Gerichtshof der Auffassung, dass eine Berufung auf WTO-Bestimmungen ausgeschlossen sei[5]. Dies folge aus der Reziprozität der entsprechenden Vorschriften und der Tatsache, dass sie auch im Recht der wichtigsten Vertrags- und Handelspartner der EU nicht unmittelbar anwendbar seien. Wolle sich die EU intern an diese Normen binden, so verspiele sie im Verhältnis zu ihren Handelspartnern ein erhebliches Maß an Verhandlungsspielraum. Diese zum alten GATT-Recht entwickelte Auffassung behält der Gerichtshof auch mit Blick auf das seit 1994 geltende WTO-Recht bei, obwohl nunmehr stärker verrechtlichte Streitbeilegungsmechanismen existieren. Der EuGH betont das auch weiterhin vorherrschende Verhandlungselement zwischen den Vertragsstaaten, so dass auch weiterhin Flexibilität erforderlich sei[6].

---

3 EuGH vom 26.10.1982, Rs. 104/81, Slg. 1982, 3641, NJW 1983, S. 508 ff., Hauptzollamt Mainz./.Kupferberg & Cie.

4 Vgl. *Dittert*, Europarecht, S. 178; *Streinz*, Europarecht, Rn. 537 ff.

5 Zum alten GATT-Recht EuGH vom 5.10.1994, Rs. C-280/93, Slg. 1994, I-4973, NJW 1995, S. 945 ff., Bundesrepublik Deutschland./.Rat der Europäischen Union – Bananenmarktordnung.

6 EuGH vom 23.11.1999, Rs. C-149/96, Slg. 1999, I-8395, EuZW 2000, S. 276 ff., 277 f., Rn. 25 ff., Portugiesische Republik./.Rat der Europäischen Union – Textilwaren, EuGH vom 18.10.2018, Rs. C-207/17, ECLI:EU:C:2018:840 (JURIS), Rn. 45 m.w.N., Rotho Blaas Srl./.Agenzia delle Dogane e dei Monopoli. Siehe dazu auch BFH vom 8.8.2013, V R 3/11, BFHE 242, 535, DStR 2013, S. 2451 ff., Rn. 36.

649 In der Literatur wird diese Rspr. vor allem mit Blick auf ihre dogmatische Konstruktion kritisiert[7]. Die fehlende unmittelbare Anwendbarkeit sei kein Kriterium, das man Mitgliedstaaten entgegenhalten könne, da sie nur etwas über die interne Anwendung aussage. Wolle man die Mitgliedstaaten an die unmittelbare Anwendbarkeit binden, so behandele man sie nicht wie selbstständige Völkerrechtssubjekte, sondern stelle sie auf eine Stufe mit den einzelnen Marktbürgern. Konsequenterweise müssten die Handlungen der EU-Organe auch am Maßstab des WTO-Rechts gemessen werden, wenn Mitgliedstaaten sie rügen.

Dieser Kritik ist im Ausgangspunkt, nicht aber im Ergebnis zu folgen. Zwar ist es richtig, dass die unmittelbare Anwendbarkeit in der vorliegenden Konstellation nicht als Maßstab taugt. Jedoch bleibt das Argument der Gegenseitigkeit richtig. Die EU wäre als Verhandlungspartner geschwächt, wenn sie internen Streit über die Rechtmäßigkeit ihrer Handlungen am Maßstab von WTO-Recht austragen müsste. Andere starke Handelsmächte haben solchen internen Streit nicht zu fürchten. Daher muss es bei dem Ergebnis bleiben, dass WTO-Recht aufgrund seines Charakters als Verhandlungsrecht grundsätzlich vor dem EuGH auch nicht für die Mitgliedstaaten justiziabel ist.

Hier kann auch das gegenteilige Ergebnis vertreten werden. Immerhin sprechen gute Gründe auch für die Literaturlösung. Dann muss allerdings in einem weiteren Schritt geprüft werden, ob tatsächlich WTO-Recht verletzt wird. Für die Entscheidung dieser Frage enthält der Sachverhalt wenig Anhaltspunkte.

2. Ausnahmen: Besondere Durchführungsmaßnahmen

650 Von seiner Rspr. zur fehlenden Maßstäblichkeit von WTO-Recht für Unionsrechtsakte lässt der EuGH zwei Ausnahmen zu, wenn das WTO-Recht für diese Rechtsakte eine besondere Bedeutung besitzt. In diesen Fällen ist es Sache des Unionsrichters, gegebenenfalls die Rechtmäßigkeit eines Unionsrechtsakts und der zu dessen Durchführung erlassenen Rechtsakte im Hinblick auf die WTO-Übereinkommen zu überprüfen. So hat der EuGH entschieden, dass sich ein Unionsbürger auf WTO-Recht berufen könne, wenn das angegriffene Unionsrecht auf das entsprechende WTO-Recht verweist[8]. Eine Prüfung sei zudem möglich, wenn das Unionsrecht zur Erfüllung der sich aus dem WTO-Recht ergebenden Verpflichtungen erlassen wurde[9]. Beides ist vorliegend ersichtlich nicht einschlägig, so dass es dabei bleibt, dass WTO-Recht als Prüfungsmaßstab ausscheidet.

---

7 Ausführlich *von Bogdandy/Makatsch*, EuZW 2000, S. 261 ff., 266.

8 EuGH vom 22.6.1989, Rs. 70/87, Slg. 1989, 1781, EuZW 1990, S. 64, Rn. 18 ff., Fédération de l'industrie de l'huilerie de la CEE (Fediol)./.Kommission der Europäischen Gemeinschaften. Siehe dazu auch EuGH vom 18.10.2018, C-207/17, ECLI:EU:C:2018:840 (JURIS), Rn. 48 m.w.N., Blaas.

9 EuGH vom 7.5.1991, Rs. C-69/89, Slg. 1991, I-2069, Rn. 26 ff., Nakajima All Precision Co. Ltd./.Rat der Europäischen Gemeinschaften. Siehe dazu auch EuGH vom 18.10.2018, C-207/17, ECLI:EU:C:2018:840 (JURIS), Rn. 48 m.w.N., Blaas.

3. Ergebnis

WTO-Recht scheidet als Prüfungsmaßstab für den angegriffenen Beschluss aus. **651**

II. Verletzung von primärem Unionsrecht

Weiterhin wird die Verletzung von primärem Unionsrecht gerügt. Insbesondere macht Portugal die Verletzung des Vertrauensschutzgrundsatzes sowie des Grundsatzes des wirtschaftlichen und sozialen Zusammenhalts geltend. **652**

1. Grundsatz des Vertrauensschutzes

Der Grundsatz des Vertrauensschutzes gehört zu den rechtsstaatlichen (Verfahrens)Garantien, die die Unionsrechtsordnung gemäß Art. 6 III EUV anerkennt[10]. Es wird geltend gemacht, die portugiesischen Textilhersteller hätten darauf vertrauen dürfen, dass der Unionsmarkt nicht schneller als zunächst vorgesehen liberalisiert würde. **653**

Der EuGH hält den Vertrauensschutzgrundsatz hier nicht für verletzt. Er ist zu Recht der Auffassung, dass dieser Grundsatz nicht die Unabänderlichkeit einer Regelung zur Folge habe, zumal es gerade im Bereich der Textileinfuhr erforderlich sei, auf Konjunkturschwankungen schnell zu reagieren, was auch den Herstellern bekannt sei[11]. Ganz allgemein kann ein Marktteilnehmer nicht darauf vertrauen, dass seine Absatzchancen nicht durch nachfolgende Maßnahmen verändert werden.

2. Grundsatz des wirtschaftlichen und sozialen Zusammenhalts

Schließlich ist eine Verletzung des Grundsatzes des wirtschaftlichen und sozialen Zusammenhalts zu prüfen, wie er sich aus Art. 3 III EUV sowie den Art. 174 ff. AEUV ergibt. Der EuGH erkennt zwar grundsätzlich die Existenz eines solchen Grundsatzes als Ziel der Union an, der bei der Auslegung des Gemeinschaftsrechts im wirtschaftlichen und sozialen Bereich einen wichtigen Gesichtspunkt darstellt. Zu Recht misst er ihm aber lediglich programmatischen Charakter zu. Auch wenn die Auffassung Portugals beim Erlass der fraglichen Liberalisierungsmaßnahmen nicht umgesetzt wurde, führt dies noch nicht dazu, dass dadurch ein einklagbares Recht auf Zusammenhalt verletzt wurde. Die Verwirklichung des Ziels des wirtschaftlichen und sozialen Zusammenhalts müsse vielmehr das Ergebnis von Politiken und Handlungen der Gemeinschaft sowie der Mitgliedstaaten sein[12]. **654**

---

10 *Streinz*, Europarecht, Rn. 803.

11 EuGH vom 23.11.1999, Rs. C-149/96, Slg. 1999, I-8395, EuZW 2000, S. 276 ff., 280, Rn. 75 ff. m.w.N., Textilwaren.

12 Vgl. EuGH vom 23.11.1999, Rs. C-149/96, Slg. 1999, I-8395, EuZW 2000, S. 276 ff., 280 f., Rn. 86/87, Textilwaren.

C. Ergebnis

655 Da weitere Verstöße gegen Unionsrecht nicht ersichtlich sind, stellt sich der angegriffene Beschluss als rechtmäßig dar. Im Ergebnis ist die Nichtigkeitsklage damit zwar zulässig, aber unbegründet.

Teil II

A. Rechtsgrundlage für den Beitritt

656 Die grundsätzliche Völkerrechtsfähigkeit der EU ergibt sich aus Art. 47 EUV[13], nach dem die Union Rechtspersönlichkeit besitzt. Der Grundsatz der begrenzten Einzelermächtigung gem. Art. 5 I EUV gilt nicht nur für internes, sondern auch für völkerrechtliches Handeln der Union, und damit auch für ihre Vertragsschließungskompetenzen. Die EU ist daher zum Abschluss internationaler Einkünfte nur insoweit zuständig, als ihr explizit oder implizit eine Befugnis dafür einräumt wurde[14].

Grob lassen sich die Abkommen danach einteilen, ob sie in die ausschließliche Zuständigkeit der EU fallen („EU-only"), oder ob sie als sog. „gemischte Abkommen" sowohl von der EU als auch den Mitgliedstaaten abgeschlossen werden müssen („Mixed"). Die (auch politische) Diskussion darüber ist jüngst insbes. im Zusammenhang mit den Handelsabkommen TTIP und CETA neu entflammt.

Als Rechtsgrundlage für den Beitritt kommt zunächst Art. 216 I AEUV in Betracht. Danach kann die Union mit einem oder mehreren Drittländern oder einer oder mehreren internationalen Organisationen eine Übereinkunft schließen, wenn dies in den Verträgen vorgesehen ist oder wenn der Abschluss einer Übereinkunft im Rahmen der Politik der Union entweder zur Verwirklichung eines der in den Verträgen festgesetzten Ziele erforderlich oder in einem verbindlichen Rechtsakt der Union vorgesehen ist oder aber gemeinsame Vorschriften beeinträchtigen oder deren Anwendungsbereich ändern könnte. Art. 216 I AEUV nennt damit insgesamt fünf alternative Begründungsmodelle für eine Kompetenz der Union zum Abschluss völkerrechtlicher Verträge (Verbandskompetenz)[15].

---

13 *Streinz*, Europarecht Rn. 1226 m.w.N.

14 *Dittert*, Europarecht, S. 105 m.w.N.

15 *Schmalenbach*, in: Calliess/Ruffert, AEUV, Art. 216 Rn. 8. Siehe dazu auch *Heuck*, JURA 2013, S. 199 ff., 200 ff.

I. Verbandskompetenz gemäß Art. 216 I Var. 1 AEUV i.V.m. Art. 207 AEUV

Die Verbandskompetenz könnte sich aus Art. 216 I Var. 1 AEUV (Abschluss von Übereinkünften in den Verträgen vorgesehen[16]) i.V.m. Art. 207 AEUV ergeben. Zu den Fällen, in denen der EUV oder der AEUV der Union die Vertragsschlusskompetenz ausdrücklich zuweist, gehört auch die Handelspolitik gem. Art. 207 AEUV[17]. Wie sich aus den in Art. 207 I AEUV genannten Beispielen und den in Art. 207 AEUV II und III ff. aufgeführten Entscheidungsmodi ergibt, können zur Durchführung der gemeinsamen Handelspolitik Abkommen mit dritten Staaten geschlossen werden[18]. Der Begriff der Handelspolitik ist grundsätzlich weit zu verstehen. Zwar zählt nach st. Rspr. ein Rechtsakt der Union nicht schon deshalb zu der Kategorie von Rechtsakten, die unter die gemeinsame Handelspolitik fallen, weil er bestimmte Auswirkungen auf den Handelsverkehr mit einem oder mehreren Drittstaaten haben kann. Er ist allerdings Teil der gemeinsamen Handelspolitik, wenn er speziell diesen Handelsverkehr betrifft, weil er ihn im Wesentlichen fördern, erleichtern oder regeln soll und sich direkt und sofort auf ihn auswirkt[19]. Handel umfasst gem. Art. 207 I 1 AEUV jedenfalls den Verkehr von Waren, so dass die von dem Abkommen betroffenen Radfahrzeuge, Ausrüstungsgegenstände und Teile darunter fallen. Insofern scheint die Verbandskompetenz nach Art. 216 I Var. 1 AEUV gegeben. Allerdings erfasst das neue Übereinkommen auch EU-interne Vorschriften, die der Harmonisierung des Binnenmarktes dienen. Diese müssten im Zuge des Beitritts geändert werden. Das spricht dafür, dass Art. 216 Abs. 1 Var. 1 AEUV i.V.m. Art. 207 AEUV als Rechtsgrundlage allein nicht ausreicht. Es könnte allerdings Art. 216 I Var. 4 AEUV (Beeinträchtigung gemeinsamer Vorschriften) in Betracht kommen. 657

II. Verbandskompetenz gemäß Art. 216 I Var. 4 AEUV i.V.m. Art. 114 I AEUV

Nach Art. 216 I Var. 4 AEUV besteht die Verbandskompetenz zum Abschluss völkerrechtlicher Verträge auch, wenn der Abschluss einer Übereinkunft gemeinsame Vorschriften beeinträchtigen kann. 658

Diese Bestimmung geht auf die AETR-Rspr. des EuGH aus dem Jahr 1971 zurück[20], als die völkerrechtlichen Kompetenzzuweisungen noch nicht in der heutigen Form kodifiziert waren. Der EuGH hatte in seinem Urteil in der Rechtssache AETR[21] festgestellt, dass der Union dann eine ungeschrie-

---

16 Nach *Heuck*, JURA 2013, S. 199 ff., 200, hätte es dieser Regelung nicht bedurft, weil sich die Rechtsgrundlage zur Ausübung der Außenkompetenz aus eben diesen anderen Vorschriften schon ausdrücklich ergibt.

17 *Schmalenbach*, in: Calliess/Ruffert, AEUV, Art. 216, Rn. 9.

18 Vgl. *Hahn*, in: Calliess/Ruffert, AEUV, Art. 207, Rn. 10 m.w.N.

19 EuGH vom 16.5.2017, Gutachten 2/15, ECLI:EU:C:2017:376 (JURIS), Rn. 36 m.w.N., Freihandelsabkommen zwischen der Europäischen Union und der Republik Singapur, dazu *Streinz*, JuS 2018, S. 184 ff.

20 Vgl. *Schmalenbach*, in: Calliess/Ruffert, AEUV, Art. 216, Rn. 16, sowie *Heuck*, JURA 2013, S. 199 ff., 202.

21 EuGH vom 31.3.1971, Rs. 22/70, Slg. 1971, 263, DVBl. 1972, S. 264, Kommission der Europäischen Gemeinschaften./.Rat der Europäischen Gemeinschaften – AETR. Siehe dazu auch *Nowak/Masuhr*, EuR 2015, S. 189 ff., 191 ff., und *Dittert*, Europarecht, S. 106.

bene Vertragsschlusskompetenz für den Abschluss völkerrechtlicher Abkommen zustehe, wenn sie eine geschriebene Binnenkompetenz besitze und diese nur sinnvoll wahrnehmen könne, wenn ergänzend auch eine Außenkompetenz hinzutrete. Diese Rspr., die sich mit der „implied powers"-Lehre begründen lässt, wurde mittlerweile allgemein anerkannt und ist durch den Vertrag von Lissabon in die Art. 3 II und 216 I AEUV übernommen worden. Inzwischen hat der EuGH ausdrücklich festgestellt, dass die in Art. 3 II AEUV verwendeten Begriffe („gemeinsame Regeln beeinträchtigen oder deren Tragweite verändern könnte") „denen entsprechen, mit denen der EuGH im Urteil AETR die Art der völkerrechtlichen Verpflichtungen umschrieben hat, die die Mitgliedstaaten außerhalb des Rahmens der Unionsorgane nicht eingehen dürfen, wenn gemeinsame Regeln der Union zur Verwirklichung der Vertragsziele ergangen sind. Diese Begriffe sind daher im Lichte der Erläuterungen auszulegen, die der EuGH in dem Urteil AETR und der daraus entwickelten Rspr. zu ihnen gegeben hat."[22].

Die Formulierung in Art. 216 I AEUV ist insofern missglückt, als es nicht darum gehen kann, dass durch den Abschluss eines Abkommens durch die Union Sekundärrecht beeinträchtigt wird, sondern vielmehr darum, ob das Abkommen Unionsrecht beeinträchtigen würde, wenn es von den Mitgliedstaaten und nicht von der EU abgeschlossen würde[23]. Die Gefahr einer Beeinträchtigung liegt nach der AETR-Rspr. des EuGH immer dann vor, wenn die völkerrechtliche Verpflichtung in den Anwendungsbereich von Rechtsnormen der Union fällt. Sie ist vor allem gegeben, wenn der Gegenstand des völkerrechtlichen Vertrages in einen Bereich fällt, der bereits weitgehend von Rechtsnormen der Union erfasst ist[24]. An dieser Rspr. hält der EuGH auch nach dem Vertrag von Lissabon ausdrücklich fest und betont unter Hinweis auf seine AETR-Entscheidung, dass eine völlige Übereinstimmung zwischen dem von den völkerrechtlichen Verpflichtungen erfassten Gebiet und dem Gebiet der Unionsregelung nicht notwendig sei. Das Bestehen einer Zuständigkeit der Union kann allerdings nur auf der Grundlage von Schlussfolgerungen angenommen werden, die aus einer konkreten Analyse des Verhältnisses zwischen der geplanten internationalen Übereinkunft und dem geltenden Unionsrecht gezogen werden, aus der sich ergibt, dass der Abschluss einer solchen Übereinkunft die gemeinsamen Regeln der Union beeinträchtigen oder deren Tragweite verändern kann[25].

Zur Umsetzung des Übereinkommens müssten auch EU-interne Vorschriften geändert werden, die der Harmonisierung des Binnenmarktes dienen. Grundlage für die Harmonisierung ist mangels besonderer Bestimmungen der Art. 114 I AEUV. Diese Vorschrift ermächtigt die Union zum Erlass von Harmonisierungsvorschriften für den Binnenmarkt[26].

---

22 EuGH vom 4.9.2014, Rs. C-114/12, ECLI:EU:C:2014:2151, EuZW 2014, S. 859 ff., Rn. 66 f., Europäische Kommission./.Rat der Europäischen Union – Sendeunternehmen, zust. *Nowak/Masuhr*, EuR 2015, S. 189 ff., 199, und *Kottmann*, EuZW 2014, S. 863 ff., 863.

23 *Heuck*, JURA 2013, S. 199 ff., 202.

24 *Schmalenbach*, in: Calliess/Ruffert, AEUV, Art. 216, Rn. 17 m.w.N.

25 EuGH vom 4.9.2014, Rs. C-114/12, ECLI:EU:C:2014:2151, EuZW 2014, S. 859 ff., Rn. 68 ff. m.w.N., Sendeunternehmen.

26 Siehe dazu ausführlich Fall 17.

Der Ausschlusstatbestand des Art. 114 II AEUV ist nicht einschlägig, da es weder um steuerliche Vorschriften noch um die Freizügigkeit geht. Art. 114 I AEUV enthält zwar keine ausdrückliche Kompetenz zum Abschluss völkerrechtlicher Abkommen. Die Harmonisierungsmöglichkeiten und die zur Harmonisierung erlassenen Vorschriften würden aber beeinträchtigt, wenn das Übereinkommen von den Mitgliedstaaten abgeschlossen würde, da die darin vorgesehenen technischen Vorschriften für Radfahrzeuge offensichtlich nicht mit den innerhalb der Union geltenden Regelungen übereinstimmen, da sonst kein Änderungsbedarf bestünde. Der Abschluss des Übereinkommens würde somit gemeinsame Vorschriften beeinträchtigen, so dass sich die Verbandskompetenz aus Art. 216 I Var. 4 AEUV i.V.m. Art. 114 I AEUV ergibt.

III. Ergebnis

Der Beitritt zu dem Übereinkommen müsste auf Art. 216 I Var. 4 AEUV i.V.m. Art. 114 I AEUV gestützt werden. **659**

B. Beteiligung des Europäischen Parlaments

Art. 216 I AEUV enthält keine ausdrücklichen Vorschriften über die Beteiligungsrechte des Europäischen Parlaments. Art. 114 I AEUV sieht für den Erlass von Rechtsakten das Verfahren der Mitentscheidung nach Art. 294 AEUV vor. Ist ein Rechtsakt auf mehrere Rechtsgrundlagen zu stützen, so sind deren Voraussetzungen kumulativ anzuwenden. Dies könnte bedeuten, dass das Verfahren der Mitentscheidung auf den Beitritt anzuwenden wäre. **660**

Allerdings ist zu beachten, dass es sich vorliegend nicht um einen Binnenrechtsakt, sondern um den Beitritt zu einem völkerrechtlichen Vertrag handelt. Hierfür enthält Art. 218 AEUV Sonderregelungen. Diese waren bereits im Rahmen der AETR-Doktrin vorrangig anzuwenden. Zudem ergibt sich auch aus Art. 207 III UAbs. 1 AEUV ausdrücklich, dass Art. 218 AEUV Anwendung findet. Auch wenn Art. 207 I AEUV als alleinige Grundlage für die Begründung der Verbandskompetenz der EU nicht genügt (s. oben Teil II A. I.), spricht dies wegen der Bezüge zur Handelspolitik ebenfalls für die Anwendung des Art. 218 AEUV.

Art. 218 VI UAbs. 2 lit. b) AEUV sieht hier grundsätzlich nur eine Anhörung des Parlaments vor, auch wenn bei einem internen Rechtsakt das Verfahren des Art. 294 AEUV anzuwenden wäre. Allerdings bestimmt Art. 218 VI UAbs. 2 lit. a) v) AEUV, dass die Zustimmung des Parlaments dann erforderlich ist, wenn Rechtsakte geändert werden müssen, die im Verfahren des Art. 294 AEUV zustande gekommen sind. Dies ist der Fall, weil zur Umsetzung des Übereinkommens EU-interne Harmonisierungsvorschriften geändert werden müssen.

Somit ist beim Beitritt zu dem Übereinkommen neben der Anhörung auch die Zustimmung des Europäischen Parlaments erforderlich.

Wiederholung und Vertiefung

Weiterführende Hinweise

661 EuGH vom 23.11.1999, Rs. C-149/96, Slg. 1999, I-8395, EuZW 2000, S. 276 ff. Portugal./.Rat der Europäischen Union – Textilwaren aus Indien und Pakistan.

EuGH vom 4.9.2014, Rs. C-114/12, ECLI:EU:C:2014:2151, EuZW 2014, S. 859 ff., Europäische Kommission./.Rat der Europäischen Union – Sendeunternehmen.

EuGH vom 5.10.1994, Rs. C-280/93, Slg. 1994, I-4973, NJW 1995, S. 945 ff., Bundesrepublik Deutschland./.Rat der Europäischen Union – Bananenmarktordnung.

EuGH vom 7.5.1991, Rs. C-69/89, Slg. 1991, I-2069, Nakajima All Precision Co. Ltd./.Rat der Europäischen Gemeinschaften.

EuGH vom 22.6.1989, Rs. 70/87, Slg. 1989, 1781, EuZW 1990, S. 64, Fédération de l'industrie de l'huilerie de la CEE (Fediol)./.Kommission der Europäischen Gemeinschaften.

EuGH vom 31.3.1971, Rs. 22/70, Slg. 1971, 263, DVBl. 1972, S. 264, Kommission der Europäischen Gemeinschaften./.Rat der Europäischen Gemeinschaften – AETR.

Böhm, Monika: Rechtsschutz im Europarecht, JA 2009, S. 679 ff.

von Bogdandy, Armin/Makatsch, Tilman: Kollision, Koexistenz oder Kooperation? – Zum Verhältnis von WTO-Recht und europäischem Außenwirtschaftsrecht in neueren Entscheidungen, EuZW 2000, S. 261 ff.

Ehlers, Dirk: Die Nichtigkeitsklage des Europäischen Gemeinschaftsrechts (Art. 230 EGV), JURA 2009, S. 31 ff.

Heuck, Jennifer: Die Außenkompetenzen der Europäischen Union nach dem Vertrag von Lissabon, JURA 2013, S. 199 ff.

Nowak, Carsten/Masuhr, Maya Sofie: „EU only“: Die ausschließlichen impliziten Außenkompetenzen der Europäischen Union – Anmerkung zum Urteil des EuGH vom 4.9.2014 in der Rs. C-114/12 (Europäische Kommission/Rat der Europäischen Union), EuR 2015, S. 189 ff.

Fall 22

Streit um die PKW-Maut

Pflichtfach/Schwerpunktbereich, Schwierigkeitsgrad: hoch

In Alpenland A ist man empört. Nachbarland D plant die Einführung einer neuen Infrastrukturabgabe in Form einer „PKW-Maut" für alle Bundesautobahnen. Betroffen sind in Ergänzung zur bereits existierenden LKW-Maut alle Fahrzeuge bis zu 3,5 Tonnen, die eine Autobahn benutzen wollen. Grundlage der Infrastrukturabgabe ist ein sog. „Infrastrukturabgabengesetz (InfrAG)". § 1 InfrAG sieht die Zahlung einer Abgabe für die Benutzung von Autobahnen und bestimmten Fernstraßen vor. **662**

Gemäß den §§ 3 und 7 InfrAG ist die Infrastrukturabgabe für inländische Fahrzeuge vom Fahrzeughalter in Form einer Jahresvignette zu entrichten. Gemäß § 5 Abs. 1 InfrAG wird die Höhe der Infrastrukturabgabe durch Bescheid von der zuständigen Behörde festgelegt. Die Abgabe gilt als zum Zeitpunkt der Zulassung des Fahrzeugs entrichtet.

Bei im Ausland zugelassenen Fahrzeugen gilt die Verpflichtung zur Zahlung der Infrastrukturabgabe entweder dem Halter oder dem Fahrer des Fahrzeugs während der Benutzung auf den Straßen in D, die der Infrastrukturabgabe unterliegen. Sie entsteht gemäß § 5 Abs. 4 InfrAG mit der ersten Benutzung solcher Straßen nach einem Grenzübertritt.

Die Infrastrukturabgabe für ausländische Fahrzeuge ist ebenfalls in Form einer Vignette zu entrichten. Insoweit besteht die Wahl zwischen einer Zehntagesvignette, einer Zweimonatsvignette und einer Jahresvignette. Die Höhe der zu zahlenden Abgabe ist in der Anlage des InfrAG festgelegt. Sie wird auf der Grundlage des Zylinderhubraums des Motors, der Art des Motors (Fremdzündungs- oder Selbstzündungsmotor) und der Emissionsklasse berechnet. Der Preis einer Zehntagesvignette liegt zwischen mindestens 2,50 € und höchstens 25 €. Der Preis der Zweimonatsvignette liegt zwischen mindestens 7 € und höchstens 55 €. Die Jahresvignette hat einen Höchstpreis von 130 €.

Werden abgabenpflichtige Straßen ohne gültige Vignette benutzt oder wurde die Vignette zu niedrig berechnet, wird die Abgabe nachträglich gemäß § 12 InfrAG erhoben. In diesem Fall entspricht die Abgabe dem Betrag der Jahresvignette oder der Differenz zwischen dem bereits gezahlten Betrag und dem Betrag der Jahresvignette.

§ 11 InfrAG sieht eine stichprobenartige Überwachung vor, um die Einhaltung der Verpflichtung zur Zahlung der Infrastrukturabgabe zu überprüfen. Gemäß § 11 Abs. 7 InfrAG können die Behörden von der für einen Verstoß verantwortlichen Person am Ort der Überwachung die Abgabe und eine Sicherheitsleistung in Höhe des nach § 14 InfrAG zu verhängenden Bußgelds nebst Verfahrenskosten erheben. Darüber hinaus kann dem Fahrer die Weiterfahrt untersagt werden, wenn die Abgabe trotz Aufforderung am Ort der Überwachung nicht entrichtet wird und berechtigte Zweifel an einer späteren Zahlung der Abgabe bestehen oder wenn die zur Durchführung der Überwachung erforderlichen Unterlagen nicht ausgehändigt werden, die verlangten Auskünfte nicht erteilt werden oder eine angeordnete Sicherheitsleistung nicht erbracht wird.

Nach § 14 InfrAG stellt es eine Ordnungswidrigkeit dar, die mit einer Geldbuße geahndet werden kann, wenn eine Infrastrukturabgabe nicht, nicht richtig, nicht in der vorgeschriebenen Weise oder nicht rechtzeitig entrichtet wird, eine Auskunft nicht, nicht richtig, nicht vollständig oder nicht rechtzeitig erteilt wird oder einer Anordnung zum Anhalten des Fahrzeugs im Rahmen einer Kontrolle zuwidergehandelt wird.

Parallel zum Inkrafttreten des InfrAG wird auch das Kraftfahrzeugsteuergesetz (KraftStG) von D geändert. § 9 Abs. 6 KraftStG sieht demnach eine Steuerentlastung für die eigenen Bürger vor, die im Wesentlichen dem Betrag entspricht, der für die Infrastrukturabgabe zu zahlen ist. Für Halter von Fahrzeugen der besonders niedrigen Emissionsklasse 6 (sog. „Euro-6-Fahrzeuge"), ist der Entlastungsbetrag sogar höher[1].

Die Regierung des Staates A hält die Infrastrukturabgabe in ihrer vorliegenden Form für europarechtswidrig. Sie diskriminiere ausländische Fahrzeughalter gegenüber inländischen, weil für Inländer eine Entlastung von der Abgabe durch die Ermäßigung der Kfz-Steuer erreicht werde. Zudem belaste die konkrete Ausgestaltung der Infrastrukturabgabe im Hinblick auf ihre Durchsetzung und Sanktionierung Ausländer in der Regel stärker als Inländer. So würden Sicherheitsleistungen vor allem von ausländischen Fahrzeughaltern verlangt, und auch im Übrigen sei zu befürchten, dass sie weit häufiger von Sanktionsmaßnahmen betroffen seien als Inländer. Die Ungleichbehandlung betreffe auch den freien Verkehr von Waren und Dienstleistungen. Mit der Mehrbelastung ausländischer Fahrzeughalter habe die Staatsregierung von B, das als Bundesland Teil von D ist und unmittelbar an der Grenze zu A liegt, politisch offensiv geworben, woraus man ersehen könne, dass die Diskriminierung sogar gewollt sei. Die Diskriminierung verstoße gegen Art. 18, 34 und 56 AEUV. Zudem sei Art. 92 AEUV verletzt, der es den Mitgliedstaaten untersage, ausländische Verkehrsunternehmer stärker als bisher zu belasten. D verteidigt sich damit, dass eine direkte Steuer wie die Kfz-Steuer nicht dem EU-Recht unterliege, die Maut dem Umweltschutz diene und es ohnehin möglich sein müsse, von einem steuer- auf ein nutzerfinanziertes Fernstraßensystem umzustellen.

A und B sind Mitgliedstaaten der EU. A möchte vor dem EuGH gegen das InfrAG klagen. Ist eine solche Klage zulässig und begründet?

---

1 Zur Sachverhaltsschilderung s. auch die Schlussanträge von Generalanwalt *Wahl* vom 6.2.2019, Rs. C-591/17, ECLI:EU:C:2019:99, EuZW 2019, S. 280 ff., Republik Österreich./.Bundesrepublik Deutschland - PKW-Maut.

„Eurovignetten-Richtlinie" RL 1999/62/EG (Auszug)[2]:

Artikel 1

Diese Richtlinie gilt für Kraftfahrzeugsteuern und für Maut- und Benutzungsgebühren, die von den in Artikel 2 definierten Fahrzeugen erhoben werden. [...]

Artikel 2

Im Sinne dieser Richtlinie bezeichnet der Ausdruck [...]

d) „Fahrzeug" Kraftfahrzeuge oder Fahrzeugkombinationen, die für den Güterkraftverkehr bestimmt sind oder verwendet werden und deren zulässiges Gesamtgewicht mehr als 3,5 t beträgt; [...]

Artikel 7

Unbeschadet des Artikels 9 Absatz 1a dürfen die Mitgliedstaaten unter den in den Absätzen 2, 3, 4 und 5 dieses Artikels und in den Artikeln 7a bis 7k genannten Bedingungen Maut- und/oder Benutzungsgebühren auf dem transeuropäischen Straßennetz oder auf bestimmten Abschnitten dieses Netzes und zusätzlich auf anderen Abschnitten ihrer Autobahnnetze, die nicht zum transeuropäischen Straßennetz gehören, beibehalten oder einführen. Das Recht der Mitgliedstaaten, unter Beachtung des Vertrags über die Arbeitsweise der Europäischen Union Maut- und/oder Benutzungsgebühren auf anderen Straßen zu erheben, bleibt hiervon unberührt, sofern die Erhebung von Maut- und/oder Benutzungsgebühren auf solchen anderen Straßen den internationalen Verkehr nicht diskriminiert und nicht zur Verzerrung des Wettbewerbs zwischen den Unternehmen führt. [...]

Artikel 7k

Diese Richtlinie berührt nicht die Freiheit der Mitgliedstaaten, die ein System von Maut- und/oder Benutzungsgebühren für Verkehrswege einführen, unbeschadet der Artikel 107 und 108 des Vertrags über die Arbeitsweise der Europäischen Union einen angemessenen Ausgleich für diese Gebühren vorzusehen.

2 RL 1999/62/EG des Europäischen Parlaments und des Rates vom 17. Juni 1999 über die Erhebung von Gebühren für die Benutzung bestimmter Verkehrswege durch schwere Nutzfahrzeuge (ABl. 1999 Nr. L 187/42), zuletzt geändert durch RL 2013/22/EU des Rates vom 13. Mai 2013 (ABl. 2013 Nr. L 158/356).

Vorüberlegungen

663 Der Fall ist dem Rechtsstreit zwischen Österreich und Deutschland nachgebildet, der unter dem Aktenzeichen C-591/17 beim EuGH als Vertragsverletzungsverfahren geführt wurde. Mit Urteil vom 18. Juni 2019 gab der Gerichtshof der Klage Österreichs statt[3], nachdem der Generalanwalt zuvor die Abweisung empfohlen hatte. Das ist insofern bemerkenswert, als der EuGH in der Regel den Vorschlägen des Generalanwalts folgt. In der Lösung sind deshalb auch die Argumente des Gerichtshofs denen des Generalanwalts gegenübergestellt. Eine weitere wesentliche Besonderheit des Verfahrens liegt darin, dass es einen der wenigen Anwendungsfälle eines Vertragsverletzungsverfahrens unter Mitgliedstaaten nach Art. 259 AEUV darstellt.

Der Klage Österreichs war ein Vertragsverletzungsverfahren der Kommission nach Art. 258 AEUV vorausgegangen. Mit Aufforderungsschreiben vom 18. Juni 2015 und 10. Dezember 2015 hatte die Europäische Kommission ein entsprechendes Verfahren gegen die Bundesrepublik Deutschland eingeleitet. Sie hatte zum einen die Auswirkungen der Maßnahmen in ihrer Kombination und zum anderen die Preise der Kurzzeitvignetten gerügt. Nachdem der Bundestag am 24. März 2017 bestimmte Änderungen der deutschen Rechtsvorschriften verabschiedet hatte, beschloss die Kommission am 17. Mai 2017, das Vertragsverletzungsverfahren einzustellen. Die Republik Österreich machte sich jedoch die Auffassung der Kommission nicht zu eigen, sondern leitete mit Schreiben vom 7. Juli 2017 ihrerseits ein Vertragsverletzungsverfahren gegen Deutschland ein. Mit seinem Urteil hat der EuGH nunmehr den Streit um die Europarechtskonformität der deutschen PKW-Maut[4] endgültig beendet.

Materiellrechtlich bewegt sich der Fall weitgehend auf dem grundsätzlich vertrauten Terrain der Grundfreiheiten bzw. des Allgemeinen Diskrimierungsverbots aus Art. 18 AEUV, deren Zusammenspiel vor dem Hintergrund der vielen denkbaren Auswirkungen einer Mauterhebung allerdings nicht ganz einfach ist. Hinzu kommen noch der tendenziell unbekannte Art. 92 AEUV sowie die entsprechende Richtlinie. Der Aufbau erfolgt prozessual als Vertragsverletzungsverfahren, allerdings in der seltenen Form des Art. 259 AEUV, bei dem ein Mitgliedstaat gerichtlich gegen einen anderen vorgeht. Daher ist die Klausur insgesamt nicht einfach und eher für den Schwerpunktbereich geeignet.

3 EuGH vom 18.6.2019, Rs. C-591/17, ECLI:EU:C:2019:504 (JURIS), Rn. 42 m.w.N., Republik Österreich./.Bundesrepublik Deutschland – PKW-Maut.

4 Zum Unterschied zwischen einer *entfernungs*abhängigen Abgabe (Maut) und einer *zeit*abhängige Abgabe (Vignette) s. *Boehme-Neßler*, NVwZ 2014, 97 ff., 99. Insbes. die politische Diskussion wurde aber unter den Begriff „PKW-Maut" geführt; dies hat sich auch als Schlagwort in der juristischen Literatur niedergeschlagen (s. nur die Aufsatztitel unten unter „Wiederholung und Vertiefung").

Gliederung

A. Zulässigkeit 664

I. Zuständigkeit
II. Beteiligtenfähigkeit
III. Klageberechtigung
IV. Vorverfahren
V. Streitgegenstand
VI. Rechtsschutzinteresse
VII. Zwischenergebnis Zulässigkeit

B. Begründetheit

I. Anwendbare Vorschriften
II. Verstoß gegen Art. 18 AEUV
1. Anknüpfungspunkte einer Diskriminierung
2. Diskriminierung ausländischer Fahrzeughalter durch die Kombination von InfrAG und KraftStG
a) Ungleichbehandlung
b) Rechtfertigung
3. Diskriminierung ausländischer Fahrzeughalter durch die Ausgestaltung des InfrAG
a) Ungleichbehandlung
b) Rechtfertigung
III. Verstoß gegen Art. 34 AEUV
1. Ware und staatliche Maßnahme
2. Maßnahme gleicher Wirkung, Verkaufsmodalität, Rechtfertigung
3. Ergebnis
IV. Verstoß gegen Art. 56 AEUV
1. Dienstleistungen und staatliche Maßnahme
2. Behinderung des Zugangs, Rechtfertigung
3. Ergebnis
V. Verstoß gegen Art. 92 AEUV

C. Endergebnis

Musterlösung

665 Mitgliedstaat A möchte vor dem EuGH gerichtlich gegen das InfrAG vorgehen, das als Gesetz eine staatliche Maßnahme des Mitgliedstaats D darstellt. Mangels Generalklausel ist der Rechtsweg zu den Unionsgerichten nur in den Fällen der enumerativen Einzelzuständigkeit eröffnet[5]. Gem. Art. 259 I AEUV kann jeder Mitgliedstaat den Gerichtshof der Europäischen Union anrufen, wenn er der Auffassung ist, dass ein anderer Mitgliedstaat gegen eine Verpflichtung aus den Verträgen verstoßen hat. Die Klage des Staates A hat als Vertragsverletzungsverfahren nach Art. 259 AEUV Erfolg, soweit ein solches zulässig und begründet ist.

A. Zulässigkeit

I. Zuständigkeit

666 Nach Art. 259 I AEUV ist der Gerichtshof der Europäischen Union für das Vertragsverletzungsverfahren eines Mitgliedstaats zuständig. Er umfasst u.a. den EuGH und das EuG (Art. 19 I EUV). Nach Art. 259 I i.V.m. Art. 256 I AEUV ist organintern der EuGH zuständig.

II. Beteiligtenfähigkeit

667 Aktiv und passiv beteiligtenfähig sind nach Art. 259 I AEUV jeweils der klagende und der beklagte Mitgliedstaat, hier also A und D.

III. Klageberechtigung

668 Art. 259 I AEUV spricht jedem Mitgliedstaat eine Klageberechtigung im Vertragsverletzungsverfahren zu, also auch Mitgliedstaat A.

IV. Vorverfahren

669 Bevor ein Mitgliedstaat klagen kann, muss ein Vorverfahren unter Einbeziehung der Kommission durchgeführt werden. Nach Art. 259 II bis IV AEUV muss zunächst die Kommission mit der Angelegenheit befasst werden. Sie erlässt nach Anhörung der beteiligten Staaten eine mit Gründen versehene Stellungnahme. Erst danach kann – abgesehen von den Fällen des Art. 259 IV AEUV – der Mitgliedstaat Klage erheben. A muss also zunächst ein Vorverfahren durchführen.

V. Streitgegenstand

670 Als Streitgegenstand ist gem. Art. 259 I AEUV ein Verstoß des beklagten Mitgliedstaats gegen „eine Verpflichtung aus den Verträgen", also gegen Unionsrecht, anzuse-

5 *Mächtle*, JuS 2015, S. 28 ff., 28 m.w.N.

hen. Dieser Streitgegenstand wird durch die Klageschrift konkretisiert. Vorliegend ist A der Überzeugung, dass D mit der geplanten PKW-Maut gegen die Art. 18, 34, 56 und 92 AEUV verstößt. Hierin liegt ein zulässiger Streitgegenstand.

VI. Rechtsschutzinteresse

Ein Rechtsschutzinteresse ist (ebenso wie bei Art. 258 AEUV) bei Art. 259 AEUV nicht **671**
erforderlich. Allerdings muss der klagende Mitgliedstaat von dem Europarechtsverstoß überzeugt sein. Davon ist hier auszugehen.

VII. Zwischenergebnis

Die Klage des Mitgliedstaats A gegen Mitgliedstaat D ist im Verfahren nach Art. 259 **672**
AEUV zulässig. Es muss allerdings noch ein Vorverfahren durchgeführt werden.

B. Begründetheit

I. Anwendbare Vorschriften

Nach Art. 259 I AEUV kann ein Mitgliedstaat den Gerichtshof anrufen, wenn seiner **673**
Auffassung nach ein Mitgliedstaat gegen eine Verpflichtung aus „den Verträgen“, also u.a. aus dem AEUV (vgl. Art. 1 II AEUV), verstoßen hat.

Die Klage ist daher begründet, wenn die von A behaupteten Tatsachen zutreffen und sich daraus ein Verstoß gegen Unionsrecht ergibt, der dem beklagten Mitgliedstaat D zuzurechnen ist[6]. Bei diesen Tatsachen kann es sich um den Erlass oder die Aufrechterhaltung von unionsrechtswidrigen Gesetzen, Verordnungen, Verwaltungsrichtlinien oder um bloße Praxis eines Mitgliedstaats, d.h. seiner Organe, Behörden oder Gerichte, handeln. Es spielt keine Rolle, ob ein permanentes Verhalten, eine Einzelmaßnahme oder ein pflichtwidriges Unterlassen vorliegt. Die Mitgliedstaaten sind insoweit für jedes staatliche Fehlverhalten in ihrem Hoheitsgebiet verantwortlich. Dies gilt auch für unabhängige Organe wie z.B. Parlamente, Bundesländer, Gemeinden und Gerichte[7].

Prüfungsmaßstab für das Verhalten des Mitgliedstaats ist das gesamte Unionsrecht. Der Begriff „Verpflichtung aus den Verträgen“ in Art. 259 I AEUV ist weit auszulegen und umfasst u.a. geschriebenes und ungeschriebenes, primäres und sekundäres Unionsrecht[8]. Sekundärrecht ist vorliegend allerdings nicht zu prüfen, da von A kein entsprechender Verstoß geltend gemacht wird. Zudem ergibt sich aus den abgedruckten Vorschriften der RL 1999/62/EG, dass Sekundärrecht die Erhebung einer Maut nicht gänzlich ausschließt. Es kommt mithin entscheidend darauf an, ob die behaupteten Verstöße gegen Primärrecht, d.h. den AEUV, vorliegen.

---

6 *Cremer*, in: Calliess/Ruffert, AEUV, Art. 259, Rn. 1 i.V.m. Art. 258, Rn. 33 m.w.N., und *Dittert*, Europarecht, S. 163.

7 Vgl. *Dittert*, Europarecht, S. 163.

8 *Cremer*, in: Calliess/Ruffert, AEUV, Art. 259, Rn. 1 i.V.m. Art. 258, Rn. 33 m.w.N.

674 Die vier Vorschriften der Art. 18, 34, 56 und 92 AEUV sind nebeneinander zu prüfen. Zwar kann es bei Zugrundelegung desselben Lebenssachverhalts grundsätzlich zu einer Konkurrenz insbes. zwischen Grundfreiheiten untereinander sowie zwischen Grundfreiheiten und Art. 18 AEUV kommen.

Nach Art. 18 I AEUV ist unbeschadet besonderer Bestimmungen der Verträge in ihrem Anwendungsbereich jede Diskriminierung aus Gründen der Staatsangehörigkeit verboten. Art. 18 AEUV findet daher keine Anwendung, wenn besondere Diskriminierungstatbestände einschlägig sind. Hierzu zählen sämtliche Bestimmungen, die in gegenüber dem Verbot des Art. 18 AEUV modifizierender und damit einschränkender Weise unmittelbare oder mittelbare Diskriminierungen aufgrund der Staatsangehörigkeit verbieten[9]. Der EuGH führt hierzu aus, die streitigen Maßnahmen könnten nur insoweit im Hinblick auf Art. 18 I AEUV geprüft werden, als sie auf Sachverhalte Anwendung fänden, die nicht unter die besonderen Diskriminierungsverbote fielen[10]. Vorliegend werden von A jedoch verschiedene Dimensionen möglicher Unionsrechtsverletzungen durch die PKW-Maut geltend gemacht, die eine kumulative Prüfung aller geltend gemachter Normen sachgerecht erscheinen lassen.

II. Verstoß gegen Art. 18 AEUV

1. Anknüpfungspunkte einer Diskriminierung

675 Nach Art. 18 Abs. 1 AEUV ist im Anwendungsbereich der Verträge jede Diskriminierung aus Gründen der Staatsangehörigkeit verboten. Alle Unionsbürger (Art. 9 S. 2 EUV und Art. 20 I 2 AEUV) werden vom persönlichen Anwendungsbereich der Vorschrift erfasst[11]. Straßennutzungsgebühren unterfallen dem Anwendungsbereich der Verträge, da sie die Freizügigkeit des Unionsbürgers gem. Art. 21 I, 20 I 2 AEUV berühren[12]. Das allgemeine Diskriminierungsverbot ist gegenüber anderen Diskriminierungsverboten des Unionsrechts subsidiär (s.o.). Gleichwohl ist die Vorschrift vorliegend zentral und vor spezielleren Grundfreiheiten zu prüfen, weil die PKW-Maut ungeachtet des konkreten Zwecks der Straßenbenutzung alle Verkehrsteilnehmer gleichermaßen betrifft. Die Grundfreiheiten der Art. 34 und 56 AEUV erfassen demgegenüber nur Ausschnitte des von der Maut erfassten Lebensbereichs wie die Fahrten für den Warentransport oder die Erbringung von Dienstleistungen.

Das allgemeine Diskriminierungsverbot aus Gründen der Staatsangehörigkeit besagt, dass vergleichbare Sachverhalte nicht unterschiedlich und unterschiedliche Sachverhalte nicht gleichbehandelt werden dürfen, es sei denn, dass eine derartige Behandlung objektiv gerechtfertigt ist[13]. Das umfasst nicht nur unmittelbare Diskriminierungen aus

---

9 *von Bogdandy*, in: Grabitz/Hilf/Nettesheim, AEUV, Art. 18, Rn. 57, s. auch *Dittert*, Europarecht, S. 304 m.w.N. In der Fallbearbeitung ist Art. 18 I AEUV deshalb grundsätzlich nach den Grundfreiheiten zu prüfen und als subsidiäre Auffangnorm zu behandelt (*Dittert* a.a.O.).

10 Vgl. EuGH vom 18.6.2019, Rs. C-591/17, ECLI:EU:C:2019:504 (JURIS), Rn. 41, PKW-Maut.

11 *Epiney*, in: Calliess/Ruffert, AEUV, Art. 18, Rn. 41 m.w.N.

12 *Hindelang/Berner*, JuS 2014, S. 812 ff., 815.

13 Vgl. *Dittert*, Europarecht, S. 306.

Gründen der Staatsangehörigkeit, sondern auch alle Formen der mittelbaren Diskriminierung, die durch die Anwendung anderer Unterscheidungsmerkmale tatsächlich zum gleichen Ergebnis führen[14].

Zunächst ist zu fragen, welche konkrete mitgliedstaatliche Maßnahme Anknüpfungspunkt der Prüfung einer Diskriminierung ist. A führt hier mehrere Punkte ins Feld. Zunächst wird behauptet, Ausländer würden durch das Zusammenspiel von InfrAG und KraftStG insoweit diskriminiert, als Inländer für die PKW-Maut bei der Kfz-Steuer entlastet würden, Ausländer aber nicht. Weiterhin wird bemängelt, Ausländer würden bei Nichtentrichtung der Maut stärker sanktioniert als Inländer. Beide Anknüpfungspunkte sind jeweils getrennt zu prüfen. **676**

2. Diskriminierung ausländischer Fahrzeughalter durch die Kombination von InfrAG und KraftStG

a) Ungleichbehandlung

D könnte zunächst dadurch gegen Art. 18 I AEUV verstoßen haben, dass ausländische Verkehrsteilnehmer im Unterschied zu Inländern keine Entlastung durch Ermäßigung der Kfz-Steuer erlangen können. Es müsste eine Diskriminierung aus Gründen der Staatsangehörigkeit vorliegen. Eine unmittelbare bzw. offene Diskriminierung liegt nicht vor, weil nicht die Staatsangehörigkeit[15] der Fahrer oder Halter, sondern die Zulassung der Fahrzeuge in D oder dem Ausland maßgeblich ist. Es könnte sich allerdings um eine mittelbare Diskriminierung handeln (s.o.). **677**

Da das Diskriminierungsverbot an eine Ungleichbehandlung anknüpft, muss für die Feststellung einer Diskriminierung zunächst eine geeignete Vergleichsgruppe gefunden werden: eine Person, die sich in einer vergleichbaren Situation befindet und aufgrund des identifizierbaren Merkmals eine günstigere Behandlung erfährt. A macht insoweit geltend, durch die Kombination von InfrAg und KraftStG würden Inländer von der Maut entlastet, während dies für Ausländer nicht möglich sei. Darin liege eine Ungleichbehandlung von wesentlich Gleichem.

Der Generalanwalt des zugrunde liegenden Rechtsstreits hat zur Vergleichsgruppenbildung ausführlich Stellung genommen[16]. Er führt aus, Halter inländischer Fahrzeuge seien sowohl Nutzer inländischer Straßen (und unterliegen somit der Infrastrukturabgabe) als auch inländische Steuerzahler (da sie der Kfz-Steuer unterliegen). Hingegen handele es sich bei den Fahrern ausländischer Fahrzeuge um Steuerzahler anderer Mitgliedstaaten: Sie könnten als solche anderen Steuern oder Abgaben in ihrem jeweiligen Wohnsitzland unterliegen, müssten aber niemals Kfz-Steuer in D zahlen. Daher seien die Halter inländischer Fahrzeuge und die Fahrer ausländischer Fahrzeuge zwar im Hinblick auf die Benutzung der inländischen Autobahnen vergleichbar, nicht aber, wenn **678**

---

14 EuGH vom 18.6.2019, Rs. C-591/17, ECLI:EU:C:2019:504 (JURIS), Rn. 42 m.w.N., PKW-Maut.

15 Vgl. dazu allgemein *Streinz*, Europarecht, Rn. 823.

16 Siehe ausführlich die Schlussanträge von Generalanwalt *Wahl* vom 6.2.2019, Rs. C-591/17, ECLI:EU:C:2019:99, EuZW 2019, S. 280 ff., insbes. Rn. 48 ff., PKW-Maut.

man sie im Lichte beider Maßnahmen prüfe, d.h., wenn man sie sowohl als Benutzer inländischer Autobahnen als auch als Steuerzahler betrachte. Insofern liege also bereits keine Diskriminierung vor.

679 Zudem befänden sich die Fahrer ausländischer Fahrzeuge bei einer Prüfung im Lichte beider Maßnahmen nicht in einer Situation, die weniger günstig sei als die, in der sich die Halter inländischer Fahrzeuge befinden, und könnten sich auch niemals in einer solchen Situation befinden. Um auf inländischen Autobahnen fahren zu dürfen, müssten die Erstgenannten nur die Infrastrukturabgabe zahlen und seien dabei nicht verpflichtet, den Betrag für ein ganzes Jahr zu zahlen: Sie könnten sich entsprechend ihrem tatsächlichen Bedarf für eine Vignette mit kürzerer Gültigkeitsdauer entscheiden. Hingegen müssten die Halter inländischer Fahrzeuge, um auf inländischen Autobahnen fahren zu dürfen, von Gesetzes wegen sowohl eine Infrastrukturabgabe als auch Kfz-Steuer zahlen. Darüber hinaus seien die Halter von im Inland zugelassenen Fahrzeugen unabhängig davon, ob sie tatsächlich heimische Autobahnen benutzen, verpflichtet, die Infrastrukturabgabe in Höhe des für eine Jahresvignette geschuldeten Betrags zu entrichten[17].

680 Der EuGH folgt dem allerdings nicht und geht von einer Diskriminierung aus. Zunächst seien Infrastrukturabgabe und Steuerentlastung bei der Beurteilung einer Diskriminierung zusammen zu betrachten, weil zwischen ihnen zeitlich wie inhaltlich ein hinreichend enger Zusammenhang bestehe[18]. Weiterhin stehe fest, dass bei Anwendung dieser Maßnahmen alle Benutzer deutscher Autobahnen unabhängig vom Ort der Zulassung ihrer Fahrzeuge der Infrastrukturabgabe unterlägen. Den Haltern von im Inland zugelassenen Fahrzeugen komme jedoch eine Steuerentlastung bei der Kfz-Steuer in einer Höhe zugute, die mindestens dem Betrag der Abgabe entspreche, die sie entrichten mussten, so dass die wirtschaftliche Last dieser Abgabe de facto nur auf den Haltern und Fahrern von in einem anderen Mitgliedstaat zugelassenen Fahrzeugen ruhe. Es zeige sich somit, dass aufgrund der Kombination der streitigen nationalen Maßnahmen die Halter und Fahrer von in einem anderen Mitgliedstaat zugelassenen Fahrzeugen, die die inländischen Autobahnen benutzen, in Bezug auf die Benutzung dieser Autobahnen weniger günstig behandelt würden als die Halter von im Inland zugelassenen Fahrzeugen, und zwar obwohl sie sich hinsichtlich dieser Benutzung in einer vergleichbaren Situation befänden[19].

681 Es wird deutlich, dass Generalanwalt und Gerichtshof bei der Beurteilung einer Ungleichbehandlung unterschiedliche Ausgangspunkte einnehmen. Der Generalanwalt stellt erheblich höhere Anforderungen an die Vergleichsgruppenbildung. Der EuGH

---

17 *Hindelang/Berner,* JuS 2014, S. 812 ff., 816, gehen in ihrem fiktiven Fall, bei dem In- und Ausländer jeweils nur gleich teure Jahresvignetten erwerben können, im Hinblick auf die typischerweise geringere Nutzung der deutschen Straßen durch ausländische Fahrer von einer ungerechtfertigten Diskriminierung aus; ebenso *Korte/Gurreck*, EuR 2014, S. 439, a.A. offenbar *Boehme-Neßler*, NVwZ 2014, 97 ff., 99.

18 EuGH vom 18.6.2019, Rs. C-591/17, ECLI:EU:C:2019:504 (JURIS), Rn. 46, PKW-Maut.

19 EuGH vom 18.6.2019, Rs. C-591/17, ECLI:EU:C:2019:504 (JURIS), Rn. 48 f., PKW-Maut., im Ergebnis ebenso bereits *Schiedermair/Koppe*, JURA 2016, S. 406 ff., 412, *Boehme-Neßler*, NVwZ 2014, 97 ff., 101, und *Korte/Gurreck*, EuR 2014, S. 433, a.A. offenbar *Hindelang/Berner*, JuS 2014, S. 812 ff., 816 f.

wendet einen für die Mitgliedstaaten erheblich ungünstigeren Maßstab an, bewegt sich damit aber im Rahmen seiner bisherigen Rechtsprechungslinie.

Vor diesem Hintergrund ist dem EuGH zuzustimmen, so dass von einer Diskriminierung auszugehen ist.

b) Rechtfertigung

Das Diskriminierungsverbot des Art. 18 I AEUV gilt allerdings nicht absolut. Zu prüfen ist somit, ob die Ungleichbehandlung der Staatsangehörigen der anderen Mitgliedstaaten gerechtfertigt ist[20]. Das setzt voraus, dass sie auf objektiven Erwägungen beruht und in angemessenem Verhältnis zu dem mit dem nationalen Recht legitimerweise verfolgten Zweck steht[21]. **682**

D beruft sich auf die Systemumstellung zur Nutzerfinanzierung, Umweltaspekte und die Unabhängigkeit bei der Kfz-Besteuerung. Es kommt unionsrechtlich allerdings nicht darauf an, ob die Abgabe an sich gerechtfertigt ist. Entscheidend ist vielmehr, ob die Diskriminierung der ausländischen Fahrer aus Gründen des Allgemeinwohls objektiv gerechtfertigt ist[22]. **683**

Zu Kfz-Steuer ist festzustellen, dass im Bereich der direkten Steuern[23] zwar gem. Art. 113 AEUV kein Harmonisierungsauftrag besteht, die Mitgliedstaaten ihre Befugnisse nach st. Rspr. aber unter Wahrung des Unionsrechts und insbes. der vom AEUV gewährleisteten Grundfreiheiten ausüben müssen. Daraus folgt, dass sie bei der Einführung von Kfz-Steuern u. a. den Grundsatz der Gleichbehandlung beachten müssen, damit die Modalitäten der Anwendung dieser Steuern kein Mittel zur Diskriminierung darstellen[24]. Ein nutzerfinanziertes Straßensystem ist zwar grundsätzlich zulässig und kann durch die Mitgliedstaaten eingeführt werden, muss aber ebenfalls kohärent und diskriminierungsfrei erfolgen, was angesichts der Entlastung für die Inländer nicht der Fall ist[25]. Der Umweltschutz schließlich stellt nach der EuGH-Rspr. zwar ein legitimes Ziel dar, doch ist nicht zu erkennen, wie die Einführung einer Infrastrukturabgabe, die

---

20 Zur Frage, ob Diskriminierungen gem. Art 18 AEUV überhaupt gerechtfertigt werden können, s. *Kühling/Ascher*, JURA 2017, S. 227 ff., 236 f. m.w.N., und *Boehme-Neßler*, NVwZ 2014, 97 ff., 98 f.

21 Vgl. EuGH vom 18.6.2019, Rs. C-591/17, ECLI:EU:C:2019:504 (JURIS), Rn. 73, PKW-Maut. Der EuGH scheint zwar grundsätzlich von einer aus dem deutschen Recht bekannten dreistufigen Prüfung (Geeignetheit-Erforderlichkeit-Angemessenheit/Verhältnismäßigkeit im engeren Sinne) auszugehen, spricht die Frage der Angemessenheit in der Praxis aber nur selten an. Siehe dazu *Streinz*, Europarecht, Rn. 870 und 918, *Dittert*, Europarecht, S. 297, je m.w.N., ausführlich *Brigola*, EuZW 2017, S. 406 ff., sowie (für Grundrechtseinschränkungen) *Michl*, EuR 2018, S. 456 ff., 465 ff.

22 *Boehme-Neßler*, NVwZ 2014, 97 ff., 99.

23 Direkte und indirekte Steuern unterscheiden sich dadurch, dass bei direkten Steuern der Steuerschuldner die Steuer auch (regelmäßig) trägt, während bei indirekten Steuern (regelmäßig) eine Überwälzung auf Dritte, in der Regel den Verbraucher, erfolgt (*Birk/Desens/Tappe*, Steuerrecht, Rn. 44).

24 EuGH vom 18.6.2019, Rs. C-591/17, ECLI:EU:C:2019:504 (JURIS), Rn. 56 f., PKW-Maut, s. dazu auch *Schiedermair/Koppe*, JURA 2016, S. 406 ff., 412.

25 Vgl. EuGH vom 18.6.2019, Rs. C-591/17, ECLI:EU:C:2019:504 (JURIS), Rn. 60 ff., insbes. 66, PKW-Maut.

de facto nur die Halter und Fahrer von in anderen Mitgliedstaaten als Deutschland zugelassenen Fahrzeugen trifft, geeignet sein soll, dieses Ziel zu gewährleisten[26].

Da es somit an hinreichenden Rechtfertigungsgründen für die Diskriminierung fehlt, liegt ein Verstoß gegen Art. 18 I AEUV vor.

3. Diskriminierung ausländischer Fahrzeughalter durch die Ausgestaltung des InfrAG

a) Ungleichbehandlung

684 Ein Verstoß gegen Art. 18 I AEUV könnte zudem durch die Ausgestaltung der Infrastrukturabgabe, insbes. in Bezug auf Kontroll- und Vollzugsmaßnahmen, begründet werden. Insbes. die spezifischen Eingriffsbefugnisse (stichprobenartige Überwachung, Erhebung einer Sicherheitsleistung, Untersagung der Weiterfahrt), die in den §§ 11, 12 und 14 InfrAG vorgesehen sind, sowie die nachträgliche Erhebung der Infrastrukturabgabe in Höhe der Jahresvignette bzw. der Differenz zwischen dem bereits entrichteten Betrag und der Jahresvignette könnten zu einer Diskriminierung führen, wenn sie ausschließlich oder überwiegend auf im Ausland zugelassene Fahrzeuge anzuwenden wären.

Die Annahme einer versteckten Diskriminierung setzt voraus, dass ausländische Fahrzeughalter durch die fragliche Regelung in erheblich stärkerem Umfang betroffen sind als Inländer. Die zitierten Vorschriften des InfrAG gelten allerdings unterschiedslos für Inländer und Ausländer. Auch bei Inländern ist es denkbar, dass sie keine Jahresvignette besitzen und deshalb in den Anwendungsbereich der genannten Maßnahmen fallen. Es ist auch nicht von vornherein prognostizierbar, dass die Sanktionierung vor allem Ausländer treffen wird.

685 Der Generalanwalt hat hierzu ausgeführt, dass selbst wenn es zuträfe, dass die Kontroll- und Vollzugsmaßnahmen angesichts der Ausgestaltung der Infrastrukturabgabe verhältnismäßig mehr ausländische als inländische Fahrer betreffen wird, dies für sich genommen jedenfalls nicht zwangsläufig eine Diskriminierung aus Gründen der Staatsangehörigkeit bedeute. Dies wäre lediglich eine unvermeidliche Folge dessen, dass alle Halter inländischer Fahrzeuge verpflichtet seien, die Abgabe im Voraus zu entrichten, während Fahrer ausländischer Fahrzeuge nur zur Zahlung der Abgabe verpflichtet seien, wenn sie in das deutsche Autobahnnetz einfahren. Im Ergebnis verneint der Generalanwalt eine Diskriminierung[27]. Dem ist auch der EuGH beigetreten[28]. Eine Diskriminierung liegt insoweit nicht vor.

686 Eine Ausnahme von dieser Feststellung wird man allerdings für die Sicherheitsleistung machen müssen. Diese wird vermutlich im Regelfall tatsächlich vor allem gegenüber

26 Vgl. EuGH vom 18.6.2019, Rs. C-591/17, ECLI:EU:C:2019:504 (JURIS), Rn. 75, PKW-Maut, ebenso *Boehme-Neßler*, NVwZ 2014, 97 ff., 99.

27 Schlussanträge von Generalanwalt *Wahl* vom 6.2.2019, Rs. C-591/17, ECLI:EU:C:2019:99, EuZW 2019, S. 280 ff., insbes. Rn. 83, PKW-Maut.

28 EuGH vom 18.6.2019, Rs. C-591/17, ECLI:EU:C:2019:504 (JURIS), Rn. 91 ff., PKW-Maut.

Ausländern verhängt werden, um eine Einziehung der angefallenen Geldbeträge zu ermöglichen. Es liegt somit der Tatbestand einer Diskriminierung vor.

b) Rechtfertigung

Die Diskriminierung könnte jedoch durch zwingende Erfordernisse gerechtfertigt sein. **687**
Der Generalanwalt[29] verweist hierzu auf die Ausführungen des EuGH in der Rechtssache Kommission./.Italien[30]. Der Gerichtshof habe dort anerkannt, dass es einem Mitgliedstaat bei Verstößen ausländischer Fahrer nicht von vornherein verwehrt sei, diese unterschiedlich zu behandeln, sofern eine solche Behandlung durch objektive Umstände gerechtfertigt sei und in einem angemessenen Verhältnis zum verfolgten Zweck stehe. Im Lichte dieses Grundsatzes habe der EuGH festgestellt, dass das Fehlen von Übereinkünften, die die Vollstreckung einer Verurteilung in einem anderen als demjenigen Mitgliedstaat, in dem sie ausgesprochen worden ist, gewährleisten würden, eine unterschiedliche Behandlung von gebietsansässigen und gebietsfremden Zuwiderhandelnden objektiv rechtfertigen könne. Dass nur gebietsfremde Betroffene einen Geldbetrag als Kaution stellen müssten, könne, so der EuGH, verhindern, dass diese sich einer wirksamen Sanktion einfach durch die Erklärung entzögen, sie stimmten der sofortigen Erhebung des Bußgelds nicht zu. Der Generalanwalt kommt im Ergebnis zu einer Vereinbarkeit der entsprechenden Vorschrift mit Art. 18 I AEUV. Auch der EuGH tritt dieser Einschätzung bei[31].

Im Ergebnis kann das Verlangen einer Sicherheitsleistung aufgrund des Beitreibungsinteresses des Mitgliedstaats gerechtfertigt sein, sofern bei der entsprechenden Umsetzung der Grundsatz der Verhältnismäßigkeit gewahrt ist.

Insgesamt liegt somit in der konkreten Ausgestaltung der Infrastrukturabgabe kein Verstoß gegen Art. 18 AEUV.

III. Verstoß gegen Art. 34 AEUV

1. Ware und staatliche Maßnahme

Durch die Infrastrukturabgabe kann der innergemeinschaftliche Verkehr mit Waren **688**
i.S.d. Art. 34 AEUV betroffen sein, weil sie deren grenzüberschreitenden Transport mittels PKW behindern[32]. Zudem handelt es sich beim InfrAG um eine staatliche Maßnahme[33].

---

29 Schlussanträge von Generalanwalt *Wahl* vom 6.2.2019, Rs. C-591/17, ECLI:EU:C:2019:99, EuZW 2019, S. 280 ff., insbes. Rn. 94, PKW-Maut.

30 EuGH vom 19.3.2002, Rs. C-224/00, Slg 2002, I-2965, EuR 2002, S. 406 ff., Rn. 20, Kommission der Europäischen Gemeinschaften./.Italienische Republik. In dem Fall ging es um die unterschiedliche Behandlung von Personen, die gegen das Straßenverkehrsgesetz zuwiderhandeln, aufgrund des Ortes der Zulassung ihrer Fahrzeuge.

31 EuGH vom 18.6.2019, Rs. C-591/17, ECLI:EU:C:2019:504 (JURIS), Rn. 100 ff., PKW-Maut

32 Siehe dazu *Korte/Gurreck*, EuR 2014, S. 427.

33 Siehe dazu ausführlich oben bei Fall 1 und 2.

2. Maßnahme gleicher Wirkung, Verkaufsmodalität, Rechtfertigung

689 Fraglich ist aber, ob eine Maßnahme gleicher Wirkung wie eine mengenmäßige Einfuhrbeschränkung i.S.d. Art. 34 AEUV vorliegt.

Das in Art. 34 AEUV aufgestellte Verbot von Maßnahmen mit gleicher Wirkung wie mengenmäßige Beschränkungen erfasst nach st. Rspr. nach der sog. „Dassonville-Formel" jede Maßnahme der Mitgliedstaaten, die geeignet ist, den Handel innerhalb der Union unmittelbar oder mittelbar, tatsächlich oder potenziell zu behindern. Zudem fällt eine Maßnahme, auch wenn sie weder bezweckt noch bewirkt, Erzeugnisse aus anderen Mitgliedstaaten weniger günstig zu behandeln, unter den Begriff der „Maßnahme mit gleicher Wirkung wie mengenmäßige Beschränkungen" im Sinne von Art. 34 AEUV, wenn sie den Zugang von Erzeugnissen aus anderen Mitgliedstaaten zum Markt eines Mitgliedstaats behindern[34].

690 Der EuGH stellt vor dem Hintergrund seiner zu Art. 18 I AEUV angestellten Erwägungen fest, dass eine Maßnahme gleicher Wirkung vorliege. Die Infrastrukturabgabe könne, obwohl sie formal sowohl im Hinblick auf mit im Inland zugelassenen Fahrzeugen gelieferte Waren als auch im Hinblick auf mit in einem anderen Mitgliedstaat zugelassenen Fahrzeugen gelieferte Waren gelte, aufgrund der im Hinblick auf die erste Kategorie von Waren geltenden Steuerentlastung bei der Kfz-Steuer tatsächlich nur die zweite Kategorie von Waren beeinträchtigen. Folglich würden die letztgenannten Waren aufgrund der kombinierten Anwendung der streitigen nationalen Maßnahmen weniger günstig behandelt als die mit im Inland zugelassenen Fahrzeugen gelieferten Waren. Daraus folge, dass die streitigen nationalen Maßnahmen geeignet seien, den Zugang von Erzeugnissen aus anderen Mitgliedstaaten zum inländischen Markt zu behindern. Die Infrastrukturabgabe, der tatsächlich nur die Fahrzeuge unterlägen, die diese Erzeugnisse befördern, sei nämlich geeignet, die Transportkosten und damit auch die Preise dieser Erzeugnisse zu erhöhen, und beeinträchtige damit deren Wettbewerbsfähigkeit[35]. Auch liege keine bloße Verkaufsmodalität i.S.d. Keck-Rspr. vor[36]. Schließlich komme eine Rechtfertigung aus den oben genannten Gründen nicht in Betracht[37].

3. Ergebnis

691 Folgt man der Argumentation des EuGH, so liegt auch ein Verstoß gegen Art. 34 AEUV vor.

34 EuGH vom 18.6.2019, Rs. C-591/17, ECLI:EU:C:2019:504 (JURIS), Rn. 120 f., PKW-Maut, vgl.auch EuGH vom 11.7.1974, Rs. 8/74, Slg. 1974, 837, NJW 1975, S. 515 ff., Dassonville (in NJW a.a.O. ist das falsche Datum 11.6.1974 angegeben). Zur Dassonville-Formel siehe *Streinz*, Europarecht, Rn. 864.

35 EuGH vom 18.6.2019, Rs. C-591/17, ECLI:EU:C:2019:504 (JURIS), Rn. 126 f., PKW-Maut.

36 EuGH vom 18.6.2019, Rs. C-591/17, ECLI:EU:C:2019:504 (JURIS), Rn. 128 PKW-Maut.

37 EuGH vom 18.6.2019, Rs. C-591/17, ECLI:EU:C:2019:504 (JURIS), Rn. 132 f., PKW-Maut; anders die Schlussanträge von Generalanwalt *Wahl* vom 6.2.2019, Rs. C-591/17, ECLI:EU:C:2019:99, EuZW 2019, S. 280 ff., insbes. Rn. 119 ff., PKW-Maut.

IV. Verstoß gegen Art. 56 AEUV

1. Dienstleistungen und staatliche Maßnahme

Durch die Infrastrukturabgabe können auch Dienstleistungen i.S.d. Art. 56 AEUV betroffen sein, weil sie deren grenzüberschreitende Erbringung mittels PKW behindern[38]. Zudem handelt es sich beim InfrAG um eine staatliche Maßnahme. **692**

2. Behinderung des Zugangs, Rechtfertigung

Nach st. Rspr. des Gerichtshofs steht Art. 56 AEUV jeder nationalen Regelung entgegen, die die Erbringung von Dienstleistungen zwischen Mitgliedstaaten gegenüber der Erbringung von Dienstleistungen allein innerhalb eines Mitgliedstaats erschwert. Beschränkungen des freien Dienstleistungsverkehrs sind solche nationalen Maßnahmen, die die Ausübung dieser Freiheit verbieten, behindern oder weniger attraktiv machen[39]. **693**

Der EuGH hat hierzu ausgeführt, dass die streitigen nationalen Maßnahmen geeignet seien, den Zugang von aus einem anderen Mitgliedstaat stammenden Dienstleistungserbringern und -empfängern zum inländischen Markt zu behindern. Die Infrastrukturabgabe könne nämlich aufgrund der Steuerentlastung bei der Kfz-Steuer, die Teil der streitigen nationalen Maßnahmen sei, entweder die Kosten der Dienstleistungen erhöhen, die von diesen Dienstleistern im Inland erbracht würden, oder die Kosten erhöhen, die sich für diese Dienstleistungsempfänger daraus ergäben, dass sie sich in diesen Mitgliedstaat begäben, um dort eine Dienstleistung in Anspruch zu nehmen. Auch eine Rechtfertigung komme aus den oben genannten Gründen nicht in Betracht[40]. **694**

3. Ergebnis

Folgt man der Argumentation des EuGH, so liegt auch ein Verstoß gegen Art. 56 AEUV vor. **695**

V. Verstoß gegen Art. 92 AEUV

Nach Art. 92 AEUV[41] darf ein Mitgliedstaat bis zum Erlass der in Art. 91 I AEUV genannten Vorschriften die verschiedenen, am 1. Januar 1958 oder, im Fall später beigetretener Staaten, zum Zeitpunkt ihres Beitritts auf diesem Gebiet geltenden Vorschriften in ihren unmittelbaren oder mittelbaren Auswirkungen auf die Verkehrsunternehmer anderer Mitgliedstaaten im Vergleich zu den inländischen Verkehrsunternehmern nicht **696**

---

38 Siehe dazu *Korte/Gurreck*, EuR 2014, S. 428.

39 EuGH vom 18.6.2019, Rs. C-591/17, ECLI:EU:C:2019:504 (JURIS), Rn. 135 f., PKW-Maut. Diese Aussage ist Teil der sog. Gebhard-Formel, s. dazu ausführlich oben bei Fall 3 (Rn. 123 und 124).

40 EuGH vom 18.6.2019, Rs. C-591/17, ECLI:EU:C:2019:504 (JURIS), Rn. 144 ff., PKW-Maut; anders die Schlussanträge von Generalanwalt *Wahl* vom 6.2.2019, Rs. C-591/17, ECLI:EU:C:2019:99, EuZW 2019, S. 280 ff., insbes. Rn. 126 ff., PKW-Maut.

41 Nach *Zabel*, NVwZ 2015, S. 186 ff., 187, enthält Art 92 AEUV die strengsten Vorgaben für die Einführung einer solchen Abgabe.

ungünstiger gestalten, es sei denn, dass der Rat einstimmig eine Maßnahme billigt, die eine Ausnahmeregelung gewährt.

Art. 92 AEUV kommt nur in dem Maß zum Tragen, in dem es keine sekundärrechtlichen Vorgaben gibt. Insofern greift die Vorschrift nur, soweit die so genannte Wegekosten- bzw. Eurovignettenrichtlinie nicht anwendbar ist. Diese Richtlinie trifft gem. ihres Art. 1 i.V.m. Art. 2 d) Regeln über die Erhebung von Gebühren für die Benutzung bestimmter Verkehrswege durch schwere Nutzfahrzeuge (zulässiges Gesamtgewicht *mehr als* 3,5 Tonnen). Die geplante Infrastrukturabgabe gilt für Fahrzeuge mit einem zulässigen Gesamtgewicht von *bis zu* 3,5 Tonnen. Insoweit ist der Anwendungsbereich von Art. 92 AEUV eröffnet.[42]

Der EuGH stellt hierzu fest, dass die streitigen nationalen Maßnahmen, indem sie die neue Belastung, die in der von allen Verkehrsunternehmen zu zahlenden Infrastrukturabgabe liege, durch eine Steuerentlastung bei der Kfz-Steuer in Höhe eines Betrags, der mindestens dem der entrichteten Abgabe entspreche, vollständig ausglichen, die inländischen Verkehrsunternehmen zugutekomme und von der ausländische Verkehrsunternehmen ausgeschlossen seien, bewirkten, dass die Lage der ausländischen Verkehrsunternehmen im Vergleich[43] zu der der inländischen Verkehrsunternehmen in einem für Erstere ungünstigen Sinne verändert werde[44]. Eine entsprechende Ausnahmeregelung des Rates ist nicht erkennbar.

Nach Ansicht des EuGH liegt somit auch ein Verstoß gegen Art. 92 AEUV vor[45].

C. Endergebnis

697 Folgt man der Argumentation des EuGH, so ist die Klage in vollem Umfang begründet. Es liegt ein Verstoß gegen die Art. 18, 34, 56 und 92 AEUV vor.

42 *Zabel*, NVwZ 2015, S. 186 ff., 187 m.w.N., s. auch EuGH vom 18.6.2019, Rs. C-591/17, ECLI:EU:C:2019:504 (JURIS), Rn. 160, PKW-Maut.

43 Zum Vergleichsmaßstab ausführlich *Schiedermair/Koppe*, JURA 2016, S. 406 ff., 409 f., und *Zabel*, NVwZ 2015, S. 186 ff., 188 f.

44 EuGH vom 18.6.2019, Rs. C-591/17, ECLI:EU:C:2019:504 (JURIS), Rn. 162, PKW-Maut, in diesem Sinne auch schon *Schiedermair/Koppe*, JURA 2016, S. 406 ff., 410, und *Zabel*, NVwZ 2015, S. 186 ff., 189.

45 EuGH vom 18.6.2019, Rs. C-591/17, ECLI:EU:C:2019:504 (JURIS), Rn. 163, PKW-MautPKW-Maut, ebenso bereits *Zabel*, NVwZ 2015, S. 186 ff., 191; anders die Schlussanträge von Generalanwalt *Wahl* vom 6.2.2019, Rs. C-591/17, ECLI:EU:C:2019:99, insbes. Rn. 134 ff., PKW-Maut.

Wiederholung und Vertiefung

Weiterführende Hinweise

Streinz, Rudolf: Europarecht, Rn. 824. 698

EuGH vom 18.6.2019, Rs. C-591/17, ECLI:EU:C:2019:504 (JURIS), Republik Österreich./.Bundesrepublik Deutschland – PKW-Maut.

Generalanwalt *Wahl*, Schlussanträge vom 19.2.2019, Rs. C-591/17, ECLI:EU:C:2019:99, EuZW 2019, S. 280 ff., Republik Österreich./.Bundesrepublik Deutschland – PKW-Maut.

Boehme-Neßler, Volker: Pkw-Maut für EU-Ausländer? – Europarechtliche Grenzen und Gestaltungsspielräume einer Straßenbenutzungsabgabe für EU-Ausländer, NVwZ 2014, S. 97 ff.

Gurreck, Matti/Otto, Patrick Christian: Das Vertragsverletzungsverfahren, JuS 2015, S. 1079 ff.

Hindelang, Steffen/Berner, Katharina: Fortgeschrittenenklausur – Öffentliches Recht: Europarecht und Verwaltungsrecht – Hier kommt die Maut!, JuS 2014, S. 812 ff.

Klamert, Marcus: Maut, Diskriminierung und Methode, EuZW 2019, S. 257 f.

Korte, Stefan/Gurreck, Matti: Die europarechtliche Zulässigkeit der sog. PKW-Maut, EuR 2014, S. 420 ff.

Schiedermair, Stephanie/Koppe, David: Europarecht – Die Pkw-Maut, JURA 2016, S. 406 ff.

Zabel, Matthias: Die geplante Infrastrukturabgabe („Pkw-Maut") im Lichte von Art. 92 AEUV, NVwZ 2015, S. 186 ff.

Fall 23

Kein ALG II für Unionsbürger

Schwerpunktbereich, Schwierigkeitsgrad: hoch

699 A, eine im Jahr 1970 geborene Staatsangehörige des Mitgliedstaats M, reiste im Juni 2017 nach Deutschland ein. Nach ihrer Ankunft in Deutschland war A, die im Sinne der deutschen Rechtsvorschriften erwerbsfähig ist, zwischen Juni 2017 und April 2018 in kürzeren Beschäftigungen bzw. Arbeitsgelegenheiten tätig. Seitdem ist sie arbeitslos. A, die für den ständig wachsenden Markt der Pflegeberufe gut qualifiziert ist, hat sich mehrfach bei verschiedenen Unternehmen beworben und wurde auch zu Vorstellungsgesprächen eingeladen, erhielt aber bisher nur Absagen.

Für den Zeitraum vom 1.12.2018 bis zum 31.5.2019 beantragte A die „Arbeitslosengeld II" genannten Grundsicherungsleistungen nach dem SGB II (Leistungen zur Sicherung des Lebensunterhalts für Langzeitarbeitslose, im Folgenden „ALG II").

Diese Leistungen dienen der Sicherung des Lebensunterhalts von Personen, die ihn nicht selbst bestreiten können, und werden beitragsunabhängig durch Steuermittel finanziert. Auch wenn sie im Rahmen eines Systems gewährt werden, das die Arbeitssuche erleichtern soll, besteht ihre überwiegende Funktion darin, das Minimum an Existenzmitteln zu gewährleisten, das erforderlich ist, um ein Leben zu führen, das der Menschenwürde entspricht.

Das zuständige Jobcenter lehnte den Antrag unter Hinweis auf die in § 7 I 2 Nr. 2 SGB II vorgesehene Ausschlussregelung für arbeitsuchende Ausländer ab. Frau A könne sich nicht mehr auf ein Aufenthaltsrecht als Arbeitnehmerin nach § 2 FreizügG/EU berufen. Seit Juni 2017 sei sie nämlich nur in kürzeren Beschäftigungen oder im Rahmen von ihr zugewiesenen Arbeitsgelegenheiten für weniger als ein Jahr und seit Mai 2018 überhaupt nicht mehr abhängig oder selbstständig tätig gewesen. Zudem sei die Verweigerung von Sozialhilfeleistungen für EU-Ausländer nach Art. 24 II der RL 2004/38 EG ausdrücklich zulässig.

A ist der Meinung, dass sie als EU-Bürgerin keine „normale" Ausländerin sei und nicht schlechter als Deutsche in einer vergleichbaren Situation gestellt werden dürfe und ihr daher aufgrund der Gleichbehandlungsgebote der Art. 24 der Richtlinie 2004/38/EG und Art. 4 der Verordnung (EG) Nr. 883/2004 bzw. der Art. 18 und 21 AEUV das ALG II zustehe.

Hat A Recht? Gehen Sie davon aus, dass die übrigen Voraussetzungen für die Gewährung des ALG II vorliegen.

Richtlinie 2004/38/EG[1] vom 29.4.2004 (Auszug):

[...] in Erwägung nachstehender Gründe: [...]

(10) Allerdings sollten Personen, die ihr Aufenthaltsrecht ausüben, während ihres ersten Aufenthalts die Sozialhilfeleistungen des Aufnahmemitgliedstaats nicht unangemessen in Anspruch nehmen. Daher sollte das Aufenthaltsrecht von Unionsbürgern und ihren Familienangehörigen für eine Dauer von über drei Monaten bestimmten Bedingungen unterliegen. [...]

(16) Solange die Aufenthaltsberechtigten die Sozialhilfeleistungen des Aufnahmemitgliedstaats nicht unangemessen in Anspruch nehmen, sollte keine Ausweisung erfolgen. Die Inanspruchnahme von Sozialhilfeleistungen sollte daher nicht automatisch zu einer Ausweisung führen. Der Aufnahmemitgliedstaat sollte prüfen, ob es sich bei dem betreffenden Fall um vorübergehende Schwierigkeiten handelt, und die Dauer des Aufenthalts, die persönlichen Umstände und den gewährten Sozialhilfebetrag berücksichtigen, um zu beurteilen, ob der Leistungsempfänger die Sozialhilfeleistungen unangemessen in Anspruch genommen hat, und in diesem Fall seine Ausweisung zu veranlassen. In keinem Fall sollte eine Ausweisungsmaßnahme gegen Arbeitnehmer, Selbstständige oder Arbeitssuchende in dem vom Gerichtshof definierten Sinne erlassen werden, außer aus Gründen der öffentlichen Ordnung oder Sicherheit.

Artikel 1 Gegenstand

Diese Richtlinie regelt

a) die Bedingungen, unter denen Unionsbürger und ihre Familienangehörigen das Recht auf Freizügigkeit und Aufenthalt innerhalb des Hoheitsgebiets der Mitgliedstaaten genießen;
b) das Recht auf Daueraufenthalt der Unionsbürger und ihrer Familienangehörigen im Hoheitsgebiet der Mitgliedstaaten;
c) die Beschränkungen der in den Buchstaben a) und b) genannten Rechte aus Gründen der öffentlichen Ordnung, Sicherheit oder Gesundheit.

Artikel 2 Begriffsbestimmungen

Im Sinne dieser Richtlinie bezeichnet der Ausdruck

1. „Unionsbürger" jede Person, die die Staatsangehörigkeit eines Mitgliedstaats besitzt; [...]

Artikel 6 Recht auf Aufenthalt bis zu drei Monaten

(1) Ein Unionsbürger hat das Recht auf Aufenthalt im Hoheitsgebiet eines anderen Mitgliedstaats für einen Zeitraum von bis zu drei Monaten, wobei er lediglich im Besitz eines gültigen Personalausweises oder Reisepasses sein muss und ansonsten keine weiteren Bedingungen zu erfüllen oder Formalitäten zu erledigen braucht. [...]

Artikel 7 Recht auf Aufenthalt für mehr als drei Monate

(1) Jeder Unionsbürger hat das Recht auf Aufenthalt im Hoheitsgebiet eines anderen Mitgliedstaats für einen Zeitraum von über drei Monaten, wenn er

a) Arbeitnehmer oder Selbstständiger im Aufnahmemitgliedstaat ist oder
b) für sich und seine Familienangehörigen über ausreichende Existenzmittel verfügt, so dass sie während ihres Aufenthalts keine Sozialhilfeleistungen des Aufnahmemitgliedstaats in Anspruch

---

1 RL 2004/38/EG des Europäischen Parlaments und des Rates vom 29.4.2004 über das Recht der Unionsbürger und ihrer Familienangehörigen, sich im Hoheitsgebiet der Mitgliedstaaten frei zu bewegen und aufzuhalten (ABl. 2004 Nr. L 158/77, deutsche Fassung berichtigt in ABl. 2004 Nr. L 229/35 und ABl. 2007 Nr. L 204/28), geändert durch VO (EU) Nr. 492/2011 des Europäischen Parlaments und des Rates vom 5.4.2011 (ABl. 2011 Nr. L 141/1).

nehmen müssen, und er und seine Familienangehörigen über einen umfassenden Krankenversicherungsschutz im Aufnahmemitgliedstaat verfügen oder

c) – bei einer privaten oder öffentlichen Einrichtung, die von dem Aufnahmemitgliedstaat aufgrund seiner Rechtsvorschriften oder seiner Verwaltungspraxis anerkannt oder finanziert wird, zur Absolvierung einer Ausbildung einschließlich einer Berufsausbildung als Hauptzweck eingeschrieben ist und
   – über einen umfassenden Krankenversicherungsschutz im Aufnahmemitgliedstaat verfügt und der zuständigen nationalen Behörde durch eine Erklärung oder durch jedes andere gleichwertige Mittel seiner Wahl glaubhaft macht, dass er für sich und seine Familienangehörigen über ausreichende Existenzmittel verfügt, so dass sie während ihres Aufenthalts keine Sozialhilfeleistungen des Aufnahmemitgliedstaats in Anspruch nehmen müssen, oder [...]

(3) Für die Zwecke des Absatzes 1 Buchstabe a) bleibt die Erwerbstätigeneigenschaft dem Unionsbürger, der seine Erwerbstätigkeit als Arbeitnehmer oder Selbstständiger nicht mehr ausübt, in folgenden Fällen erhalten:

a) Er ist wegen einer Krankheit oder eines Unfalls vorübergehend arbeitsunfähig;
b) er stellt sich bei ordnungsgemäß bestätigter unfreiwilliger Arbeitslosigkeit nach mehr als einjähriger Beschäftigung dem zuständigen Arbeitsamt zur Verfügung;
c) er stellt sich bei ordnungsgemäß bestätigter unfreiwilliger Arbeitslosigkeit nach Ablauf seines auf weniger als ein Jahr befristeten Arbeitsvertrags oder bei im Laufe der ersten zwölf Monate eintretender unfreiwilliger Arbeitslosigkeit dem zuständigen Arbeitsamt zur Verfügung; in diesem Fall bleibt die Erwerbstätigeneigenschaft während mindestens sechs Monaten aufrechterhalten;
d) er beginnt eine Berufsausbildung; die Aufrechterhaltung der Erwerbstätigeneigenschaft setzt voraus, dass zwischen dieser Ausbildung und der früheren beruflichen Tätigkeit ein Zusammenhang besteht, es sei denn, der Betroffene hat zuvor seinen Arbeitsplatz unfreiwillig verloren.

[...]

Artikel 14 Aufrechterhaltung des Aufenthaltsrechts

(1) Unionsbürgern und ihren Familienangehörigen steht das Aufenthaltsrecht nach Artikel 6 zu, solange sie die Sozialhilfeleistungen des Aufnahmemitgliedstaats nicht unangemessen in Anspruch nehmen.

(2) Unionsbürgern und ihren Familienangehörigen steht das Aufenthaltsrecht nach den Artikeln 7, 12 und 13 zu, solange sie die dort genannten Voraussetzungen erfüllen.

In bestimmten Fällen, in denen begründete Zweifel bestehen, ob der Unionsbürger oder seine Familienangehörigen die Voraussetzungen der Artikel 7, 12 und 13 erfüllen, können die Mitgliedstaaten prüfen, ob diese Voraussetzungen erfüllt sind. Diese Prüfung wird nicht systematisch durchgeführt.

(3) Die Inanspruchnahme von Sozialhilfeleistungen durch einen Unionsbürger oder einen seiner Familienangehörigen im Aufnahmemitgliedstaat darf nicht automatisch zu einer Ausweisung führen.

(4) Abweichend von den Absätzen 1 und 2 und unbeschadet der Bestimmungen des Kapitels VI darf gegen Unionsbürger oder ihre Familienangehörigen auf keinen Fall eine Ausweisung verfügt werden, wenn

a) die Unionsbürger Arbeitnehmer oder Selbstständige sind oder
b) die Unionsbürger in das Hoheitsgebiet des Aufnahmemitgliedstaats eingereist sind, um Arbeit zu suchen. In diesem Fall dürfen die Unionsbürger und ihre Familienangehörigen nicht ausgewiesen werden, solange die Unionsbürger nachweisen können, dass sie weiterhin Arbeit suchen und dass sie eine begründete Aussicht haben, eingestellt zu werden.

Artikel 24 Gleichbehandlung

(1) Vorbehaltlich spezifischer und ausdrücklich im Vertrag und im abgeleiteten Recht vorgesehener Bestimmungen genießt jeder Unionsbürger, der sich aufgrund dieser Richtlinie im Hoheitsgebiet des Aufnahmemitgliedstaats aufhält, im Anwendungsbereich des Vertrags die gleiche Behandlung wie die Staatsangehörigen dieses Mitgliedstaats. [...]

(2) Abweichend von Absatz 1 ist der Aufnahmemitgliedstaat jedoch nicht verpflichtet, anderen Personen als Arbeitnehmern oder Selbstständigen, Personen, denen dieser Status erhalten bleibt, und ihren Familienangehörigen während der ersten drei Monate des Aufenthalts oder gegebenenfalls während des längeren Zeitraums nach Artikel 14 Absatz 4 Buchstabe b) einen Anspruch auf Sozialhilfe oder vor Erwerb des Rechts auf Daueraufenthalt Studienbeihilfen, einschließlich Beihilfen zur Berufsausbildung, in Form eines Stipendiums oder Studiendarlehens, zu gewähren.

Verordnung (EG) Nr. 883/2004[2] vom 29.4.2004 (Auszug)

Artikel 2 Persönlicher Geltungsbereich

(1) Diese Verordnung gilt für Staatsangehörige eines Mitgliedstaats, Staatenlose und Flüchtlinge mit Wohnort in einem Mitgliedstaat, für die die Rechtsvorschriften eines oder mehrerer Mitgliedstaaten gelten oder galten, sowie für ihre Familienangehörigen und Hinterbliebenen. [...]

Artikel 3 Sachlicher Geltungsbereich

(1) Diese Verordnung gilt für alle Rechtsvorschriften, die folgende Zweige der sozialen Sicherheit betreffen: [...]

h) Leistungen bei Arbeitslosigkeit;

[...]

(3) Diese Verordnung gilt auch für die besonderen beitragsunabhängigen Geldleistungen gemäß Artikel 70. [...]

Artikel 4 Gleichbehandlung

Sofern in dieser Verordnung nichts anderes bestimmt ist, haben Personen, für die diese Verordnung gilt, die gleichen Rechte und Pflichten aufgrund der Rechtsvorschriften eines Mitgliedstaats wie die Staatsangehörigen dieses Staates.

KAPITEL 9 Besondere beitragsunabhängige Geldleistungen

Artikel 70 Allgemeine Vorschrift

(1) Dieser Artikel gilt für besondere beitragsunabhängige Geldleistungen, die nach Rechtsvorschriften gewährt werden, die aufgrund ihres persönlichen Geltungsbereichs, ihrer Ziele und/oder ihrer Anspruchsvoraussetzungen sowohl Merkmale der in Artikel 3 Absatz 1 genannten Rechtsvorschriften der sozialen Sicherheit als auch Merkmale der Sozialhilfe aufweisen.

(2) Für die Zwecke dieses Kapitels bezeichnet der Ausdruck „besondere beitragsunabhängige Geldleistungen" die Leistungen:

2 VO (EG) Nr. 883/2004 des Europäischen Parlaments und des Rates vom 29.4.2004 zur Koordinierung der Systeme der sozialen Sicherheit (ABl. 2004 Nr. L 166/1), zuletzt geändert durch VO (EU) 2017/492 der Kommission vom 21.03.2017 [...] (ABl. 2017 Nr. L 76/13). Siehe dazu *Devetzi*, EuR 2014, S. 638 ff., 639.

a) die dazu bestimmt sind:
   i) einen zusätzlichen, ersatzweisen oder ergänzenden Schutz gegen die Risiken zu gewähren, die von den in Artikel 3 Absatz 1 genannten Zweigen der sozialen Sicherheit gedeckt sind, und den betreffenden Personen ein Mindesteinkommen zur Bestreitung des Lebensunterhalts garantieren, das in Beziehung zu dem wirtschaftlichen und sozialen Umfeld in dem betreffenden Mitgliedstaat steht,

   und

b) deren Finanzierung ausschließlich durch obligatorische Steuern zur Deckung der allgemeinen öffentlichen Ausgaben erfolgt und deren Gewährung und Berechnung nicht von Beiträgen hinsichtlich der Leistungsempfänger abhängen. Jedoch sind Leistungen, die zusätzlich zu einer beitragsabhängigen Leistung gewährt werden, nicht allein aus diesem Grund als beitragsabhängige Leistungen zu betrachten,

   und

c) die in Anhang X aufgeführt sind. [...]

(4) Die in Absatz 2 genannten Leistungen werden ausschließlich in dem Mitgliedstaat, in dem die betreffenden Personen wohnen, und nach dessen Rechtsvorschriften gewährt. Die Leistungen werden vom Träger des Wohnorts und zu seinen Lasten gewährt.

ANHANG X

BESONDERE BEITRAGSUNABHÄNGIGE GELDLEISTUNGEN
(Artikel 70 Absatz 2 Buchstabe c)

DEUTSCHLAND [...]

b) Leistungen zur Sicherung des Lebensunterhalts der Grundsicherung für Arbeitssuchende, [...]

Vorüberlegungen

Wie der Fall 8 zum BAföG befasst sich auch dieser Fall mit sozialen Leistungen für EU-Bürger, konkret mit dem Arbeitslosengeld II (umgangssprachlich oft nur als „Hartz IV" bezeichnet[3]). Für die Praxis ist er unter dem Stichwort „Einwanderung in die Sozialsysteme" allerdings ungleich bedeutsamer. Er ist an die Entscheidung Alimanovic[4] aus dem September 2015 angelehnt, mit der der EuGH den Anspruch von arbeitssuchenden EU-Ausländern auf das ALG II in einer typischen Fallkonstellation abgelehnt hat. Dem ging im November 2014 bereits das Urteil im Fall Dano[5] voraus, das aber insofern noch untypisch war, als dass sich Frau Dano nicht zur Arbeitssuche in Deutschland aufhielt. Eine Klarstellung zur umstrittenen Unionsrechtskonformität des § 7 I 2 SGB II[6] war daher erst auf die Vorlage des BSG im Fall Alimanovic zu erwarten. Der EuGH hat jeweils sehr restriktiv geurteilt und hat damit ein unterschiedliches Echo ausgelöst. Im nachfolgenden Fall García-Nieto hat er seine Linie im Februar 2016 aber bestätigt[7]. In der Sache argumentiert der Gerichtshof im Wesentlichen mit der Ausnahmeregelung des Art. 24 II der RL 2004/38/EG, nach der der Aufnahmestaat in bestimmten Fällen nicht verpflichtet ist, ausländischen EU-Bürgern einen Anspruch auf Sozialhilfe zu gewähren, so dass insofern kein Gleichbehandlungsanspruch mit inländischen Arbeitslosen besteht. **700**

In der Folge dieser EuGH-Rechtsprechung war das BSG teilweise dazu übergegangen, unter Hinweis auf die verfassungsrechtliche Rechtsprechung zur Menschenwürdegarantie und dem Sozialstaatsprinzip statt des ALG II Hilfe zum Lebensunterhalt nach § 23 SGB XII zu gewähren[8], doch ist das nicht Thema dieses Falls, bei dem ausdrücklich nach dem Anspruch aus § 7 SGB II gefragt ist. Inzwischen hat der Gesetzgeber auf diese Entwicklung reagiert und zusätzliche Leistungsausschlüsse in § 23 SGB VII eingefügt[9]. Im Zuge dieser Novelle wurde auch der Wortlaut des § 7 I 2 Nr. 2 SGB II

3 Benannt nach Peter Hartz, einem ehemaligen VW-Manager, der ab 2002 für die damalige „rot-grüne" Bundesregierung unter Bundeskanzler Schröder die Arbeitsmarktreformen maßgeblich mit erarbeitet hat.

4 EuGH vom 15.9.2015, Rs. C-67/14, ECLI:EU:C:2015:597, NJW 2016, S. 555 ff., NVwZ 2015, S. 1517 ff., Jobcenter Berlin Neukölln./.Nazifa Alimanovic u.a., dazu *Kingreen*, NVwZ 2015, S. 1503 ff., dazu *Hantel*, NJ 2016, S. 133 ff., *Eichenhofer*, ZESAR 2016, S. 36 ff., *ders.* EuR 2015, S. 73 ff., *Epiney*, NVwZ 2015, 777 ff., 777, *Thym*, NJW 2015, S. 130 ff., und *Wollenschläger*, NVwZ 2014, S. 1628 ff.

5 EuGH vom 11.11.2014, Rs. C-333/13, ECLI:EU:C:2014:2358, NVwZ 2014, S. 1648 ff., Elisabeta Dano und Florin Dano./.Jobcenter Leipzig, dazu *Eichenhofer*, EuR 2015, S. 73 ff., *Epiney*, NVwZ 2015, 777 ff., 777, *Thym*, NJW 2015, S. 130 ff., und *Wollenschläger*, NVwZ 2014, S. 1628 ff.

6 In der für den EuGH im Fall Alimanovic maßgeblichen Fassung lautete er: „2. Ausländerinnen und Ausländer, deren Aufenthaltsrecht sich allein aus dem Zweck der Arbeitsuche ergibt, und ihre Familienangehörigen,". Zum Streitstand siehe *Devetzi*, EuR 2014, S. 638 ff., 655 f., *Thie*, in: Münder, SGB II, 5. Aufl. 2013, § 7 Rn. 30 f., und *Spellbrink/Becker*, in: Eicher, SGB II, 3. Aufl. 2013, § 7 Rn. 53 ff.

7 EuGH vom 25.2.2016, Rs. C-299/14, ECLI:EU:C:2016:114, NJW 2016, S. 1145 ff., NVwZ 2016, S. 450 ff., Vestische Arbeit Jobcenter Kreis Recklinghaus./.Jovanna García-Nieto u.a. Ausführlich zur Entwicklung der Rspr. *Steiger*, EuR 2018, S. 304 ff.

8 BSG vom 3.12.2015, B 4 AS 44/15 R, NJW 2016, S. 1464 ff., dazu *Bernsdorff*, NVwZ 2016, S. 633 ff., *Fuchs*, NZS 2016, S. 161 ff. und *Lenze*, NJW 2016, S. 557 ff.

9 Gesetz zur Regelung von Ansprüchen ausländischer Personen in der Grundsicherung für Arbeitsuchende nach dem Zweiten Buch Sozialgesetzbuch und in der Sozialhilfe nach dem Zwölften Buch Sozialgesetzbuch vom 22.12.2016 (BGBl. I S. 3155), in Kraft seit 29.12.2016.

erweitert. In der Sache ergeben sich dadurch aber keine wesentlichen Änderungen[10], so dass die bisherige EuGH-Rspr. zumindest auf die dortigen lit. a) und b) übertragbar ist. Anderseits hat das SG Mainz dem BVerfG u.a. den § 7 I 2 Nr. 2 SGB II im Wege der konkreten Normenkontrolle gem. Art. 100 I 1 GG vorgelegt[11].

Im Kern geht es – entsprechend der Regelungstechnik des § 7 I SGB II – um die bereits im Sachverhalt aufgeworfene Frage, ob der Ausschluss des Anspruchs für Ausländer auch für EU-Bürger gilt. Der Aufbau ist grundsätzlich unproblematisch, da im Rahmen der Anwendung einer deutschen Rechtsnorm geprüft werden muss, ob im konkreten Fall der Anwendungsvorrang des Unionsrechts entgegensteht. Die maßgeblichen Normen (bis auf das deutsche SGB II) werden auszugsweise zur Verfügung gestellt. Auf eine prozessuale Einkleidung wurde bewusst verzichtet. Wegen der ungewohnten Materie des Sozialrechts, das in der universitären Ausbildung allenfalls als Wahlfach eine Rolle spielt, und vor allem wegen des Zusammenwirkens der verschiedenen sekundärrechtlichen Bestimmungen ist der Fall dennoch als schwierig zu bezeichnen und eher für den Schwerpunktbereich geeignet.

Gliederung

701 **A. Anspruchsvoraussetzungen, § 7 I 1 SGB II**

B. Anspruchsausschluss, § 7 I 2 a) und b) SGB II

- I. Anwendbarkeit des § 7 I 2 Nr. 2 a) und b) SGB II
- II. Nichtanwendung des § 7 I 2 Nr. 2 a) und b) SGB II gemäß Art. 24 I 1 der RL 2004/38/EG
  - 1. Voraussetzungen des Art. 24 I 1 der RL 2004/38/EG
  - 2. Aufenthaltsrecht der A in Deutschland
    - a) Aufenthaltsrecht gemäß Art. 7 III lit. c) der RL 2004/38/EG
    - b) Aufenthaltsrecht gemäß Art. 14 IV lit. b) der RL 2004/38/EG
  - 3. Ausschluss für Sozialhilfeleistungen, Art. 24 II der RL 2004/38/EG?
    - a) ALG II als „Sozialhilfe"
    - b) Voraussetzungen für die Verweigerung
    - c) Keine Einzelfallprüfung
    - d) Ergebnis Ausschluss von Sozialhilfeleistungen
  - 4. Ergebnis Nichtanwendung gemäß Art. 24 I der RL 2004/38/EG

---

10 Vgl. *Becker*, in: Eicher/Luik, SGB II, § 7, Rn. 40 ff., *Korte*, in: Münder, SGB II, § 7 Rn. 27 und 30, und *Meyer-Höger*, info also 2017, S. 99 ff., 104.

11 SG Mainz vom 18.04.2016, S 3 AS 149/16 (JURIS), Az. beim BVerfG: 1 BvL 4/16 (bei Abschluss des Manuskripts im Juni 2019 war das Verfahren noch nicht entschieden), dazu ausführlich *Meyer-Höger*, info also 2017, S. 99 ff.; das BVerfG hat die Frage der „grundrechtlichen Grenzen" des § 7 Abs. 1 Satz 2 Nr. 2 SGB II in einem anderen Verfahren zunächst offen gelassen, s. BVerfG vom 4.10.2016, 1 BvR 2778/13 (JURIS), Rn. 13.

III. Nichtanwendung des § 7 I 2 Nr. 2 a) und b) SGB II gemäß Art. 4 I 1 der VO (EG) Nr. 883/2004
   1. Geltungsbereich
   2. Gleichberechtigung mit Deutschen?
IV. Nichtanwendung des § 7 I 2 Nr. 2 a) und b) SGB II gemäß Art. 18 I, 21 bzw. 45 II AEUV
V. Ergebnis Anwendbarkeit des § 7 I 2 Nr. 2 a) und b) SGB II

C. Tatbestand des § 7 I 2 Nr. 2 a) und b) SGB II

D. Gesamtergebnis

Musterlösung

702 A macht geltend, dass ihr gem. § 7 I 1 SGB II Anspruch auf ALG II zustehe, weil der entsprechende Ausschlusstatbestand sie in unionsrechtswidriger Weise diskriminiere. Zu prüfen ist daher, ob der Anspruch besteht und nicht durch § 7 I 2 SGB II ausgeschlossen ist.

A. Anspruchsvoraussetzungen, § 7 I 1 SGB II

703 Nach § 7 I 1 SGB II erhalten Personen, die das 15. Lebensjahr vollendet und die Altersgrenze nach § 7a SGB II noch nicht erreicht haben, erwerbsfähig sind, hilfebedürftig sind und ihren gewöhnlichen Aufenthalt in der Bundesrepublik Deutschland haben (erwerbsfähige Leistungsberechtigte) Leistungen nach dem SGB II. § 7 I 1 SGB II differenziert nicht nach der Staatsangehörigkeit, und zudem ergibt der Umkehrschluss aus § 7 I 2, dass auch Nichtdeutsche leistungsberechtigt sein müssen[12]. Da die Anspruchsvoraussetzungen laut Sachverhalt erfüllt sind, hätte A demnach einen Anspruch auf die Gewährung des ALG II. Der Anspruch könnte allerdings gem. § 7 I 2 SGB II ausgeschlossen sein.

B. Anspruchsausschluss, § 7 I 2 a) und b) SGB II

704 § 7 I 2 SGB II regelt die Ausnahmen von der Leistungsberechtigung des § 7 I 1 SGB II. Vorliegend kommt allein der Ausschluss gem. § 7 I 2 Nr. 2 in Betracht, weil A weder Asylbewerberin ist (Nr. 3) noch es um den Zeitraum der ersten 3 Monate nach der Einreise geht (Nr. 1). Nach § 7 I 2 Nr. 2 a) und b) SGB II sind u.a. Ausländerinnen und Ausländer, die kein Aufenthaltsrecht haben oder deren Aufenthaltsrecht sich allein aus dem Zweck der Arbeitsuche ergibt, von den Leistungen nach Satz 1 ausgenommen.

I. Anwendbarkeit des § 7 I 2 Nr. 2 a) und b) SGB II

705 Zu prüfen ist daher, ob die Tatbestandsvoraussetzungen des § 7 I 1 Nr. 2 a) und b) SGB II vorliegen. Darauf käme es allerdings nur an, wenn die Norm überhaupt anwendbar ist. Dem könnte hier der Vorrang des Unionsrechts entgegenstehen. Die Norm knüpft für den Anspruchsausschluss unmittelbar an die Eigenschaft der A als Ausländerin an. § 7 I 2 Nr. 2 SGB II differenziert im Wortlaut nicht zwischen EU-Ausländern und Drittstaatenangehörigen, so dass gegenüber A eine unzulässige Ungleichbehandlung vorliegen könnte. Die Nichtanwendung für EU-Ausländer bzw. die entsprechende Gleichstellung mit deutschen Antragstellern könnte sich hier aus den Gleichbehandlungsgeboten der Art. 24 der RL 2004/38/EG und Art. 4 der VO (EG) Nr. 883/2004 ergeben. Art. 24 der RL 2004/38 konkretisiert das allgemeine Diskriminierungsverbot des Art. 18 I AEUV für Unionsbürger, die von ihrer Freiheit Gebrauch machen, sich im Hoheitsgebiet der Mitgliedstaaten zu bewegen und aufzuhalten. Art. 4 der VO Nr. 883/2004 kon-

12 Vgl. *Korte/Thie*, in: Münder, SGB II, § 7 Rn. 17.

kretisiert das allgemeine Diskriminierungsverbot des Art 18 I AEUV für Unionsbürger, die im Aufnahmemitgliedstaat Leistungen nach Art. 70 II dieser Verordnung beanspruchen[13].

II. Nichtanwendung des § 7 I 2 Nr. 2 a) und b) SGB II gemäß Art. 24 I 1 der RL 2004/38/EG

Nach Art. 24 I 1 der RL 2004/38/EG genießt jeder Unionsbürger, der sich aufgrund **706**
dieser Richtlinie im Hoheitsgebiet des Aufnahmemitgliedstaats aufhält, vorbehaltlich spezifischer und ausdrücklich im Vertrag und im abgeleiteten Recht vorgesehener Bestimmungen im Anwendungsbereich des Vertrags die gleiche Behandlung wie die Staatsangehörigen dieses Mitgliedstaats. Nach Abs. 2 ist abweichend von Abs. 1 der Aufnahmemitgliedstaat jedoch nicht verpflichtet, anderen Personen als Arbeitnehmern oder Selbstständigen und Personen, denen dieser Status erhalten bleibt, während der ersten drei Monate des Aufenthalts oder gegebenenfalls während des längeren Zeitraums nach Art. 14 IV lit. b) der Richtlinie einen Anspruch auf Sozialhilfe zu gewähren.

1. Voraussetzungen des Art. 24 I 1 der RL 2004/38/EG

A ist als Staatsangehörige des Mitgliedstaats M Unionsbürgerin i.S.d. Art. 2 Nr. 1 der **707**
RL 2004/38/EG. Sie müsste sich „aufgrund dieser Richtlinie", d.h. der RL 2004/38/EG, im Hoheitsgebiet des Aufnahmestaates aufhalten[14]. Denn ein Unionsbürger kann hinsichtlich des Zugangs zu Sozialleistungen eine Gleichbehandlung mit den Staatsangehörigen des Aufnahmemitgliedstaats nach Art. 24 I der RL 2004/38/EG nur verlangen, wenn sein Aufenthalt im Hoheitsgebiet des Aufnahmemitgliedstaats die Voraussetzungen der RL 2004/38/EG erfüllt. Ließe man zu, dass Personen, denen kein Aufenthaltsrecht nach der RL 2004/38/EG zusteht, unter den gleichen Voraussetzungen wie Inländer Sozialleistungen beanspruchen könnten, liefe dies dem im zehnten Erwägungsgrund dieser Richtlinie genannten Ziel zuwider, eine unangemessene Inanspruchnahme der Sozialhilfeleistungen des Aufnahmemitgliedstaats durch Unionsbürger, die Staatsangehörige anderer Mitgliedstaaten sind, zu verhindern. Um festzustellen, ob der Gleichbehandlungsgrundsatz nach Art. 24 I dieser Richtlinie anwendbar ist, muss daher geprüft werden, ob sich der betreffende Unionsbürger rechtmäßig im Gebiet des Aufnahmemitgliedstaats aufhält[15].

---

13 EuGH vom 11.11.2014, Rs. C-333/13, ECLI:EU:C:2014:2358, NVwZ 2014, S. 1648 ff., Rn. 61, Dano.

14 Kritisch dazu *Kingreen*, NVwZ 2015, S. 1503 ff., 1504, *Epiney*, NVwZ 2015, S. 777 ff., 777, und *Eichenhofer*, EuR 2015, S. 73 ff., 76.

15 Vgl. EuGH vom 2.6.2016, Rs C-233/14, ECLI:EU:C:2016:396, NVwZ 2016, S. 1076 ff., Rn. 82, Europäische Kommission./.Königreich der Niederlande – Fahrpreisvergünstigung für Studierende, EuGH vom 15.9.2015, Rs. C-67/14, ECLI:EU:C:2015:597, NVwZ 2015, S. 1517 ff., Rn. 49-51, Alimanovic, unter Hinweis auf EuGH vom 11.11.2014, Rs. C-333/13, ECLI:EU:C:2014:2358, NVwZ 2014, S. 1648 ff., Rn. 69 und 74, Dano; dazu ausführlich *Steiger/Koppe/Grigat*, JURA 2018, S. 719 ff., 723 ff.

2. Aufenthaltsrecht der A in Deutschland

708 Das Aufenthaltsrecht i.S.d. RL 2004/38/EG ist in deren Art. 6 bis 14 geregelt, wobei Art. 6 von vornherein nicht in Betracht kommt, weil er nur für einen Aufenthalt von bis zu drei Monaten gilt, A sich bei Antragstellung aber bereits seit knapp 18 Monaten in Deutschland aufhielt.

Ein Aufenthaltsrecht von mehr als drei Monaten könnte sich allerdings aus Art. 7 der RL 2004/38/EG ergeben. Da A in Deutschland bereits gearbeitet hat, derzeit aber arbeitslos und somit nicht Arbeitnehmerin oder Selbstständige i.S.d. Art. 7 I lit. a) ist, nicht über ausreichende Mittel i.S.d. Art. 7 I lit. b) verfügt (sonst wäre sie nicht hilfebedürftig i.S.d. § 7 I 1 SGB II, s.o.) und auch keine Ausbildung gem. Art. 7 I lit. c) absolviert, kann sie sich nicht auf Art. 7 I der RL 2004/38/EG berufen. Allerdings ist sie weiterhin auf Arbeitssuche ist, so dass sie ein Aufenthaltsrecht aus Art. 7 III lit. c) oder Art. 14 IV lit. b) der RL RL 2004/38/EG haben könnte.

a) Aufenthaltsrecht gemäß Art. 7 III lit. c) der RL 2004/38/EG

709 Nach Art. 7 III lit. c) der RL 2004/38/EG bleibt einem Erwerbstätigen, wenn er sich bei ordnungsgemäß bestätigter unfreiwilliger Arbeitslosigkeit nach Ablauf seines auf weniger als ein Jahr befristeten Arbeitsvertrags oder bei im Laufe der ersten zwölf Monate eintretender unfreiwilliger Arbeitslosigkeit dem zuständigen Arbeitsamt zur Verfügung stellt, seine Erwerbstätigeneigenschaft für mindestens sechs Monate aufrechterhalten. Während dieses Zeitraums behält der betreffende Unionsbürger im Aufnahmemitgliedstaat sein Aufenthaltsrecht nach Art. 7 dieser Richtlinie und kann sich folglich auf das in ihrem Art. 24 I verankerte Gleichbehandlungsgebot berufen. Dementsprechend haben Unionsbürger, die die Erwerbstätigeneigenschaft gem. Art. 7 III lit. c) der RL 2004/38/EG behalten haben, während des genannten Zeitraums von mindestens sechs Monaten Anspruch auf Sozialhilfeleistungen[16].

Allerdings hat A die Leistungen hier erst im Dezember 2018 beantragt, und damit mehr als 6 Monate nach ihrer letzten Beschäftigung. Zu diesem Zeitpunkt und erst recht für den Folgezeitraum, für den sie die Leistungen begehrt, besaß sie somit die Erwerbstätigeneigenschaft für mindestens sechs Monate nach dem Ende ihrer letzten Beschäftigung nicht mehr. Art. 7 III lit. c) der RL 2004/38/EG kann damit kein Aufenthaltsrecht i.S.d. Richtlinie begründen.

b) Aufenthaltsrecht gemäß Art. 14 IV lit. b) der RL 2004/38/EG

710 Nach Art. 14 IV lit. b) der RL 2004/38/EG darf ein Unionsbürger, der in das Hoheitsgebiet des Aufnahmemitgliedstaats eingereist ist, um Arbeit zu suchen, nicht ausgewiesen werden, solange er nachweisen kann, dass er weiterhin Arbeit sucht und eine begründete Aussicht hat, eingestellt zu werden. Daher kann ein Unionsbürger auch nach

16 EuGH vom 15.9.2015, Rs. C-67/14, ECLI:EU:C:2015:597, NVwZ 2015, S. 1517 ff., Rn. 53-54 m.w.N., Alimanovic.

Ablauf des in Art. 7 III lit. c) der RL 2004/38/EG genannten Zeitraums für die Dauer des von Art. 14 IV lit. b) der Richtlinie abgedeckten Zeitraums ein Aufenthaltsrecht ableiten, das ihm einen Anspruch auf Gleichbehandlung mit den Staatsangehörigen des Aufnahmemitgliedstaats hinsichtlich des Zugangs zu Sozialhilfeleistungen verschafft[17].

Begründete Aussicht, einen Arbeitsplatz zu finden, kann angenommen werden, wenn der Arbeitssuchende aufgrund seiner Qualifikation und des aktuellen Bedarfs am Arbeitsmarkt voraussichtlich mit seinen Bewerbungen erfolgreich sein wird. Dies ist zu verneinen, wenn er keine ernsthaften Absichten verfolgt, eine Beschäftigung aufzunehmen[18].

Da A weiterhin Arbeit in Deutschland sucht, über eine gefragte Qualifikation verfügt und bereits zu mehreren Bewerbungsgesprächen eingeladen wurde, erscheint es nicht aussichtslos, dass sie eine Arbeit findet. Sie hält sich damit gem. Art. 24 I i.V.m. Art. 14 IV lit. b) der RL 2004/38/EG rechtmäßig in Deutschland auf und kann sich somit grundsätzlich auf den Gleichbehandlungsgrundsatz des Art. 24 I der RL2004/38/EG berufen.

3. Ausschluss für Sozialhilfeleistungen, Art. 24 II der RL 2004/38/EG?

Das Jobcenter trägt vor, dass die Verweigerung von Sozialhilfeleistungen für die A bei **711**
EU-Ausländer nach Art. 24 II der RL 2004/38 EG ausdrücklich zulässig sei. Dies ist im Folgenden zu prüfen.

Nach Art. 24 II der RL 2004/38/EG ist abweichend von Absatz 1 der Aufnahmemitgliedstaat nicht verpflichtet, anderen Personen als Arbeitnehmern oder Selbstständigen und Personen, denen dieser Status erhalten bleibt, während der ersten drei Monate des Aufenthalts oder gegebenenfalls während des längeren Zeitraums nach Art. 14 IV lit. b) der Richtlinie einen Anspruch auf Sozialhilfe zu gewähren.

a) ALG II als „Sozialhilfe“

Der Begriff der Sozialhilfe i.S.d. Art. 24 II der RL 2004/38/EG bezieht sich auf sämtli- **712**
che von öffentlichen Stellen eingerichteten Hilfssysteme, die auf nationaler, regionaler oder örtlicher Ebene bestehen und die ein Einzelner in Anspruch nimmt, der nicht über ausreichende Existenzmittel zur Bestreitung seiner Grundbedürfnisse und derjenigen seiner Familie verfügt und deshalb während seines Aufenthalts möglicherweise die öffentlichen Finanzen des Aufnahmemitgliedstaats belasten muss, was geeignet ist, sich auf das gesamte Niveau der Beihilfe auszuwirken, die dieser Staat gewähren kann[19].

---

17 EuGH vom 15.9.2015, Rs. C-67/14, ECLI:EU:C:2015:597, NVwZ 2015, S. 1517 ff., Rn. 56-57, Alimanovic.

18 *Raschka*, EuR 2013, S. 116 ff., 123 m.w.N.

19 EuGH vom 15.9.2015, Rs. C-67/14, ECLI:EU:C:2015:597, NVwZ 2015, S. 1517 ff., Rn. 44, Alimanovic, unter Hinweis auf EuGH vom 11.11.2014, Rs. C-333/13, ECLI:EU:C:2014:2358, NVwZ 2014, S. 1648 ff., Rn. 63, Dano.

Beim ALG II handelt es sich nach im Sachverhalt geschilderten Zwecken um Sozialhilfe i.S.d. Definition. Zudem werden die Leistungen zur Sicherung des Lebensunterhalts der Grundsicherung für Arbeitssuchende ausdrücklich in Art. 70 II i.V.m. Anhang X der VO (EG) Nr. 883/2004 genannt, was ebenfalls dafür spricht, sie als Sozialhilfe zu qualifizieren. Fraglich ist somit, ob die Zahlung nach Art. 24 II der RL 2004/38/EG verweigert werden darf.

b) Voraussetzungen für die Verweigerung

713 Da es nicht um die ersten drei Monate des Aufenthalts geht, könnte sich die fehlende Verpflichtung, Sozialhilfeleistungen zu gewähren, nur aus der zweiten Alternative, nämlich für den Zeitraum gem. Art. 14 IV lit. b) der RL 2004/38/EG, ergeben.

Aus der in Art. 24 II der RL 2004/38/EG vorgenommenen Verweisung auf deren Art. 14 IV lit. b) ergibt sich ausdrücklich, dass der Aufnahmemitgliedstaat einem Unionsbürger, dem ein Aufenthaltsrecht allein auf Grund der letztgenannten Vorschrift zusteht, jegliche Sozialhilfeleistung verweigern darf[20]. Wie oben dargelegt, kann A ihr Aufenthaltsrecht allein auf diese Bestimmung stützen, so dass die Voraussetzung für die Verweigerung der Leistungen an sich gegeben wäre.

c) Keine Einzelfallprüfung

714 Fraglich ist allerdings, ob es mit dieser Feststellung sein Bewenden haben kann, oder ob jeweils noch eine Prüfung des Einzelfalls vorzunehmen ist. Denn der Gerichtshof hat bereits entschieden, dass der Mitgliedstaat die persönlichen Umstände des Betreffenden berücksichtigen muss, wenn er eine Ausweisung veranlassen oder feststellen will, dass diese Person im Rahmen ihres Aufenthalts dem Sozialhilfesystem eine unangemessene Belastung verursacht[21]. Daher könnte eine Einzelfallprüfung auch bei der vorliegenden Konstellation geboten sein. Dagegen spricht allerdings, dass die RL 2004/38/EG, die ein abgestuftes System für die Aufrechterhaltung der Erwerbstätigeneigenschaft schafft, das das Aufenthaltsrecht und den Zugang zu Sozialleistungen sichern soll, bereits verschiedene Faktoren berücksichtigt, die die jeweiligen persönlichen Umstände der eine Sozialleistung beantragenden Person kennzeichnen, insbesondere die Dauer der Ausübung einer Erwerbstätigkeit. Das Kriterium, auf das sowohl § 7 I SGB II i.V.m. § 2 III FreizügG/EU als auch Art. 7 III lit. c) der RL 2004/38/EG abstellen, nämlich ein Zeitraum von sechs Monaten nach Beendigung einer Erwerbstätigkeit, in dem der Anspruch auf Sozialhilfe aufrechterhalten bleibt, ermöglicht es den Betroffenen, ihre Rechte und Pflichten eindeutig zu erfassen; folglich ist es geeignet, bei der Gewährung von Sozialhilfeleistungen im Rahmen der Grundsicherung ein erhöhtes Maß an Rechtssicherheit und Transparenz zu gewährleisten und steht zugleich im Einklang mit dem Grundsatz der Verhältnismäßigkeit[22].

---

20 EuGH vom 15.9.2015, Rs. C-67/14, ECLI:EU:C:2015:597, NVwZ 2015, S. 1517 ff., Rn. 58, Alimanovic.

21 EuGH vom 15.9.2015, Rs. C-67/14, ECLI:EU:C:2015:597, NVwZ 2015, S. 1517 ff., Rn. 59 m.w.N., Alimanovic.

22 EuGH vom 15.9.2015, Rs. C-67/14, ECLI:EU:C:2015:597, NVwZ 2015, S. 1517 ff., Rn. 60-61, Alimanovic.

Des weiteren könnte sich eine Pflicht zur Prüfung der Umstände des Einzelfalls vor dem Hintergrund der Frage ergeben, ob die Sozialhilfeleistungen i.S.d. Erwägungsgründe 10 und 16 der RL 2004/38/EG unangemessen in Anspruch genommen werden. Zu dieser individuellen Prüfung, mit der eine umfassende Beurteilung der Frage vorgenommen werden soll, welche Belastung die Gewährung einer Leistung konkret für das gesamte im Ausgangsverfahren in Rede stehende nationale Sozialhilfesystem darstellen würde, hat der EuGH festgestellt, dass die einem einzigen Antragsteller gewährte Hilfe schwerlich als „unangemessene Inanspruchnahme" eines Mitgliedstaats i.S.v. Art. 14 I der RL 2004/38/EG eingestuft werden könne. Eine solche Inanspruchnahme kann nämlich den betreffenden Mitgliedstaat nicht infolge eines einzelnen Antrags, sondern nur nach Aufsummierung sämtlicher bei ihm gestellten Einzelanträge belasten[23], so dass sich auch insofern keine Pflicht zur Betrachtung des Einzelfalls ergibt.

Eine weitere Prüfung der Umstände des Einzelfalls ist somit nicht notwendig, so dass die Voraussetzung für die Verweigerung der Leistungen gem. Art. 24 II der RL 2004/38/EG vorliegen.

d) Ergebnis Ausschluss von Sozialhilfeleistungen

Gemäß Art. 24 II der RL 2004/38/EG ist Deutschland nicht verpflichtet, der A Sozial- **715**
hilfeleistungen wie das ALG II zu gewähren, wenn und weil sich ihr Aufenthaltsrecht nur aus Art. 14 IV lit. b) der RL 2004/38/EG ergibt.

4. Ergebnis Nichtanwendung gemäß Art. 24 I der RL 2004/38/EG

Da es sich bei den Leistungen um Sozialhilfe handelt, liegt gem. Art. 24 II der RL ein aus- **716**
drücklich zulässiges Differenzierungskriterium vor für die Fälle vor, in denen sich das Aufenthaltsrecht der EU-Ausländer wie bei der A nur aus 14 IV lit. b) der RL 2004/38/EG ergibt[24]. Folglich kann sie keinen Gleichbehandlungsanspruch aus Art. 24 I der RL 2004/38/EG ableiten, so dass diese Regelung der Anwendung des § 7 I 2 Nr. 2 a) und b) SGB II in ihrem Fall nicht entgegensteht.

III. Nichtanwendung des § 7 I 2 Nr. 2 a) und b) SGB II gemäß Art. 4 I 1 der VO (EG) Nr. 883/2004

Nach Art. 4 der VO (EG) Nr. 883/2004 haben Personen, für die diese Verordnung gilt, **717**
die gleichen Rechte und Pflichten aufgrund der Rechtsvorschriften eines Mitgliedstaats wie die Staatsangehörigen dieses Staates, sofern in dieser Verordnung nichts anderes bestimmt ist.

Der EuGH hat Art. 4 I der VO (EG) Nr. 883/2004 in der Entscheidung Alimanovic zwar immer mit genannt, im Gegensatz zum Fall Dano allerdings nicht mehr gesondert geprüft, was möglicherweise unausgesprochen auf der in Rn. 61 der Entscheidung angesprochenen und oben zitierten Konkretisierung des Art. 24 der RL 2004/38/EG für Sozialhilfeleistungen beruhen könnte.

---

23 EuGH vom 15.9.2015, Rs. C-67/14, ECLI:EU:C:2015:597, NVwZ 2015, S. 1517 ff., Rn. 62, Alimanovic, s. dazu *Steiger/Koppe/Grigat*, JURA 2018, S. 719 ff., 725 f., und *Ascher*, BayVBl. 2016, S. 541 ff., 545 f.

24 Vgl. auch SG Dortmund vom 18.4.2016, S 32 AS 380/16 ER (JURIS), Rn. 71, ausdrücklich a.A. gegen den EuGH SG Speyer vom 17.8.2017, S 16 AS 908/17 ER (JURIS), Rn. 61 ff.

1. Geltungsbereich

718 Der persönliche Geltungsbereich ist gem. Art. 2 I der VO (EG) Nr. 883/2004 eröffnet, da A Staatsangehörige eines Mitgliedstaates ist. Der sachliche Geltungsbereich ergibt sich jedenfalls aus Art. 3 III der VO (EG) Nr. 883/2004, da es sich beim ALG II um besondere beitragsunabhängigen Geldleistungen i.S.d. Art. 70 II der VO (EG) Nr. 883/2004 handelt (s.o.).

2. Gleichberechtigung mit Deutschen?

719 Da für A die VO (EG) Nr. 883/2004 gilt, hat sie die gleichen Rechte (und Pflichten) wie deutsche Staatsangehörige, sofern die Verordnung nichts Anderes bestimmt. Gemäß Art. 70 IV der VO (EG) Nr. 883/2004 werden die besonderen beitragsunabhängigen Geldleistungen i.S.d. Art. 70 II dieser Verordnung ausschließlich in dem Mitgliedstaat, in dem die betreffenden Personen wohnen, und nach dessen Rechtsvorschriften gewährt (daher spricht auch nichts dagegen, die Gewährung solcher Leistungen an nicht erwerbstätige Unionsbürger von dem Erfordernis abhängig zu machen, dass sie die Voraussetzungen der Richtlinie 2004/38 für ein Recht auf Aufenthalt im Aufnahmemitgliedstaat erfüllen)[25]. Somit liegt eine „andere Bestimmung" i.S.d. Art. 4 I 1 vor, so dass A auch aus Art. 4 I 1 der VO (EG) Nr. 883/2004 keine Gleichstellung mit Deutschen ableiten kann.

Art. 4 der RL steht damit der Anwendung des § 7 I Nr. 2 SGB II im konkreten Fall daher ebenfalls nicht entgegen.

IV. Nichtanwendung des § 7 I 2 Nr. 2 a) und b) SGB II gemäß Art. 18 I, 21 bzw. Art. 45 II AEUV

720 Wie oben bereits dargelegt, konkretisieren die Art. 24 I der RL 2004/38/EG und Art. 4 I 1 der VO (EG) Nr. 883/2004 den Art. 18 I AEUV. Anhaltspunkte dafür, dass die RL 2004/38/EG bzw. die VO (EG) Nr. 883/2004 ihrerseits nicht mit dem Primärrecht vereinbar sind, bietet der Sachverhalt nicht[26]. Daher ist der unmittelbare Rückgriff auf Art. 18 I und 21 AEUV wegen der Konkretisierung durch die sekundärrechtlichen Regelungen versperrt. Auch die Art. 18 I bzw. 21 AEUV stehen damit der Anwendung des § 7 I Nr. 2 SGB II im konkreten Fall daher nicht entgegen.

---

25 EuGH vom 11.11.2014, Rs. C-333/13, ECLI:EU:C:2014:2358, NVwZ 2014, S. 1648 ff., Rn. 63 m.w.N., Dano, sinngemäß bestätigt in EuGH vom 25.2.2016, Rs. C-299/14, ECLI:EU:C:2016:114, NVwZ 2016, S. 450 ff., Rn. 53, García-Nieto, und EuGH von 14.6.2016, Rs. C-308/14, ECLI:EU:C:2016:436, NJW 2016, S. 2867 ff., Europäische Kommission./.Vereinigtes Königreich Großbritannien und Nordirland – Kindergeld, dazu ausführlich *Steiger/Koppe/Grigat*, JURA 2018, S. 719 ff., 723 ff.

26 Insofern kritisch allerdings *Kingreen*, NVwZ 2015, S. 1503 ff., 1504 f., *Epiney*, NVwZ 2017, S. 846 ff., 846, und *dies.*, NVwZ 2015, S. 777 ff., 777, vgl. auch die 3. Vorlagefrage des BSG, EuGH-Vorlage vom 12.12.2013, B 4 AS 9/13 R (JURIS), Rn. 44 ff. Das SG Leipzig hat im Fall Dano zudem die Frage eines möglichen Verstoßes gegen Unionsgrundrechte aufgeworfen, was der EuGH allerdings mit Hinweis auf Art. 51 I GRC, nach dem es sich nicht um eine Durchführung von Unionsrecht handele (siehe dazu ausführlich oben Rn. 39 sowie bei Fall 9), beantwortet hat (EuGH vom 11.11.2014, Rs. C-333/13, ECLI:EU:C:2014:2358, NVwZ 2014, S. 1648 ff., Rn. 85 ff., Dano, dazu *Wollenschläger*, NVwZ 2014, 1628 ff., 1630 f.).

Gleiches gilt für Art. 45 II AEUV. In der Entscheidung Vatsouras/Koupatantze hat der EuGH zwar angedeutet, dass das ALG II auch dazu gedacht sein könnte, den Zugang zum Arbeitsmarkt zu erleichtern, und insofern der Schutzbereich der Arbeitnehmerfreizügigkeit berührt sein könnte[27]. Im Fall Alimanovic hat er diese Einstufung der Leistungen unter Hinweis auf die Einordnung der Mittel durch das BSG als besondere beitragsunabhängige Geldleistungen i.S.d. Art. 70 II der VO (EG) Nr. 883/2004 und ihre überwiegende Zweckbestimmung, dem Betroffenen ein menschenwürdiges Leben zu ermöglichen, dann allerdings ausdrücklich abgelehnt[28].

V. Ergebnis Anwendbarkeit des § 7 I 2 Nr. 2 a) und b) SGB II

Der Anwendung des § 7 I 2 Nr. 2 a) und b) SGB II stehen im vorliegenden Fall weder **721**
Art. 24 I der RL 2004/38/EG noch Art. 4 I 1 der VO (EG) Nr. 883/2004 oder die Art. 18 und 21 AEUV entgegen. Andere unionsrechtliche Gleichbehandlungsgebote sind nicht erkennbar, so dass § 7 I 2 Nr. 2 a) und b) SGB II anwendbar ist.

C. Tatbestand des § 7 I 2 Nr. 2 a) und b) SGB II

Da der Anwendung des § 7 I 2 Nr. 2 a) und b) SGB II auf den Fall der A keinen unions- **722**
rechtlichen Bedenken begegnet, bleibt abschließend zu prüfen, ob dieser Ausschlussgrund greift, d.h. sie kein Aufenthaltsrecht hat oder sich ihr Aufenthaltsrecht allein aus dem Zweck der Arbeitsuche ergibt. A ist als Nicht-Deutsche Ausländerin i.S.d. § 7 I Nr. 2 SGB II und hält sich i.S.d. § 2 II Nr. 1a. FreizügG/EU allein zur Arbeitssuche in Deutschland auf (s.o.), ohne ein anderes dort geregeltes Aufenthaltsrecht geltend machen zu können: Nr. 1 scheitert – auch unter Berücksichtigung des § 2 III FreizügG/EU – daran, dass sie nicht mehr arbeitet und daher keine Arbeitnehmerin mehr ist[29] und auch keine Ausbildung macht, jedenfalls aber der Sechsmonatszeitraum überschritten ist[30], Nr. 5 i.V.m. § 4 FreizügG/EU an den fehlenden Mitteln, die Nr. 2 - 4 für Selbständige bzw. Nr. 6 für Familienangehörige sind offensichtlich nicht einschlägig, und ein Daueraufenthaltsrecht gem. Nr. 7 i.V.m. § 4a FreizügG/EU erfordert einen mehrjährigen Aufenthalt in Deutschland. Die Voraussetzungen für die Ausnahme von der Leistungsberechtigung gem. § 7 I 1 SGB II liegen somit vor. Das Jobcenter durfte den Antrag der A daher ablehnen.

---

27 EuGH 4.6.2009, verb. Rs. C-22/08 und C-23/08, Slg. 2009, I-04585, Rn. 37, 43, 45, Athanasios Vatsouras, Josif Koupatantze./.Arbeitsgemeinschaft (ARGE) Nürnberg 900, dazu *Kingreen*, NVwZ 2015, S. 1503 ff., 1505, und *Devetzi*, EuR 2014, S. 638 ff., 656.

28 EuGH vom 15.9.2015, Rs. C-67/14, ECLI:EU:C:2015:597, NVwZ 2015, S. 1517 ff., Rn. 46, Alimanovic, anders noch BSG EuGH-Vorlage (Alimanovic) vom 12.12.2013, B 4 AS 9/13 R (JURIS), Rn. 45 ff.; kritisch gegen EuGH auch *Devetzi/Schreiber*, ZESAR 2016, S. 15 ff., *Kingreen*, NVwZ 2015, S. 1503 ff., 1505, und *Wollenschläger*, NVwZ 2014, 1628 ff., 1631. Siehe dazu auch *Raschka*, EuR 2013, S. 116 ff., 121 ff., sowie im Zusammenhang mit § 7 I 2 Nr. 1 SGB II die Schlussanträge von Generalanwalt *Wathelet* im Fall García-Nieto, ECLI:EU:C:2015:366, Rn. 79 ff.; der EuGH musste die entsprechende Vorlagefrage allerdings nicht mehr beantworten (EuGH vom 25.2.2016, Rs. C-299/14, ECLI:EU:C:2016:114, NVwZ 2016, S. 450 ff., Rn. 54, García-Nieto).

29 *Dienelt*, in: Bergmann/Dienelt, Ausländerrecht, § 2 FreizügG/EU, Rn. 57 m.w.N.

30 *Dienelt*, in: Bergmann/Dienelt, Ausländerrecht, § 2 FreizügG/EU, Rn. 112.

D. Gesamtergebnis

723 Die Voraussetzungen des Ausnahmetatbestands für die Versagung des ALG II für Ausländer sind gegeben. A hat keinen Anspruch darauf, in ihrer Situation deutschen Staatsbürgern hinsichtlich der Gewährung von ALG II gleichgestellt zu werden. A hat also nicht Recht.

Wiederholung und Vertiefung

Weiterführende Hinweise

724 *Streinz, Rudolf:* Europarecht, Rn. 1015 ff.

EuGH vom 15.9.2015, Rs. C-67/14, ECLI:EU:C:2015:597, NVwZ 2015, S. 1517 ff., Jobcenter Berlin Neukölln./.Nazifa Alimanovic u.a.

EuGH vom 25.2.2016, Rs. C-299/14, ECLI:EU:C:2016:114, NVwZ 2016, S. 450 ff., Vestische Arbeit Jobcenter Kreis Recklinghaus./.Jovanna García-Nieto u.a.

EuGH vom 11.11.2014, Rs. C-333/13, ECLI:EU:C:2014:2358, NVwZ 2014, S. 1648 ff., Elisabeta Dano und Florin Dano./.Jobcenter Leipzig

BSG, EuGH-Vorlage vom 12.12.2013, B 4 AS 9/13 R (JURIS)

BSG vom 3.12.2015, B 4 AS 44/15 R, NJW 2016, S. 1464 ff.

Ascher, Annika: Zum Ausschluss Arbeit suchender Unionsbürger von deutschen Sozialleistungen – Zugleich Anmerkung zu EuGH, Urteil vom 15. September 2015 Rs. C-67/14 („Alimanovic") –, BayVBl. 2016 S. 541 ff.

Devetzi, Stamatia: Die „Verbindung" zu einem (Sozial-)Staat: Wann ist der Bund stark genug?, EuR 2014, S. 638 ff.

Devetzi, Stamatia/Schreiber, Frank: Diskriminierungsfreier Zugang zu Sozialleistungen – nur noch nach Maßgabe der Unionsbürger-Richtlinie?, ZESAR 2016, S. 15 ff.

Eichenhofer, Eberhard: Ausschluss von ausländischen Unionsbürgern aus deutscher Grundsicherung?, EuR 2015, S. 73 ff.

Farahat, Anuscheh: Solidarität und Inklusion – Umstrittene Aspekte der Unionsbürgerschaft, DÖV 2016, S. 45 ff.

Greiner, Stefan/Kock, Maja-Carolin: Sozialleistungsansprüche für Unionsbürger im Spannungsfeld von Missbrauchsprävention und Arbeitnehmerfreizügigkeit, NZS 2017, S. 201 ff.

Hilpold, Peter: Die Unionsbürgerschaft – Entwicklung und Probleme, EuR 2015, S. 133 ff.

Kingreen, Thorsten: In love with the single market? Die EuGH-Entscheidung Alimanovic zum Ausschluss von Unionsbürgern von sozialen Grundsicherungsleistungen, NVwZ 2015, S. 1503 ff.

Raschka, Johannes: Freizügigkeit von Unionsbürgern und Zugang zu sozialen Leistungen, EuR 2013, S. 116 ff.

Steiger, Dominik/Koppe, David/Grigat, Maria: Ausschluss von Kindergeldleistungen für EU-Ausländer ohne Aufenthaltsrecht, JURA 2018, S. 719 ff.

Wollenschläger, Ferdinand: Keine Sozialleistungen für nichterwerbstätige Unionsbürger? Zur begrenzten Tragweite des Urteils des EuGH in der Rechtssache Dano vom 11.11.2014, NVwZ 2014, S. 1628 ff.

Entscheidungsverzeichnis

Das Verzeichnis enthält insbes. alle (grundlegenden) Entscheidungen des EuGH (geordnet nach Kurzbezeichnung der Parteien bzw. des Inhalts), die im Klausurteil des 3. Teils zitiert werden. Verwiesen wird jeweils auf die Klausurfälle. **Fett** gesetzt sind diejenigen Entscheidungen, denen wesentliche Teile eines Klausurfalls nachgebildet sind bzw. an die sich ein Fall anlehnt. Bei Abschluss des Manuskripts (Juni 2019) noch nicht bekannte Fundstellen in der amtlichen Sammlung sind durch ein [*] kenntlich gemacht.

Urteile des Gerichtshofs, des Gerichts und des Gerichts für den öffentlichen Dienst wurden bis 2011 (allgemeine Sammlung) bzw. 2009 (Sammlung Öffentlicher Dienst) in der Amtlichen Sammlung auf Papier veröffentlicht. Seit dem 1. Januar 2012 (allgemeine Sammlung) bzw. 1. Januar 2010 (Sammlung Öffentlicher Dienst) wird die Sammlung ausschließlich auf der Website EUR-Lex (amtliche, kostenlos zugängliche Veröffentlichung) in elektronischer Form veröffentlicht[1]. Außerdem hat der Gerichtshof mit der Umstellung auf die elektronische Form seit 2014 auch seine Zitierweise geändert[2]. Für die neue Zitierweise wird jeder Rechtssache ein sog. europäischer Rechtsprechungsidentifikator ECLI (**E**uropean **C**ase **L**aw **I**dentifier) zugewiesen, der an die Stelle der Angabe der Seitennummer in der Amtlichen Sammlung tritt[3]. Der Gerichtshof hat inzwischen allen seit 1954 ergangenen Entscheidungen der Unionsgerichte und den Schlussanträgen der Generalanwälte einen ECLI zugewiesen[4], die in der Tabelle aufgeführt sind. Für die Fußnoten dieses Buches wurden allerdings die Sammlungs-Fundstellen beibehalten.

Die Entscheidungen des Gerichtshofs nebst weiteren Dokumenten im Volltext (insbes. den jeweiligen Schlussanträgen der Generalanwälte) sind kostenlos unter http://curia. europa.eu abrufbar, anderes EU-Recht (insbes. RL und VO) unter http://eur-lex.europa.eu.

1 Siehe dazu http://curia.europa.eu/jcms/jcms/P_101083.

2 Siehe dazu http://curia.europa.eu/jcms/jcms/P 125997.

3 Beispielsweise hat der ECLI des Urteils des Gerichtshofs vom 12.7.2005 in der Rechtssache Schempp (C-403/03) folgende Form: „EU:C:2005:446". Er setzt sich wie folgt zusammen: „EU" gibt an, dass es sich um eine Entscheidung eines Unionsgerichts handelt (bei einer Entscheidung eines nationalen Gerichts stünde an dieser Stelle der Ländercode des Mitgliedstaats, dem es angehört), „C" gibt an, dass die Entscheidung vom Gerichtshof getroffen wurde (Gericht: „T", Gericht für den öffentlichen Dienst: „F"), „2005" steht für das Jahr, in dem die Entscheidung ergangen ist, und „446" gibt an, dass es sich um den 446. für dieses Jahr vergebenen ECLI handelt.

4 *Mächtle*, JuS 2014, S. 508 ff., 50; siehe dazu auch http://curia.europa.eu/jcms/jcms/P_116450.

Fallverzeichnis nach Kurzbezeichnung der Entscheidung (Parteien bzw. Inhalt)

Kurzbezeichnung	**Datum**	**Parteien bzw. Inhalt**	**Az.**	**Fundstelle Amtliche Sammlung bzw. ECLI**	**Weitere Fundstellen (Auswahl)**	**Fall**
ABNA	6.12.2005	The Queen, auf Antrag von ABNA Ltd u.a./.Secretary of State for Health und Food Standards Agency	Verb. Rs. C-453/03, C-11/04, C-12/04 und C-194/04	Slg. 2005, I-10423 EU:C:2005:741	EWS 2006, S. 73	10, 17
Achbita	14.3.2017	Samira Achbita u. Centrum voor gelijkheid van kansen en voor racismebestrijding./.G4S Secure Solutions NV	Rs. C-157/15	EU:C:2018:203	NJW 2017, 1087	12
Advocaten voor de Wereld	3.5.2007	Advocaten voor de Wereld VZW./.Leden van de Ministerraad	Rs. C-303/05	Slg. 2007, I-3633 EU:C:2007:261	NJW 2007, S. 2237	19
AETR	31.3.1971	Kommission der Europäischen Gemeinschaften./.Rat der Europäischen Gemeinschaften – AETR	Rs. C-22/70	Slg. 1971, 263 EU:C:1971:32	DVBl. 1972, S. 264	21
Agrarblockaden	9.12.1997	Kommission der Europäischen Gemeinschaften./.Französische Republik – Agrarblockaden	Rs. C-265/95	Slg. 1997, I-6959 EU:C:1997:595	NJW 1998, S. 1931	1, 9
Åkerberg Fransson	26.2.2013	Åklagare./.Hans Åkerberg Fransson	Rs. C-617/10	EU:C:2013:105	NJW 2013, S. 1415	9
Alimanovic	**15.9.2015**	**Jobcenter Berlin Neukölln./.Nazifa Alimanovic u.a.**	**Rs. C-67/14**	**EU:C:2015:597**	**NVwZ 2015, S. 1517**	**23**
Alsatel	5.10.1988	Société alsacienne et lorraine de télécommunications et d'électronique (Alsatel)./.SA Novasam	Rs. 247/86	Slg. 1988, 5987 EU:C:1988:469	NJW 1990, S. 1410	16
American Express	7.2.2018	American Express Co./.The Lords Commissioners of Her Majesty's Treasury	Rs. C-304/16, Rs. C-643/16	EU:C:2018:66, EU:C:2018:67	JURIS	17
ANETT	26.4.2012	Asociación Nacional de Expendedores de Tabaco y Timbre (ANETT)./.Administración del Estado	Rs. C-456/10	EU:C:2012:241	EuZW 2012, S. 508	1, 2, 17
Angonese	**6.6.2000**	**Roman Angonese./.Cassa di Risparmio di Bolzano SpA**	**Rs. C-281/98**	**Slg. 2000, I-4139 EU:C:2000:296**	**EuZW 2000, S. 468**	1, **5**

Kurzbezeichnung	Datum	Parteien bzw. Inhalt	Az.	Fundstelle Amtliche Sammlung bzw. ECLI	Weitere Fundstellen (Auswahl)	Fall
AOK Bundesverband	**16.3.2004**	**AOK Bundesverband u.a./.Ichthyol-Gesellschaft Cordes, Hermani & Co. u.a.**	**Verb. Rs. C-264/01, C-306/01, C-354/01 und C-355/01**	**Slg. 2004, I-2493 EU:C:2004:150**	**EuZW 2004, S. 241**	**16**
Apple and Pear	13.12.1983	Apple and Pear Development Council./.K.J. Lewis Ltd u.a.	Rs. 222/82	Slg. 1983, 4083 EU:C:1983:370	JURIS	1
Aranyosi und Căldăraru	5.4.2016	Auslieferung von Pál Aranyosi und von Robert Căldăraru.	Verb.Rs. C-404/15 und C-659/15 PPU	EU:C:2016:198		19
Asturcom Telecomunicaciones	6.10.2009	Asturcom Telecomunicaciones SL./.Cristina Rodríguez Nogueira	Rs. C-40/08	Slg. 2009, I-9579 EU:C:2009:615	EuZW 2009, S. 852	14
Atlanta Fruchthandelsgesellschaft	**9.11.1995**	**Atlanta Fruchthandelsgesellschaft mbH u.a./.Bundesamt für Ernährung und Forstwirtschaft**	**Rs. C-465/93**	**Slg. 1995, I-3761 EU:C:1995:369**	**NJW 1996, S. 1333**	**15**
Bananenmarktordnung	**5.10.1994**	**Bundesrepublik Deutschland./.Rat der Europäischen Union – Bananenmarktordnung**	**Rs. C 280/93**	**Slg. 1994, I-4973 EU:C:1994:367**	**NJW 1995, S. 945**	**10,** 21
Bauprodukte-Richtlinie	7.6.2007	Carp Snc di L. Moleri e V. Corsi./.Ecorad Srl. – Bauprodukte-Richtlinie	Rs. C-80/06	Slg. 2007, I-4473 EU:C:2007:327	EuZW 2007 S. 545	11
Bavarian Lager	**29.6.2010**	**Europäische Kommission./.The Bavarian Lager Co. Ltd und Europäischer Datenschutzbeauftragter**	**Rs. C-28/08**	**Slg. 2010, I-6055 EU:C:2010:378**	**EuZW 2010, S. 617**	**18**
Beamtenstreikverbot (BVerfG)	12.06.2018	Verfassungsbeschwerden gegen Disziplinarmaßnahmen	2 BvR 1738/12 u.a.	**BVerfGE 148, 269**	NVwZ 2018, S. 1121	
Becker	**19.1.1982**	**Ursula Becker./.Finanzamt Münster**	**Rs. 8/81**	**Slg. 1982, 53 EU:C:1982:7**	**NJW 1982, S. 499**	**11**
Bidar	15.3.2005	The Queen, auf Antrag von Dany Bidar./.London Borough of Ealing und Secretary of State for Education and Skills	Rs. C-209/03	Slg. 2005, I-2119 EU:C:2005:169	NJW 2005, S. 2055, EuZW 2005, S. 276	8
Blaas	18.10.2018	Rotho Blaas Srl./.Agenzia delle Dogane e dei Monopoli.	Rs. C-207/17,	EU:C:2018:840	JURIS	21
BKK Mobil Oil	3.10.2013	BKK Mobil Oil Körperschaft des öffentlichen Rechts./.Zentrale zur Bekämpfung unlauteren Wettbewerbs e. V.	Rs. C-59/12	EU:C:2013:63	NJW 2014, S. 269	16

Kurzbezeichnung	Datum	Parteien bzw. Inhalt	Az.	Fundstelle Amtliche Sammlung bzw. ECLI	Weitere Fundstellen (Auswahl)	Fall
Bosman	15.12.1995	Union royale belge des sociétés de football association ASBL./.Jean-Marc Bosman, Royal club liégeois SA./.Jean-Marc Bosman u.a. und Union des associations européennes de football (UEFA)./.Jean-Marc Bosman	Rs. C-415/93	Slg. 1995, I-4921 EU:C:1995:463	NJW 1996, S. 505	3, 5
Bougnaoui	14.3.2017	Asma Bougnaoui, Association de défense des droits de l'homme [ADDH]./.Micropole SA, vormals Micropole Univers SA	Rs. C-188/15	EU:C:2018:204	NJW 2017, 1089	12
Brasserie du Pêcheur	5.3.1996	Brasserie du Pêcheur SA./.Bundesrepublik Deutschland und The Queen./.Secretary of State for Transport, ex parte: Factortame Ltd u.a.	Verb. Rs. C-46/93 und C-48/93	Slg. 1996, I-1029 EU:C:1996:79	NJW 1996, S. 1267	2, 11
Brown	21.6.1988	Steven Malcolm Brown./.The Secretary of State for Scotland	Rs. 197/86	Slg. 1988, 3205 EU:C:1988:323	JURIS	8
Buy Irish	24.11.1982	Kommission der Europäischen Gemeinschaften./.Irland – Buy Irish	Rs. 249/81	Slg. 1982, 4005 EU:C:1982:402	JURIS	1
Cadeddu	19.12.2018	Francesca Cadeddu./.Agenzia delle Entrate – Direzione provinciale di Cagliari u.a.	Rs. C-667/17	EU:C:2018:1036	JURIS	5
Carmen Media Group	**8.9.2010**	**Carmen Media Group Ltd./.Land Schleswig-Holstein und Innenminister des Landes Schleswig-Holstein**	**Rs. C-46/08**	**Slg. 2010, I-8149 EU:C:2010:505**	**NVwZ 2010, S. 1422**	**4**
Cartesio	16.12.2008	Cartesio Oktató és Szolgáltató bt	Rs. C-210/06	Slg. 2008, I-9641 EU:C:2008:723	BB 2009, S. 11	7
Chefarzt (BAG II)	20.02.2019	IR./.JQ	2 AZR 746/14	*	JURIS	12
Chefarzt (BVerfG)	22.10.2014	Verfassungsbeschwerde IR	2 BvR 661/12	BVerfGE 137, 273	NZA 2014, S. 1387	12
CIA Security International	30.4.1996	CIA Security International SA./.Signalson SA und Securitel SPRL	Rs. C-194/94	Slg. 1996, I-2201 EU:C:1996:172	EuZW 1996, S. 379	11
CILFIT	6.10.1982	Srl CILFIT und Lanificio di Gavardo SpA./.Ministero della Sanità	Rs. 283/81	Slg. 1982, 3415 EU:C:1982:335	NJW 1983, S. 1257	13

Kurzbezeichnung	Datum	Parteien bzw. Inhalt	Az.	Fundstelle Amtliche Sammlung bzw. ECLI	Weitere Fundstellen (Auswahl)	Fall
Ciola	29.4.1999	Erich Ciola./.Land Vorarlberg	Rs. C-224/97	Slg. 1999, I-2517 EU:C:1999:212	EuZW 1999, S. 405	14
CMA	**5.11.2002**	**Kommission der Europäischen Gemeinschaften./.Bundesrepublik Deutschland – CMA**	**Rs. C-325/00**	**Slg. 2002, I-9977 EU:C:2002:633**	**EuZW 2003, S. 23**	**1**
Coman	5.6.2018	Relu Adrian Coman, Robert Clabourn Hamilton, Asociatia Accept./.Inspectoratul General pentru Imigrări, Ministerul Afacerilor Interne	Rs. C-673/16	EU:2018:385	NVwZ 2018, S. 1545	8
Corsten	**3.10.2000**	**Josef Corsten**	**Rs. C-58/98**	**Slg. 2000, I-7919 EU:C:2000:527**	**NVwZ 2001, S. 182, EuZW 2000, S. 763**	**3**
Dano	11.11.2014	Elisabeta Dano und Florin Dano./.Jobcenter Leipzig	Rs. C-333/13	EU:C:2014:2358	NVwZ 2014, S. 1648	23
D,Hoop	11.7.2002	Marie-Nathalie D'Hoop./.Office national de l'emploi	Rs. C-224/98	Slg.2002, I-6191 EU:C:2002:432	EuZW 2002, S. 635	8
Daily Mail	27.9.1988	The Queen./.Treasury und Kommissioners of Inland Revenue, ex parte Daily Mail und General Trust	Rs. 81/87	Slg. 1988, 5483 EU:C:1988:456	NJW 1989, S. 2186	7
Dassonville	11.7.1974	Procureur du Roi./.Benoît und Gustave Dassonville	Rs. 8/74	Slg. 1974, 837 EU:C:1974:82	NJW 1975, S. 515	1, 2, 9, 17
Deutsche Post AG	**10.2.2000**	**Deutsche Post AG./.GZS Gesellschaft für Zahlungssysteme mbH und Citicorp Kartenservice GmbH**	**Verb. Rs. C-147/97 und C-148/97**	**Slg. 2000, I-825 EU:C:2000:74**	**EuZW 2000, S. 281**	**16**
DocMorris I	**11.12.2003**	**Deutscher Apothekerverband e.V./.0800 DocMorris NV und Jacques Waterval**	**Rs. C-322/01**	**Slg. 2003, I-14887 EU:C:2003:664**	**NJW 2004, S. 131, EuZW 2004, S. 21**	**2**
DocMorris II	**19.5.2009**	**Apothekerkammer des Saarlandes u.a. und Helga Neumann-Seiwert./.Saarland und Ministerium für Justiz, Gesundheit und Soziales**	**Verb. Rs. C-171/07 und 172/07**	Slg. 2009, I-4171 EU:C:2009:316	**NJW 2009, S. 2112, EuZW 2009, S. 409**	**6**

Kurzbezeichnung	Datum	Parteien bzw. Inhalt	Az.	Fundstelle Amtliche Sammlung bzw. ECLI	Weitere Fundstellen (Auswahl)	Fall
DocMorris III	**19.10.2016**	**Deutsche Parkinson Vereinigung e. V./.Zentrale zur Bekämpfung unlauteren Wettbewerbs e.V.**	**Rs. C-148/15**	**EU:C:2016:776**	**NJW 2016, S.3771**	**2**, 4, 6
Dornier-Stiftung	**6.11.2003**	**Dornier-Stiftung./.Finanzamt Gießen**	**Rs. C-45/01**	**Slg. 2003, I-12911 EU:C:2003:595**	**DStRE 2004, S.99**	**11**
Egenberger	17.4.2018	Vera Egenberger./.Evangelisches Werk für Diakonie und Entwicklung e.V.	Rs. C-414/16	EU:C:2018:257	EuZW 2018, S.381	12
Einfuhrrechte für Elektrizität	23.10.1997	Kommission der Europäischen Gemeinschaften./.Königreich der Niederlande – Einfuhrrechte für Elektrizität	C-157/94	Slg. 1997, I-5699 EU:C:1997:499	DB 1997, S.2482	16
El Corte Inglés	17.3.2004	El Corte Inglés, SA./.Harmonisierungsamt für den Binnenmarkt (Marken, Muster und Modelle) (HABM)	T-183/02	Slg. 2004, II-965 EU:T:2004:79	NJW 1996, S.1401	11
EMRK-Beitrittsabkommen	18.12.2014	Gutachten EMRK-Beitritt	C-2/13	EU:C:2014:2454	JURIS	
Exportur	10.11.1992	Exportur./.LOR SA und Confiserie du Tech SA	Rs. C-3/91	Slg. 1992, I-5529 EU:C:1992:420	GRUR Int 1993, S.76	1
Faccini Dori	**14.7.1994**	**Paola Faccini Dori./.Recreb Srl.**	**Rs. C-91/92**	**Slg. 1994, I-3325 EU:C:1994:292**	**NJW 1994, S.2473**	**11**, 14
Fédération française des sociétés d'assurance	16.11.1995	Fédération française des sociétés d'assurance u.a./.Ministère de l'Agriculture und de la Pêche	Rs. C-244/94	Slg. 1995, I-4013 EU:C:1995:392	EuZW 1996, S.277	16
Fediol	22.6.1989	Fédération de l'industrie de l'huilerie de la CEE (Fediol)./.Kommission der Europäischen Gemeinschaften	Rs. 70/87	Slg. 1989, 1781 EU:C:1989:254	EuZW 1990, S.64	21
Ferreira da Silva	9.9.2015	João Filipe Ferreira da Silva e Brito u.a./.Estado português	Rs. C-160/14	EU:C:2015:565	EuZW 2016, S.111	13
Förster	18.11.2008	Jacqueline Förster./.Hoofddirectie van de Informatie Beheer Groep	Rs. C-158/07	Slg. 2008, I-8507 EU:C:2008:630	NVwZ 2009, S.93	19
Fra.bo	12.7.2012	Fra.bo SpA./.Deutsche Vereinigung des Gas- und Wasserfaches e.V. (DVGW)	Rs. C-171/11	EU:C:2012:453	EuZW 2012, S.797	1

Kurzbezeichnung	Datum	Parteien bzw. Inhalt	Az.	Fundstelle Amtliche Sammlung bzw. ECLI	Weitere Fundstellen (Auswahl)	Fall
Francovich	19.11.1991	Andrea Francovich, Danila Bonifaci u.a./.Italienische Republik	Verb. Rs. C-6/90 und C-9/90	Slg. 1991, I-5357 EU:C:1991:428	NJW 1992, S. 165	2, 11
Fratelli Costanzo	22.6.1989	Fratelli Costanzo SpA./.Comune di Milano	Rs. 103/88	Slg. 1989, 1839 EU:C:1989:256	JURIS	6
Gebhard	30.11.1995	Reinhard Gebhard./.Consiglio dell'Ordine degli Avvocati e Procuratori di Milano	Rs. C-55/94	Slg. 1995, I-4165 EU:C:1995:411	NJW 1996, S. 579	4, 6
Global Starnet	20.12.2017	Global Starnet Ltd./. Ministero dell'Economia e delle Finanze, Amministrazione Autonoma Monopoli di Stato	Rs. C-322/16	EU:C:2017:985	EuZW 2018, S. 279	4
Google Spain	**13.5.2014**	**Google Spain SL, Google Inc./.Agencia Española de Protección de Datos (AEPD), Mario Costeja González.**	**Rs. C-131/12**	**EU:C:2014:317**	**NVwZ 2014, S. 857**	**20**
Grad	6.10.1970	Franz Grad./.Finanzamt Traunstein	Rs. 9/70	Slg. 1970, 825 EU:C:1970:78	NJW 1970, S. 2182	11
Gschwind	14.9.1999	Frans Gschwind./.Finanzamt Aachen-Außenstadt	Rs. C-391/97	Slg. 1999, I-5451 EU:C:1999:409	NJW 2000, S. 941	5
Höfner und Elser	23.4.1991	Klaus Höfner und Fritz Elser./.Macrotron GmbH	Rs. C-41/90	Slg. 91, I-1979 EU:C:1991:161	NJW 1991 S. 2891	16
i-21 Germany und Arcor	19.6.2006	i-21 Germany GmbH und Arcor GmbH & Co. KG./.Bundesrepublik Deutschland	Verb. Rs. C-392/04 und C-422/04	Slg. 2006, I-8559 EU:C:2006:586	NVwZ 2006, S. 1277	14
Incyte	20.12.2017	Incyte Corporation./.Szellemi Tulajdon Nemzeti Hivatala	Rs. C-492/16	EU:C:2017:995	JURIS	14
Inspire Art	30.9.2003	Kamer van Koophandel en Fabrieken voor Amsterdam./.Inspire Art Ltd	Rs. C-167/01	Slg. 2003, I-10155 EU:C:2003:512	EuZW 2003, S. 687	7
Internationaler Hilfsfonds	26.1.2010	Internationaler Hilfsfonds e.V./.Europäische Kommission	Rs. C-362/08	Slg. 2010, I-669 EU:C:2010:40	NVwZ 2010, S. 431, EuZW 2010, S. 398	18
Inuit I	3.10.2013	Inuit Tapiriit Kanatami u.a./.Parlament und Rat	Rs. C-583/11 P	EU:C:2013:625	NVwZ 2014, S. 53	10
Inuit II	3.9.2015	Inuit Tapiriit Kanatami u.a./.Europäische Kommission	Rs. C-398/13 P	EU:C:2015:535	EuZW 2015, S. 838	17
IR (Chefarzt)	**11.09.2018**	**IR./.JQ**	**Rs. C-68/17**	**EU:C:2018:696**	**EuZW 2018, S. 853**	**12**

Kurzbezeichnung	**Datum**	**Parteien bzw. Inhalt**	**Az.**	**Fundstelle Amtliche Sammlung bzw. ECLI**	**Weitere Fundstellen (Auswahl)**	**Fall**
Keck und Mithouard	24.11.1993	Strafverfahren gegen Bernard Keck und Daniel Mithouard	Verb. Rs. C-267/91 und C-268/91	Slg. 1993, I-6097 EU:C:1993:905	NJW 1994, S. 121	2, 17
Kempter	12.2.2008	Willy Kempter KG./.Hauptzollamt Hamburg-Jonas	Rs. C-2/06	Slg. 2008, I-411 EU:C:2008:78	EuZW 2008, S. 148 NVwZ 2008, S. 870	14, 19
Ker-Optika	2.12.2010	Ker-Optika bt./.ÀNTSZ Dél-dunántúli Regionális Intézete	Rs. C-108/09	Slg. 2010, I-12213 EU:C:2010:725	EuZW 2011, S. 112	1, 2, 17
Kernkraftwerke Lippe-Ems	4.6.2015	Kernkraftwerke Lippe-Ems GmbH./.Hauptzollamt Osnabrück	Rs. C-5/14	EU:C:2015:354	NVwZ 2015, S. 1122	
Kindergeld (Großbritannien)	14.6.2016	Europäische Kommission./.Vereinigtes Königreich Großbritannien und Nordirland	Rs. C-308/14	EU:C:2016:436	NJW 2016, S. 2867	23
Knoors	7.2.1979	J. Knoors./.Staatssecretaris van Economische Zaken	Rs. 115/78	Slg. 1979, 399 EU:C:1979:31	NJW 1979, S. 1761	4
Köbler	30.9.2003	Gerhard Köbler./.Republik Österreich	Rs. C-224/01	Slg. 2003, I-10239 EU:C:2003:513	NJW 2003, S. 3539, EuZW 2003, S. 718	2
Kommission./. Frankreich (Vorlagepflicht)	4.10.2018	Europäische Kommission./.Französische Republik	Rs. C-416/17	EU:C:2018:81	EuZW 2018, 1038	13
Kommission./. Italien – Steueranreize	5.5.2011	Europäische Kommission./.Italienische Republik – Rückforderung Steueranreize	Rs. C-305/09	Slg. 2011, I-3225 EU:C:2011:274	JURIS	15
Kozłowski	17.7.2008	Auslieferung von Szymon Kozłowski	Rs. C-66/08	Slg. 2008, I-6041 EU:C:2008:437	NJW 2008, S. 3201	19
Kradanhänger	10.2.2009	Kommission der Europäischen Gemeinschaften./.Italienische Republik – Kradanhänger	Rs. C-110/05	Slg. 2009, I-519 EU:C:2009:66	EuZW 2009, S. 173	1, 2, 17
Kreil	11.1.2000	Tanja Kreil./.Bundesrepublik Deutschland	Rs. C-285/98	Slg. 2000, I-69 EU:C:2000:2	BB 2000, S. 204, EuZW 2000, S. 211	
Kücükdeveci	19.1.2010	Seda Kücükdeveci./.Swedex GmbH & Co. KG	Rs. C-555/07	Slg. 2010, I-365 EU:C:2010:21	NJW 2010, S. 427	11
Kühne & Heitz	**13.1.2004**	**Kühne & Heitz U./.Productschap voor Pluimvee en Eieren**	**Rs. C-453/00**	**Slg. 2004, I-837 EU:C:2004:17**	**EuZW 2004, S. 215, NVwZ 2004, S. 459**	**14**

Kurzbezeichnung	Datum	Parteien bzw. Inhalt	Az.	Fundstelle Amtliche Sammlung bzw. ECLI	Weitere Fundstellen (Auswahl)	Fall
Kupferberg	26.10.1982	Hauptzollamt Mainz./.C.A. Kupferberg & Cie KG a.A.	Rs. 104/81	Slg. 1982, 3641 EU:C:1982:362	NJW 1983, S. 508	21
Lair	21.6.1988	Sylvie Lair./.Universität Hannover	Rs. 39/86	Slg. 1988, 3161 EU:C:1988:322	NJW 1988, S. 2165, NVwZ 1988, S. 817	8
Lidl	30.6.2016	Lidl GmbH & Co. KG./.Freistaat Sachsen,	Rs. C-134/15	EU:C:2016:498	JURIS	10
Liga van Moskeeën	29.5.2018	Liga van Moskeeën en Islamitische Organisatie Provincie Antwerpen VZW u.a./.Vlaams Gewes	Rs. C-426/16	EU:C:2018:335	NVwZ 2018, S. 1283	12
Liga Portuguesa de Futebol Profissional	8.9.2009	Liga Portuguesa de Futebol Profissional und Bwin International Ltd (vormals Baw International Ltd)./.Departamento de Jogos da Santa Casa da Misericórdia de Lisboa	Rs. C-42/07	Slg. 2009, I-7633 EU:C:2009:519	EuZW 2009, S. 689	4
LM	25.7.2018	Minister for Justice and Equality./.L	Rs. C-216/18 PPU	EU:C:2018:586	JURIS	19
Maks Pen EOOD	13.2.2014	Maks Pen EOOD./.Direktor na Direktsia „Obzhalvane i danachno-osiguritelna praktika" Sofia	Rs. C-18/13	EU:C:2014:69	DStRE 2014, S. 1249	15
Marshall	26.2.1986	M. H. Marshall./.Southampton and South-West Hampshire Area Health Authority (Teaching)	Rs. 152/84	Slg. 1986, 723 EU:C:1986:84	NJW 1986, S. 2178	11
Melloni	26.2.2013	Stefano Melloni./.Ministerio Fiscal	Rs. C-399/11	EU:C:2013:107	NJW 2013, S. 1215	19
Meneses	24.10.2013	Andreas Ingemar Thiele Meneses./.Region Hannover	Rs. C-220/12	EU:C:2013:683	JURIS	8
Mickelsson und Roos	4.6.2009	Åklagaren./.Percy Mickelsson, Joakim Roos	Rs. C-142/05	Slg. 2009, I-4273 EU:C:2009:336	EuZW 2009, S. 617	1, 2, 17
ML	25.7.2018	Europäischer Haftbefehl gegen ML	Rs. C-220/18 PPU	EU:C:2018:589	NJW 2018, S. 3161	19
Morgan und Bucher	**23.10.2007**	**Rhiannon Morgan./.Bezirksregierung Köln und Iris Bucher./.Landrat Kreis Düren – BAföG**	**Verb. Rs. C-11/06 und C-12/06**	**Slg. 2007, I-9161 EU:C:2007:626**	**NVwZ 2008, S. 767**	**8**
Nakajima	7.5.1991	Nakajima All Precision Co. Ltd./.Rat der Europäischen Gemeinschaften	Rs. C-69/89	Slg. 1991, I-2069 EU:C:1991:186	HFR 1993, S. 141	21

Kurzbezeichnung	Datum	Parteien bzw. Inhalt	Az.	Fundstelle Amtliche Sammlung bzw. ECLI	Weitere Fundstellen (Auswahl)	Fall
National Grid	29.11.2011	National Grid Indus BV./.Inspecteur van de Belastingdienst Rijnmond/kantoor Rotterdam	Rs. C-371/10	Slg. 2011, I-12273 EU:C:2011:785	EuZW 2011, S. 951	7
New Valmar	21.6.2016	New Valmar BVBA./.Global Pharmacies Partner Health Srl	Rs. C-15/15	EU:C:2016:464	EuZW 2016, 717	
Nold	14.5.1974	J. Nold KG Kohlen- und Baustoffgroßhandlung./.Kommission der Europäischen Gemeinschaften	Rs. 4/73	Slg. 1974, 491 EU:C:1975:114	NJW 1975, S. 518, DVBl. 1974, S. 672	10
OMT (EuGH)	16.6.2015	Peter Gauweiler u.a./.Deutscher Bundestag	Rs. C-62/14	EU:C:2015:400	NVwZ 2015, S. 1033	17
OMT (BVerfG-Vorlage)	14.1.2014	Peter Gauweiler u.a./.Deutscher Bundestag	2 BvR 2728/13 u.a.	BVerfGE 134, 366	NJW 2014, S. 907 ff.	
OMT (BVerfG Urteil)	21.6.2016	Peter Gauweiler u.a./.Deutscher Bundestag	2 BvR 2728/13 u.a.	BVerfGE 142, 123	NJW 2016, S. 2473	10, 12
Pfleger	30.4.2014	Robert Pfleger, Autoart as, Mladen Vucicevic, Maroxx Software GmbH und Hans-Jörg Zehetner	Rs. C-390/14	EU:C:2014:281	EuZW 2014, S. 597	9
Philip Morris Brands	4.5.2016	Philip Morris Brands SARL u. a./.Secretary of State for Healt	C-547/14	EU:C:2016:325	JURIS	17
Pillbox 38	4.5.2016	Pillbox 38 (UK) Ltd./.Secretary of State for Health	Rs. C-477/14	EU:C:2016:324	JURIS	17
PKW-Maut	**18.6.2019**	**Republik Österreich./.Bundesrepublik Deutschland**	**Rs. C-591/17**	**EU:C:2019:504**	**JURIS**	**22**
Polbud	25.10.2017	Polbud – Wykonawstwo sp. z o.o.	Rs. C-106/16	EU:C:2017:804	NJW 2017, S. 3639	7
Pringle	27.11.2012	Thomas Pringle./.Governement of Ireland, Ireland und The Attorney General	C-370/12	EU:C:2012:756	NJW 2013, S. 29	
Prinz und Seeberger	18.7.2013	Laurence Prinz./.Region Hannover und Philipp Seeberger./.Studentenwerk Heidelberg	Verb. Rs. C-523/11 und C-585/11	EU:C:2013:524	NJW 2013, S. 2879	8
Raugevicius	13.11.2018	Auslieferung von Denis Raugevicius	Rs. C-247/17,	EU:C:2018:898	JURIS	19
Rinke	**9.9.2003**	**Katharina Rinke./.Ärztekammer Hamburg**	**Rs. C-25/02**	**Slg. 2003, I-8349 EU:C:2003:435**	**EuZW 2003, S. 734**	**13**

Kurzbezeichnung	Datum	Parteien bzw. Inhalt	Az.	Fundstelle Amtliche Sammlung bzw. ECLI	Weitere Fundstellen (Auswahl)	Fall
RO	19.9.2018	Europäischer Haftbefehl gegen RO	Rs. C-327/18 PPU	EU:C:2018:733	JURIS	
Roamingverordnung (Vodafone)	**8.6.2010**	**The Queen, auf Antrag von Vodafone Ltd u.a./.Secretary of State for Business, Enterprise and Regulatory Reform – Roamingverordnung**	**Rs. C-58/08**	**Slg. 2010, I-4999 EU:C:2010:321**	**EuZW 2010, S. 539**	**17**
Schecke	9.11.2010	Volker und Markus Schecke GbR und Hartmut Eifert./.Land Hessen	Verb. Rs. C-92/09 und C-93/09	Slg. 2010, I-11063 EU:C:2010:662	EuZW 2010, S. 939	18
Schmidberger	**12.6.2003**	**Eugen Schmidberger Internationale Transporte und Planzüge./.Republik Österreich**	**Rs. C-112/00**	**Slg. 2003, I-5659 EU:C:2003:333**	**NJW 2003, S. 3185**	9, 17, 18
Schrems	**6.10.2015**	**Maximillian Schrems./.Data Protection Commissioner**	**Rs. C-362/14**	**EU:C:2015:650**	**NJW 2015, S. 3151**	**20**
Schumacker	**14.2.1995**	**Finanzamt Köln-Altstadt./.Roland Schumacker**	**Rs. C-279/93**	**Slg. 1995, I 225 EU:C:1995:31**	**NJW 1995, S. 1207**	5
Scotch Whisky Association	23.12.2015	Scotch Whisky Association u.a./.The Lord Advocate und The Advocate General for Scotland	Rs. C-333/14	EU:C:2015:845	NJW 2016, S. 621	1, 2, 4, 6, 17
Sendeunternehmen	4.9.2014	Europäische Kommission./.Rat der Europäischen Union – Sendeunternehmen	Rs. C-114/12	EU:C:2014:2151	EuZW 2014, S. 859	20
Siragusa	6.3.2014	Cruciano Siragusa./.Regione Sicilia – Soprintendenza Beni Culturali e Ambientali di Palermo	Rs. C-206/13	EU:C:2014:126	NVwZ 2014, S. 575	9
Sjöberg und Gerdin	8.7.2010	Strafverfahren gegen Otto Sjöberg und Anders Gerdin	Verb. Rs. C-447/08 und C-448/08	Slg. 2010, I-6921 EU:C:2010:415	EuZW 2010, S. 668	4
Sporting Exchange	3.6.2010	Sporting Exchange Ltd. (Inhaberin der Firma „Betfair“)./.Minister van Justitie	Rs. C-203/08	Slg. 2010, I-4695 EU:C:2010:307	EuZW 2010, S. 503, JuS 2010, S. 1123, NVwZ 2010, S. 1085, GewArch 2010, S. 423	4

Kurzbezeichnung	Datum	Parteien bzw. Inhalt	Az.	Fundstelle Amtliche Sammlung bzw. ECLI	Weitere Fundstellen (Auswahl)	Fall
Stoß	**8.9.2010**	**Markus Stoß u.a./.Wetteraukreis sowie Kulpa Automatenservice Asperg-GmbH u.a./.Land Baden-Württemberg**	**Verb. Rs. C-316/07, C-358/07, C-359/07, C-360/07, C-409/07 und C-410/07**	**Slg. 2010, I-8069 EU:C:2010:504**	**NVwZ 2010, S. 1409, EuGRZ 2010, S. 597**	**4**
Tabakrichtlinie	4.5.2016	Republik Polen./.Europäisches Parlament und Rat der Europäischen Union	Rs. C-358/14	EU:C:2016:323	JURIS	17
Tabakwerbung I	**5.10.2000**	**Bundesrepublik Deutschland./.Europäisches Parlament und Rat der Europäischen Union – Tabakwerbung**	**Rs. C-376/98**	**Slg. 2000, I-8419 EU:C:2000:544**	**NJW 2000, S. 3701**	**17**
Tabakwerbung II	**12.12.2006**	**Bundesrepublik Deutschland./.Europäisches Parlament und Rat der Europäischen Union – Tabakwerbung**	**Rs. C-380/03**	**Slg. 2006, I-11573 EU:C:2006:772**	**NVwZ 2007, S. 561**	**17**
Tafelwein	**10.7.1990**	**Kommission der Europäischen Gemeinschaften./.Bundesrepublik Deutschland – Tafelwein**	**Rs. C-217/88**	**Slg. 1990, I-2879 EU:C:1990:290**	**EuZW 1990, S. 384**	**15**
Technische Glaswerke Ilmenau (TGI)	29.6.2010	Europäische Kommission./.Technische Glaswerke Ilmenau	Rs. C-139/07	Slg. 2010, I-5885 EU:C:2010:376	EuZW 2010, S. 624	18
Tele2 Sverige	21.12.2016	Tele2 Sverige AB./.Post- och telestyrelsen und Secretary of State for the Home Department./.Watson u.a.)	Verb. Rs. C-203/15 und C-698/15	EU:C:2016:970	NJW 2017, S. 717	20
Textilwaren aus Indien und Pakistan	**23.11.1999**	**Portugiesische Republik./.Rat der Europäischen Union – Textilwaren aus Indien und Pakistan**	**Rs. C-149/96**	**Slg. 1999, I-8395 EU:C:1999:574**	**EuZW 2000, S. 276**	**21**
Überseering	**5.11.2002**	**Überseering BV./.Nordic Construction Company Baumanagement GmbH**	**Rs. C-208/00**	**Slg. 2002, I-9919 EU:C:2002:632**	**EuZW 2002, S. 754**	**7**
Unilever Italia	**26.9.2000**	**Unilever Italia SpA./.Central Food SpA**	**Rs. C-443/98**	**Slg. 2000, I-7535 EU:C:2000:496**	**EuZW 2001, S. 153**	**11**
VALE	12.7.2012	VALE Építési kft.	Rs. C-378/10	EU:C:2012:440	EuZW 2012, S. 621	7

Kurzbezeichnung	Datum	Parteien bzw. Inhalt	Az.	Fundstelle Amtliche Sammlung bzw. ECLI	Weitere Fundstellen (Auswahl)	Fall
Walrave und Koch	12.12.1974	B.N.O. Walrave, L.J.N. Koch./.Association Union cycliste internationale, Koninklijke Nederlandsche Wielren Unie und Federación Española Ciclismo	Rs. 36/74	Slg. 1974, 1405 EU:C:1974:140	NJW 1975, S. 1093	5
Winner Wetten	8.9.2010	Winner Wetten GmbH./.Bürgermeisterin der Stadt Bergheim	Rs. C-409/06	Slg. 2010, I-8015 EU:C:2010:503	NVwZ 2010, S. 1419, DVBl. 2010, S. 1298	4
Wightman (Brexit)	10.12.2018	Wightman u.a. ./.Secretary of State for Exiting the European Union	Rs. C-621/18	EU:C:2018:999	NVwZ 2019, S. 143	1
Wolzenburg	**6.10.2009**	**Auslieferung von Dominic Wolzenburg**	**Rs. C-123/08**	**Slg. 2009, I-9621 EU:C:2009:616**	**NJW 2010, S. 283**	**19**
X (Steuerrecht)	9.2.2017	X./.Staatssecretaris van Financiën	Rs. C-283/15	EU:C:2017:102	EuZW 2017, S. 307 ff.	5
XC u.a.	24.10.2018	Strafverfahren gegen XC, YB und ZA	C-234/17	EU:C:2018:853	EuZW 2019, S. 82	14, 15
Zuckerfabrik Süderdithmarschen	**21.2.1991**	**Zuckerfabrik Süderdithmarschen AG und Soest GmbH./.Hauptzollamt Itzehoe und Paderborn**	**Verb. Rs. C-143/88 und C-92/89**	**Slg.1991, I-415 EU:C:1991:65**	**NVwZ 1991, S. 460**	**15**

Sachverzeichnis

Die Angaben beziehen sich auf die Randziffern (der Zusatz „(Fn.)“ auf Fußnoten zu der Randziffer). Zu den Themenschwerpunkten der einzelnen Fälle siehe die Übersicht unter Rn. 57.